中國國家圖書館編

國家圖書館藏敦煌遺書

第一百三十六冊　北敦一四三五一號——北敦一四四二六號

北京圖書館出版社

圖書在版編目（CIP）數據

國家圖書館藏敦煌遺書·第一百二十六冊/中國國家圖書館編;任繼愈主編.—北京:北京圖書館
出版社,2010.3

ISBN 978－7－5013－3688－3

Ⅰ.國…　　Ⅱ.①中…②任…　　Ⅲ.敦煌學—文獻　　Ⅳ.K870.6

中國版本圖書館 CIP 數據核字（2009）第 225922 號

ISBN 978-7-5013-3688-3

9 787501 336883 >

書　　名　　國家圖書館藏敦煌遺書·第一百二十六冊
著　　者　　中國國家圖書館編　　任繼愈主編
責任編輯　　徐　蜀　孫　彥
封面設計　　李　璀

出　　版　　北京圖書館出版社　　（100034　北京西城區文津街 7 號）
發　　行　　010－66139745　　66151313　　66175620　　66126153
　　　　　　　　　66174391（傳真）　　66126156（門市部）
E-mail　　btsfxb@ nlc. gov. cn（郵購）
Website　　www. nlcpress. com →投稿中心
經　　銷　　新華書店
印　　刷　　北京文津閣印務有限責任公司

開　　本　　八開
印　　張　　56.25
版　　次　　2010 年 3 月第 1 版第 1 次印刷
印　　數　　1－250 冊（套）

書　　號　　ISBN 978－7－5013－3688－3/K·1651
定　　價　　990.00 圓

目　錄

4

5

6

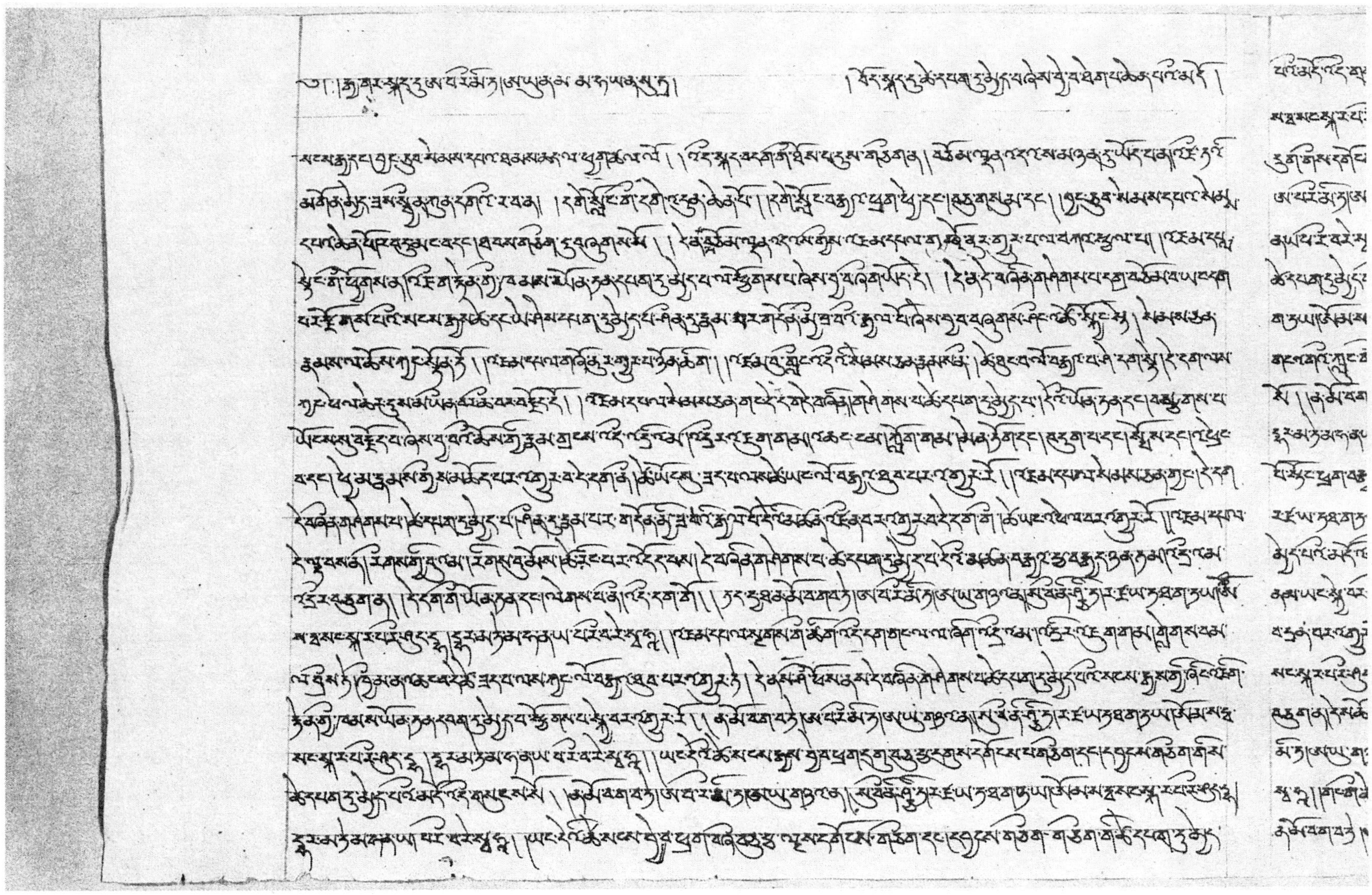

BD14351 號　藏文（無量壽宗要經乙本）　（5–1）

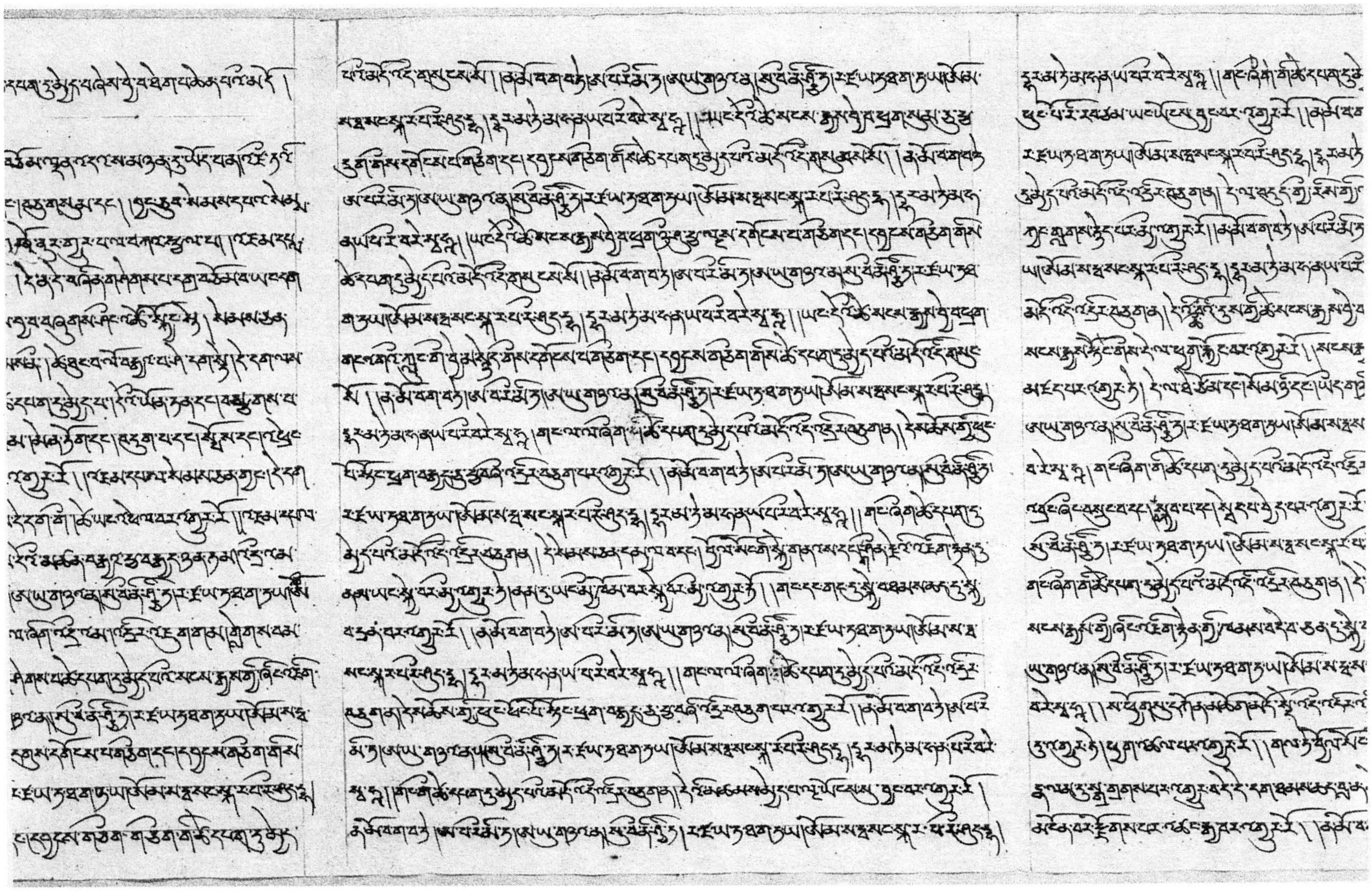

BD14351 號　藏文（無量壽宗要經乙本）　（5–2）

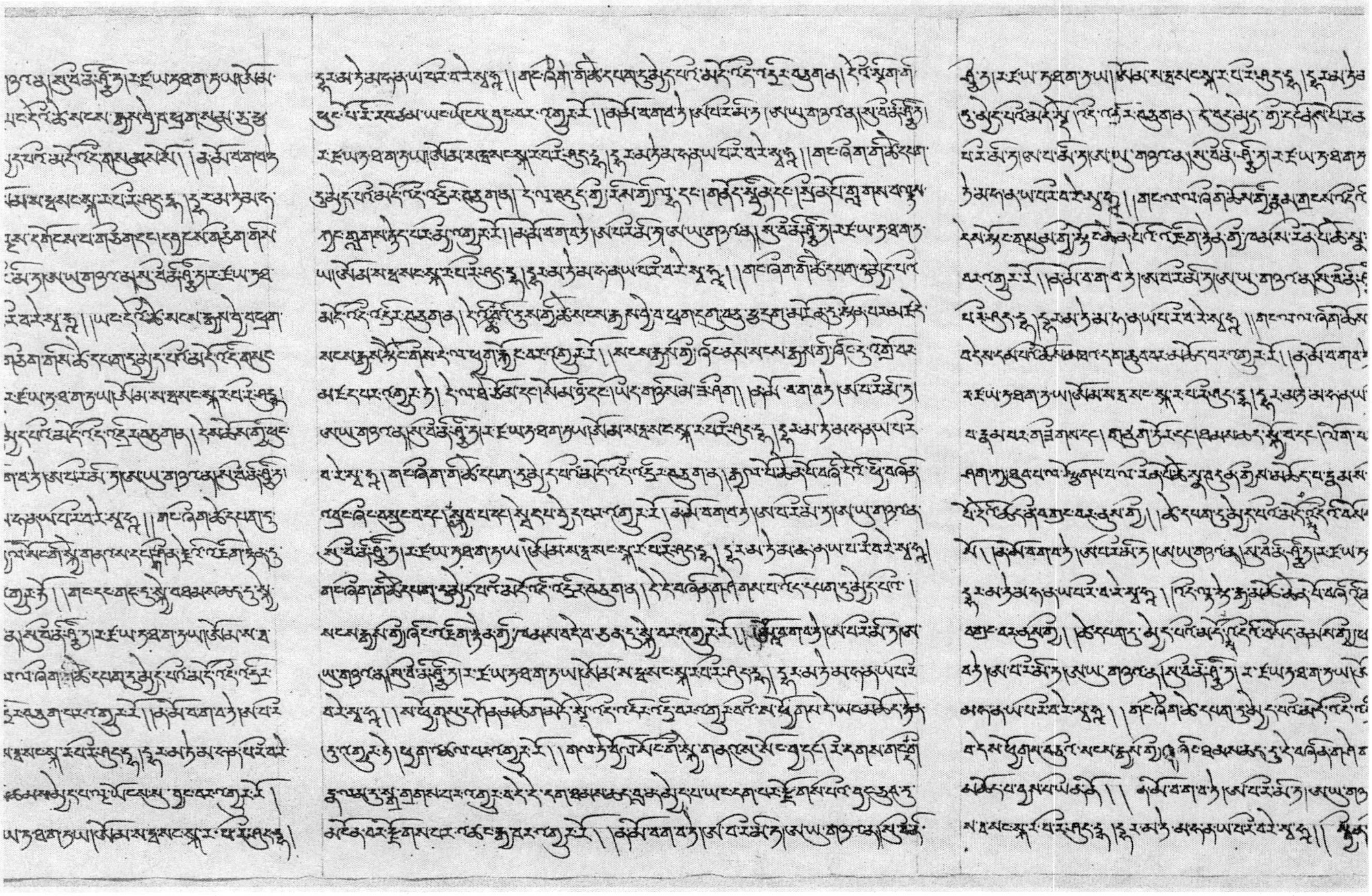

BD14351 號　藏文（無量壽宗要經乙本）　　（5–3）

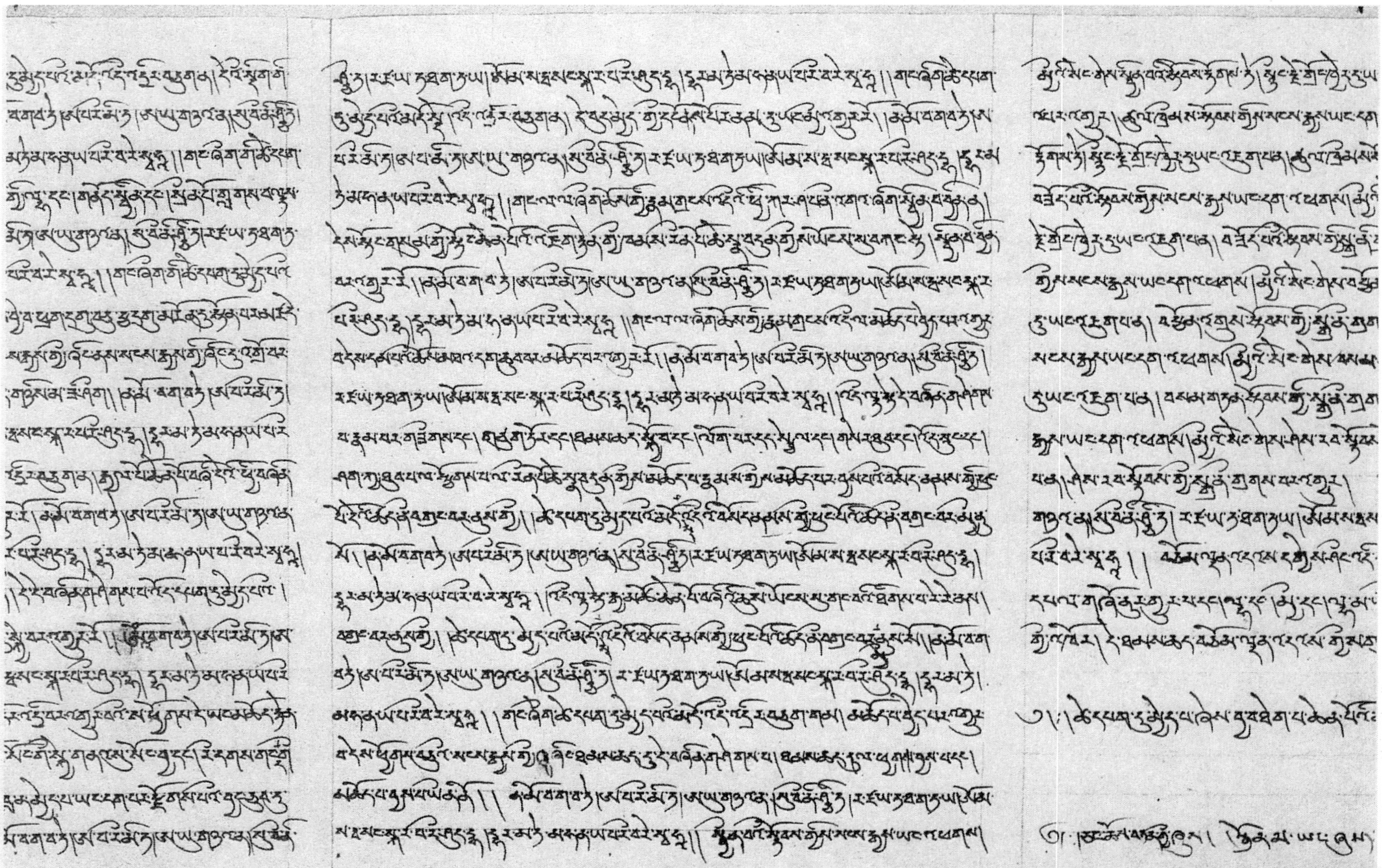

BD14351 號　藏文（無量壽宗要經乙本）　　（5–4）

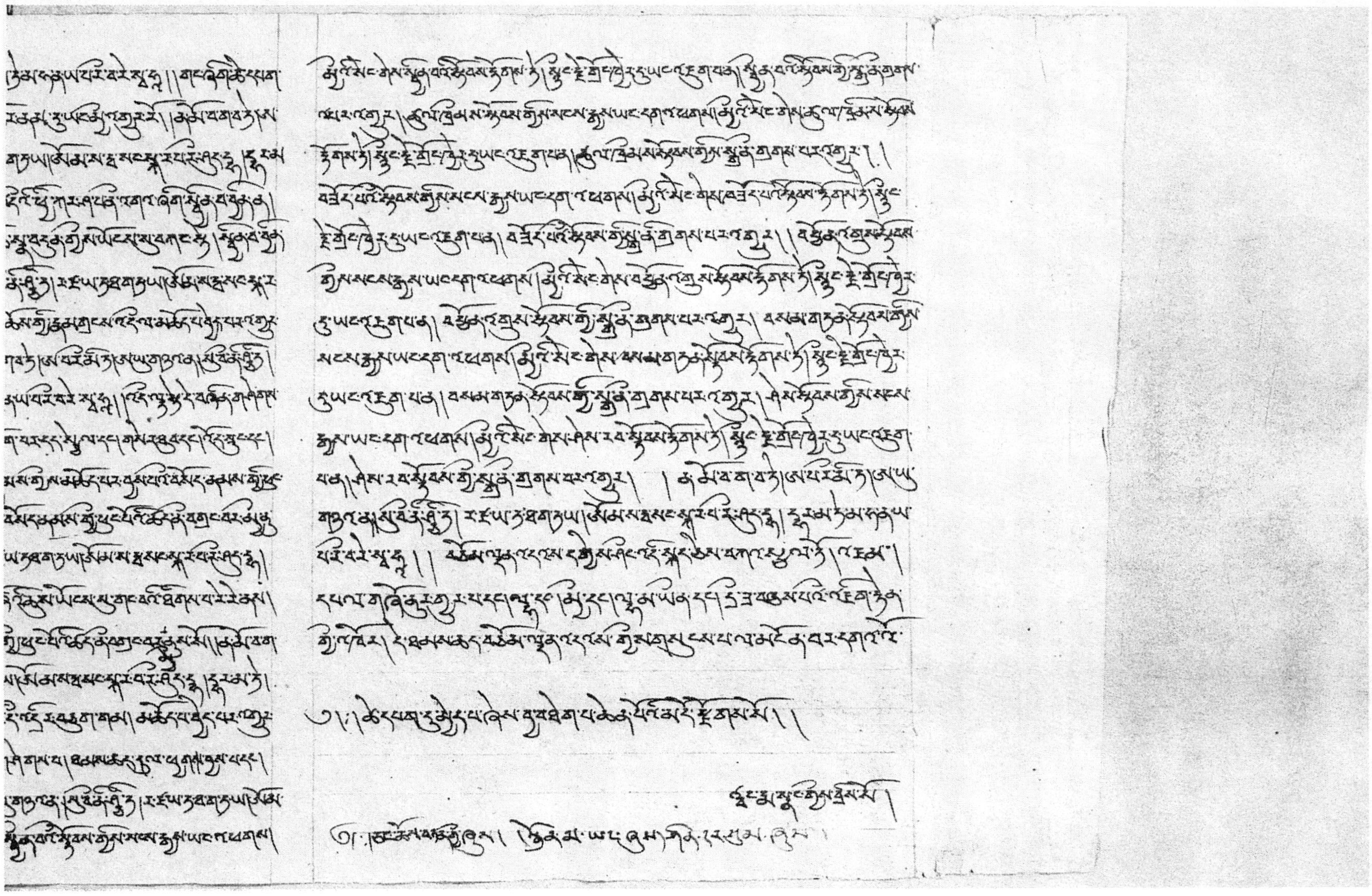

BD14351 號　藏文（無量壽宗要經乙本）　（5–5）

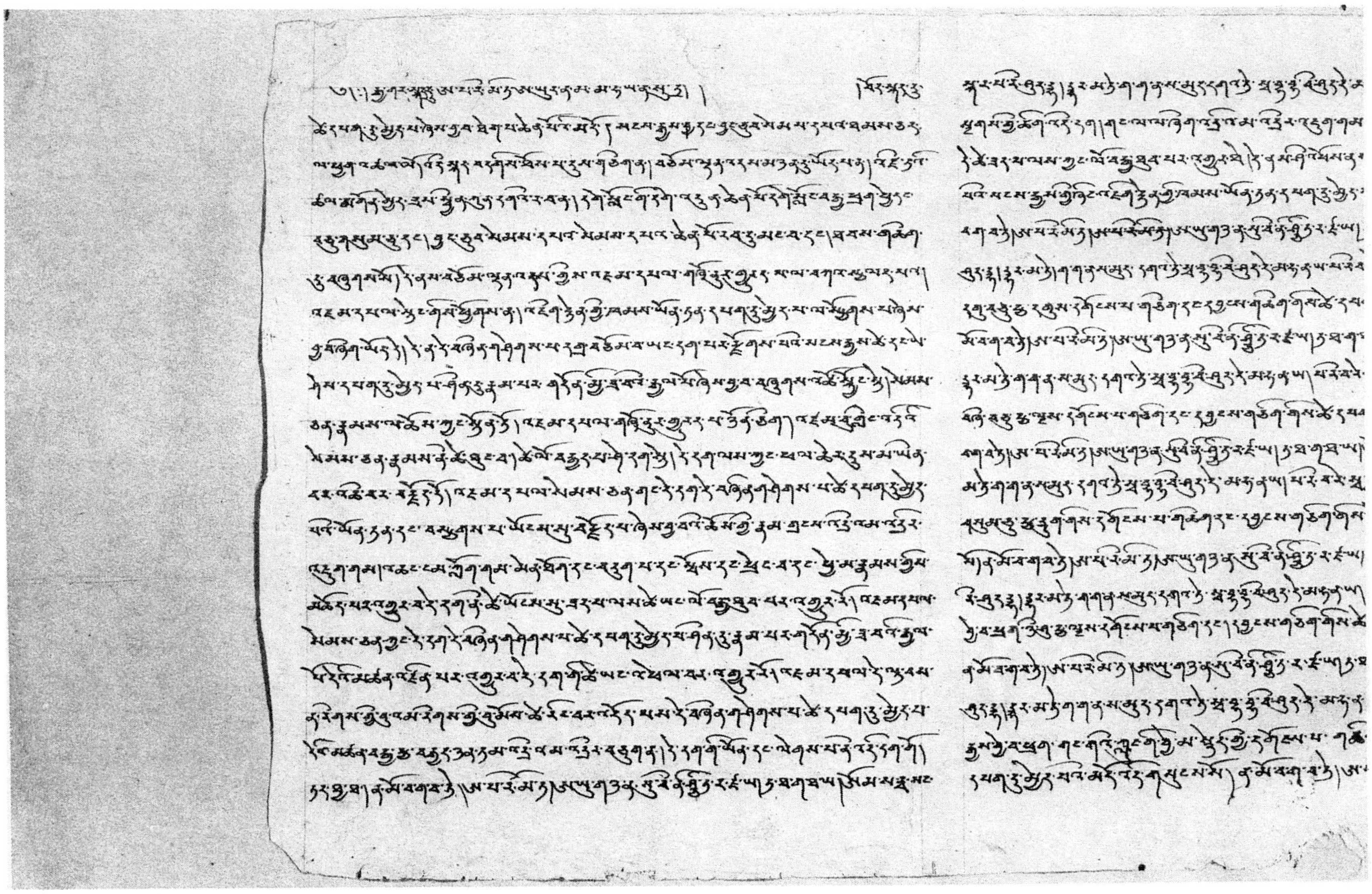

BD14352 號 1　藏文（無量壽宗要經甲本）　（30–1）

BD14352 號 1　藏文（無量壽宗要經甲本）　　　　　　　　　　　　　　（30–2）

BD14352 號 1　藏文（無量壽宗要經甲本）　　　　　　　　　　　　　　（30–3）

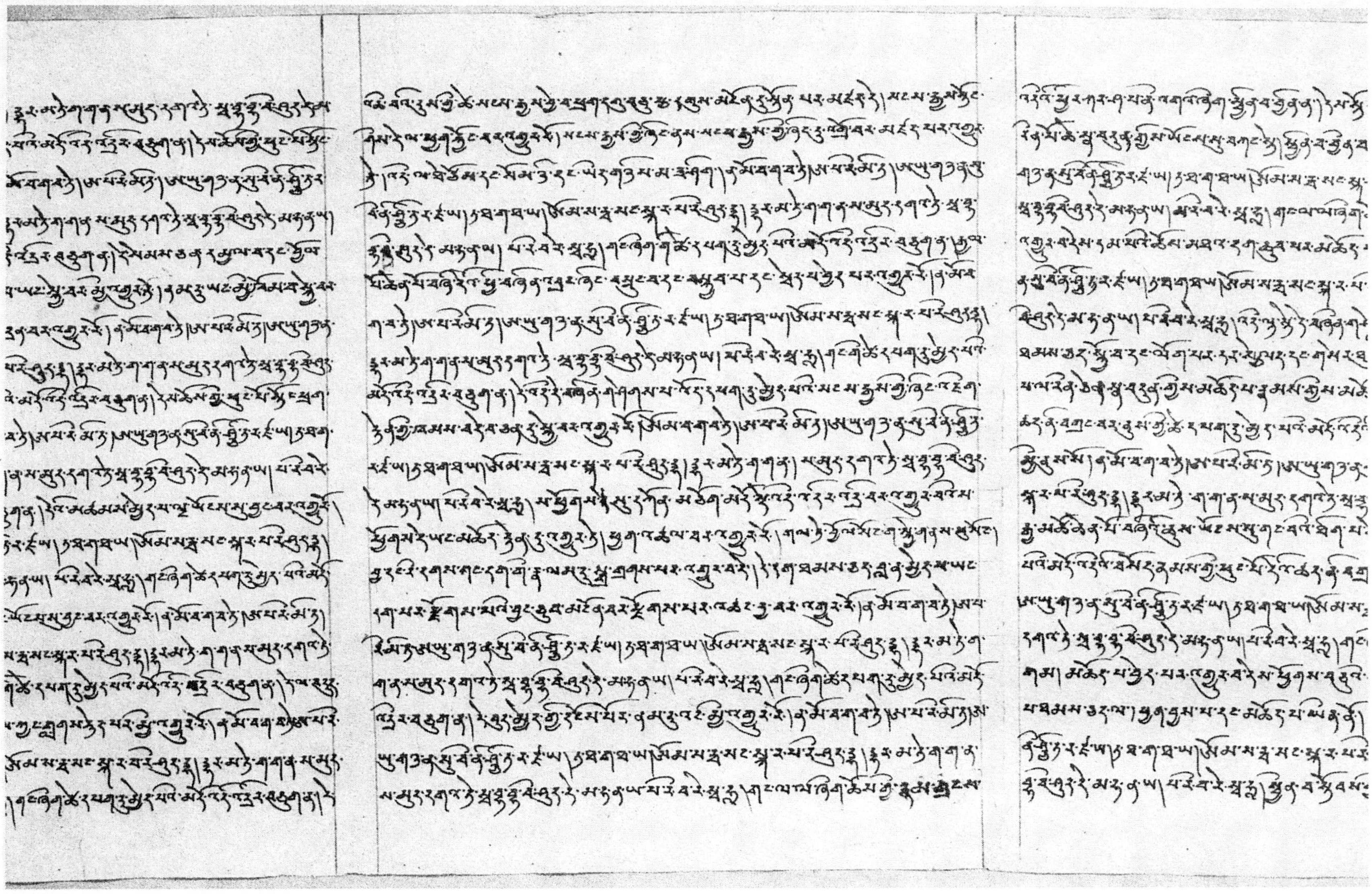

BD14352 號 1　藏文（無量壽宗要經甲本）　（30–4）

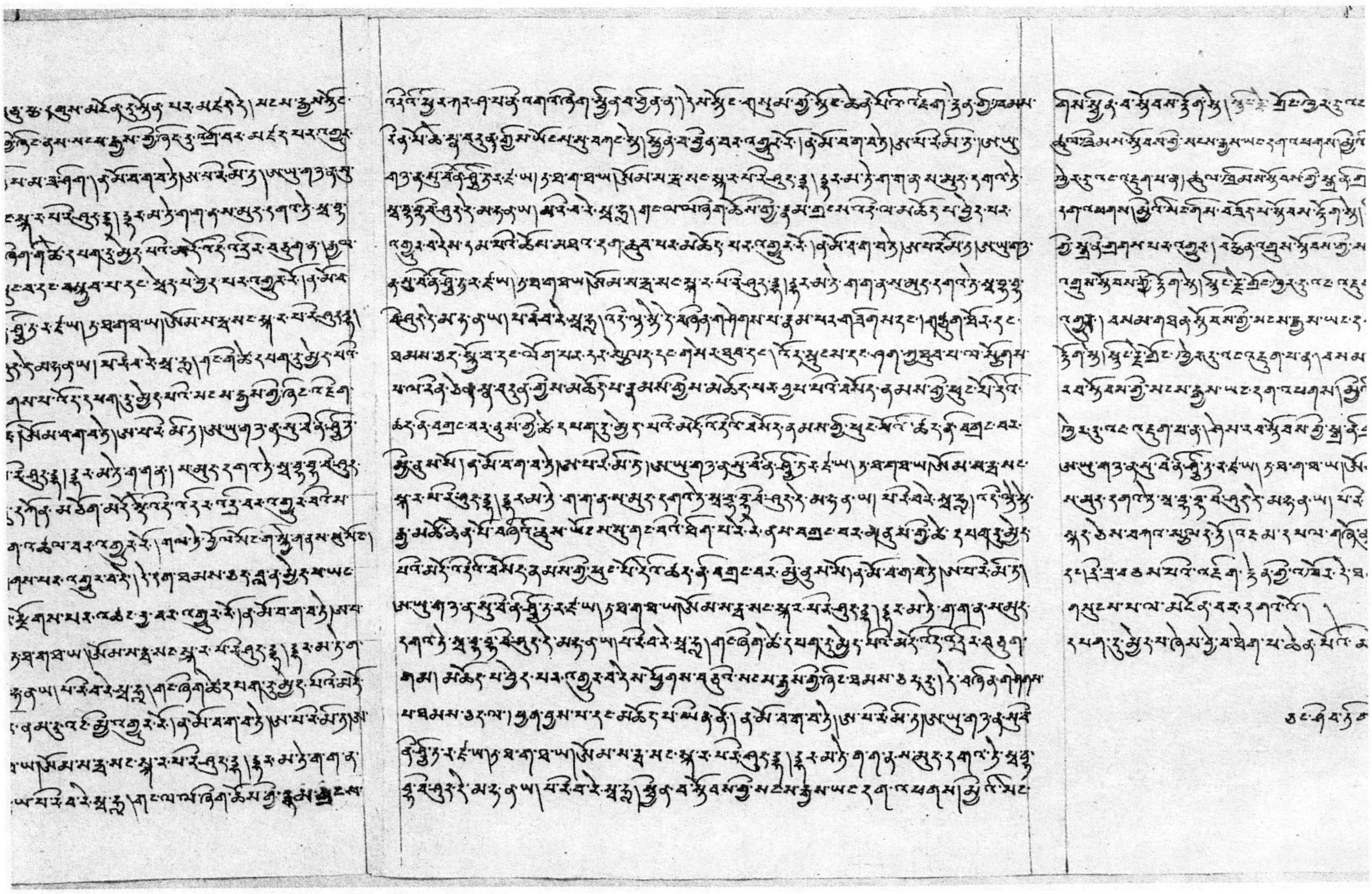

BD14352 號 1　藏文（無量壽宗要經甲本）　（30–5）

BD14352 號 1　藏文（無量壽宗要經甲本）　　　　　　　　　　　　　　（30–6）

BD14352 號 2　藏文（無量壽宗要經甲本）　　　　　　　　　　　　　　（30–7）

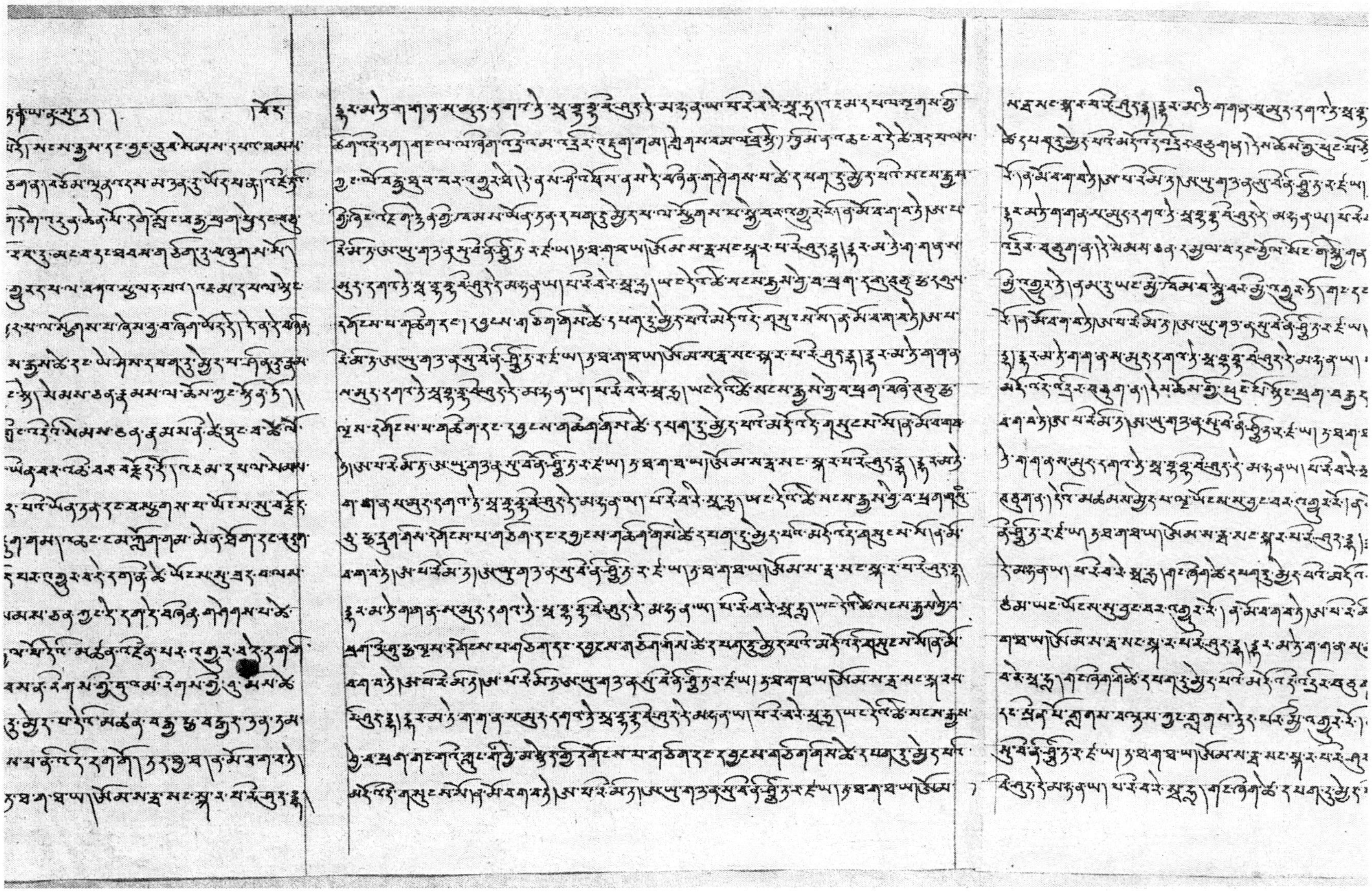

BD14352 號 2　藏文（無量壽宗要經甲本）　　（30–8）

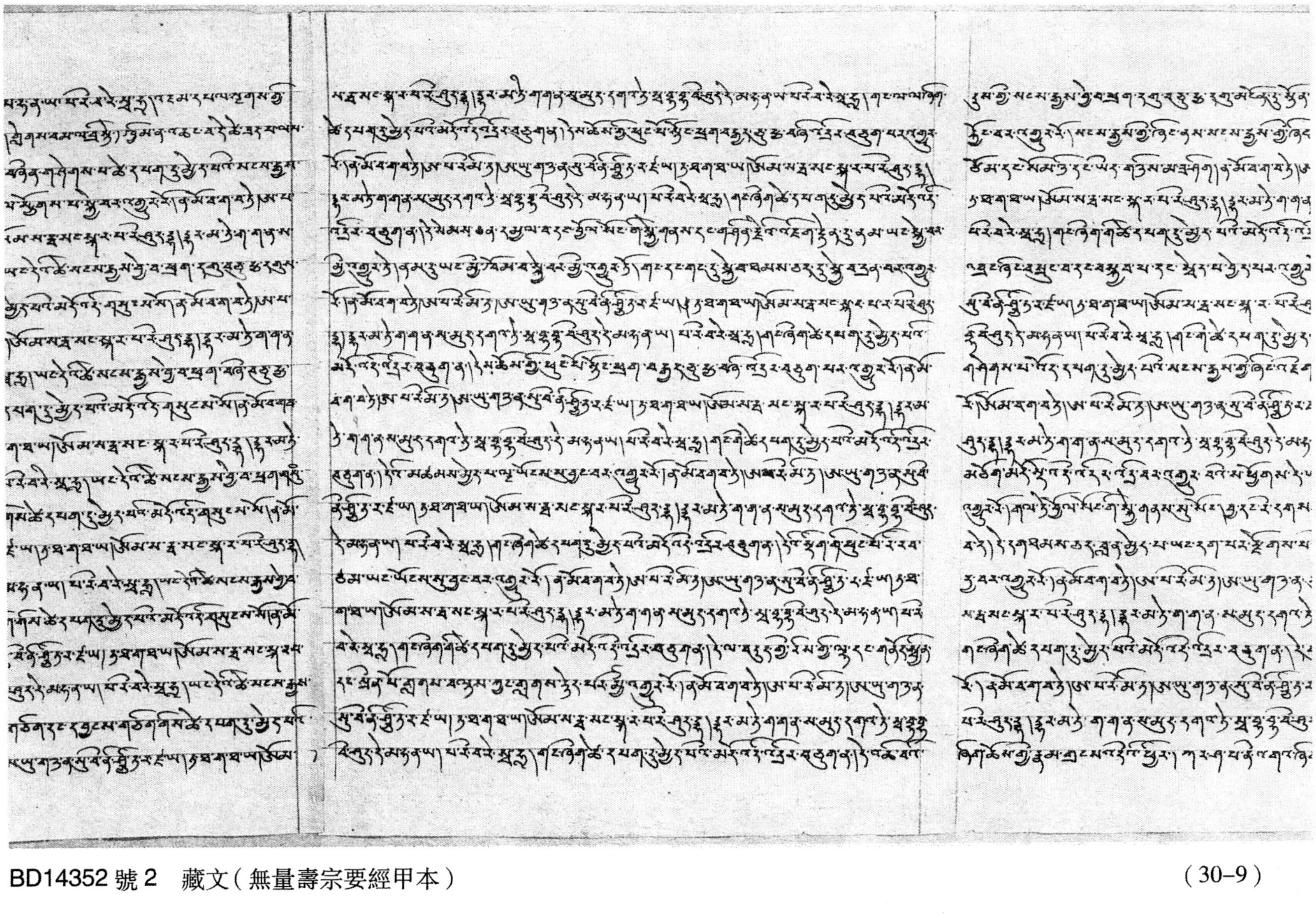

BD14352 號 2　藏文（無量壽宗要經甲本）　　（30–9）

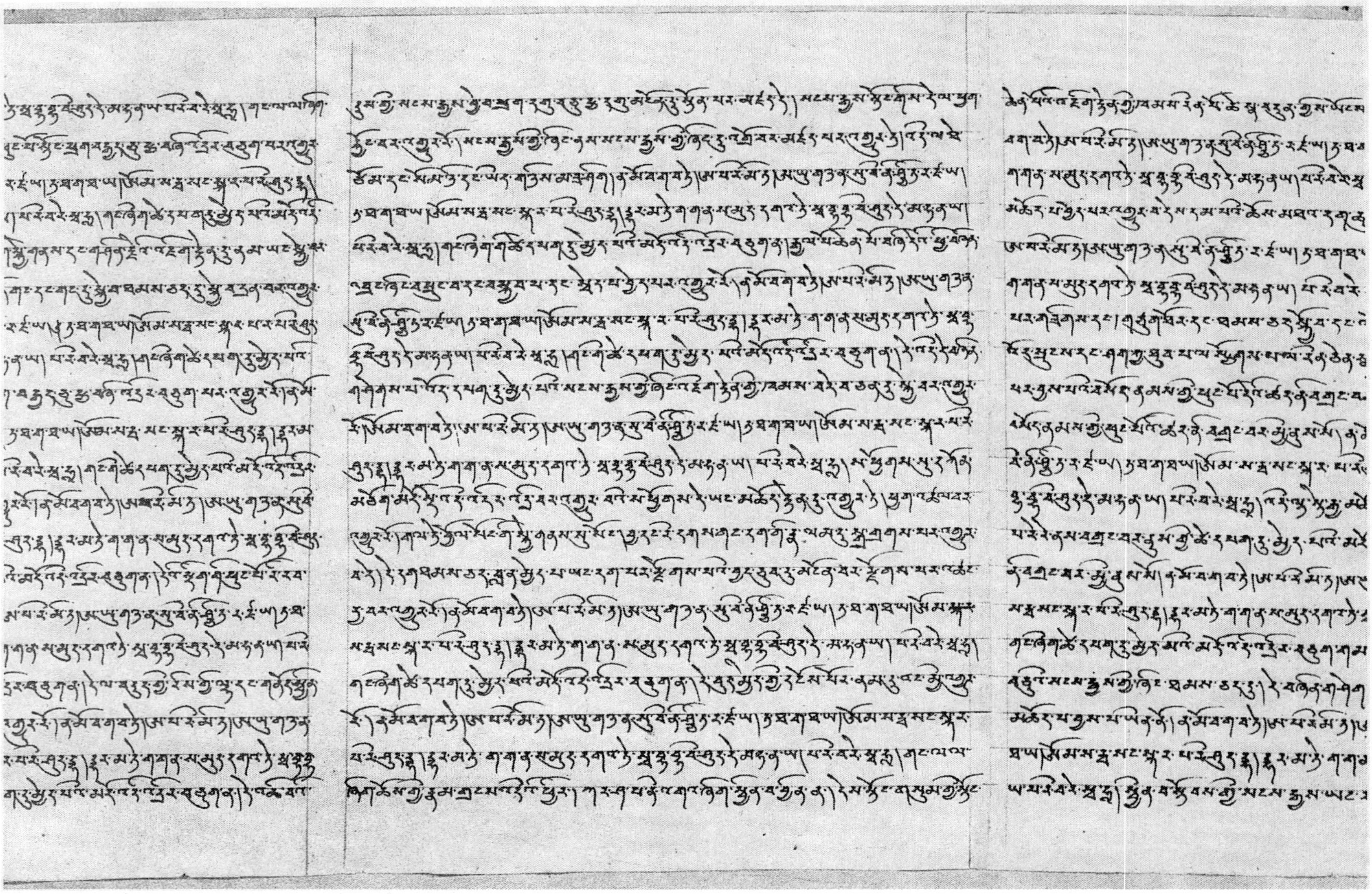

BD14352 號 2　藏文（無量壽宗要經甲本）　　（30–10）

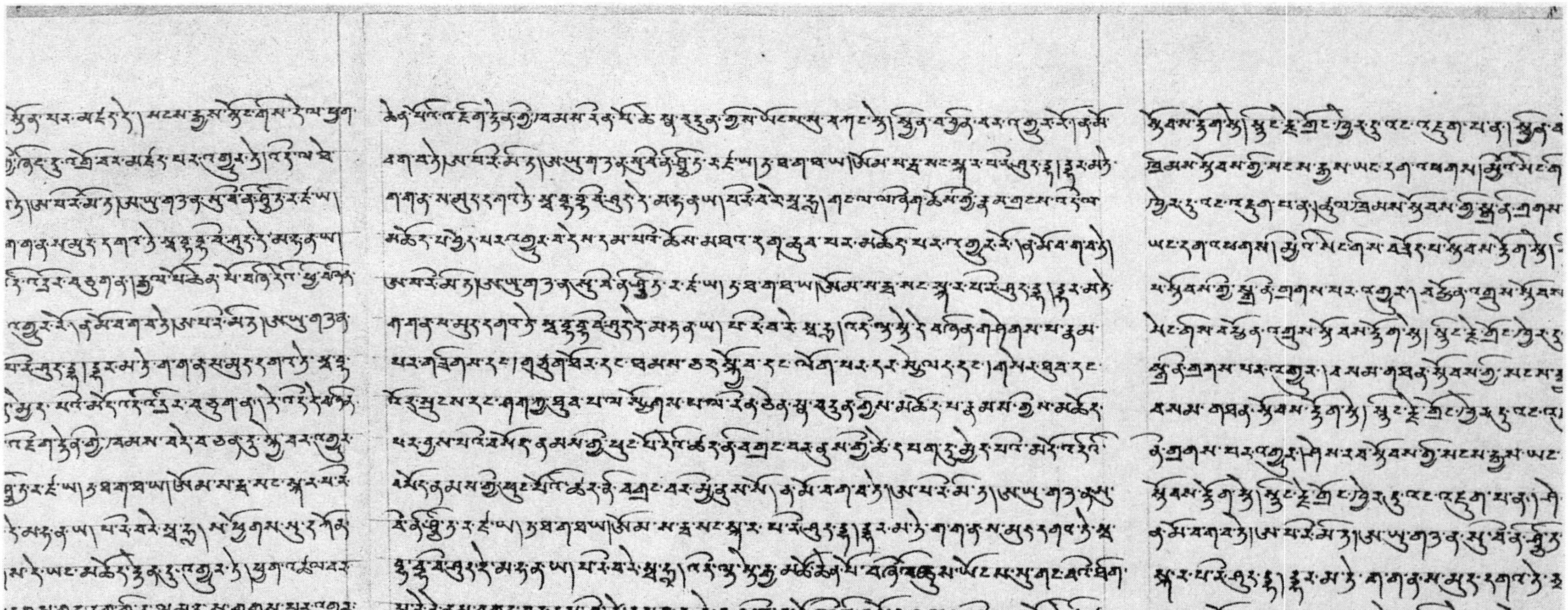

BD14352 號 2　藏文（無量壽宗要經甲本）　　（30–11）

BD14352 號 2　藏文（無量壽宗要經甲本）　　　　　　　　　　　　（30-12）

BD14352 號 3　藏文（無量壽宗要經甲本）　　　　　　　　　　　　（30-13）

BD14352 號 3　藏文（無量壽宗要經甲本）

（30–14）

BD14352 號 3　藏文（無量壽宗要經甲本）

（30–15）

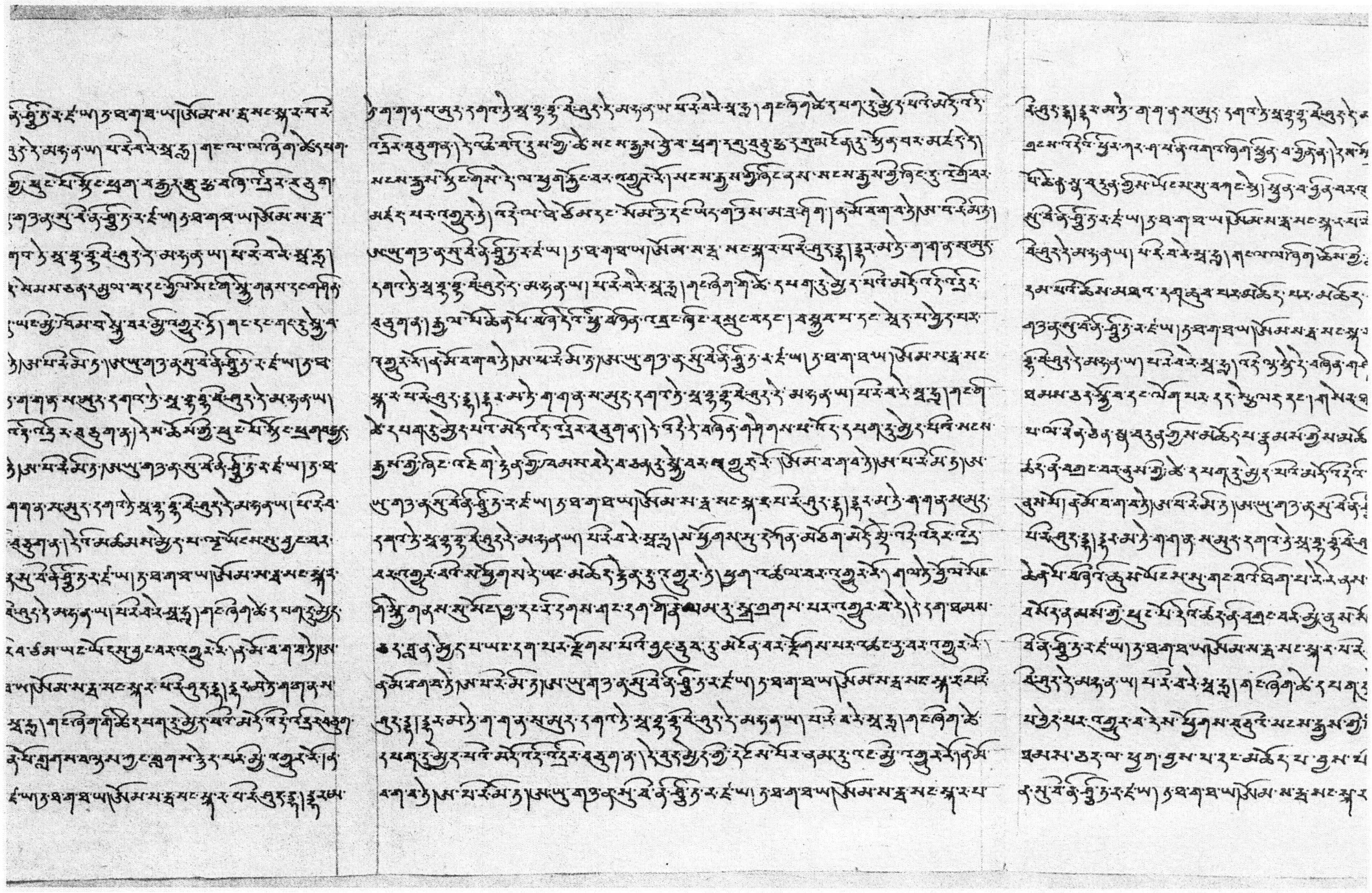

BD14352 號 3　藏文（無量壽宗要經甲本）　（30–16）

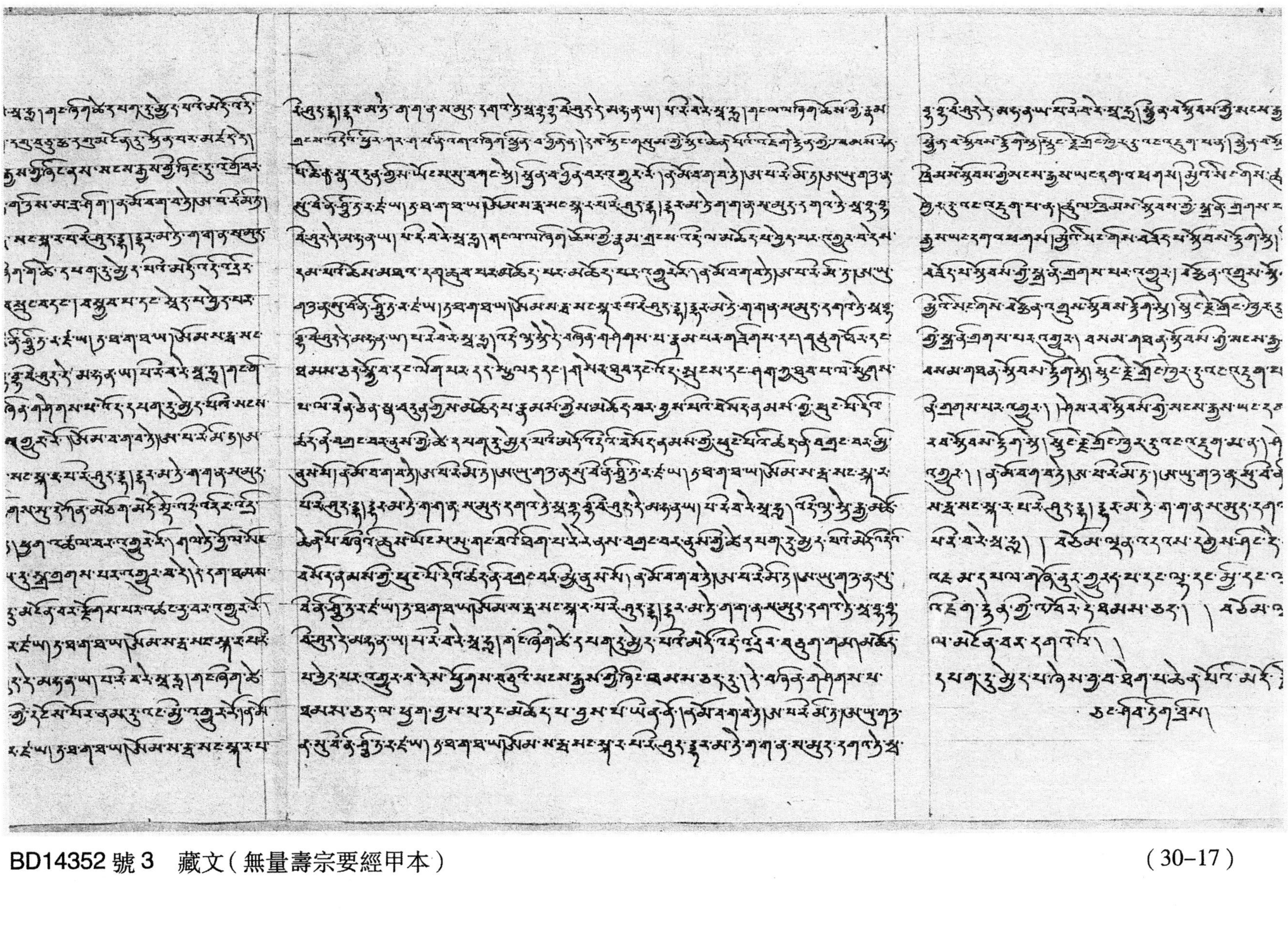

BD14352 號 3　藏文（無量壽宗要經甲本）　（30–17）

BD14352 號 3　藏文（無量壽宗要經甲本）　　　　　　　　　　　　　（30–18）

BD14352 號 4　藏文（無量壽宗要經甲本）　　　　　　　　　　　　　（30–19）

BD14352 號 3　藏文（無量壽宗要經甲本）　　　　　　　　　　　　　（30–18）

BD14352 號 4　藏文（無量壽宗要經甲本）　　　　　　　　　　　　　（30–19）

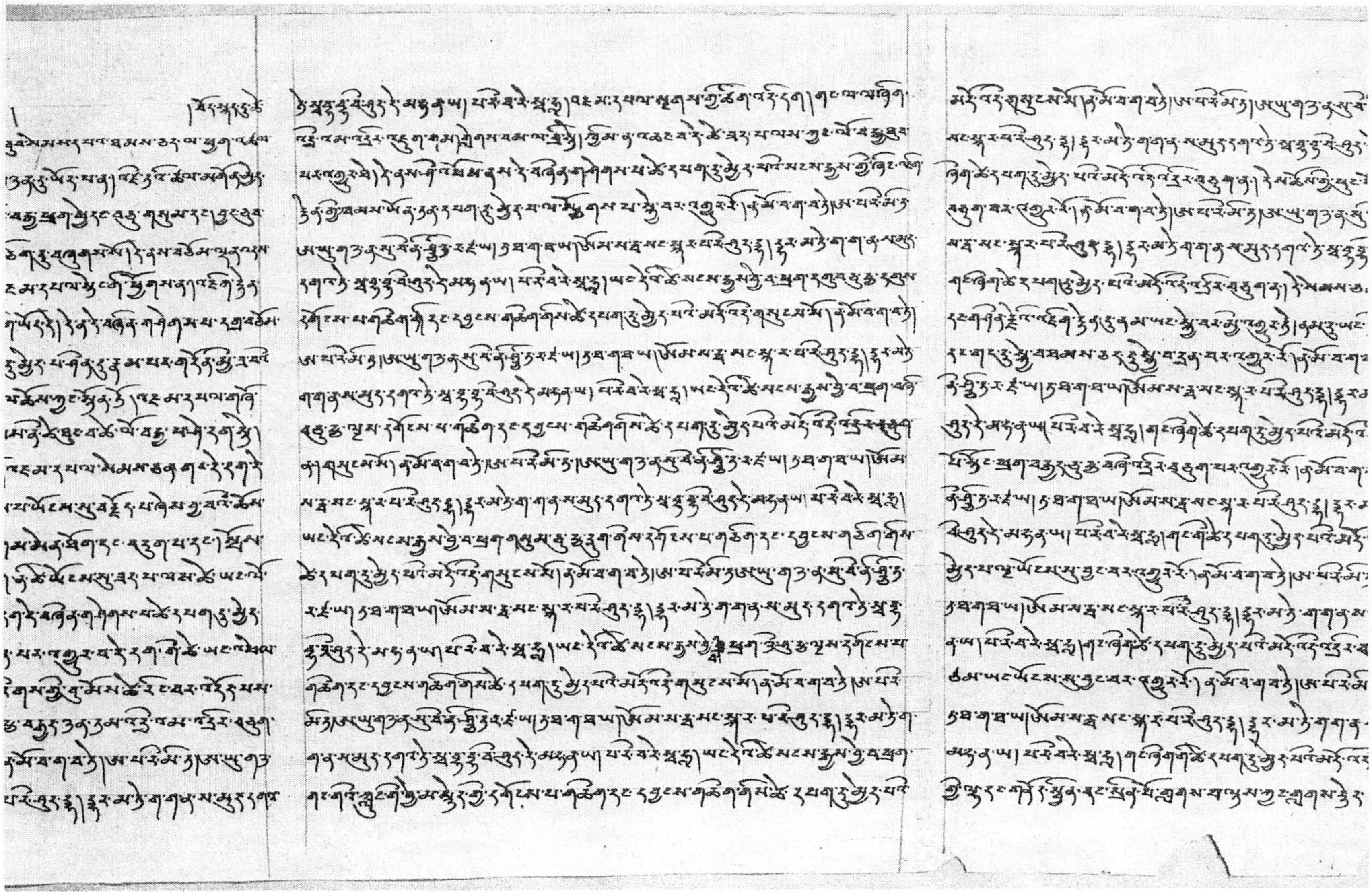

BD14352 號 4　藏文（無量壽宗要經甲本）　（30–20）

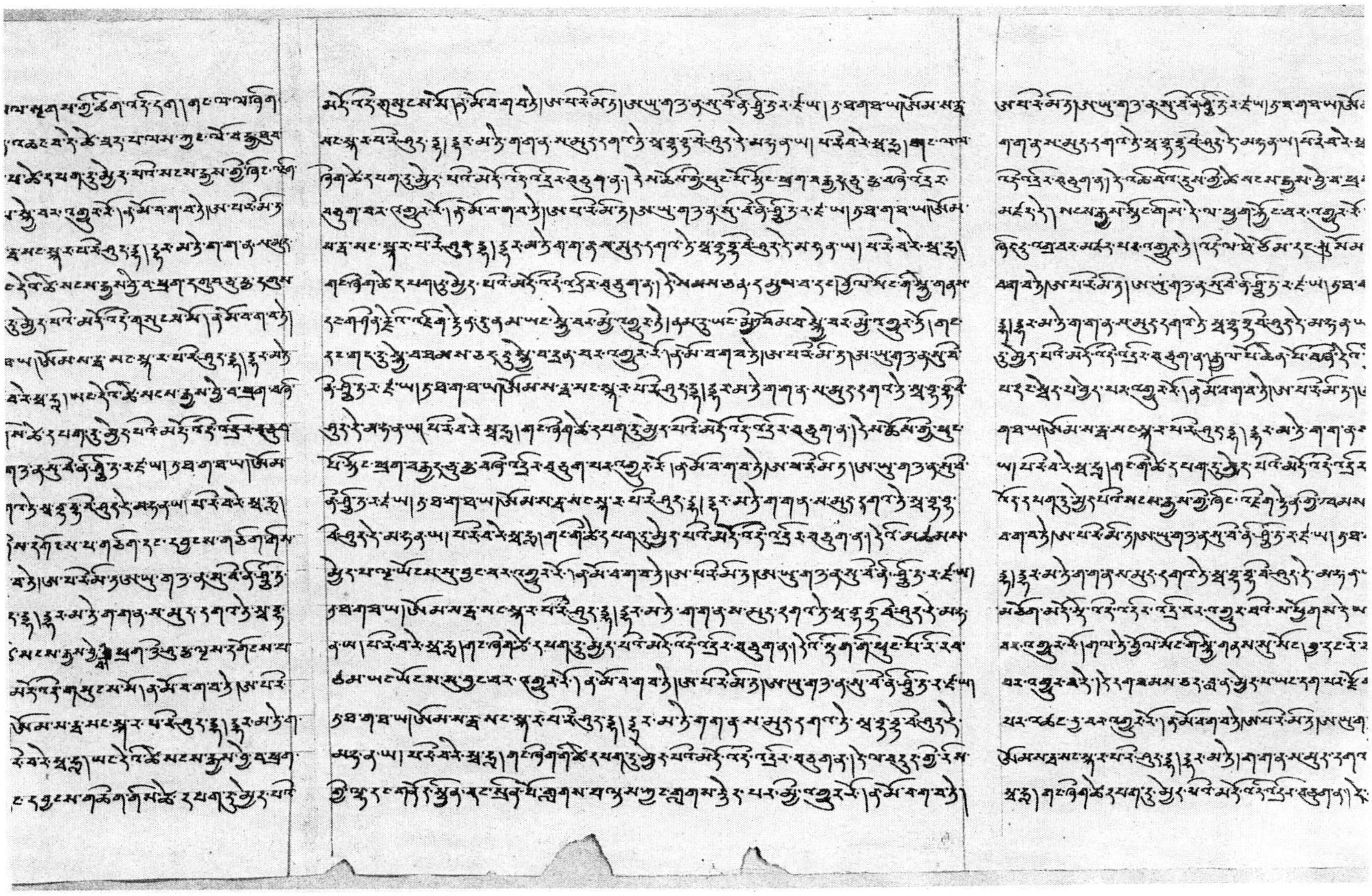

BD14352 號 4　藏文（無量壽宗要經甲本）　（30–21）

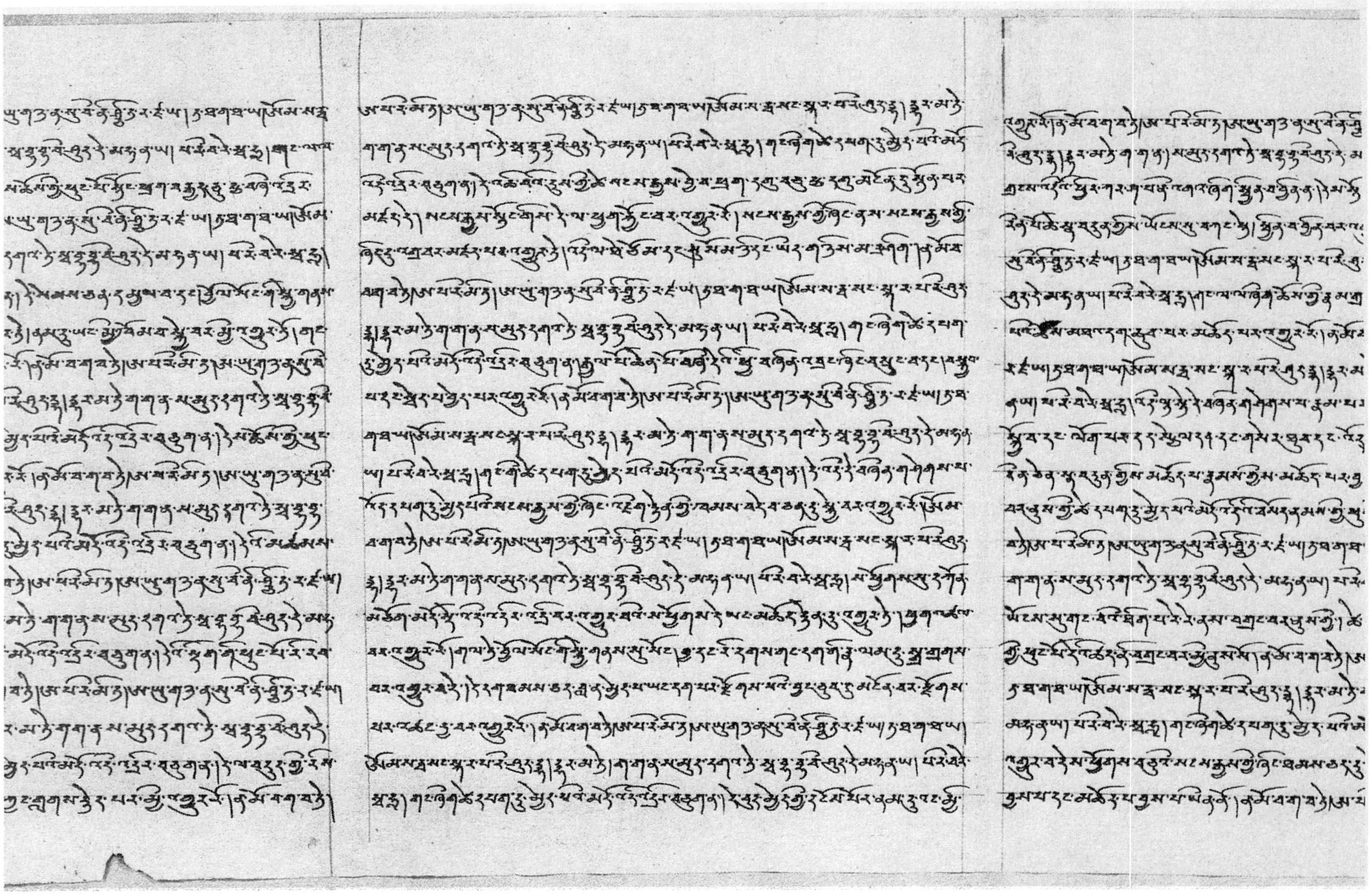

BD14352 號 4　藏文（無量壽宗要經甲本）　（30–22）

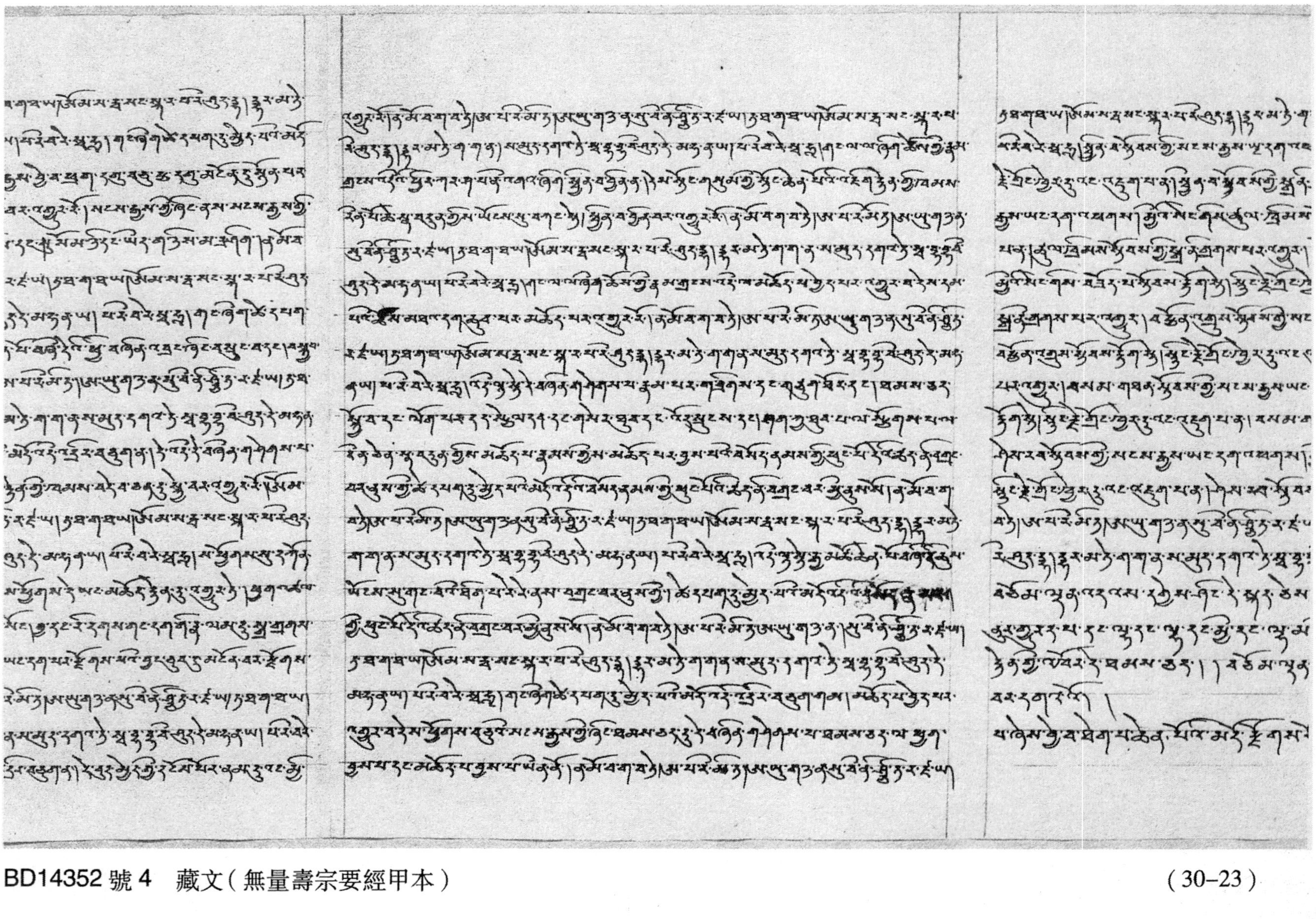

BD14352 號 4　藏文（無量壽宗要經甲本）　（30–23）

BD14352 號 4　藏文（無量壽宗要經甲本）　　　　　　　　　　　　　（30-24）

BD14352 號 5　藏文（無量壽宗要經甲本）　　　　　　　　　　　　　（30-25）

BD14352 號 5　藏文（無量壽宗要經甲本）　　　　　　　　　　　　　　（30-26）

BD14352 號 5　藏文（無量壽宗要經甲本）　　　　　　　　　　　　　　（30-27）

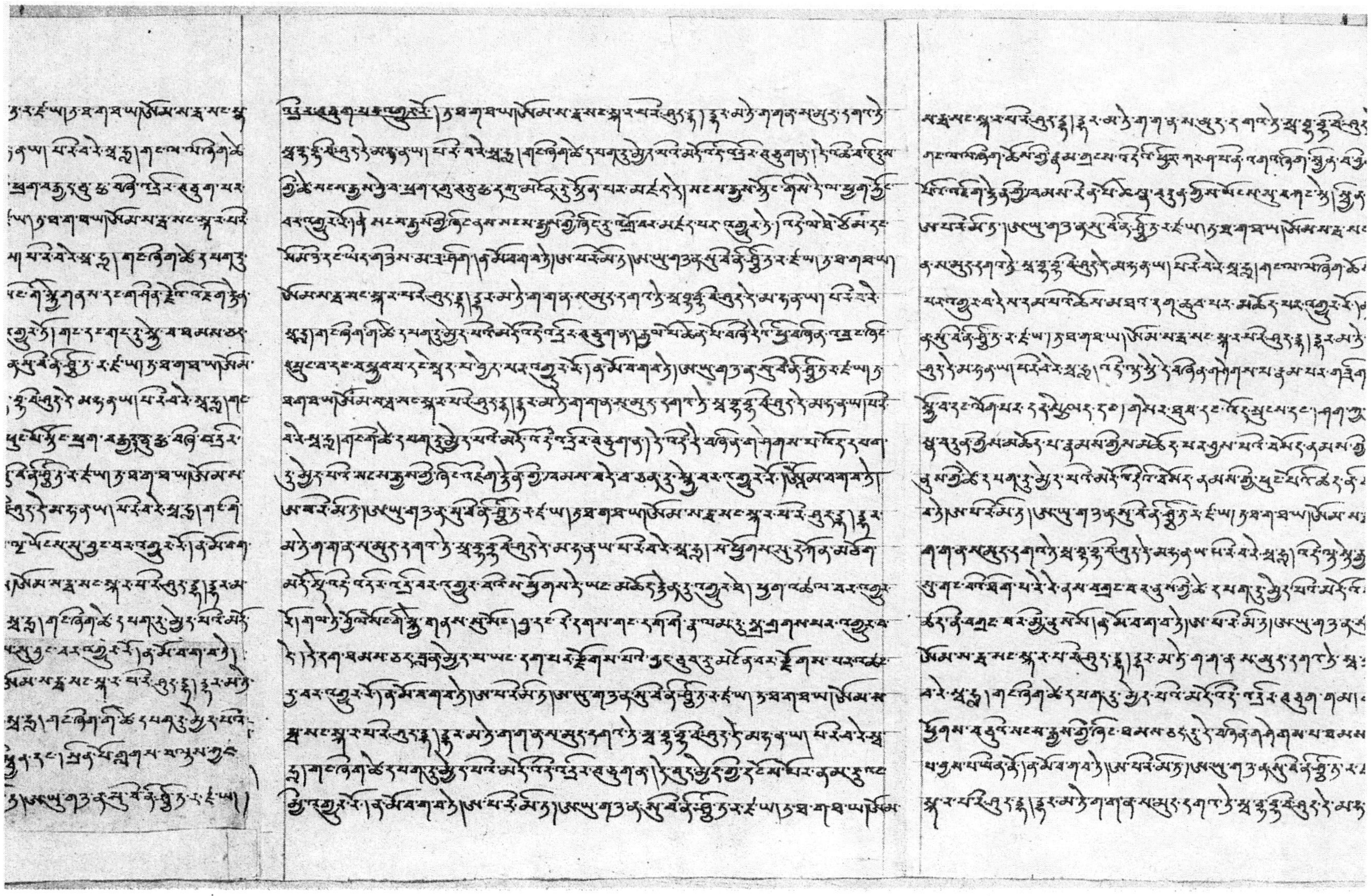

BD14352 號 5　藏文（無量壽宗要經甲本）　（30–28）

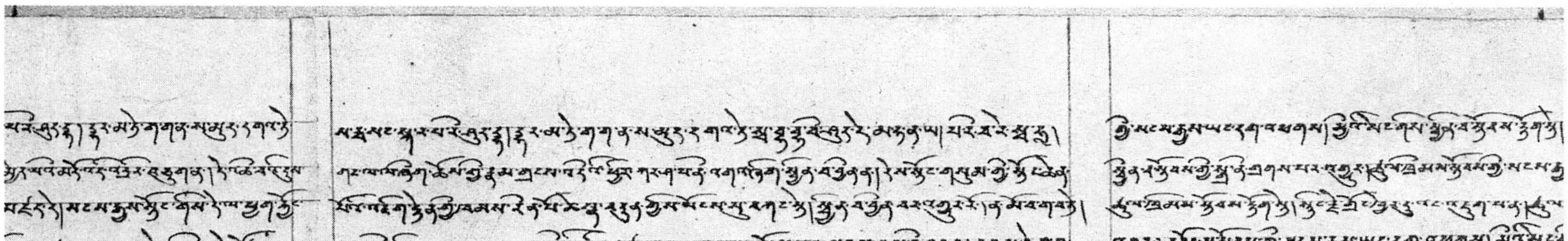

BD14352 號 5　藏文（無量壽宗要經甲本）　（30–29）

BD14352 號 5　藏文（無量壽宗要經甲本）　　　　　　　　　　　　　（30–30）

BD14353 號　藏文（無量壽宗要經乙本）　　　　　　　　　　　　　（8–1）

BD14353 號　藏文（無量壽宗要經乙本）　　　　　　　　　　　　（8-2）

BD14353 號　藏文（無量壽宗要經乙本）　　　　　　　　　　　　（8-3）

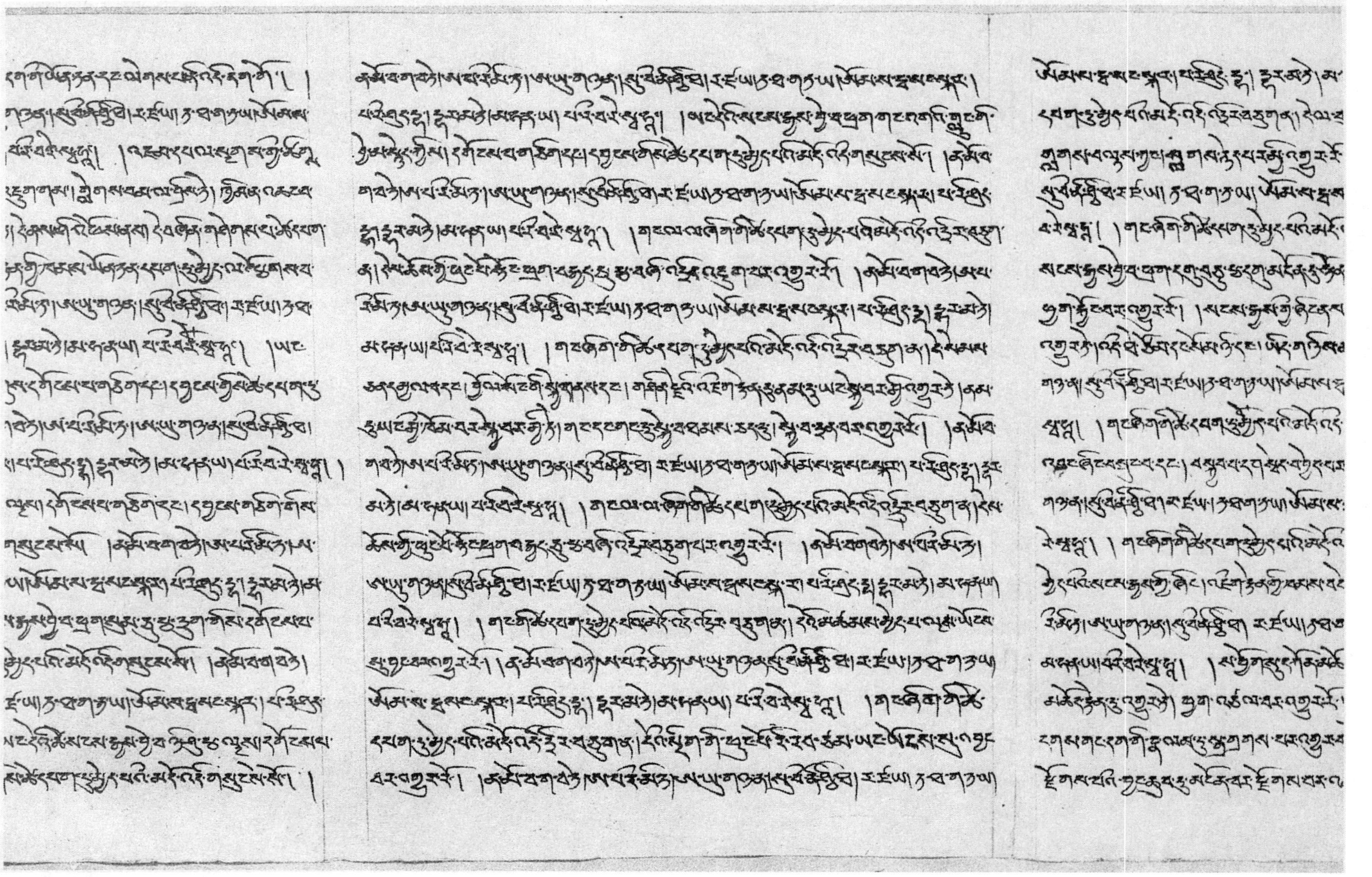

BD14353號　藏文(無量壽宗要經乙本)　(8–4)

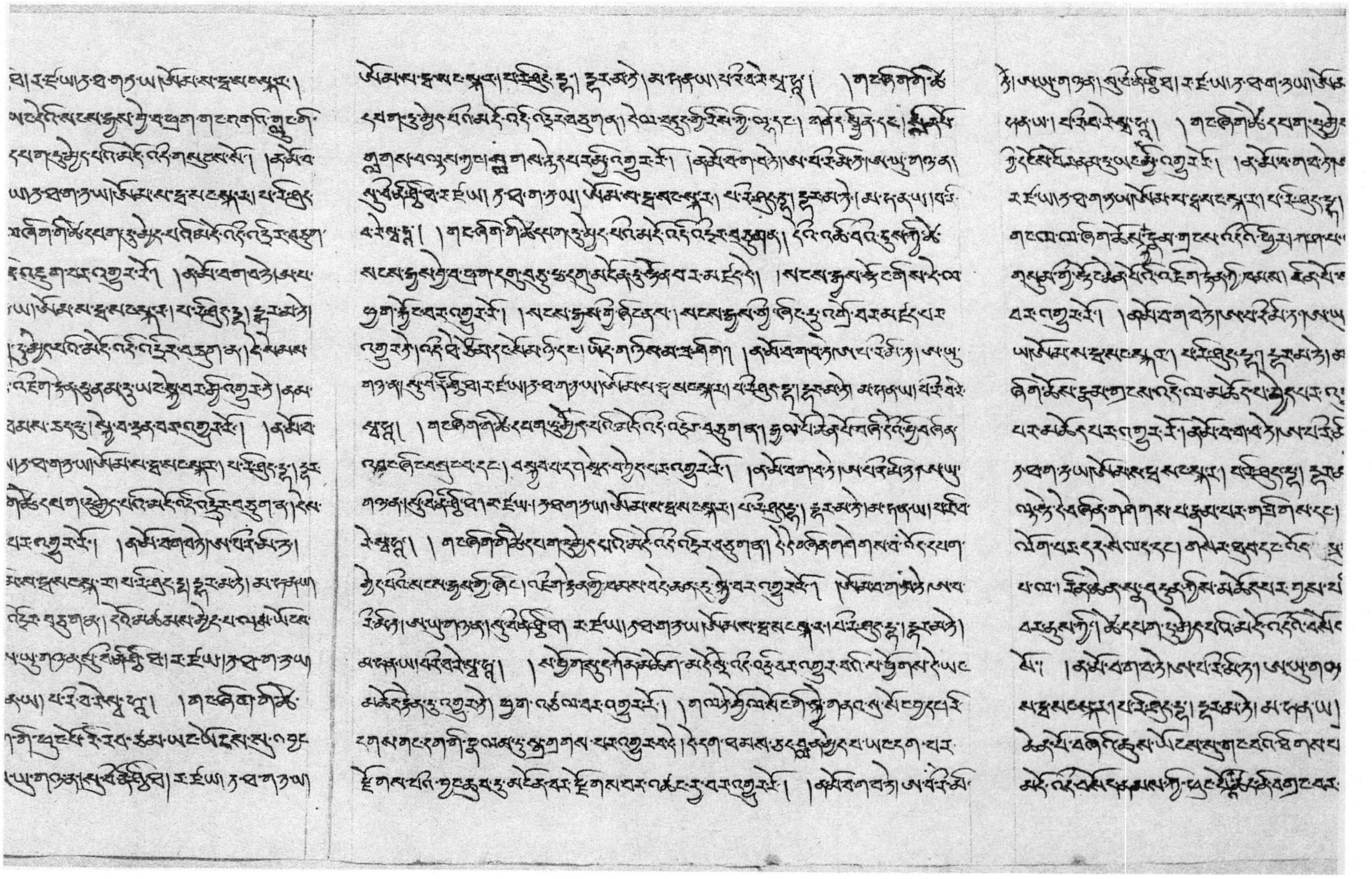

BD14353號　藏文(無量壽宗要經乙本)　(8–5)

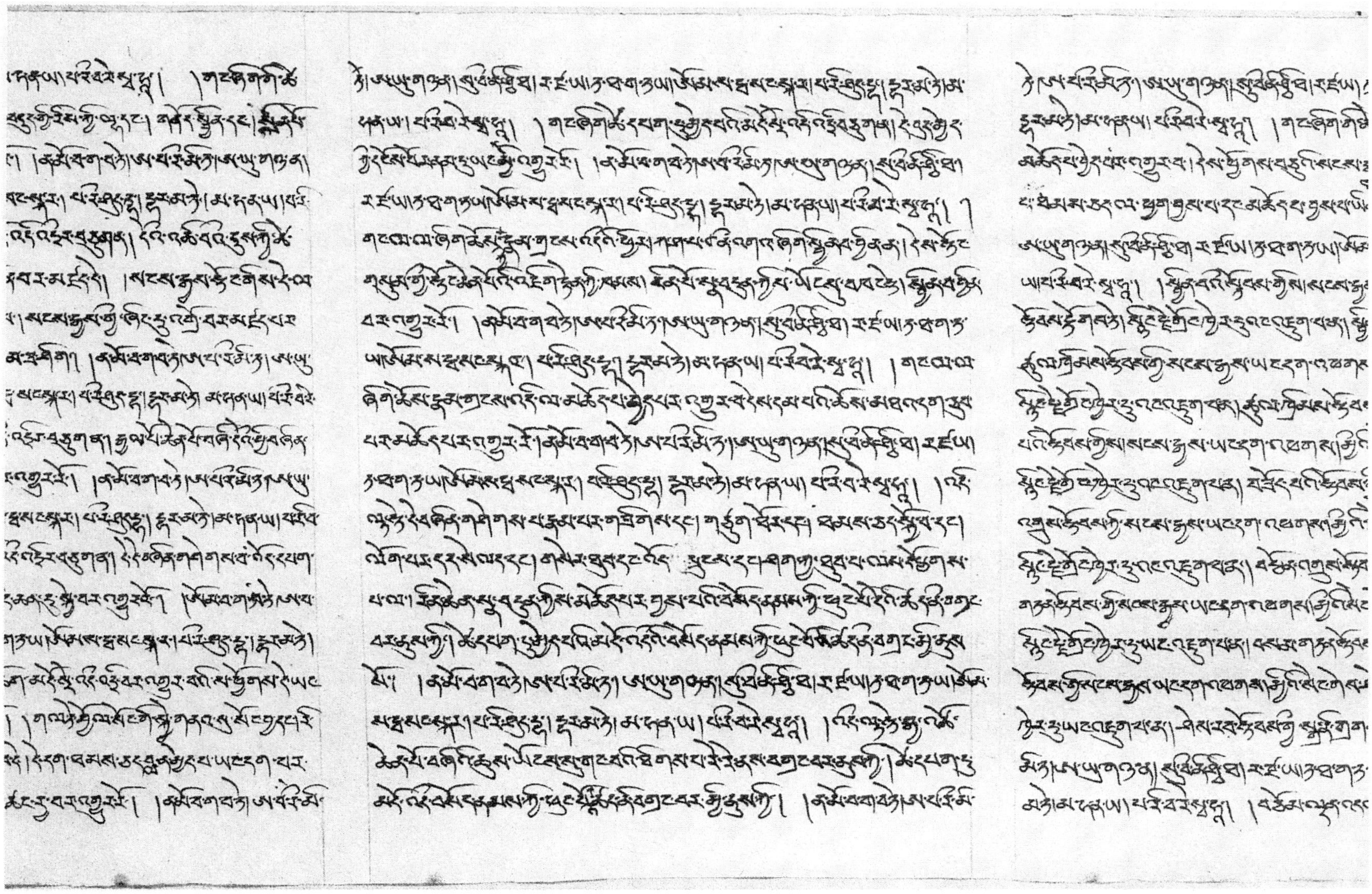

BD14353 號　藏文（無量壽宗要經乙本）　（8–6）

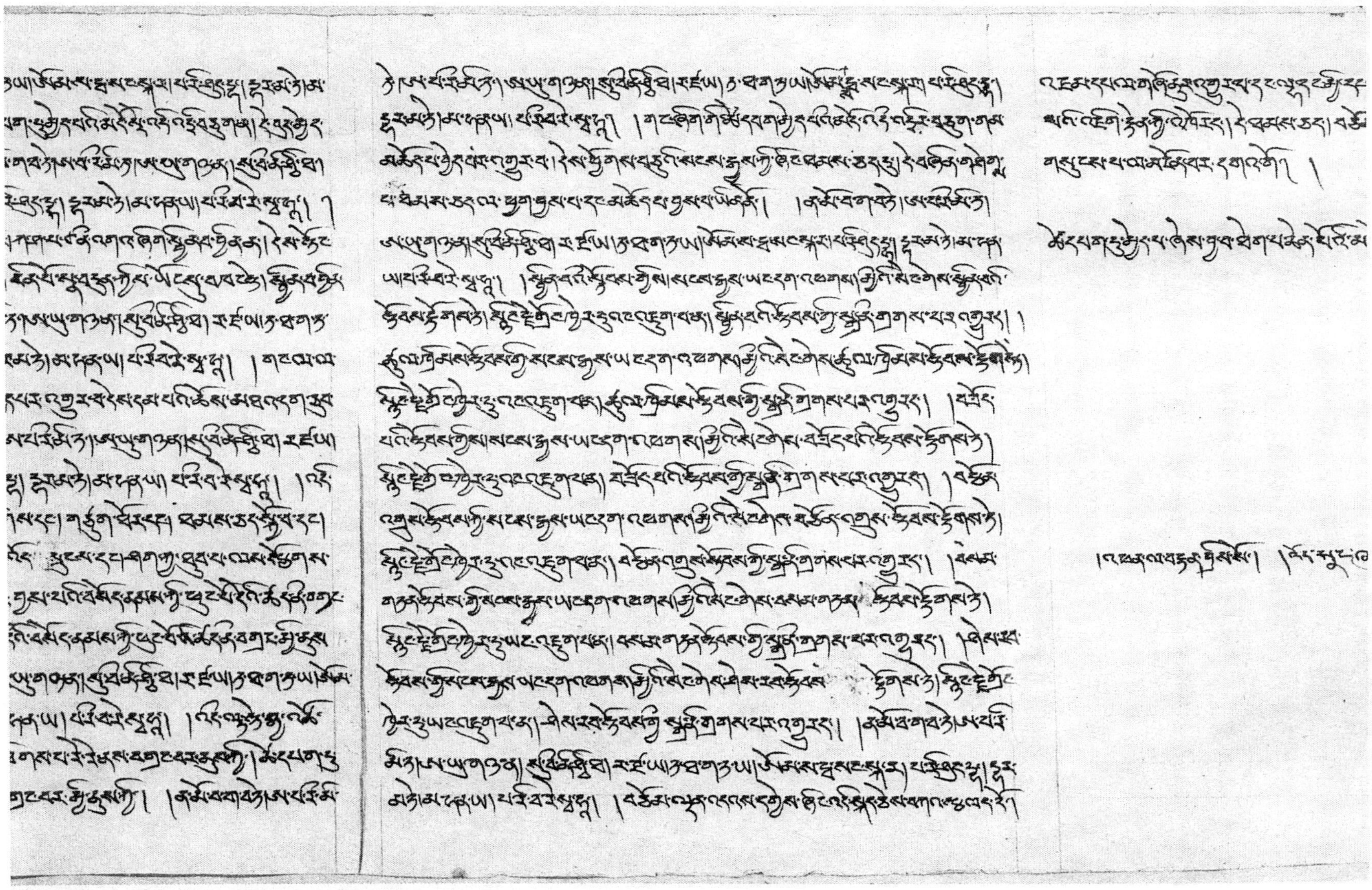

BD14353 號　藏文（無量壽宗要經乙本）　（8–7）

BD14353 號　藏文（無量壽宗要經乙本）　　　　　　　　　　　　　　　（8-8）

BD14354 號　藏文（無量壽宗要經甲本）　　　　　　　　　　　　　　　（6-1）

BD14354 號　藏文（無量壽宗要經甲本）　　　　　　　　　　　　（6-2）

BD14354 號　藏文（無量壽宗要經甲本）　　　　　　　　　　　　（6-3）

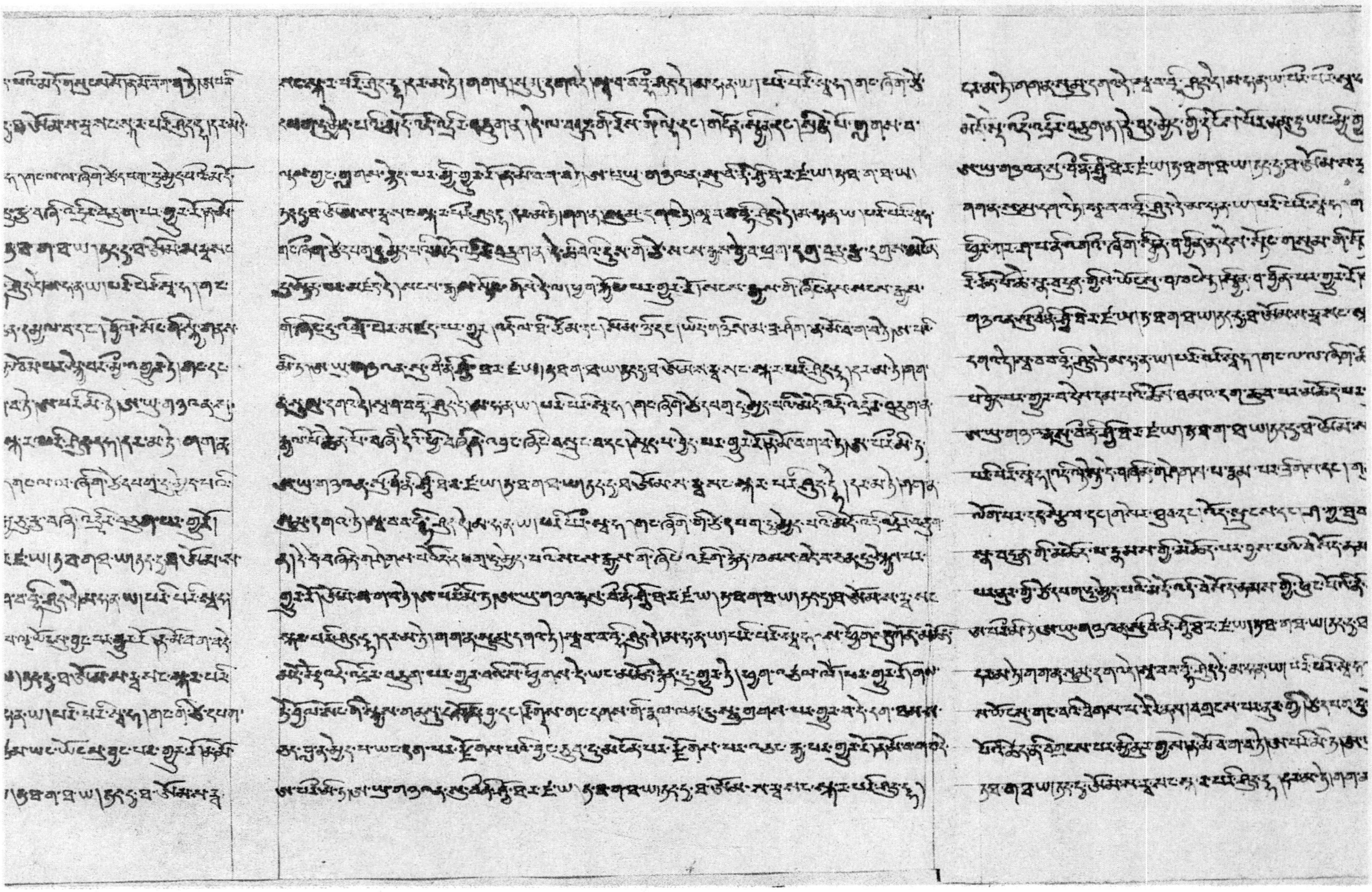

BD14354 號　藏文（無量壽宗要經甲本）　　（6–4）

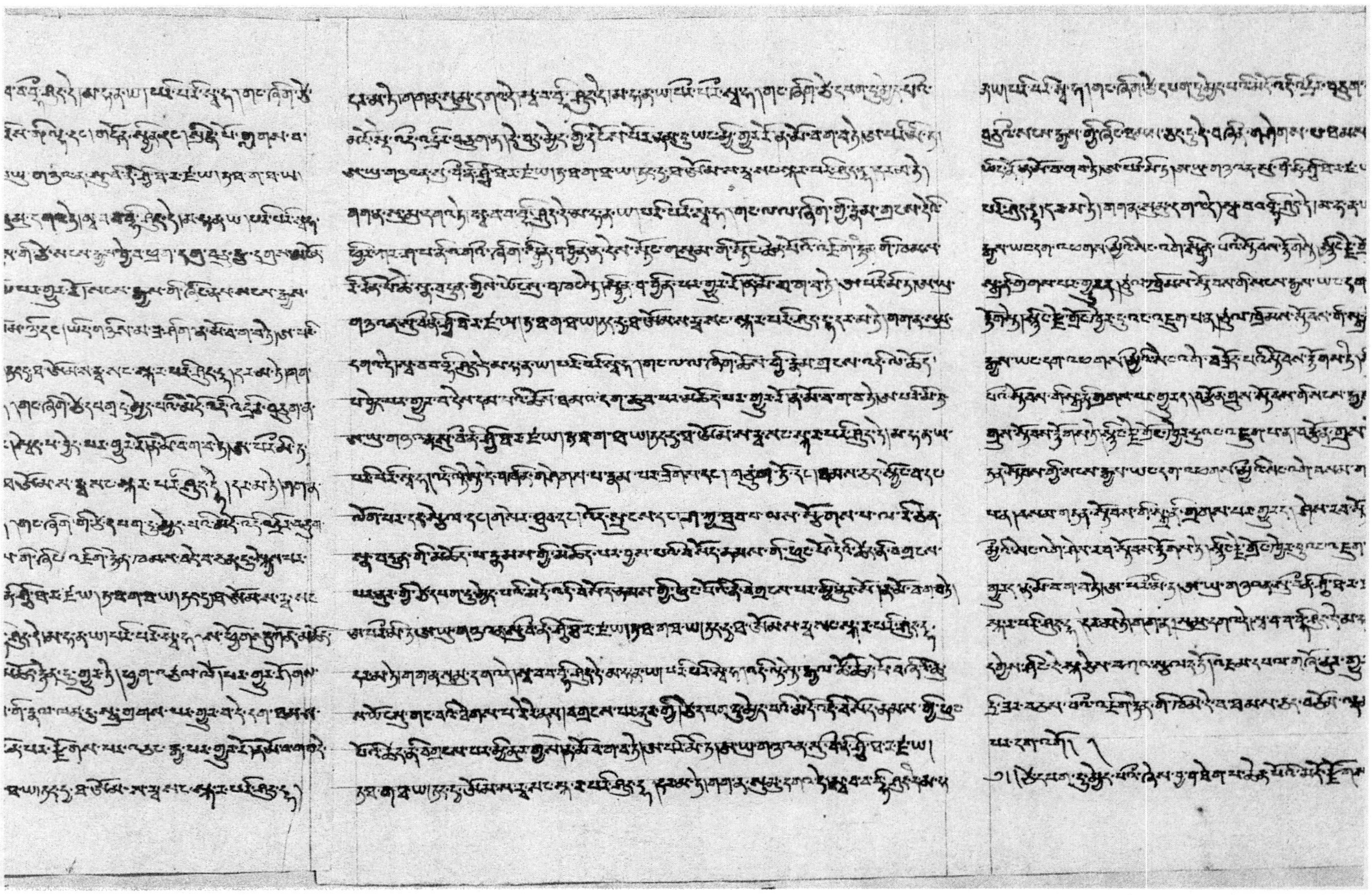

BD14354 號　藏文（無量壽宗要經甲本）　　（6–5）

BD14354 號　藏文（無量壽宗要經甲本）　　　　　　　　　　　　　　　　　（6-6）

BD14355 號 1　藏文（無量壽宗要經甲本）　　　　　　　　　　　　　　　（30-1）

BD14355 號 1　藏文（無量壽宗要經甲本）　　　　　　　　　　（30-2）

BD14355 號 1　藏文（無量壽宗要經甲本）　　　　　　　　　　（30-3）

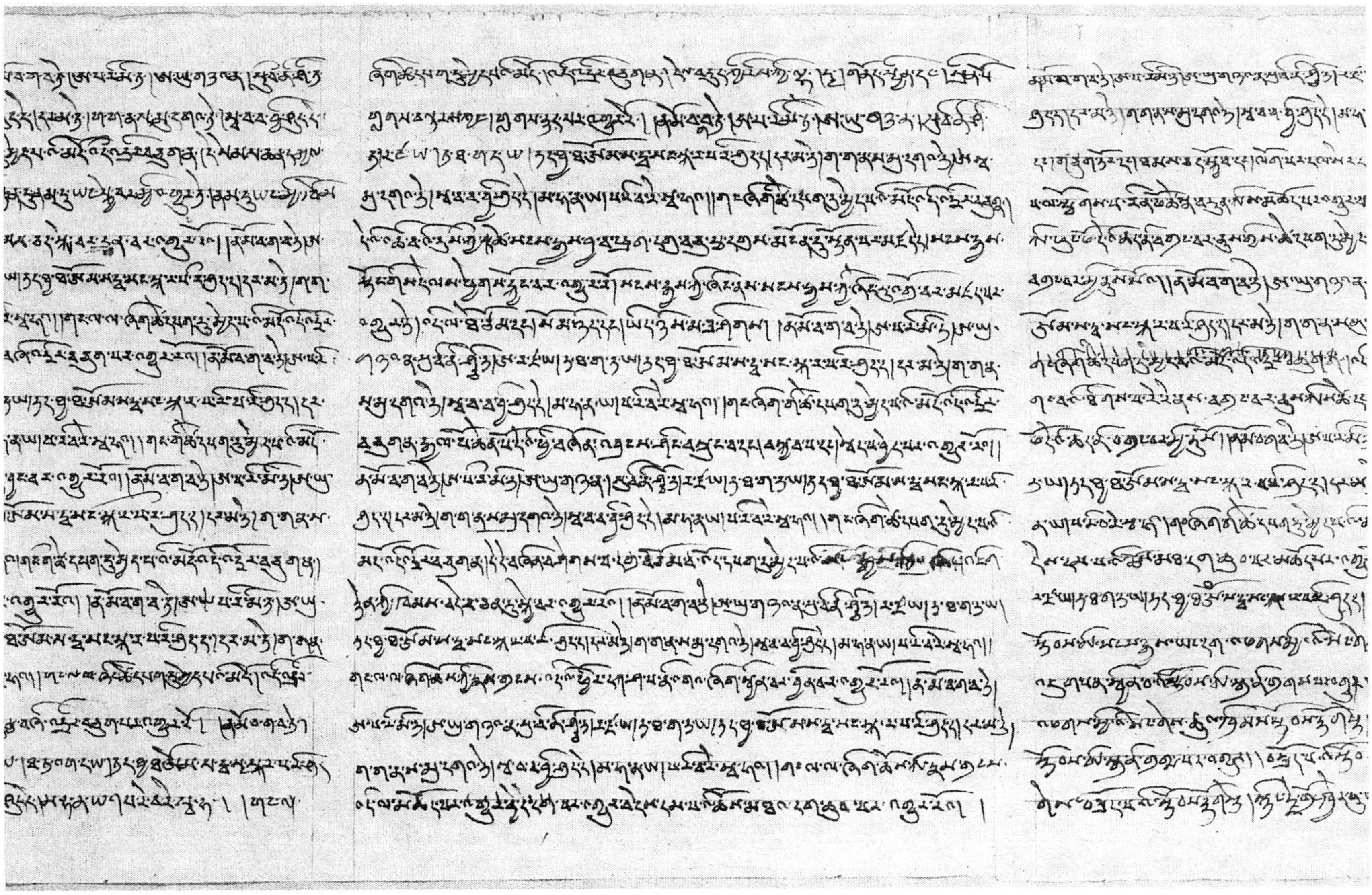

BD14355 號 1　藏文（無量壽宗要經甲本）　（30–4）

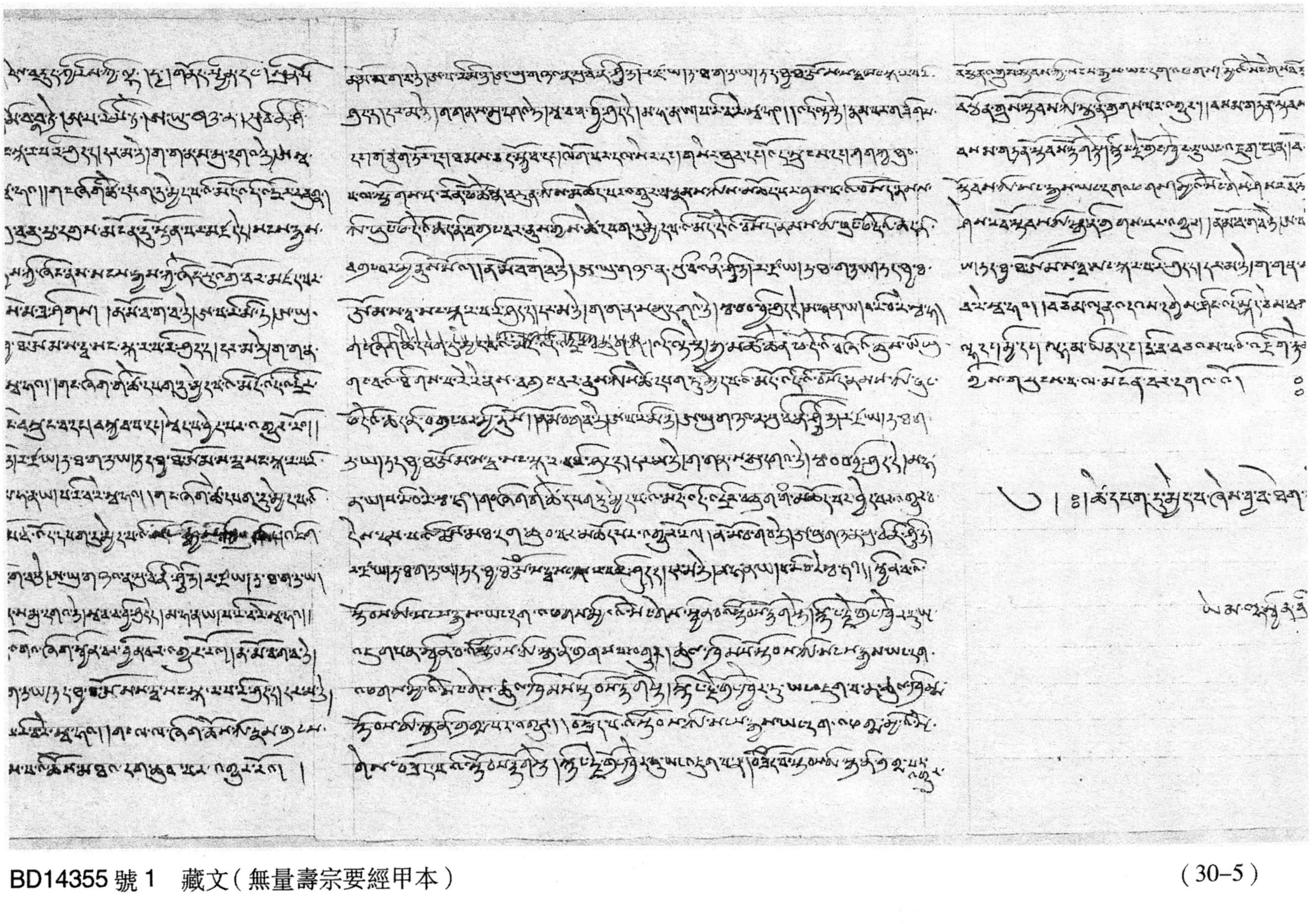

BD14355 號 1　藏文（無量壽宗要經甲本）　（30–5）

BD14355 號 1　藏文（無量壽宗要經甲本）　　　　　　　　　　　　（30-6）

BD14355 號 2　藏文（無量壽宗要經甲本）　　　　　　　　　　　　（30-7）

BD14355 號 2　藏文（無量壽宗要經甲本）　　　　　　　　　　　　　　（30-8）

BD14355 號 2　藏文（無量壽宗要經甲本）　　　　　　　　　　　　　　（30-9）

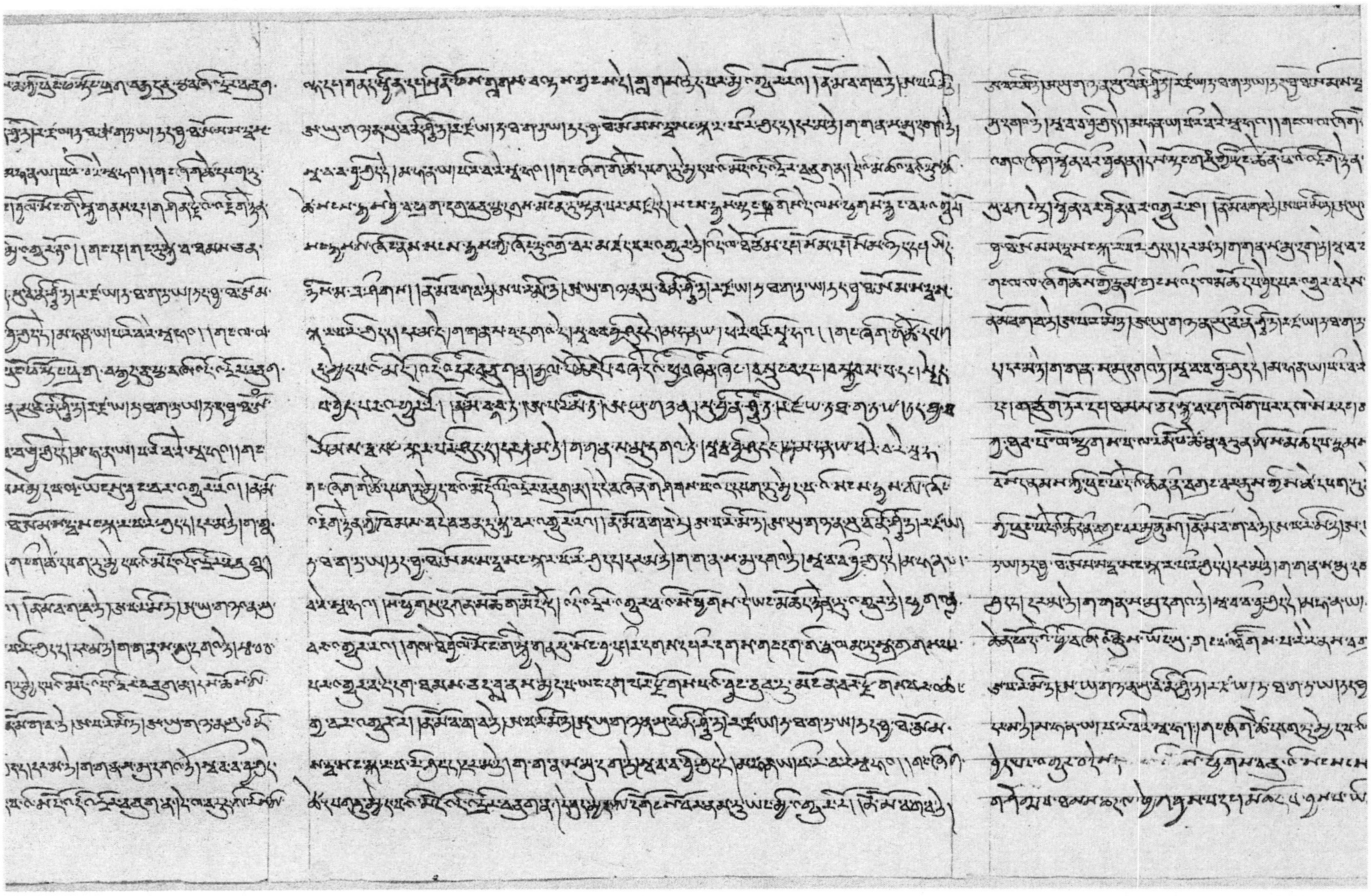

BD14355 號 2　藏文（無量壽宗要經甲本）　　（30–10）

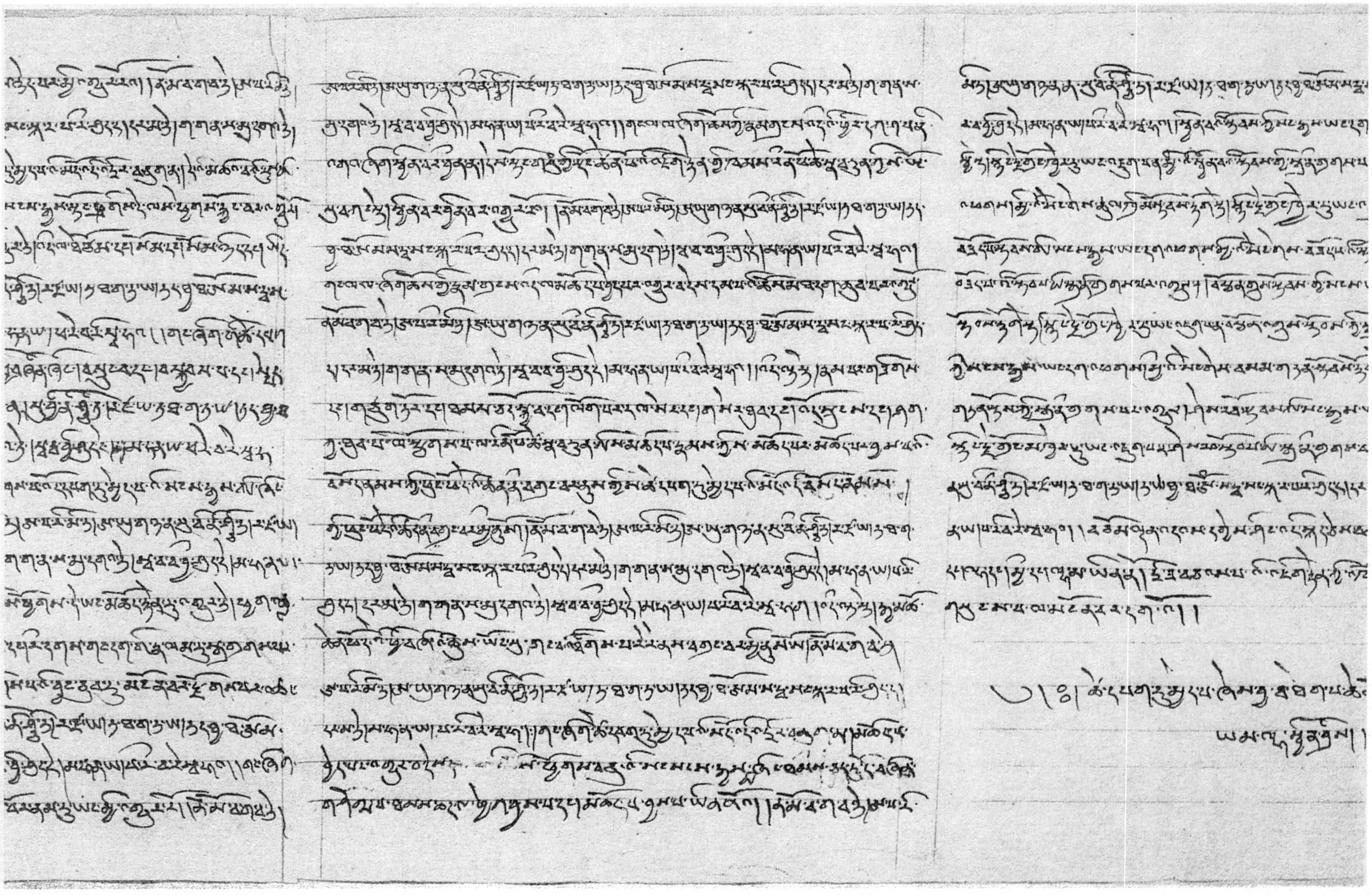

BD14355 號 2　藏文（無量壽宗要經甲本）　　（30–11）

BD14355 號 2　藏文（無量壽宗要經甲本）　　　　　　　　　　　　　　　　　　　　（30-12）

BD14355 號 3　藏文（無量壽宗要經甲本）　　　　　　　　　　　　　　　　　　　　（30-13）

BD14355 號 3　藏文（無量壽宗要經甲本）　　　　　　　　　　（30-14）

BD14355 號 3　藏文（無量壽宗要經甲本）　　　　　　　　　　（30-15）

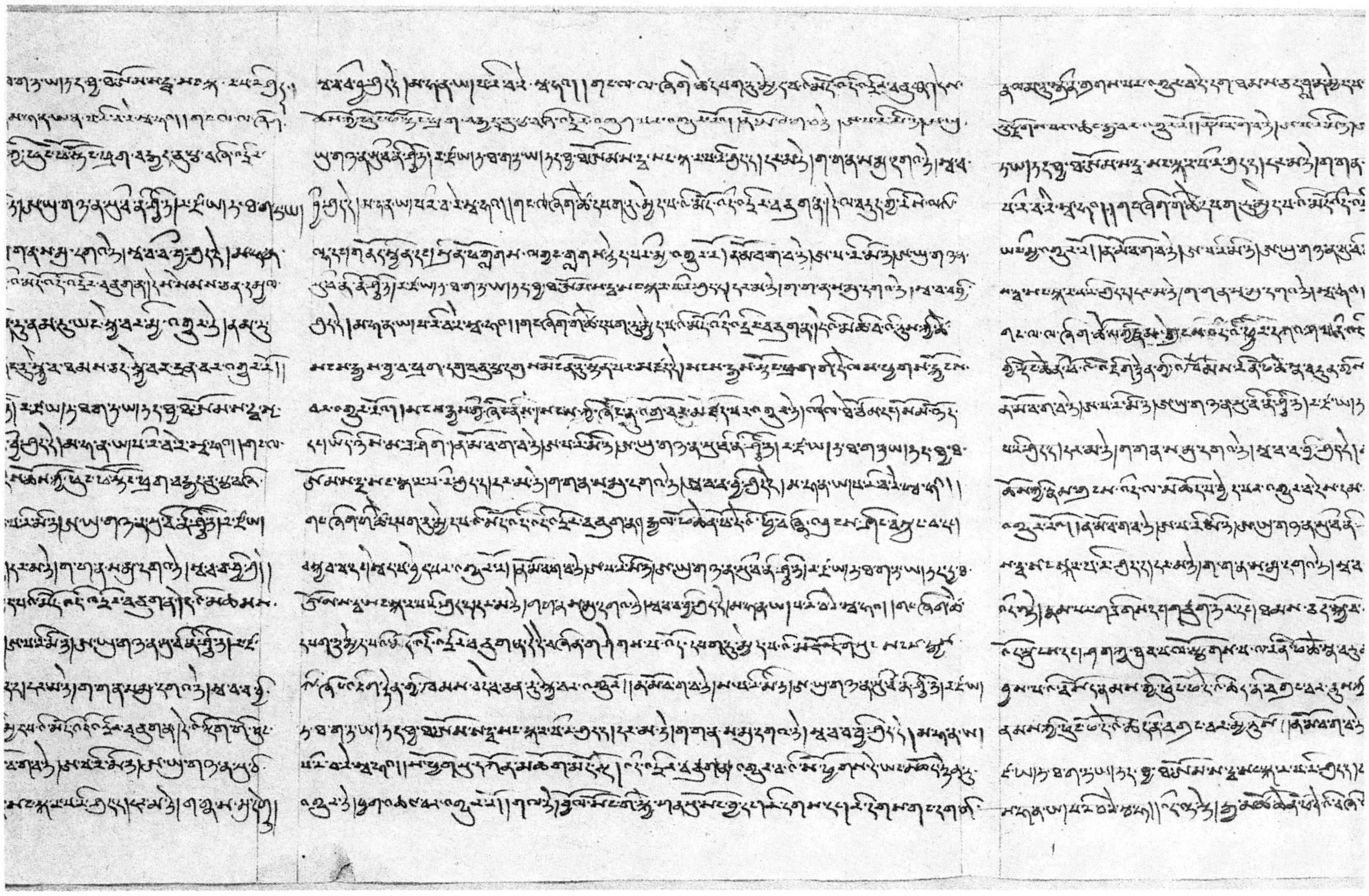

BD14355 號 3　藏文（無量壽宗要經甲本）　　（30–16）

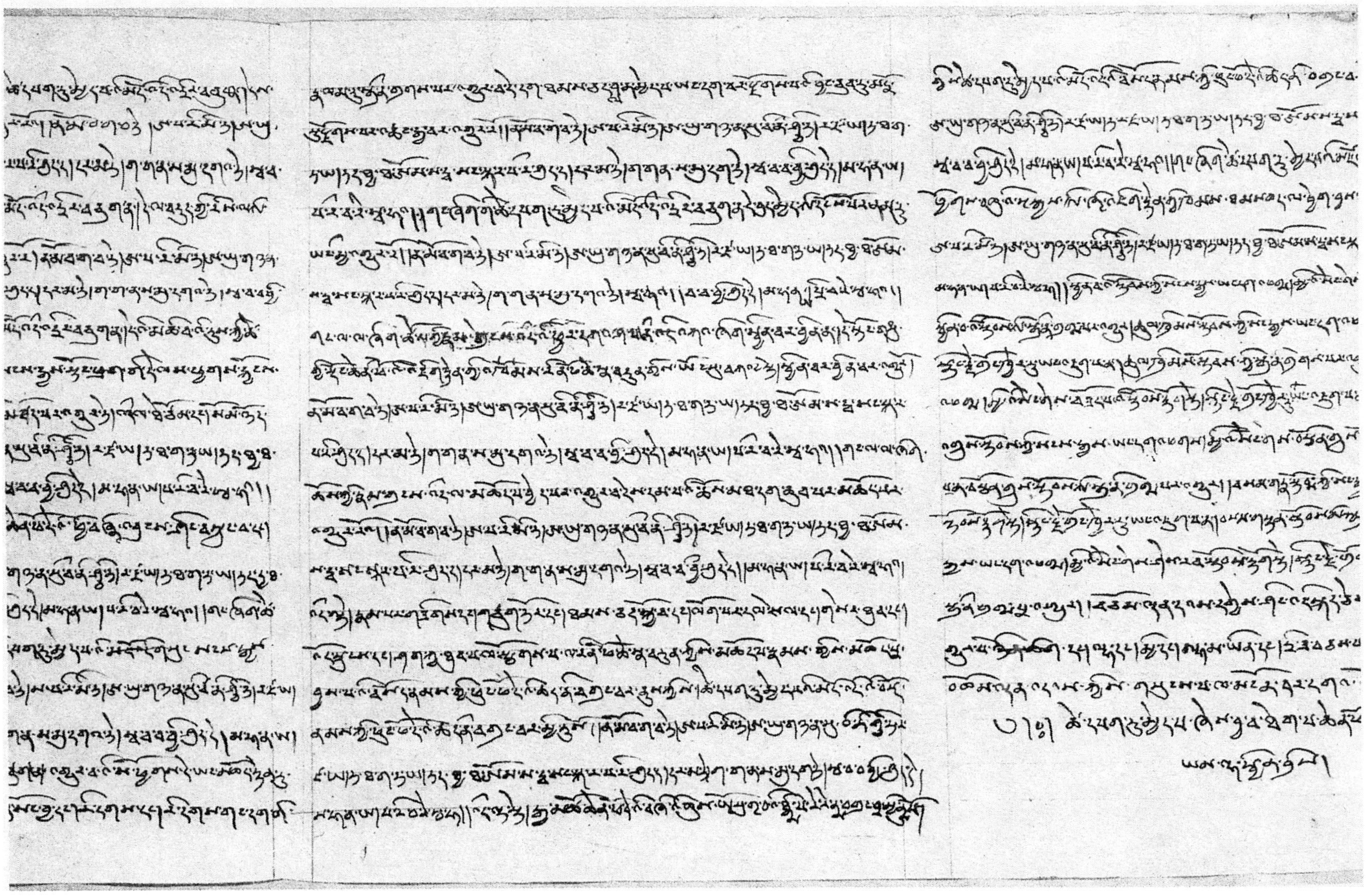

BD14355 號 3　藏文（無量壽宗要經甲本）　　（30–17）

BD14355 號 3　藏文（無量壽宗要經甲本）　　　　　　　　　　　　　　（30-18）

BD14355 號 4　藏文（無量壽宗要經甲本）　　　　　　　　　　　　　　（30-19）

BD14355 號 4　藏文（無量壽宗要經甲本）　　　　　　　　　　　　（30–20）

BD14355 號 4　藏文（無量壽宗要經甲本）　　　　　　　　　　　　（30–21）

BD14355 號 4　藏文（無量壽宗要經甲本）

BD14355 號 4　藏文（無量壽宗要經甲本）

BD14355 號 4　藏文（無量壽宗要經甲本）　　　　　　　　　　　　　　　　　（30-24）

BD14355 號 5　藏文（無量壽宗要經甲本）　　　　　　　　　　　　　　　　　（30-25）

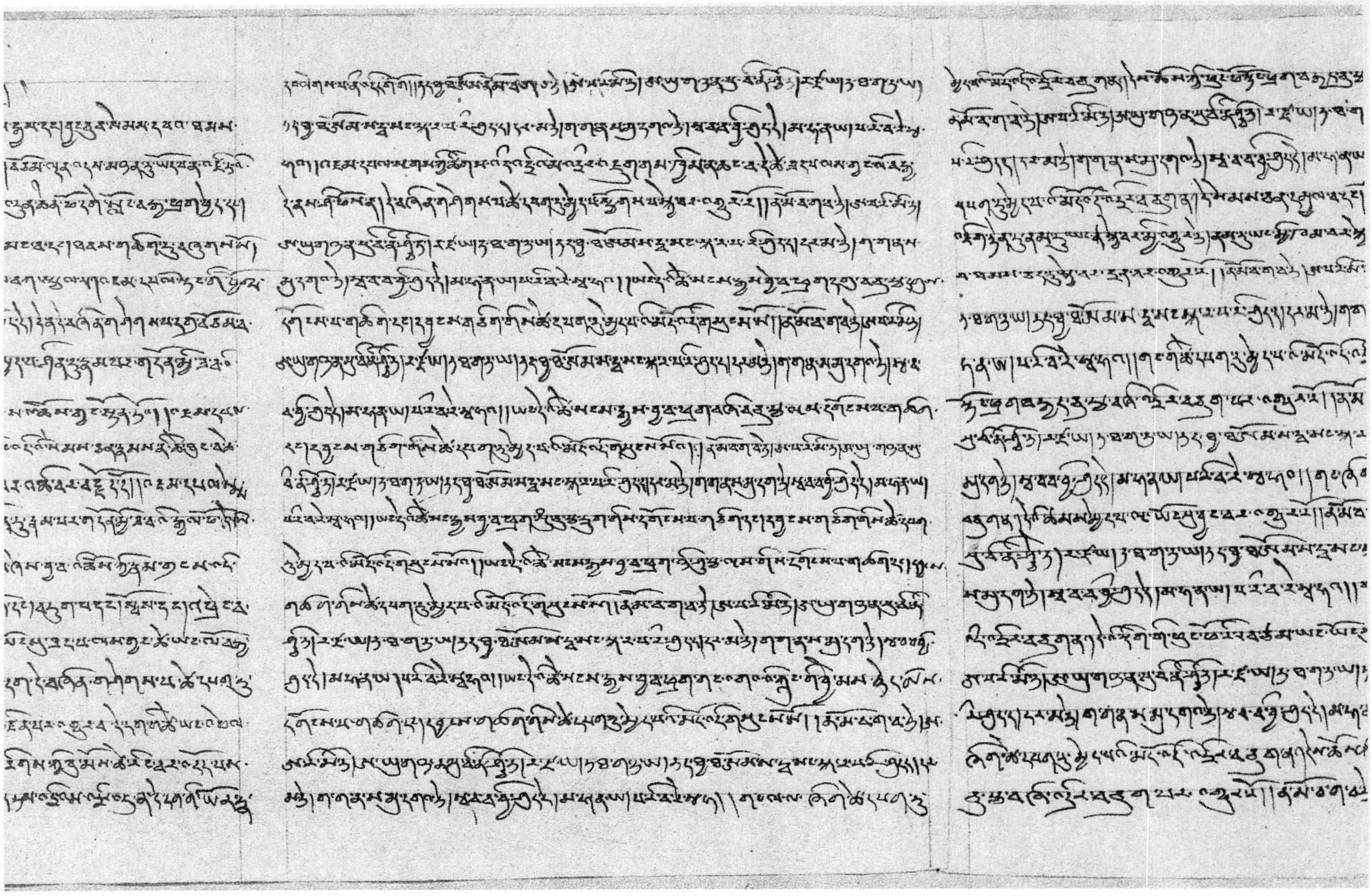

BD14355 號 5　藏文（無量壽宗要經甲本）　　（30–26）

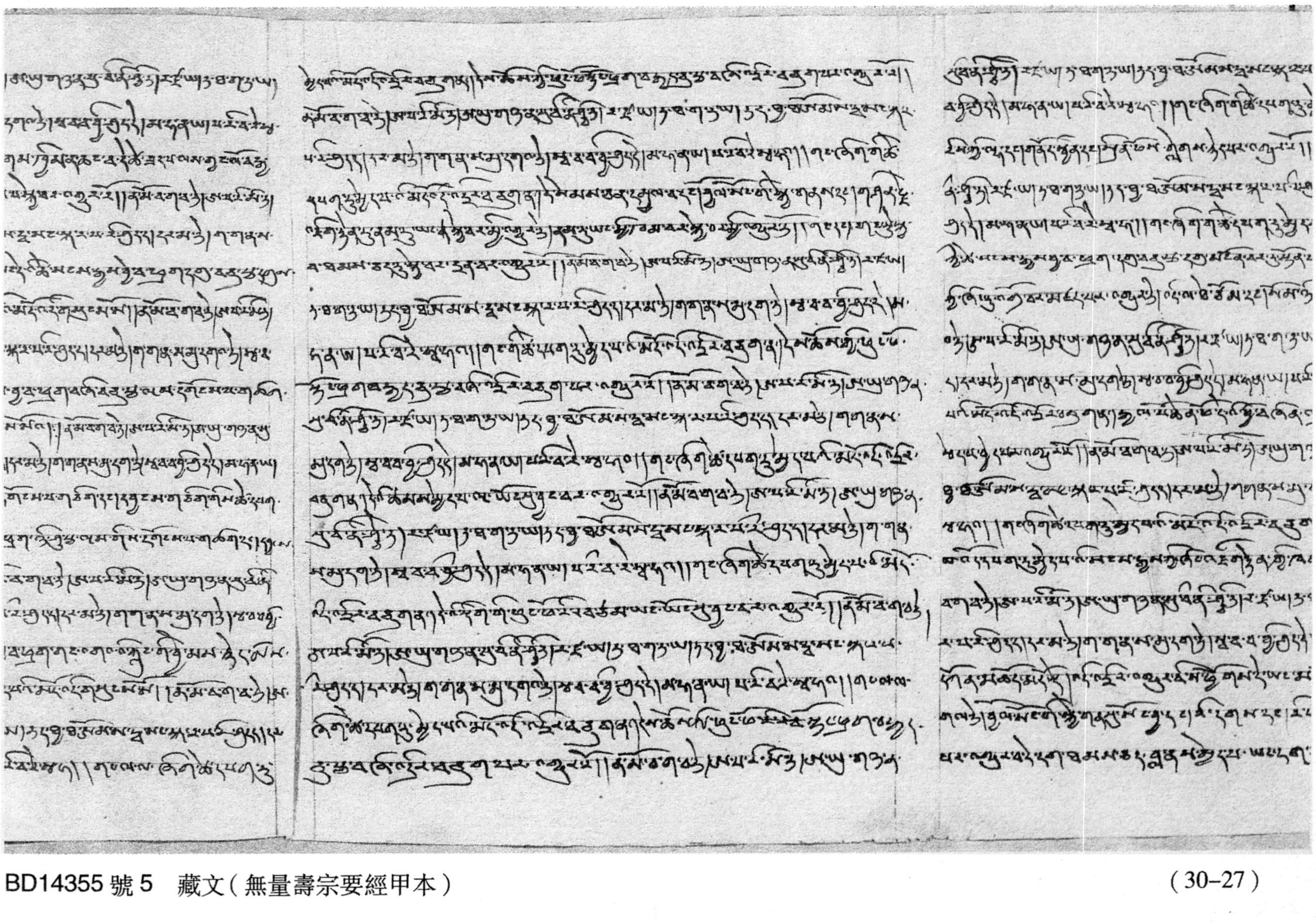

BD14355 號 5　藏文（無量壽宗要經甲本）　　（30–27）

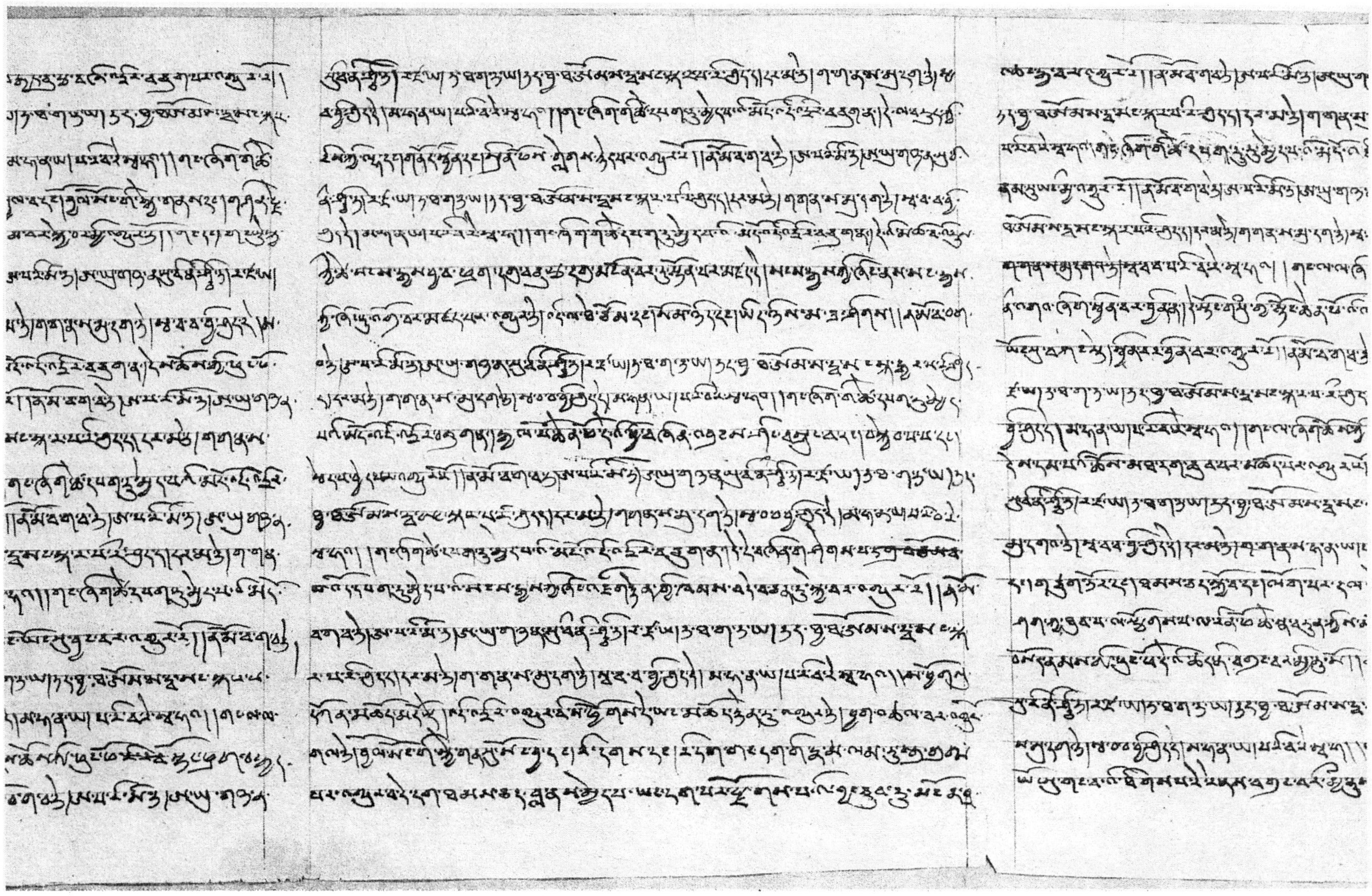

BD14355 號 5　藏文（無量壽宗要經甲本）　（30–28）

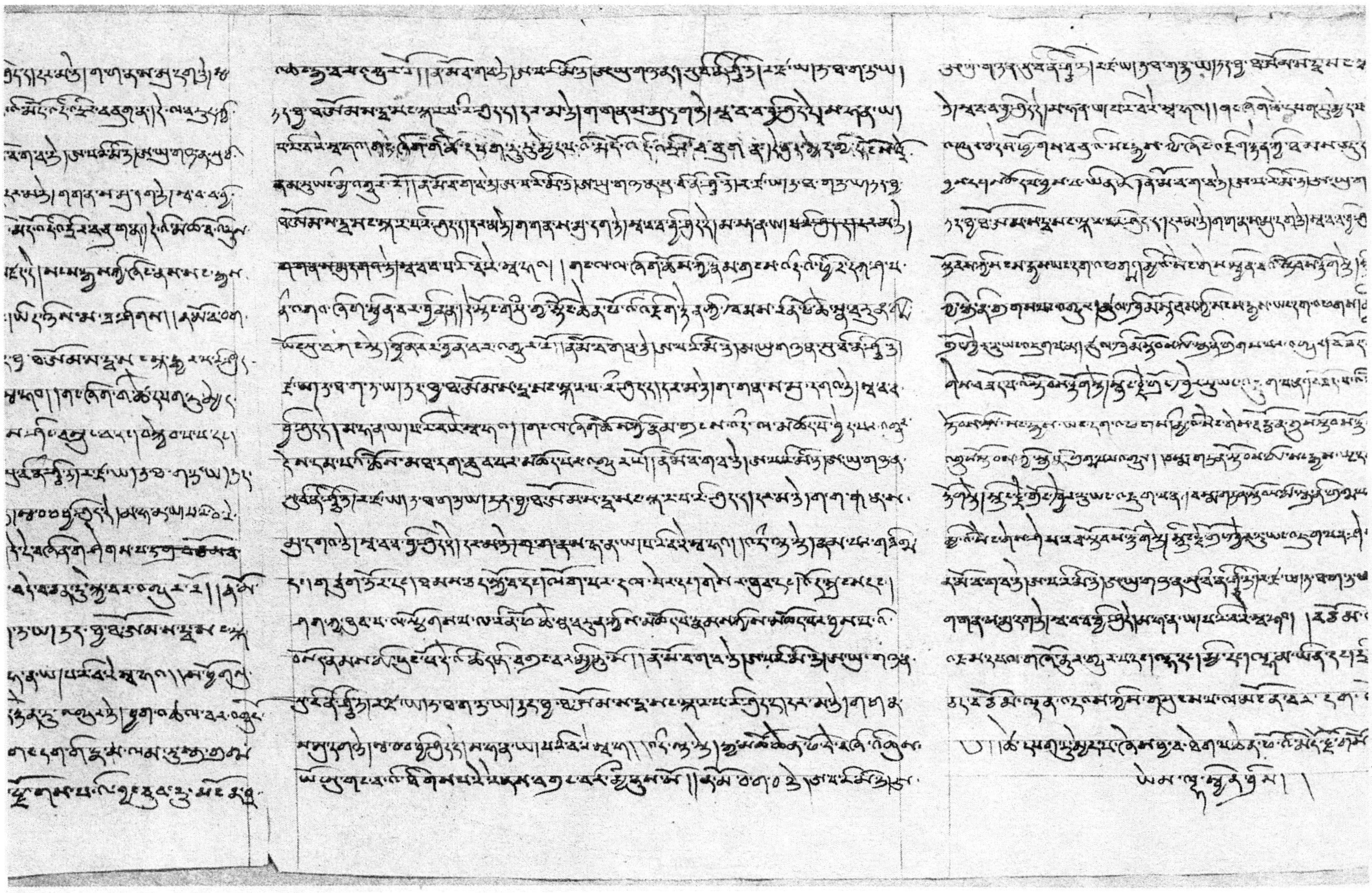

BD14355 號 5　藏文（無量壽宗要經甲本）　（30–29）

BD14355 號 5　藏文（無量壽宗要經甲本）　　　　　　　　　　　　（30–30）

BD14355 號背　雜寫　　　　　　　　　　　　　　　　　　　　（1–1）

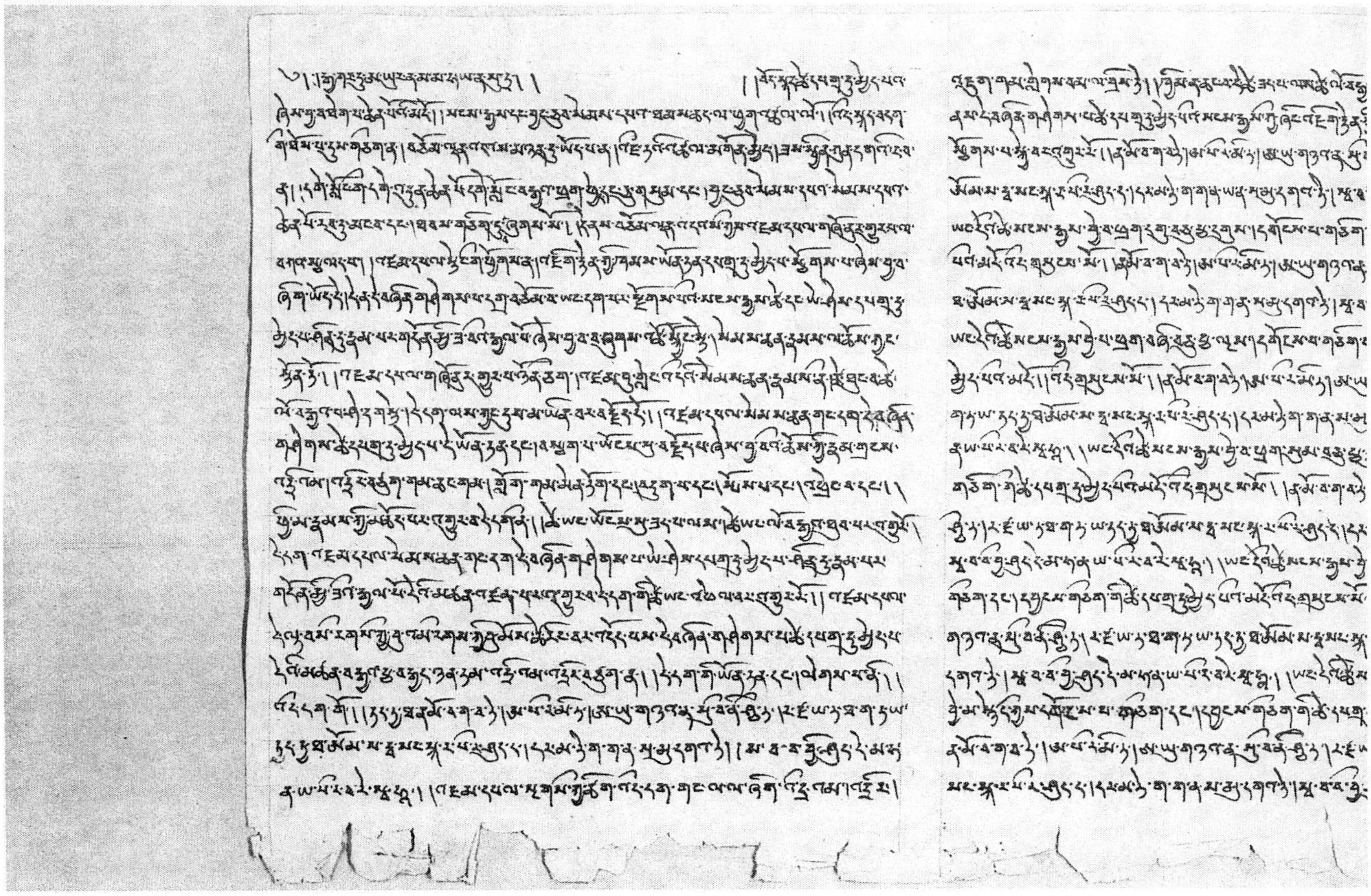

BD14356 號 1　藏文(無量壽宗要經甲本)　（18–1）

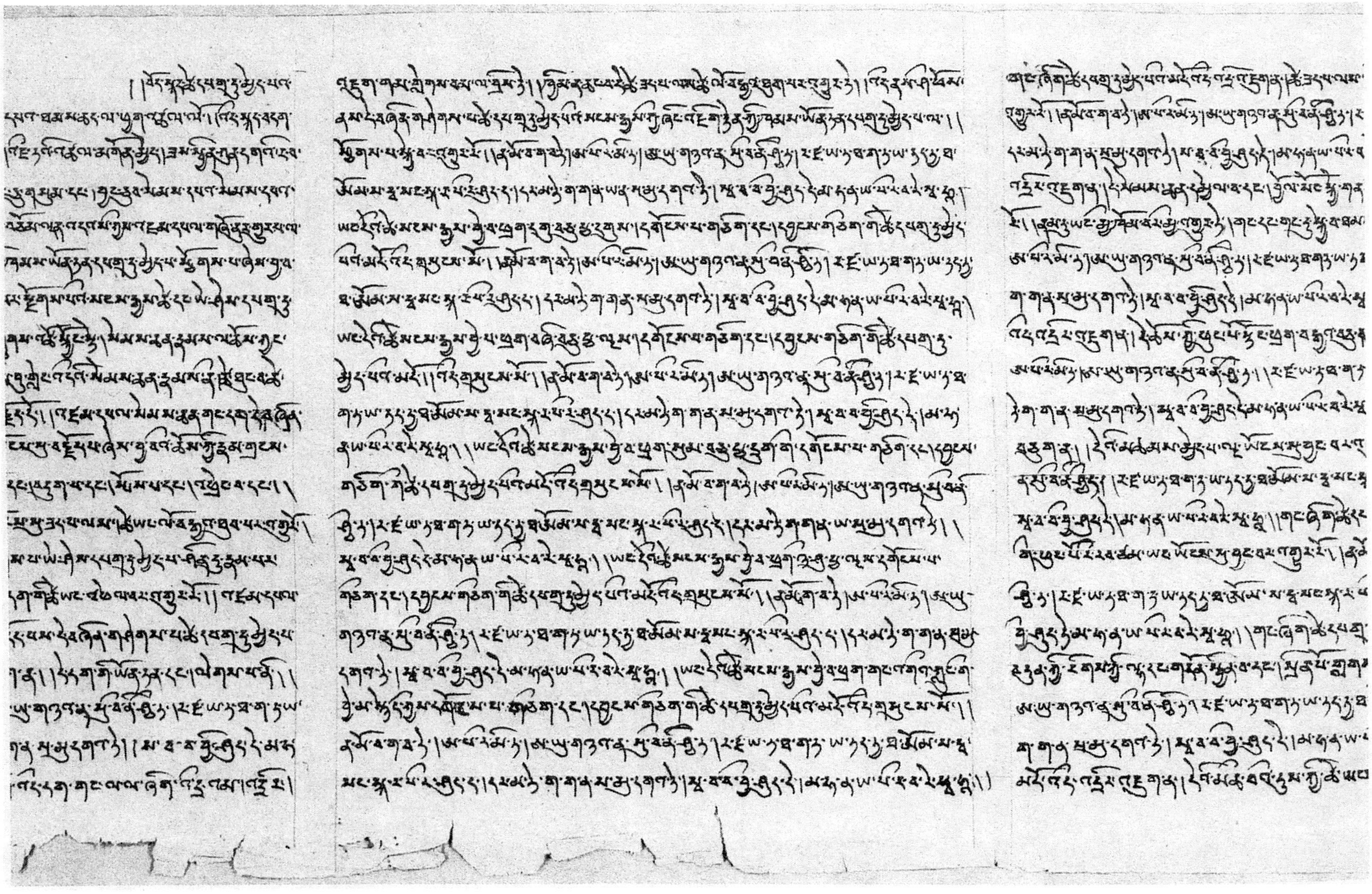

BD14356 號 1　藏文(無量壽宗要經甲本)　（18–2）

BD14356 號 1　藏文（無量壽宗要經甲本）　　　　　　　　　　　　（18-3）

BD14356 號 1　藏文（無量壽宗要經甲本）　　　　　　　　　　　　（18-4）

BD14356 號 1　藏文（無量壽宗要經甲本）　　　　　　　　　　　　　　　　　　　　（18-5）

BD14356 號 1　藏文（無量壽宗要經甲本）　　　　　　　　　　　　　　　　　　　　（18-6）

43

BD14356 號 2　藏文（無量壽宗要經甲本）　　　　　　　　　　　（18-7）

BD14356 號 2　藏文（無量壽宗要經甲本）　　　　　　　　　　　（18-8）

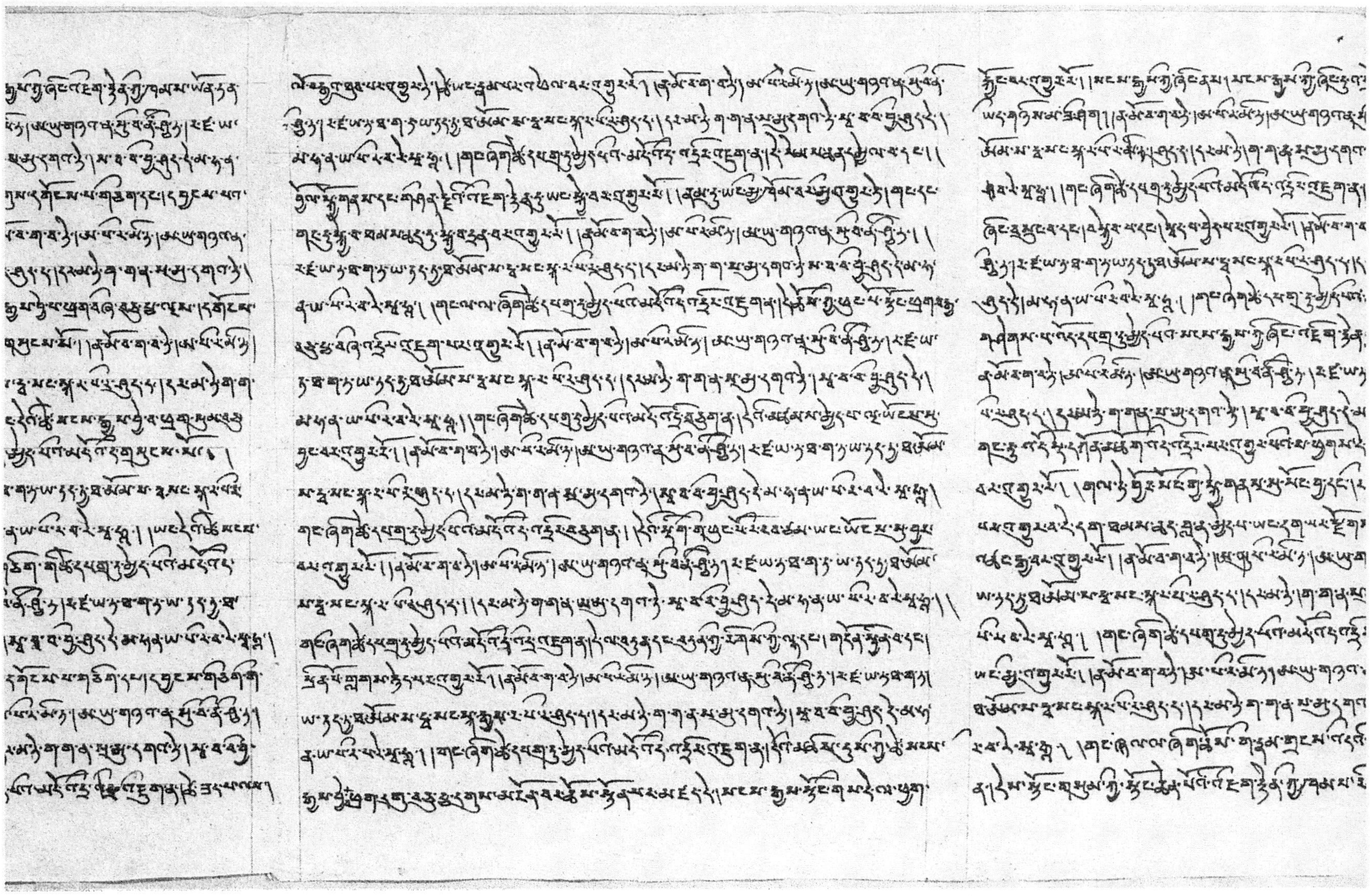

BD14356 號 2　藏文（無量壽宗要經甲本）　　　　（18–9）

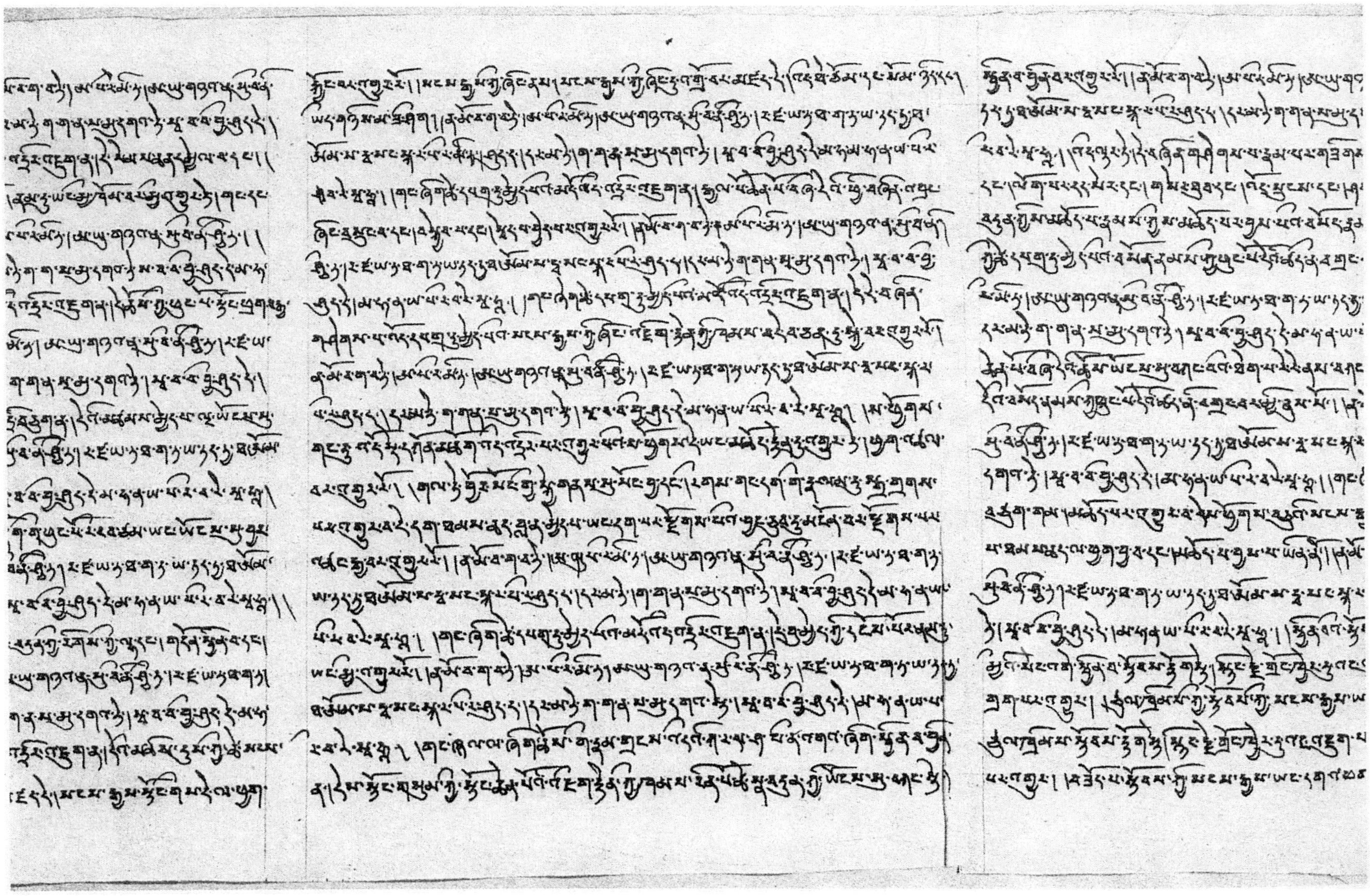

BD14356 號 2　藏文（無量壽宗要經甲本）　　　　（18–10）

BD14356 號 2　藏文（無量壽宗要經甲本）

BD14356 號 2　藏文（無量壽宗要經甲本）

BD14356 號 3　藏文（無量壽宗要經甲本）

BD14356 號 3　藏文（無量壽宗要經甲本）　　　　　　　　　　　　　　　　　　　　　　　　（18–13）

BD14356 號 3　藏文（無量壽宗要經甲本）　　　　　　　　　　　　　　　　　　　　　　　　（18–14）

BD14356 號 3　藏文（無量壽宗要經甲本）　　　　　　　　　　　（18-15）

BD14356 號 3　藏文（無量壽宗要經甲本）　　　　　　　　　　　（18-16）

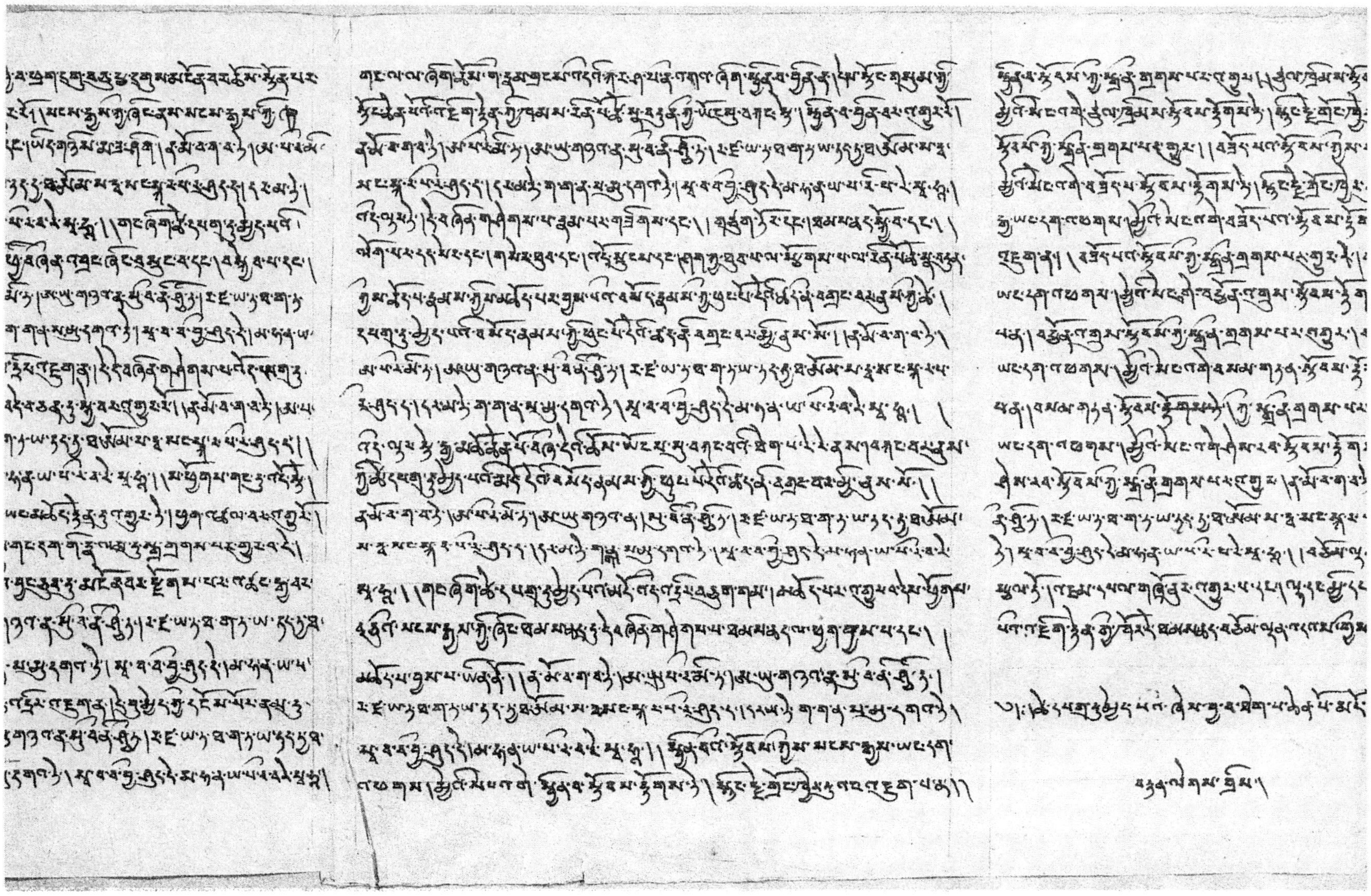

BD14356 號 3　藏文（無量壽宗要經甲本）　（18–17）

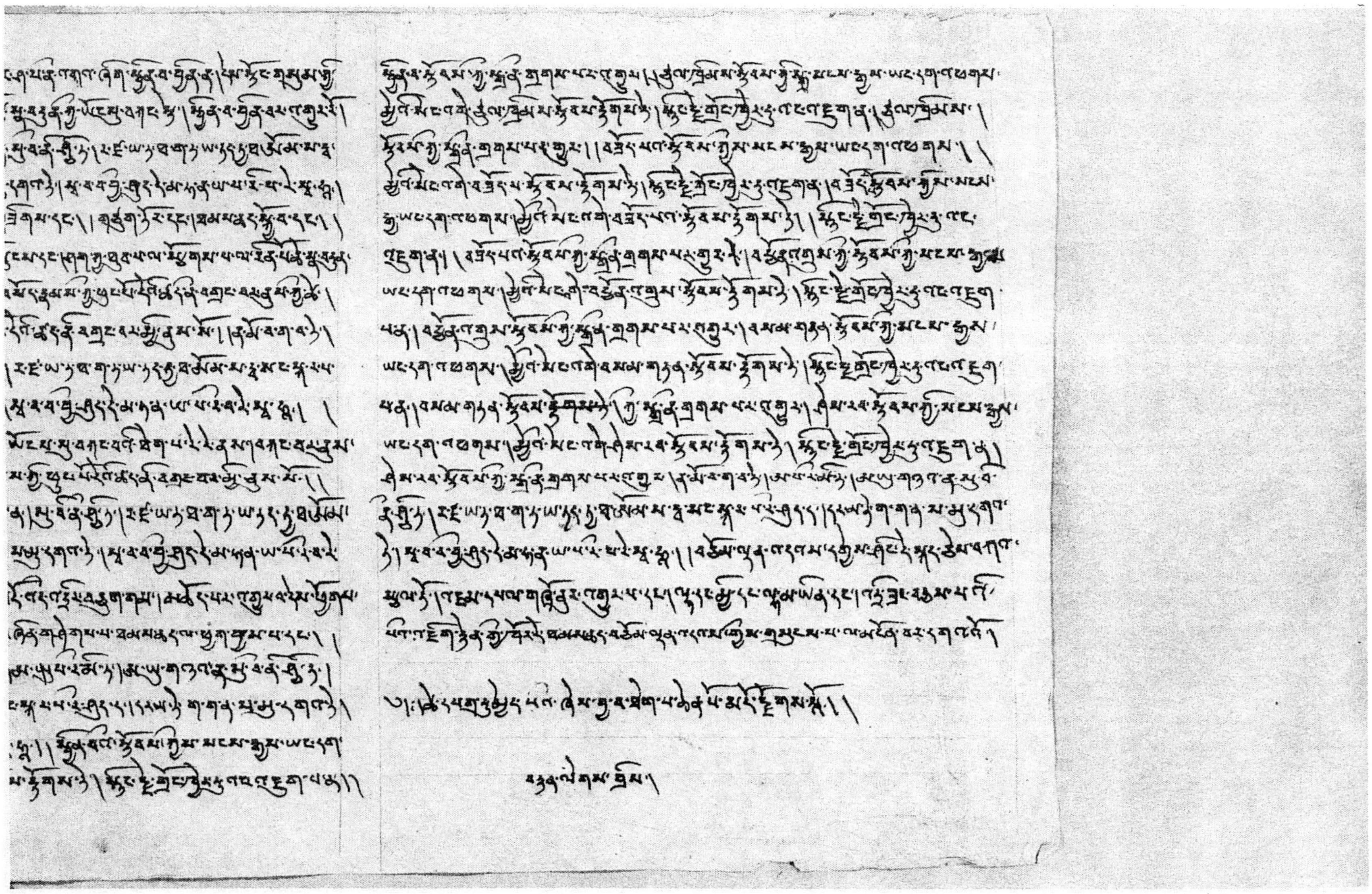

BD14356 號 3　藏文（無量壽宗要經甲本）　（18–18）

BD14357 號 1　藏文（無量壽宗要經甲本）　　　　　　　　　　　　　　（24-1）

BD14357 號 1　藏文（無量壽宗要經甲本）　　　　　　　　　　　　　　（24-2）

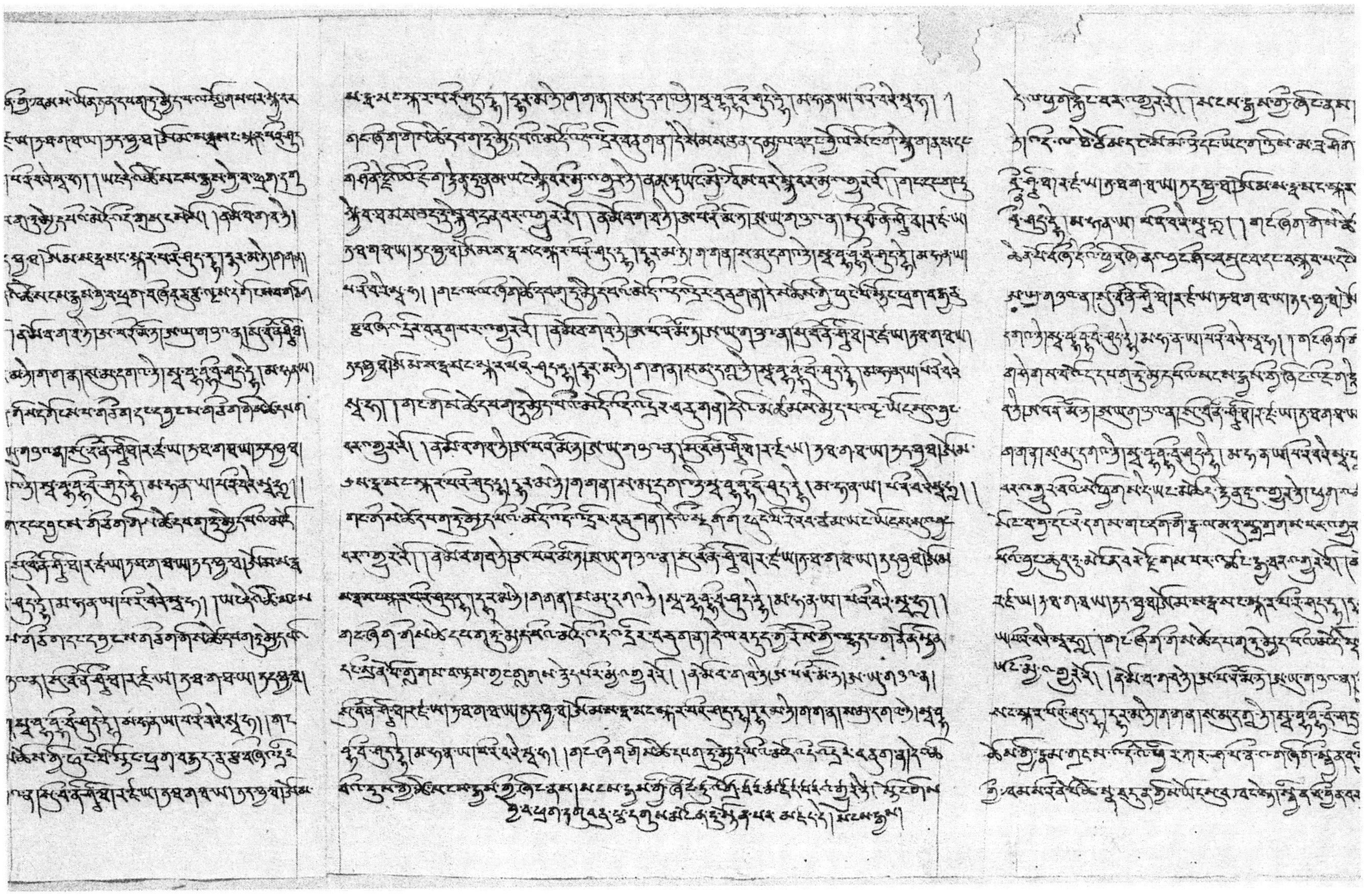

BD14357 號 1　藏文（無量壽宗要經甲本）　（24–3）

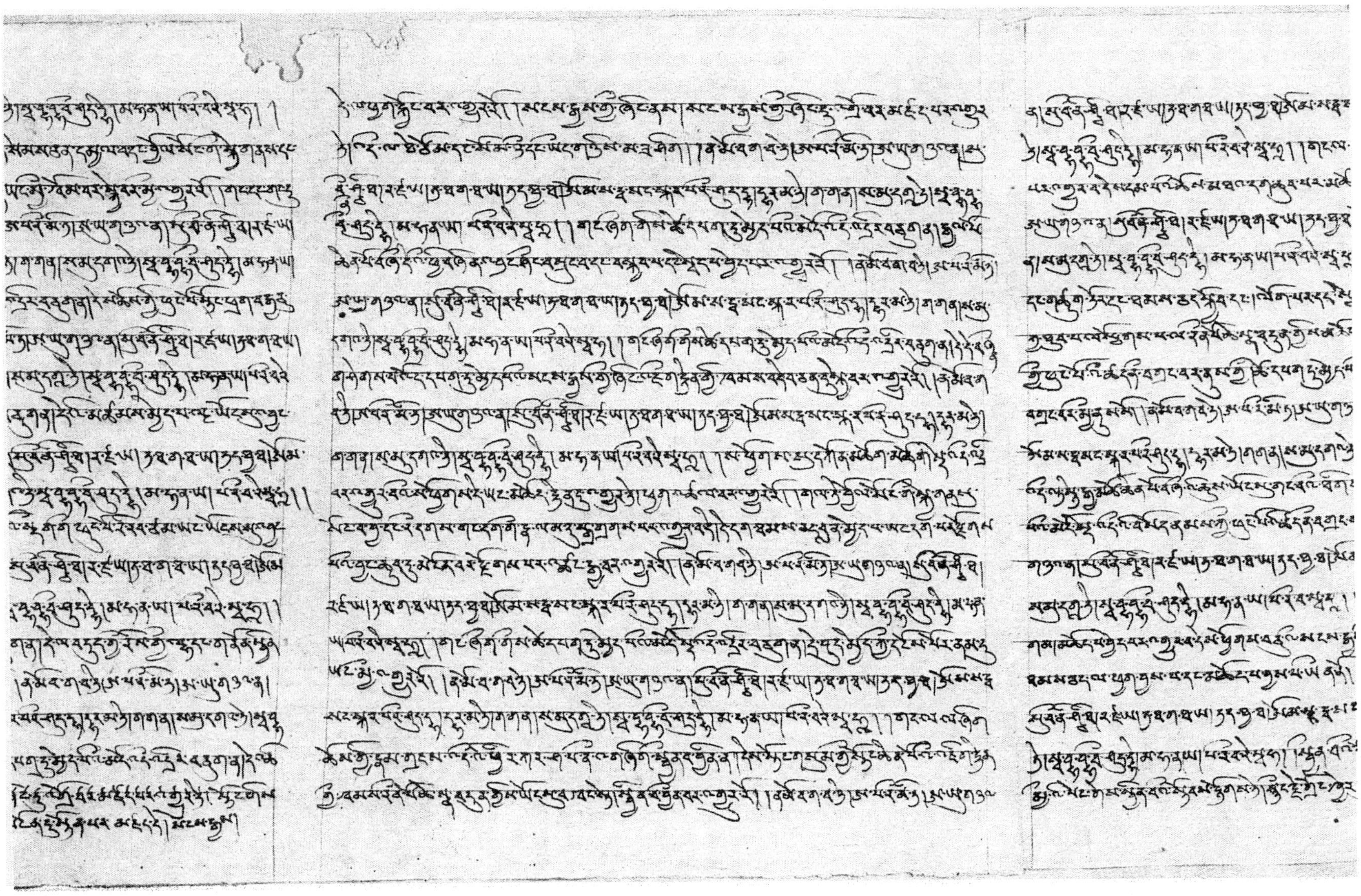

BD14357 號 1　藏文（無量壽宗要經甲本）　（24–4）

BD14357 號 1　藏文（無量壽宗要經甲本）　　　　　　　　　　（24–5）

BD14357 號 1　藏文（無量壽宗要經甲本）　　　　　　　　　　（24–6）

BD14357 號 2　藏文（無量壽宗要經甲本）　　　　　　　　　　　　　　　　（24-7）

BD14357 號 2　藏文（無量壽宗要經甲本）　　　　　　　　　　　　　　　　（24-8）

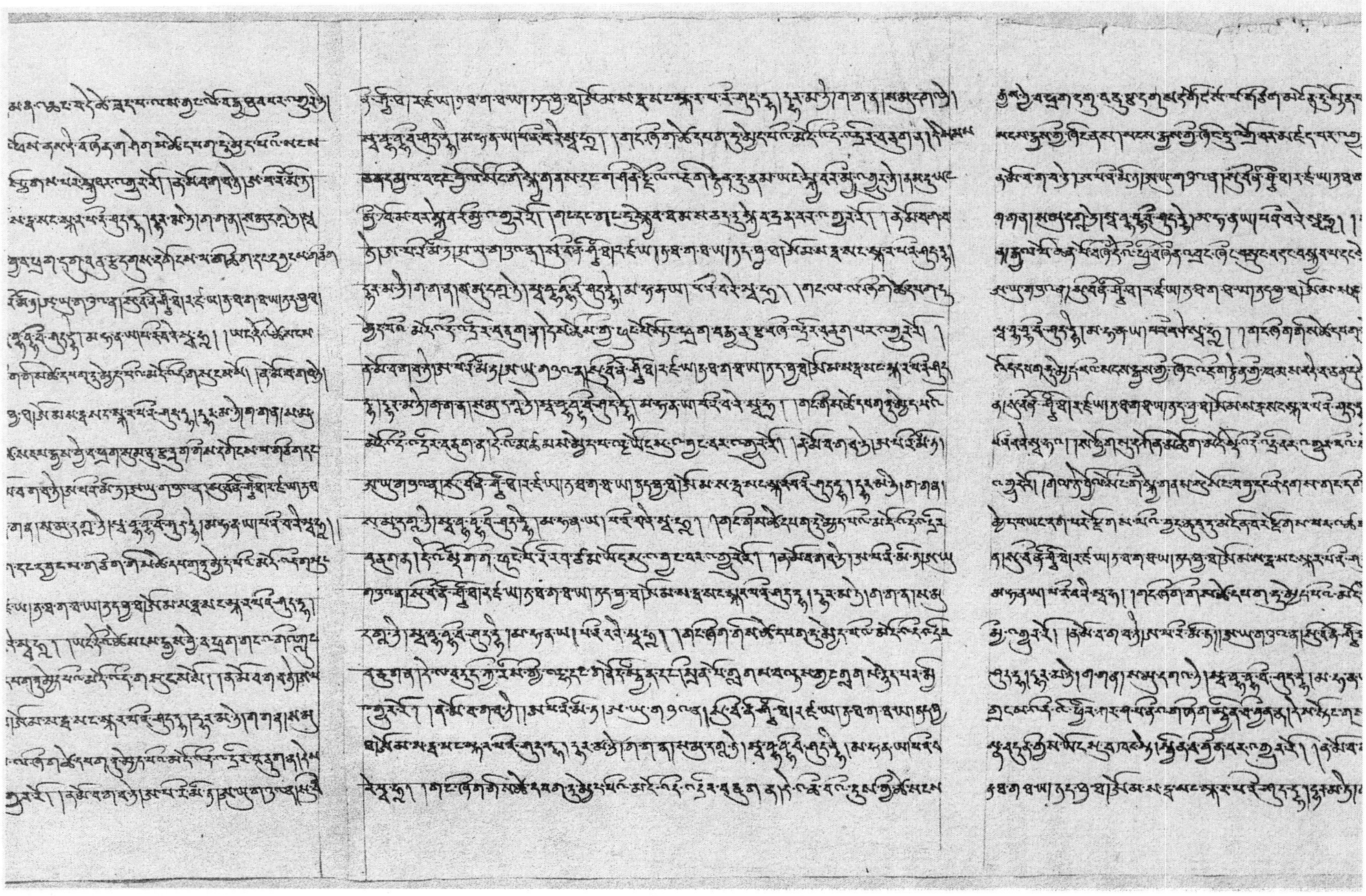

BD14357 號 2　藏文（無量壽宗要經甲本）　（24–9）

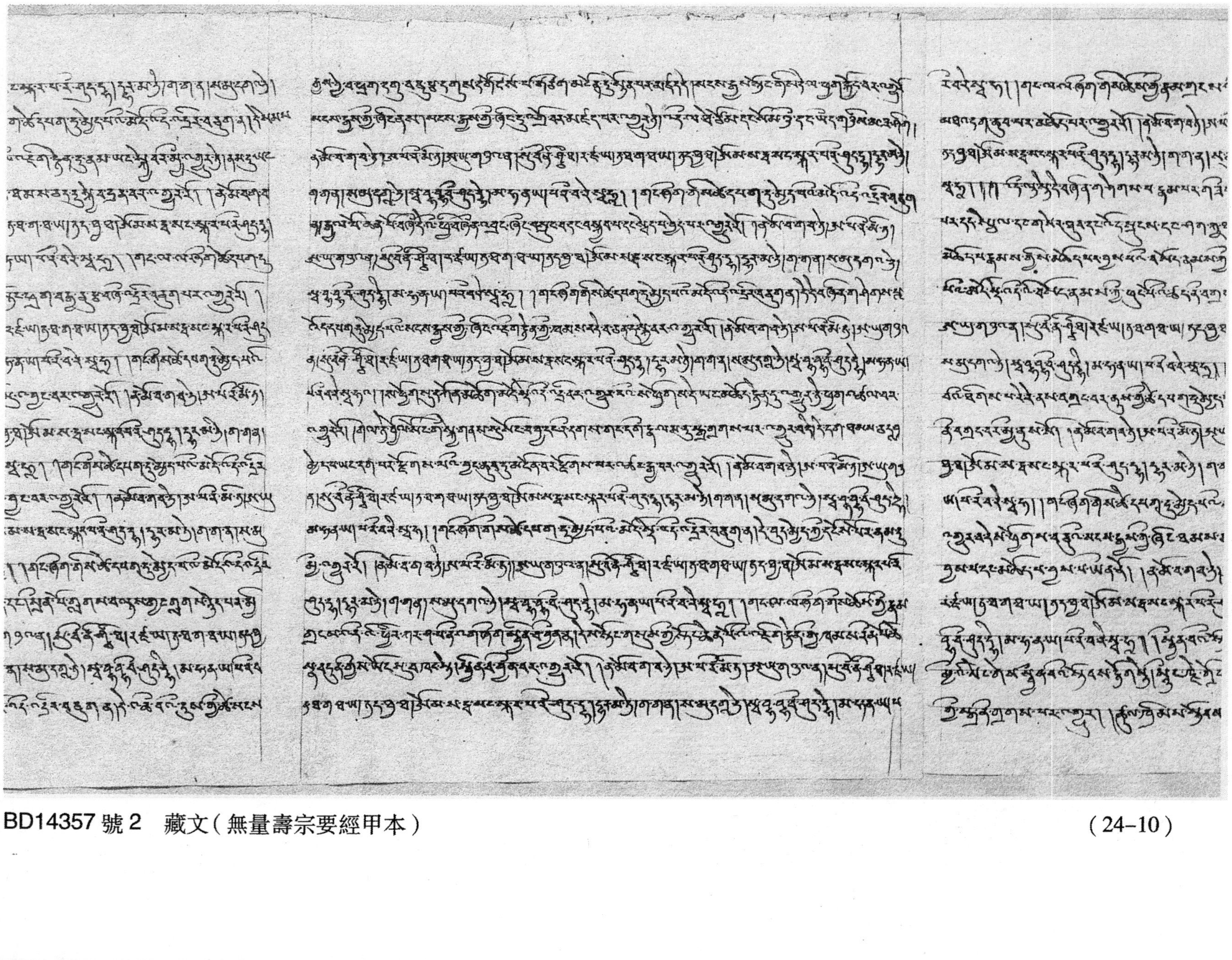

BD14357 號 2　藏文（無量壽宗要經甲本）　（24–10）

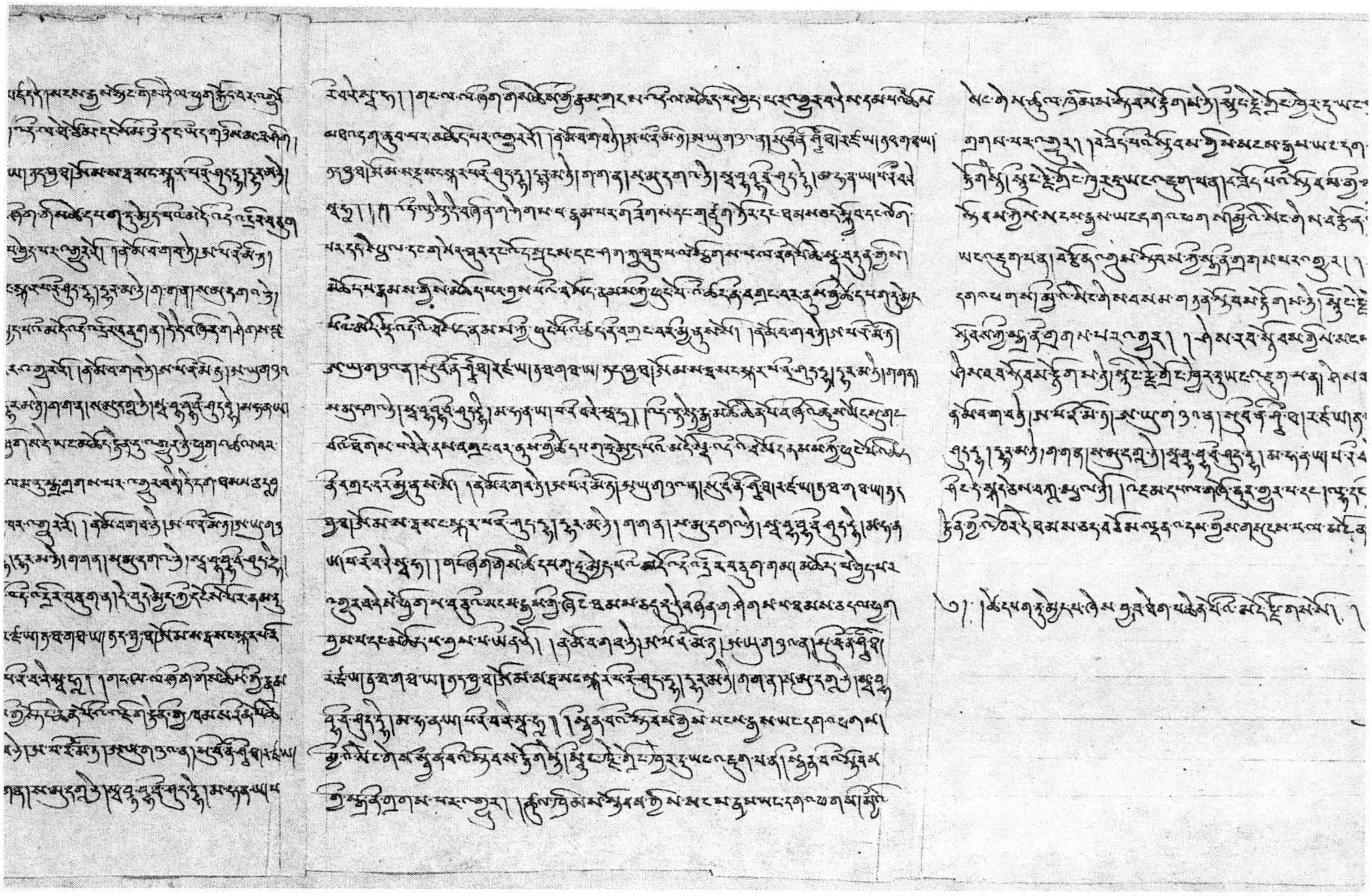

BD14357 號 2　藏文（無量壽宗要經甲本）　　（24–11）

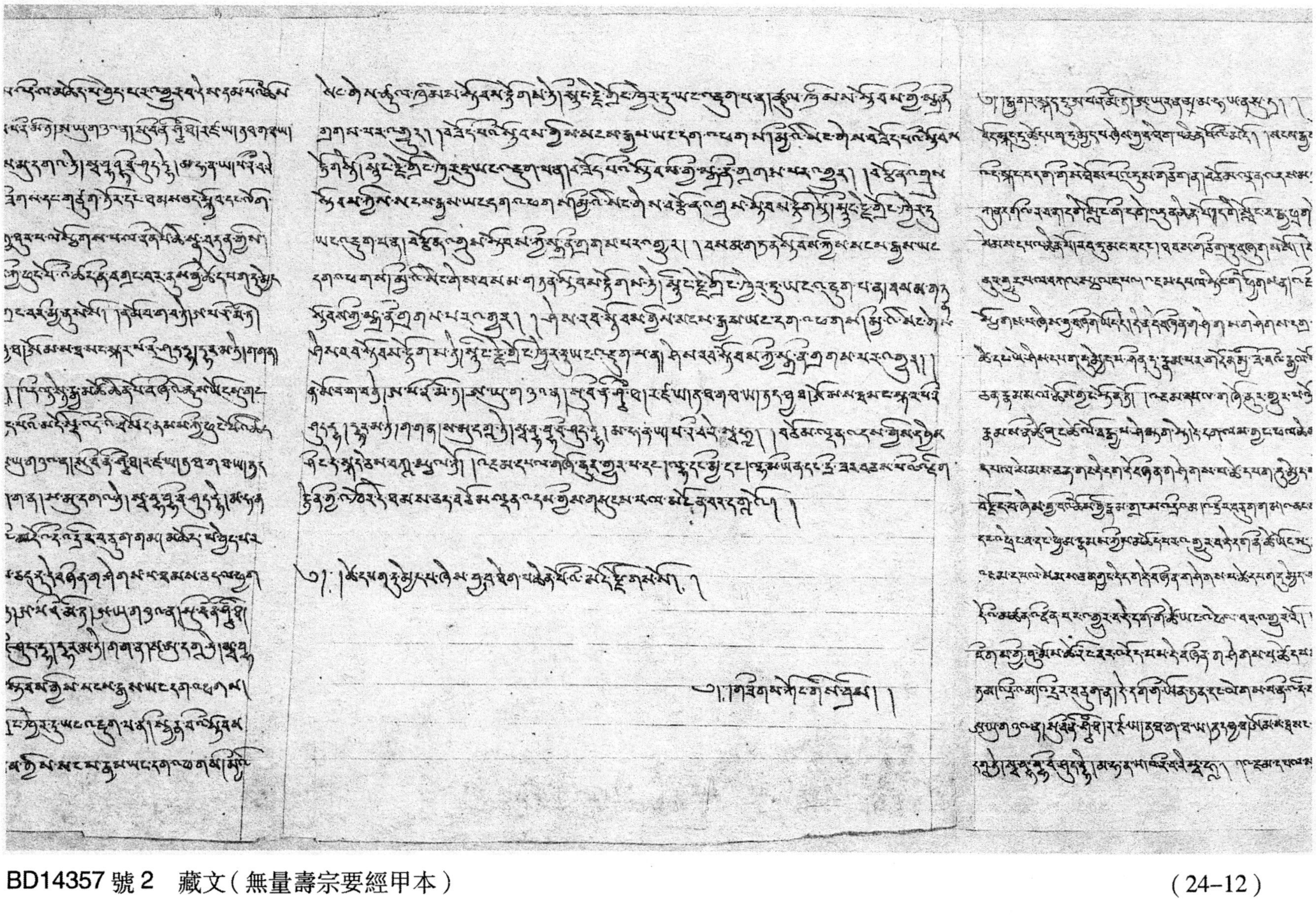

BD14357 號 2　藏文（無量壽宗要經甲本）　　（24–12）

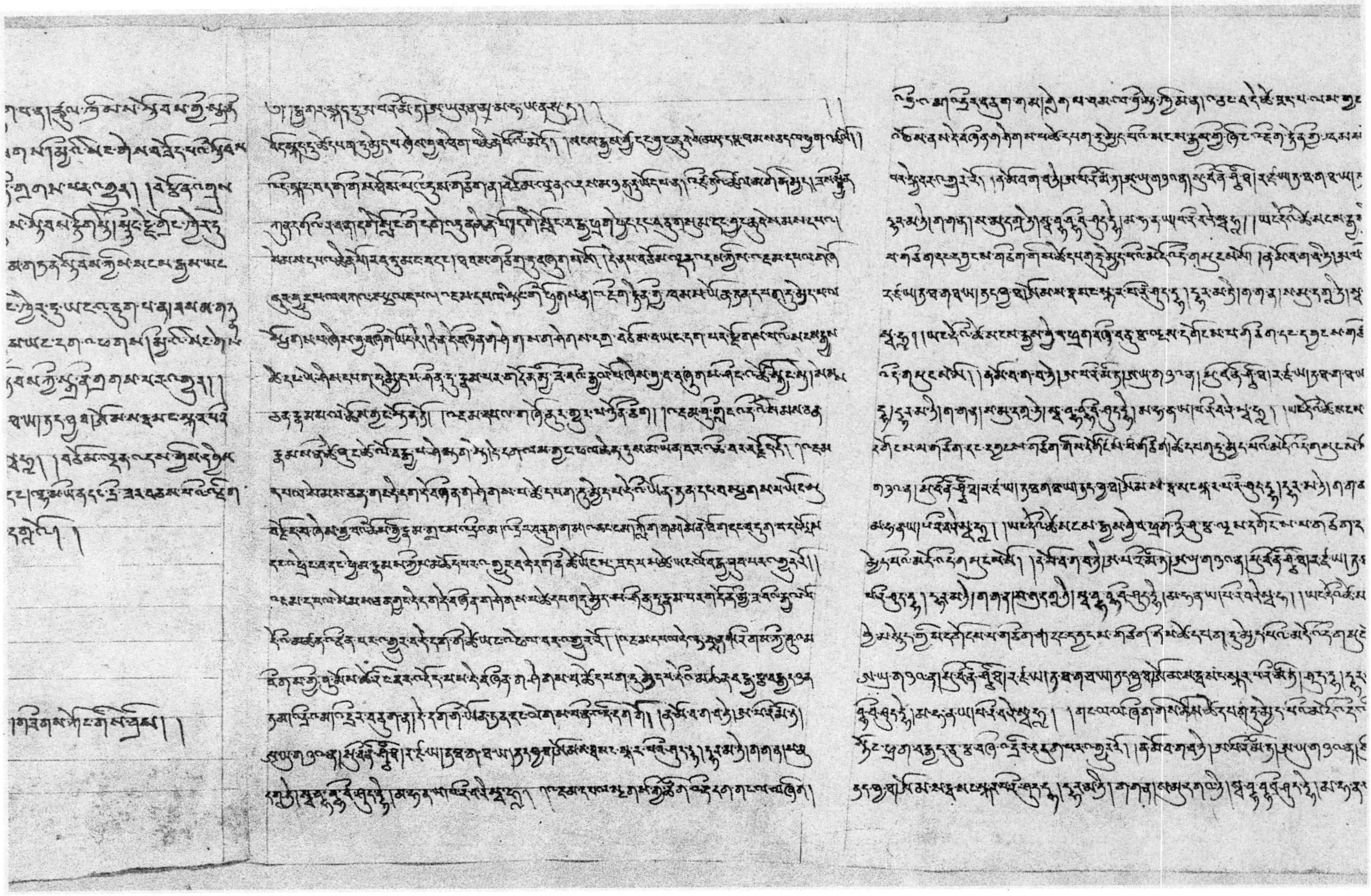

BD14357 號 3　藏文（無量壽宗要經甲本）　　（24–13）

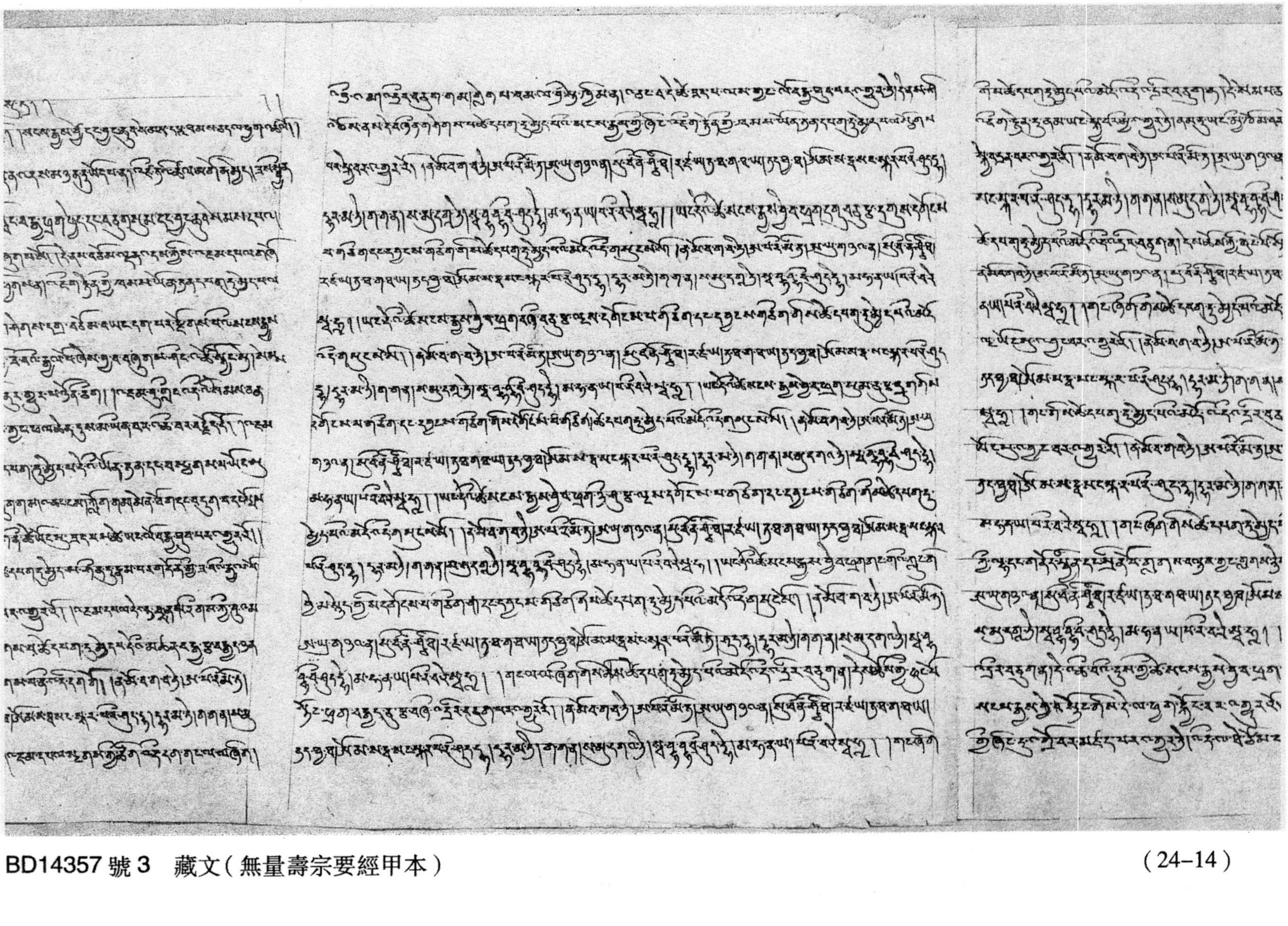

BD14357 號 3　藏文（無量壽宗要經甲本）　　（24–14）

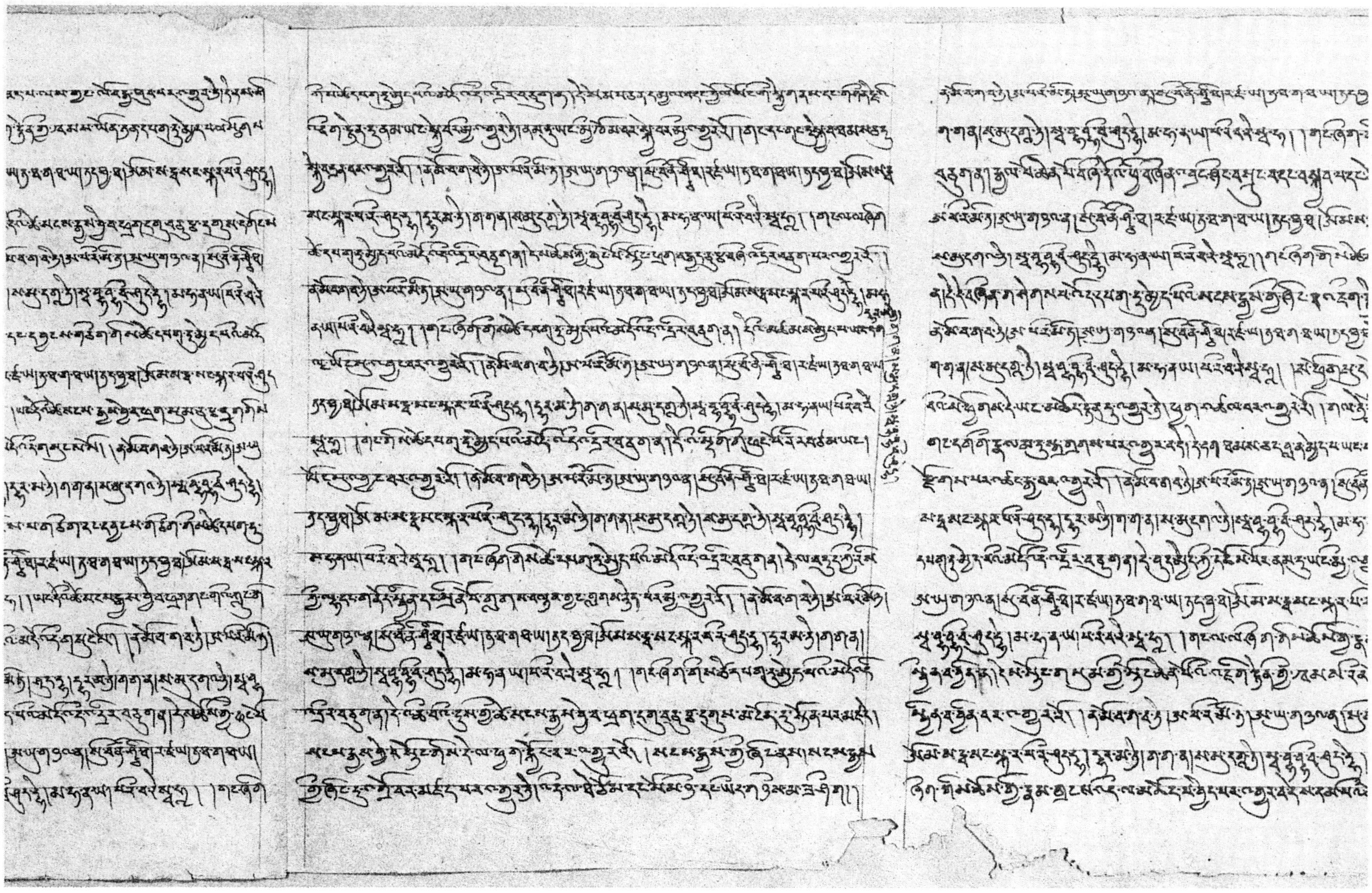

BD14357 號 3　藏文（無量壽宗要經甲本）　　（24–15）

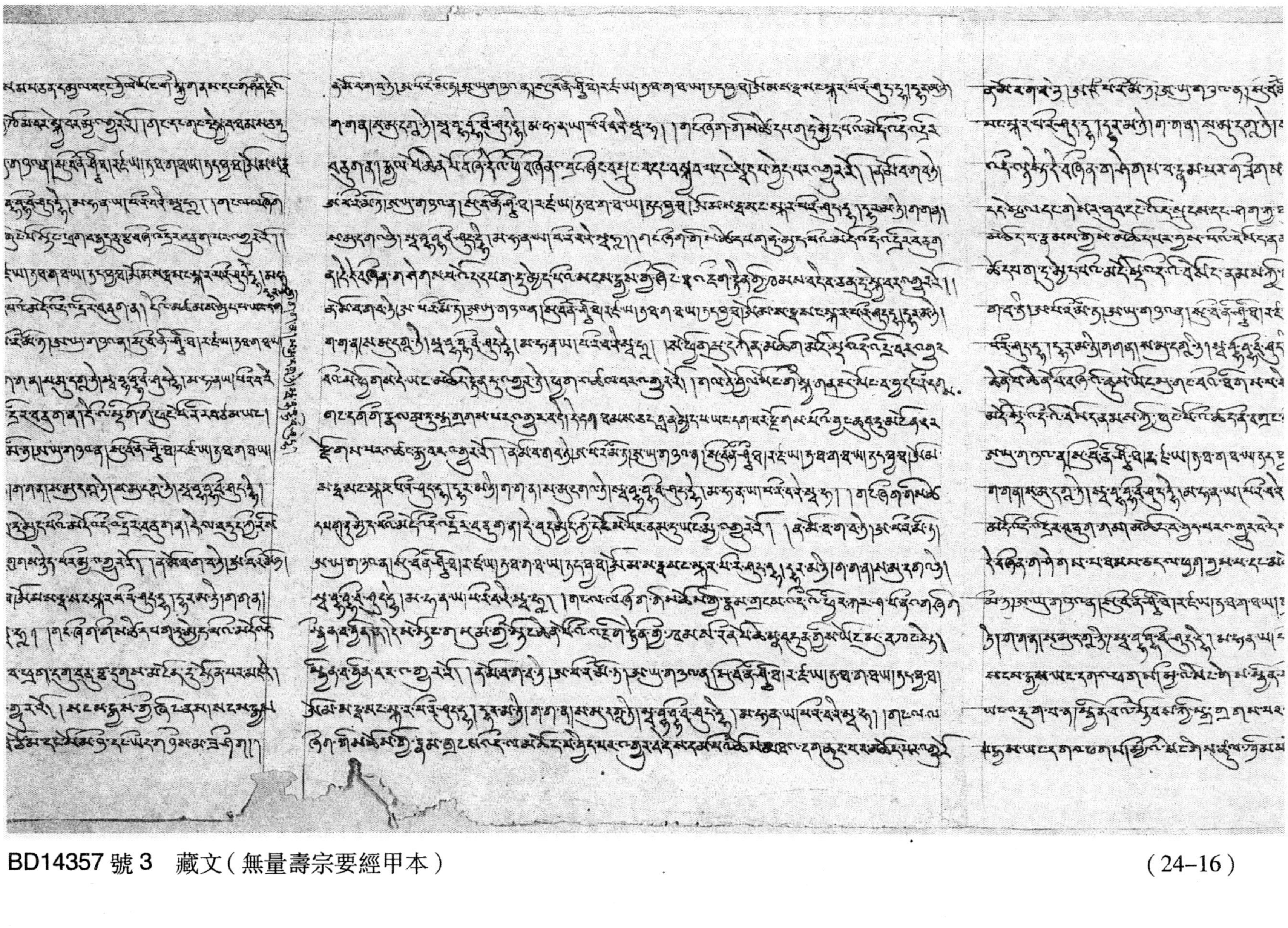

BD14357 號 3　藏文（無量壽宗要經甲本）　　（24–16）

BD14357 號 3　藏文（無量壽宗要經甲本）　　　　　　　　　（24-17）

BD14357 號 3　藏文（無量壽宗要經甲本）　　　　　　　　　（24-18）

BD14357 號 4　藏文（無量壽宗要經甲本）　　　　　　　　　　　　　　　　　　　　（24−19）

BD14357 號 4　藏文（無量壽宗要經甲本）　　　　　　　　　　　　　　　　　　　　（24−20）

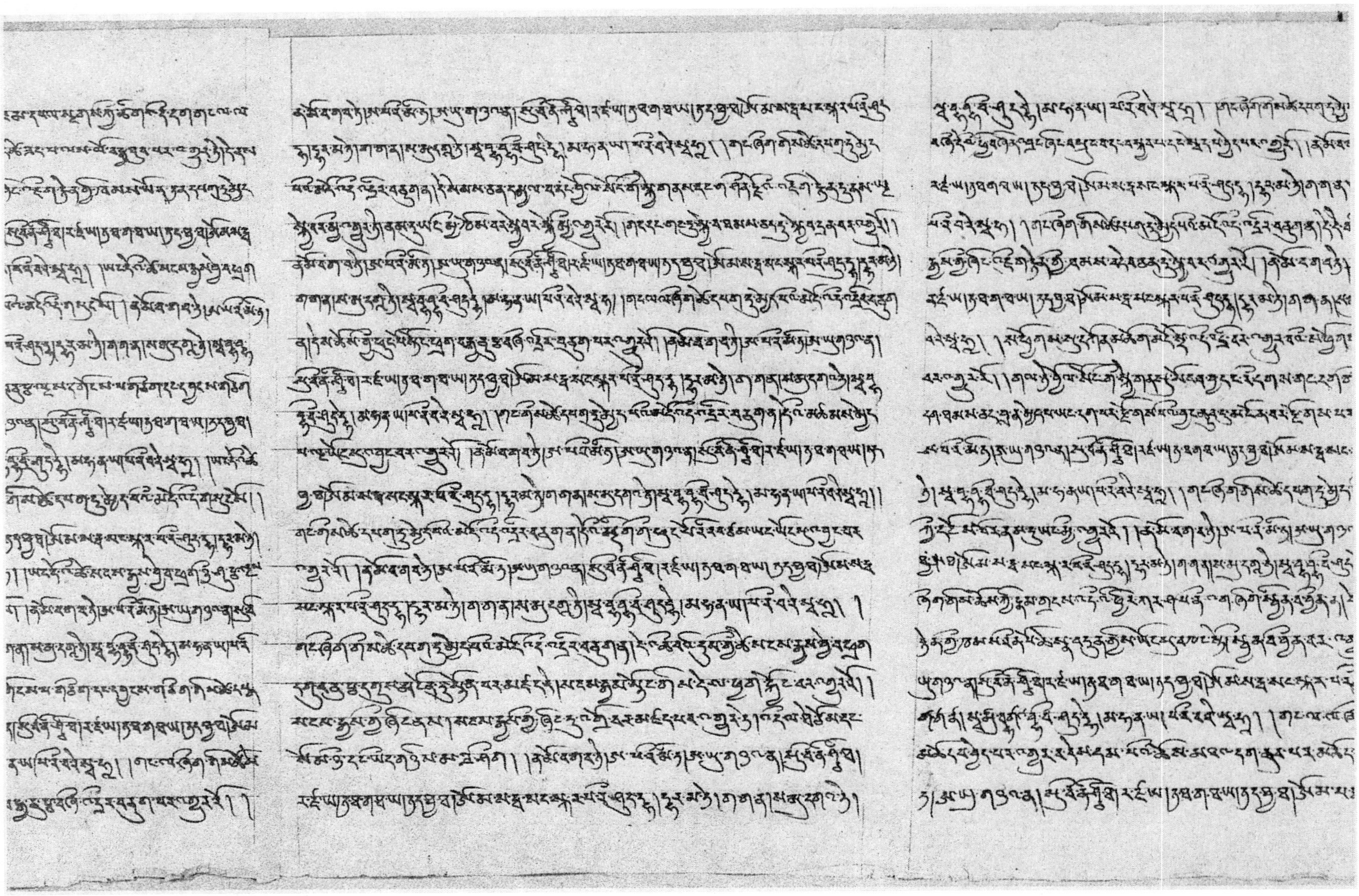

BD14357 號 4　藏文（無量壽宗要經甲本）　（24–21）

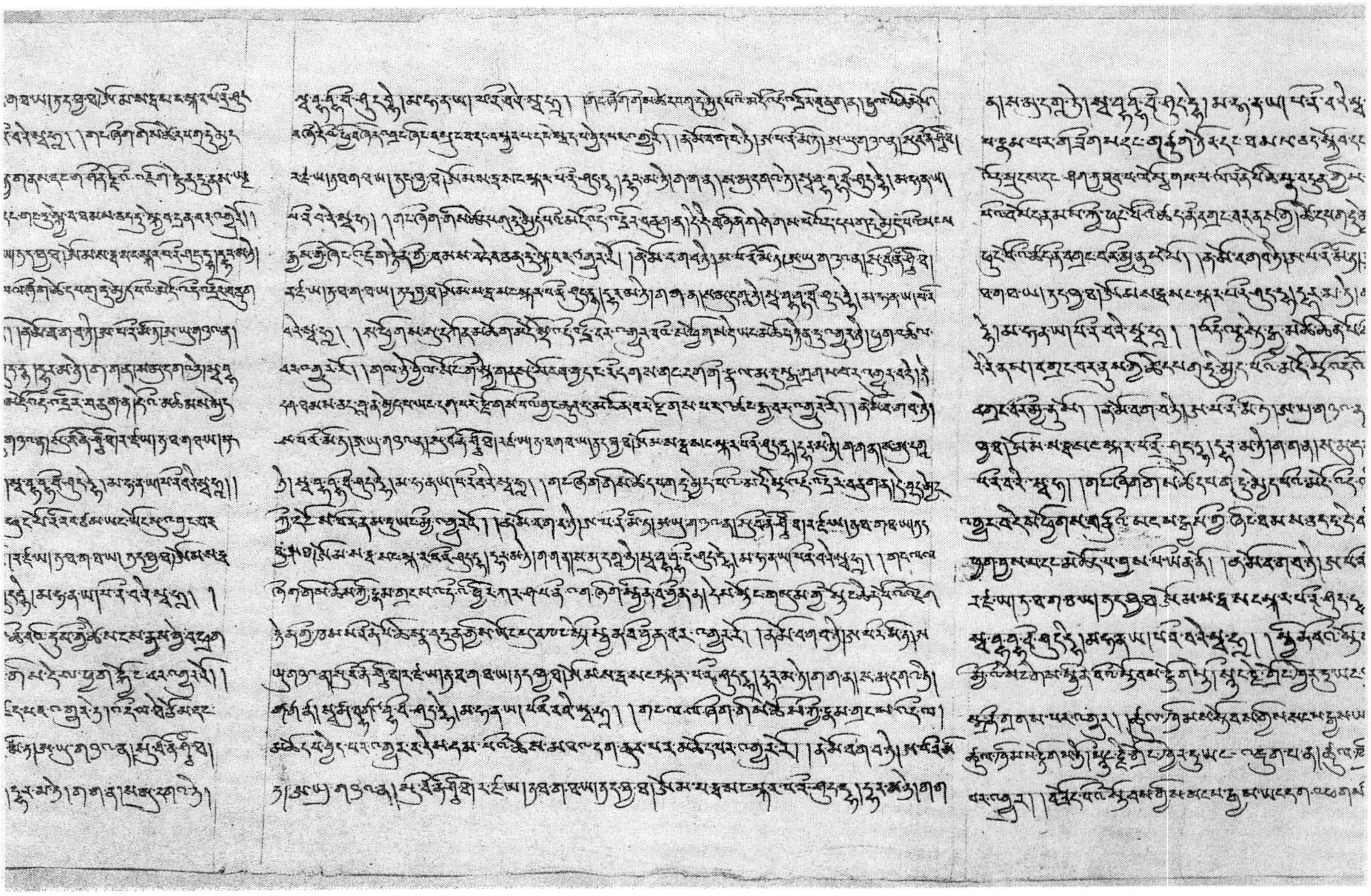

BD14357 號 4　藏文（無量壽宗要經甲本）　（24–22）

BD14357 號 4　藏文（無量壽宗要經甲本）　　　　　　　　　　　　　　　　　　（24-23）

BD14357 號 4　藏文（無量壽宗要經甲本）　　　　　　　　　　　　　　　　　　（24-24）

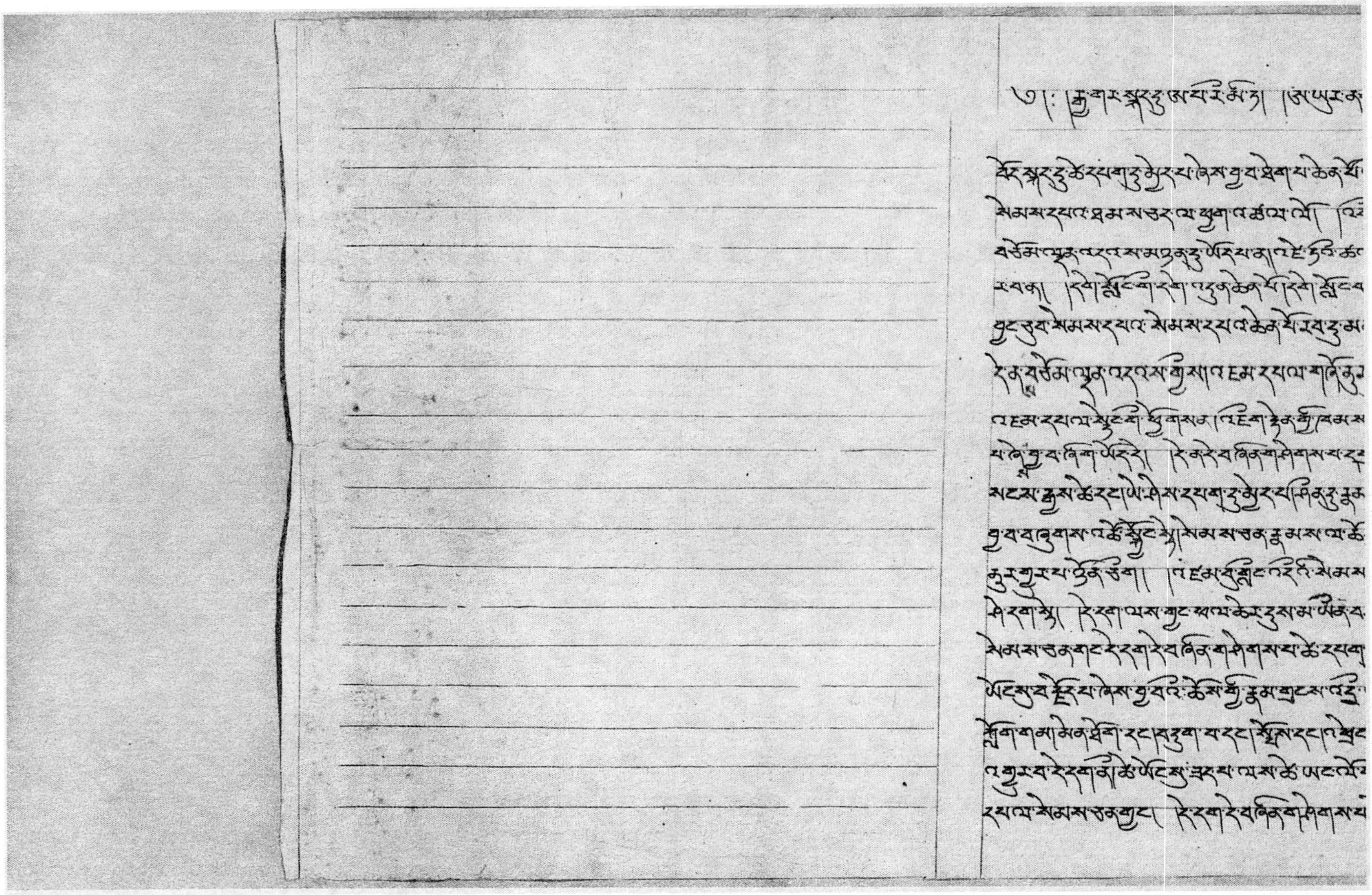

BD14358 號　藏文（無量壽宗要經乙本）　　（8–1）

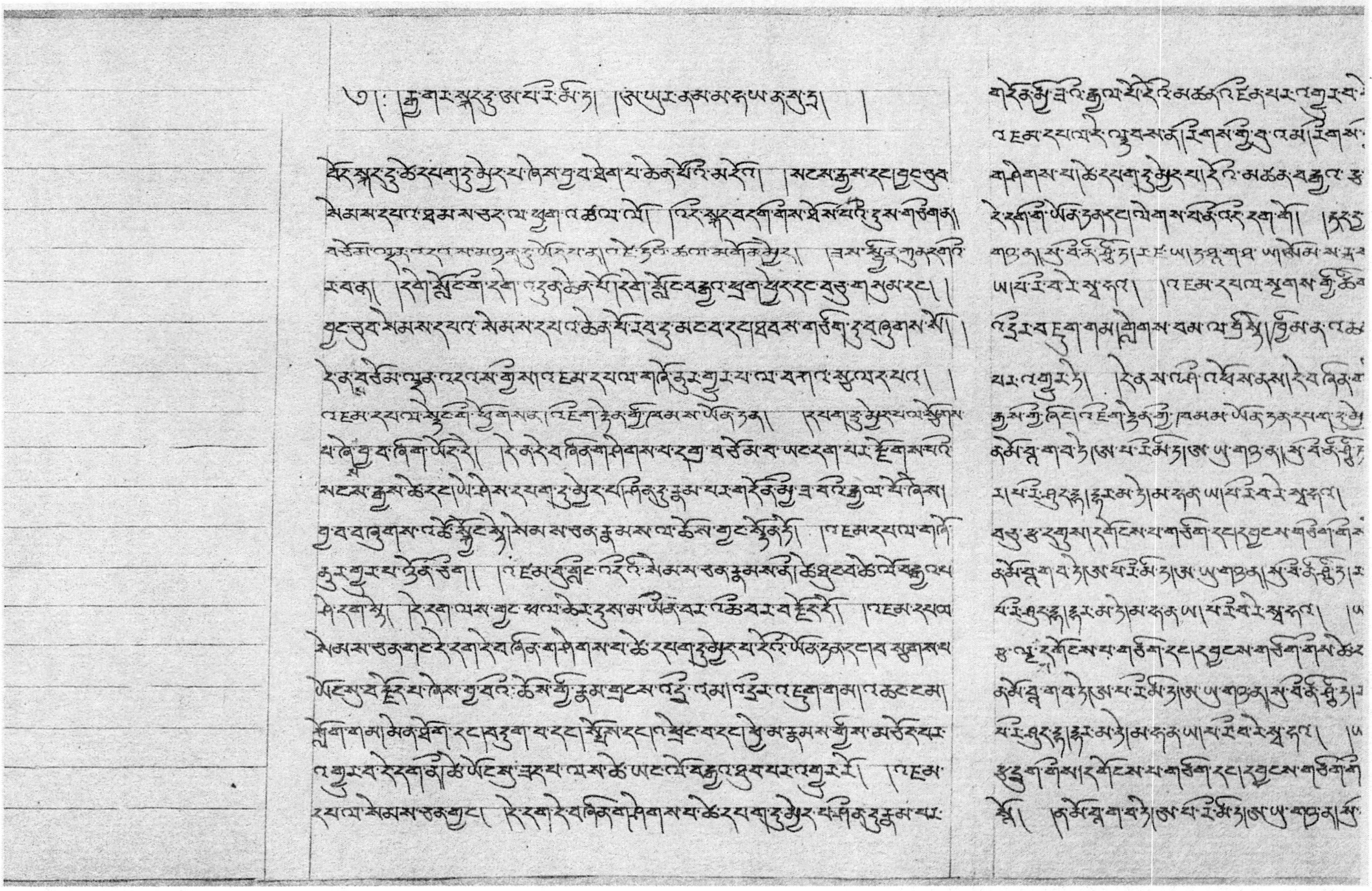

BD14358 號　藏文（無量壽宗要經乙本）　　（8–2）

BD14358 號　藏文（無量壽宗要經乙本）　　　　　　　　　　　　　　（8-3）

BD14358 號　藏文（無量壽宗要經乙本）　　　　　　　　　　　　　　（8-4）

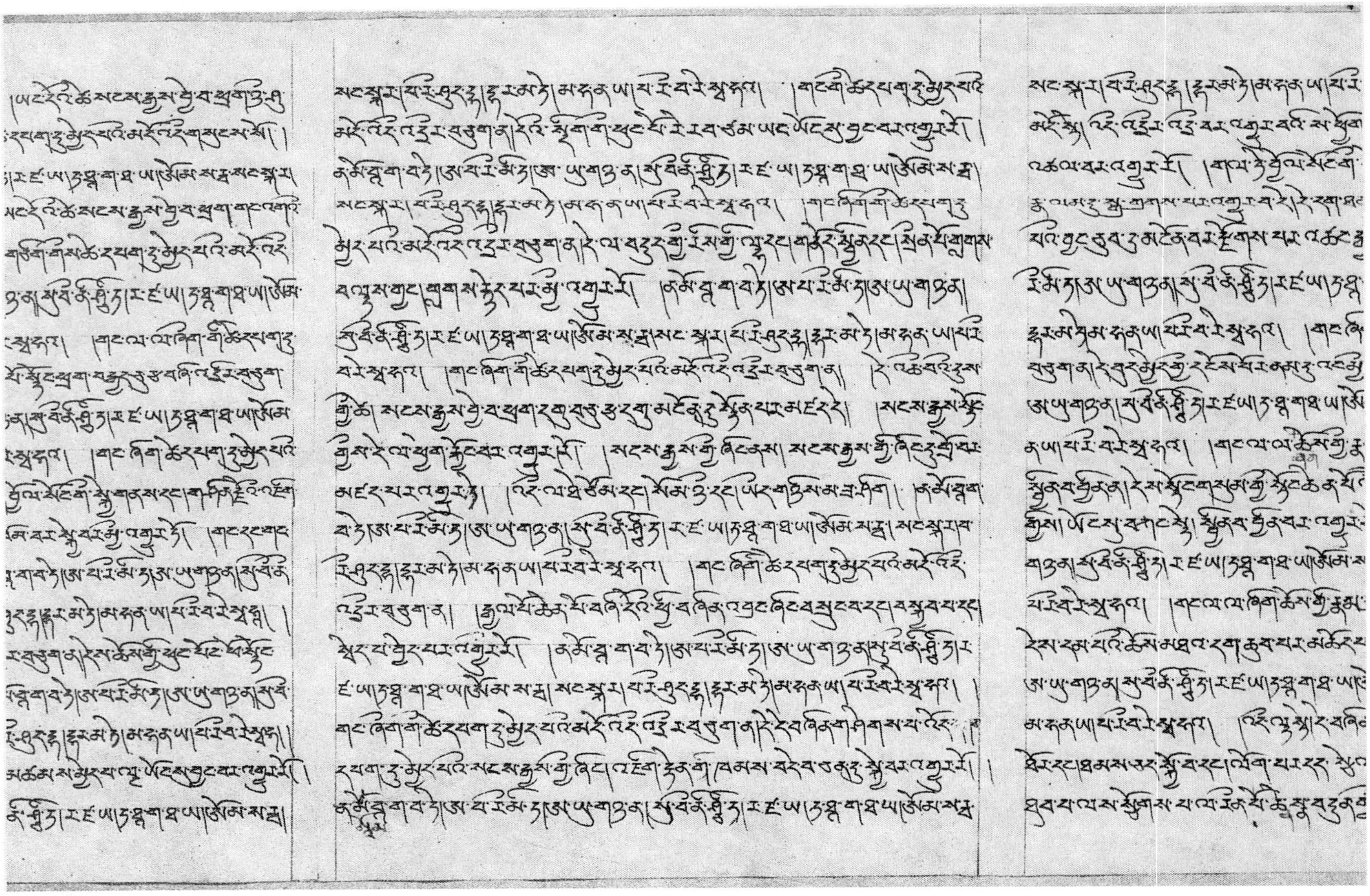

BD14358 號　藏文（無量壽宗要經乙本）　　（8–5）

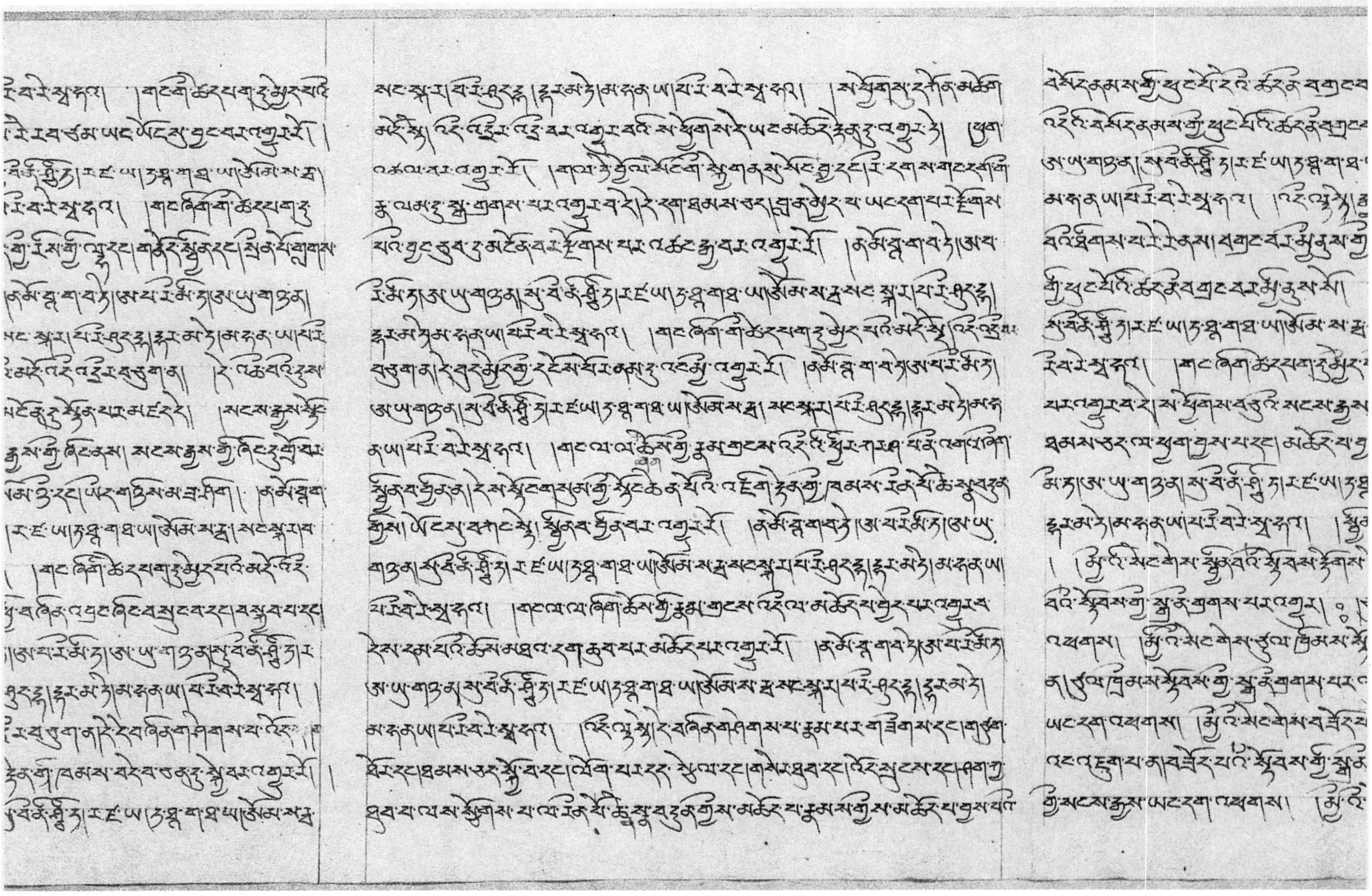

BD14358 號　藏文（無量壽宗要經乙本）　　（8–6）

BD14358 號　藏文（無量壽宗要經乙本）

(8-7)

BD14358 號　藏文（無量壽宗要經乙本）

(8-8)

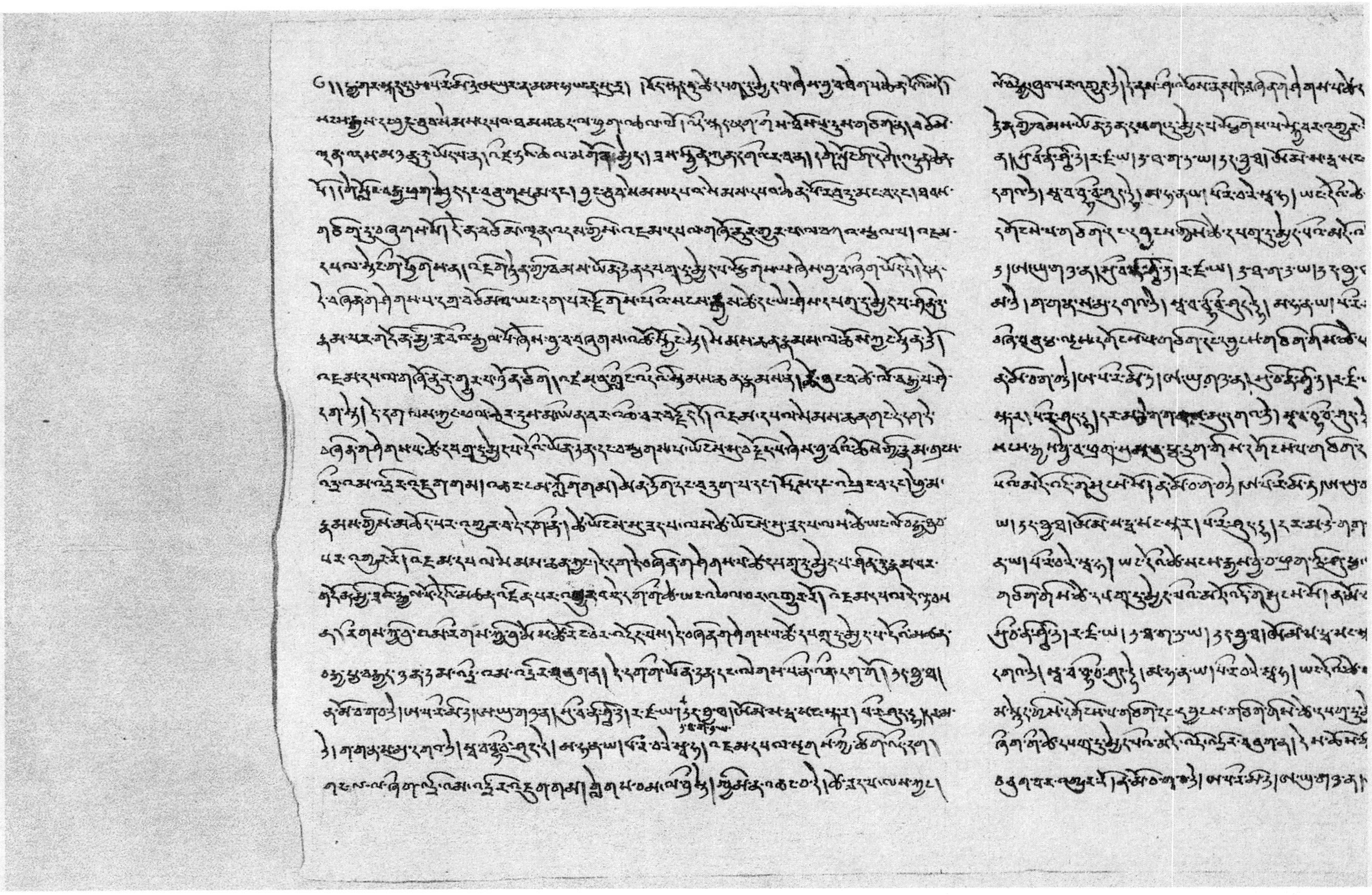

BD14359 號 1　藏文（無量壽宗要經甲本）　　（12–1）

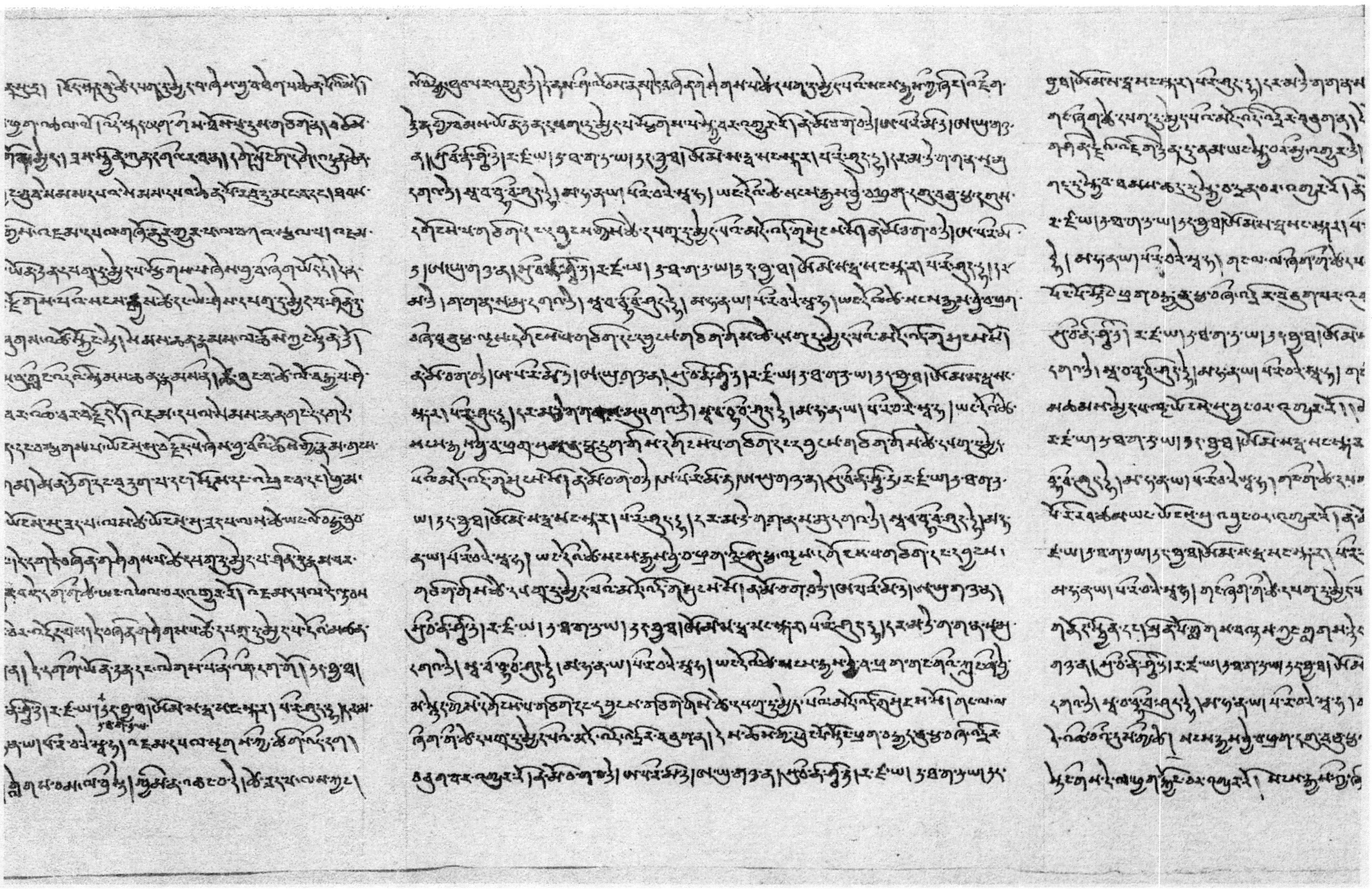

BD14359 號 1　藏文（無量壽宗要經甲本）　　（12–2）

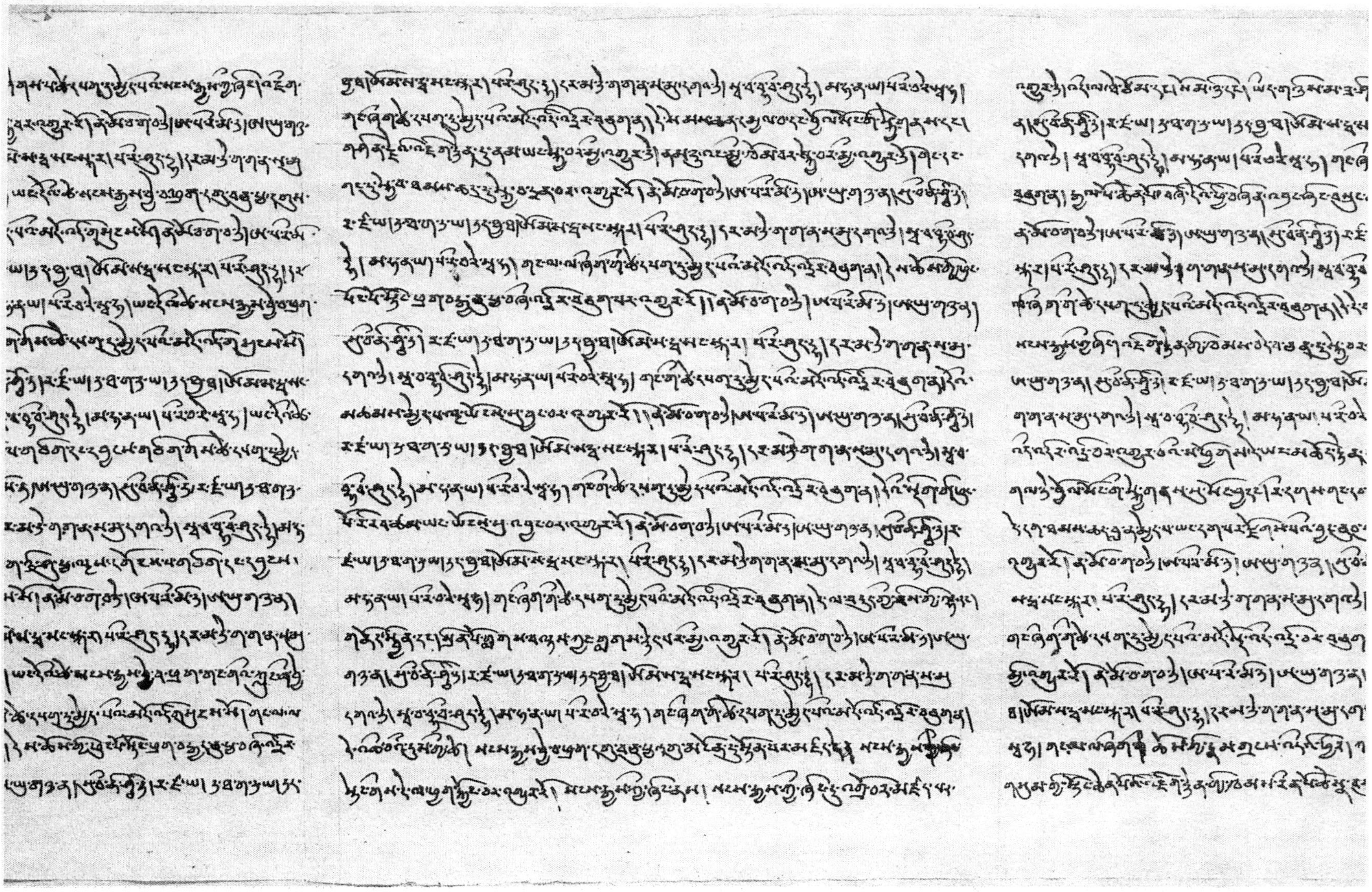

BD14359 號 1　藏文（無量壽宗要經甲本）　　（12–3）

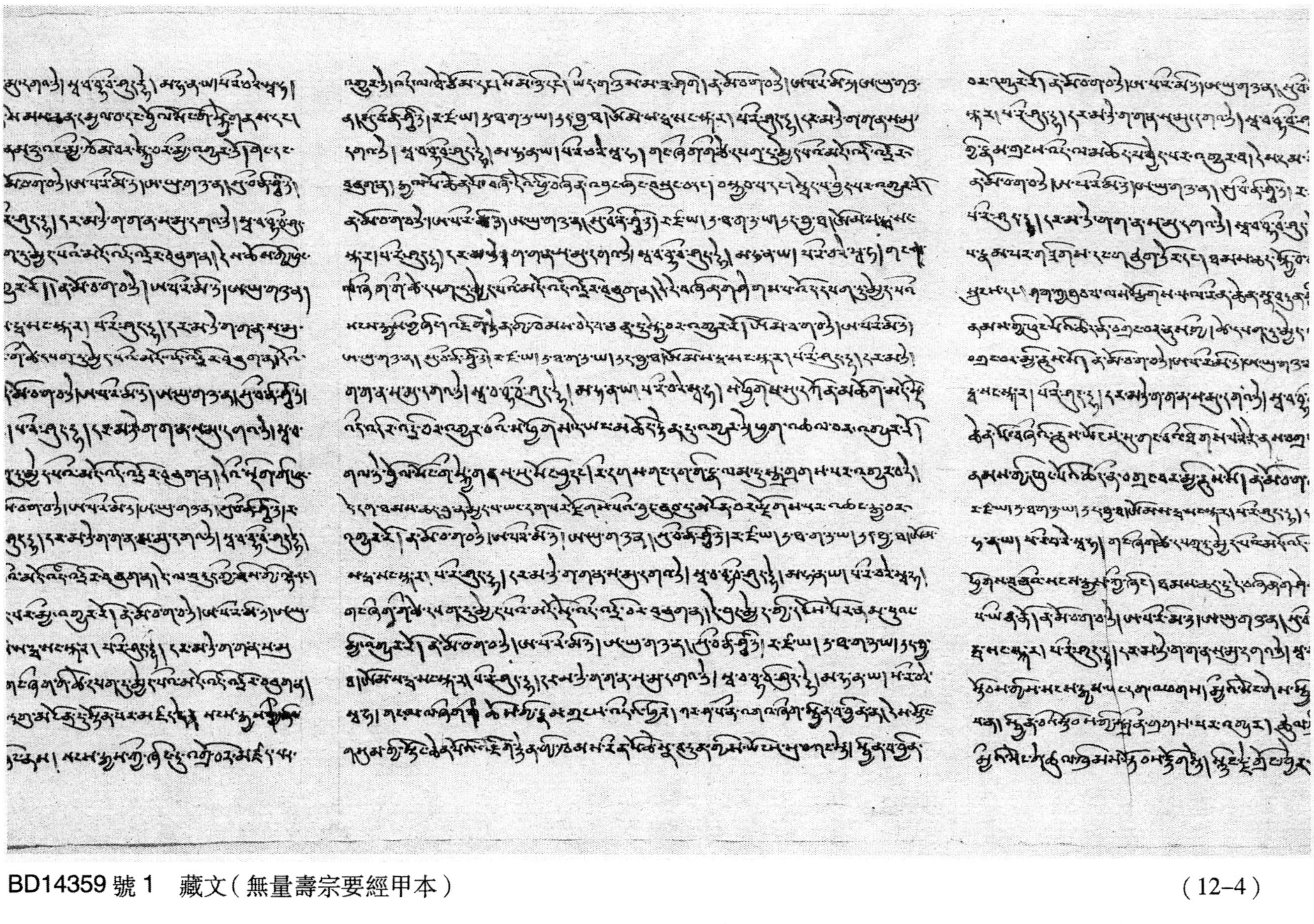

BD14359 號 1　藏文（無量壽宗要經甲本）　　（12–4）

BD14359 號 1　藏文（無量壽宗要經甲本）　　　　　　　　　　　　　　（12-5）

BD14359 號 1　藏文（無量壽宗要經甲本）　　　　　　　　　　　　　　（12-6）

BD14359 號 2　藏文（無量壽宗要經甲本）　　　　　　　　　　　　　　　　　　　　　（12-7）

BD14359 號 2　藏文（無量壽宗要經甲本）　　　　　　　　　　　　　　　　　　　　　（12-8）

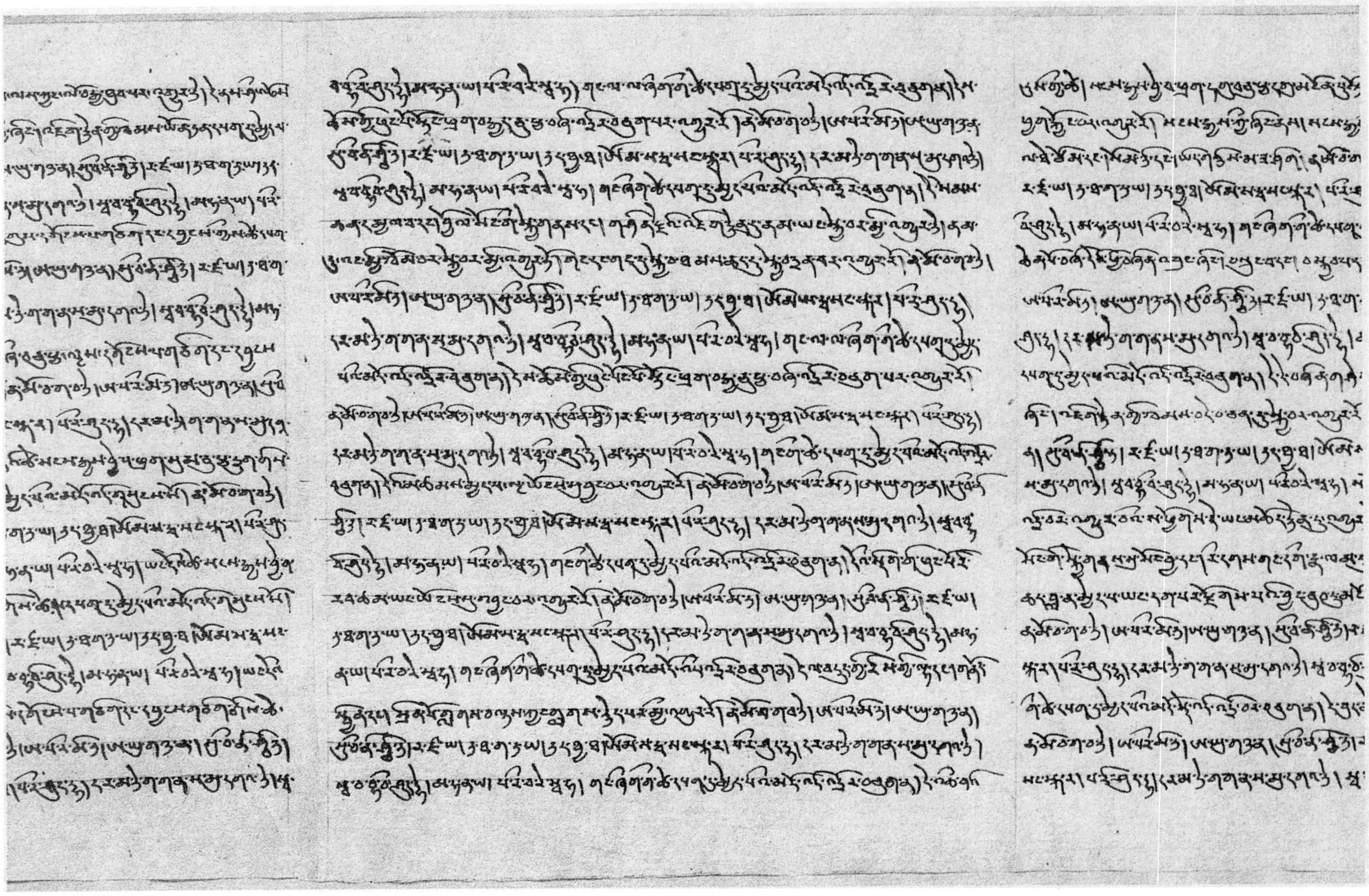

BD14359 號 2　藏文（無量壽宗要經甲本）　　（12–9）

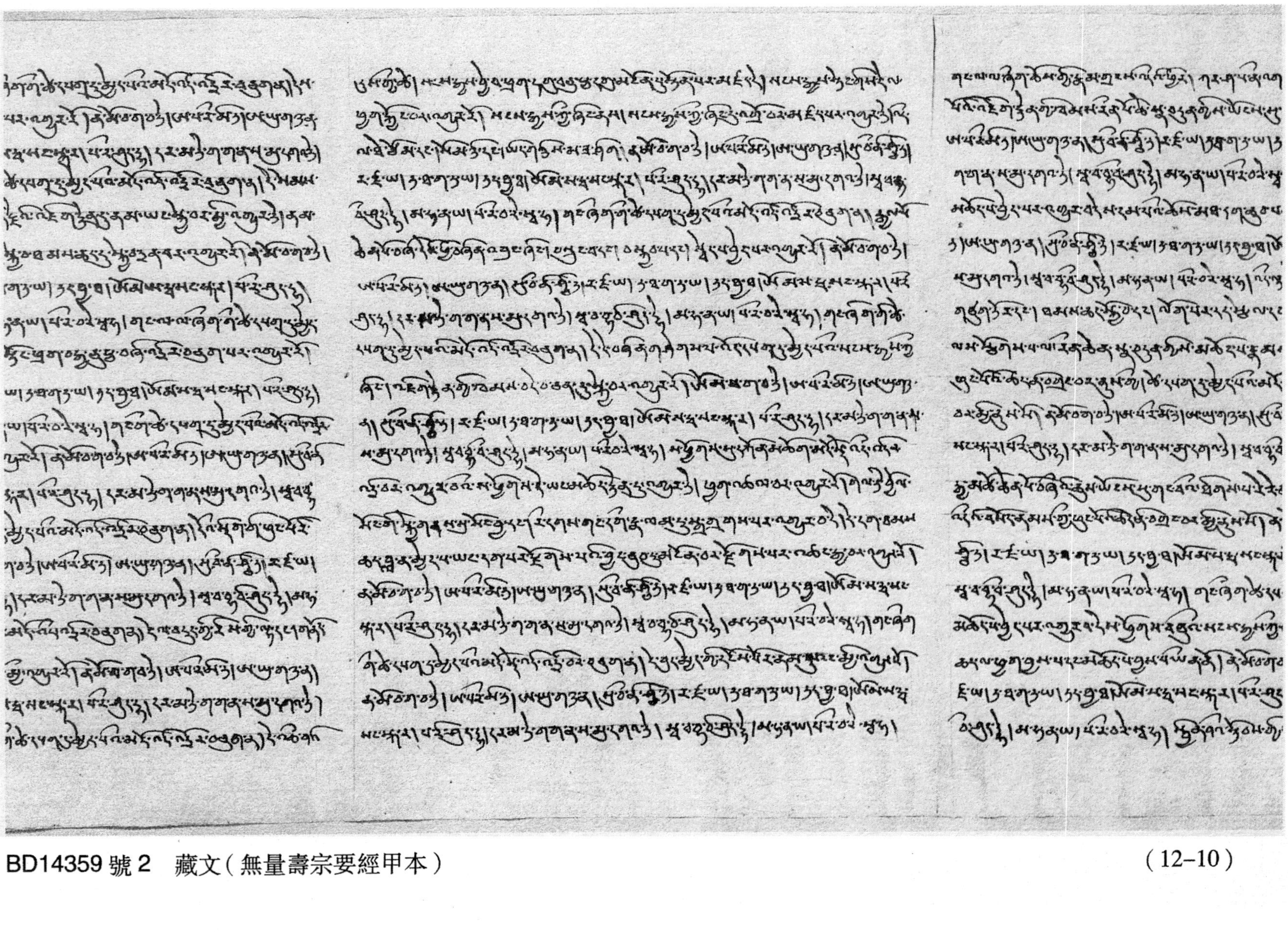

BD14359 號 2　藏文（無量壽宗要經甲本）　　（12–10）

BD14359 號 2　藏文（無量壽宗要經甲本）　　　　　　　　　　　　　　　　　（12–11）

BD14359 號 2　藏文（無量壽宗要經甲本）　　　　　　　　　　　　　　　　　（12–12）

BD14360 號　藏文（無量壽宗要經乙本）　　　　　　　　　　　　　（7-1）

BD14360 號　藏文（無量壽宗要經乙本）　　　　　　　　　　　　　（7-2）

BD14360 號　藏文（無量壽宗要經乙本）　　　　　　　　　　　　　　　　　　　　（7-3）

BD14360 號　藏文（無量壽宗要經乙本）　　　　　　　　　　　　　　　　　　　　（7-4）

BD14360 號　藏文（無量壽宗要經乙本）

(7-5)

BD14360 號　藏文（無量壽宗要經乙本）

(7-6)

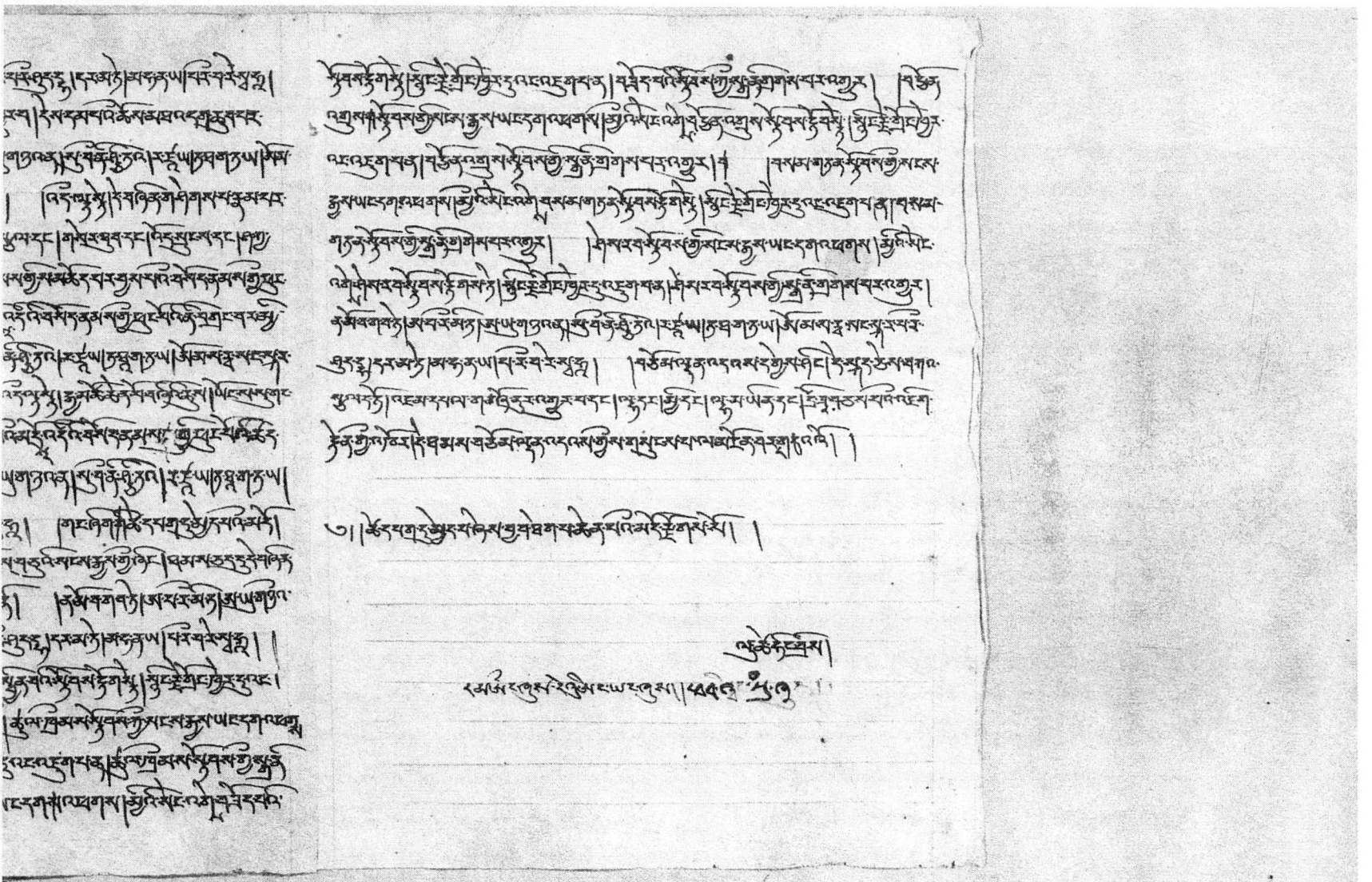

BD14360 號　藏文（無量壽宗要經乙本）　　　　　　　　　　　　　　　　　　　（7-7）

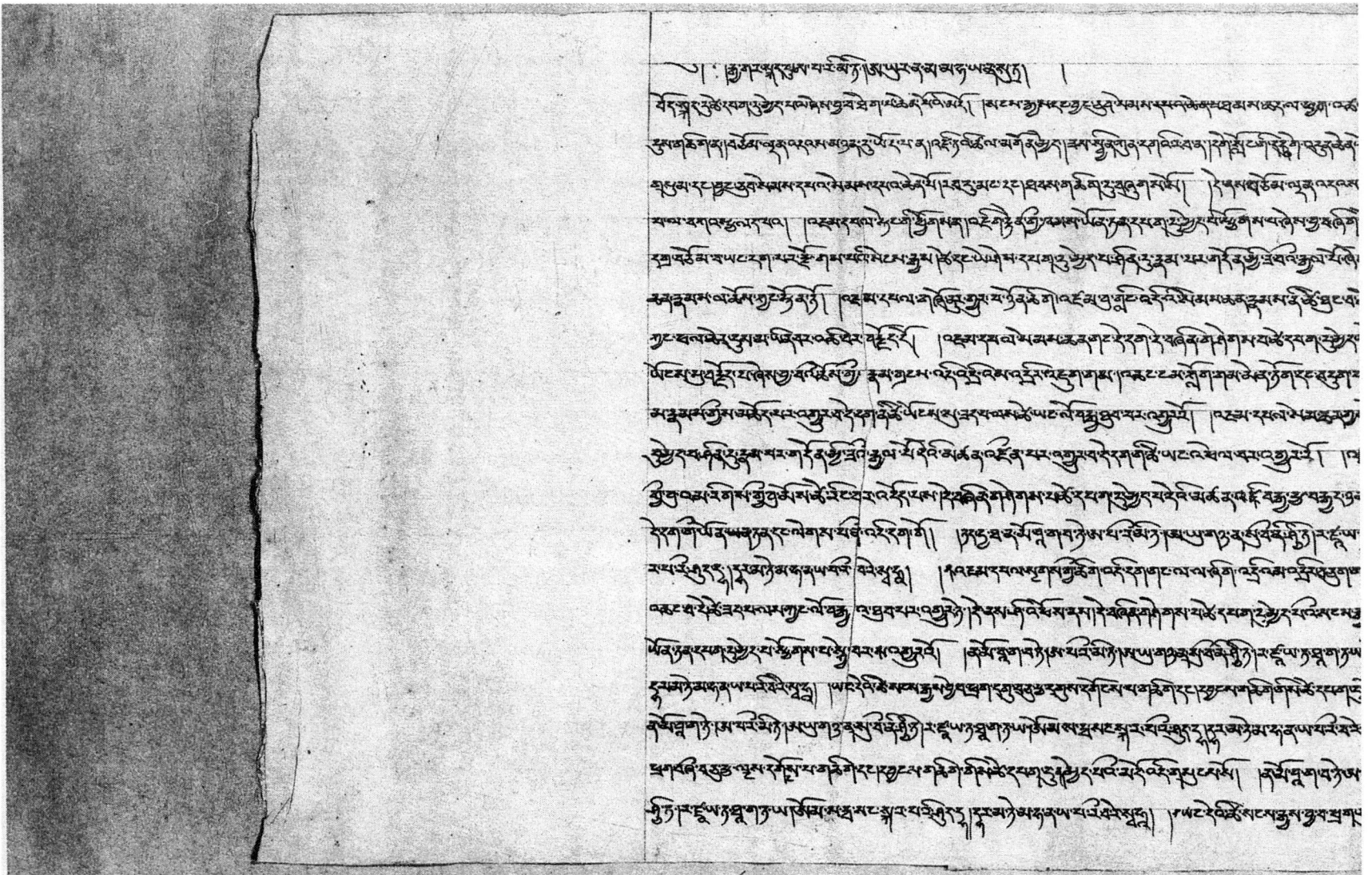

BD14361 號　藏文（無量壽宗要經乙本）　　　　　　　　　　　　　　　　　　　（6-1）

BD14361 號　藏文（無量壽宗要經乙本）　　　　　　　　　　　　　（6-2）

BD14361 號　藏文（無量壽宗要經乙本）　　　　　　　　　　　　　（6-3）

BD14361號　藏文（無量壽宗要經乙本）　　　　　　　　　　（6-4）

BD14361號　藏文（無量壽宗要經乙本）　　　　　　　　　　（6-5）

BD14361 號　藏文（無量壽宗要經乙本）　　　　　　　　　　　　　　　　　　　（6-6）

BD14362 號　藏文（無量壽宗要經乙本）　　　　　　　　　　　　　　　　　　　（6-1）

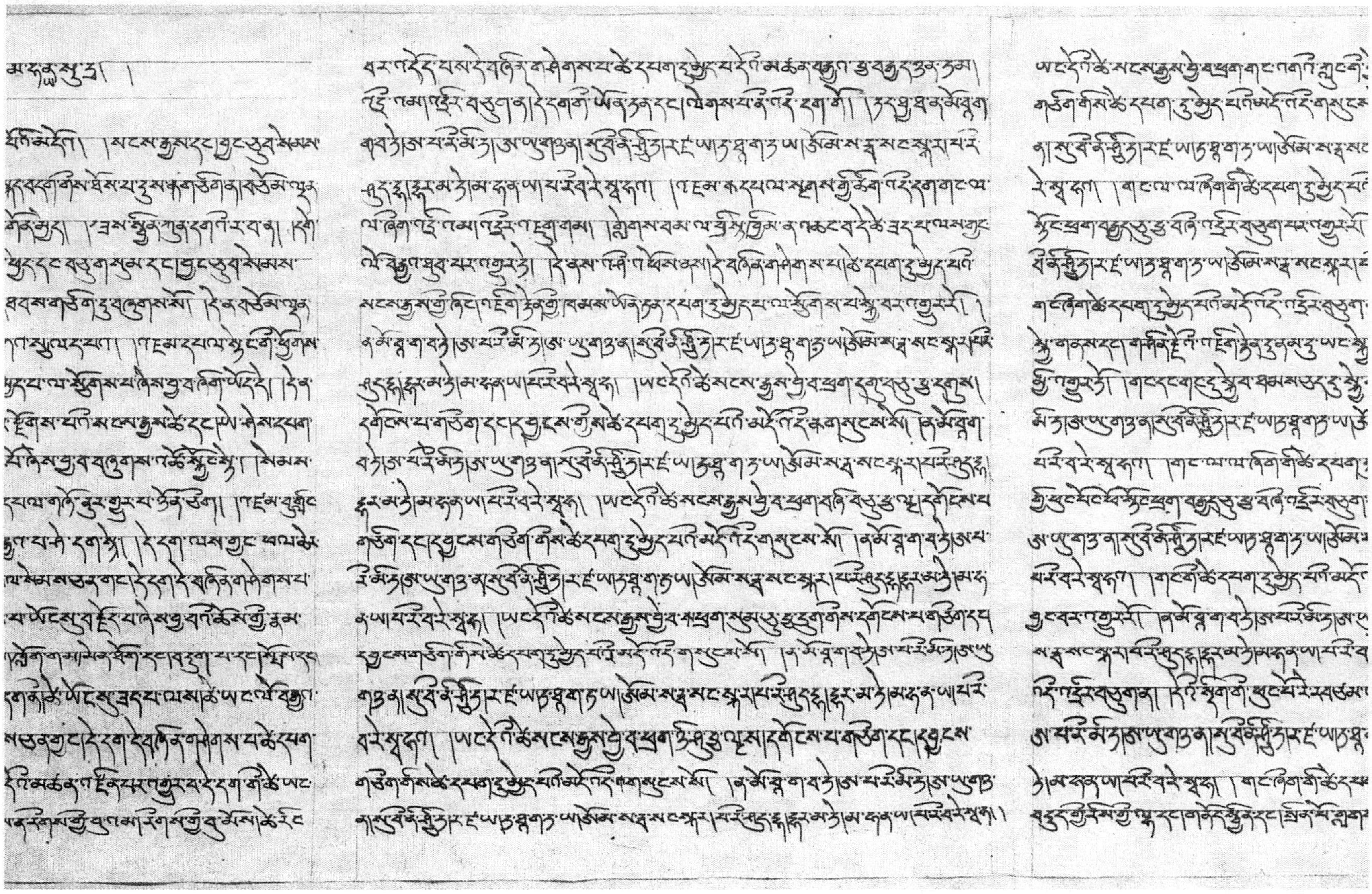

BD14362 號　藏文（無量壽宗要經乙本）　　（6–2）

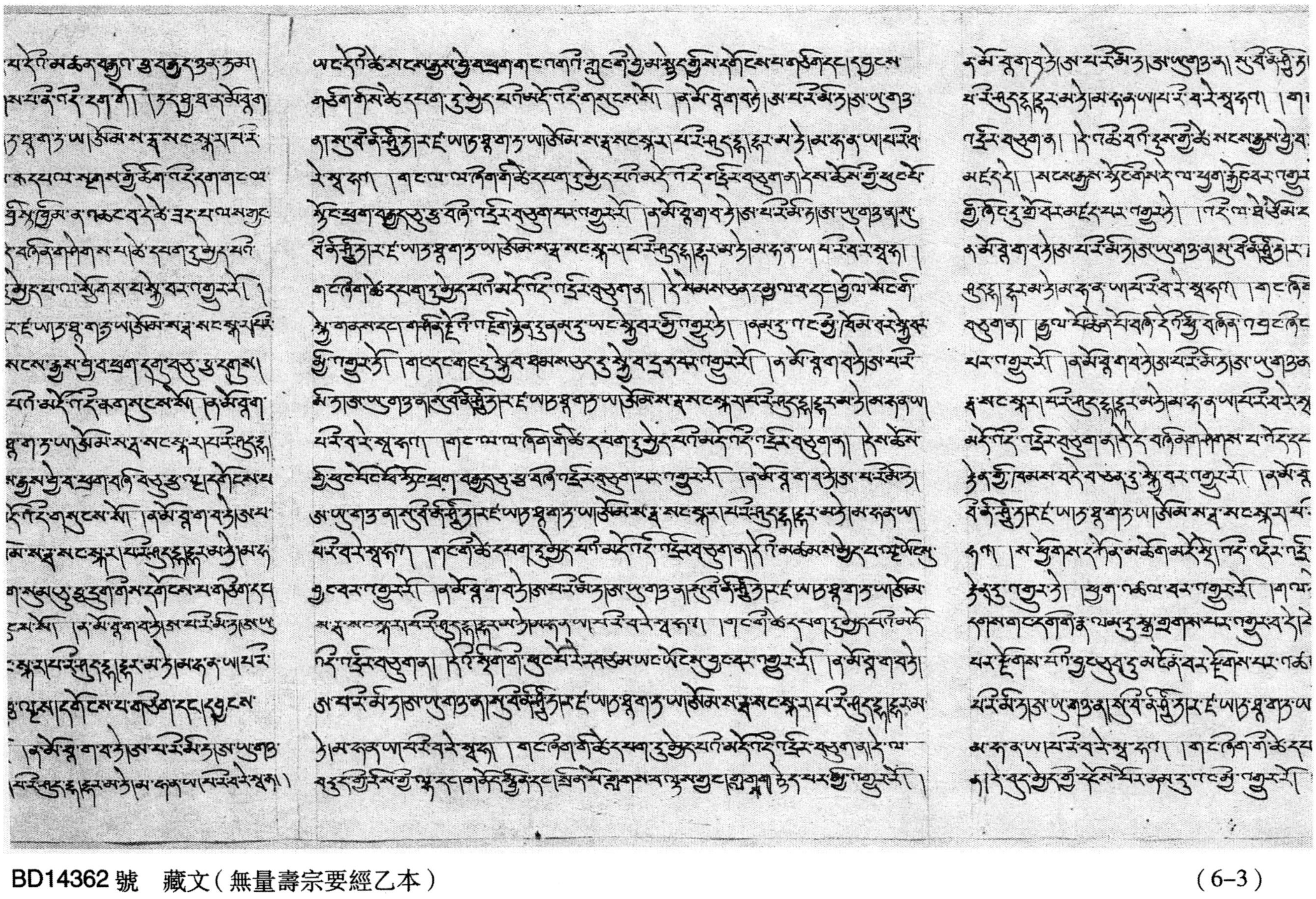

BD14362 號　藏文（無量壽宗要經乙本）　　（6–3）

BD14362 號　藏文（無量壽宗要經乙本）　　　　　　　　　　　　（6–4）

BD14362 號　藏文（無量壽宗要經乙本）　　　　　　　　　　　　（6–5）

BD14362 號　藏文（無量壽宗要經乙本）　　　　　　　　　　　　　　（6-6）

BD14363 號　藏文（無量壽宗要經乙本）　　　　　　　　　　　　　　（6-1）

BD14363 號　藏文（無量壽宗要經乙本）　　　　　　　　　　　　　　　　　　　　（6–2）

BD14363 號　藏文（無量壽宗要經乙本）　　　　　　　　　　　　　　　　　　　　（6–3）

BD14363號　藏文（無量壽宗要經乙本）　　　　　　　　　　　　（6-4）

BD14363號　藏文（無量壽宗要經乙本）　　　　　　　　　　　　（6-5）

BD14363 號　藏文（無量壽宗要經乙本）　　　　　　　　　　　　　　　　　　　（6-6）

BD14364 號　藏文（無量壽宗要經甲本）　　　　　　　　　　　　　　　　　　　（6-1）

BD14364 號　藏文（無量壽宗要經甲本）　　　　　　　　　　　　　　　（6-2）

BD14364 號　藏文（無量壽宗要經甲本）　　　　　　　　　　　　　　　（6-3）

BD14364 號　藏文（無量壽宗要經甲本）　　　　　　　　　　　　　　　（6-4）

BD14364 號　藏文（無量壽宗要經甲本）　　　　　　　　　　　　　　　（6-5）

BD14364 號　藏文（無量壽宗要經甲本）　　　　　　　　　　　　　　　　　　　　　　（6-6）

BD14364 號背　雜寫　　　　　　　　　　　　　　　　　　　　　　　　　　　　　　（1-1）

BD14365號　藏文（無量壽宗要經甲本）　　　　　　　　　　　　　　　　（8-1）

BD14365號　藏文（無量壽宗要經甲本）　　　　　　　　　　　　　　　　（8-2）

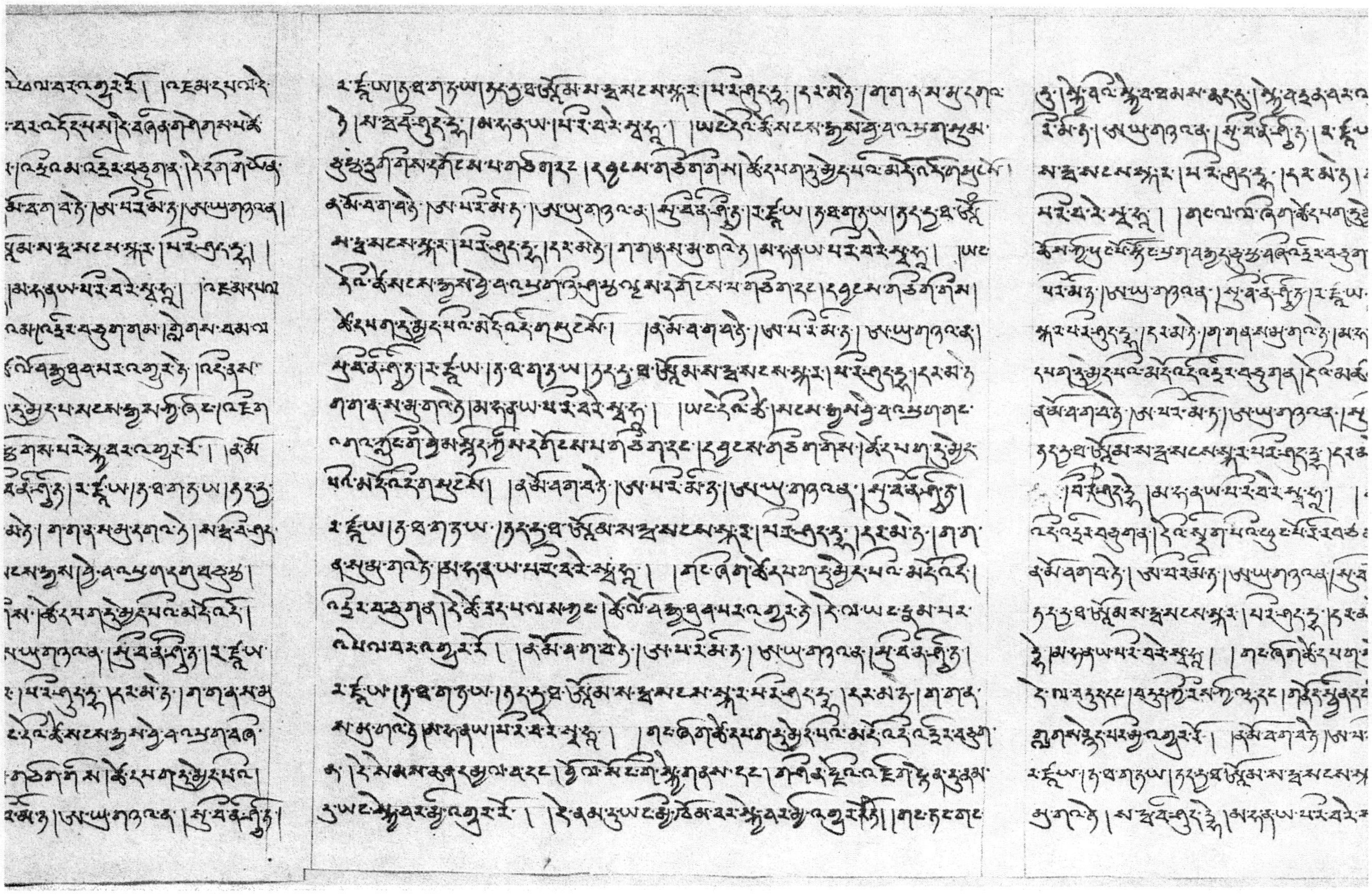

BD14365 號　藏文（無量壽宗要經甲本）　　（8–3）

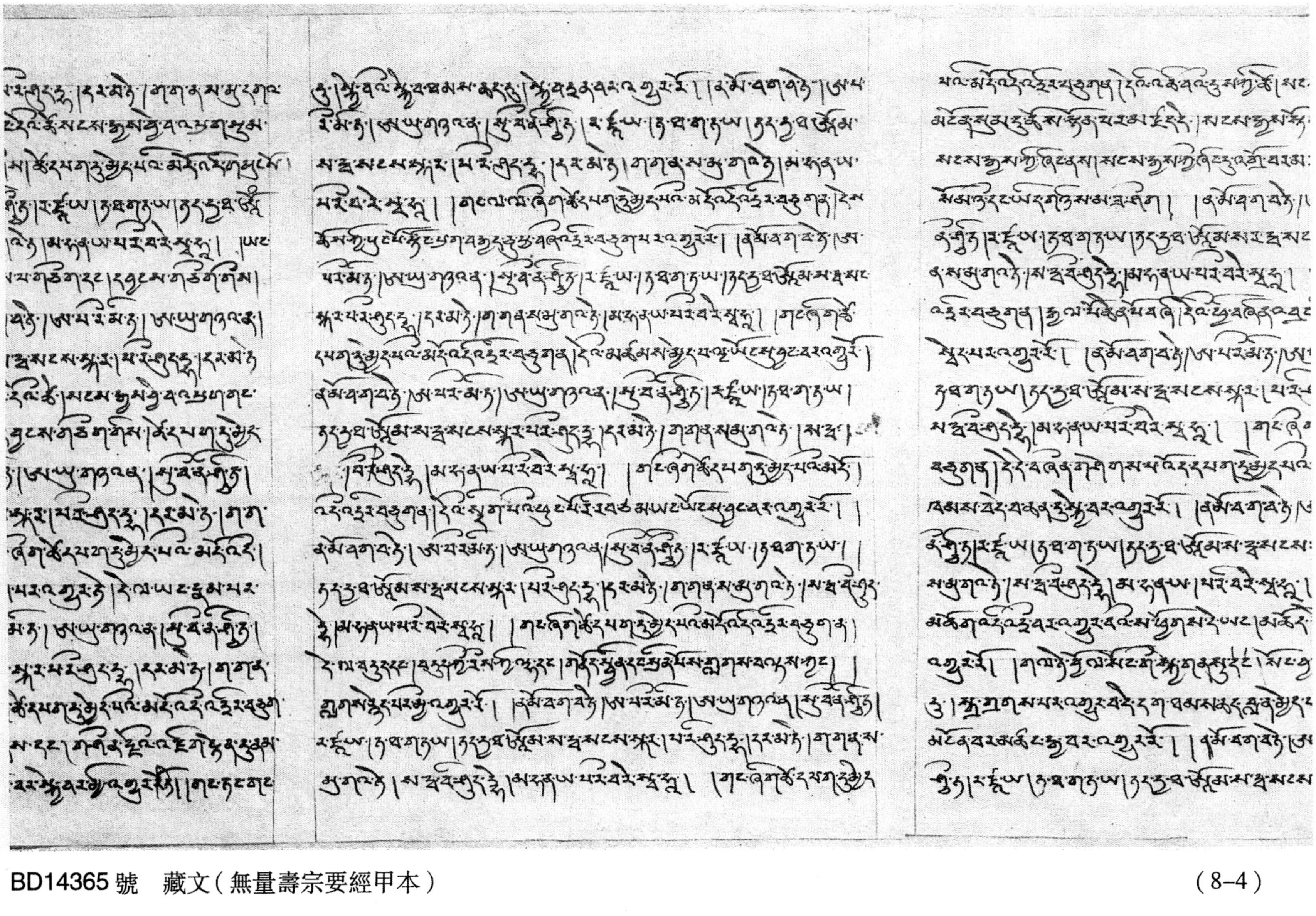

BD14365 號　藏文（無量壽宗要經甲本）　　（8–4）

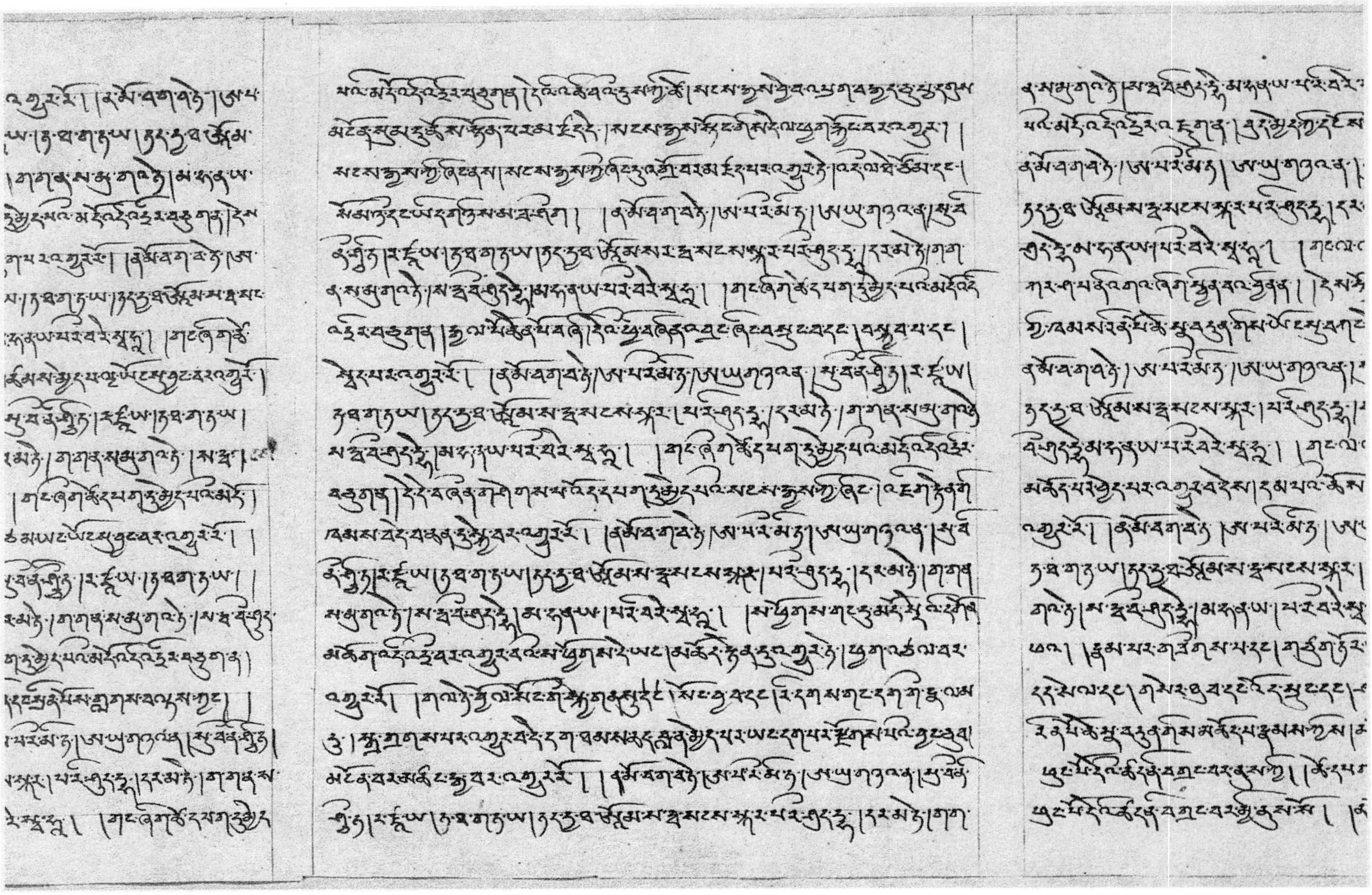

BD14365 號　藏文（無量壽宗要經甲本）　（8–5）

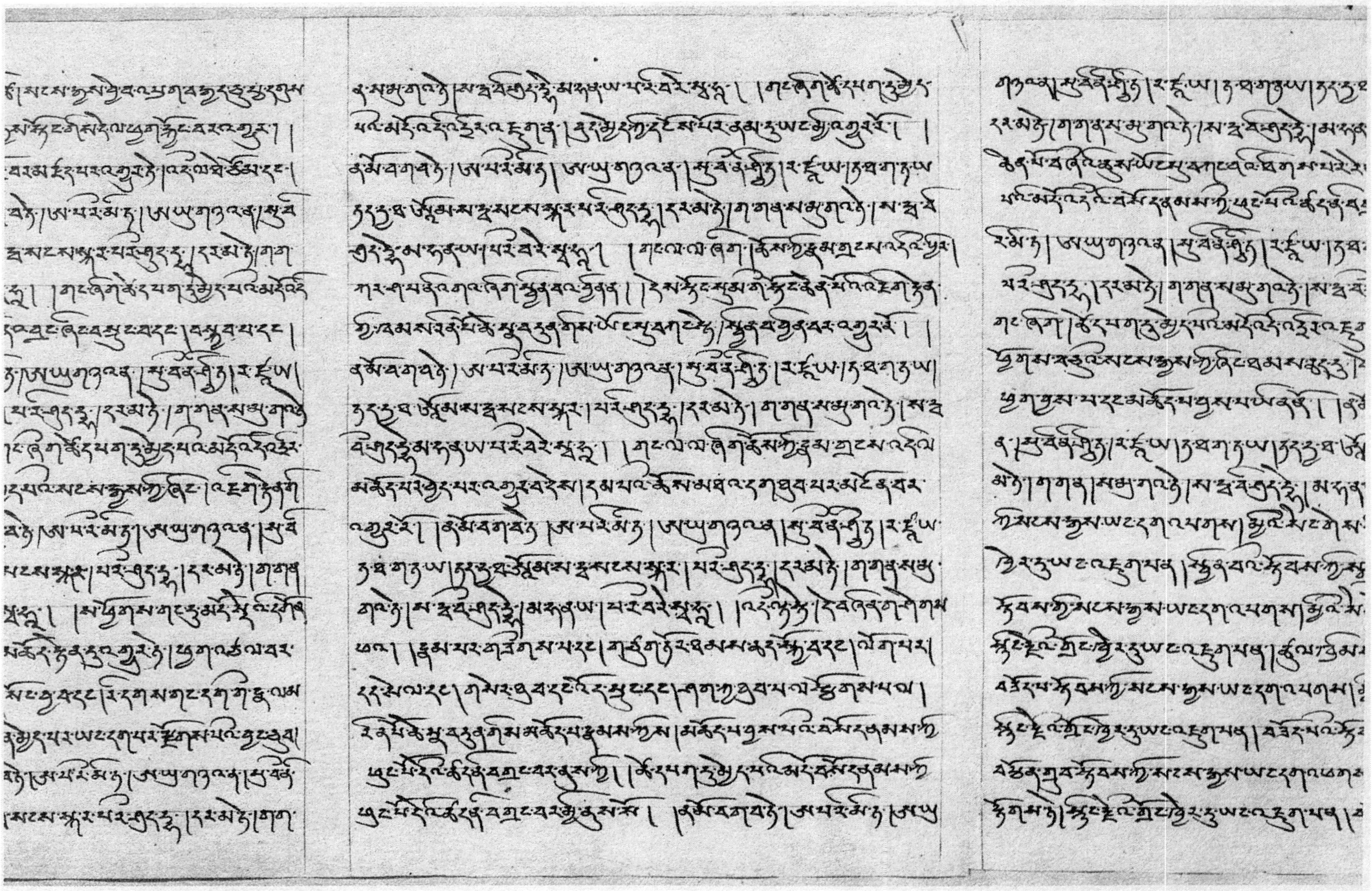

BD14365 號　藏文（無量壽宗要經甲本）　（8–6）

BD14365 號　藏文（無量壽宗要經甲本）　　　　　　　　　　　　　　　　　　(8–7)

BD14365 號　藏文（無量壽宗要經甲本）　　　　　　　　　　　　　　　　　　(8–8)

BD14366 號　藏文（無量壽宗要經甲本）　　　　　　　　　　　　　　（6–1）

BD14366 號　藏文（無量壽宗要經甲本）　　　　　　　　　　　　　　（6–2）

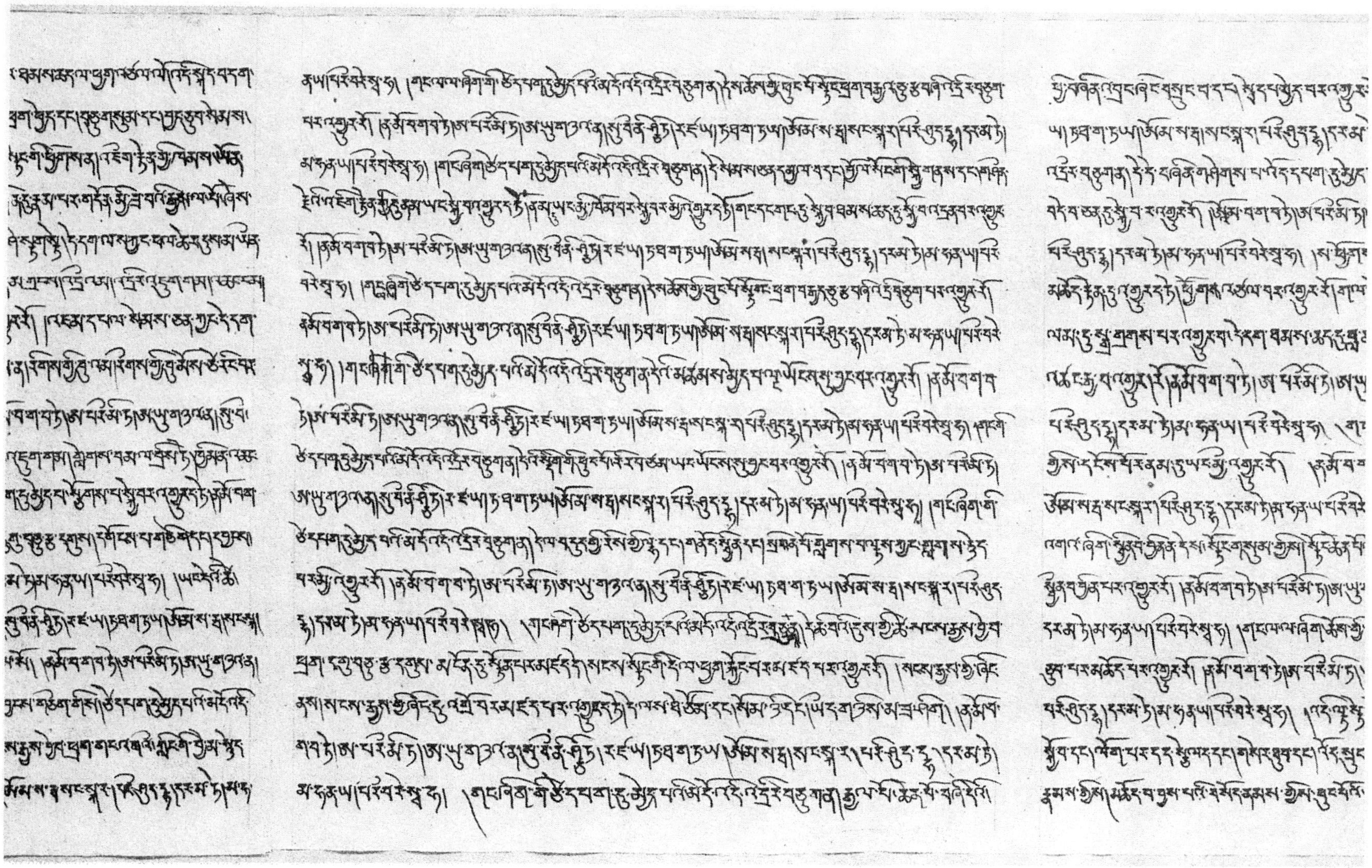

BD14366 號　藏文（無量壽宗要經甲本）　　（6–3）

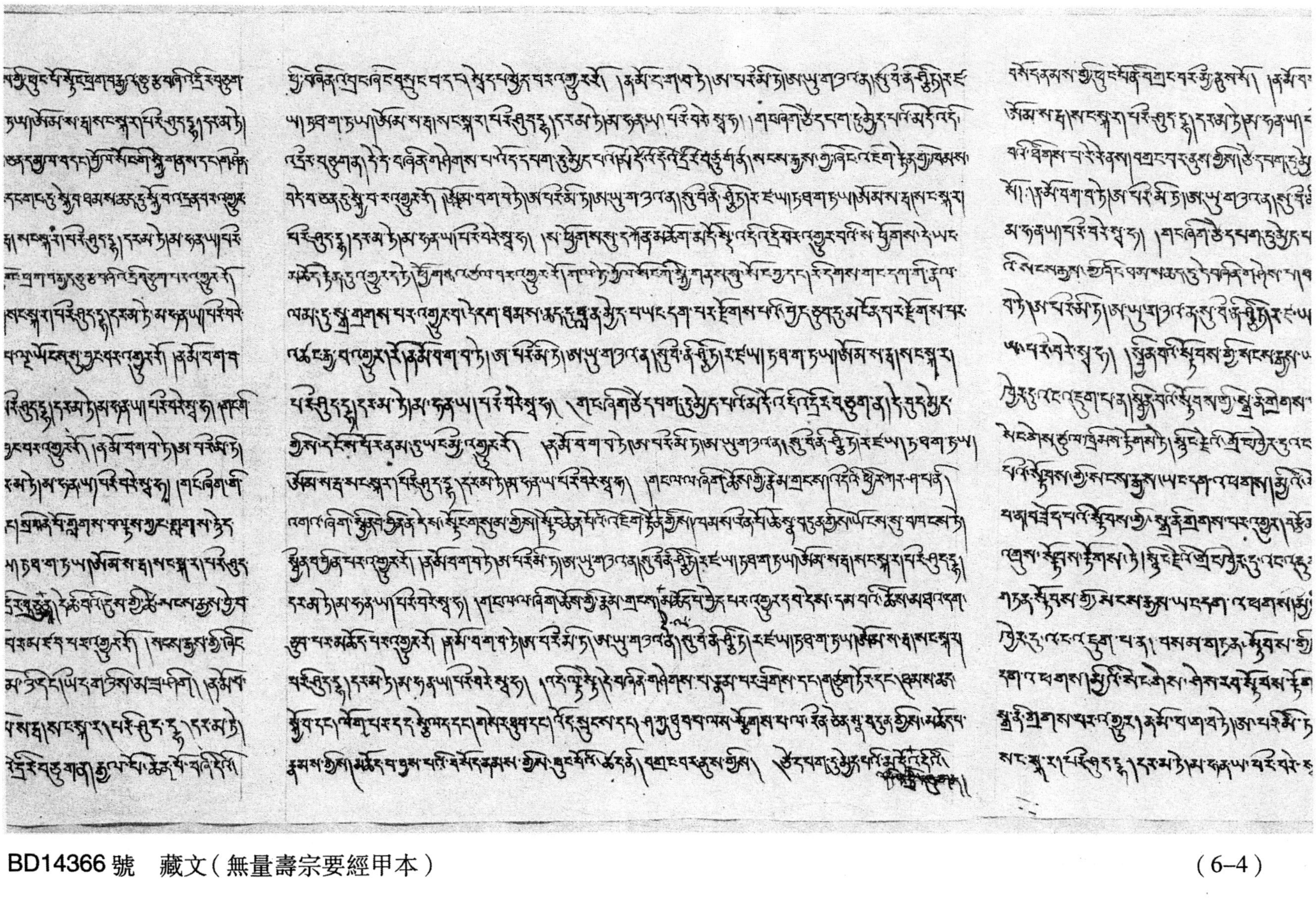

BD14366 號　藏文（無量壽宗要經甲本）　　（6–4）

BD14366 號　藏文（無量壽宗要經甲本）　　　　　　　　　　　　　（6-5）

BD14366 號　藏文（無量壽宗要經甲本）　　　　　　　　　　　　　（6-6）

BD14367 號　藏文（無量壽宗要經乙本）　　　　　　　　　　　　　　　　　　　　　(6-1)

BD14367 號　藏文（無量壽宗要經乙本）　　　　　　　　　　　　　　　　　　　　　(6-2)

BD14367 號　藏文（無量壽宗要經乙本）　　　　　　　　　　　　　　（6-3）

BD14367 號　藏文（無量壽宗要經乙本）　　　　　　　　　　　　　　（6-4）

BD14367 號　藏文（無量壽宗要經乙本）　　　　　　　　　　　　　　　　（6-5）

BD14367 號　藏文（無量壽宗要經乙本）　　　　　　　　　　　　　　　　（6-6）

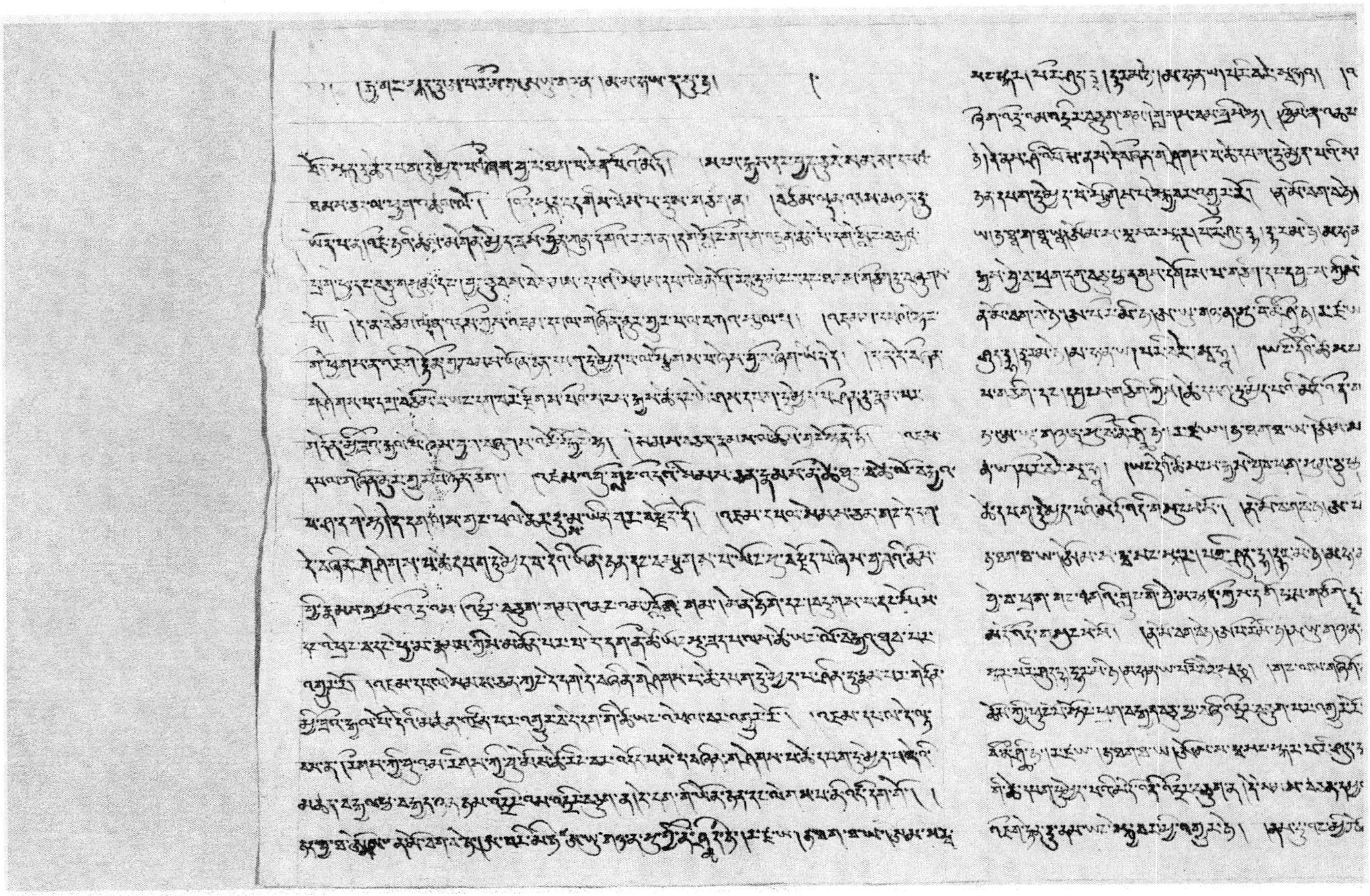

BD14368號　藏文（無量壽宗要經乙本）　　（6–1）

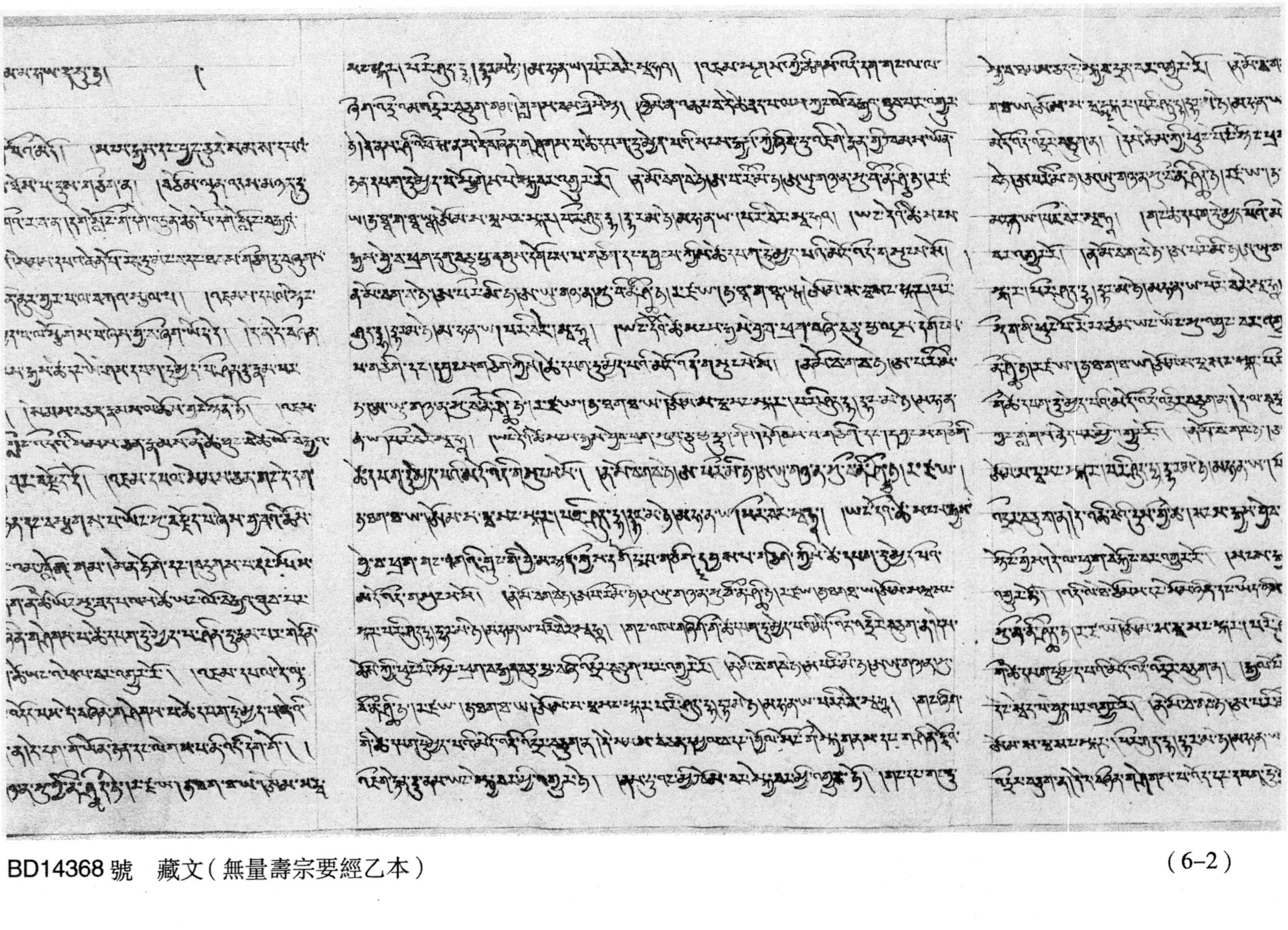

BD14368號　藏文（無量壽宗要經乙本）　　（6–2）

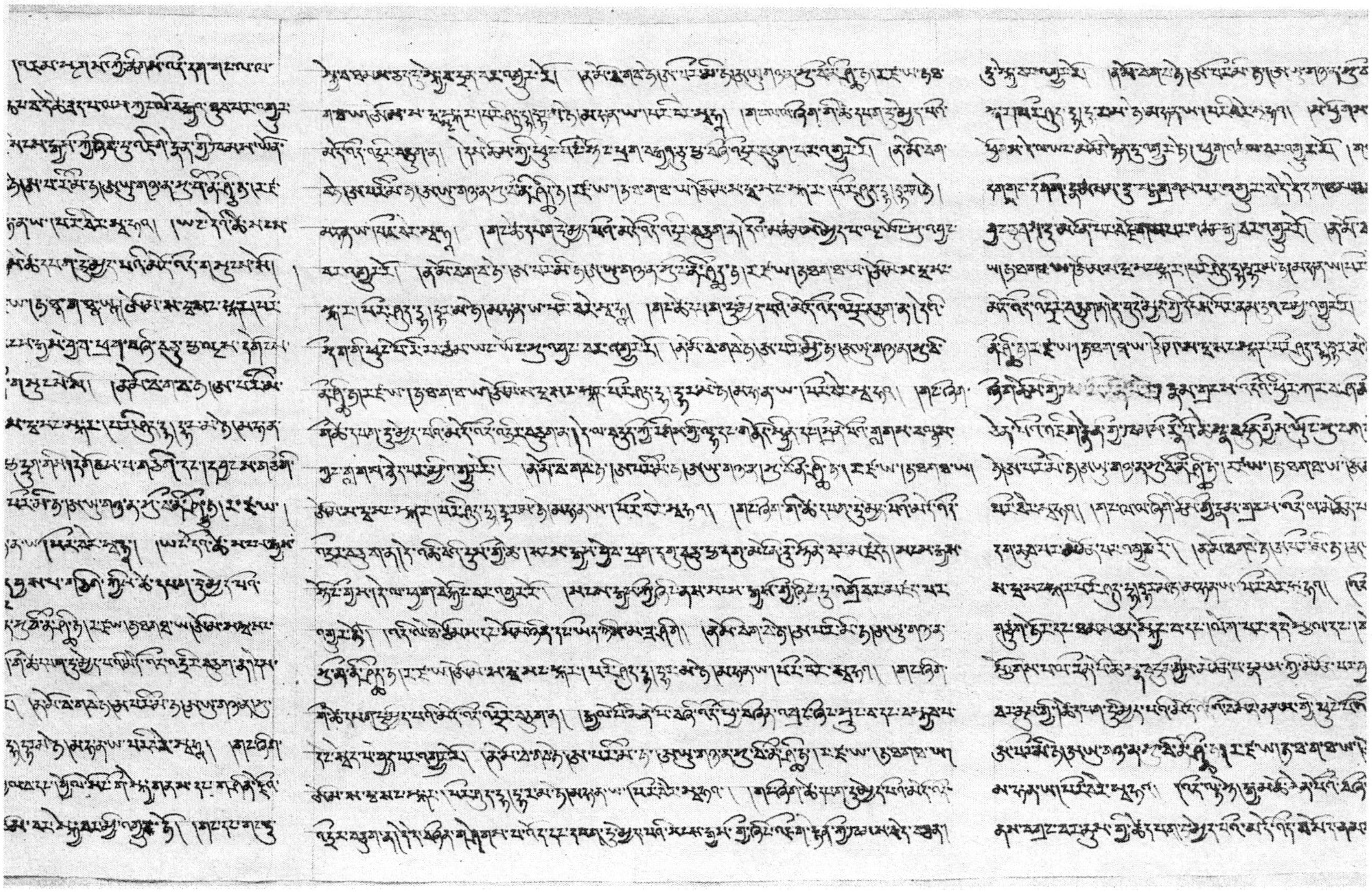

BD14368 號　藏文（無量壽宗要經乙本）　（6–3）

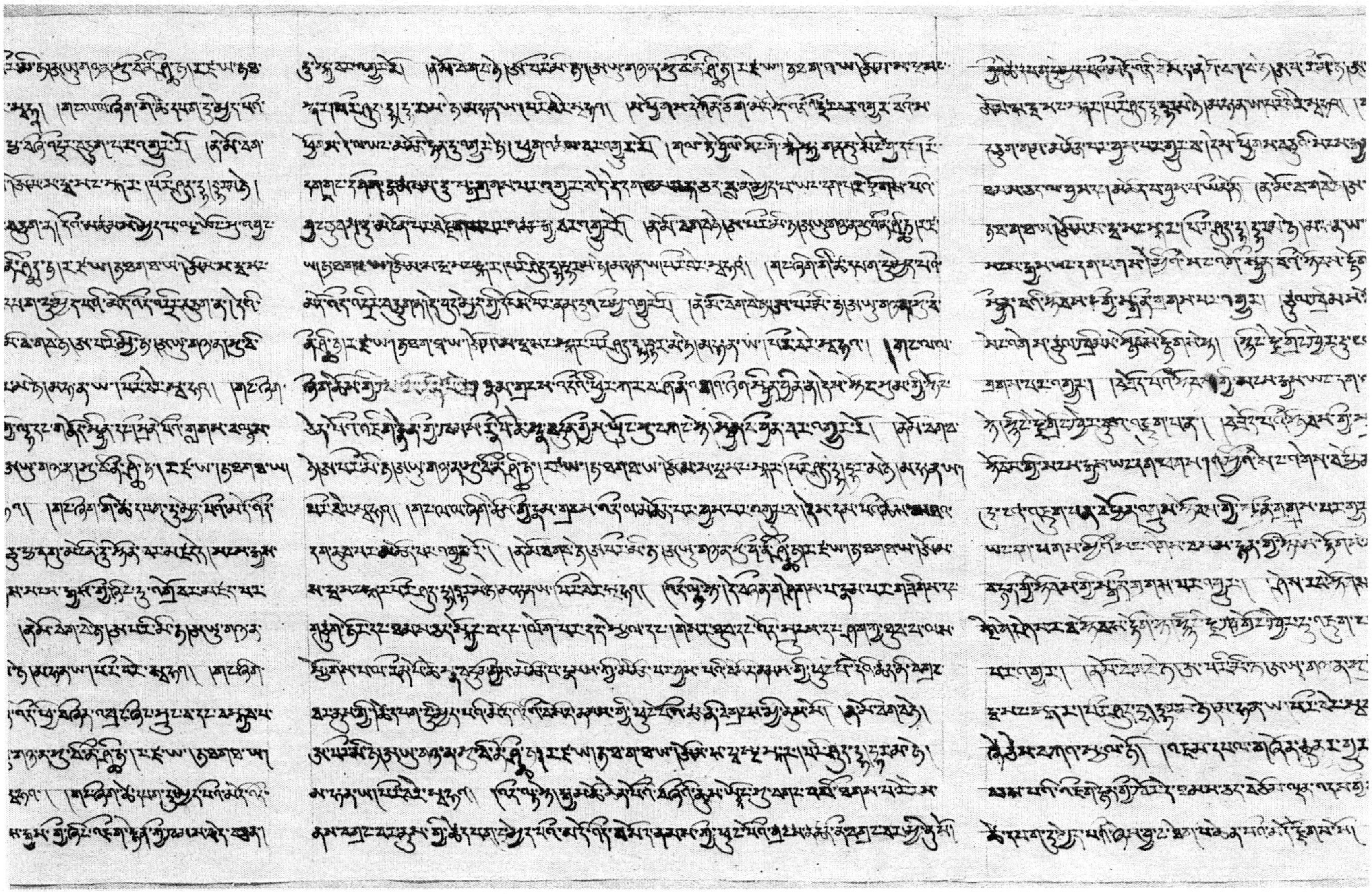

BD14368 號　藏文（無量壽宗要經乙本）　（6–4）

BD14368 號　藏文（無量壽宗要經乙本）　　　　　　　　　　　　　　　　　（6-5）

BD14368 號　藏文（無量壽宗要經乙本）　　　　　　　　　　　　　　　　　（6-6）

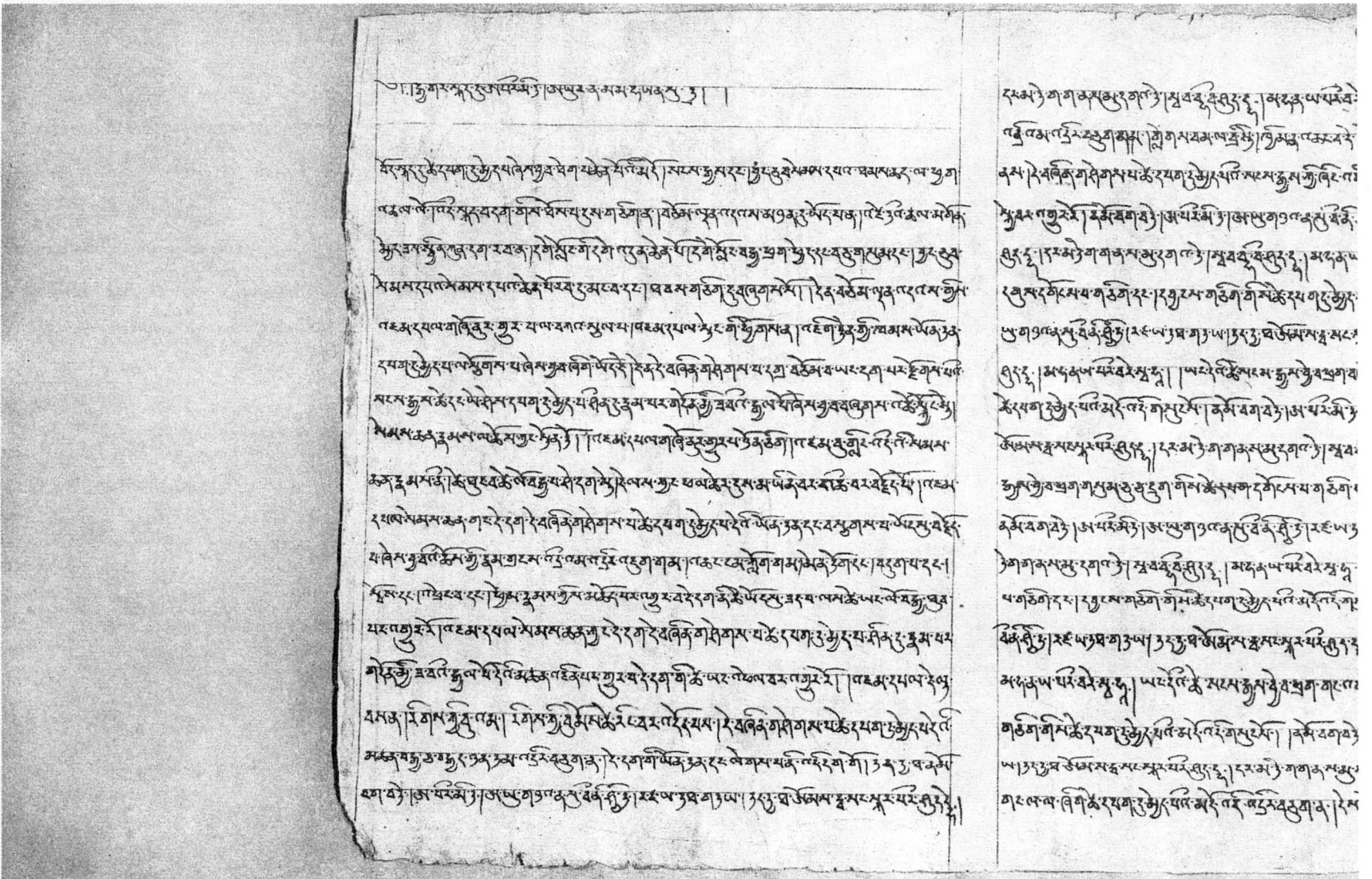

BD14369 號 1　藏文（無量壽宗要經乙本）　　　　　　　　　　　　　　　　（18–1）

BD14369 號 1　藏文（無量壽宗要經乙本）　　　　　　　　　　　　　　　　（18–2）

BD14369 號 1　藏文（無量壽宗要經乙本）　　　　　　　　　　　　　　　　　（18–3）

BD14369 號 1　藏文（無量壽宗要經乙本）　　　　　　　　　　　　　　　　　（18–4）

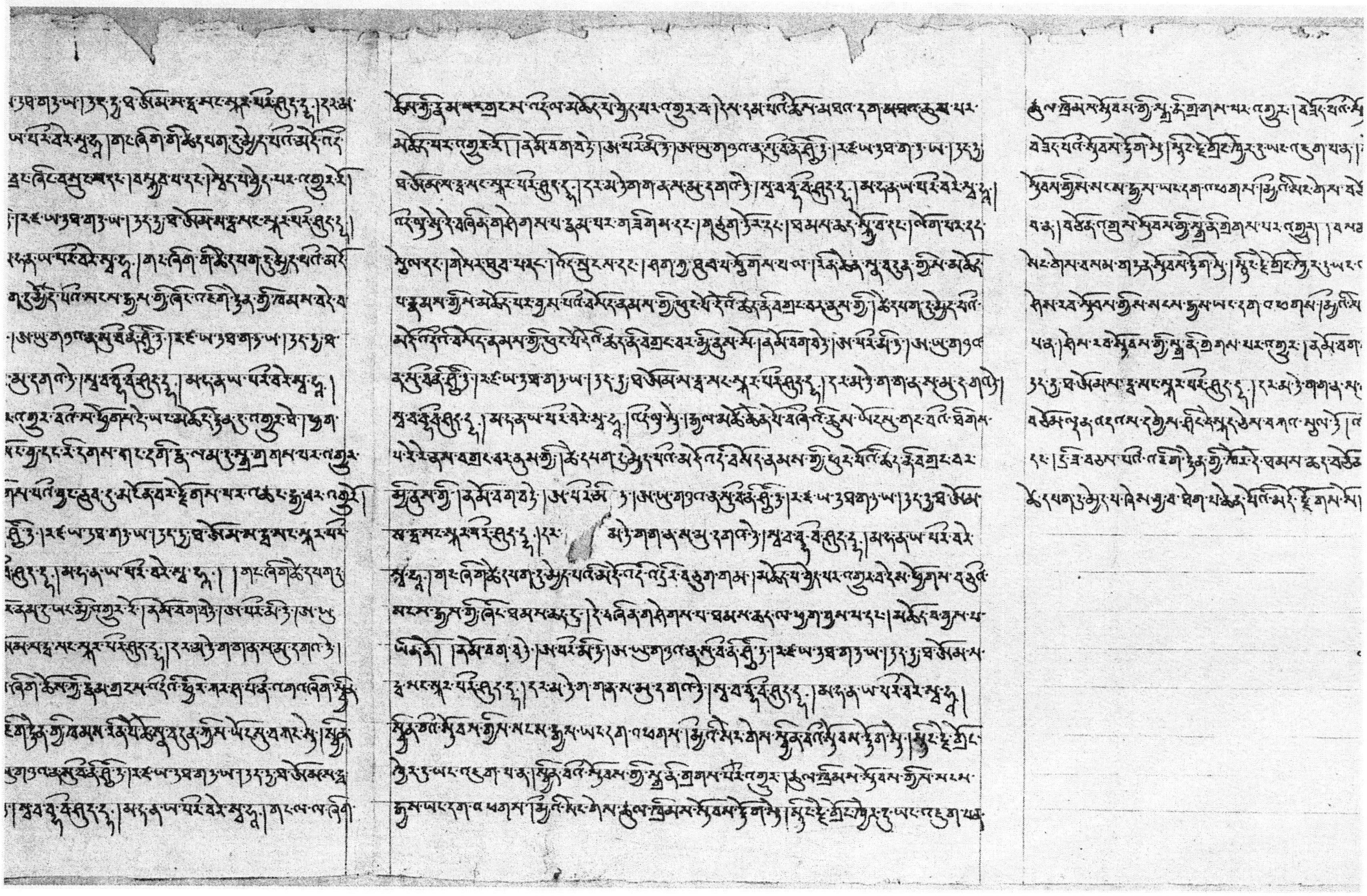

BD14369 號 1　藏文（無量壽宗要經乙本）　（18–5）

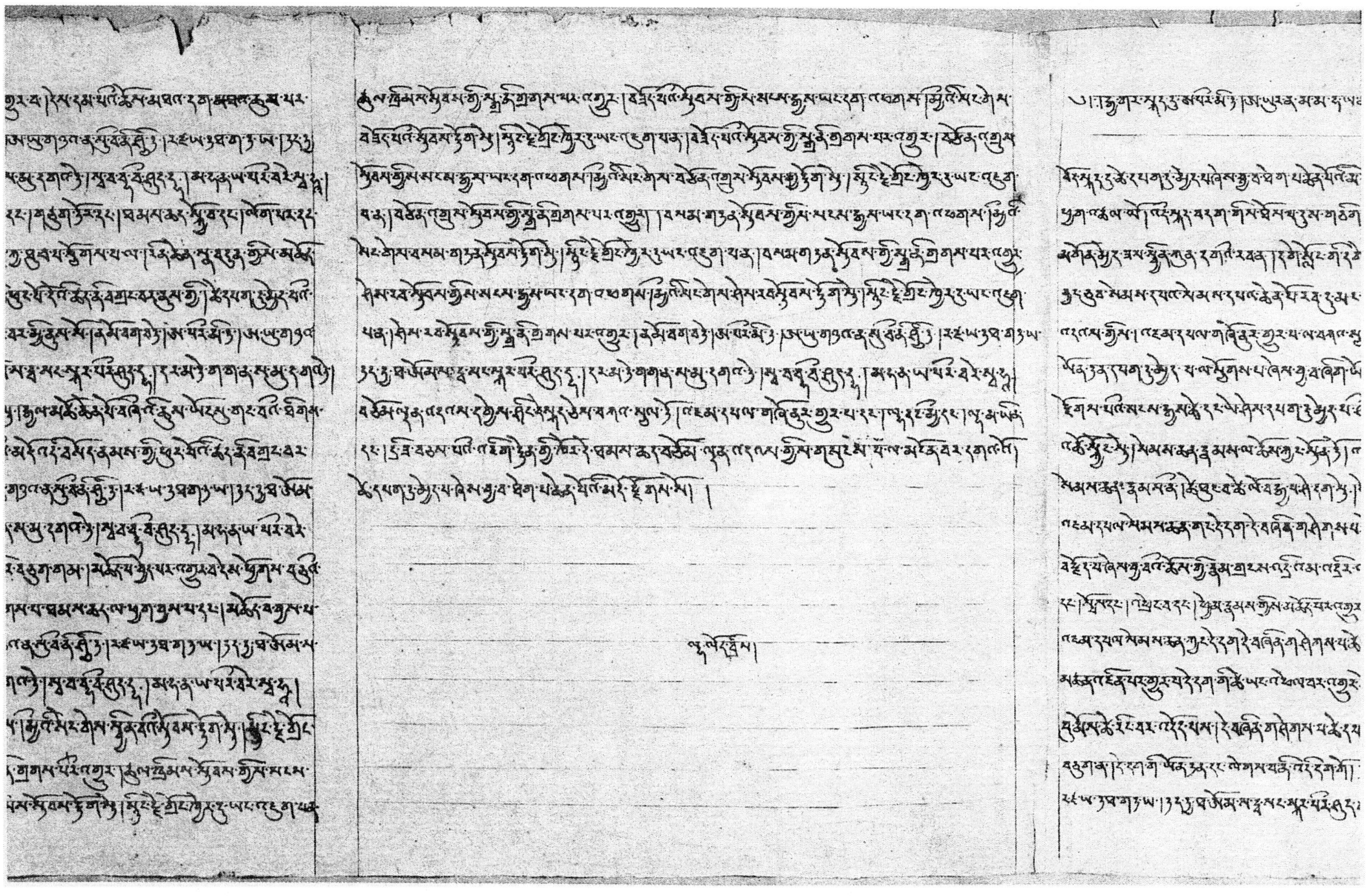

BD14369 號 1　藏文（無量壽宗要經乙本）　（18–6）

BD14369 號 2　藏文（無量壽宗要經乙本）　　　　　　　　　　　（18–7）

BD14369 號 2　藏文（無量壽宗要經乙本）　　　　　　　　　　　（18–8）

BD14369 號 2　藏文（無量壽宗要經乙本）　　　　　　　　　　　　　　　　（18-9）

BD14369 號 2　藏文（無量壽宗要經乙本）　　　　　　　　　　　　　　　　（18-10）

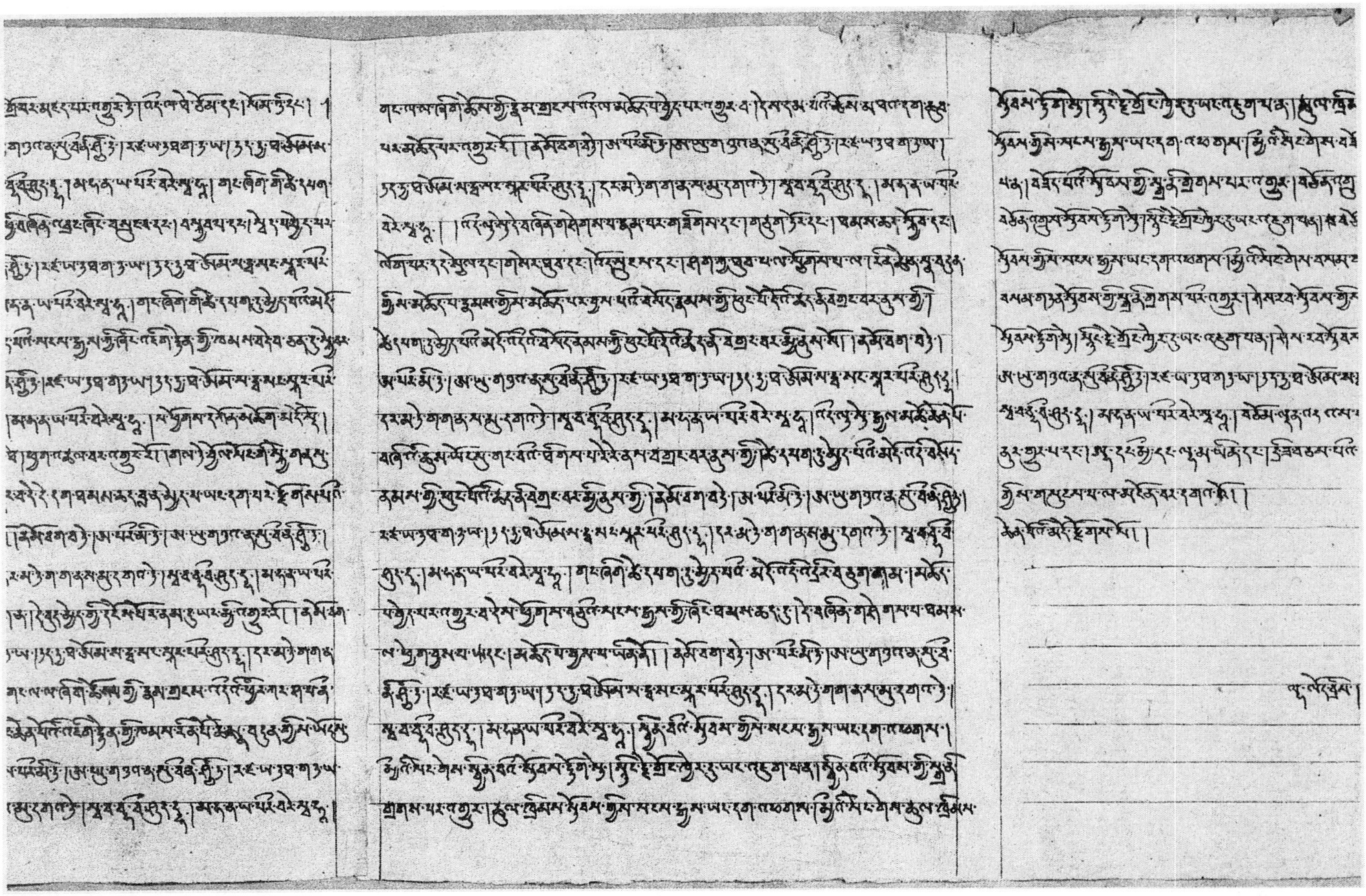

BD14369 號 2　藏文（無量壽宗要經乙本）　　（18–11）

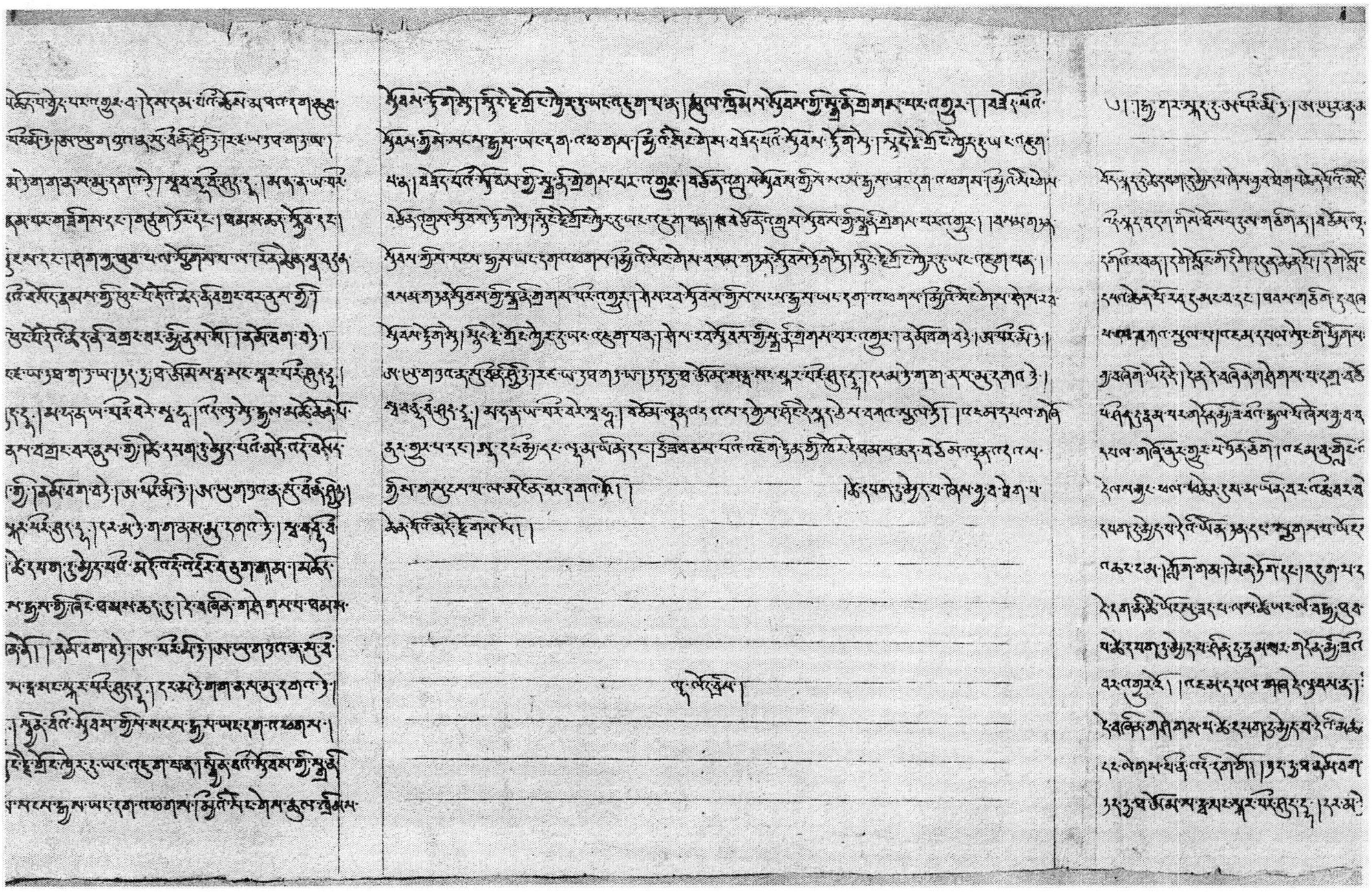

BD14369 號 2　藏文（無量壽宗要經乙本）　　（18–12）

BD14369 號 3　藏文（無量壽宗要經乙本）　　　　　　　　　　　　（18–13）

BD14369 號 3　藏文（無量壽宗要經乙本）　　　　　　　　　　　　（18–14）

BD14369 號 3　藏文（無量壽宗要經乙本）　　　　　　　　　　　　　（18-15）

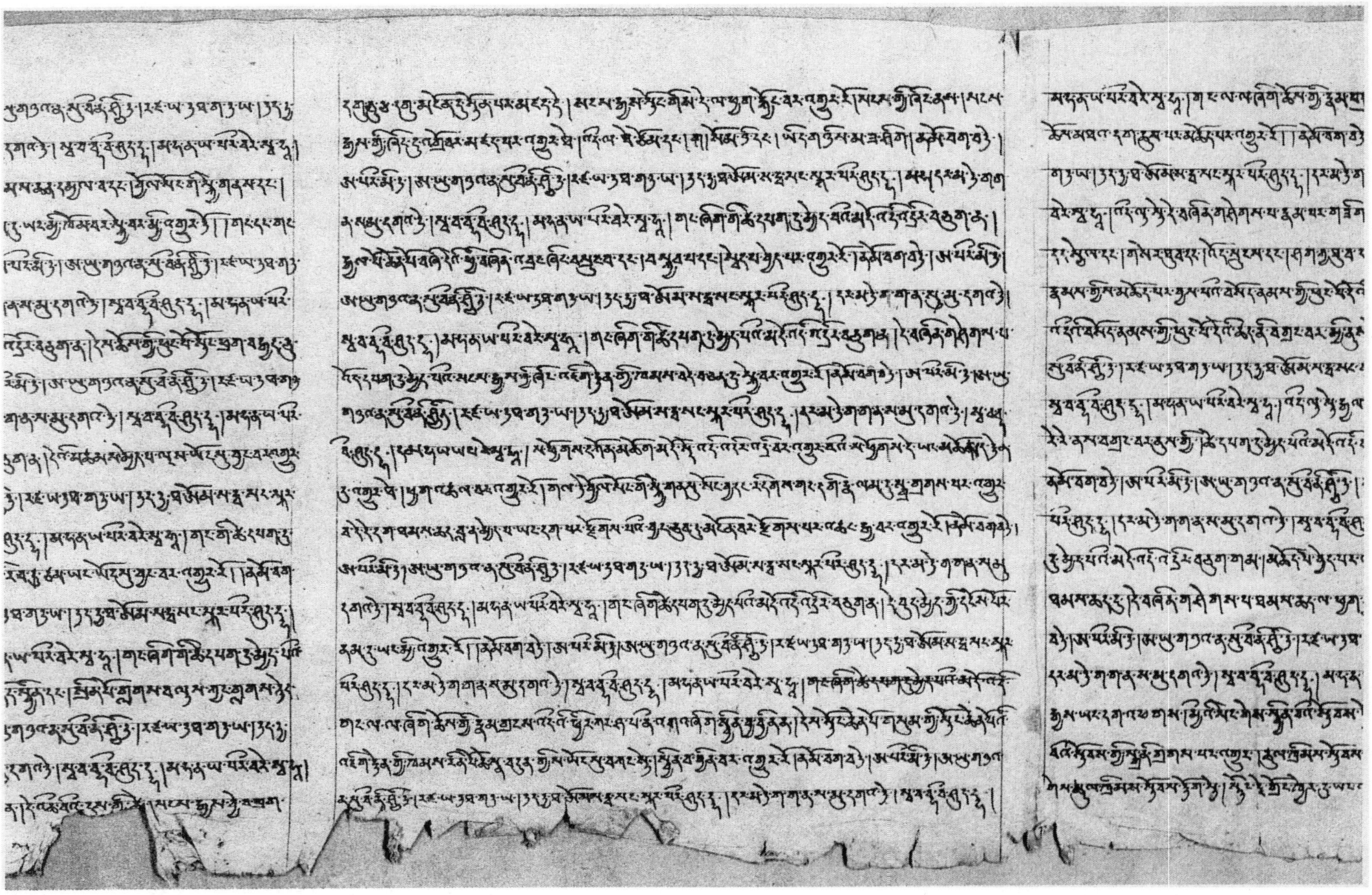

BD14369 號 3　藏文（無量壽宗要經乙本）　　　　　　　　　　　　　（18-16）

BD14369 號 3　藏文（無量壽宗要經乙本）　　　　　　　　　　　　　　（18-17）

BD14369 號 3　藏文（無量壽宗要經乙本）　　　　　　　　　　　　　　（18-18）

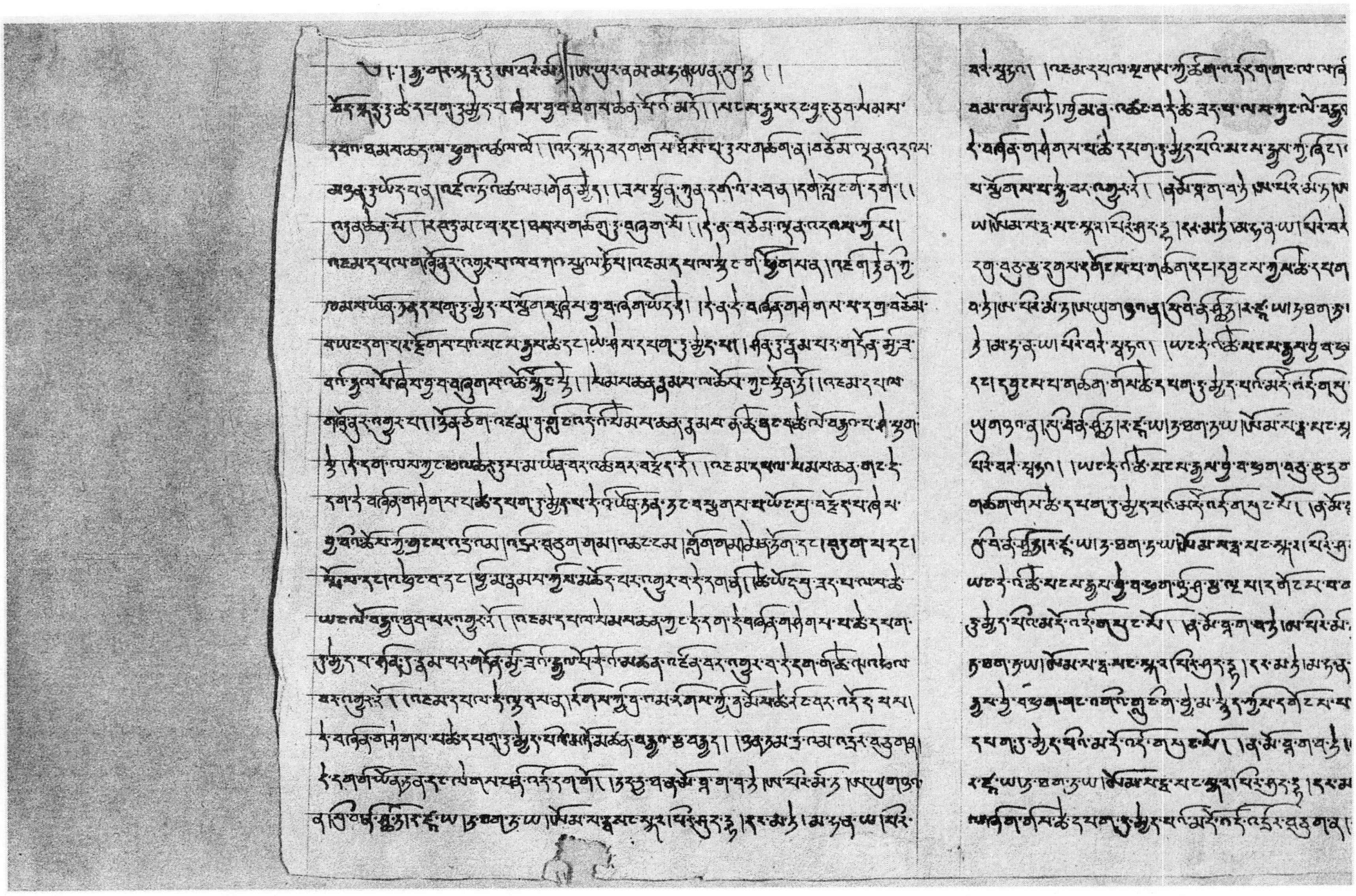

BD14370 號　藏文（無量壽宗要經乙本）　（6–1）

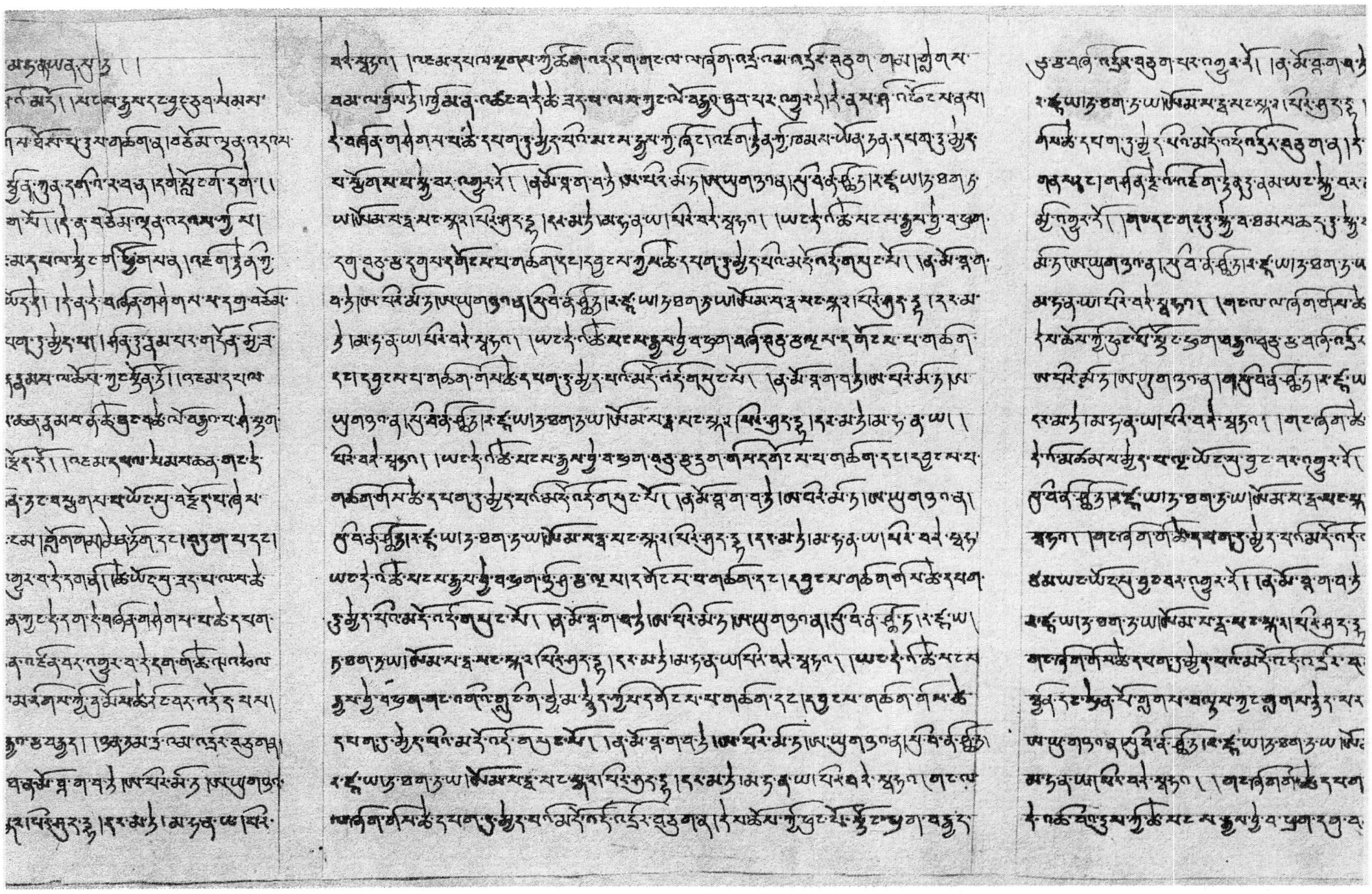

BD14370 號　藏文（無量壽宗要經乙本）　（6–2）

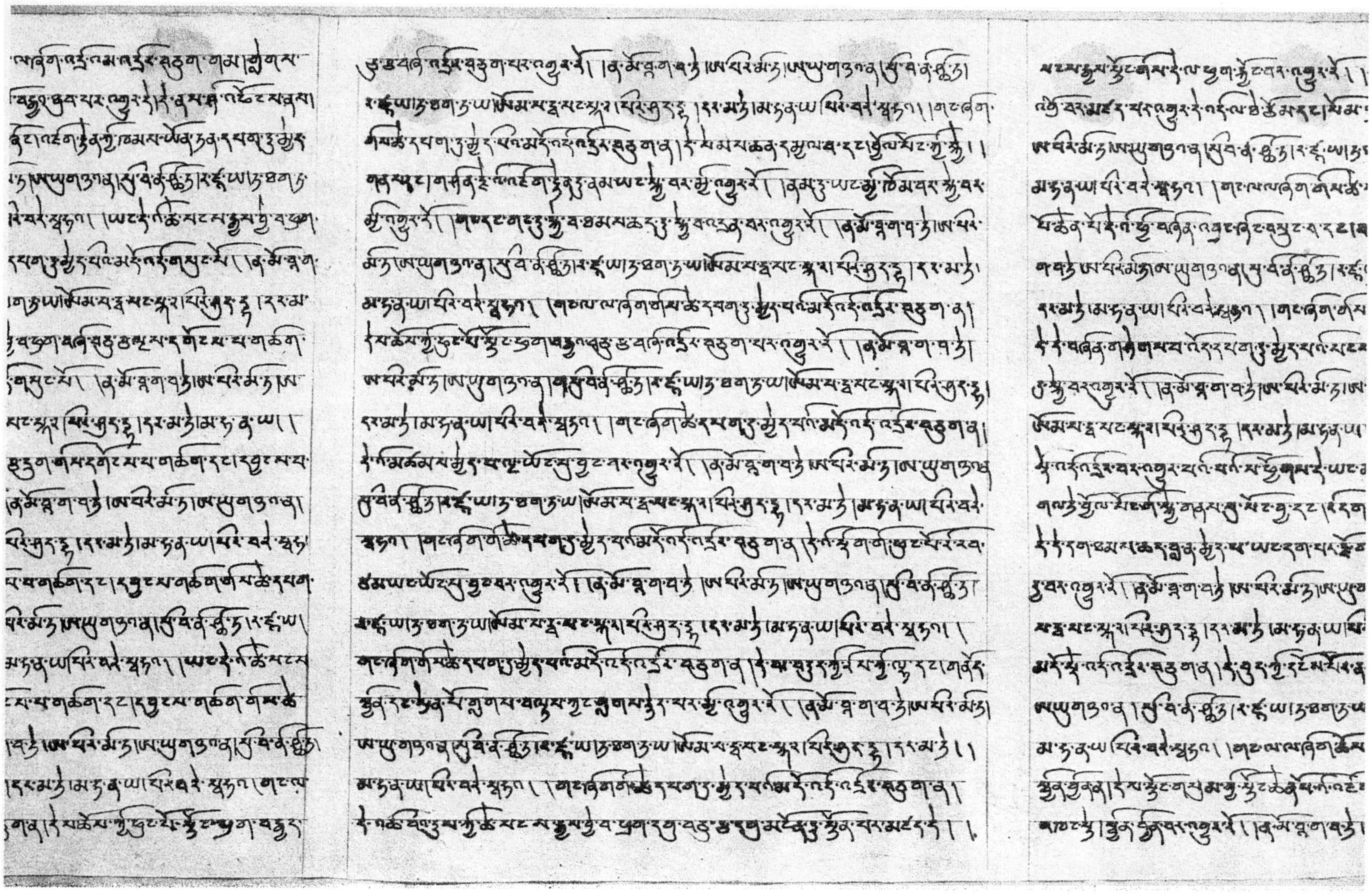

BD14370 號　藏文（無量壽宗要經乙本）　　　　（6–3）

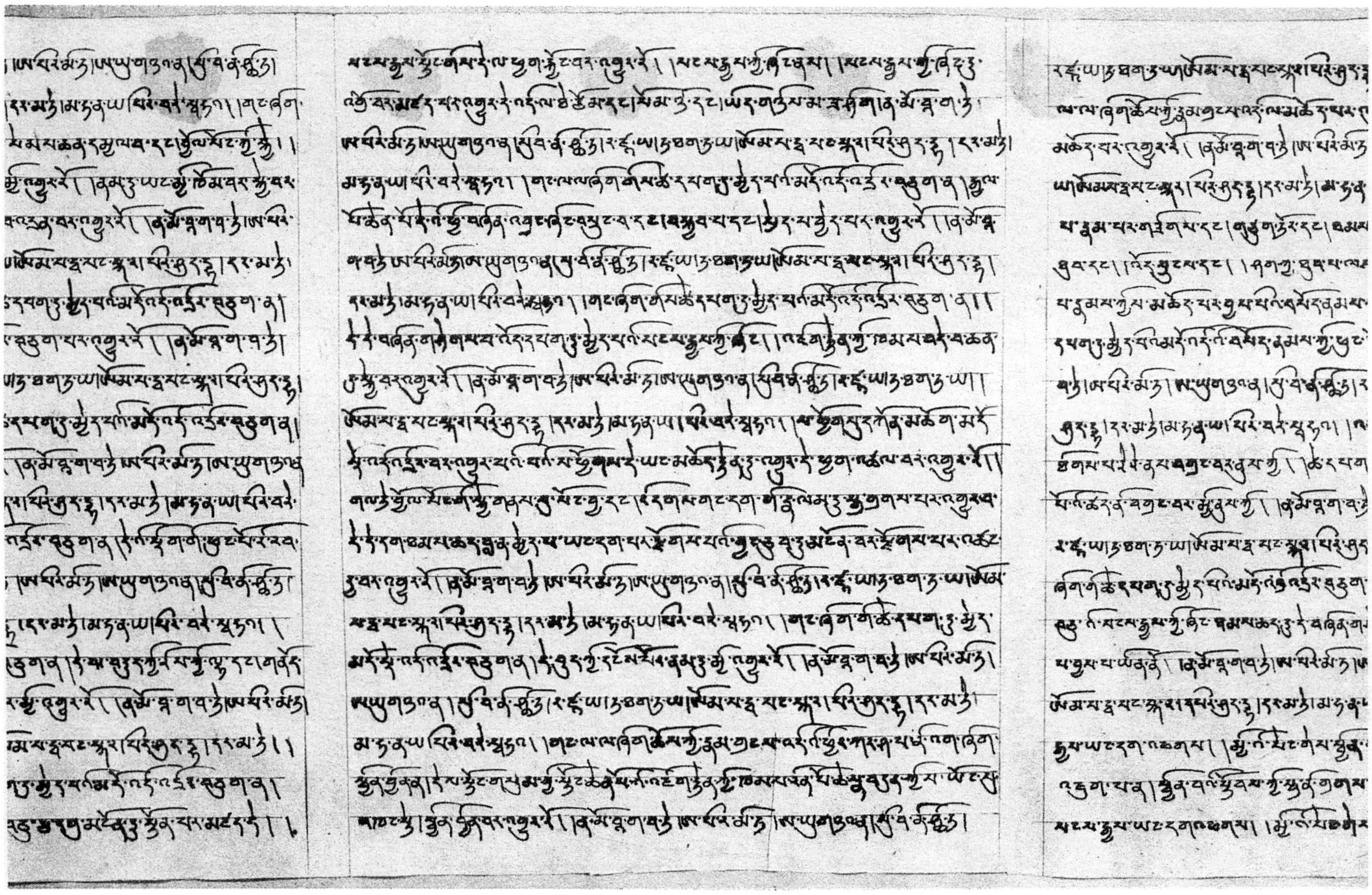

BD14370 號　藏文（無量壽宗要經乙本）　　　　（6–4）

BD14370 號　藏文（無量壽宗要經乙本）　　　　　　　　　　　（6-5）

BD14370 號　藏文（無量壽宗要經乙本）　　　　　　　　　　　（6-6）

112

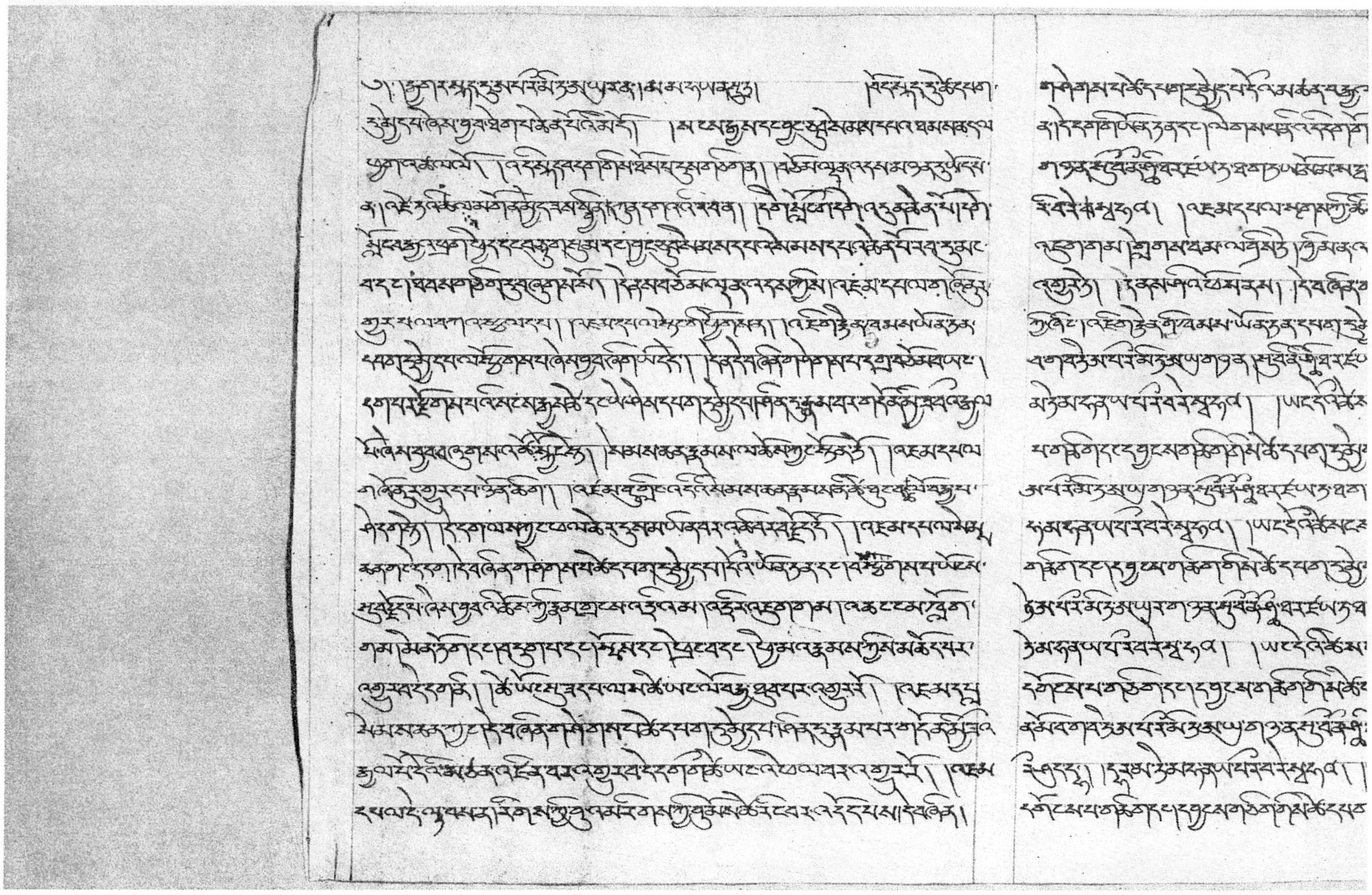

BD14371 號　藏文（無量壽宗要經乙本）　（7–1）

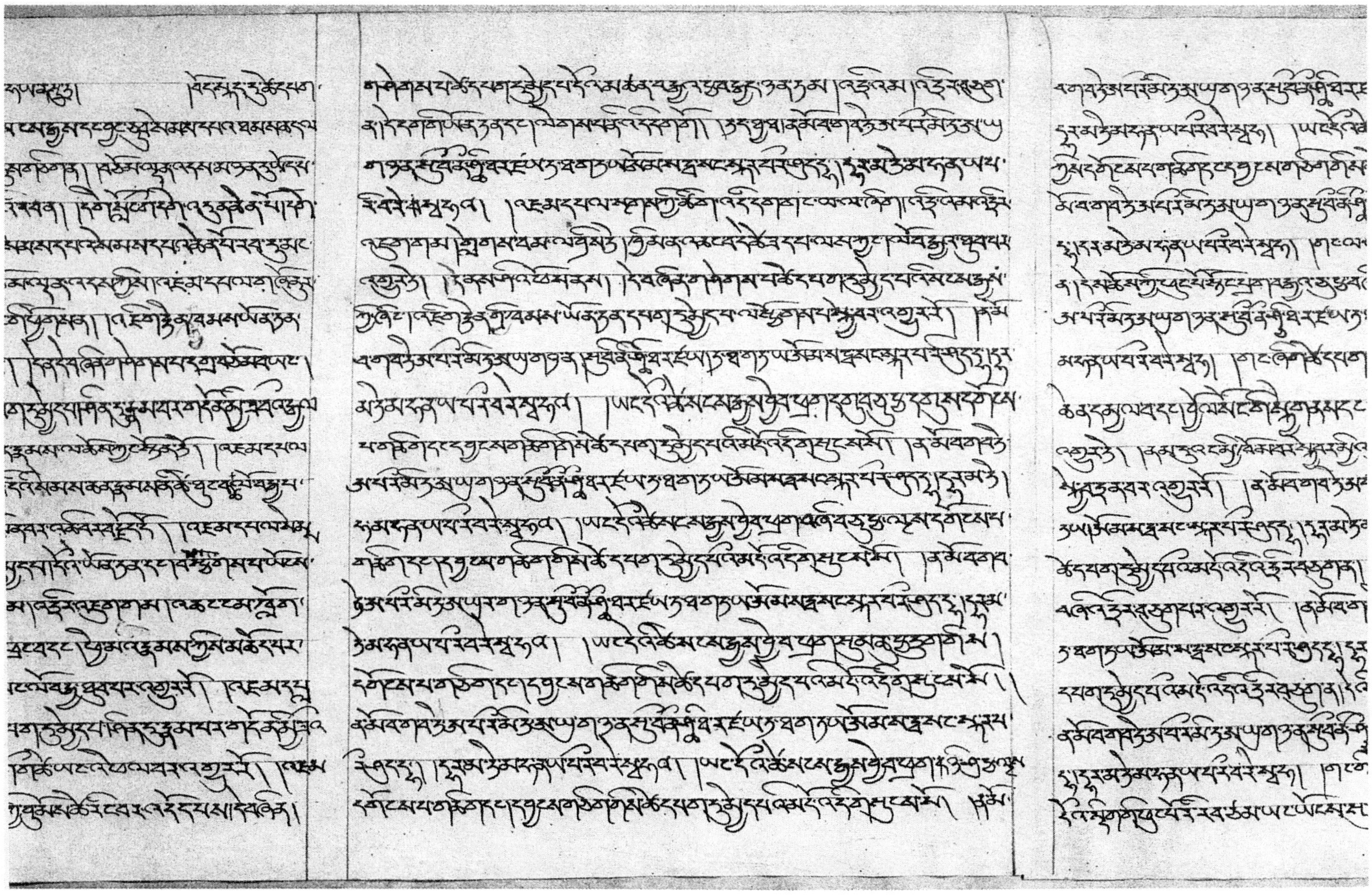

BD14371 號　藏文（無量壽宗要經乙本）　（7–2）

BD14371 號　藏文（無量壽宗要經乙本）　　　　　　　　　　　　　（7-3）

BD14371 號　藏文（無量壽宗要經乙本）　　　　　　　　　　　　　（7-4）

BD14371 號　藏文（無量壽宗要經乙本）　　　　　　　　　　　　　（7–5）

BD14371 號　藏文（無量壽宗要經乙本）　　　　　　　　　　　　　（7–6）

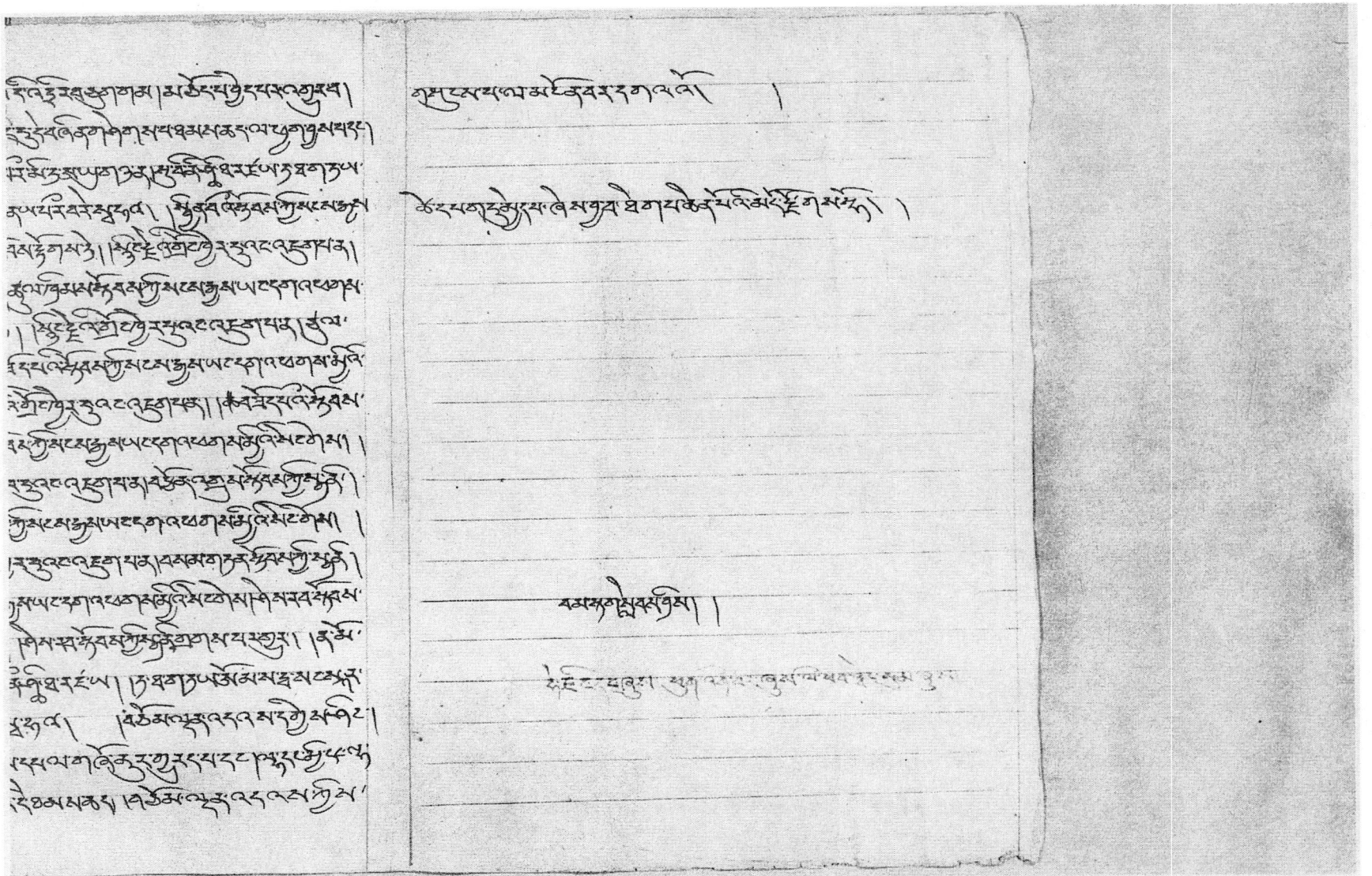

BD14371 號　藏文（無量壽宗要經乙本）　　　　　　　　　　　　　　　　　（7-7）

BD14372 號　藏文（無量壽宗要經乙本）　　　　　　　　　　　　　　　　　（7-1）

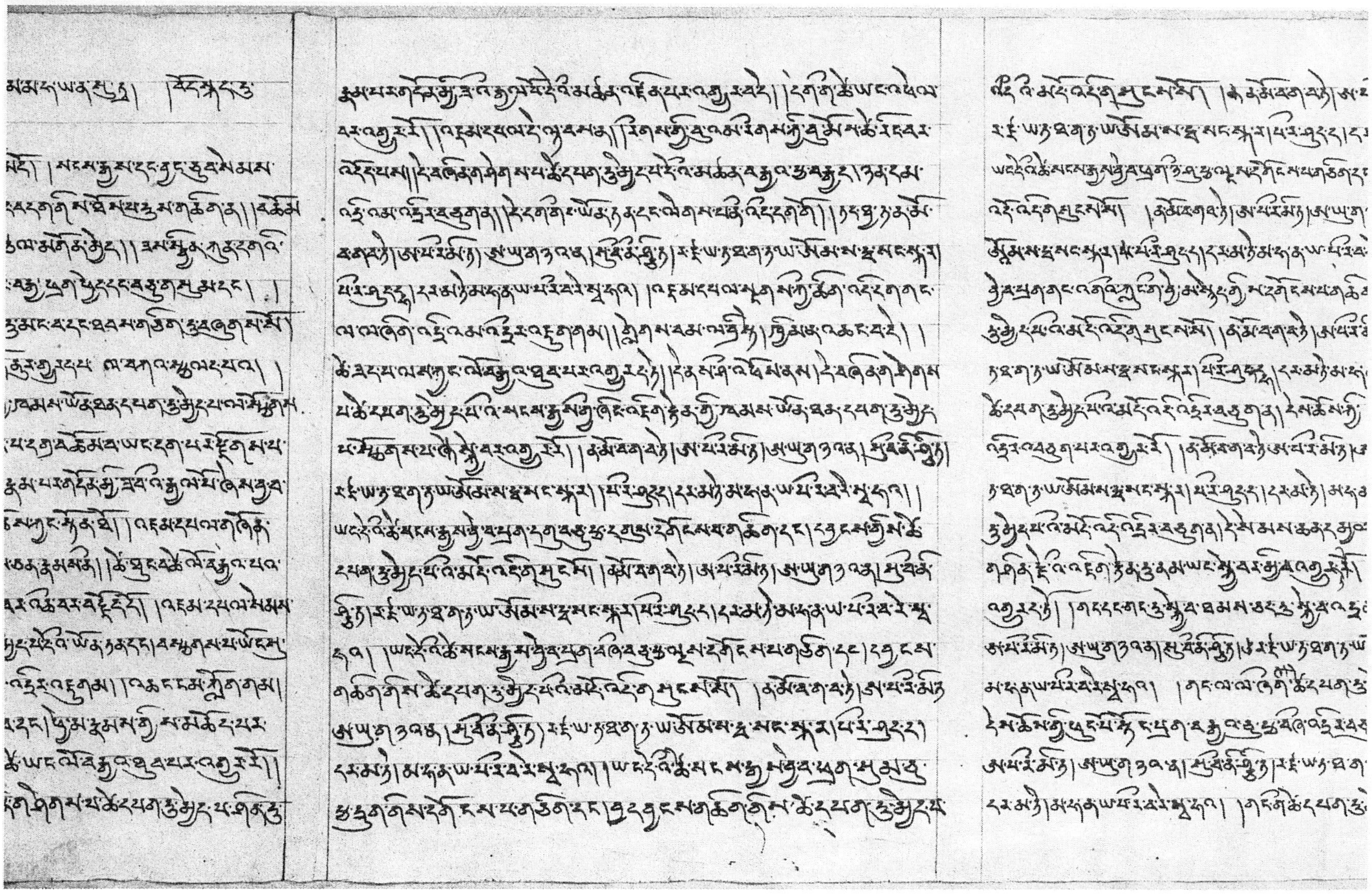

BD14372 號　藏文（無量壽宗要經乙本）　（7–2）

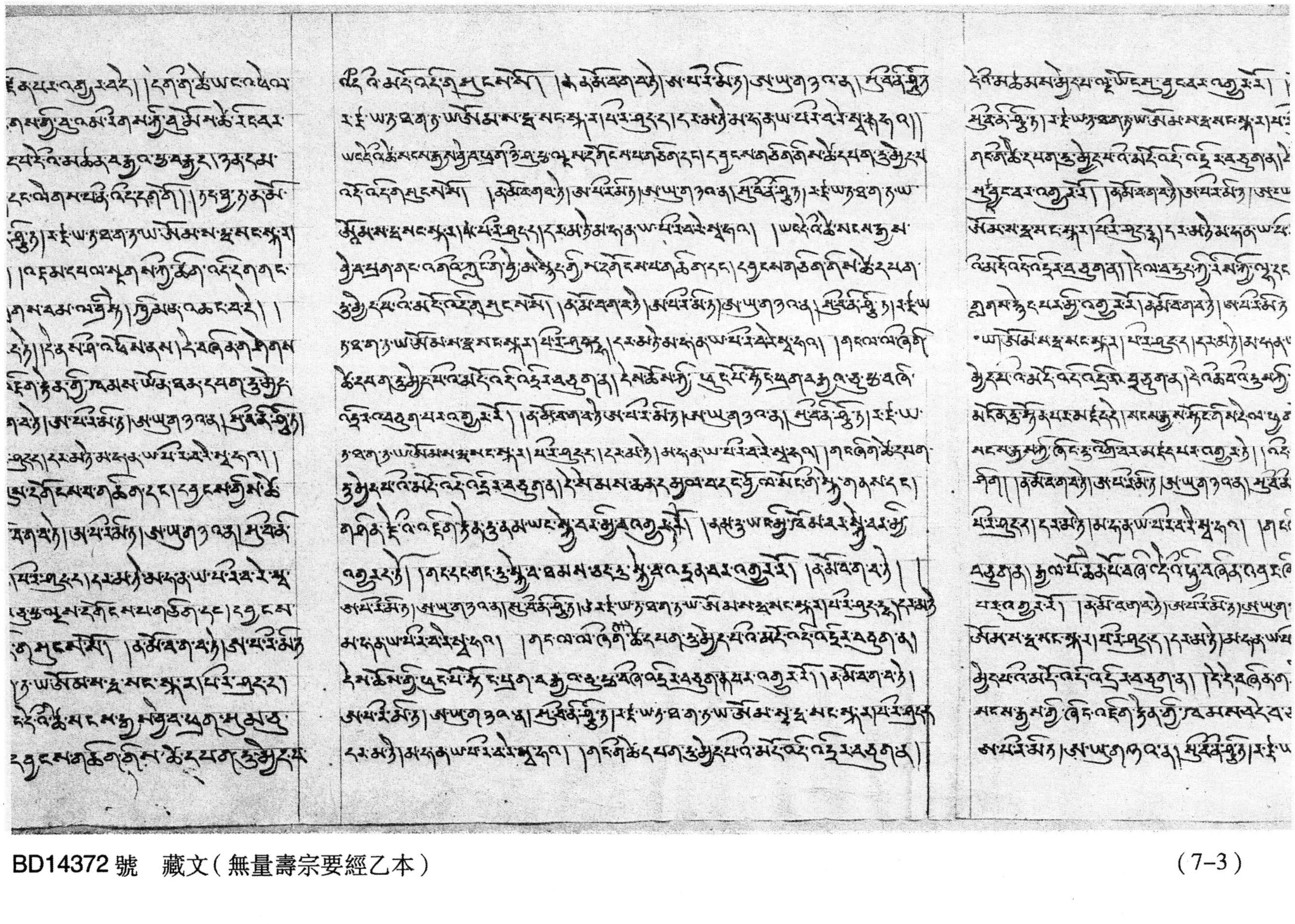

BD14372 號　藏文（無量壽宗要經乙本）　（7–3）

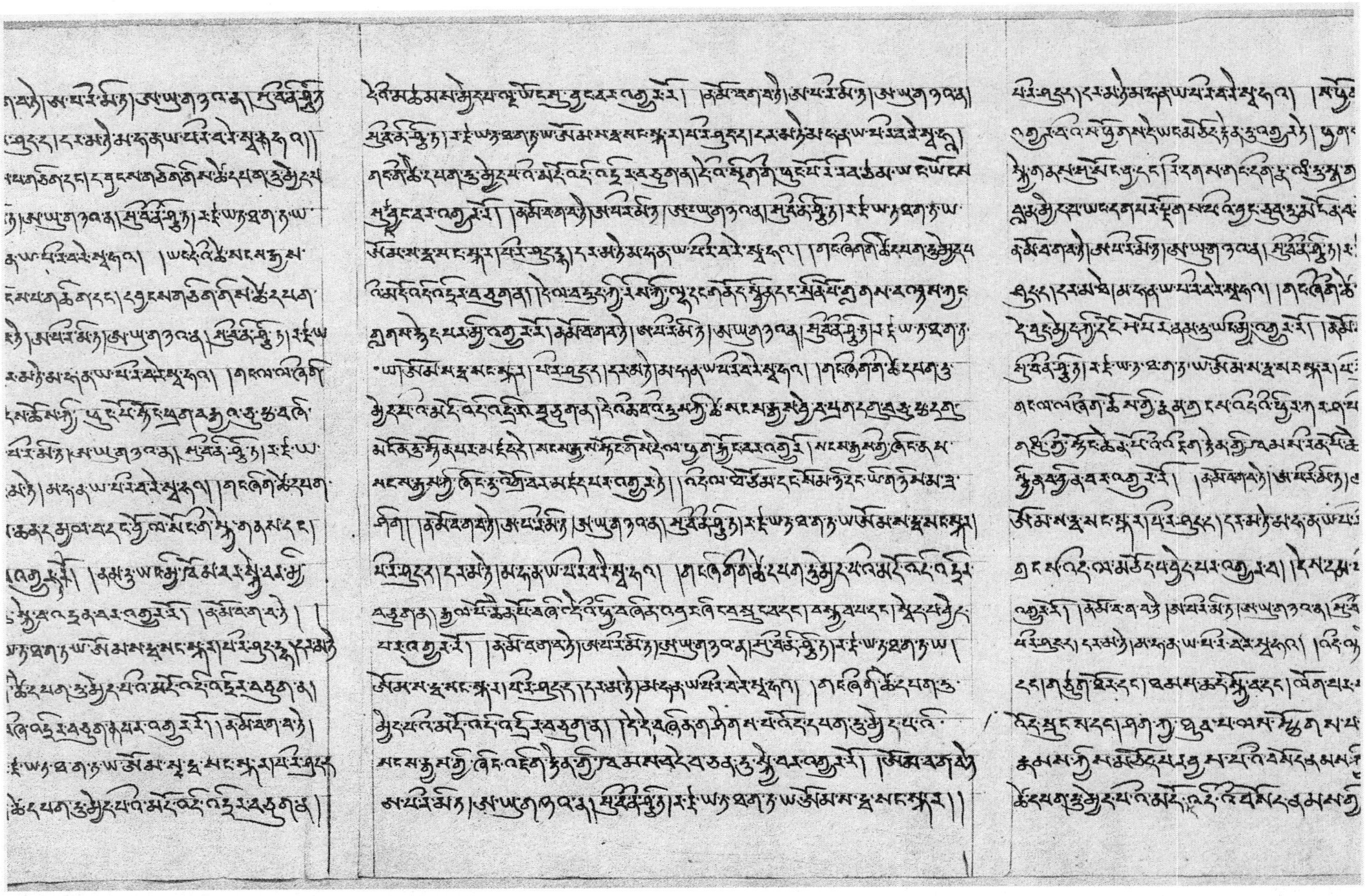

BD14372 號　藏文（無量壽宗要經乙本）　（7–4）

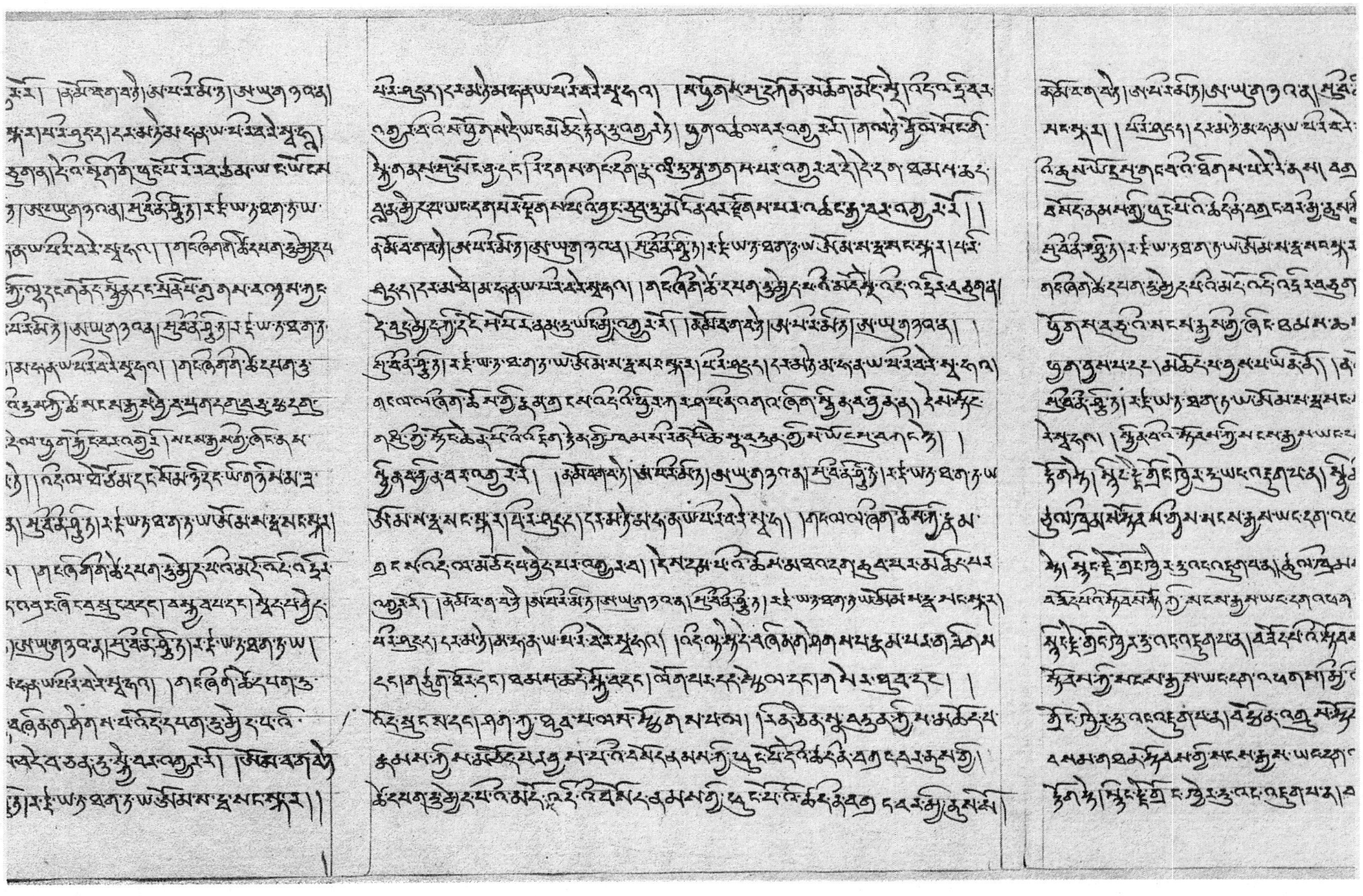

BD14372 號　藏文（無量壽宗要經乙本）　（7–5）

BD14372 號　藏文（無量壽宗要經乙本）　　　　　　　　　　　　（7-6）

BD14372 號　藏文（無量壽宗要經乙本）　　　　　　　　　　　　（7-7）

BD14373 號　藏文（無量壽宗要經乙本）　　　　　　　　　　　　　　　　　　　　　（5-1）

BD14373 號　藏文（無量壽宗要經乙本）　　　　　　　　　　　　　　　　　　　　　（5-2）

BD14373 號　藏文（無量壽宗要經乙本）　　　　　　　　　　　　　（5-3）

BD14373 號　藏文（無量壽宗要經乙本）　　　　　　　　　　　　　（5-4）

BD14373 號　藏文（無量壽宗要經乙本）　　　　　　　　　　　　　　　　　　（5-5）

BD14374 號 1　藏文（無量壽宗要經甲本）　　　　　　　　　　　　　　　　　　（24-1）

BD14374 號 1　藏文（無量壽宗要經甲本）　　　　　　　　　　　　　　（24-2）

BD14374 號 1　藏文（無量壽宗要經甲本）　　　　　　　　　　　　　　（24-3）

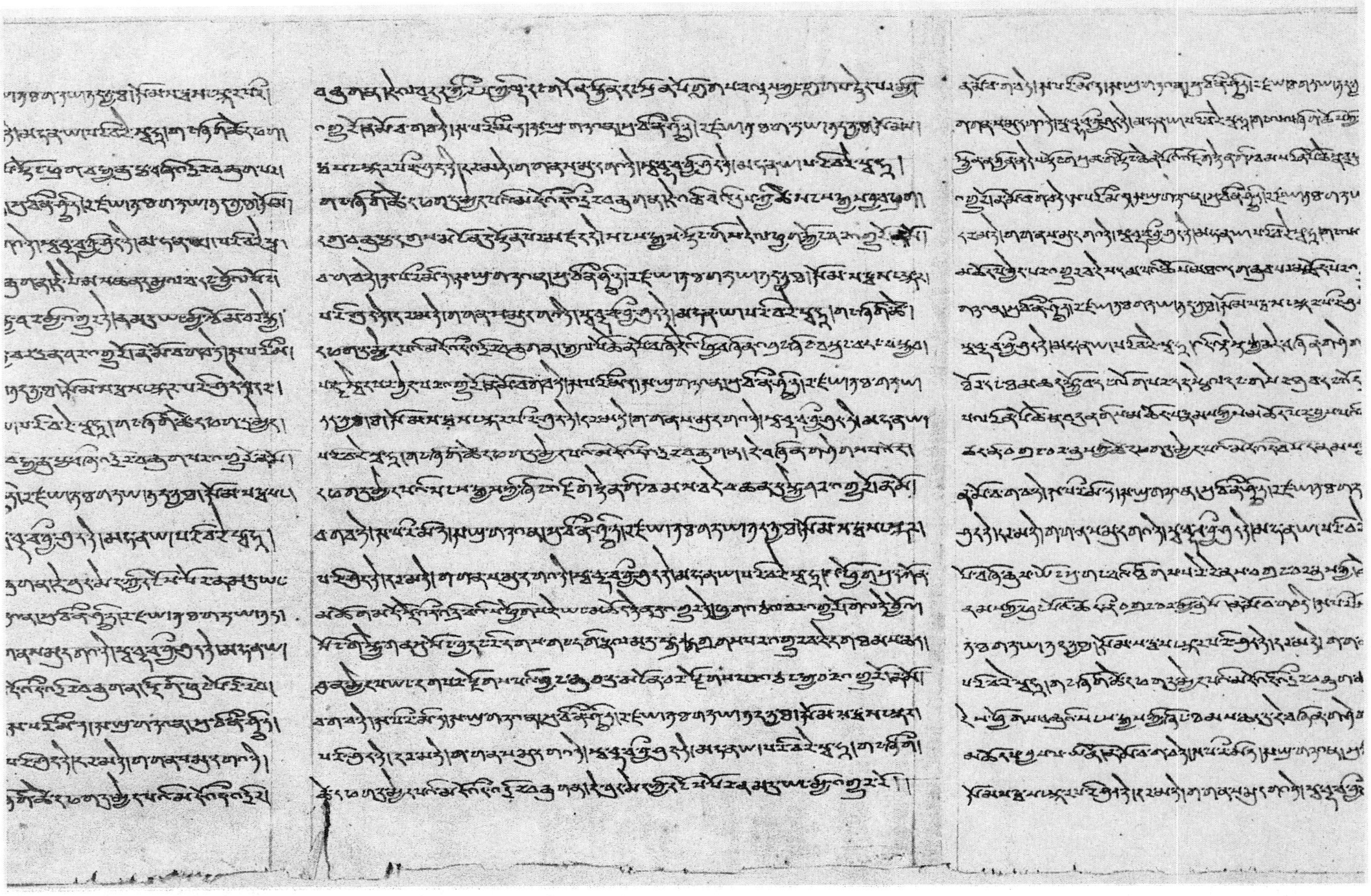

BD14374 號 1　藏文（無量壽宗要經甲本）　（24–4）

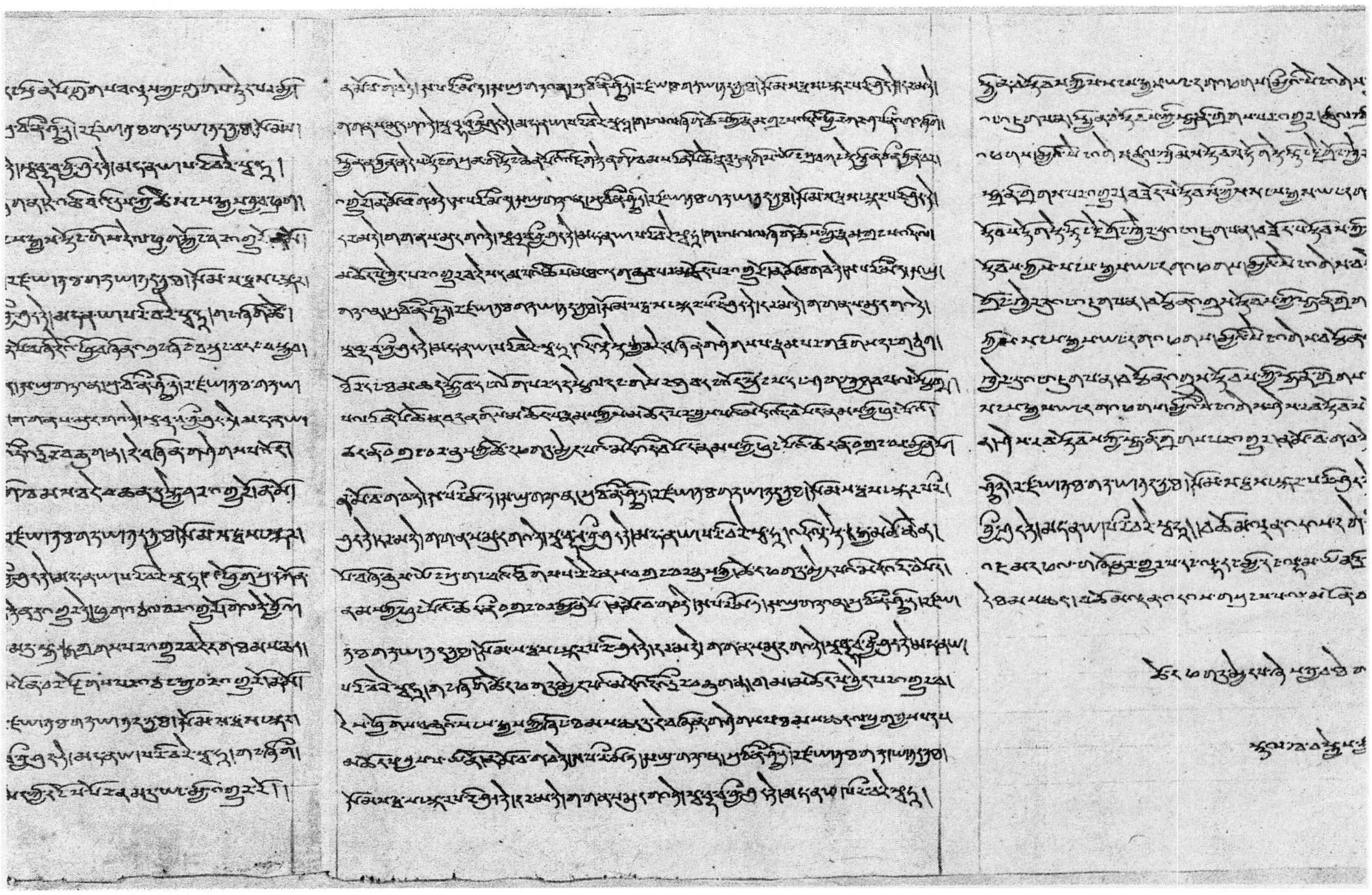

BD14374 號 1　藏文（無量壽宗要經甲本）　（24–5）

BD14374 號 1　藏文（無量壽宗要經甲本）　　　　　　　　　　　　　　（24-6）

BD14374 號 2　藏文（無量壽宗要經甲本）　　　　　　　　　　　　　　（24-7）

BD14374 號 2　藏文（無量壽宗要經甲本）　　　　　　　　　　　　　　　　（24-8）

BD14374 號 2　藏文（無量壽宗要經甲本）　　　　　　　　　　　　　　　　（24-9）

BD14374 號 2　藏文（無量壽宗要經甲本）　　　　　　　　　　　　　　（24-10）

BD14374 號 2　藏文（無量壽宗要經甲本）　　　　　　　　　　　　　　（24-11）

BD14374 號 2　藏文（無量壽宗要經甲本）　　　　　　　　　　（24–12）

BD14374 號 3　藏文（無量壽宗要經甲本）　　　　　　　　　　（24–13）

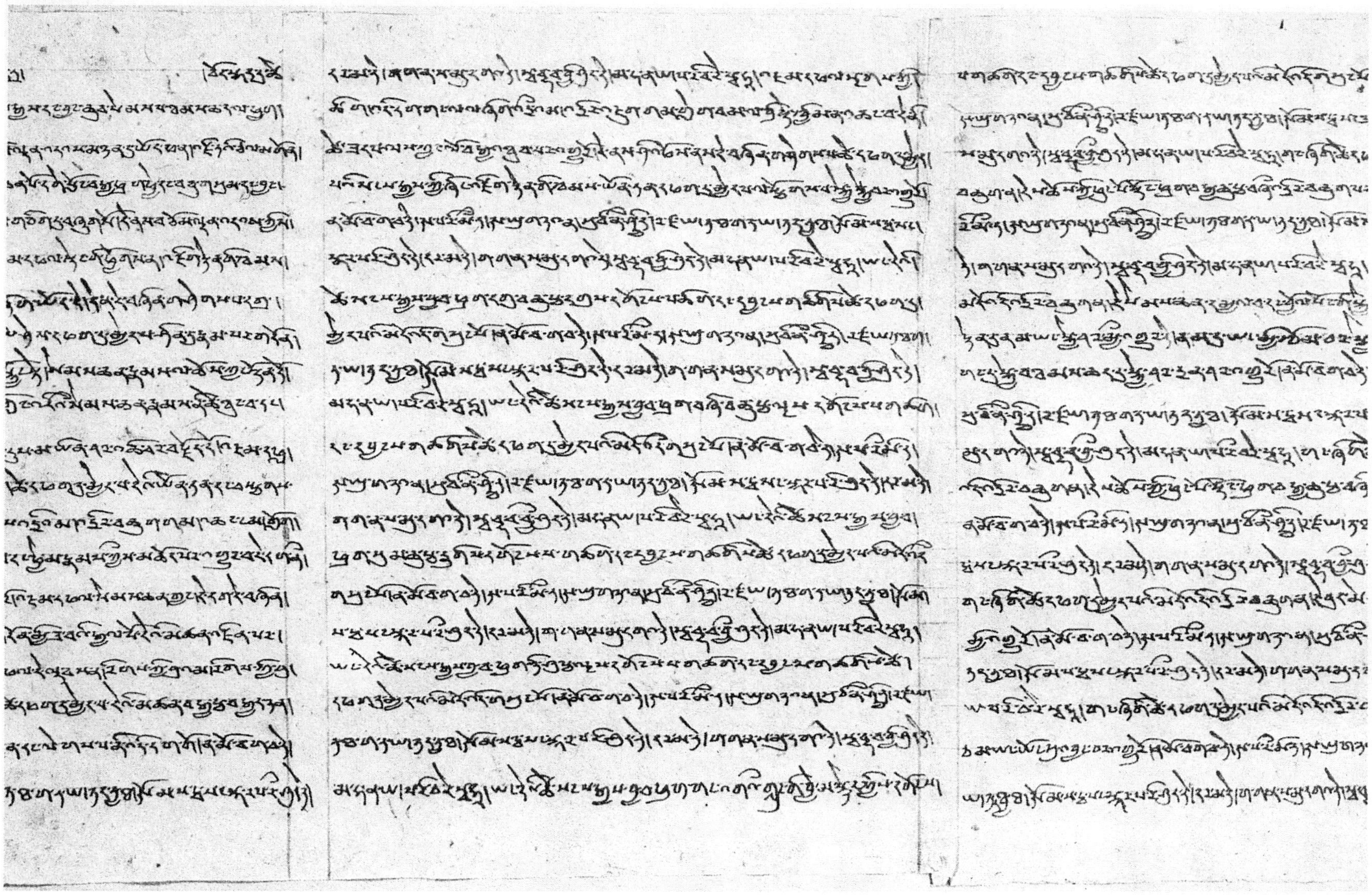

BD14374 號 3　藏文（無量壽宗要經甲本）　　（24–14）

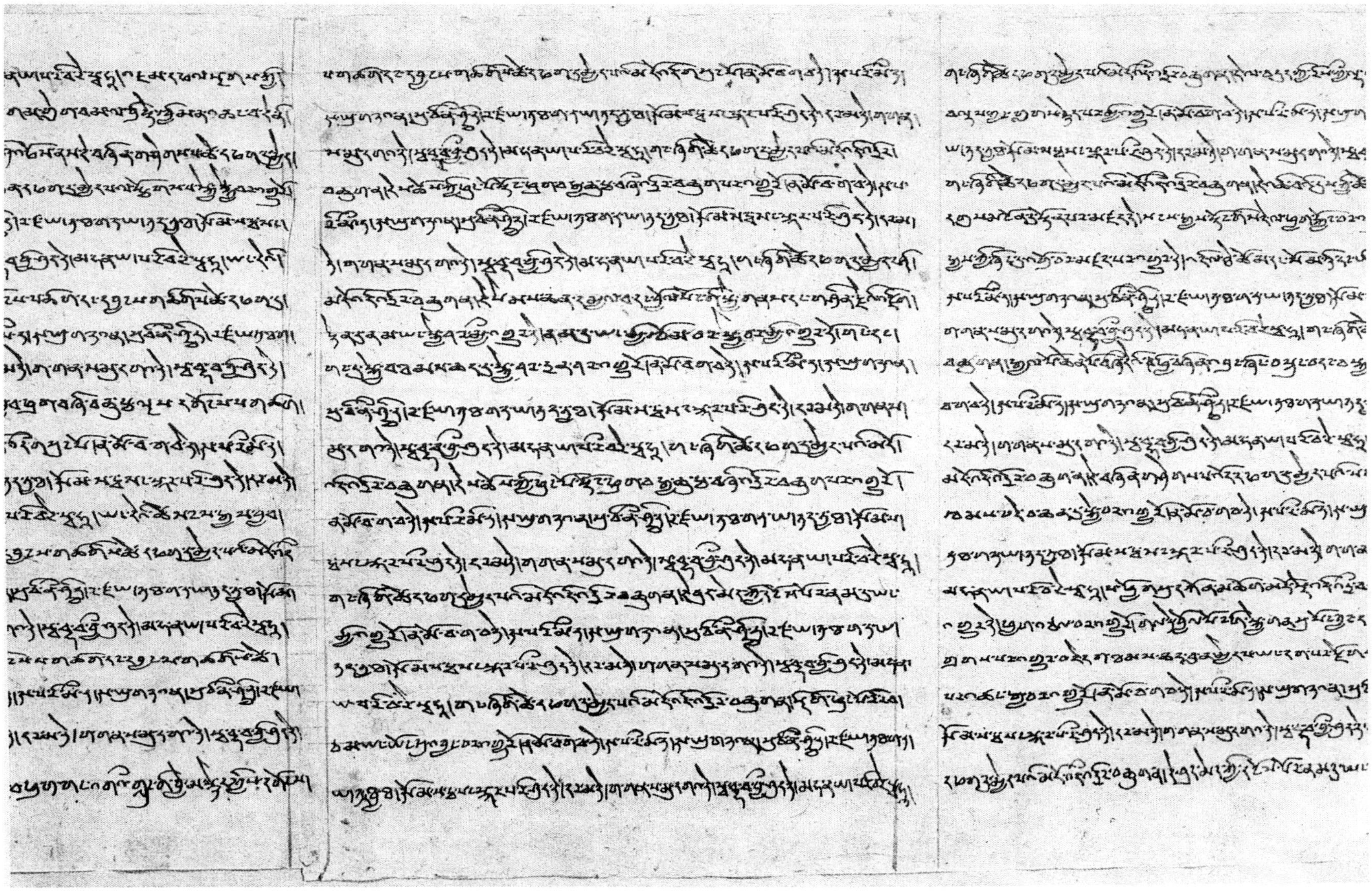

BD14374 號 3　藏文（無量壽宗要經甲本）　　（24–15）

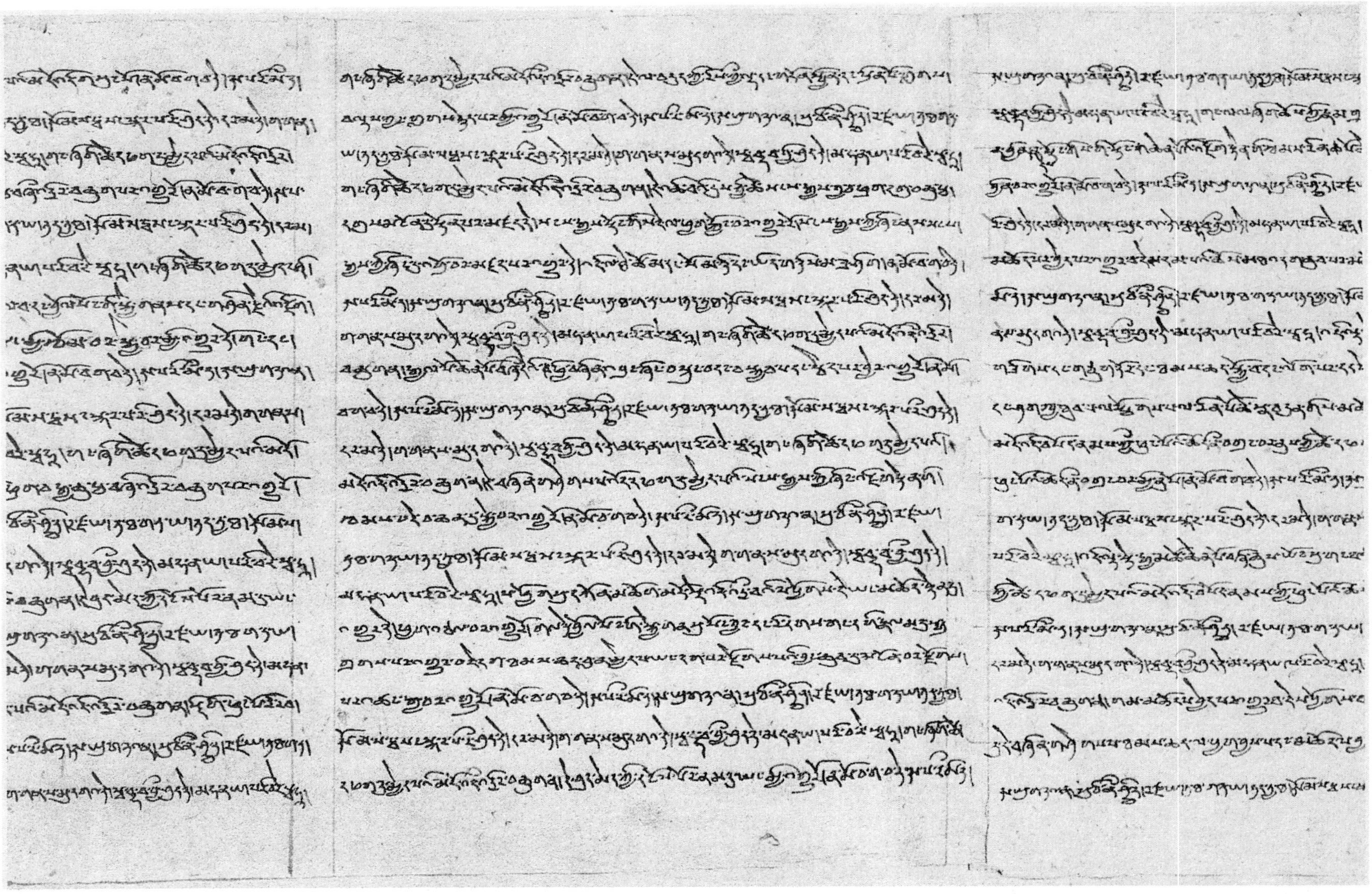

BD14374 號 3　藏文（無量壽宗要經甲本）　（24–16）

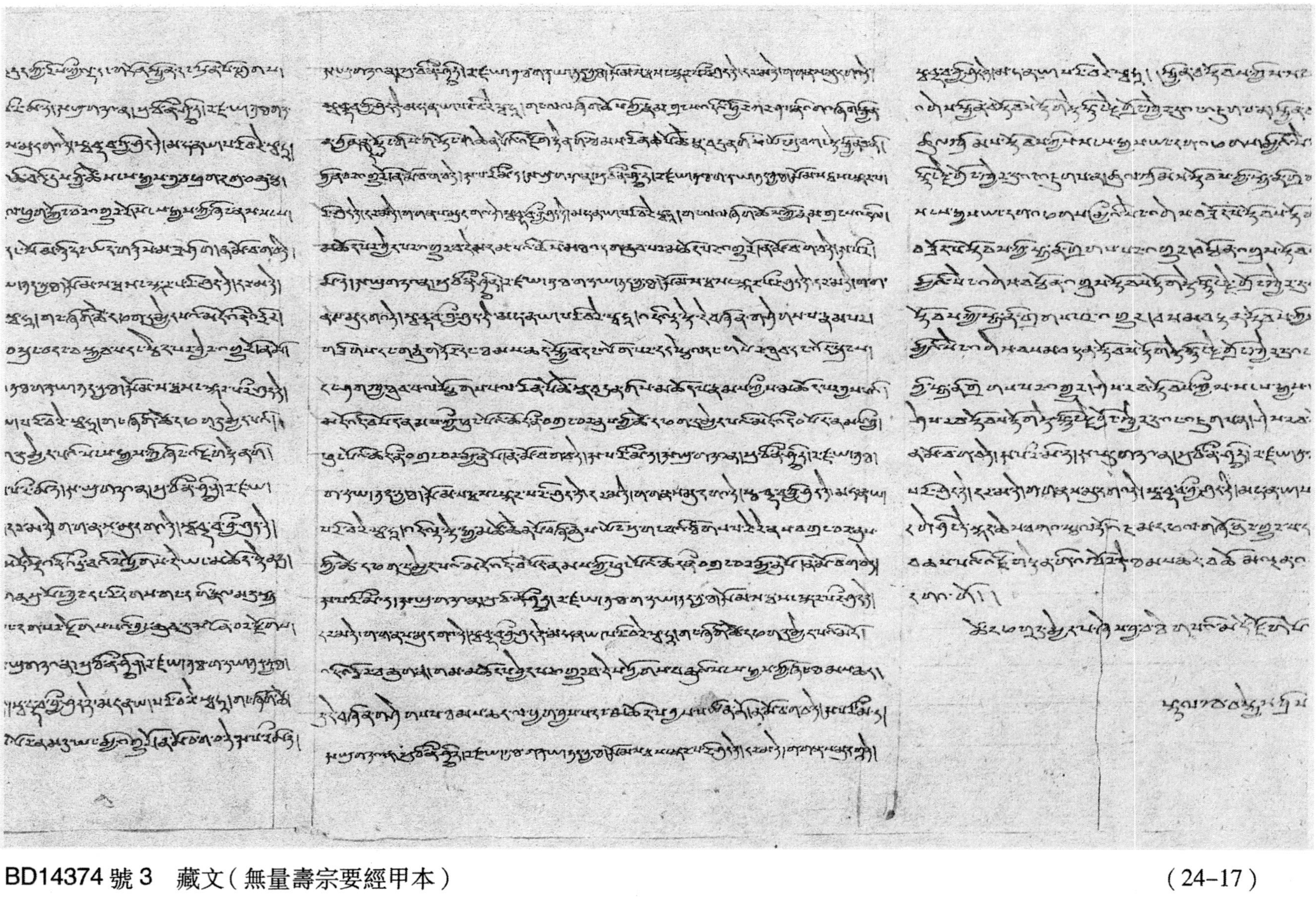

BD14374 號 3　藏文（無量壽宗要經甲本）　（24–17）

BD14374 號 3　藏文（無量壽宗要經甲本）　　　　　　　　　　　　　　（24–18）

BD14374 號 4　藏文（無量壽宗要經甲本）　　　　　　　　　　　　　　（24–19）

BD14374 號 4　藏文（無量壽宗要經甲本）　　　　　　　　　　　　　　（24–20）

BD14374 號 4　藏文（無量壽宗要經甲本）　　　　　　　　　　　　　　（24–21）

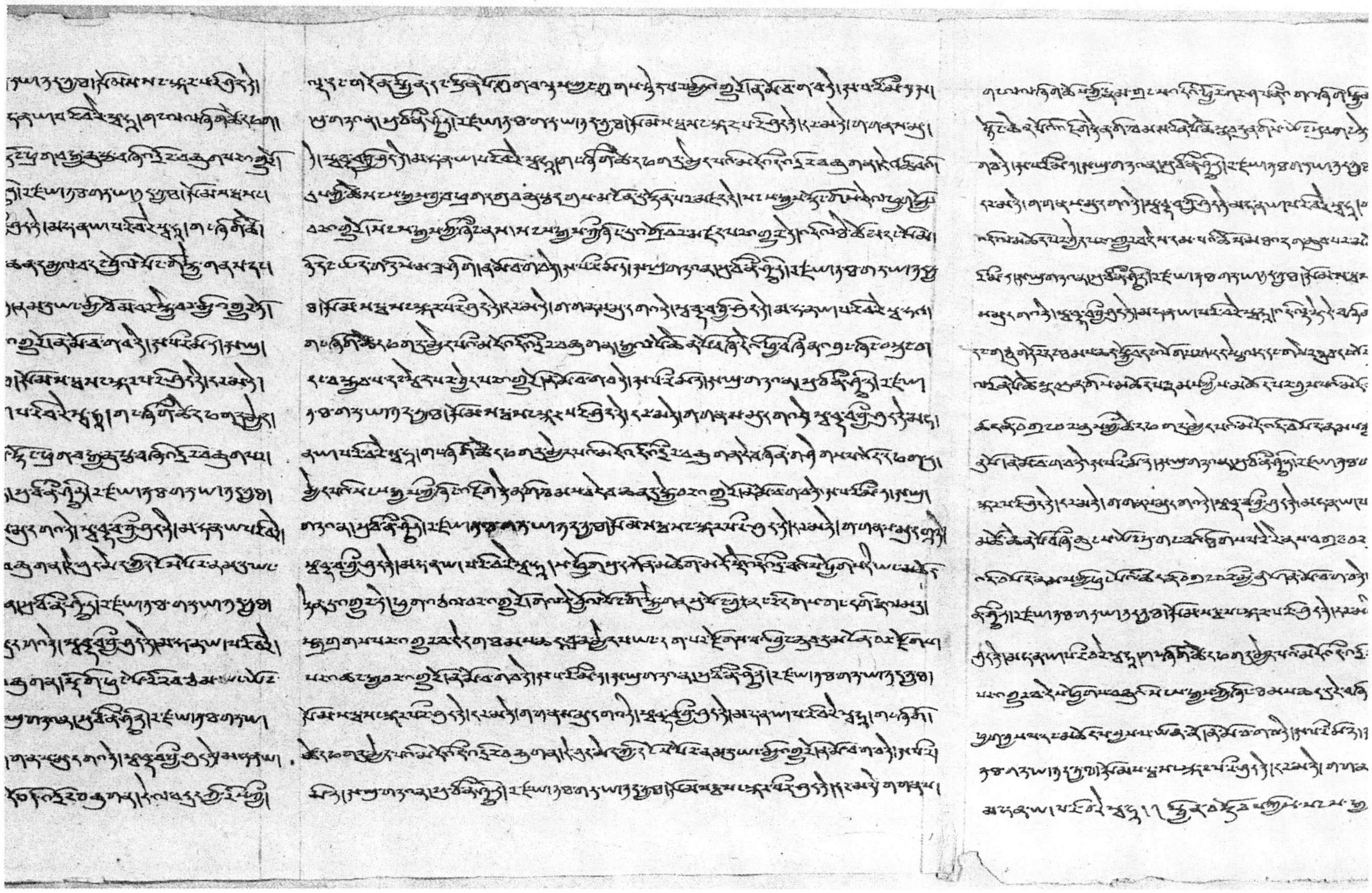

BD14374 號 4　藏文（無量壽宗要經甲本）　　（24–22）

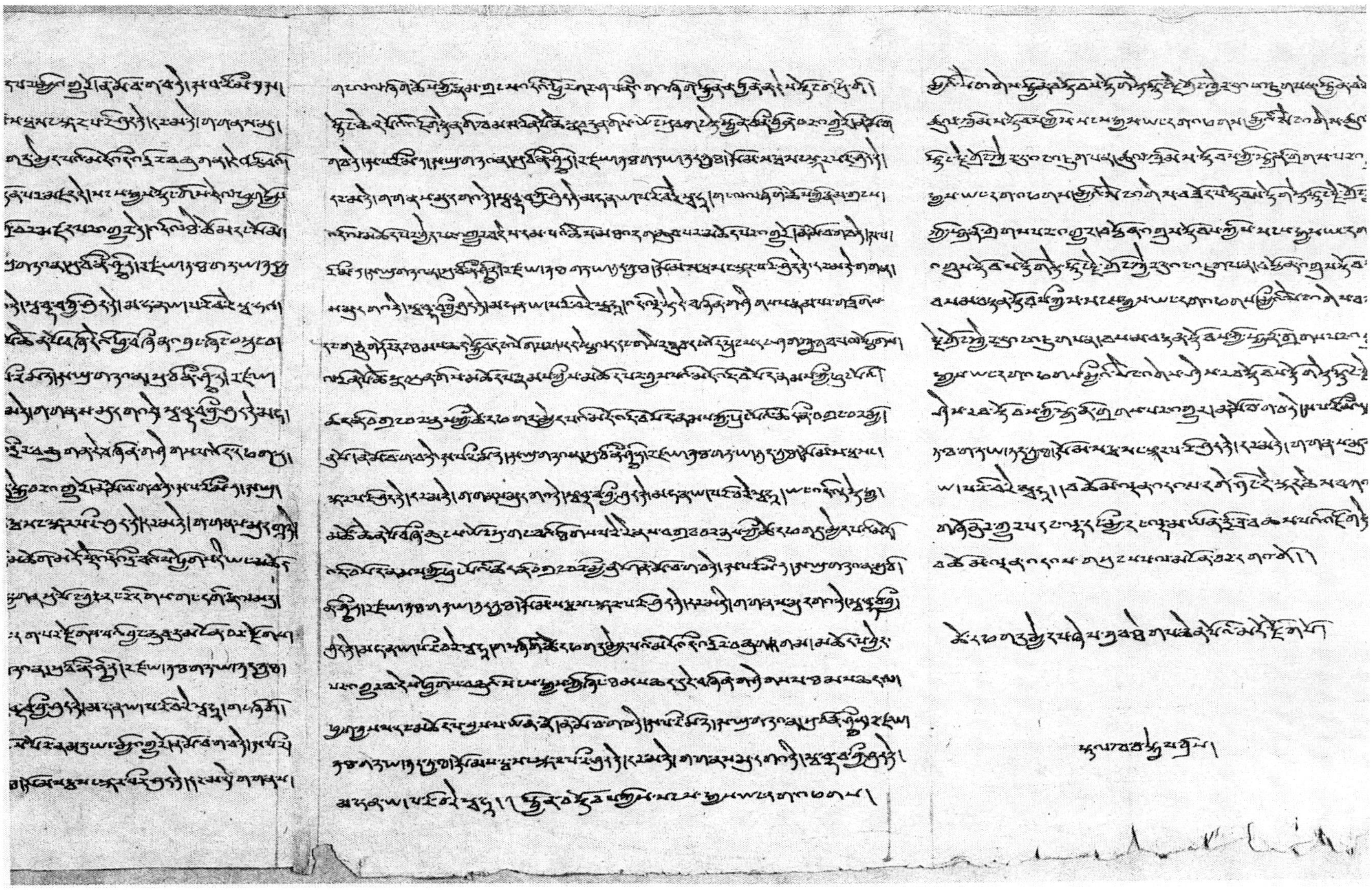

BD14374 號 4　藏文（無量壽宗要經甲本）　　（24–23）

BD14374 號 4　藏文（無量壽宗要經甲本）　　　　　　　　　　　　　　　　（24-24）

BD14375 號　藏文（無量壽宗要經乙本）　　　　　　　　　　　　　　　　（6-1）

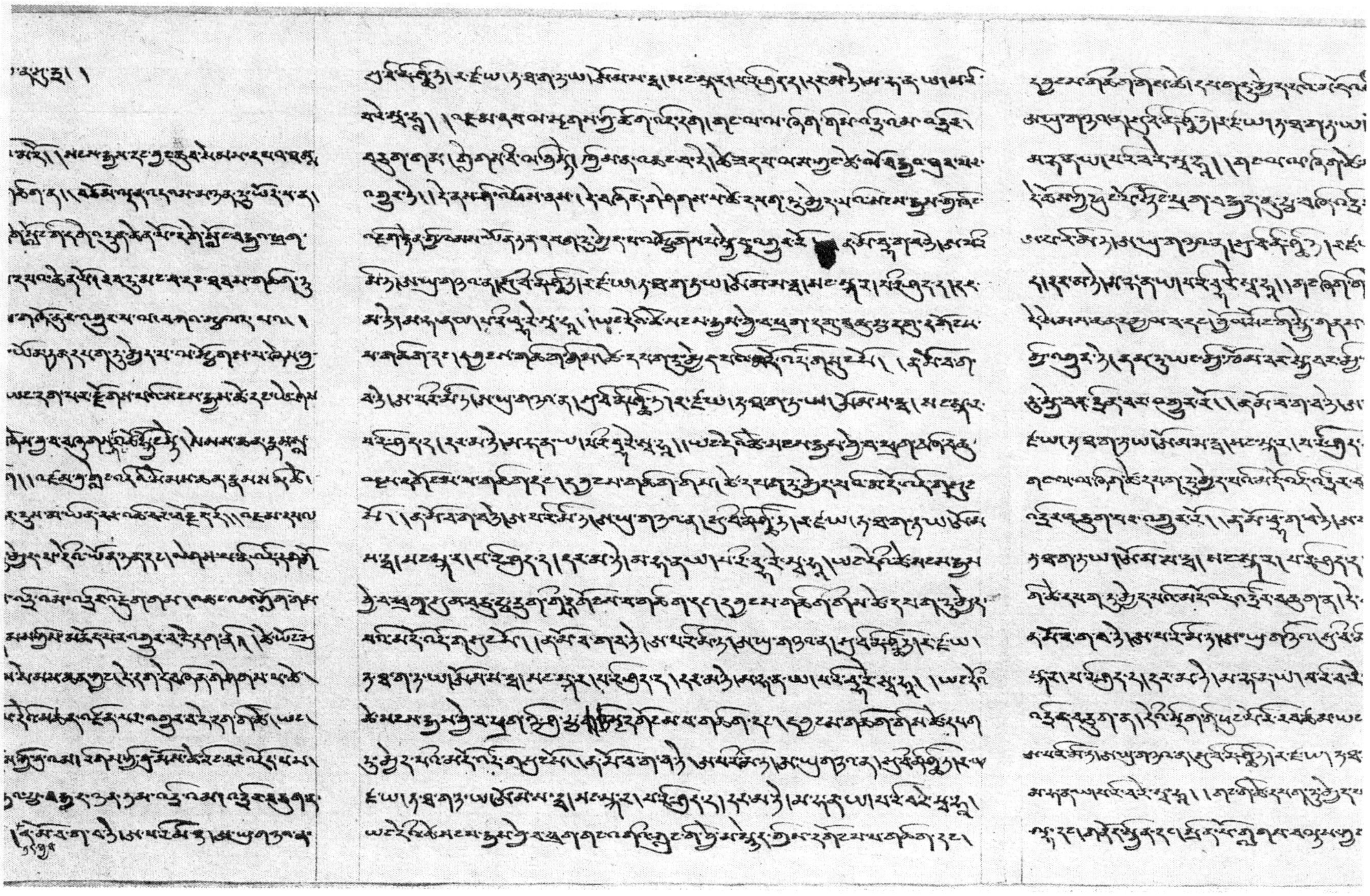

BD14375號　藏文（無量壽宗要經乙本）　（6–2）

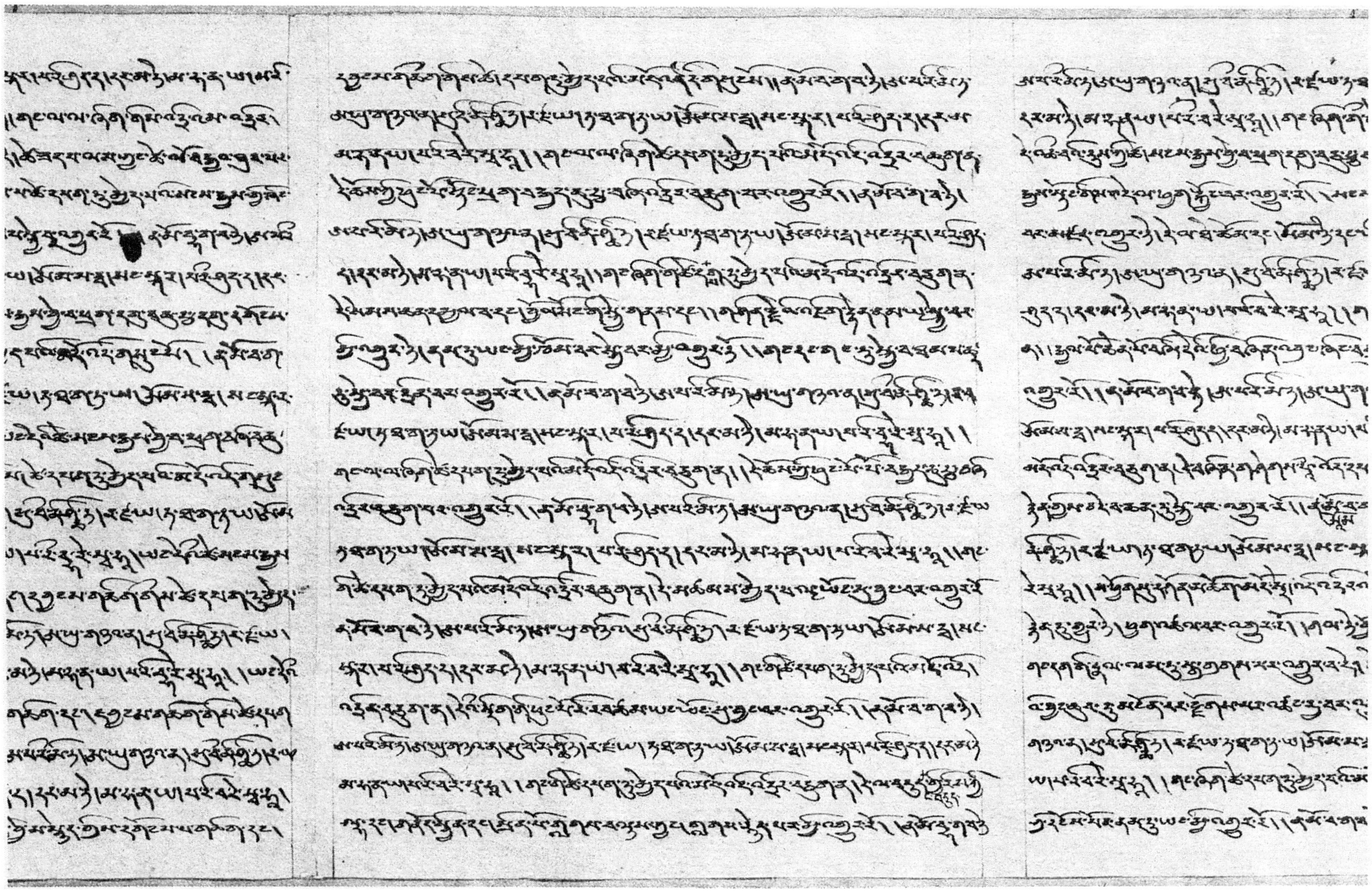

BD14375號　藏文（無量壽宗要經乙本）　（6–3）

BD14375 號　藏文（無量壽宗要經乙本）　　　　　　　　　（6-4）

BD14375 號　藏文（無量壽宗要經乙本）　　　　　　　　　（6-5）

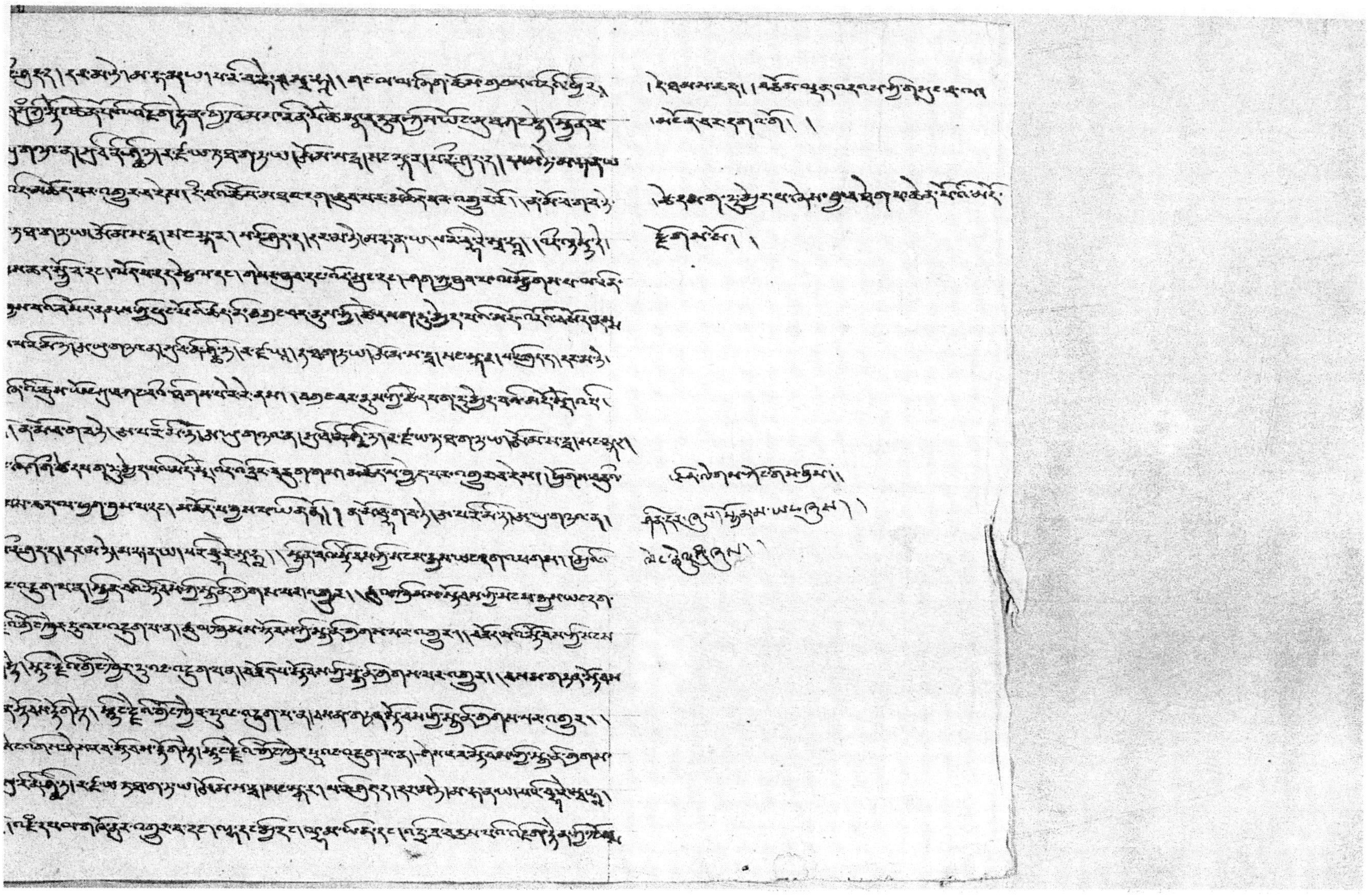

BD14375 號　藏文（無量壽宗要經乙本）　　（6–6）

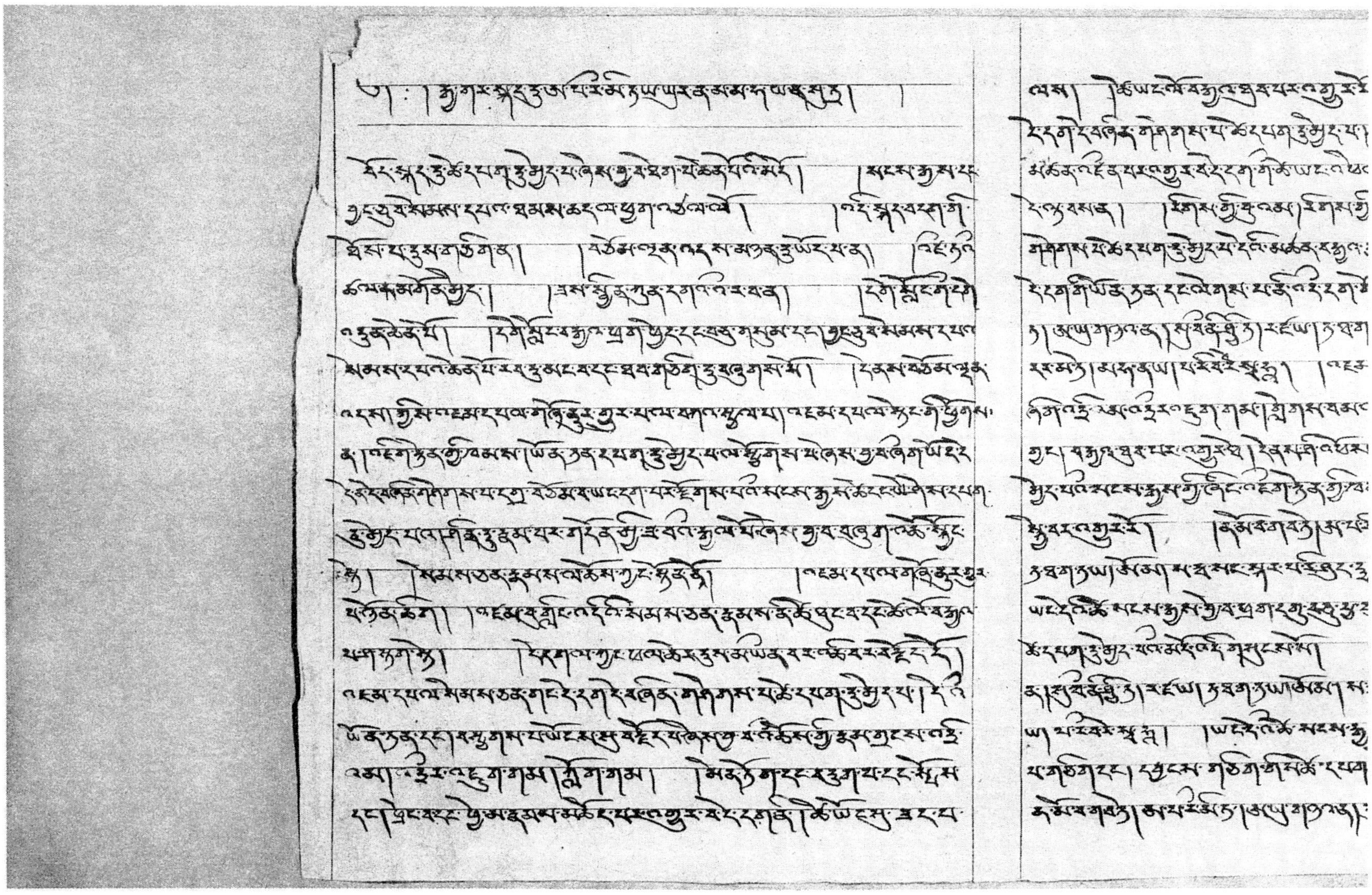

BD14376 號　藏文（無量壽宗要經乙本）　　（8–1）

BD14376 號　藏文（無量壽宗要經乙本）　　　　　　　　　　　　　　　　（8-2）

BD14376 號　藏文（無量壽宗要經乙本）　　　　　　　　　　　　　　　　（8-3）

BD14376 號　藏文（無量壽宗要經乙本）　　　　　　　　　　　　　　　　　（8-4）

BD14376 號　藏文（無量壽宗要經乙本）　　　　　　　　　　　　　　　　　（8-5）

BD14376 號　藏文（無量壽宗要經乙本）　　　　　　　　　　　　　　　　　　（8-6）

BD14376 號　藏文（無量壽宗要經乙本）　　　　　　　　　　　　　　　　　　（8-7）

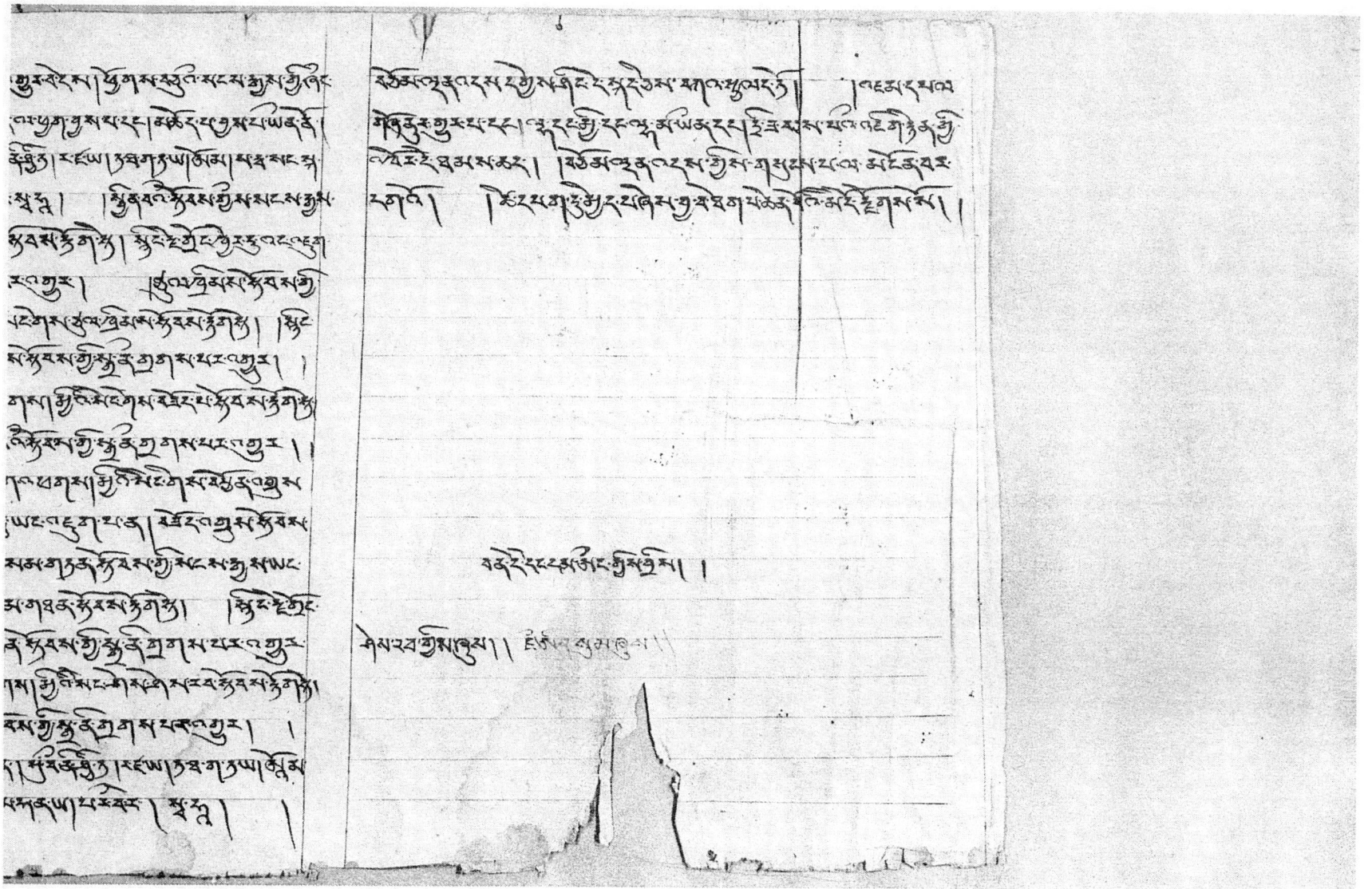

BD14376 號　藏文（無量壽宗要經乙本）　　　　　　　　　　　　　　　　　（8-8）

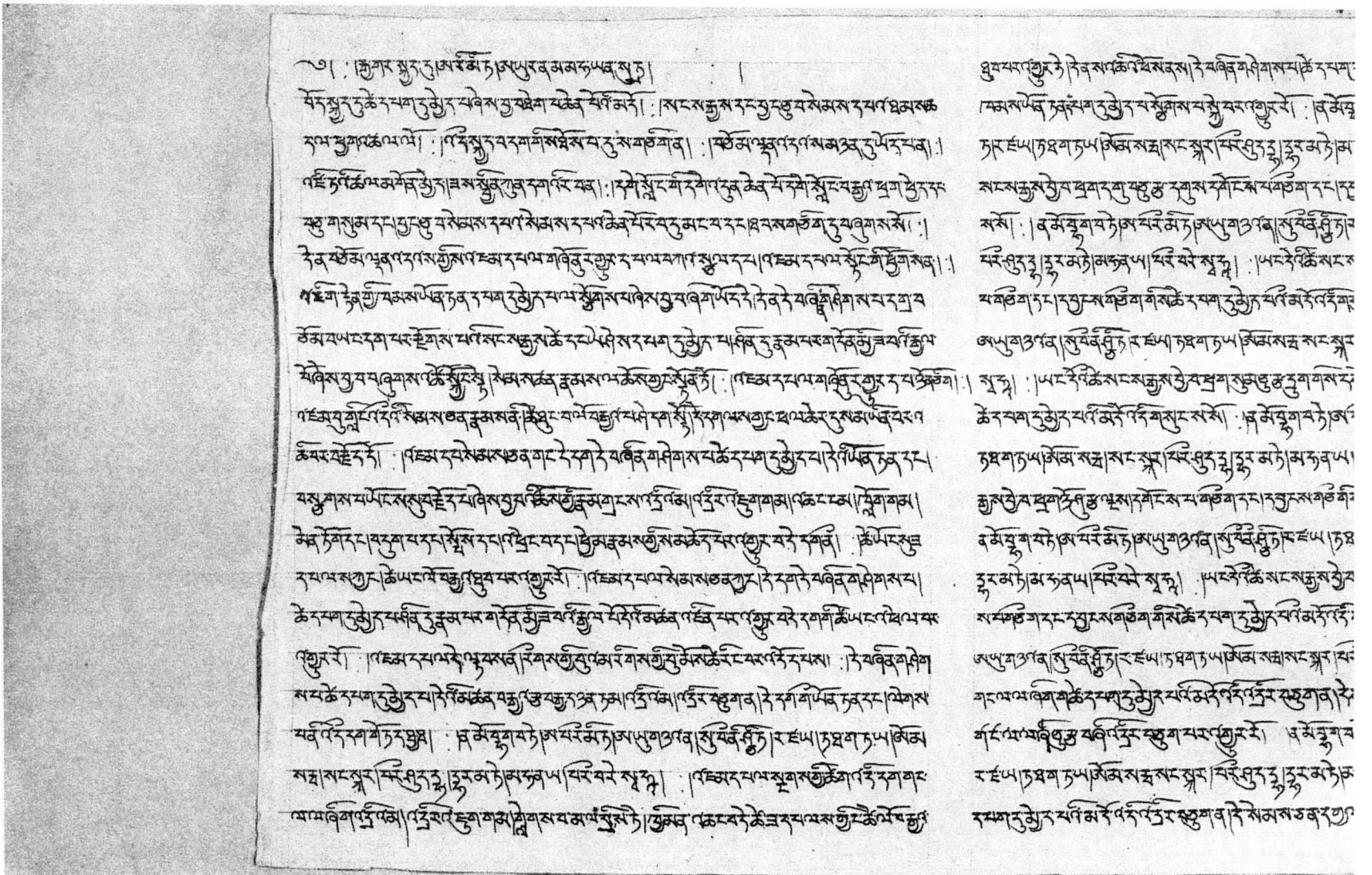

BD14377 號　藏文（無量壽宗要經乙本）　　　　　　　　　　　　　　　　　（6-1）

BD14377 號　藏文（無量壽宗要經乙本）　　　　　　　　　　　　　　　　　（6-2）

BD14377 號　藏文（無量壽宗要經乙本）　　　　　　　　　　　　　　　　　（6-3）

BD14377 號　藏文（無量壽宗要經乙本）　　　　　　　　　　　　　　　　　　　　（6-4）

BD14377 號　藏文（無量壽宗要經乙本）　　　　　　　　　　　　　　　　　　　　（6-5）

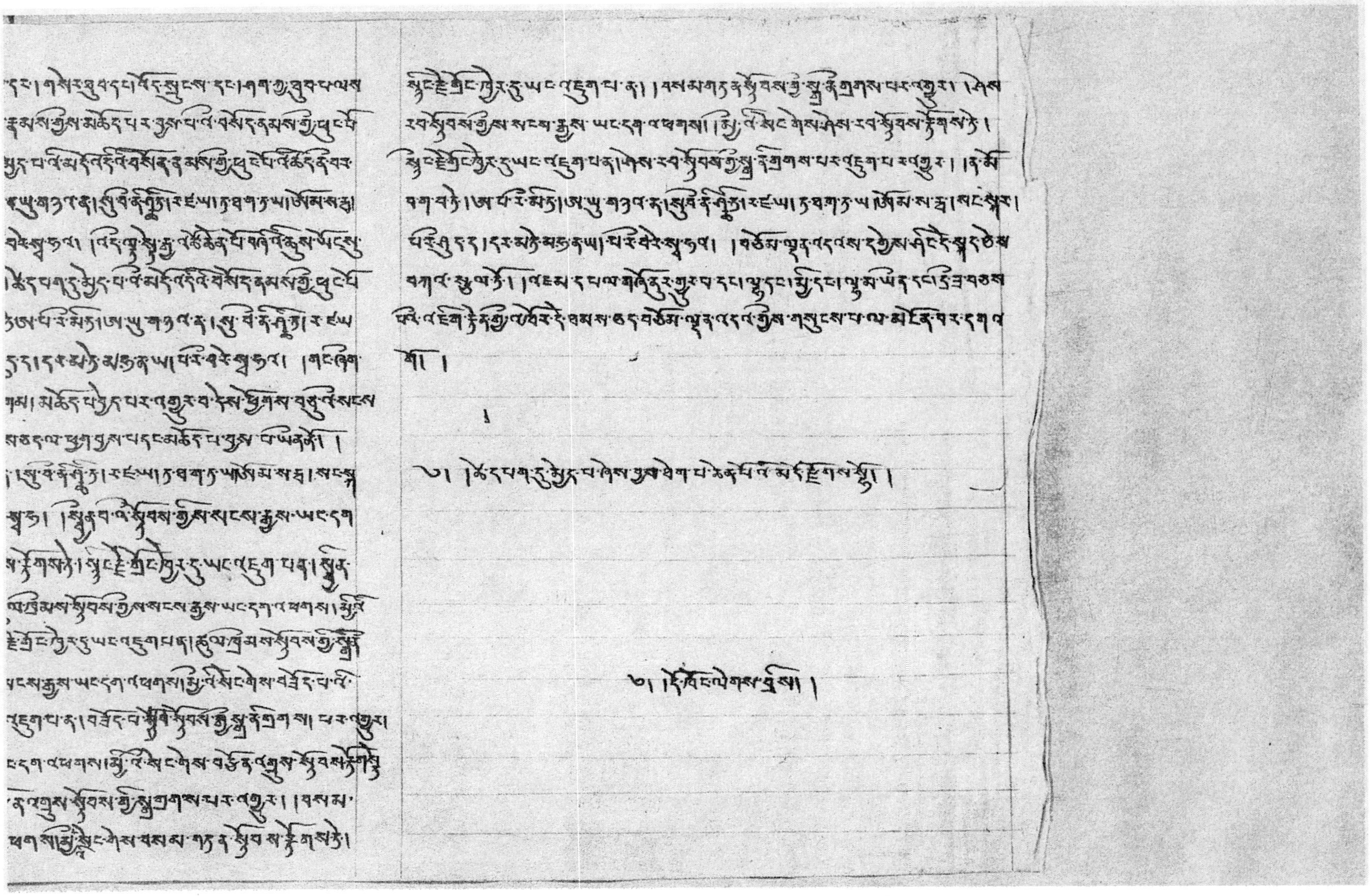

BD14377 號　藏文（無量壽宗要經乙本）　（6–6）

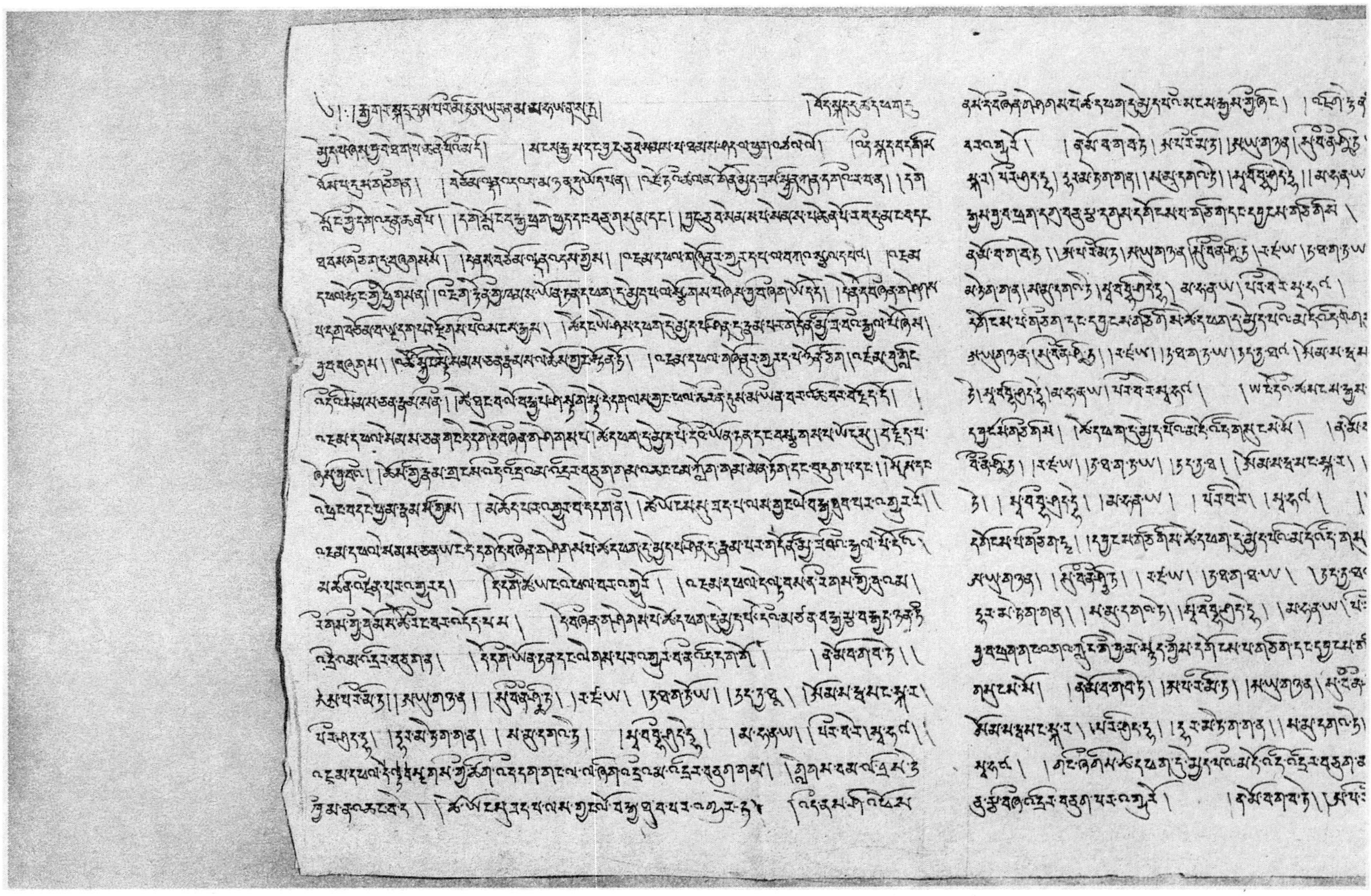

BD14378 號　藏文（無量壽宗要經甲本）　（6–1）

BD14378 號　藏文（無量壽宗要經甲本）　　　　　　　　　　　　　　　　　　　　　（6-2）

BD14378 號　藏文（無量壽宗要經甲本）　　　　　　　　　　　　　　　　　　　　　（6-3）

BD14378 號　藏文（無量壽宗要經甲本）　　　　　　　　　　　　　　　　　　（6–4）

BD14378 號　藏文（無量壽宗要經甲本）　　　　　　　　　　　　　　　　　　（6–5）

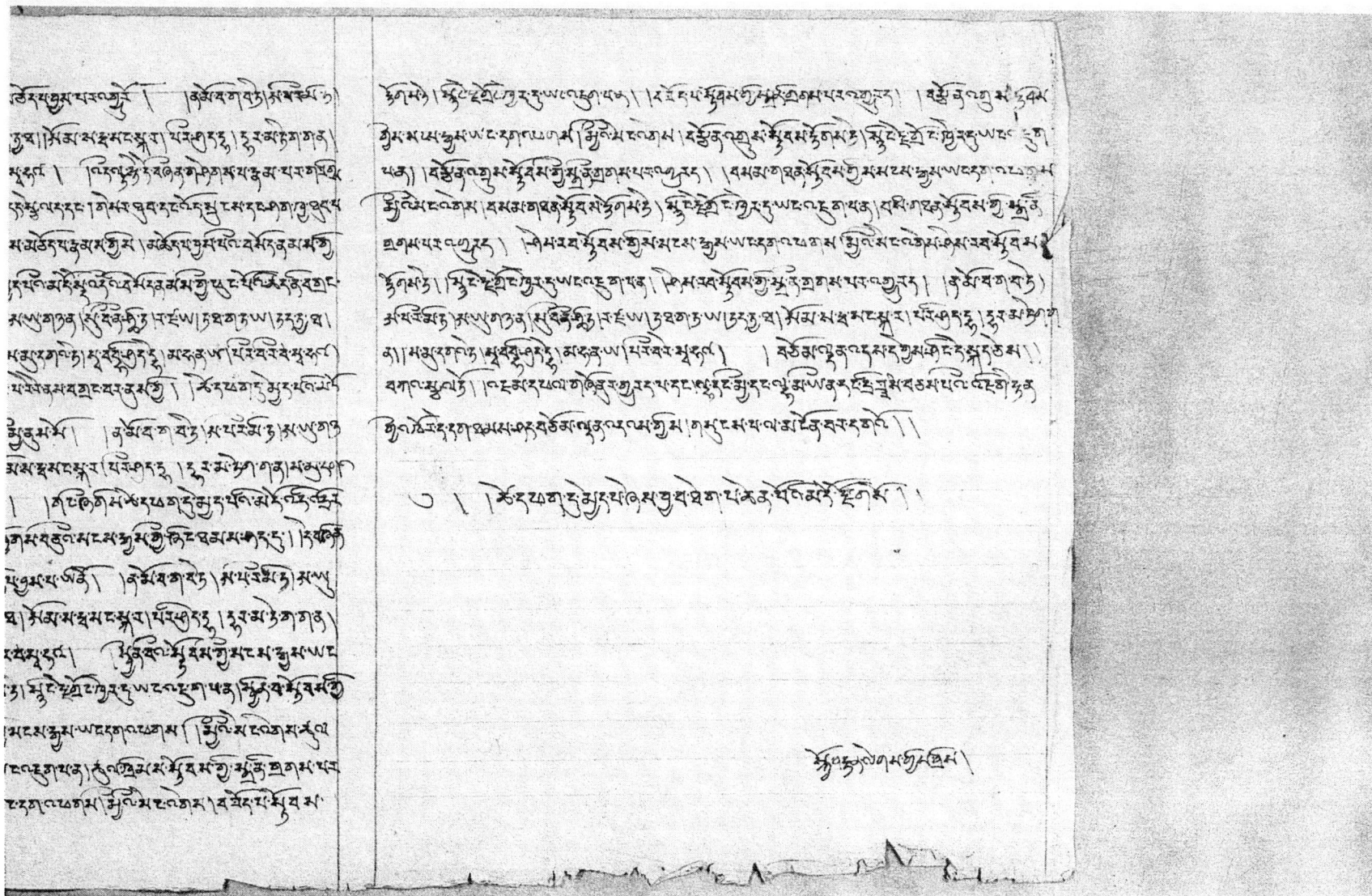

BD14378 號　藏文（無量壽宗要經甲本）　　　　　　　　　　　　　　　　　　　　（6-6）

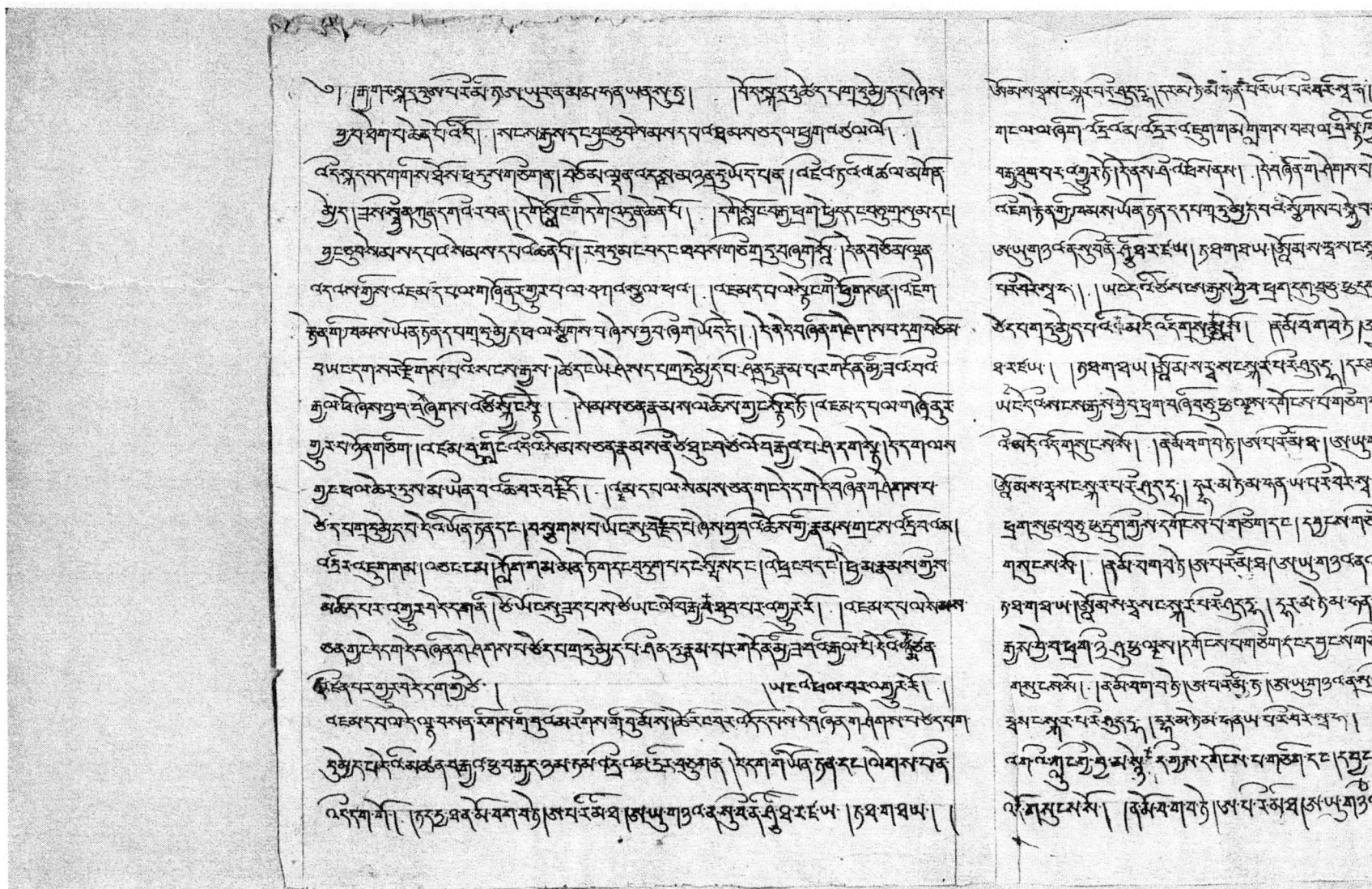

BD14379 號　藏文（無量壽宗要經乙本）　　　　　　　　　　　　　　　　　　　　（6-1）

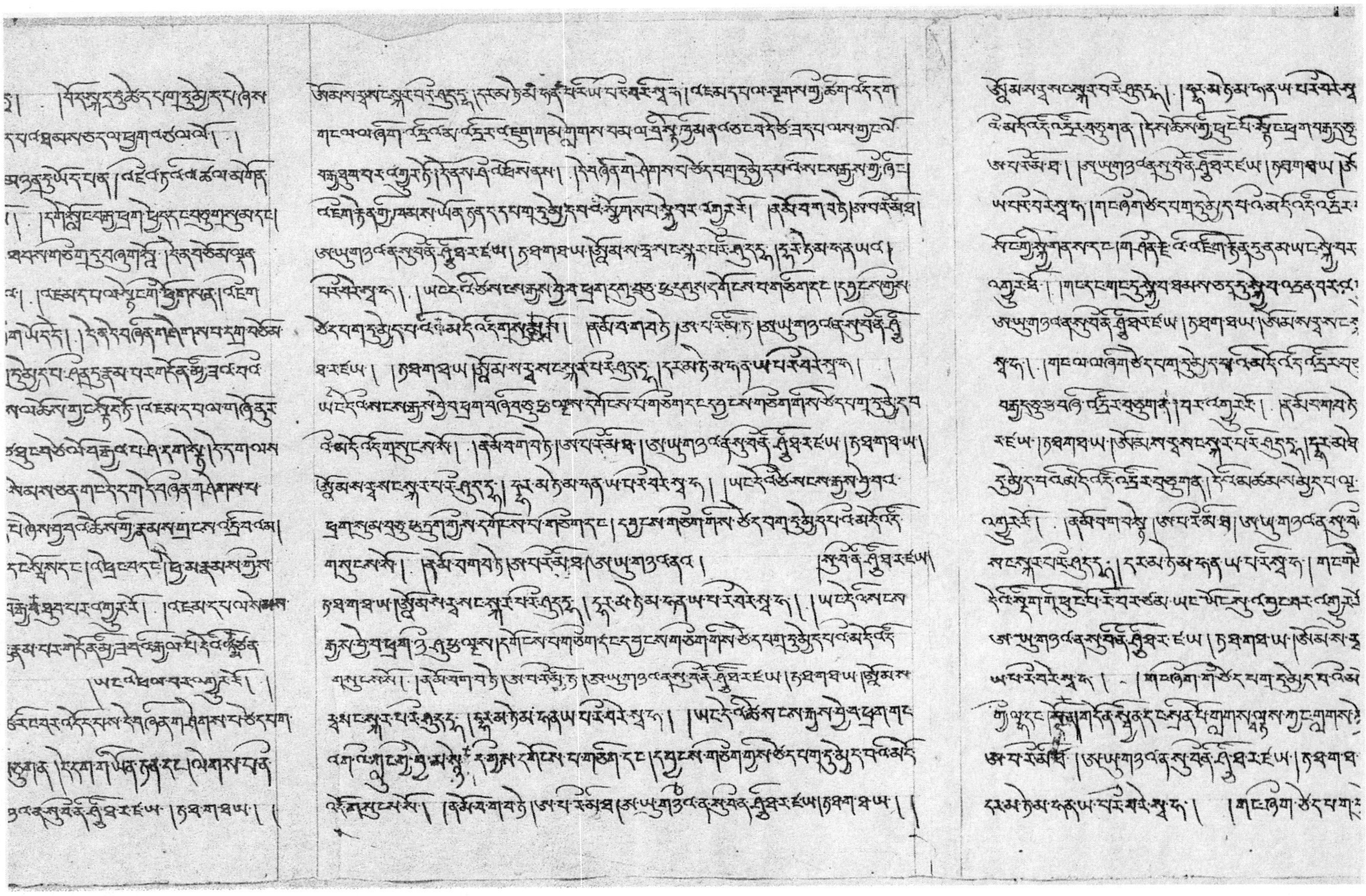

BD14379 號　藏文（無量壽宗要經乙本）　　　　（6–2）

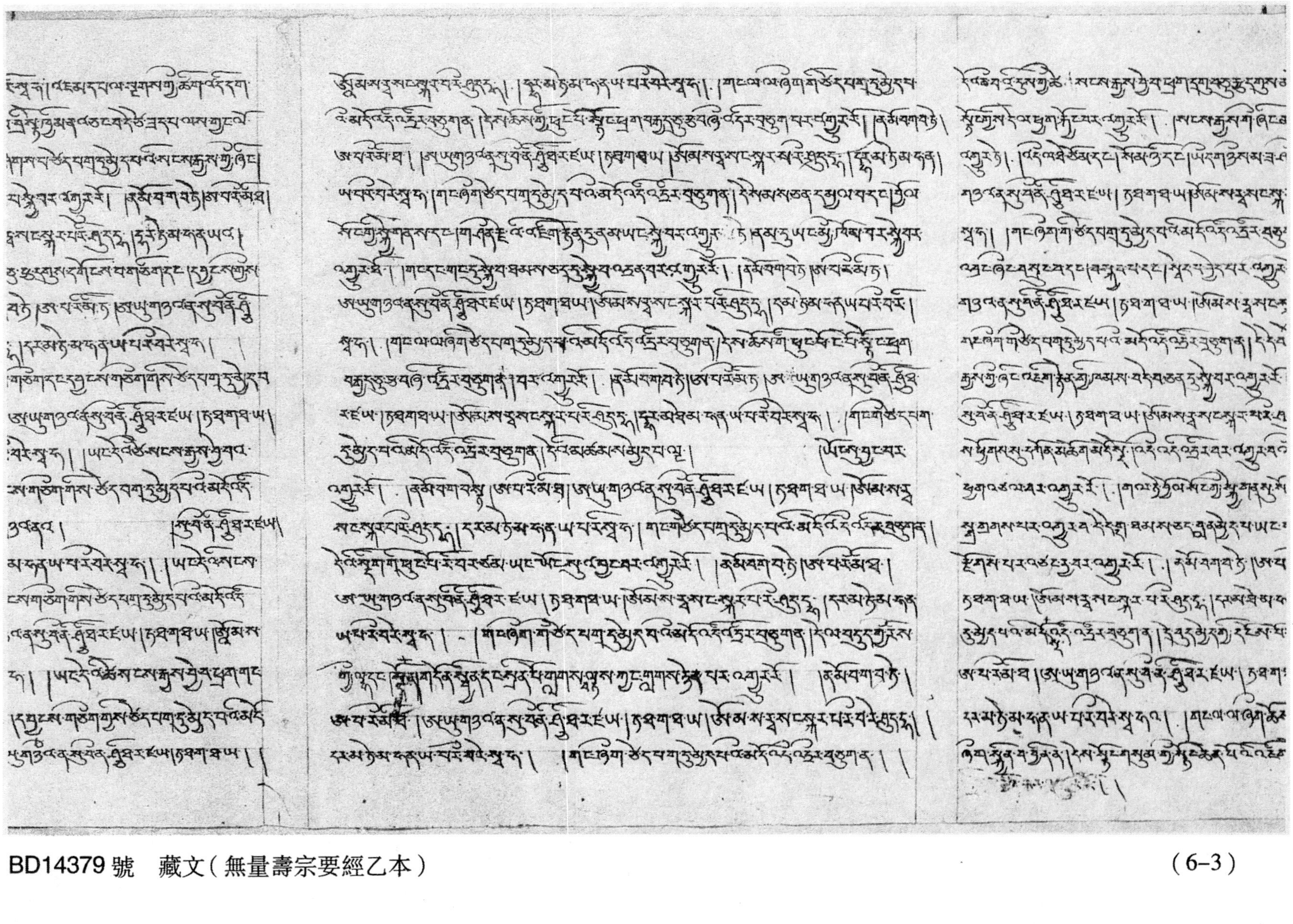

BD14379 號　藏文（無量壽宗要經乙本）　　　　（6–3）

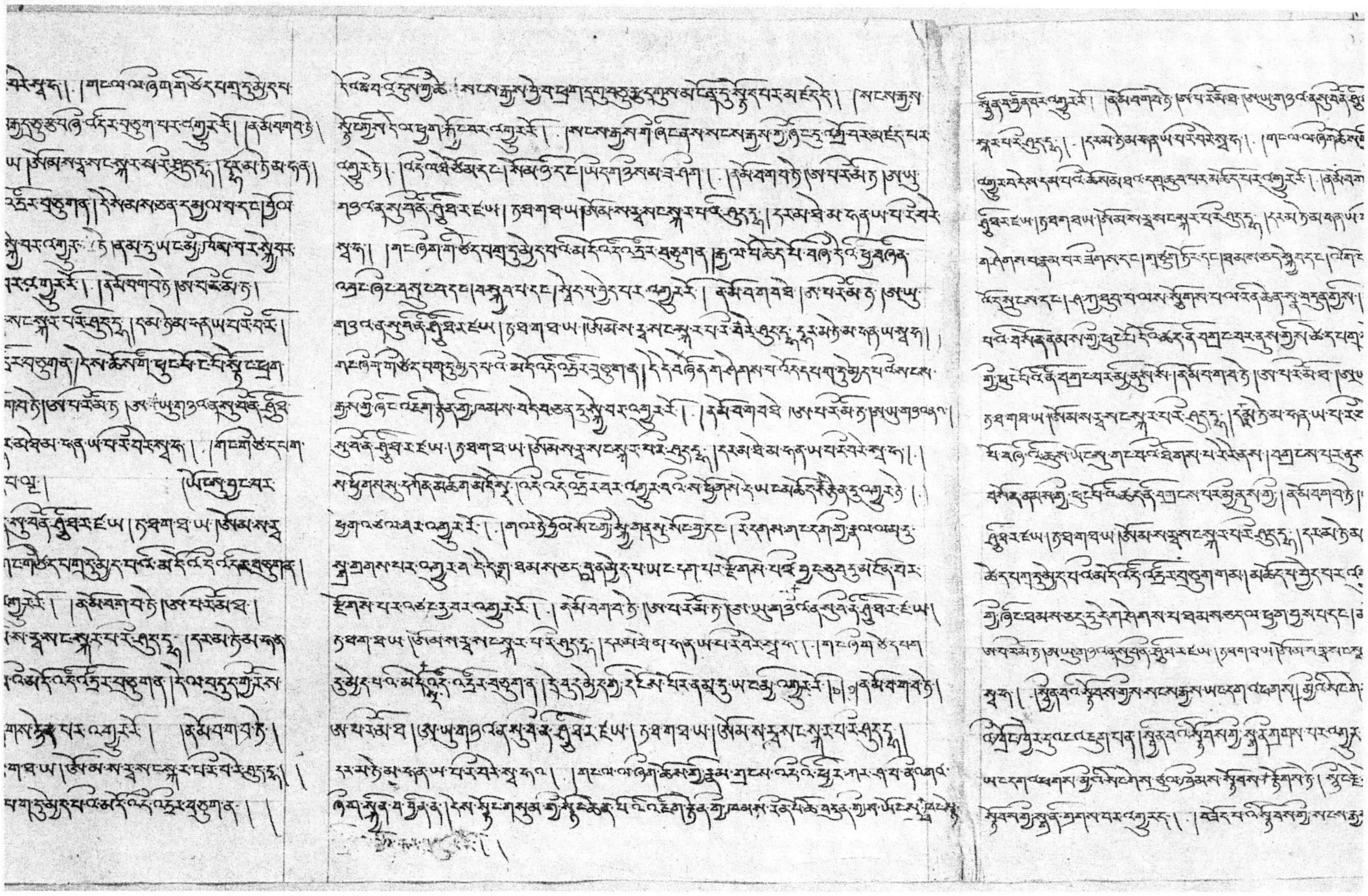

BD14379 號　藏文（無量壽宗要經乙本）　　（6–4）

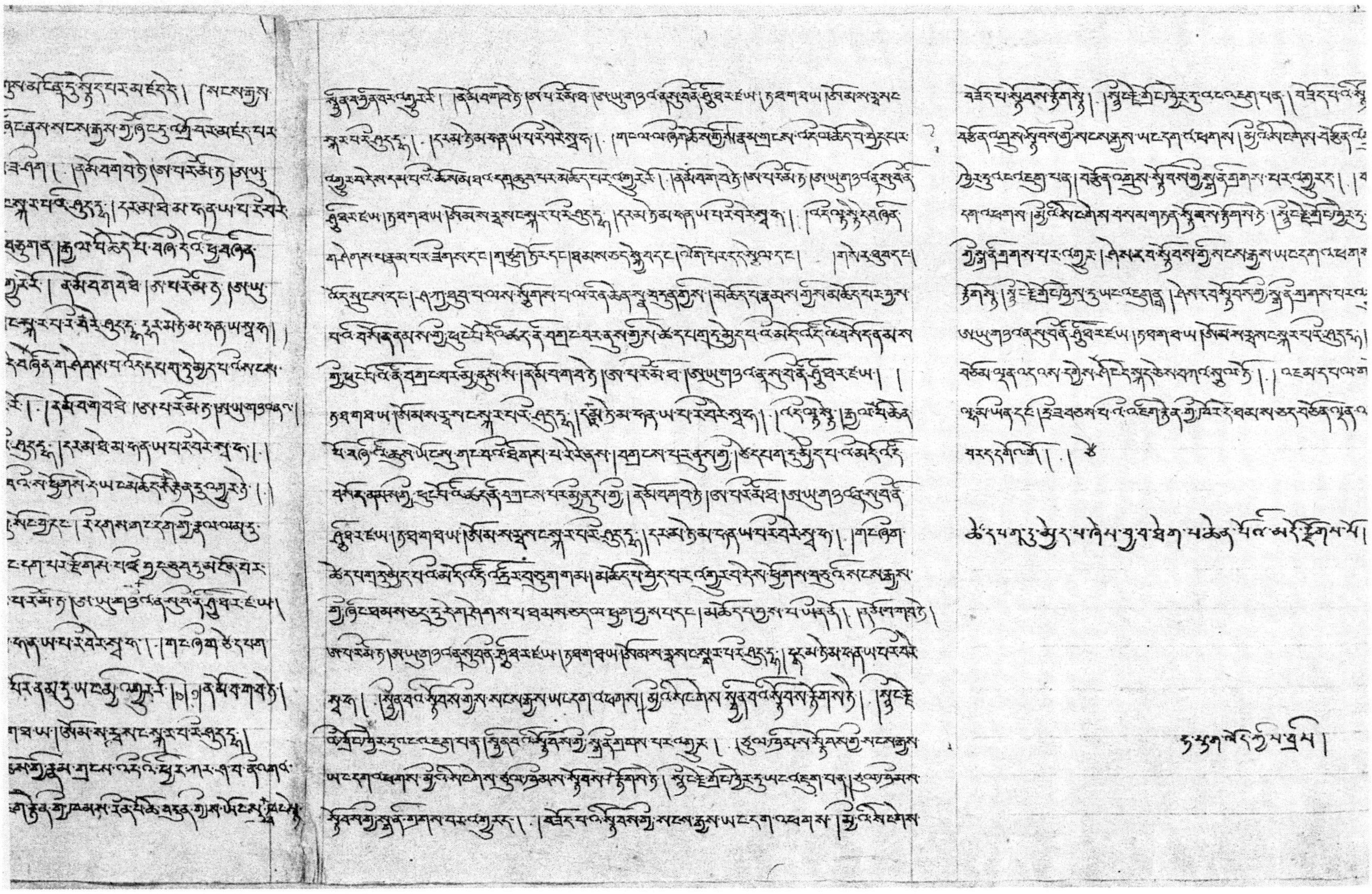

BD14379 號　藏文（無量壽宗要經乙本）　　（6–5）

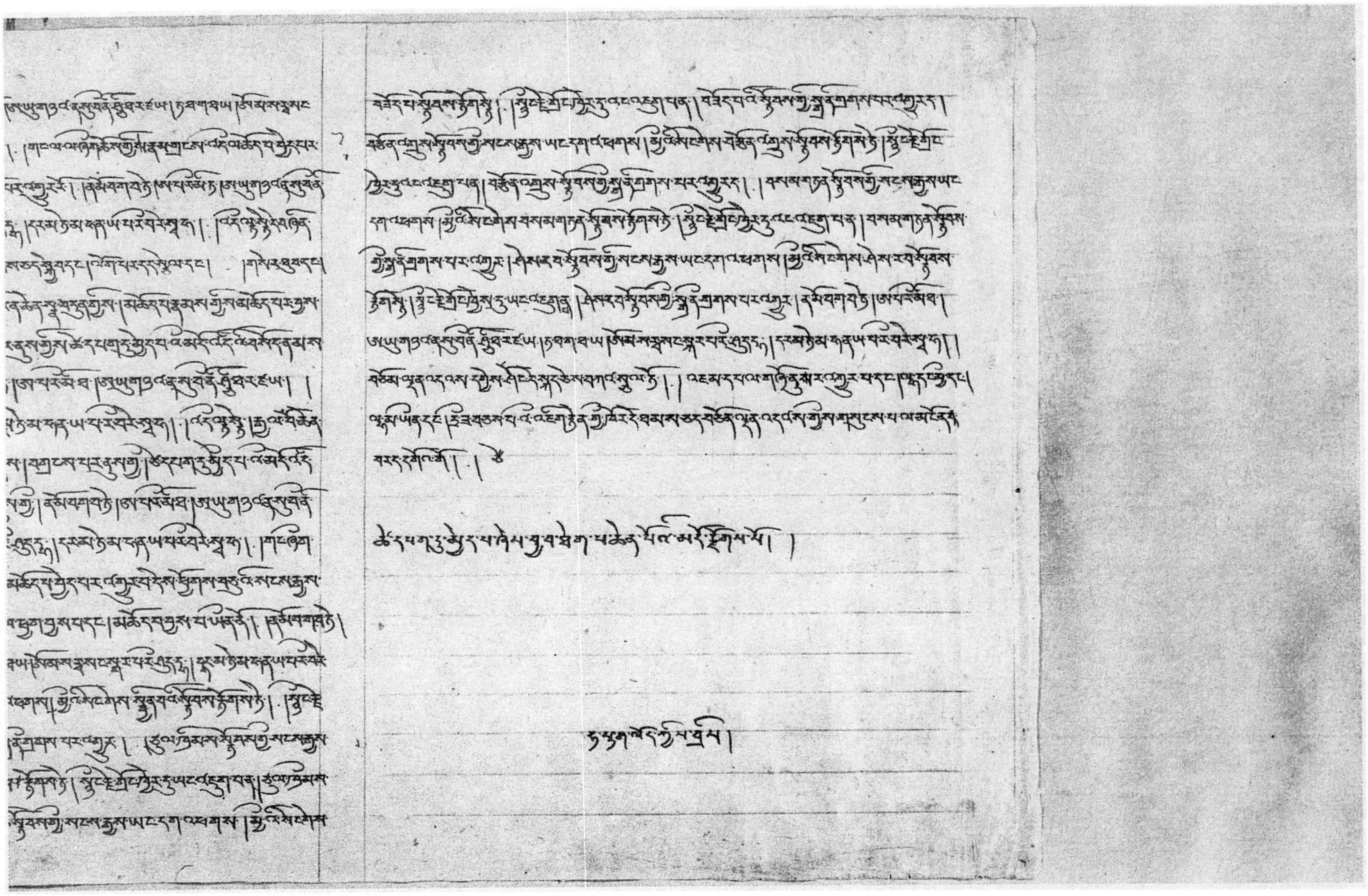

BD14379 號　藏文（無量壽宗要經乙本）　　（6–6）

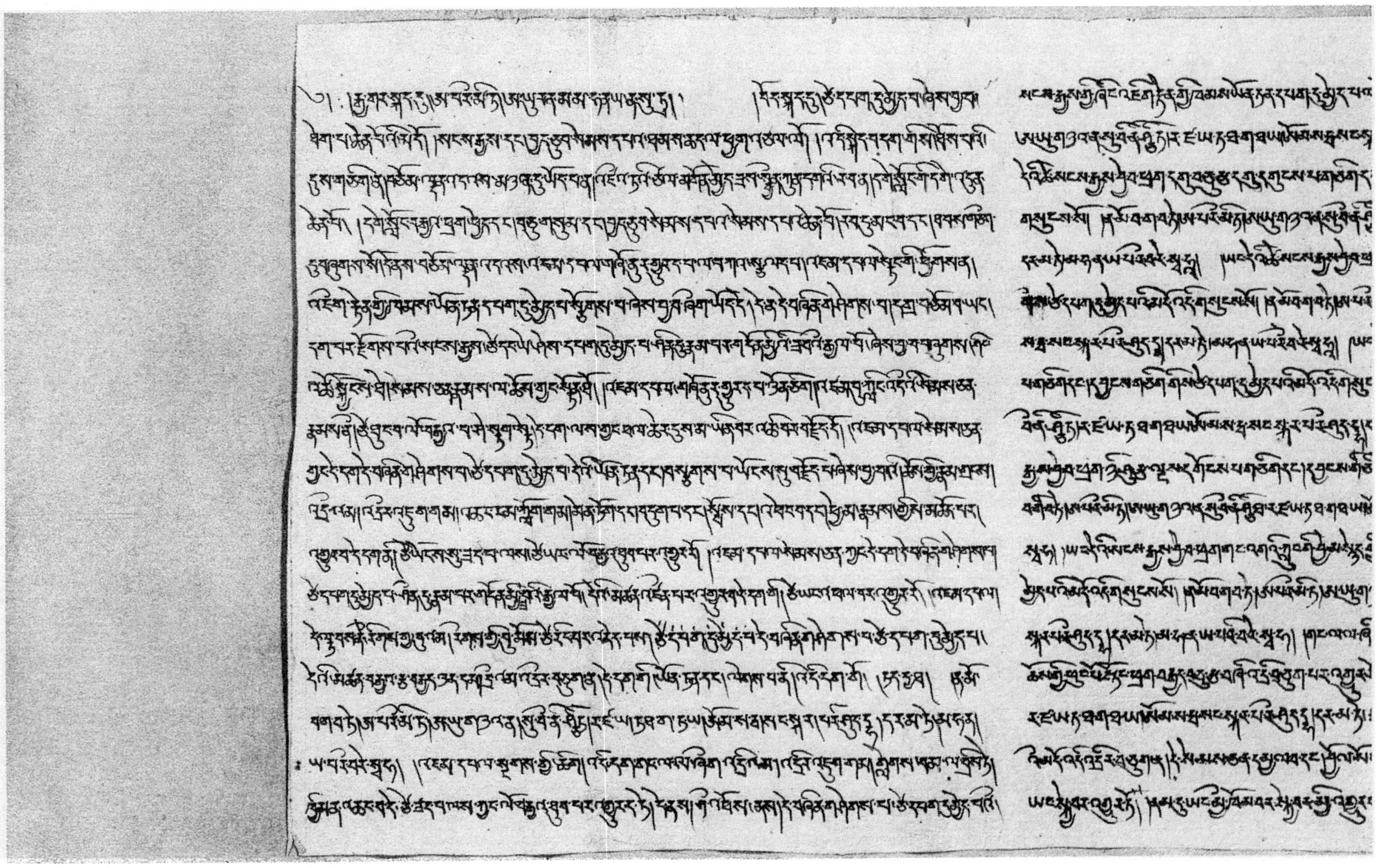

BD14380 號　藏文（無量壽宗要經乙本）　　（5–1）

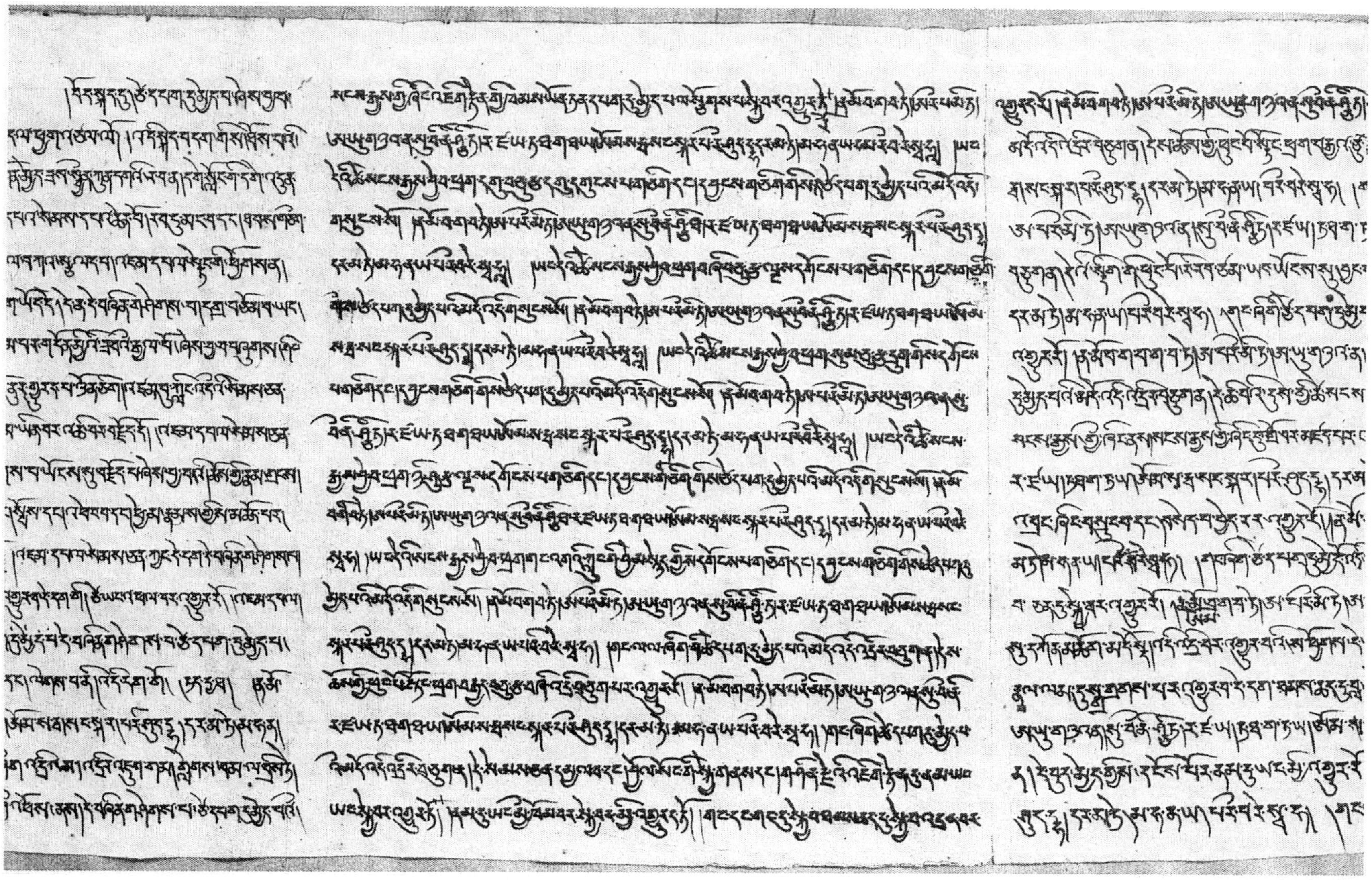

BD14380號　藏文（無量壽宗要經乙本）　　（5–2）

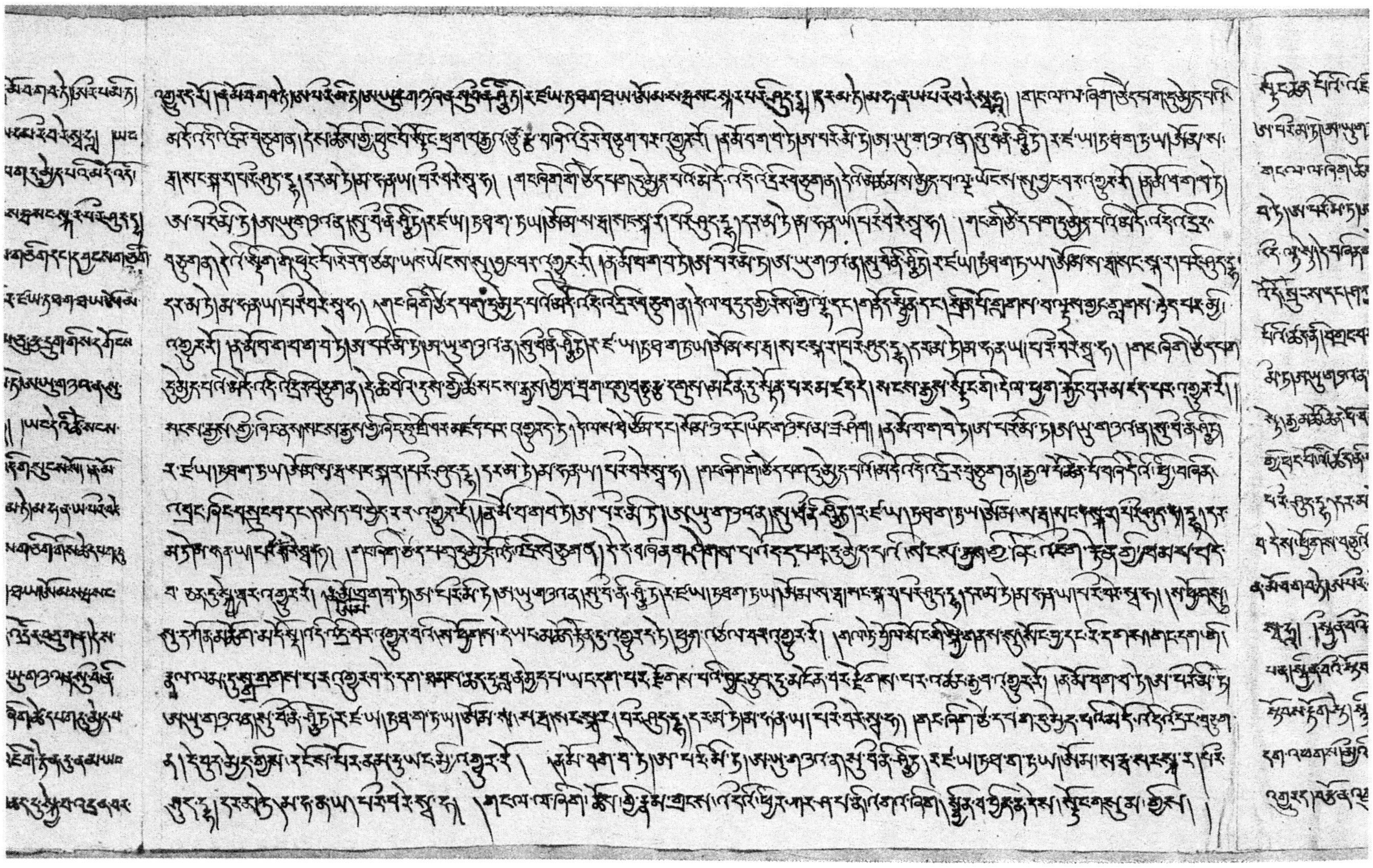

BD14380號　藏文（無量壽宗要經乙本）　　（5–3）

BD14380 號　藏文（無量壽宗要經乙本）

(5-4)

BD14380 號　藏文（無量壽宗要經乙本）

(5-5)

BD14380 號背　界欄 (3-1)

BD14380 號背　界欄 (3-2)

BD14380 號背　界欄

（3-3）

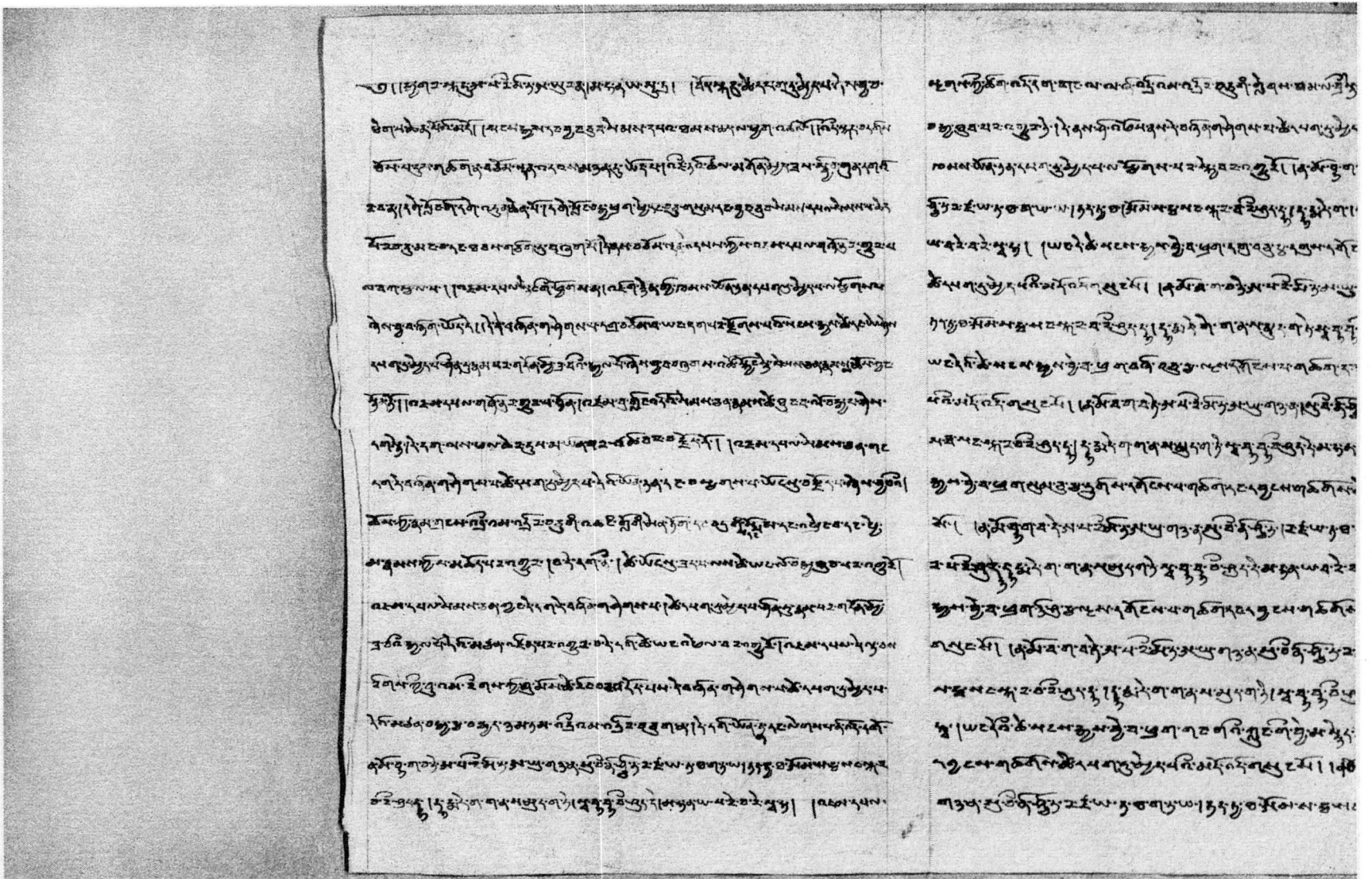

BD14381 號　藏文（無量壽宗要經乙本）

（6-1）

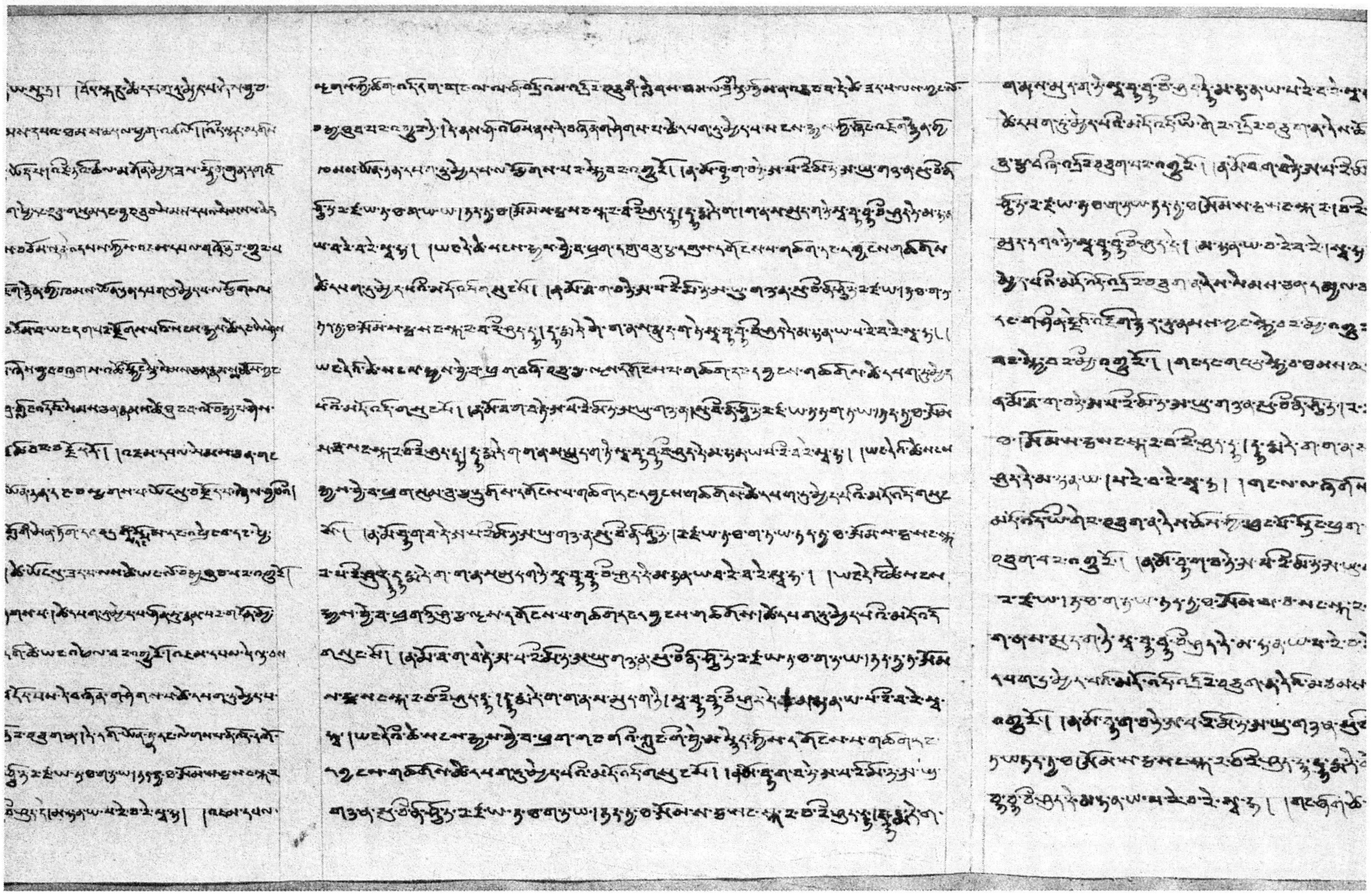

BD14381 號　藏文（無量壽宗要經乙本）　　（6–2）

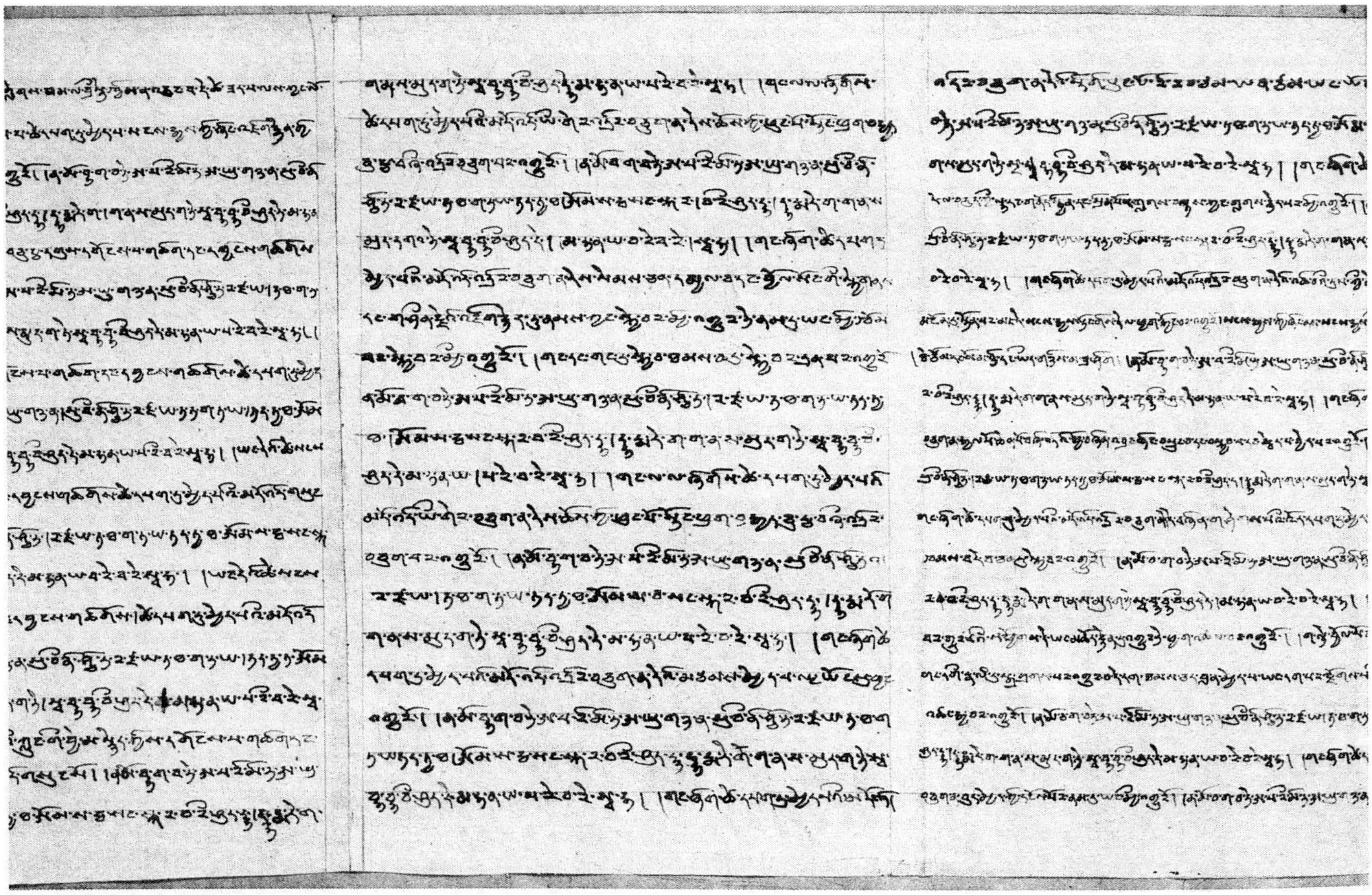

BD14381 號　藏文（無量壽宗要經乙本）　　（6–3）

BD14381 號　藏文（無量壽宗要經乙本）　　　　　　　　　　　　（6-4）

BD14381 號　藏文（無量壽宗要經乙本）　　　　　　　　　　　　（6-5）

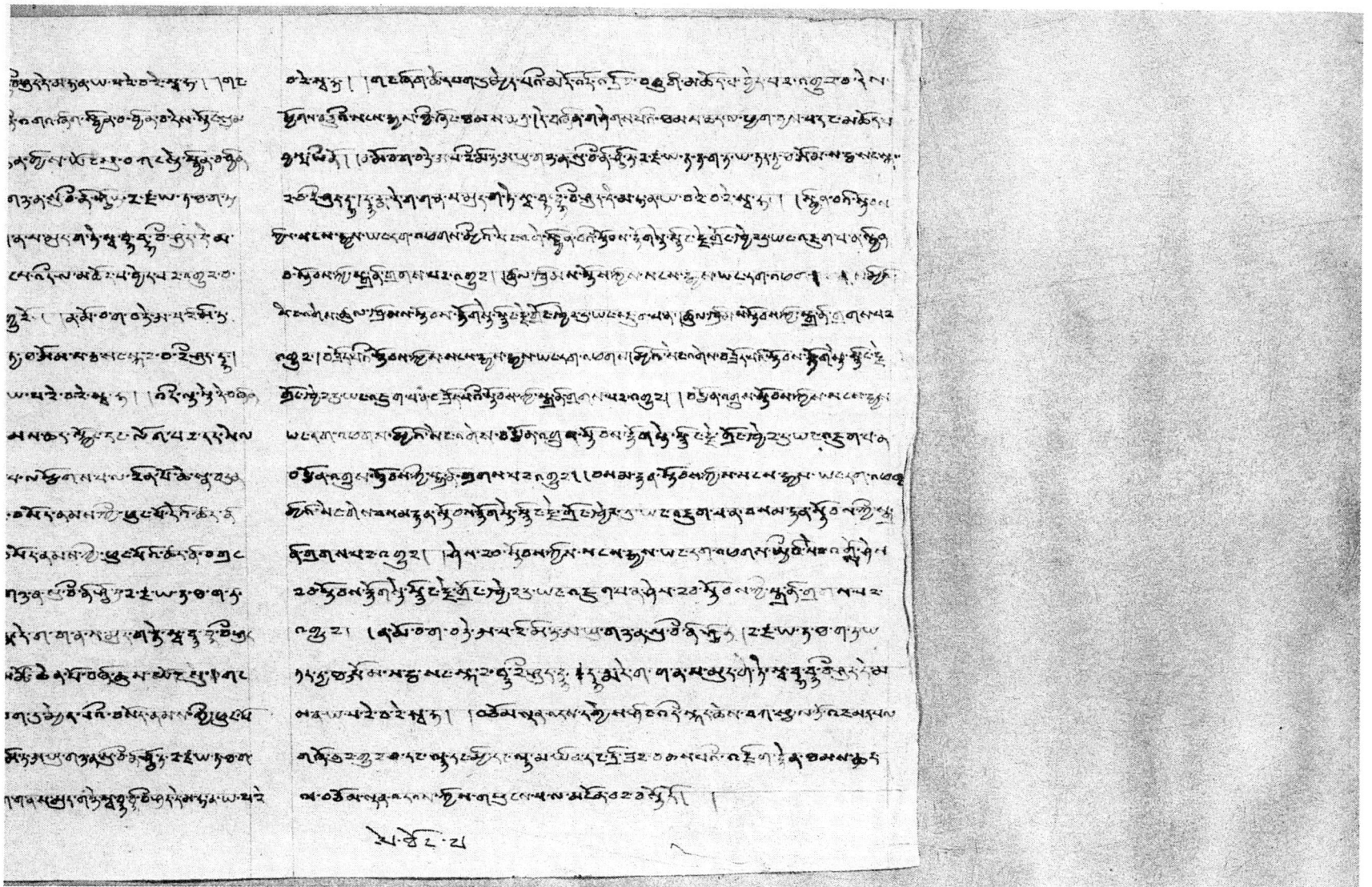

BD14381 號　藏文（無量壽宗要經乙本）　　　　　　　　　　　　　　　　　　　　　　　（6-6）

BD14381 號背　雜寫　　　　　　　　　　　　　　　　　　　　　　　　　　　　　　　（1-1）

BD14382 號　藏文（無量壽宗要經甲本）　　　　　　　　　　　　（6-1）

BD14382 號　藏文（無量壽宗要經甲本）　　　　　　　　　　　　（6-2）

BD14382 號　藏文（無量壽宗要經甲本）　　　　　　　　　　　　　　　（6–3）

BD14382 號　藏文（無量壽宗要經甲本）　　　　　　　　　　　　　　　（6–4）

BD14382 號　藏文（無量壽宗要經甲本）　　　　　　　　　　　　　　　　（6-5）

BD14382 號　藏文（無量壽宗要經甲本）　　　　　　　　　　　　　　　　（6-6）

BD14382 號背　雜寫 (1-1)

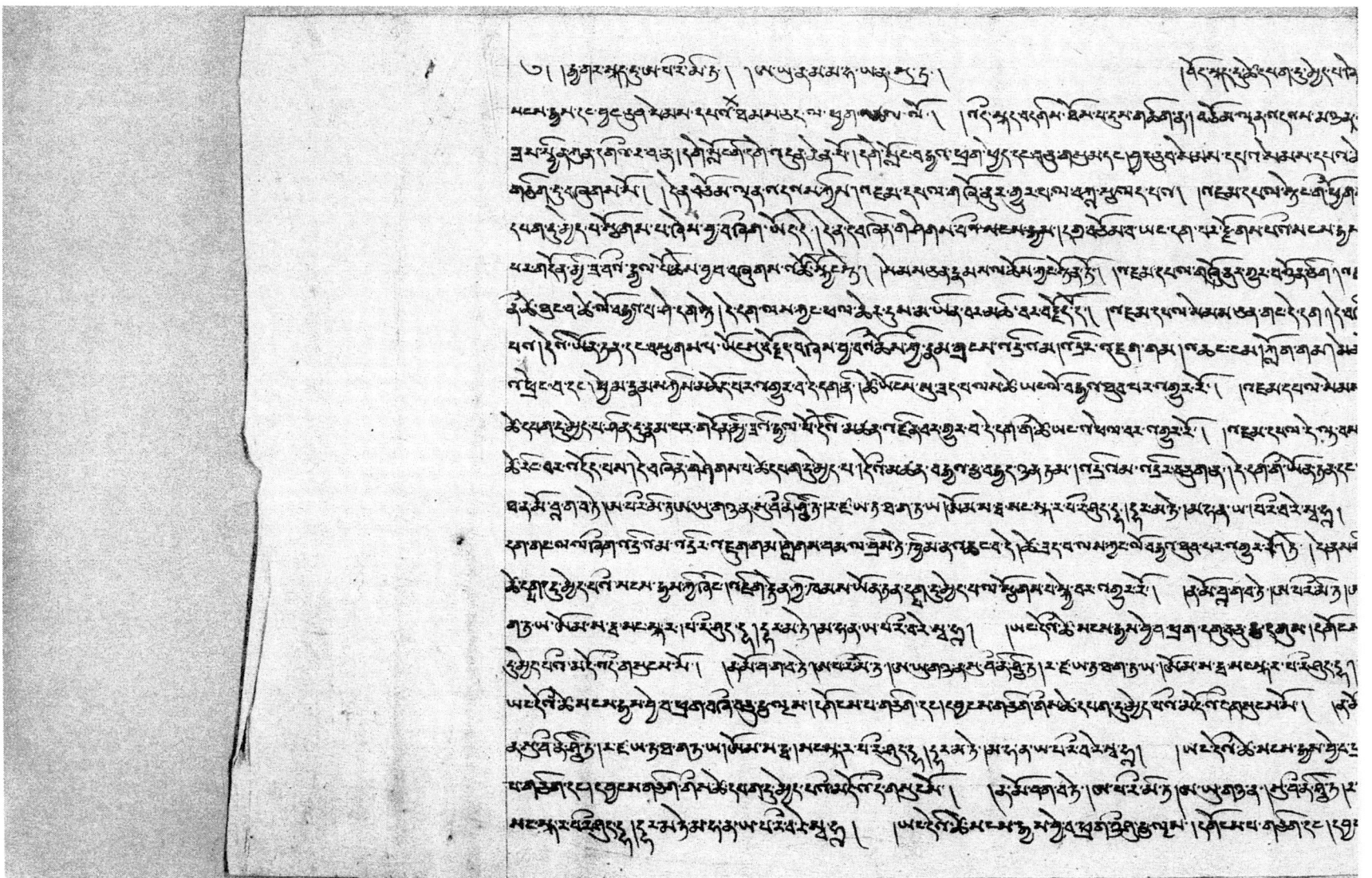

BD14383 號　藏文（無量壽宗要經乙本） (6-1)

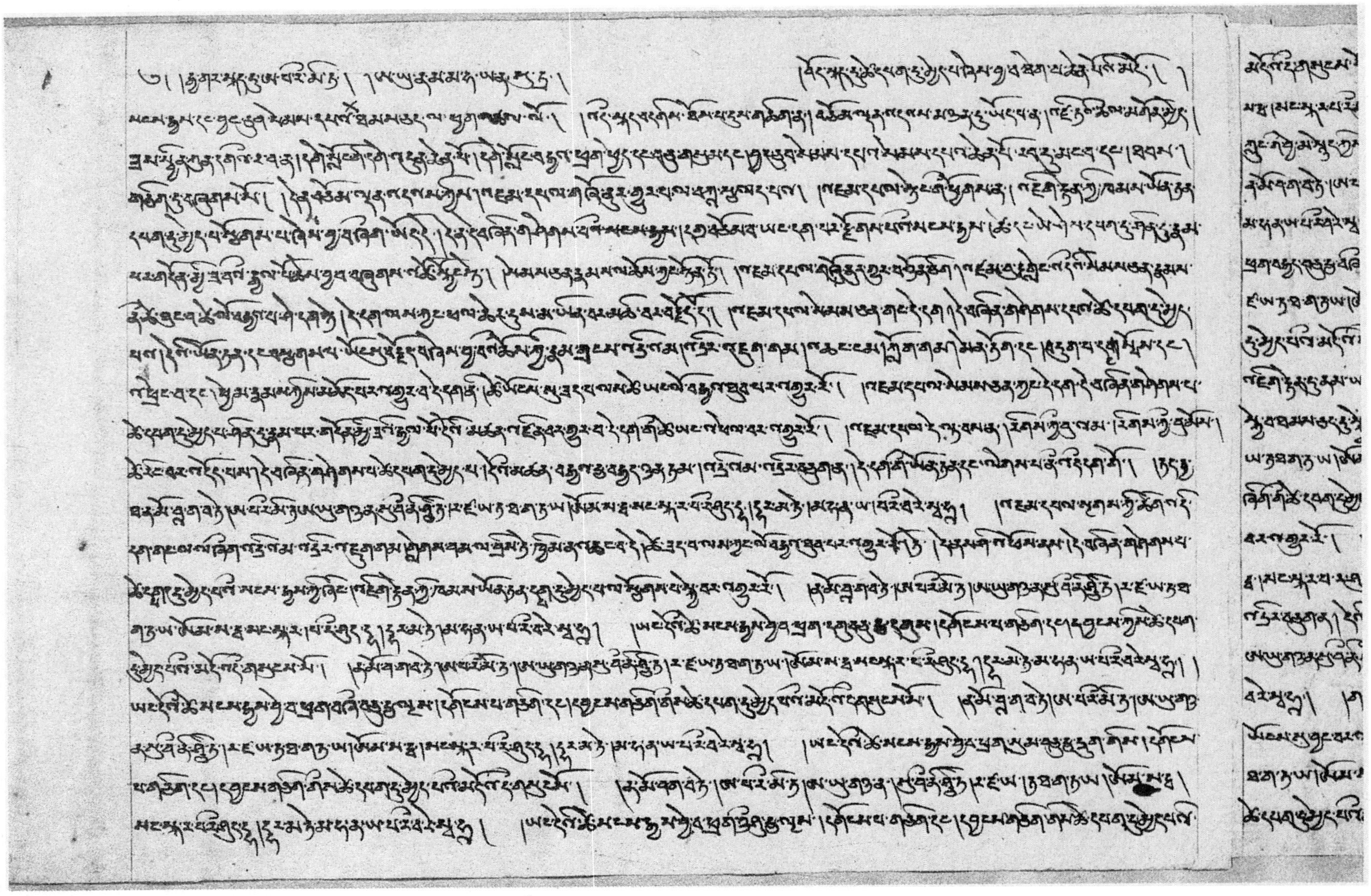

BD14383號　藏文（無量壽宗要經乙本）　　（6–2）

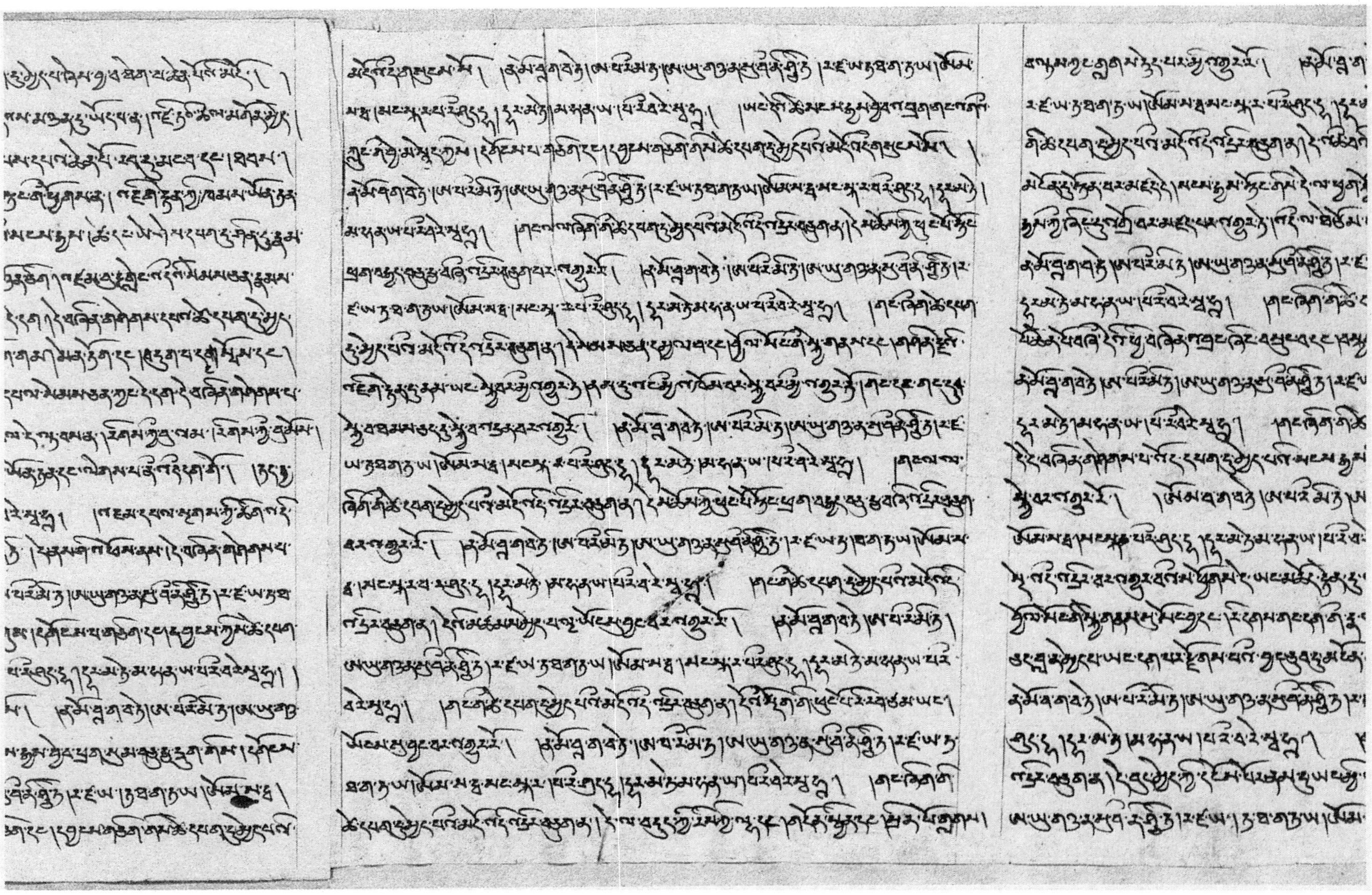

BD14383號　藏文（無量壽宗要經乙本）　　（6–3）

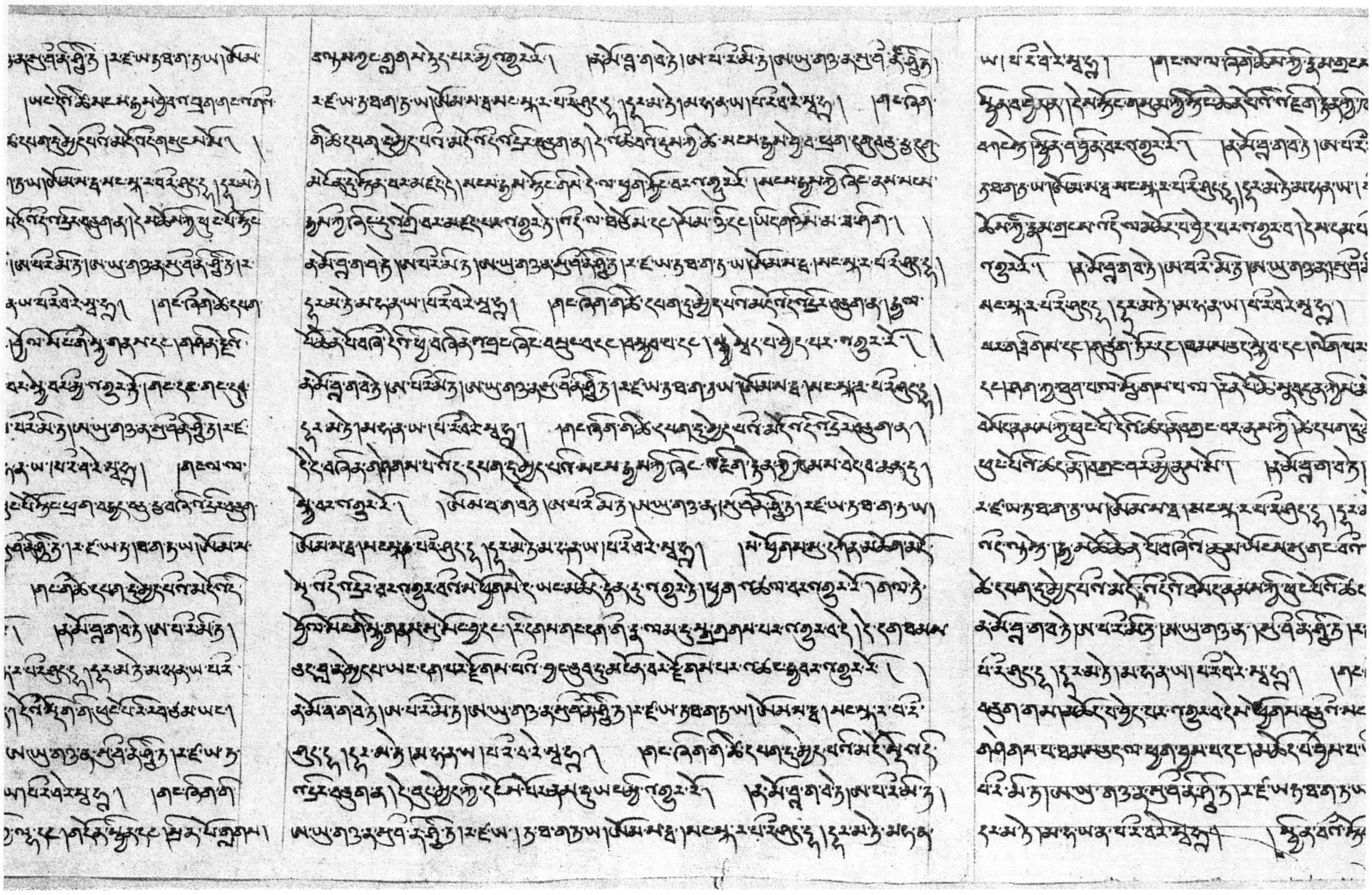

BD14383 號　藏文（無量壽宗要經乙本）　　　　　　　　　　　　　　　　　　　（6-4）

BD14383 號　藏文（無量壽宗要經乙本）　　　　　　　　　　　　　　　　　　　（6-5）

BD14383 號　藏文（無量壽宗要經乙本）　　　　　　　　　　　　　　　　　　　（6-6）

BD14384 號　藏文（無量壽宗要經乙本）　　　　　　　　　　　　　　　　　　　（6-1）

BD14384 號　藏文（無量壽宗要經乙本）　　　　　　　　　　　　　　　　　　　　（6-2）

BD14384 號　藏文（無量壽宗要經乙本）　　　　　　　　　　　　　　　　　　　　（6-3）

BD14384 號　藏文（無量壽宗要經乙本）　　　　　　　　　　　　　　　（6-4）

BD14384 號　藏文（無量壽宗要經乙本）　　　　　　　　　　　　　　　（6-5）

BD14384 號　藏文（無量壽宗要經乙本）　　　　　　　　　　　　　　　　　　　　　　　（6-6）

BD14385 號　藏文（無量壽宗要經乙本）　　　　　　　　　　　　　　　　　　　　　　　（6-1）

BD14385 號　藏文（無量壽宗要經乙本）

（6-2）

BD14385 號　藏文（無量壽宗要經乙本）

（6-3）

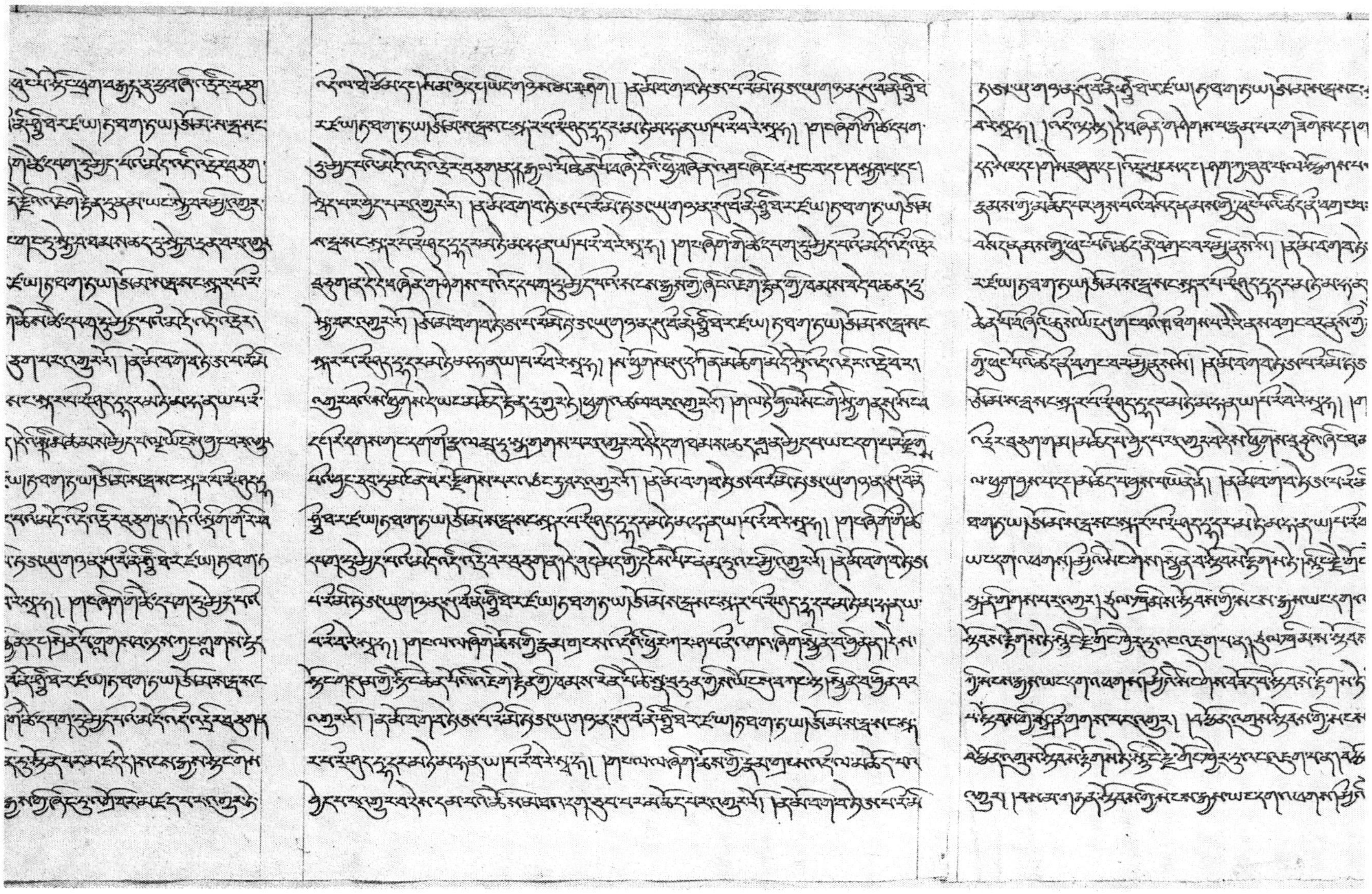

BD14385號　藏文(無量壽宗要經乙本)　　(6–4)

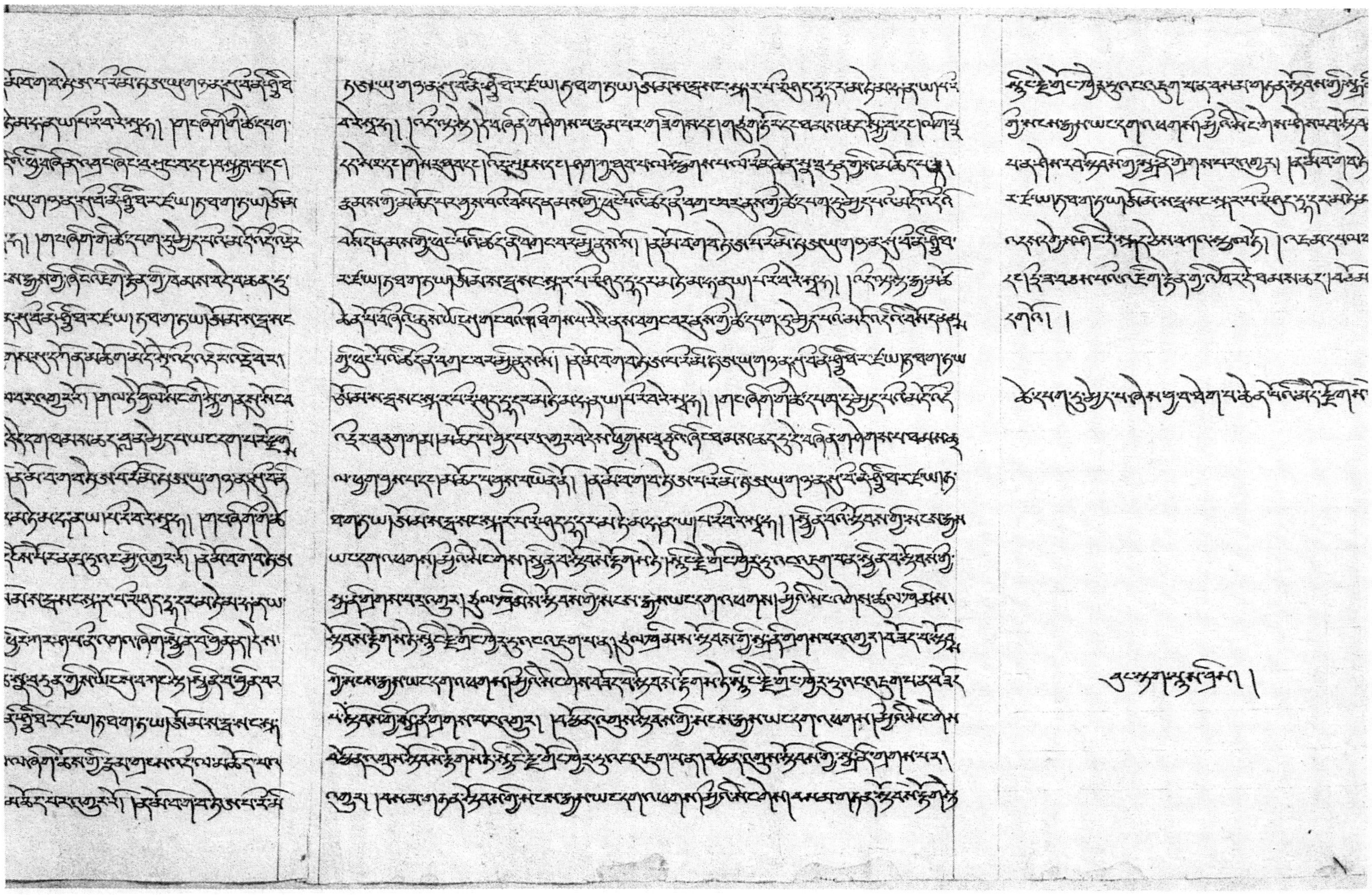

BD14385號　藏文(無量壽宗要經乙本)　　(6–5)

BD14385 號　藏文（無量壽宗要經乙本）　　　　　　　　　　　　　　　　　　　　（6-6）

BD14386 號 1　藏文（無量壽宗要經甲本）　　　　　　　　　　　　　　　　　　　（24-1）

BD14386 號 1　藏文（無量壽宗要經甲本）

（24-2）

BD14386 號 1　藏文（無量壽宗要經甲本）

（24-3）

BD14386 號 1　藏文（無量壽宗要經甲本）　　　　　　　　　　　　　　（24-4）

BD14386 號 1　藏文（無量壽宗要經甲本）　　　　　　　　　　　　　　（24-5）

BD14386 號 1　藏文（無量壽宗要經甲本）　　　　　　　　　　　　　　　　　　（24-6）

BD14386 號 2　藏文（無量壽宗要經甲本）　　　　　　　　　　　　　　　　　　（24-7）

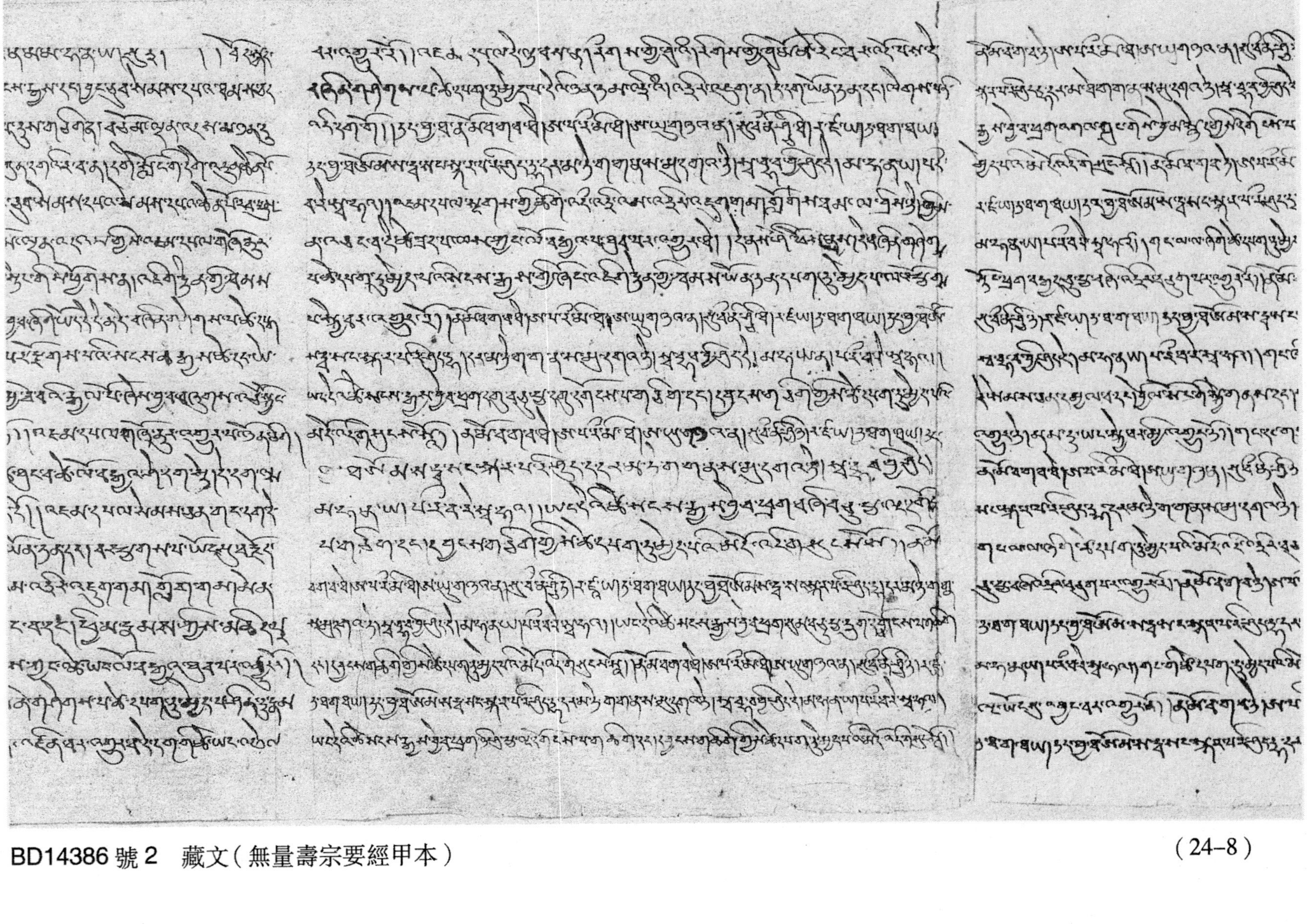

BD14386 號 2　藏文（無量壽宗要經甲本）　（24–8）

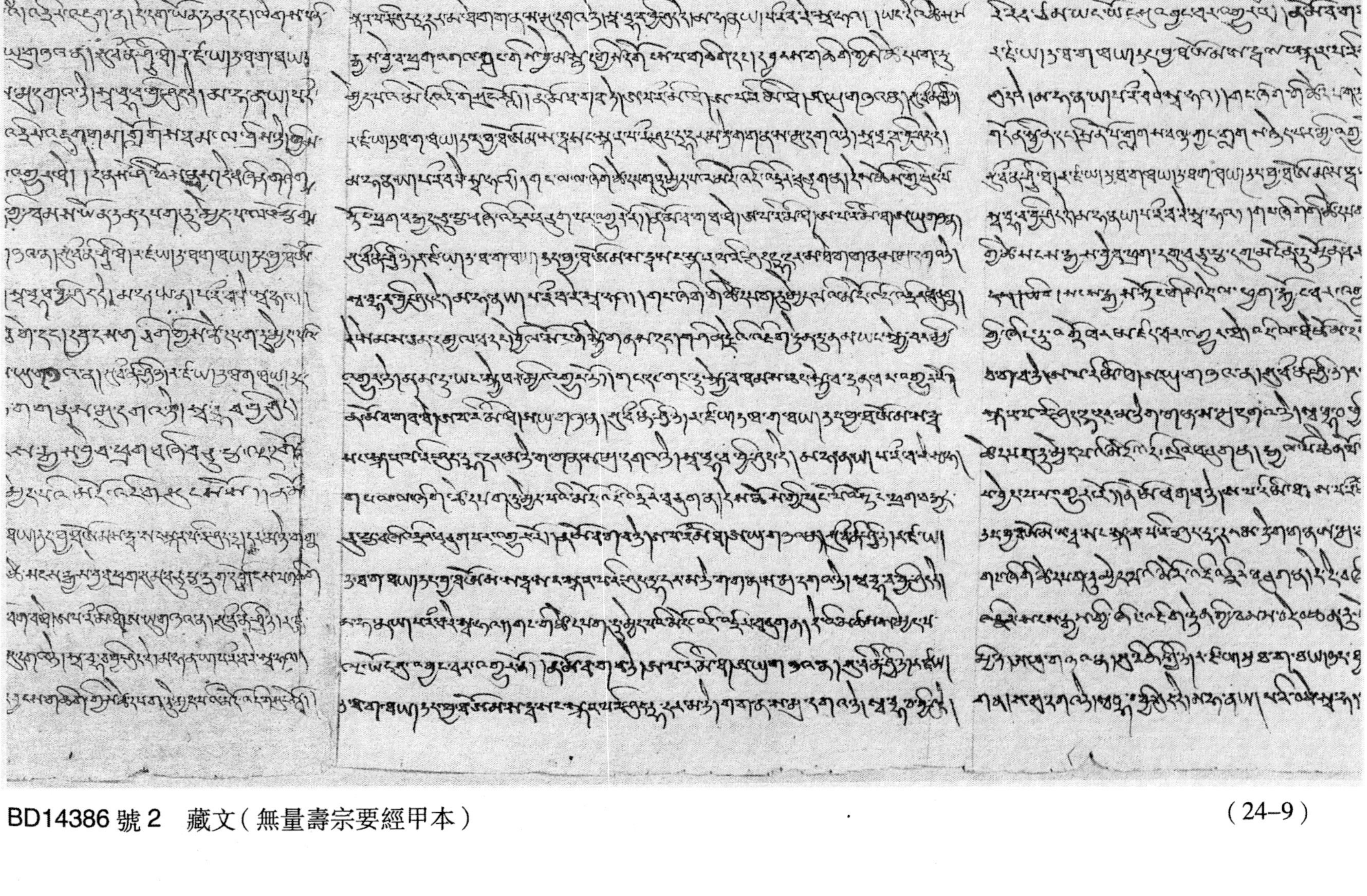

BD14386 號 2　藏文（無量壽宗要經甲本）　（24–9）

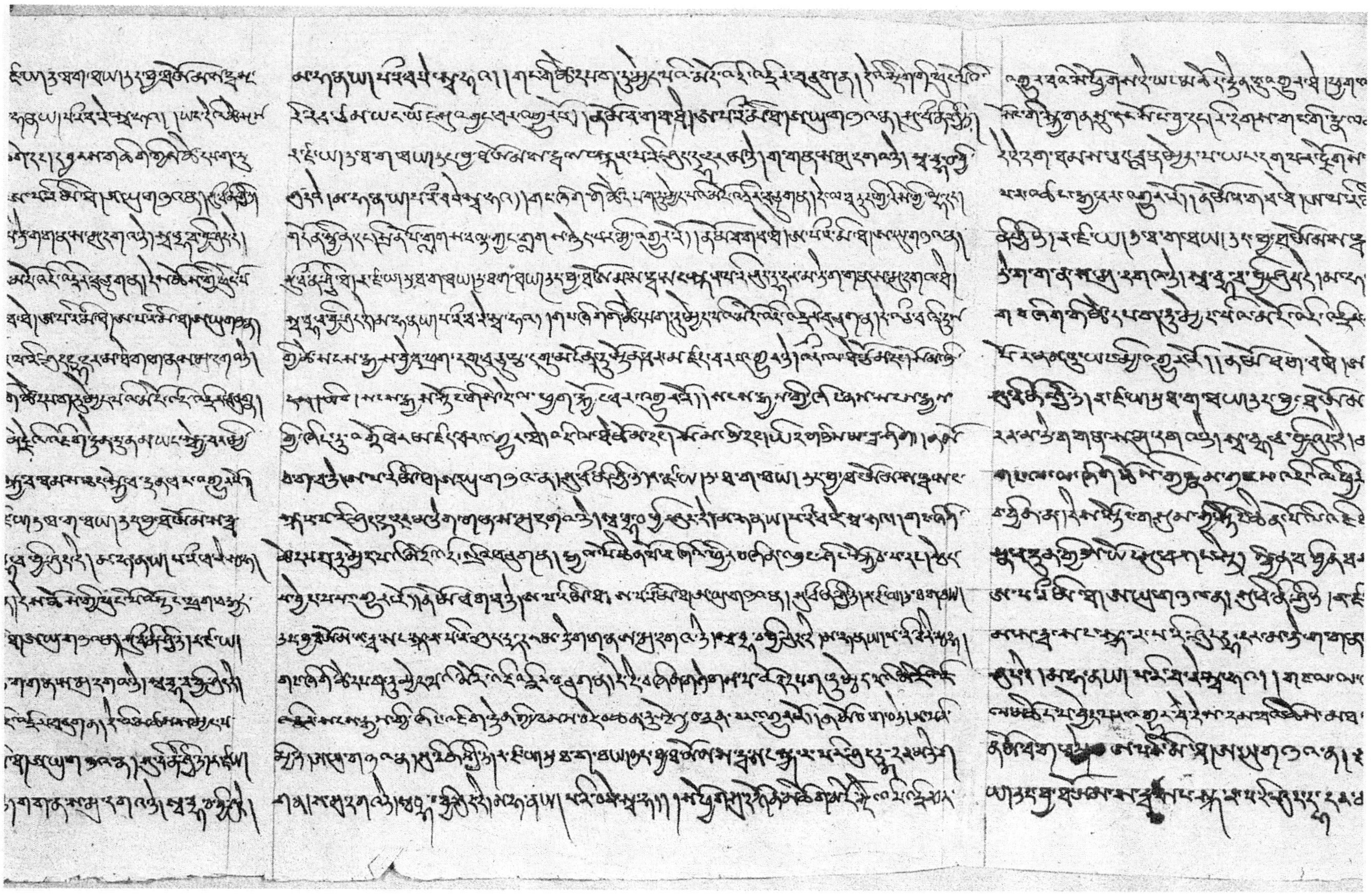

BD14386 號 2　藏文（無量壽宗要經甲本）　　　　　　　　　　　　　　　　（24-10）

BD14386 號 2　藏文（無量壽宗要經甲本）　　　　　　　　　　　　　　　　（24-11）

BD14386 號 2　藏文（無量壽宗要經甲本）　　　　　　　　　　　　　　（24-12）

BD14386 號 3　藏文（無量壽宗要經甲本）　　　　　　　　　　　　　　（24-13）

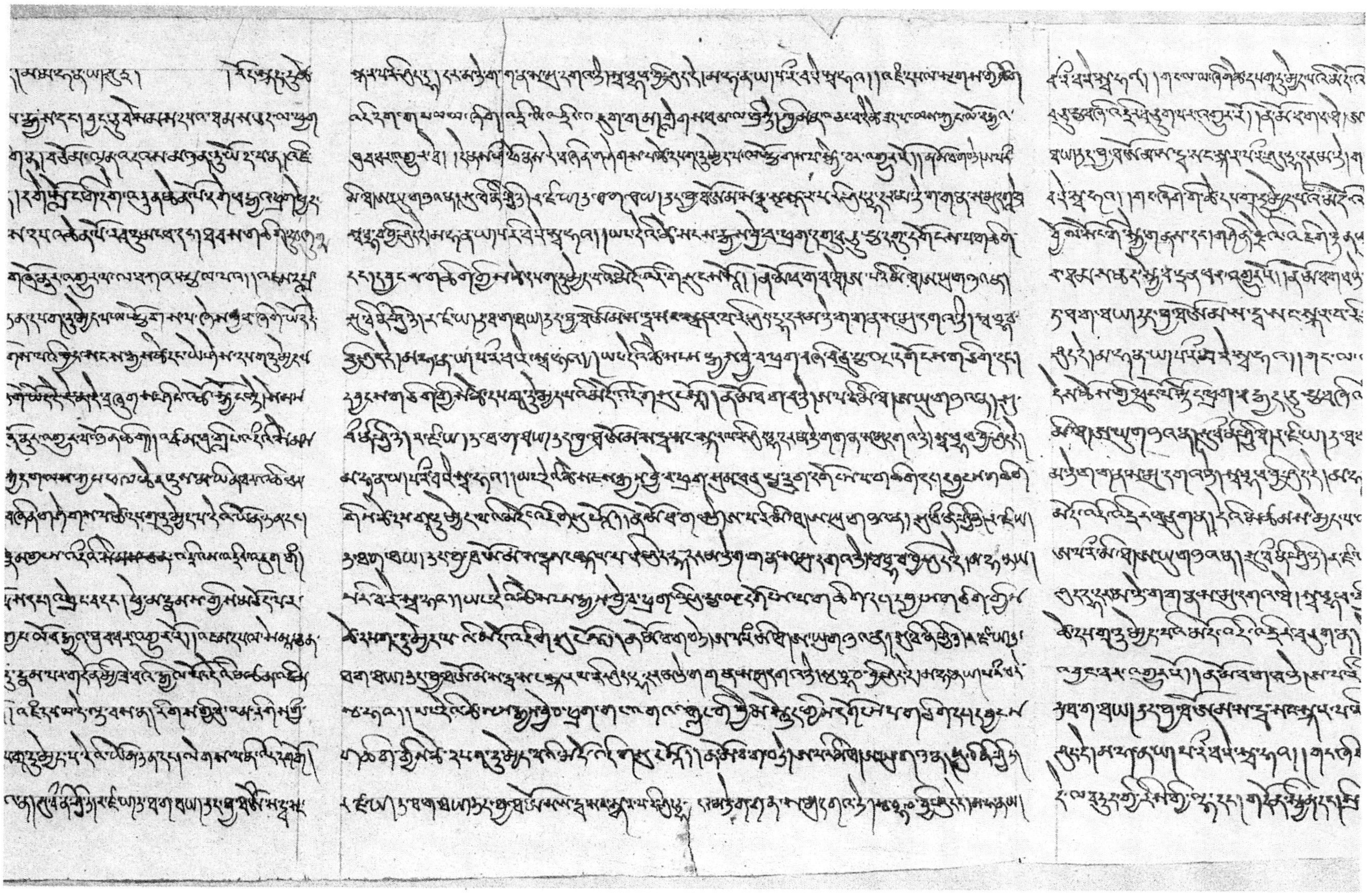

BD14386 號 3　藏文（無量壽宗要經甲本）　　（24–14）

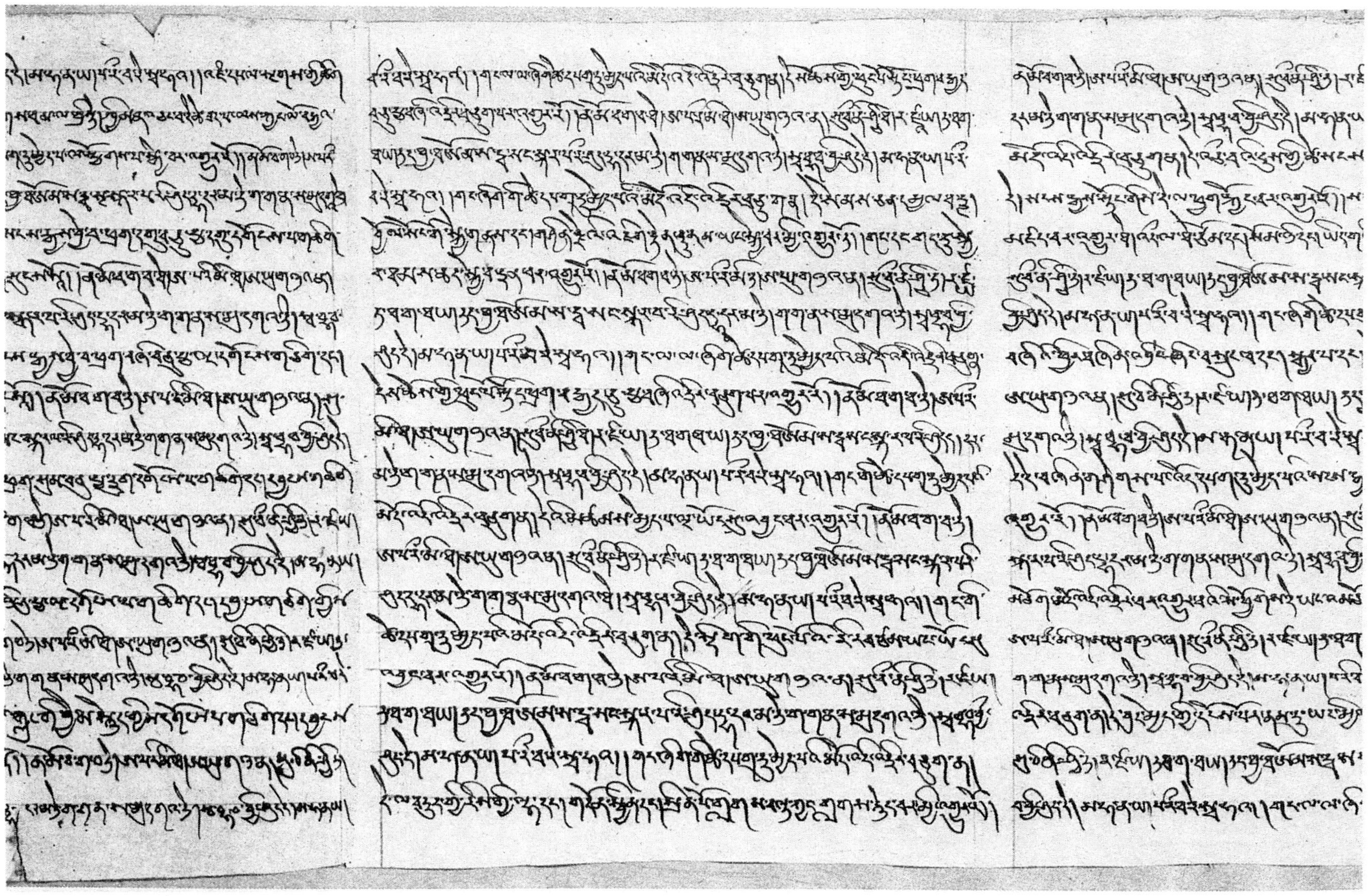

BD14386 號 3　藏文（無量壽宗要經甲本）　　（24–15）

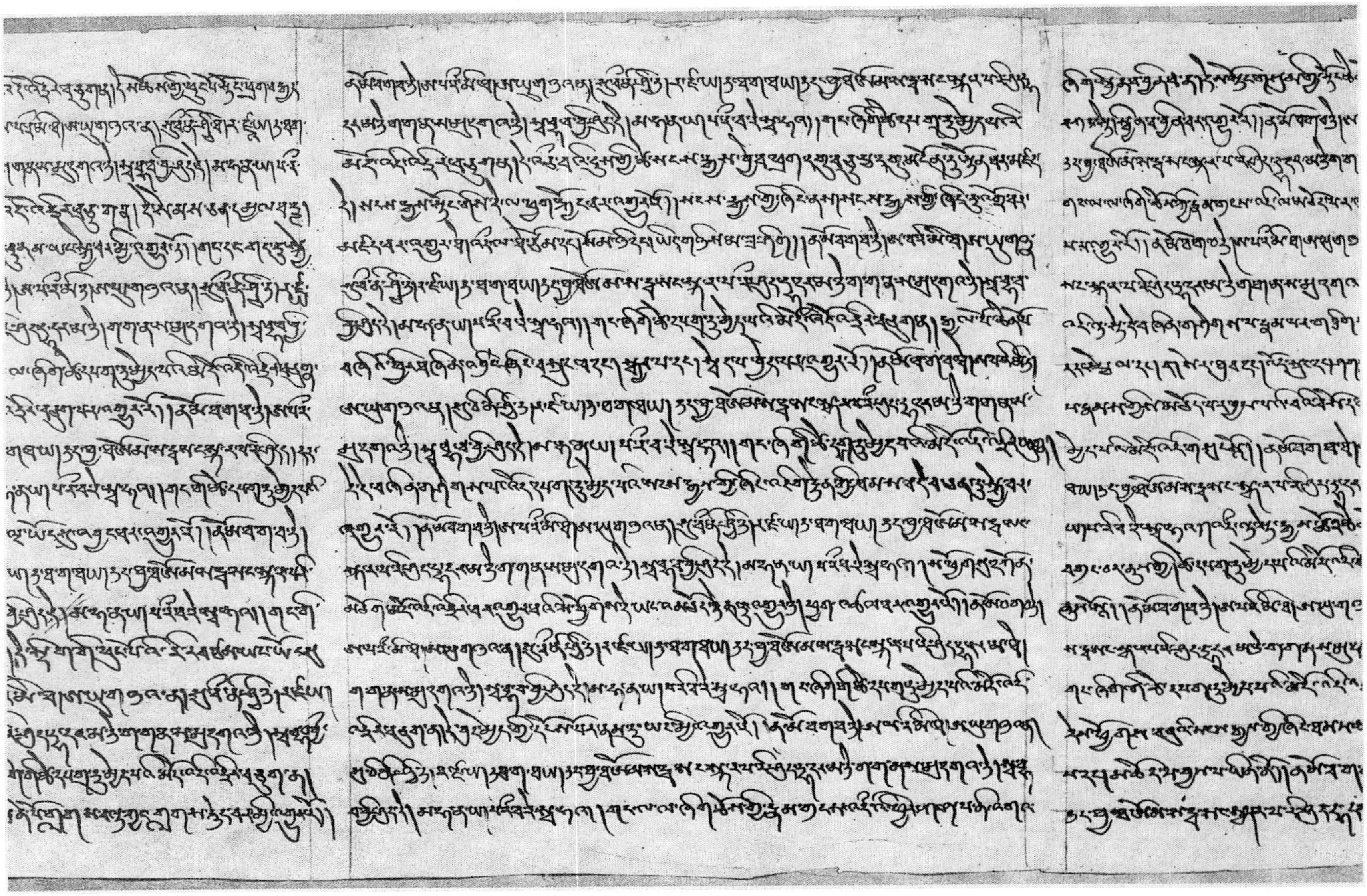

BD14386 號 3　藏文（無量壽宗要經甲本）　　（24–16）

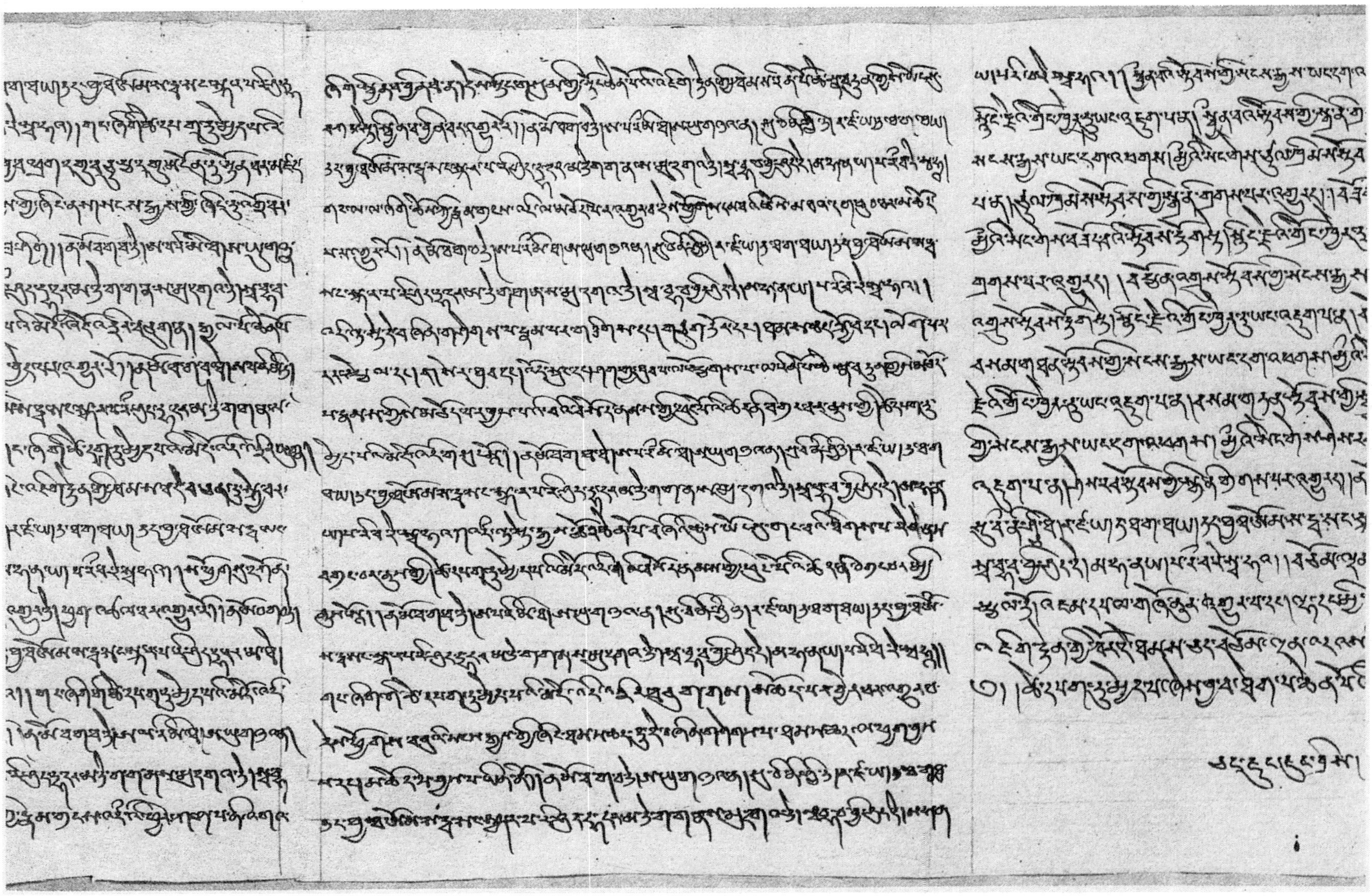

BD14386 號 3　藏文（無量壽宗要經甲本）　　（24–17）

BD14386 號 3　藏文（無量壽宗要經甲本）　　　　　　　　　　　　（24-18）

BD14386 號 4　藏文（無量壽宗要經甲本）　　　　　　　　　　　　（24-19）

BD14386 號 4　藏文（無量壽宗要經甲本）　　　　　　　　　　（24-20）

BD14386 號 4　藏文（無量壽宗要經甲本）　　　　　　　　　　（24-21）

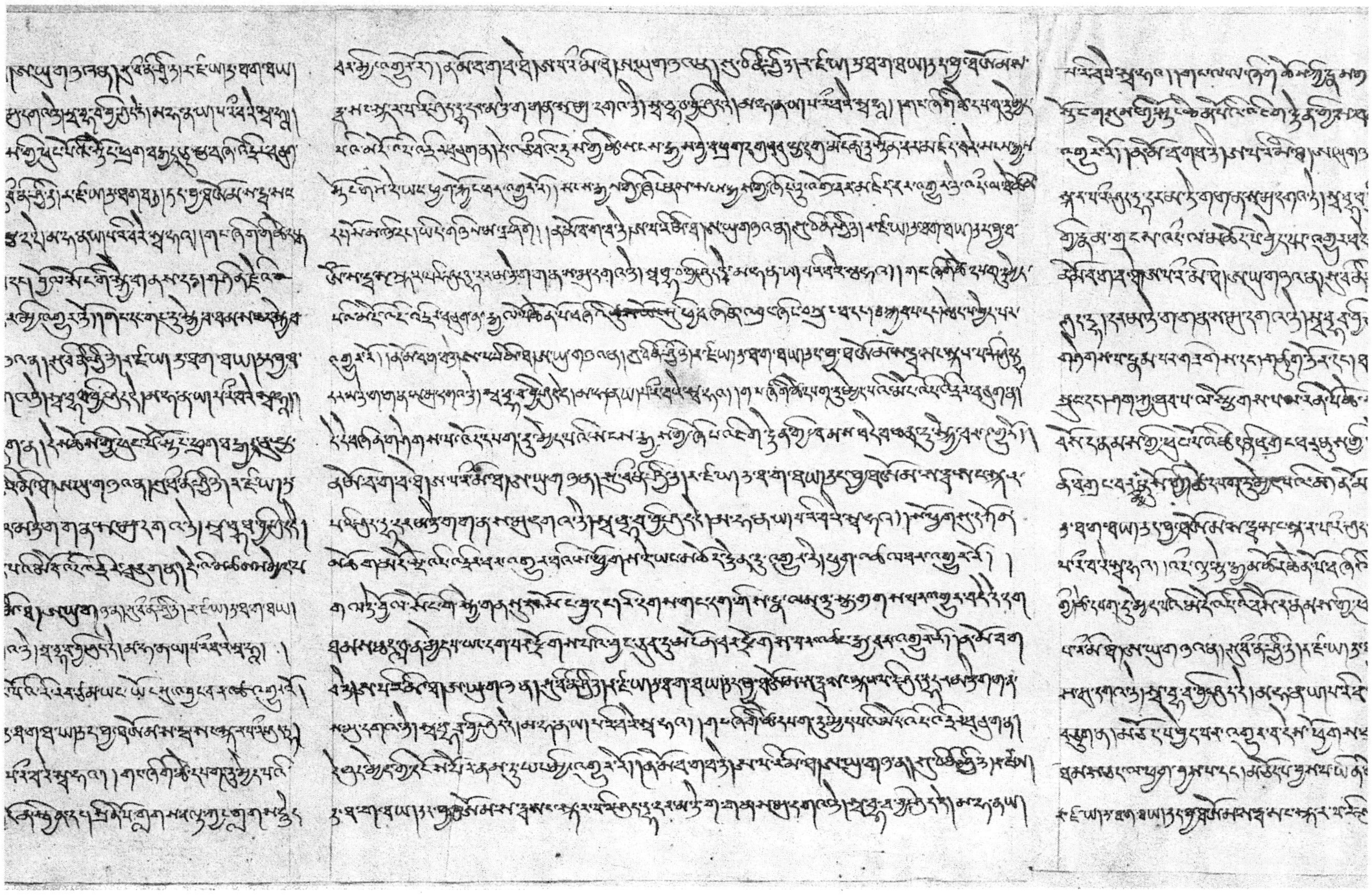

BD14386 號 4　藏文（無量壽宗要經甲本）　　　　（24–22）

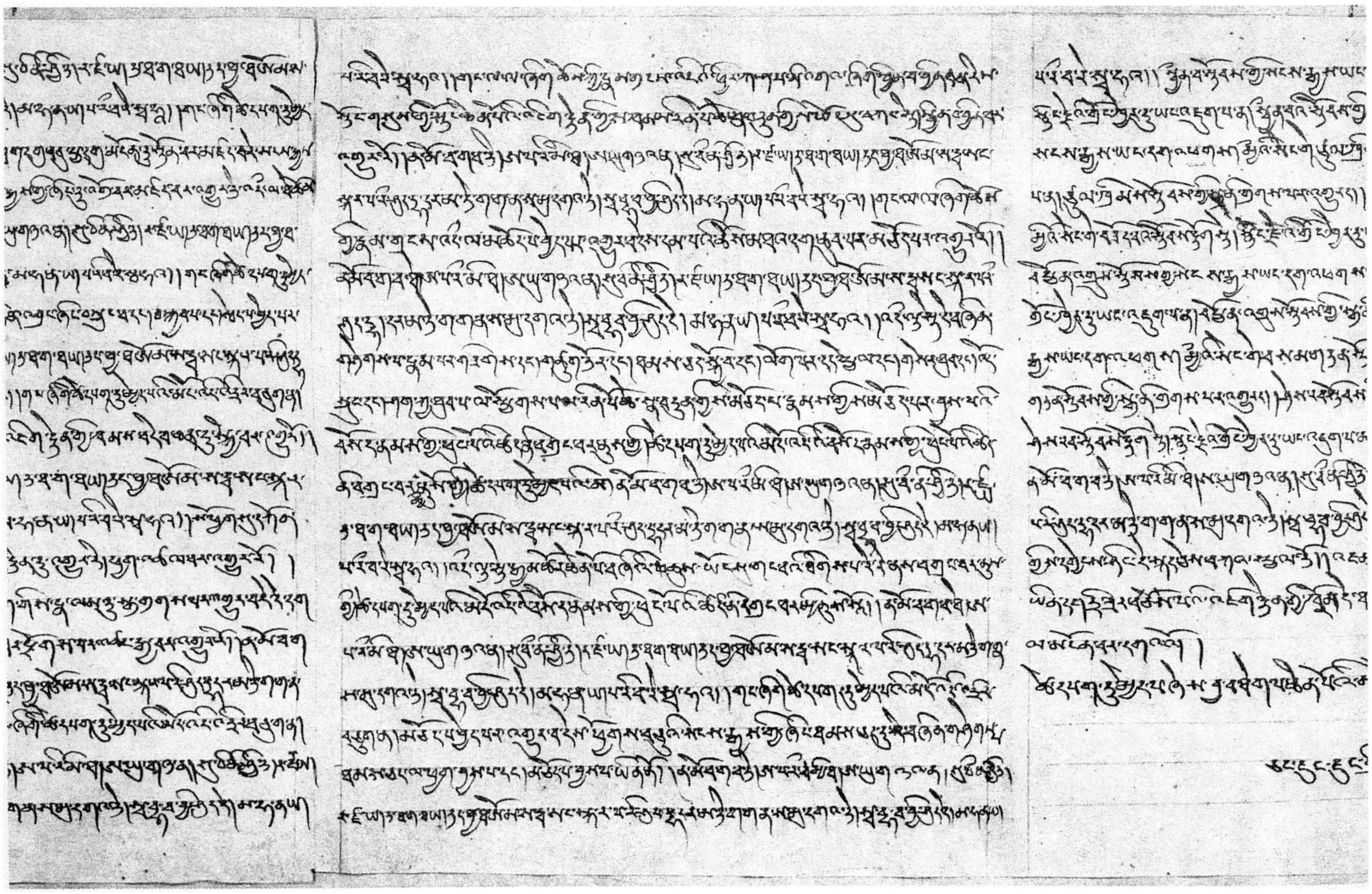

BD14386 號 4　藏文（無量壽宗要經甲本）　　　　（24–23）

BD14386 號 4　藏文（無量壽宗要經甲本）　　　　　　　　　　（24-24）

BD14387 號　藏文（無量壽宗要經乙本）　　　　　　　　　　（6-1）

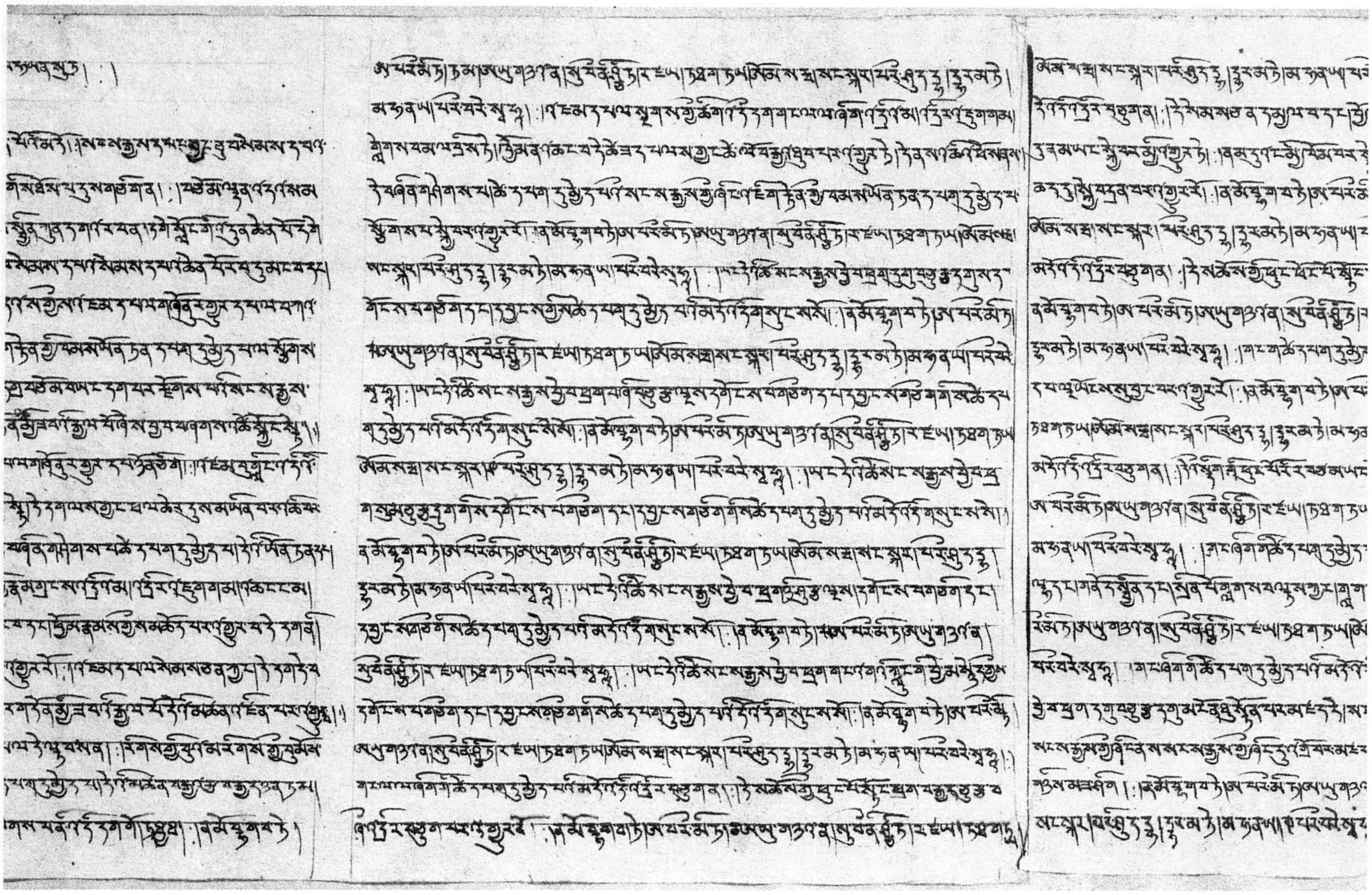

BD14387號　藏文（無量壽宗要經乙本）　　（6–2）

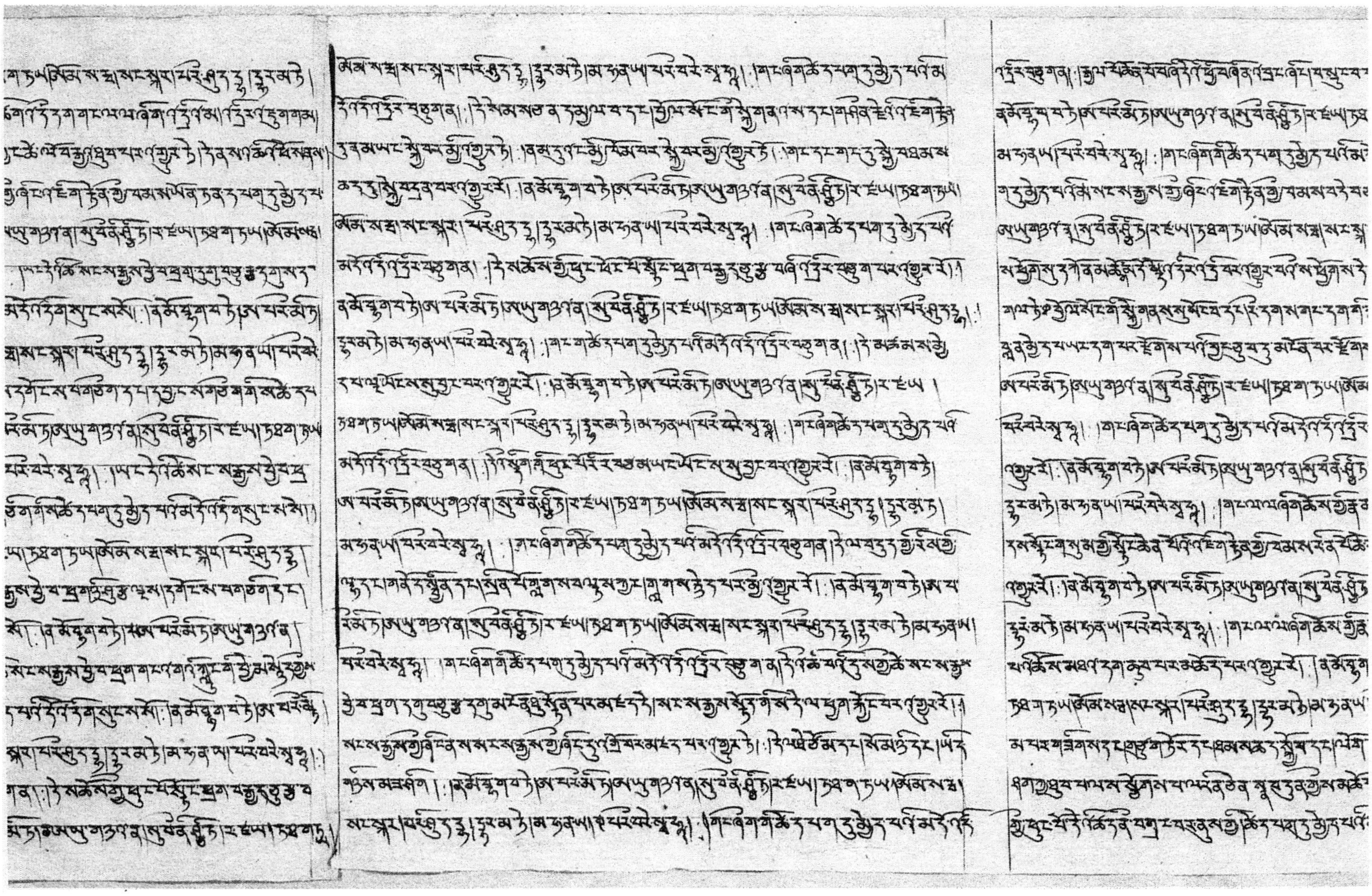

BD14387號　藏文（無量壽宗要經乙本）　　（6–3）

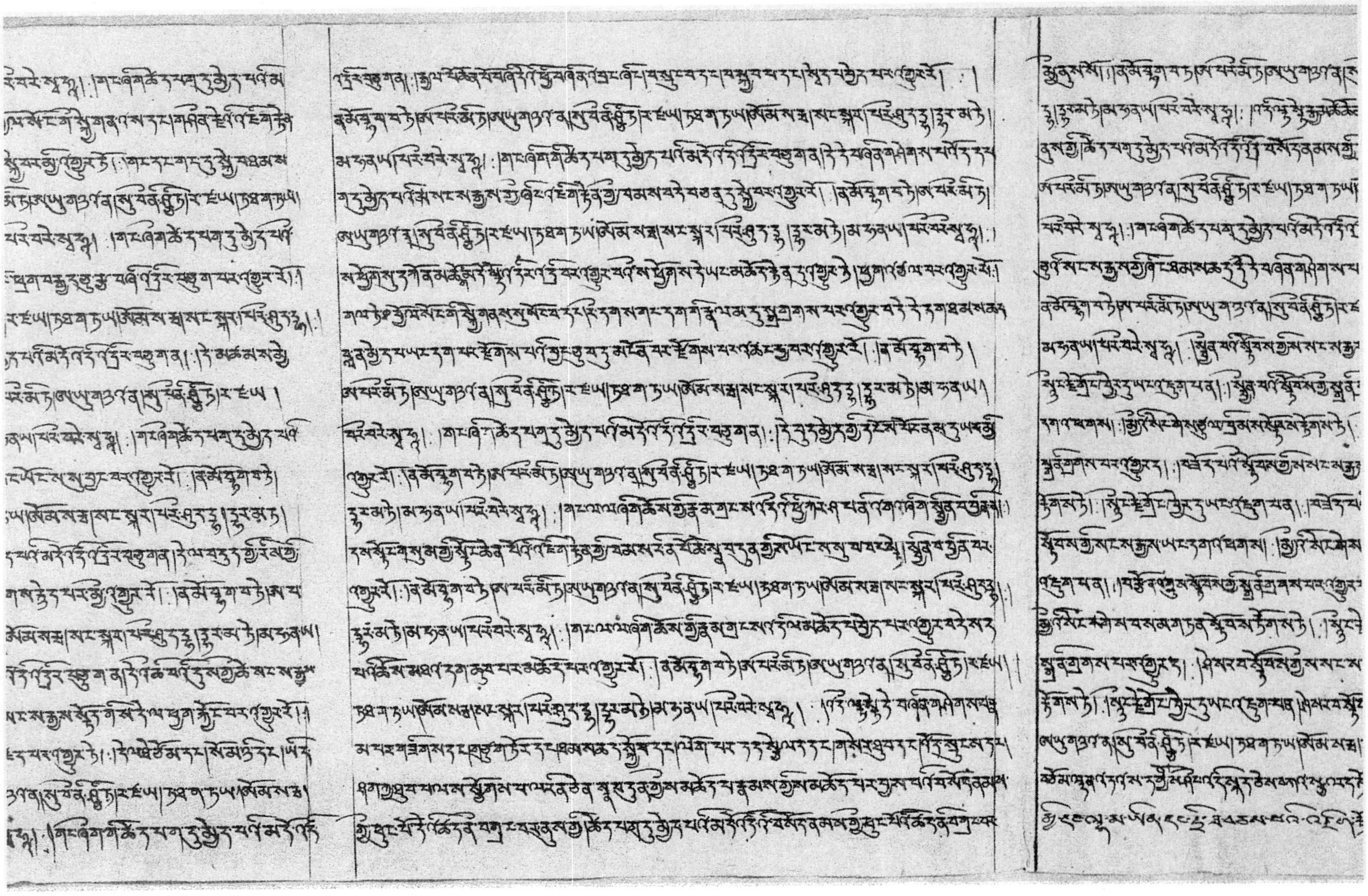

BD14387 號　藏文（無量壽宗要經乙本）　　（6–4）

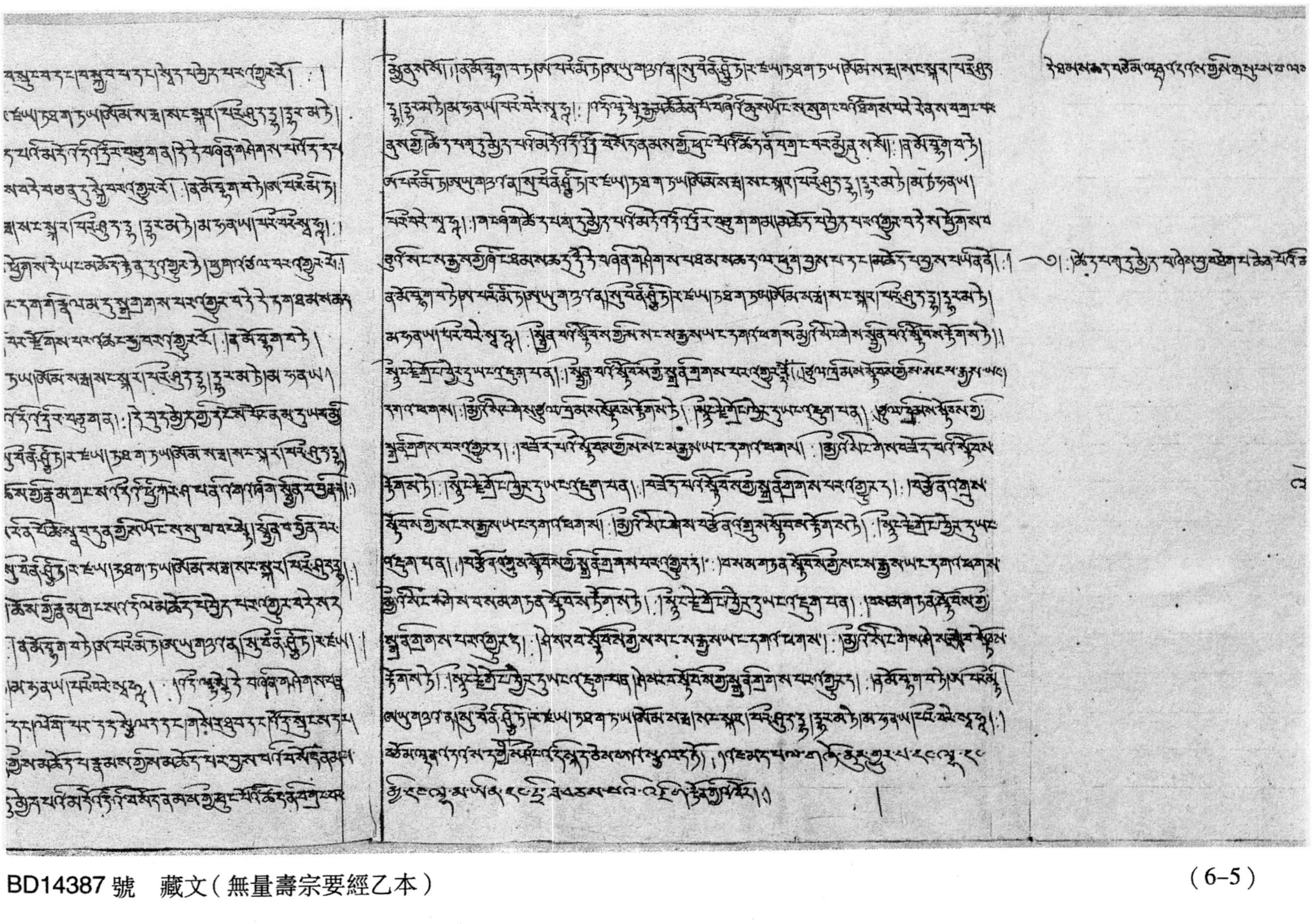

BD14387 號　藏文（無量壽宗要經乙本）　　（6–5）

ཡོ་པ་མན་ར་ཆིན་བྱུར་བས།

ༀ༔ ཆུ་ལ་བུ་ཆུ་ དང་ལ་བ་ལ་ཆུ་ བ་མ་དུ་ ཆུ་ ཆ་ ཆུ་ ལ་ ལ་ ལ།

ༀ་མ་ཆུན་ར་དུ་ཆུ་ ར་ བ་ ར་ ཆི་ མ།

BD14387 號　藏文（無量壽宗要經乙本）　　　　　　　　　　　　　　　　　（6-6）

ༀ༔ ཆུ་ལ་སུ་ཆུ་ལ་མ་ཆ་ མ་ ར་ ལ་ ལ་ ཆི་ མ་ ལ། །

BD14388 號　藏文（無量壽宗要經乙本）　　　　　　　　　　　　　　　　　（6-1）

BD14388 號　藏文（無量壽宗要經乙本）　　　　　　　　　　　　　　　　　　（6-2）

BD14388 號　藏文（無量壽宗要經乙本）　　　　　　　　　　　　　　　　　　（6-3）

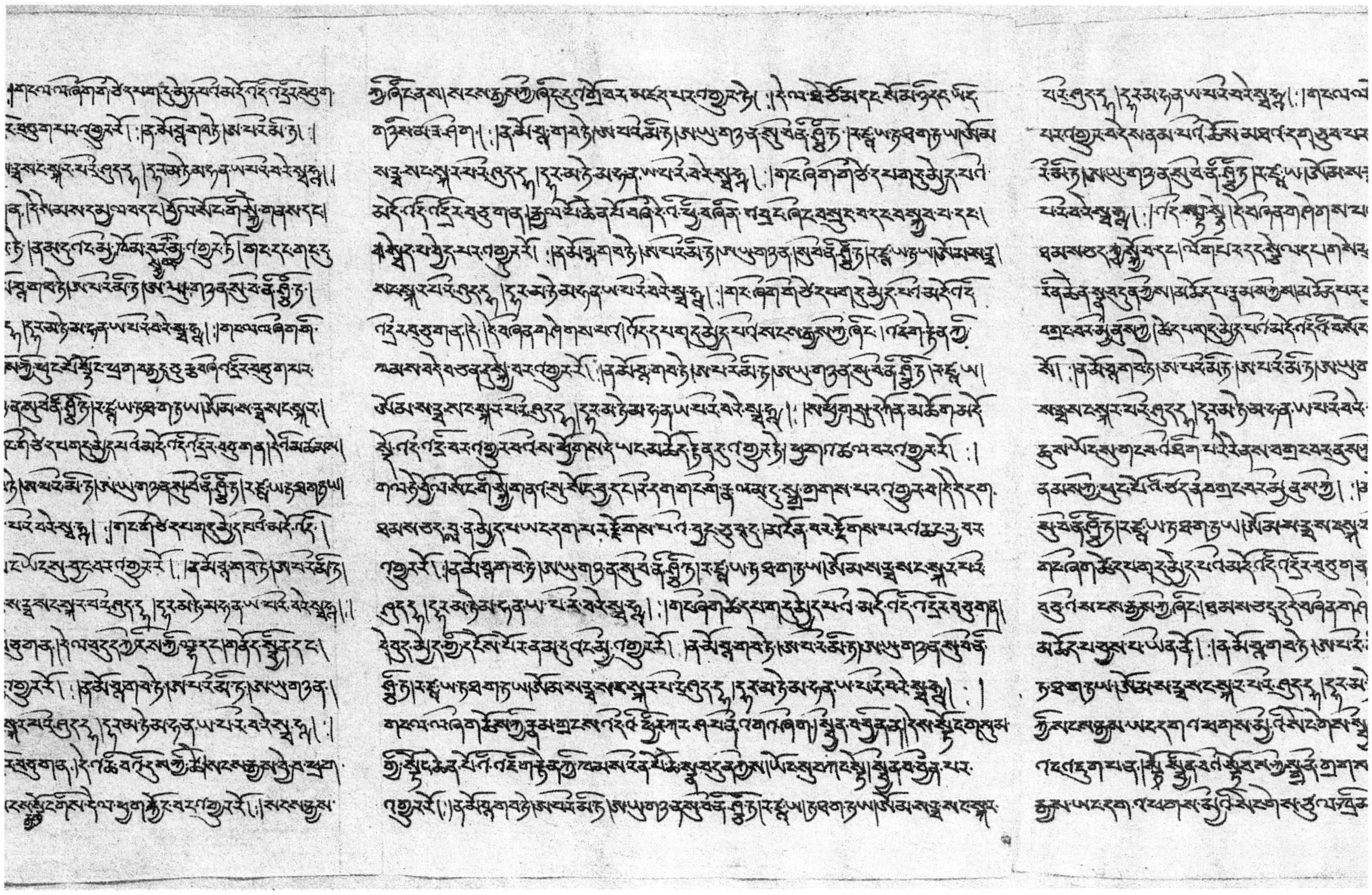

BD14388 號　藏文（無量壽宗要經乙本）　（6–4）

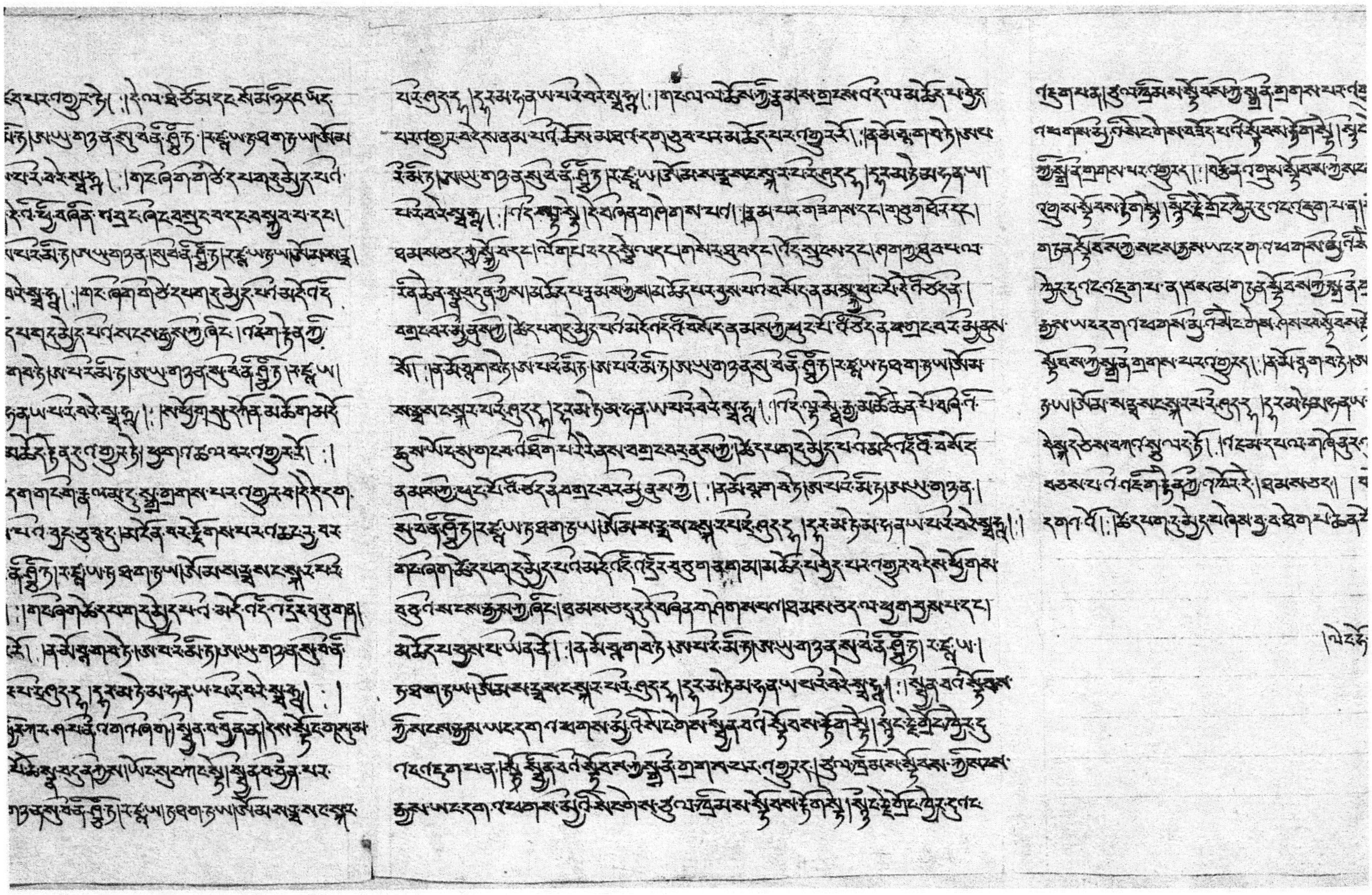

BD14388 號　藏文（無量壽宗要經乙本）　（6–5）

BD14388 號　藏文（無量壽宗要經乙本）　　　　　　　　　　　　　　　　（6-6）

BD14389 號　藏文（無量壽宗要經甲本）　　　　　　　　　　　　　　　　（6-1）

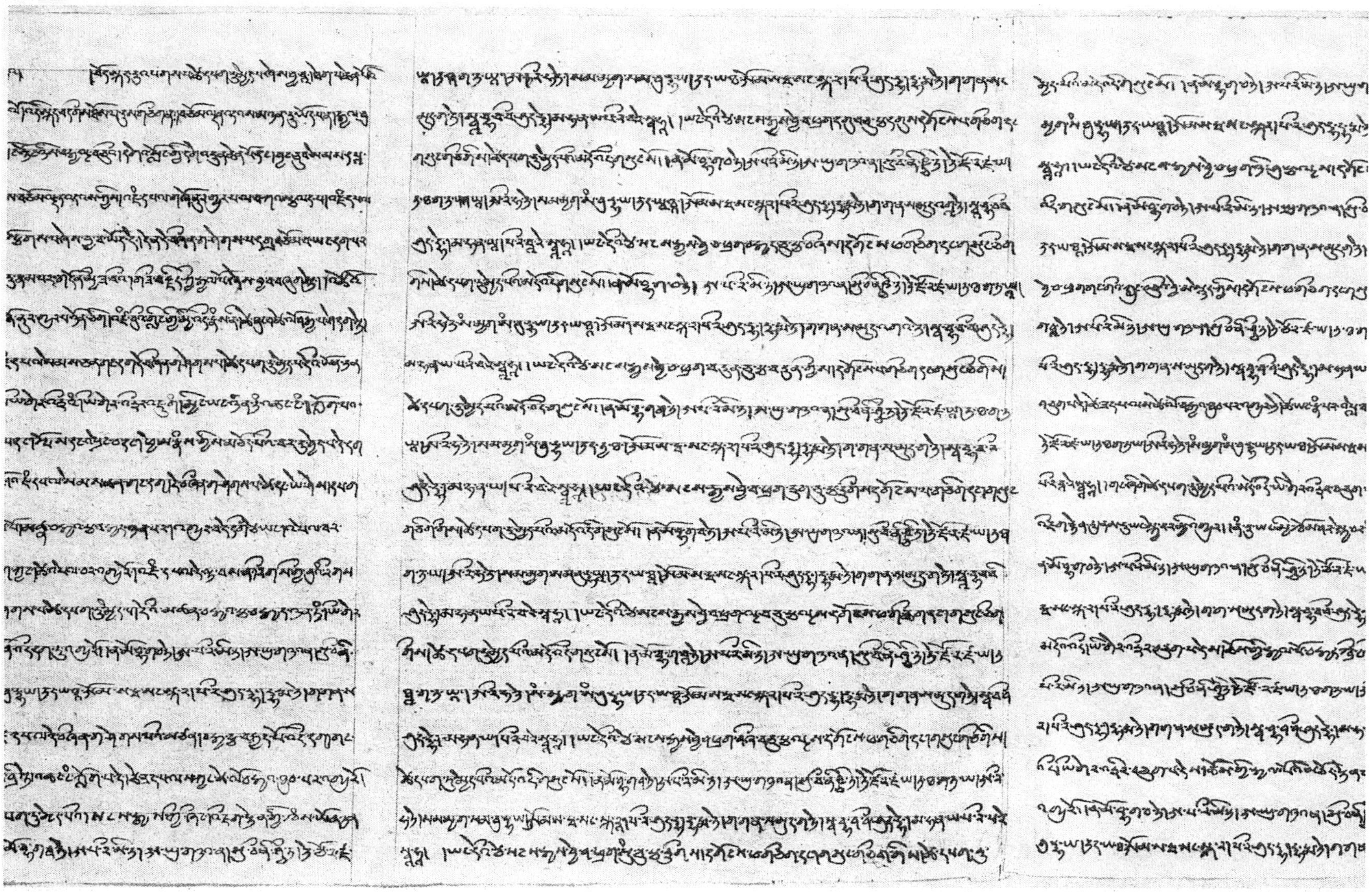

BD14389 號　藏文（無量壽宗要經甲本）　　（6–2）

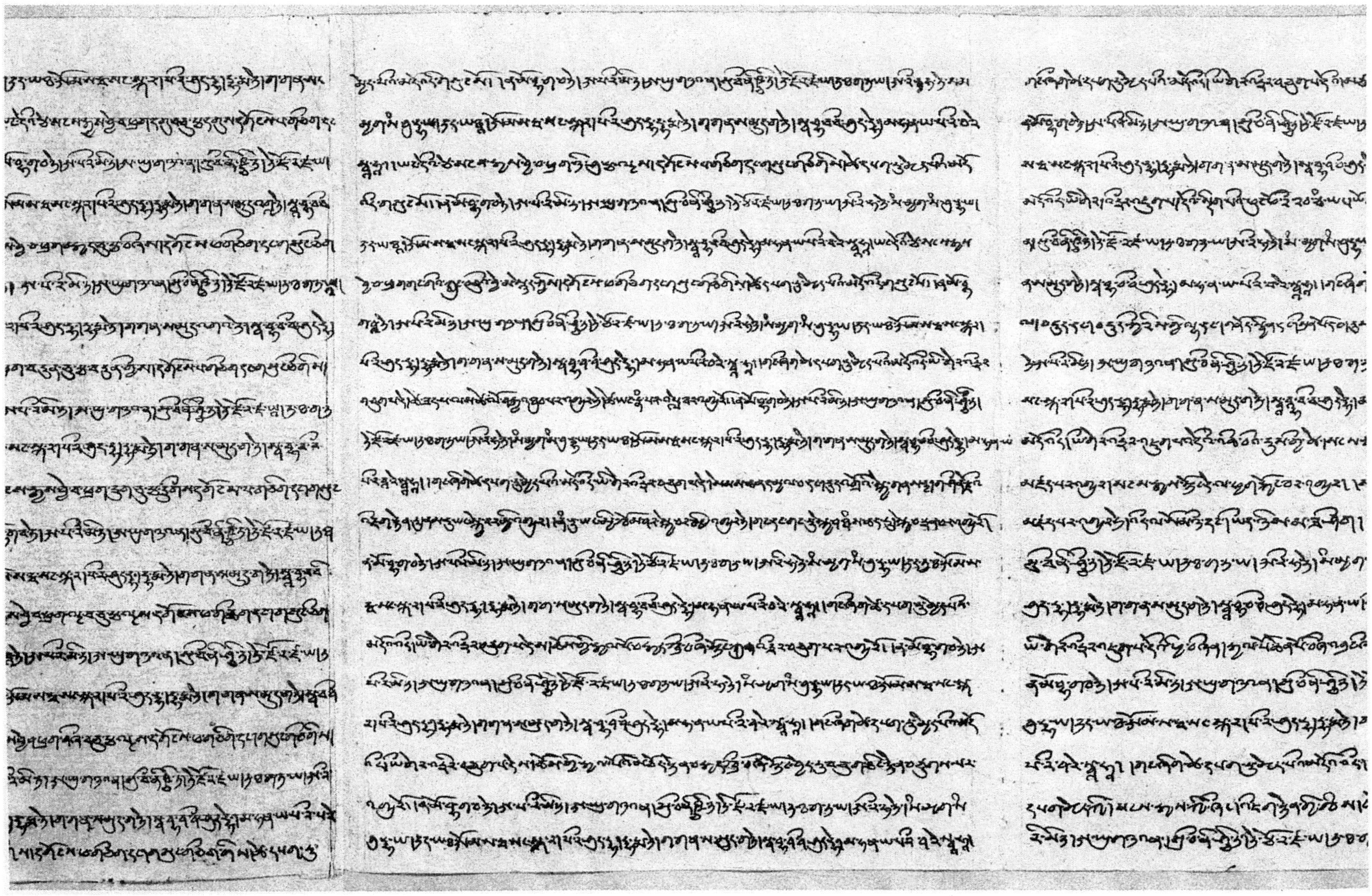

BD14389 號　藏文（無量壽宗要經甲本）　　（6–3）

BD14389 號　藏文（無量壽宗要經甲本）　　　　　　　　　　　　　　　（6-4）

BD14389 號　藏文（無量壽宗要經甲本）　　　　　　　　　　　　　　　（6-5）

BD14389 號　藏文（無量壽宗要經甲本）　　　　　　　　　　　　　　　　　（6-6）

BD14390 號　藏文（無量壽宗要經甲本）　　　　　　　　　　　　　　　　　（6-1）

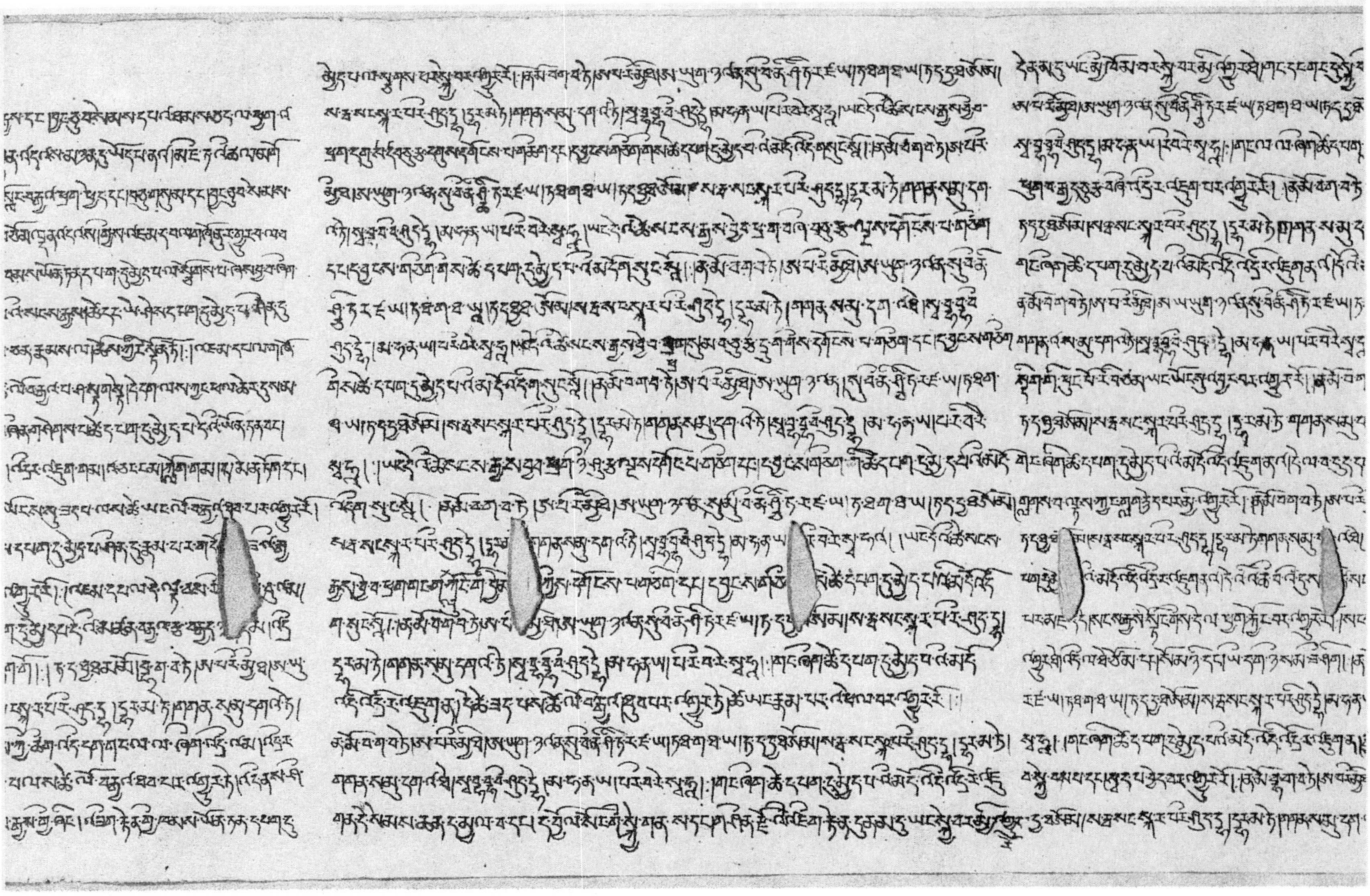

BD14390 號　藏文（無量壽宗要經甲本）　（6–2）

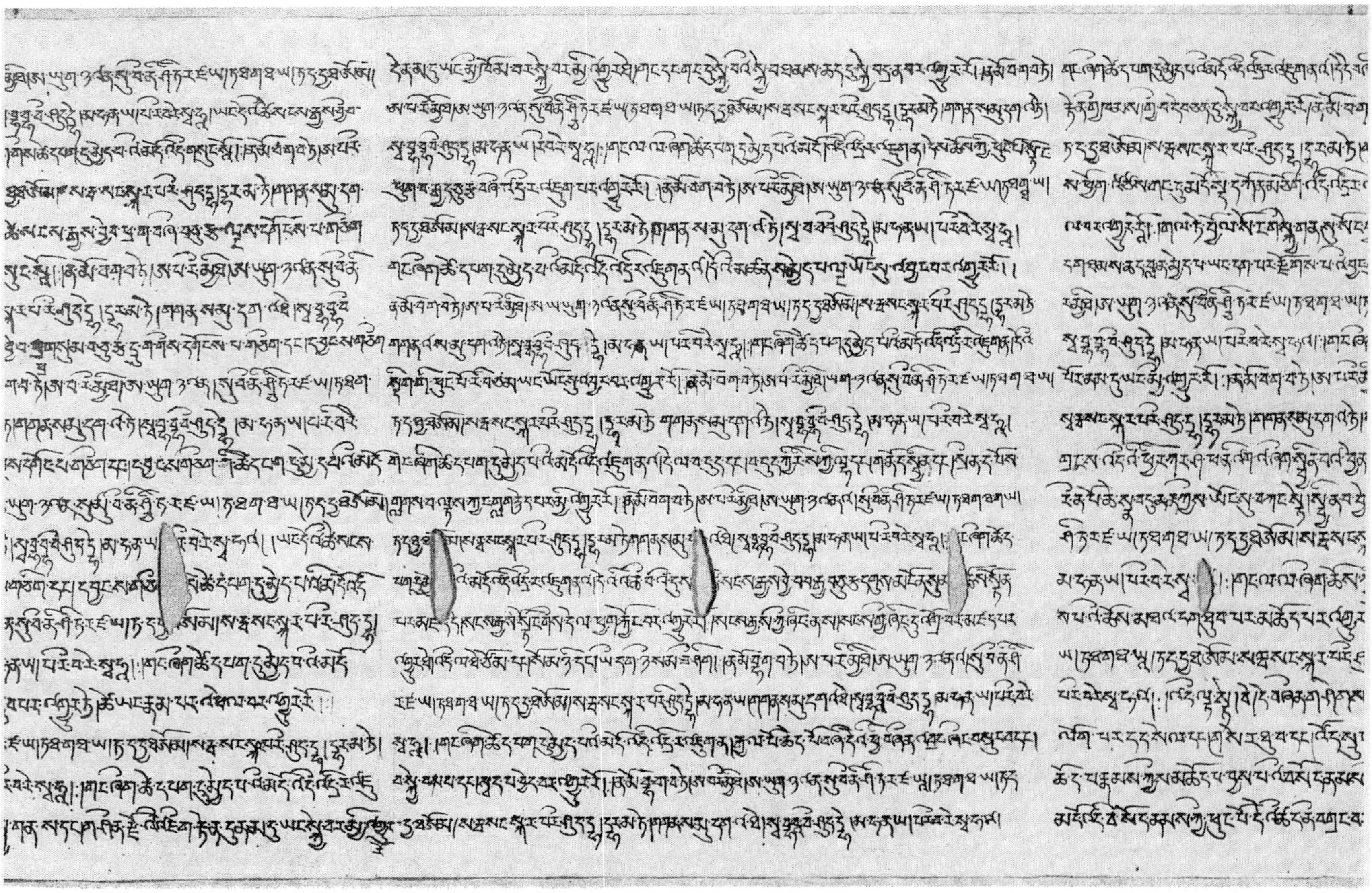

BD14390 號　藏文（無量壽宗要經甲本）　（6–3）

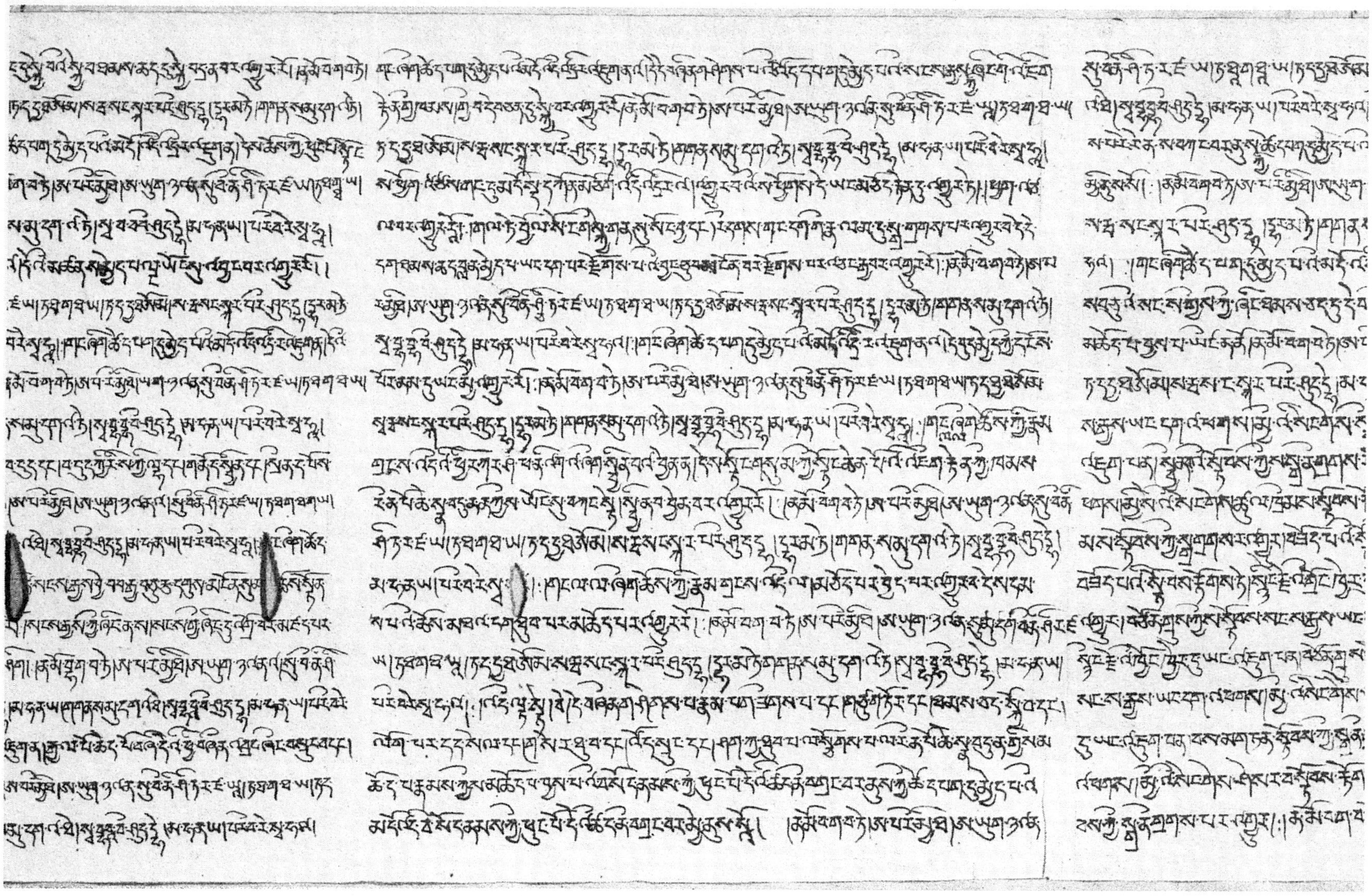

BD14390號　藏文（無量壽宗要經甲本）　（6–4）

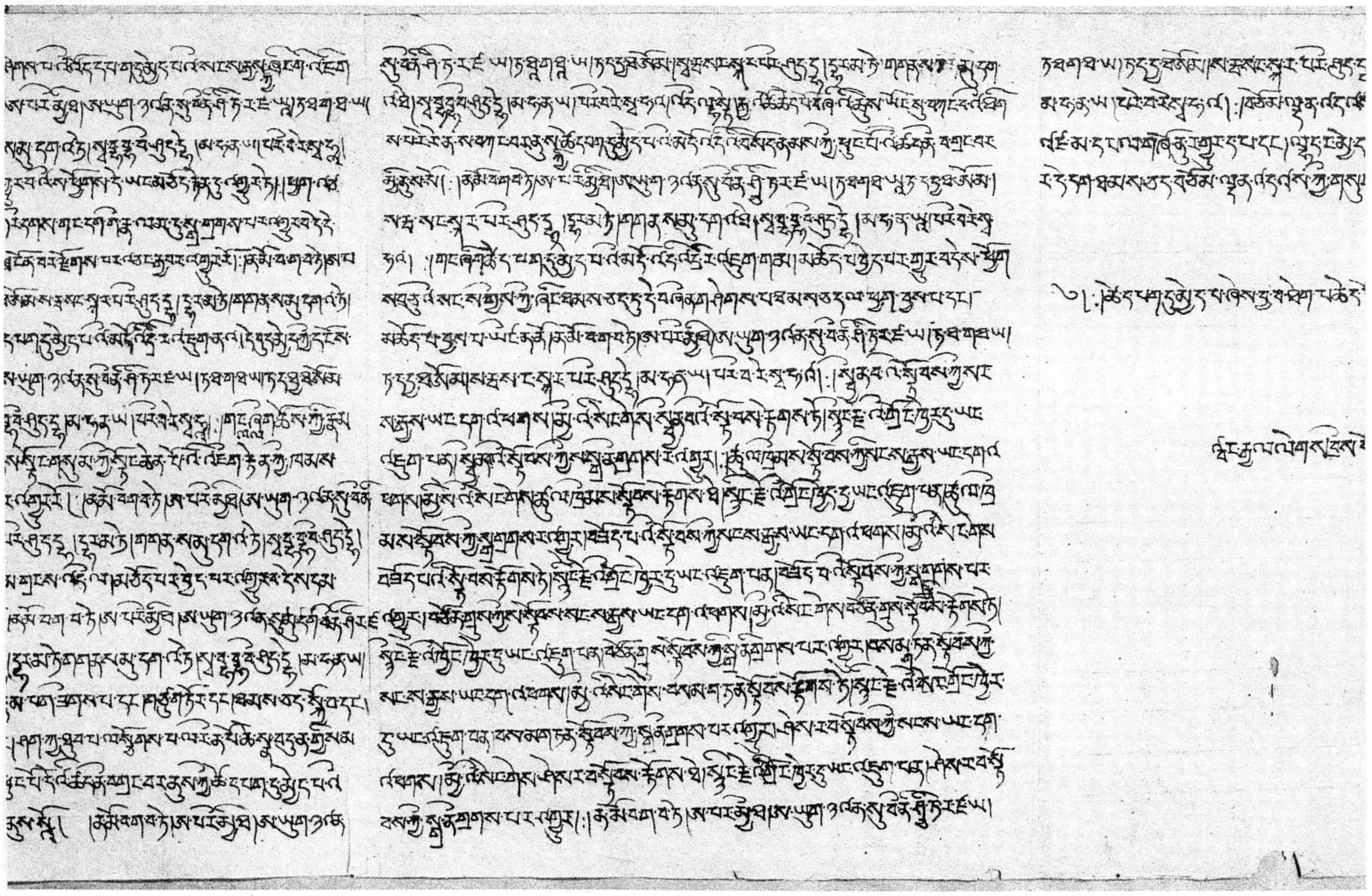

BD14390號　藏文（無量壽宗要經甲本）　（6–5）

BD14390 號　藏文（無量壽宗要經甲本）　　　　　　　　　　　　　　　　　　　（6-6）

BD14391 號 1　藏文（無量壽宗要經甲本）　　　　　　　　　　　　　　　　　　（30-1）

BD14391 號 1　藏文（無量壽宗要經甲本）　　　　　　　　　　　　　　　　　　　（30-2）

BD14391 號 1　藏文（無量壽宗要經甲本）　　　　　　　　　　　　　　　　　　　（30-3）

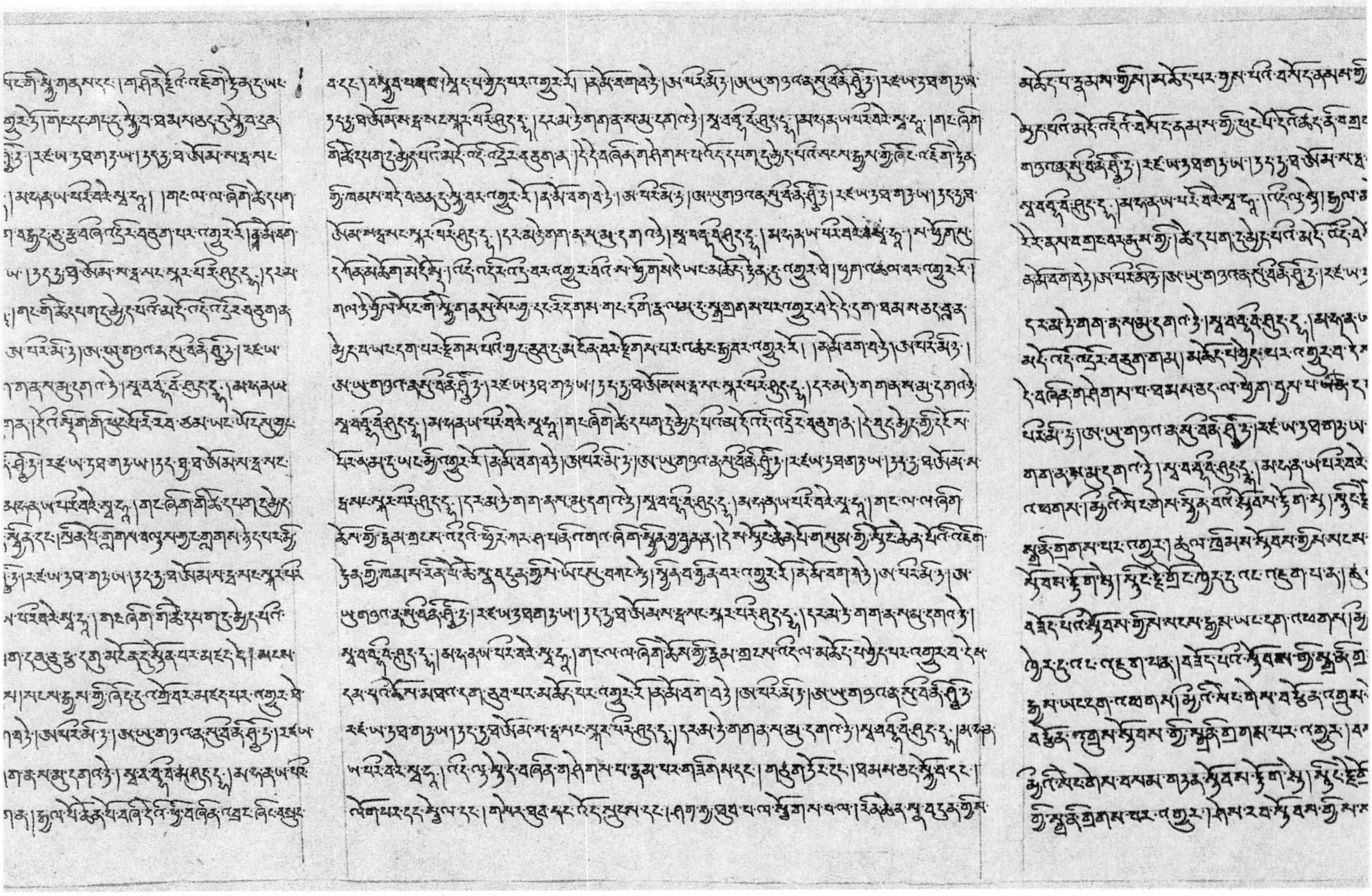

BD14391 號 1　藏文（無量壽宗要經甲本）　　　　（30–4）

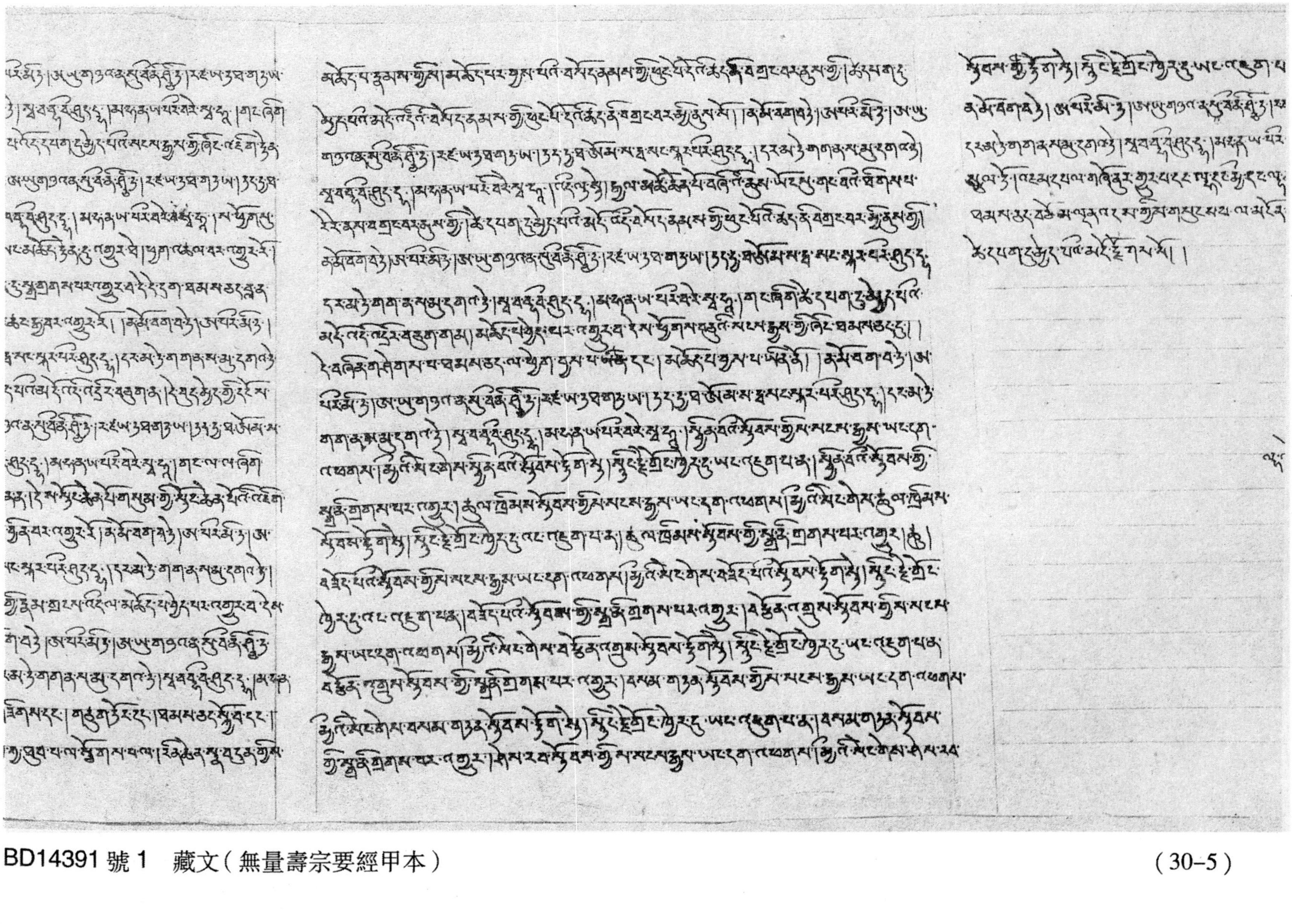

BD14391 號 1　藏文（無量壽宗要經甲本）　　　　（30–5）

དཔལ་ལྡན་བཞུགས་པའི་གནས་ཏེ་སངས་རྒྱས་ཀྱི། སངས་རྒྱས་ཀྱི་དུ་སྟེ་མཐའ་ཡས་སོ། །ཆོས་ཐམས་ཅད་ནི་ཡང་དག་པར་རྫོགས་པའི་སངས་རྒྱས་སོ། །ཡང་དག་པར་རྫོགས་པའི་སངས་རྒྱས་ནི་ཇི་སྐད་དུ། །ན་ནི་ལྔ། །ས་བཅུ། །

སངས་རྒྱས་ཀྱི་ཆོས་སུ་མ་ཟད་པ་དང་། །ཆོས་ཐམས་ཅད་ཡང་དག་པར་རྫོགས་པའི་སངས་རྒྱས་སོ། །ཡང་དག་པར་རྫོགས་པའི་སངས་རྒྱས་ནི་ཇི་སྐད་དུ།

སངས་རྒྱས་ཀྱི་ཆོས་ཐམས་ཅད་དང་། །

ཆེ་བའི་རྫོགས།

སངས་རྒྱས་ཀྱི་ཆོས་ཐམས་ཅད་དང་།

BD14391 號 1   藏文（無量壽宗要經甲本）　　　　　　　　　　　　　（30–6）

ལ་བཏུད་ནས་ཕྱག་འཚལ་ལོ། །སངས་རྒྱས་ཀྱི་ཆོས་ཐམས་ཅད།

ཆེ་བའི་རྫོགས།

BD14391 號 2   藏文（無量壽宗要經甲本）　　　　　　　　　　　　　（30–7）

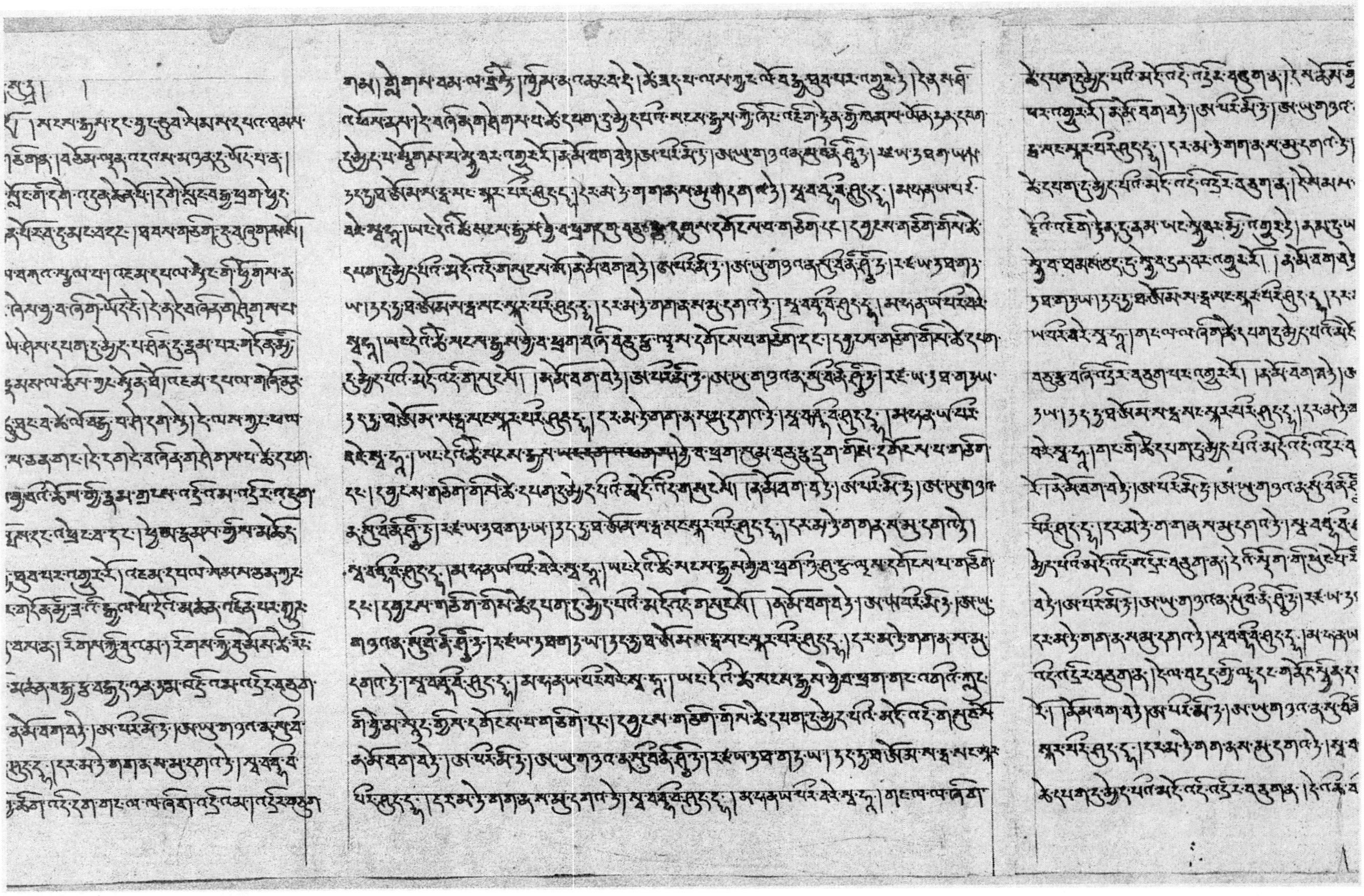

BD14391 號 2　藏文（無量壽宗要經甲本）　（30–8）

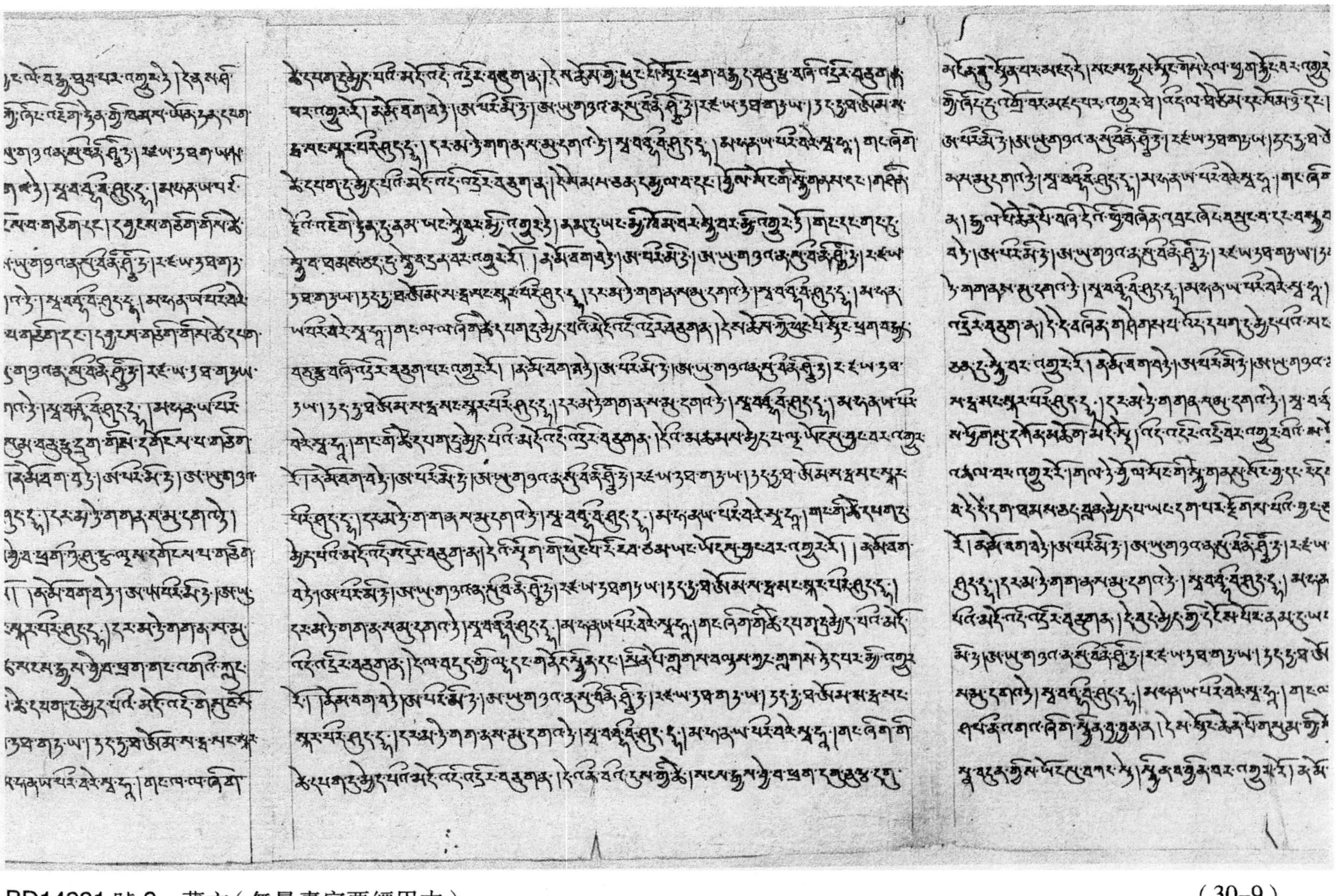

BD14391 號 2　藏文（無量壽宗要經甲本）　（30–9）

BD14391 號 2　藏文（無量壽宗要經甲本）　　　　　　　　　　　　　　　　　　　（30-10）

BD14391 號 2　藏文（無量壽宗要經甲本）　　　　　　　　　　　　　　　　　　　（30-11）

BD14391 號 2　藏文（無量壽宗要經甲本）　　　　　　　　　　　　　　（30–12）

BD14391 號 3　藏文（無量壽宗要經甲本）　　　　　　　　　　　　　　（30–13）

BD14391 號 3　藏文（無量壽宗要經甲本）　　　　　　　　　　　　　　　　（30–14）

BD14391 號 3　藏文（無量壽宗要經甲本）　　　　　　　　　　　　　　　　（30–15）

BD14391 號 3　藏文（無量壽宗要經甲本）　　　　　　　　　　（30–16）

BD14391 號 3　藏文（無量壽宗要經甲本）　　　　　　　　　　（30–17）

BD14391 號 3　藏文（無量壽宗要經甲本）　（30-18）

BD14391 號 4　藏文（無量壽宗要經甲本）　（30-19）

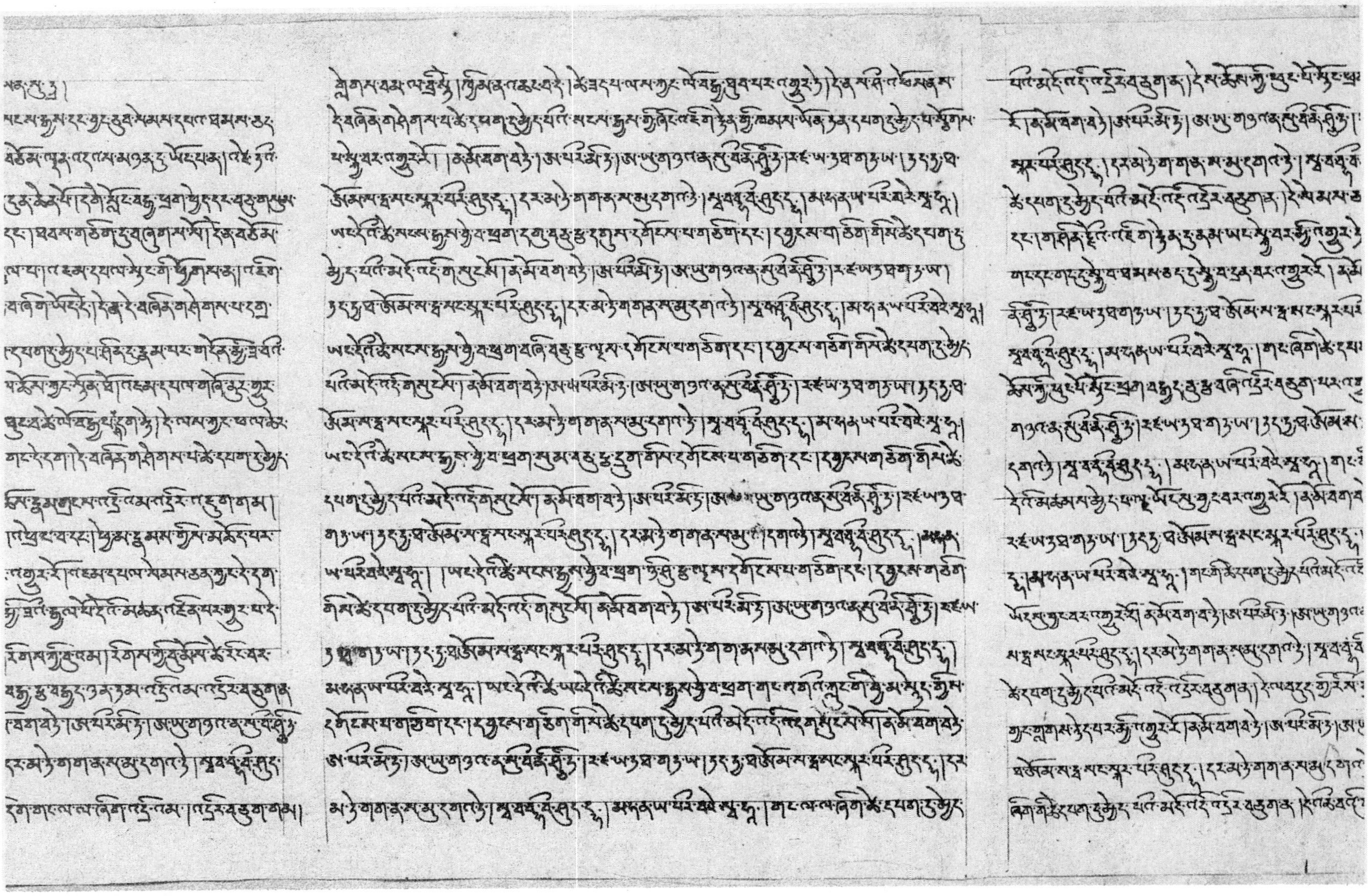

BD14391 號 4　藏文（無量壽宗要經甲本）　（30–20）

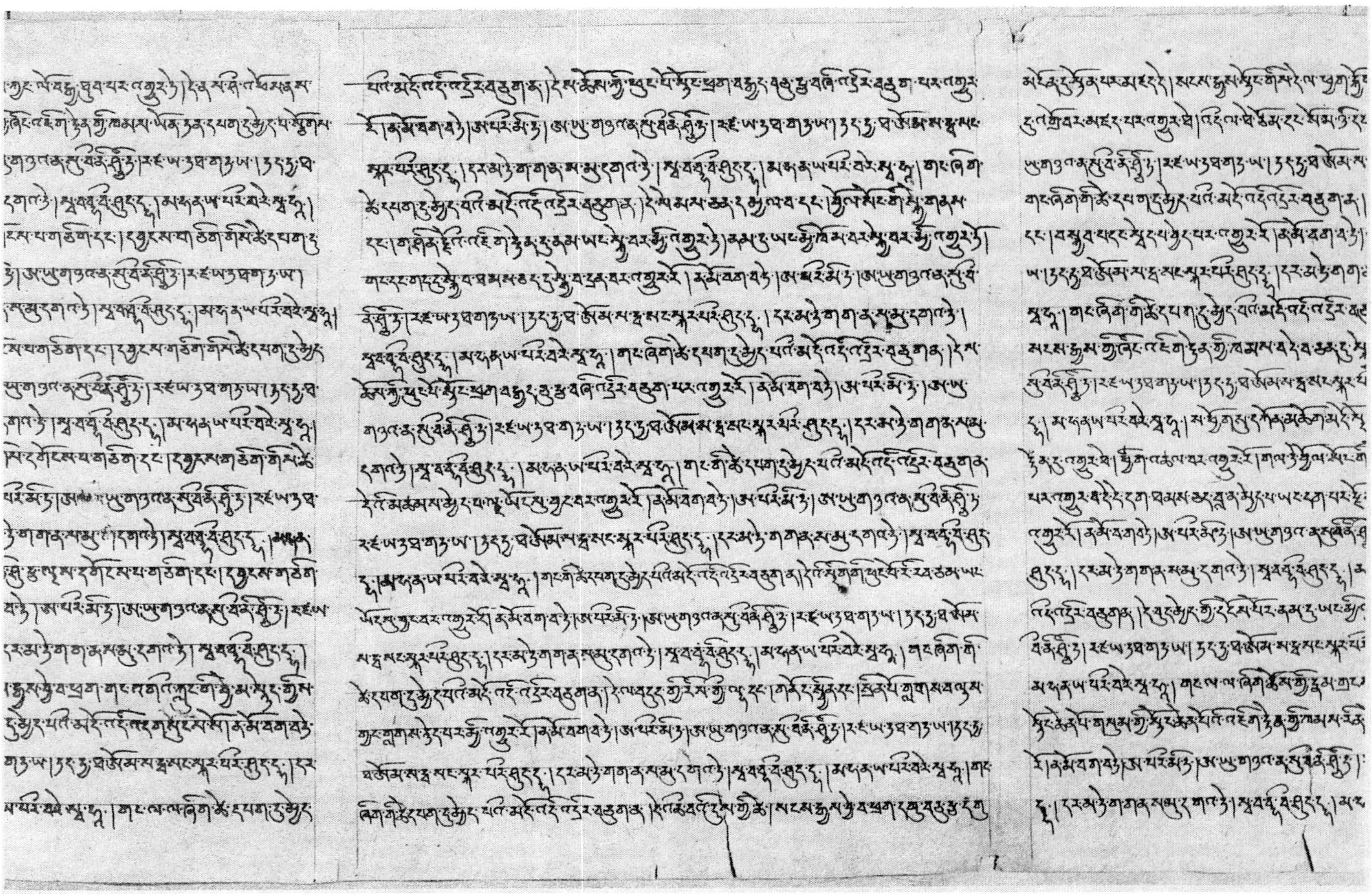

BD14391 號 4　藏文（無量壽宗要經甲本）　（30–21）

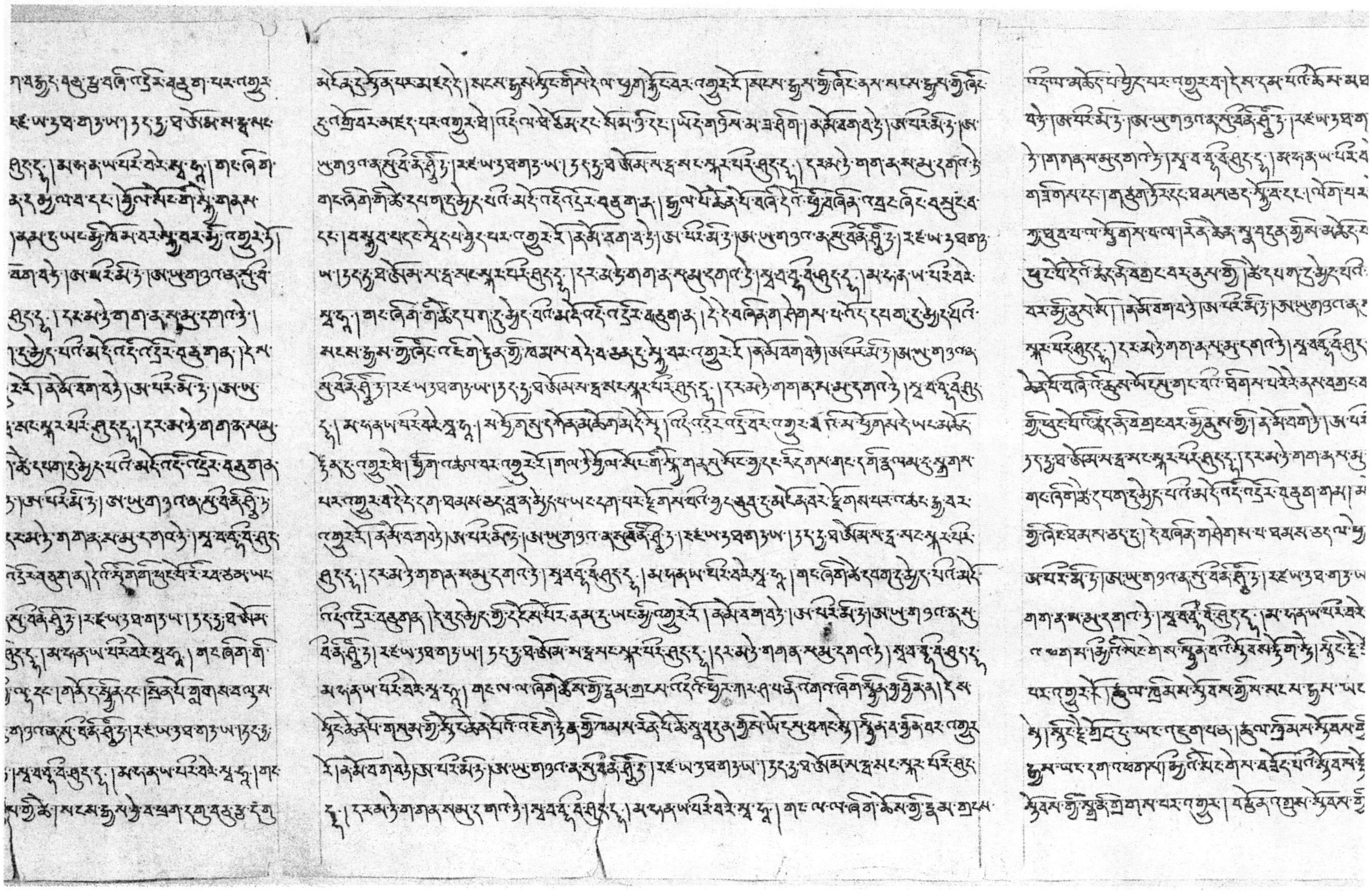

BD14391 號 4　藏文（無量壽宗要經甲本）　（30–22）

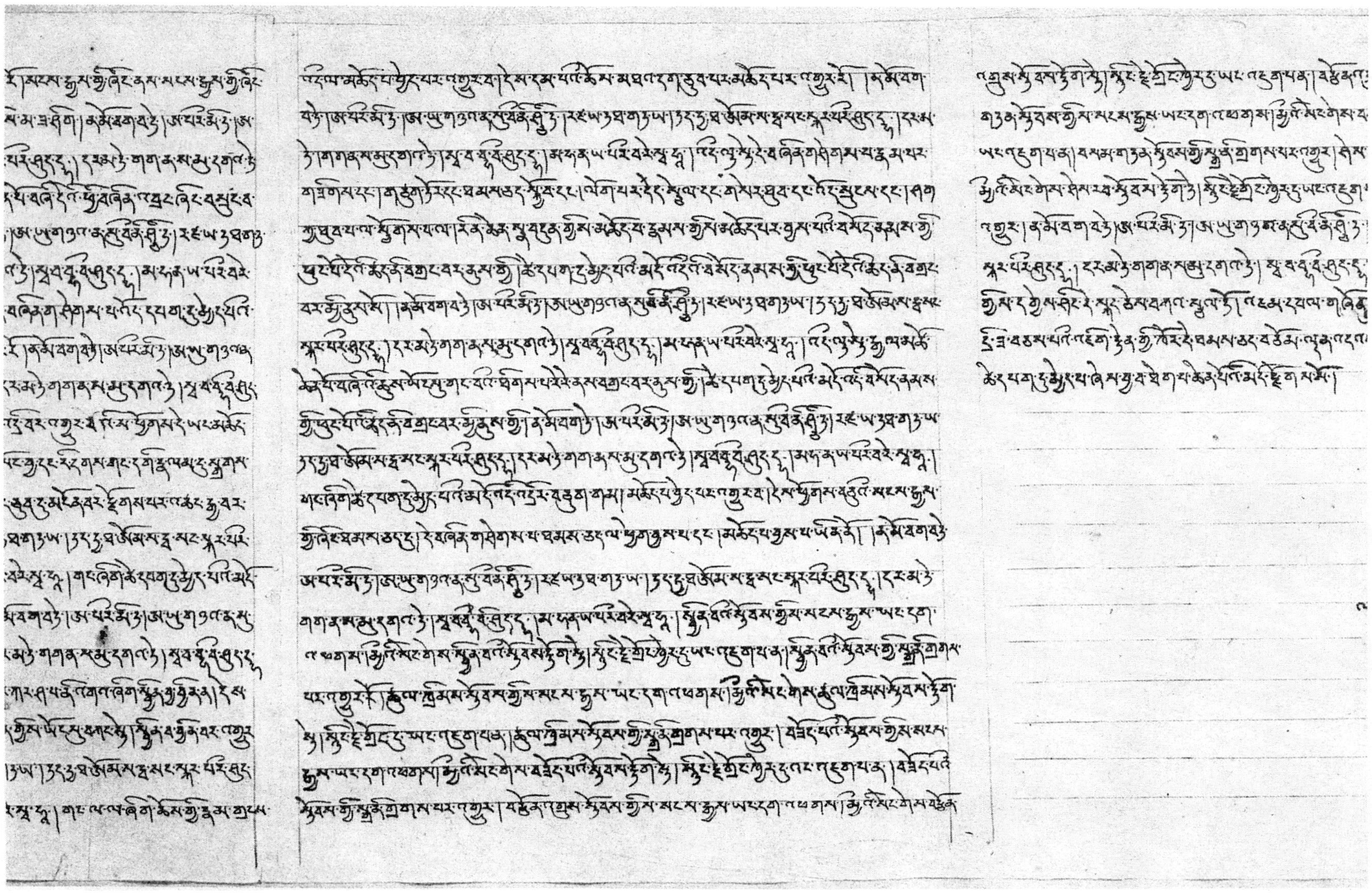

BD14391 號 4　藏文（無量壽宗要經甲本）　（30–23）

BD14391 號 4　藏文（無量壽宗要經甲本）　　　　　　　　（30–24）

BD14391 號 5　藏文（無量壽宗要經甲本）　　　　　　　　（30–25）

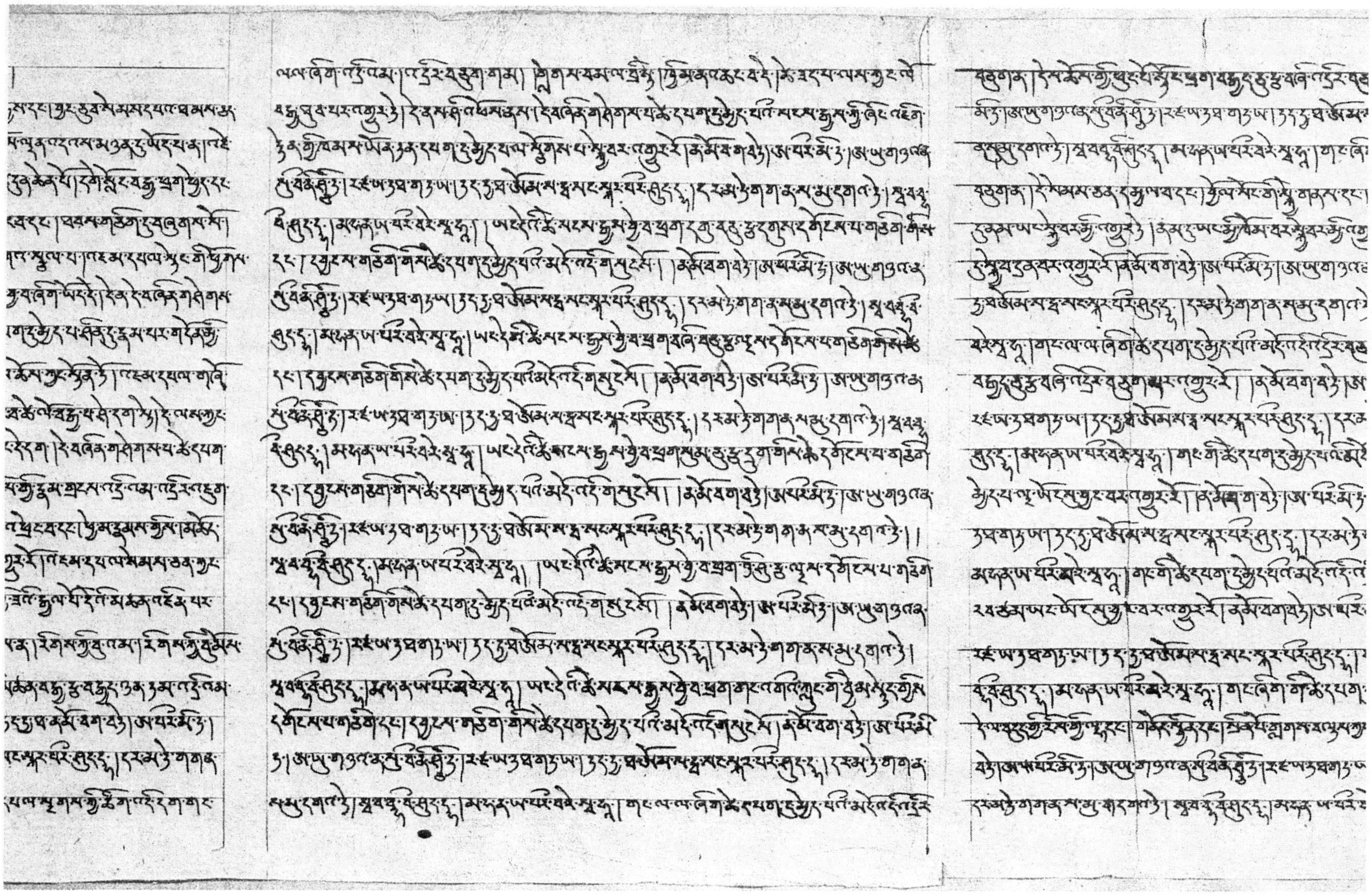

BD14391 號 5　藏文（無量壽宗要經甲本）　（30–26）

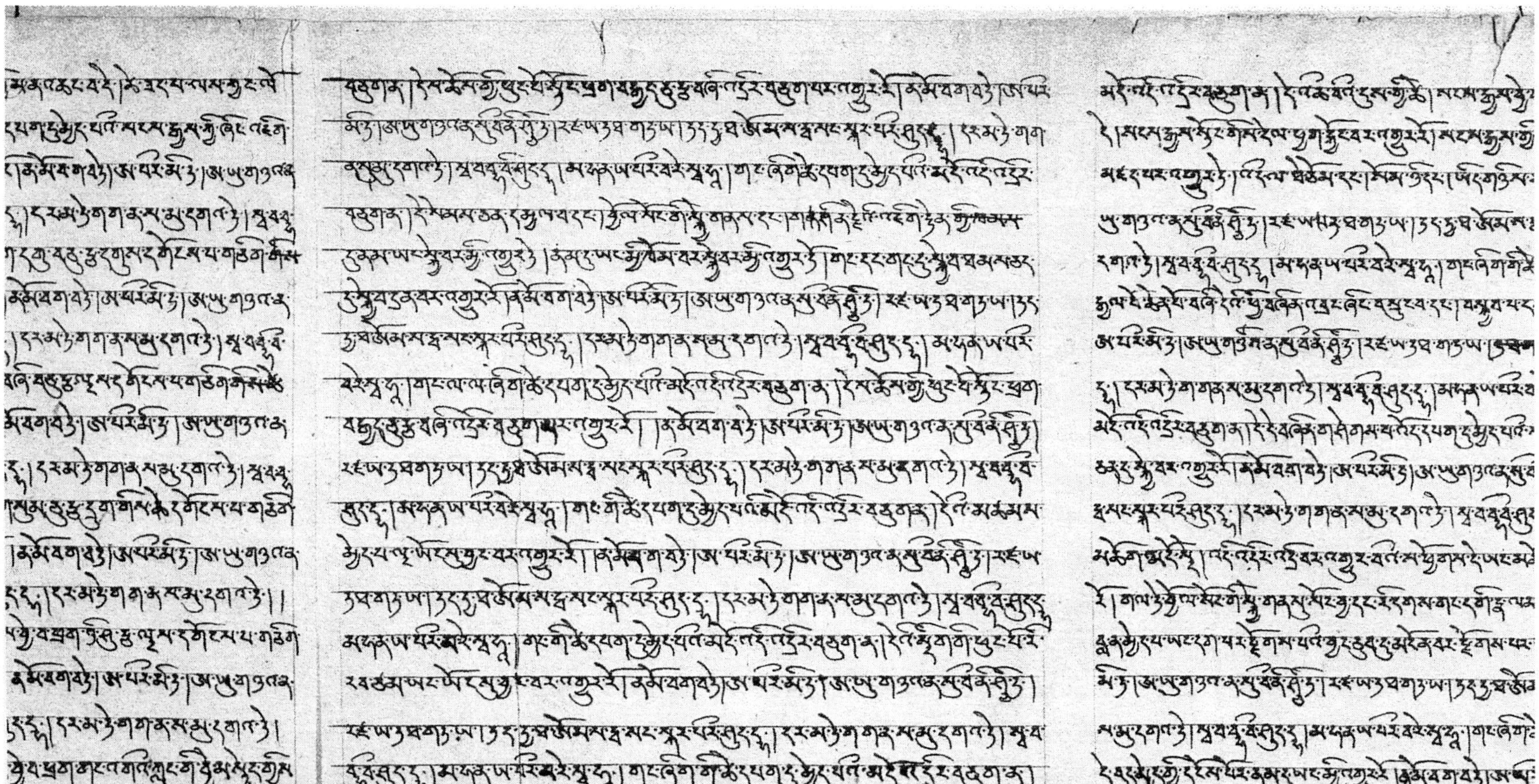

BD14391 號 5　藏文（無量壽宗要經甲本）　（30–27）

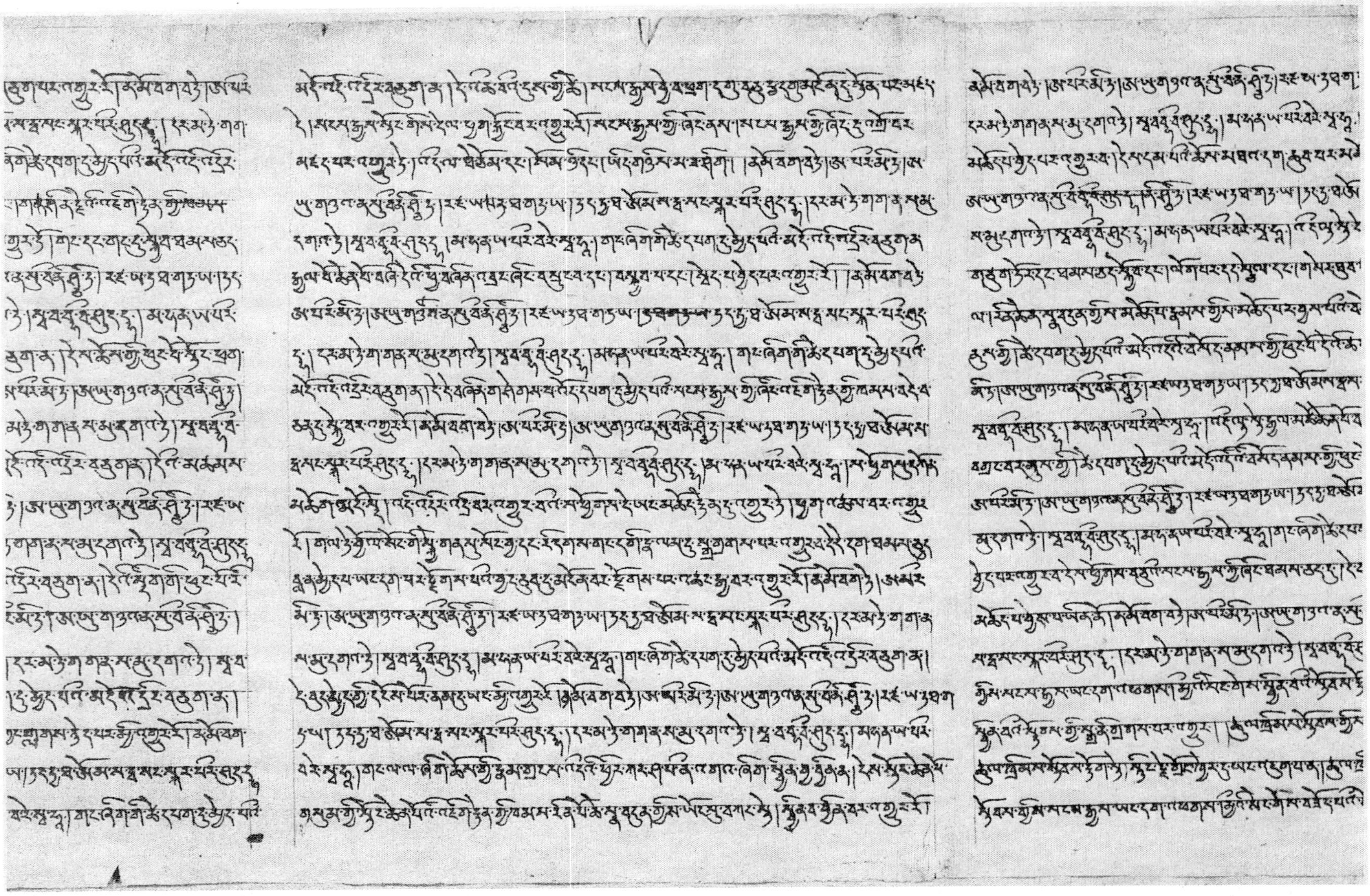

BD14391 號 5　藏文（無量壽宗要經甲本）　（30–28）

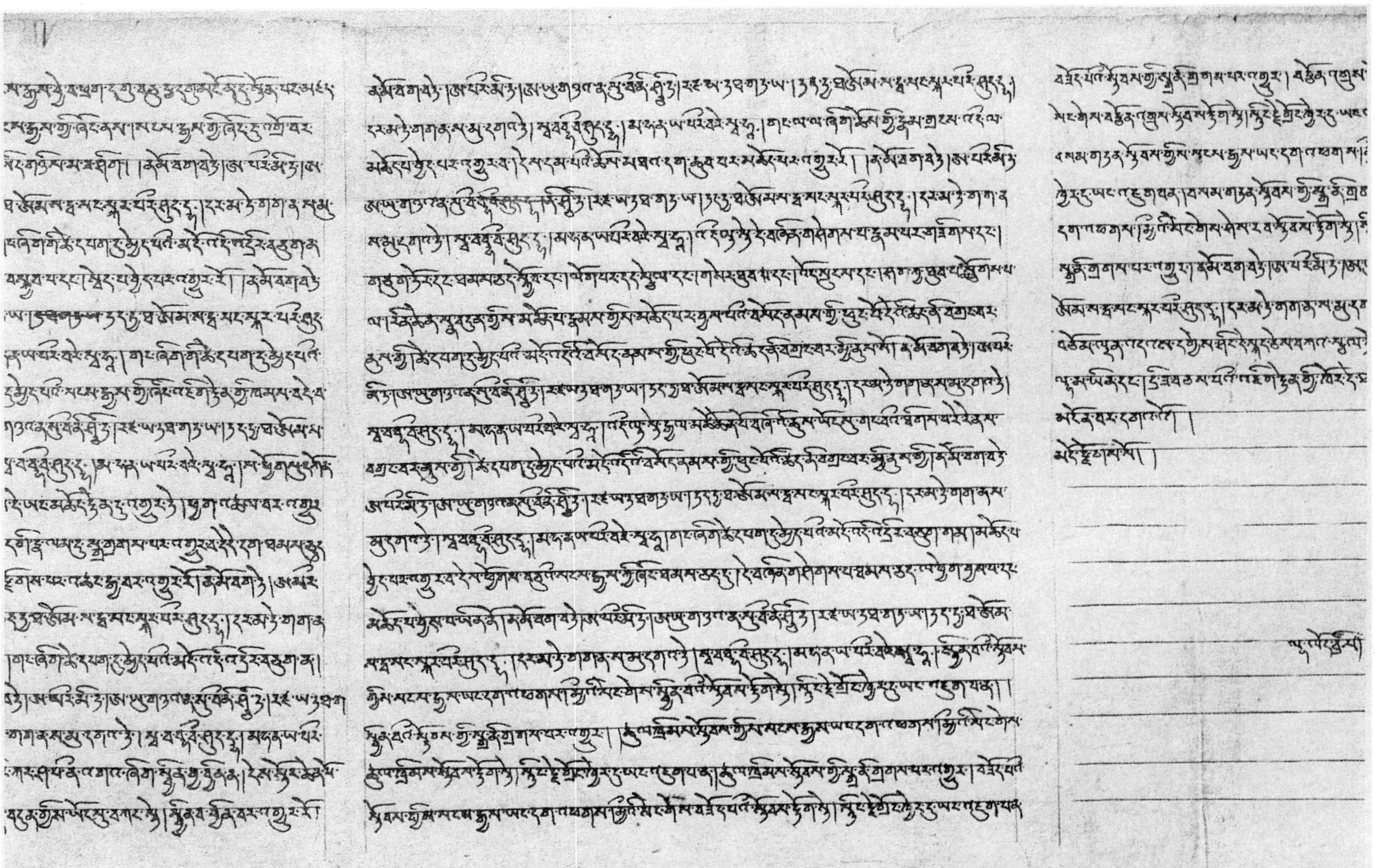

BD14391 號 5　藏文（無量壽宗要經甲本）　（30–29）

BD14391 號 5　藏文（無量壽宗要經甲本）　　　　　　　　　　　　　　（30–30）

BD14392 號　藏文（無量壽宗要經甲本）　　　　　　　　　　　　　　（6–1）

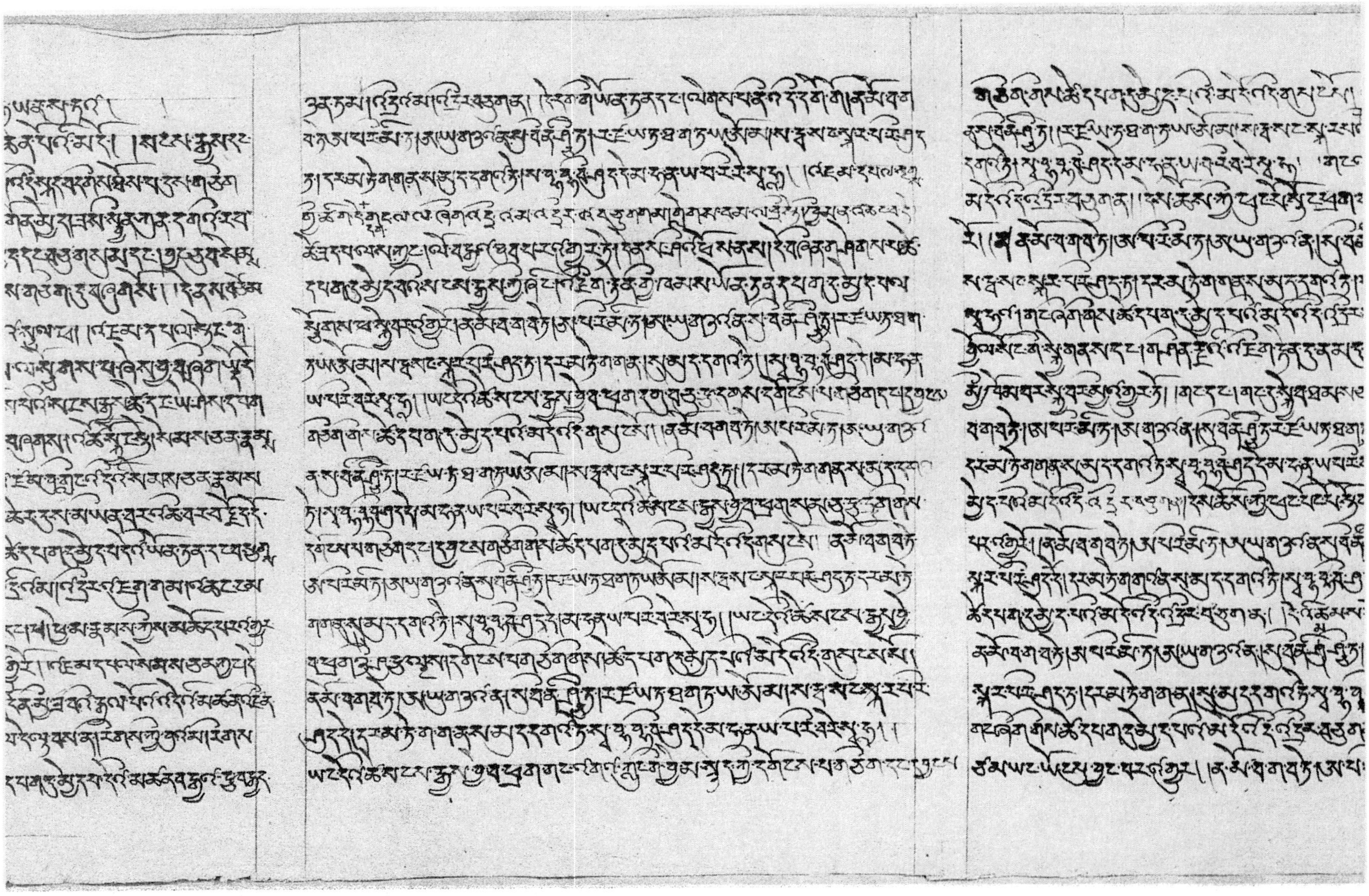

BD14392 號　藏文（無量壽宗要經甲本）　（6–2）

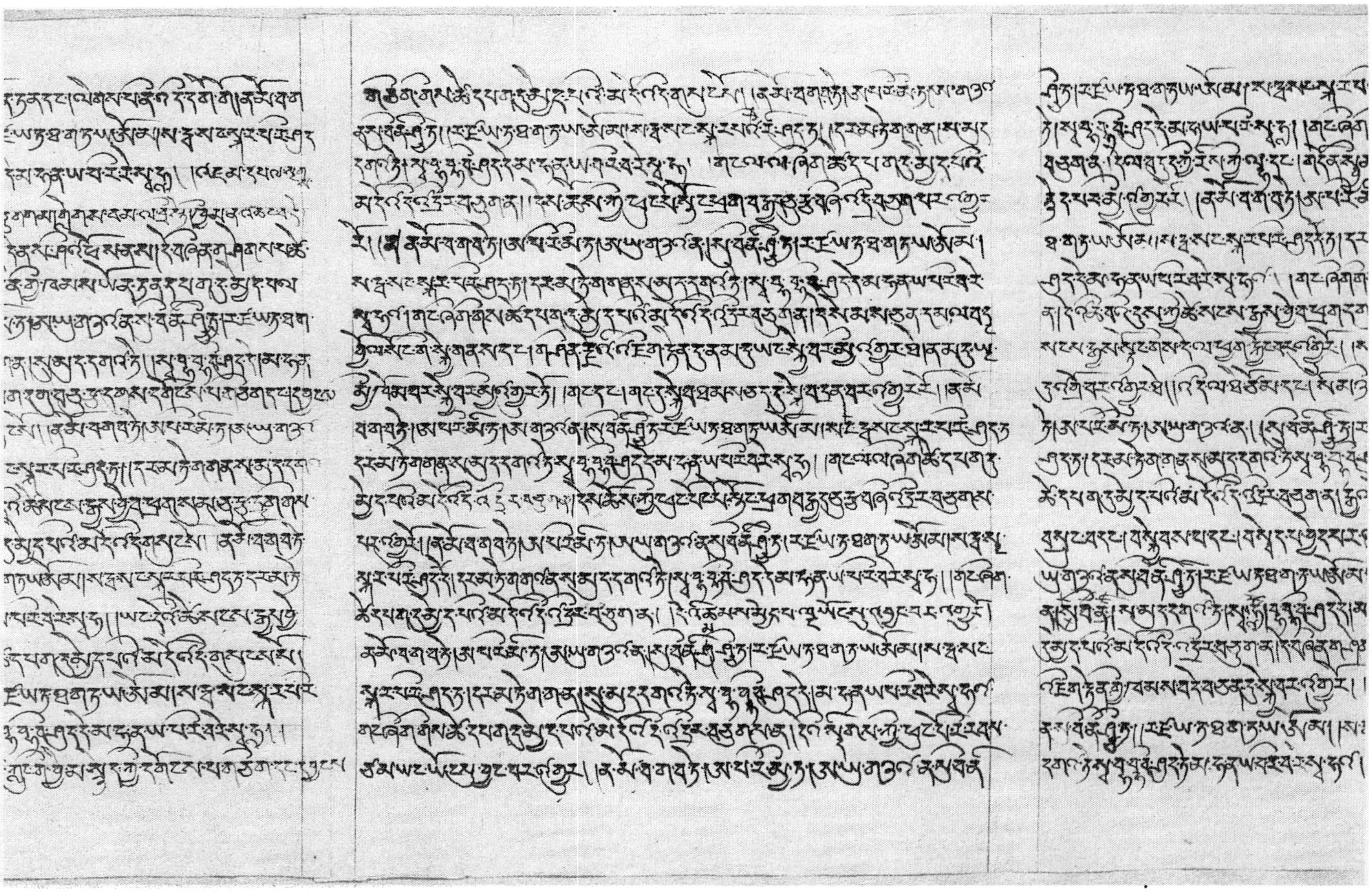

BD14392 號　藏文（無量壽宗要經甲本）　（6–3）

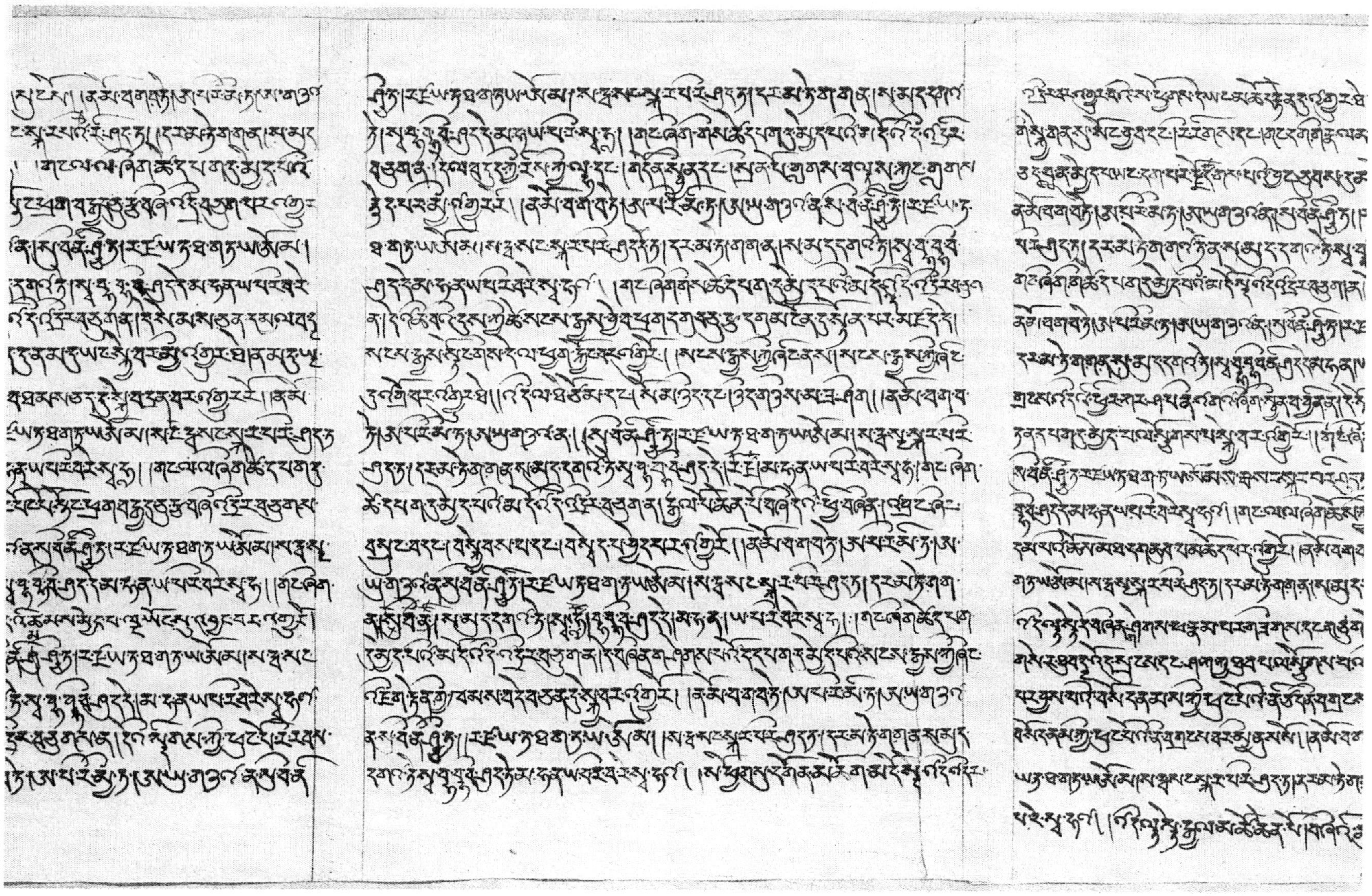

BD14392 號　藏文（無量壽宗要經甲本）　（6–4）

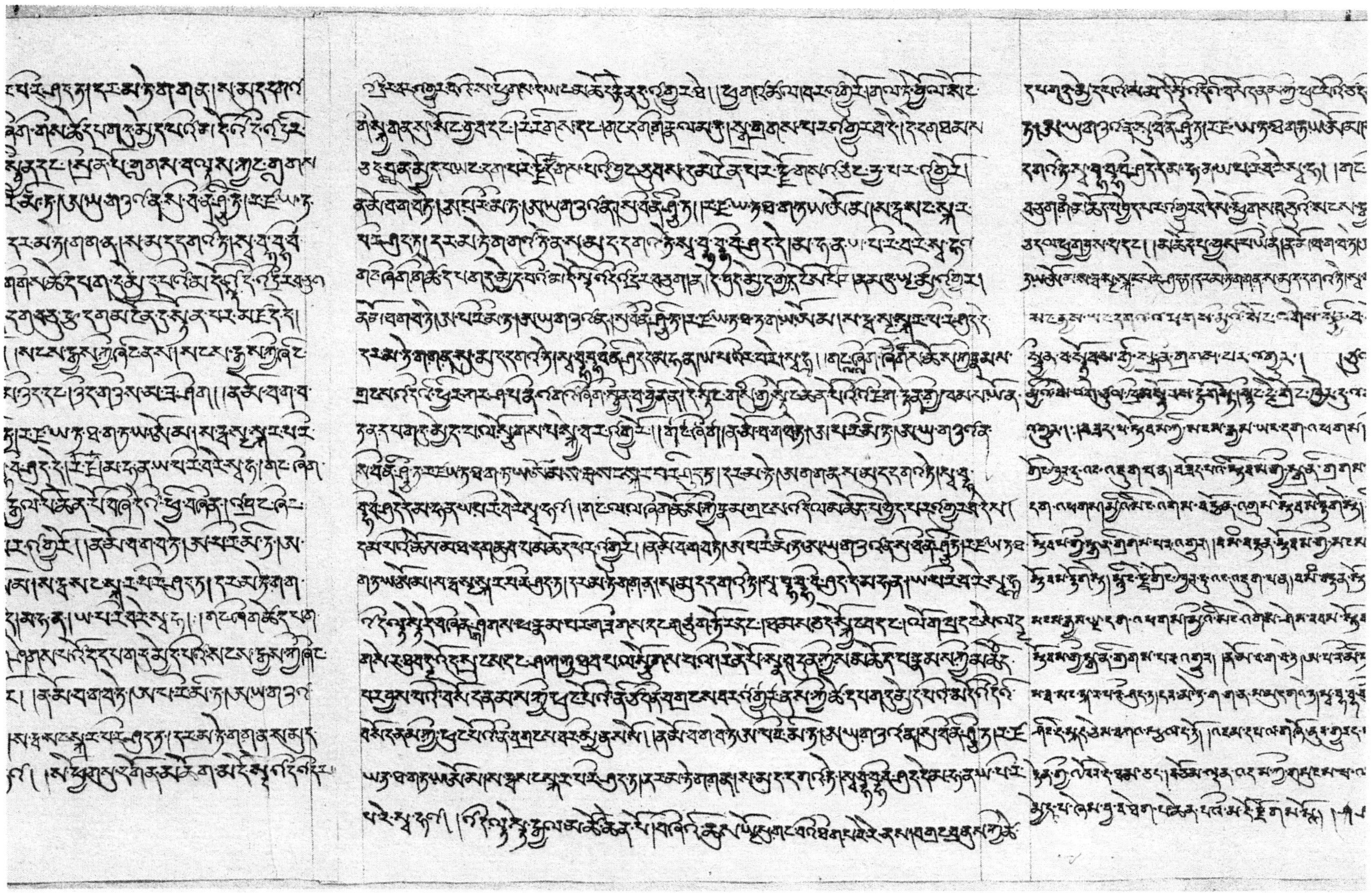

BD14392 號　藏文（無量壽宗要經甲本）　（6–5）

BD14392 號　藏文（無量壽宗要經甲本）　　　　　　　　　　　　　　（6-6）

BD14392 號背　雜寫　　　　　　　　　　　　　　　　　　　　　　（1-1）

BD14393 號　藏文（無量壽宗要經乙本）　　　　　　　　　　　　　　　　　　　　　　　（6-1）

BD14393 號　藏文（無量壽宗要經乙本）　　　　　　　　　　　　　　　　　　　　　　　（6-2）

BD14393 號　藏文（無量壽宗要經乙本）　　　　　　　　　　（6-3）

BD14393 號　藏文（無量壽宗要經乙本）　　　　　　　　　　（6-4）

BD14393 號　藏文（無量壽宗要經乙本）　　　　　　　　　　　　　　　（6-5）

BD14393 號　藏文（無量壽宗要經乙本）　　　　　　　　　　　　　　　（6-6）

BD14394 號　藏文（無量壽宗要經甲本）　　　　　　　　　　　　　　（6-1）

BD14394 號　藏文（無量壽宗要經甲本）　　　　　　　　　　　　　　（6-2）

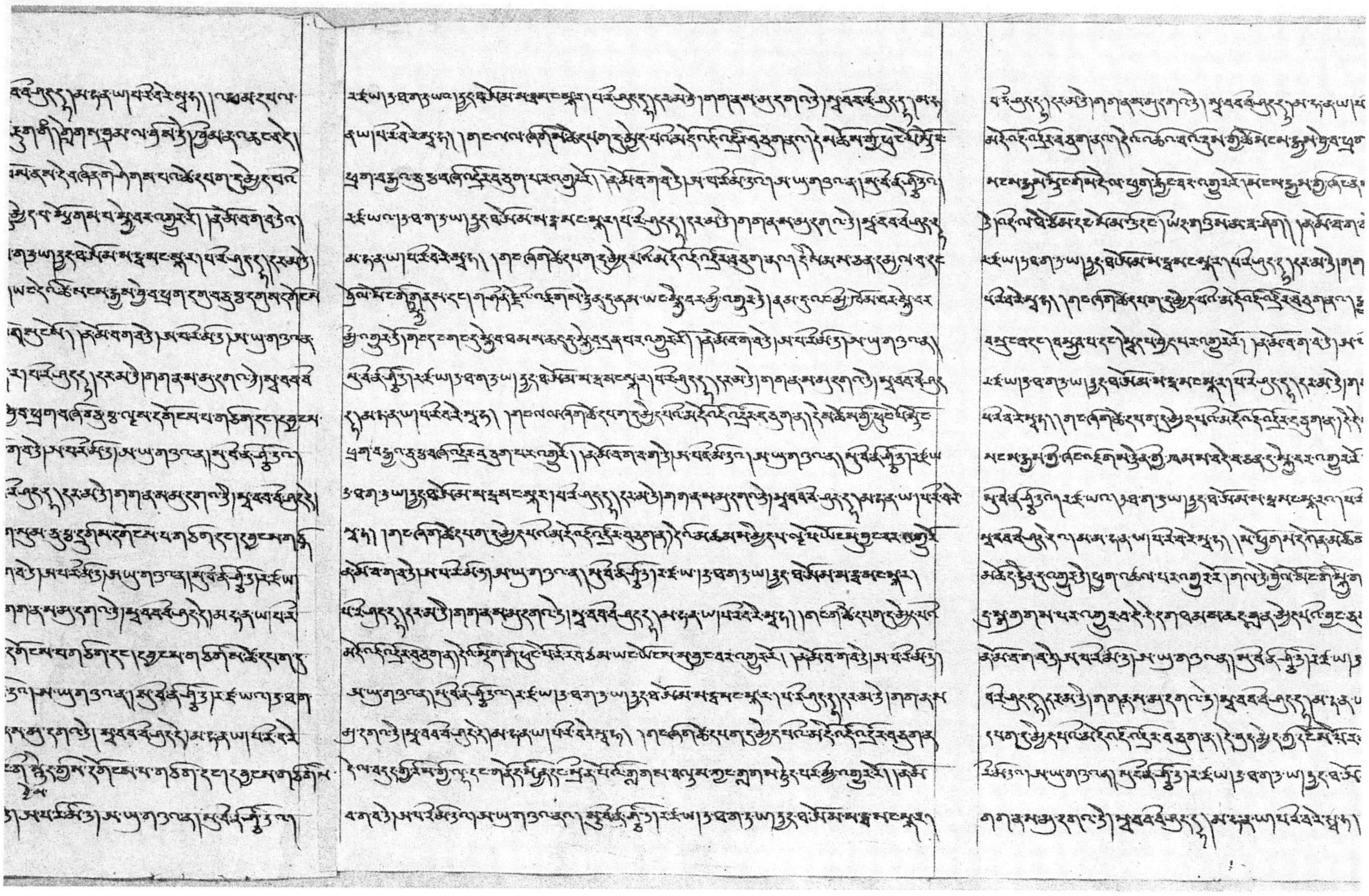

BD14394 號　藏文（無量壽宗要經甲本）　　（6–3）

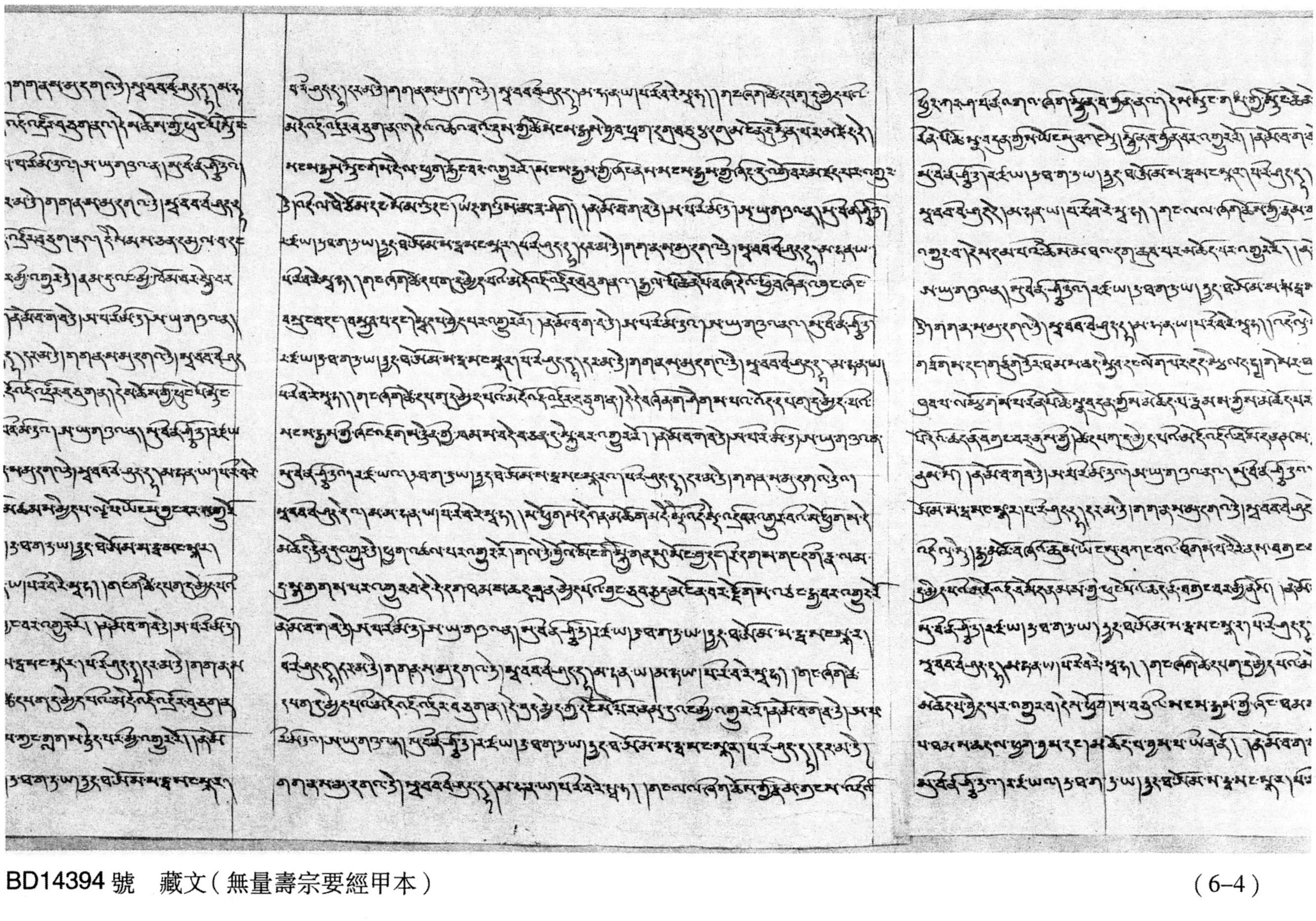

BD14394 號　藏文（無量壽宗要經甲本）　　（6–4）

BD14394 號　藏文（無量壽宗要經甲本）　　　　　　　　（6-5）

BD14394 號　藏文（無量壽宗要經甲本）　　　　　　　　（6-6）

BD14395 號　藏文（無量壽宗要經甲本）　　　　　　　　　　　　　　　(6-1)

BD14395 號　藏文（無量壽宗要經甲本）　　　　　　　　　　　　　　　(6-2)

BD14395 號　藏文（無量壽宗要經甲本）　　　　　　　　　　　　　（6–3）

BD14395 號　藏文（無量壽宗要經甲本）　　　　　　　　　　　　　（6–4）

BD14395 號　藏文（無量壽宗要經甲本）　　　　　　　　　　　　　　（6-5）

BD14395 號　藏文（無量壽宗要經甲本）　　　　　　　　　　　　　　（6-6）

BD14396 號　藏文（無量壽宗要經甲本）

(6-1)

BD14396 號　藏文（無量壽宗要經甲本）

(6-2)

BD14396 號　藏文（無量壽宗要經甲本）　　　　　　　　　　　　　　　　（6-3）

BD14396 號　藏文（無量壽宗要經甲本）　　　　　　　　　　　　　　　　（6-4）

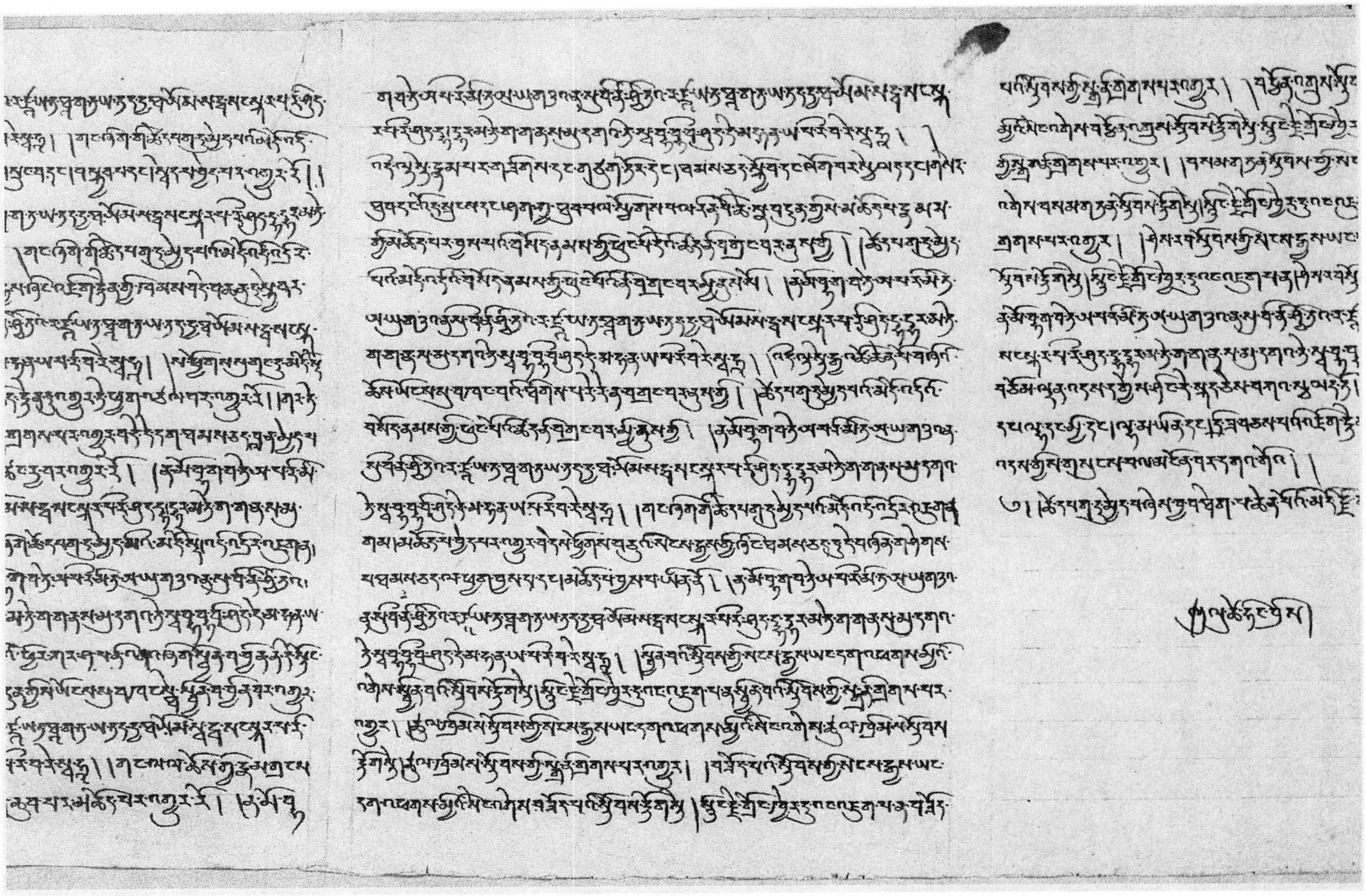

BD14396 號　藏文（無量壽宗要經甲本）　　（6–5）

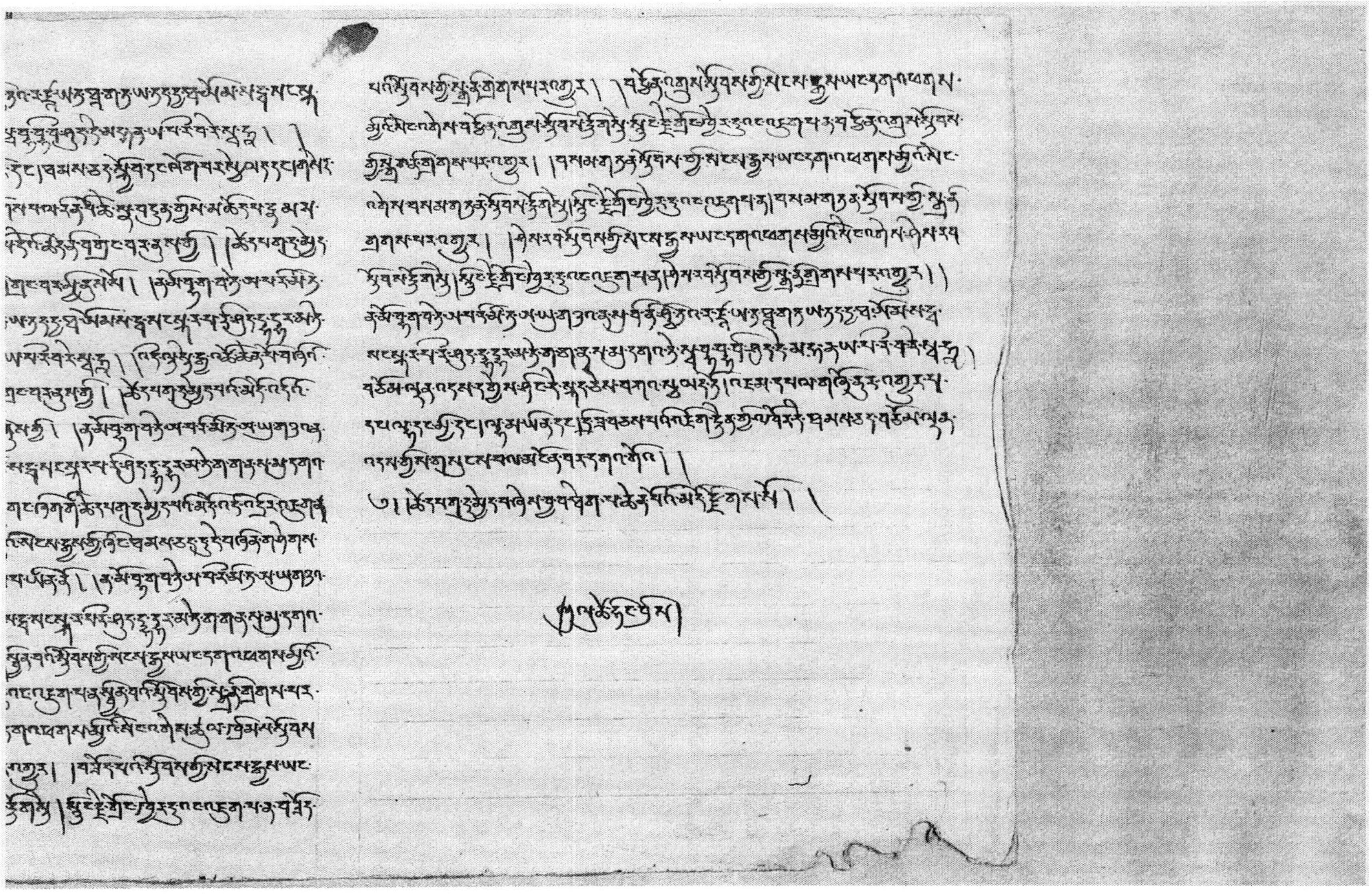

BD14396 號　藏文（無量壽宗要經甲本）　　（6–6）

BD14396 號背　雜墨、紙箋　　　　　　　　　　　　　　　　　　　　　　　　（2-1）

BD14396 號背　雜墨　　　　　　　　　　　　　　　　　　　　　　　　　　（2-2）

BD14397 號 1　藏文（無量壽宗要經甲本）　　　　　　　　　　　　　　　（48-1）

BD14397 號 1　藏文（無量壽宗要經甲本）　　　　　　　　　　　　　　　（48-2）

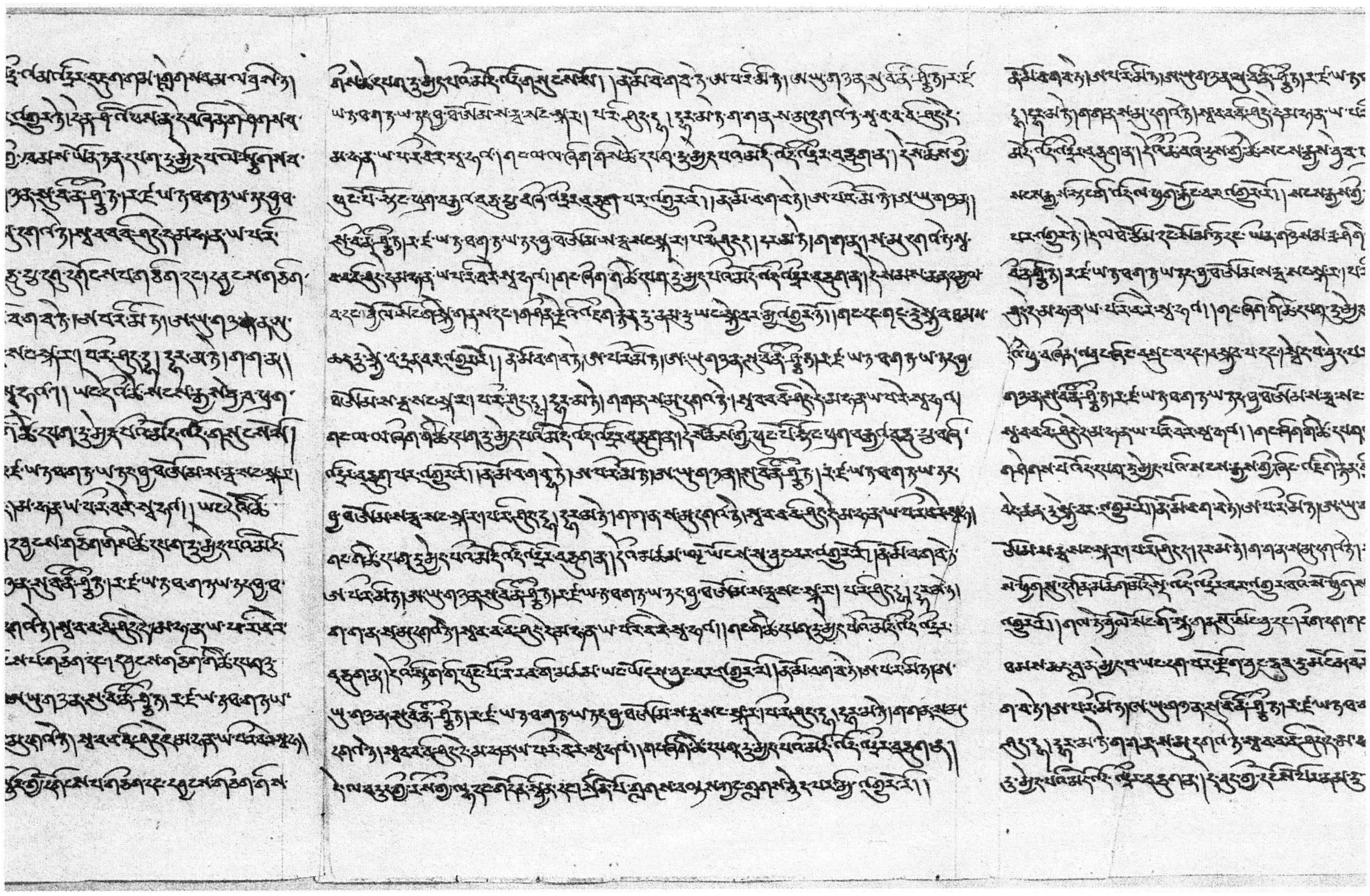

BD14397 號 1　藏文（無量壽宗要經甲本）　（48-3）

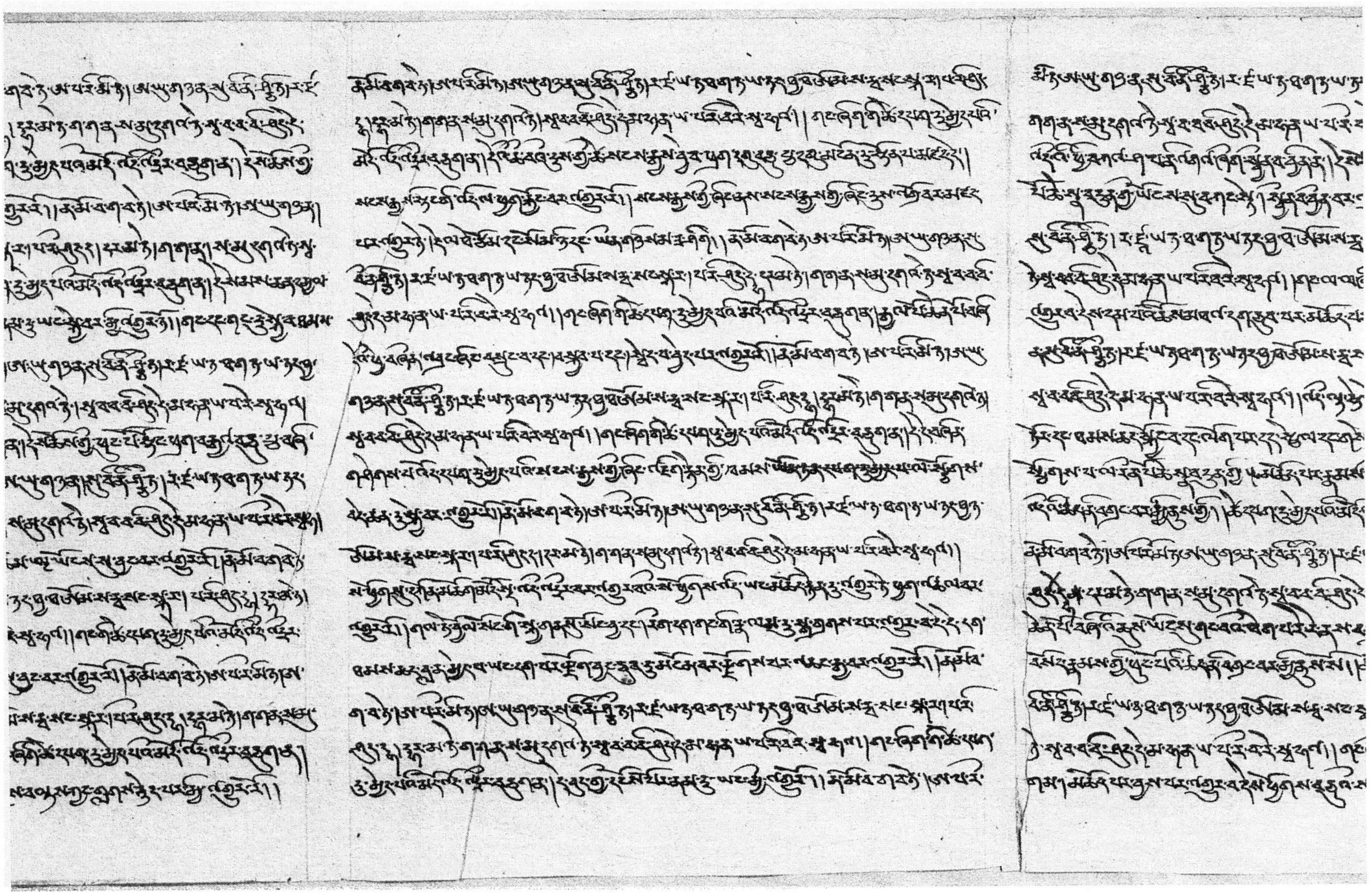

BD14397 號 1　藏文（無量壽宗要經甲本）　（48-4）

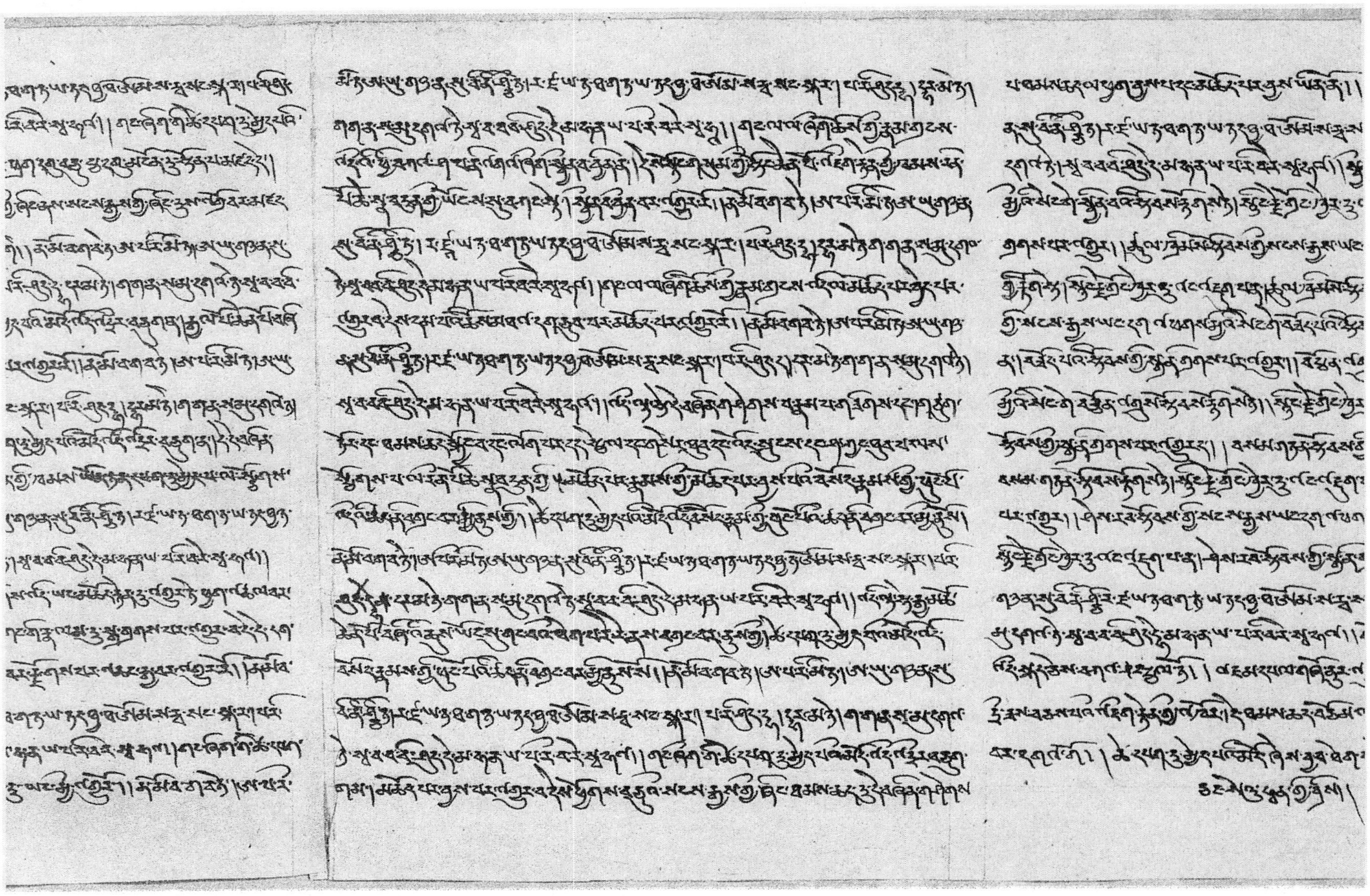

BD14397 號 1　藏文（無量壽宗要經甲本）　（48–5）

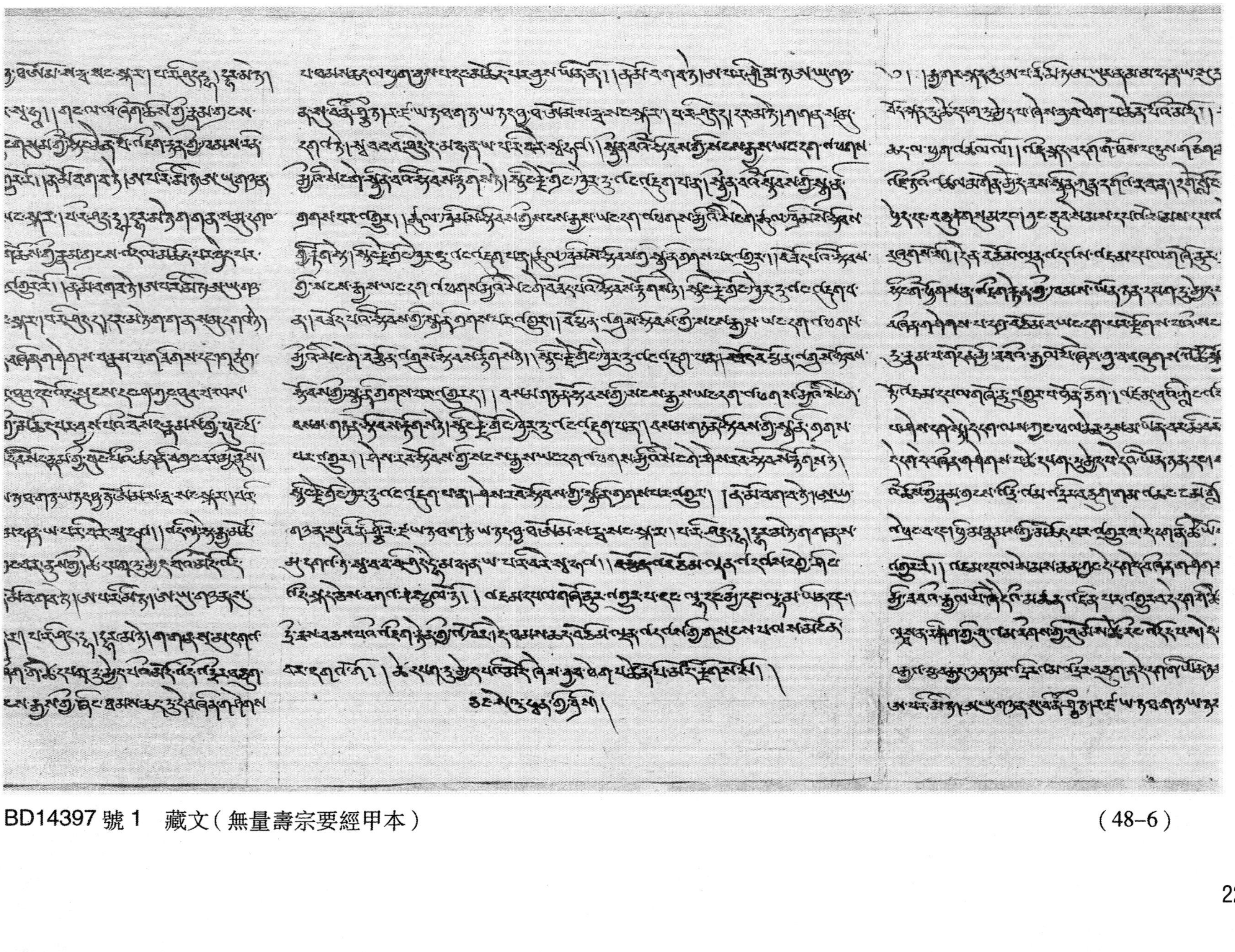

BD14397 號 1　藏文（無量壽宗要經甲本）　（48–6）

BD14397 號 2　藏文（無量壽宗要經甲本）

（48-7）

BD14397 號 2　藏文（無量壽宗要經甲本）

（48-8）

BD14397 號 2　藏文（無量壽宗要經甲本）　　　　　　　　　　　　　　　　（48-9）

BD14397 號 2　藏文（無量壽宗要經甲本）　　　　　　　　　　　　　　　　（48-10）

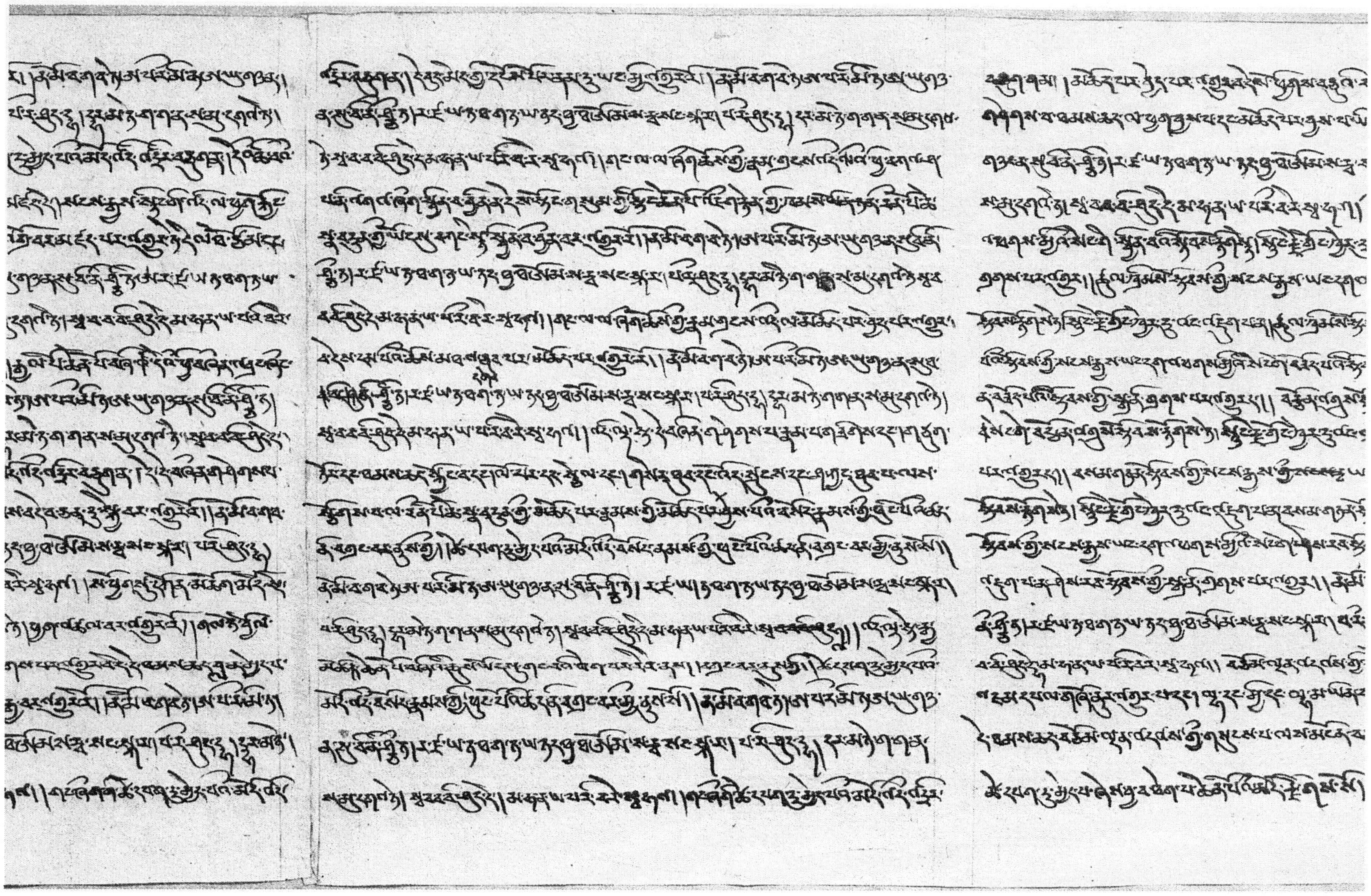

BD14397 號 2　藏文（無量壽宗要經甲本）　　（48–11）

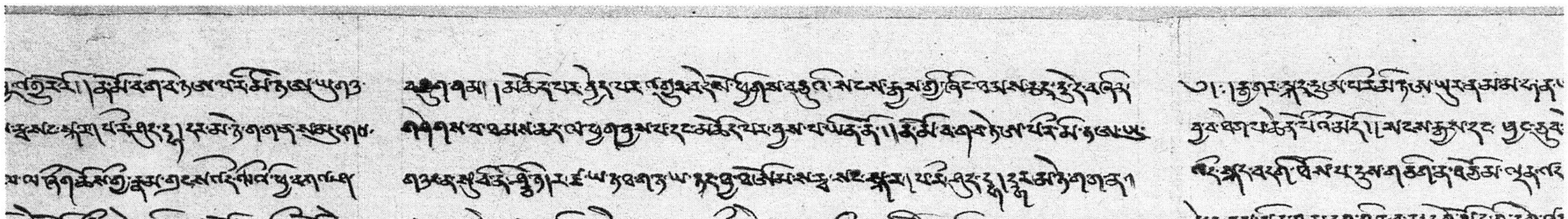

BD14397 號 2　藏文（無量壽宗要經甲本）　　（48–12）

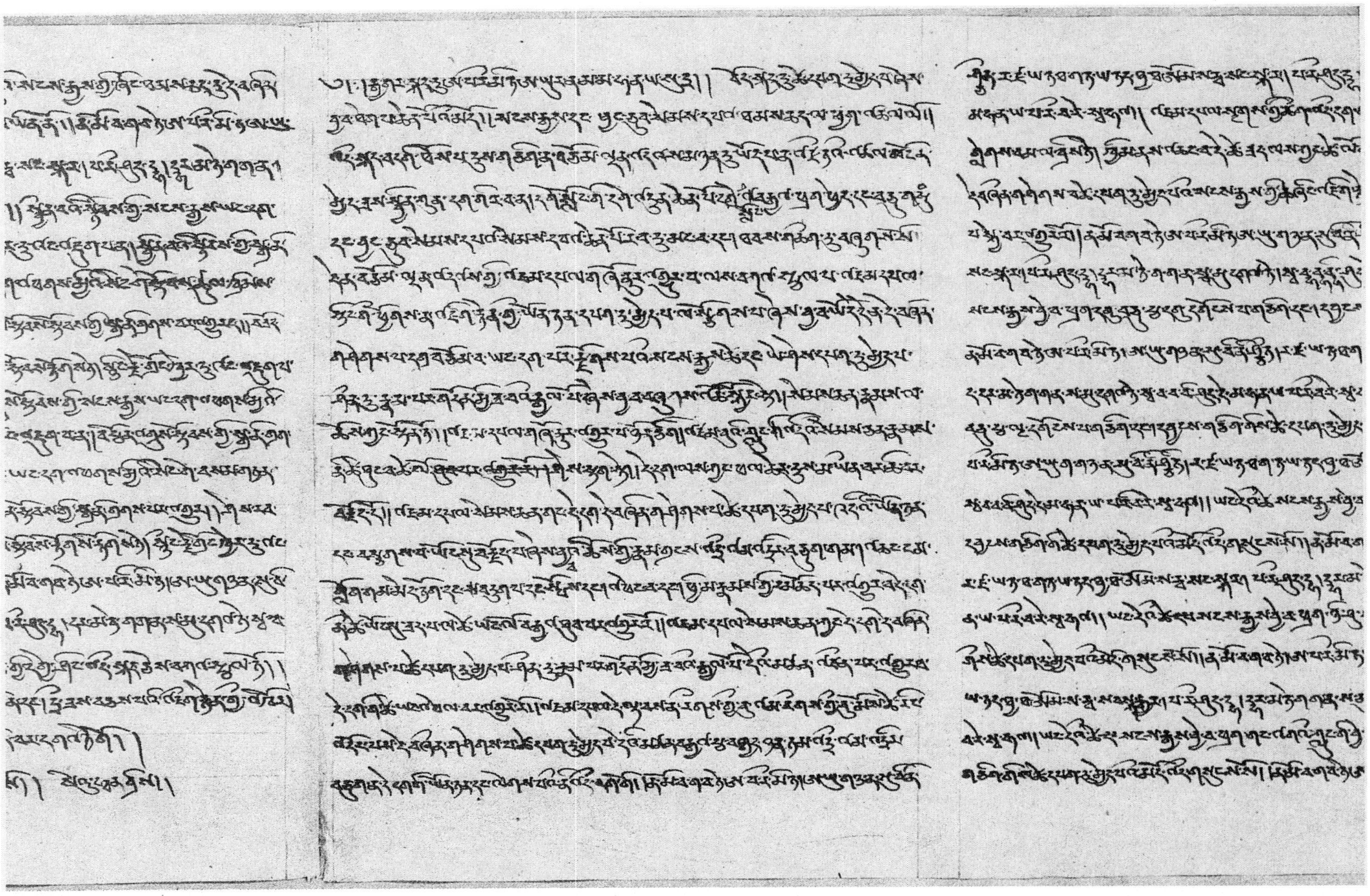

BD14397 號 3　藏文（無量壽宗要經甲本）　（48–13）

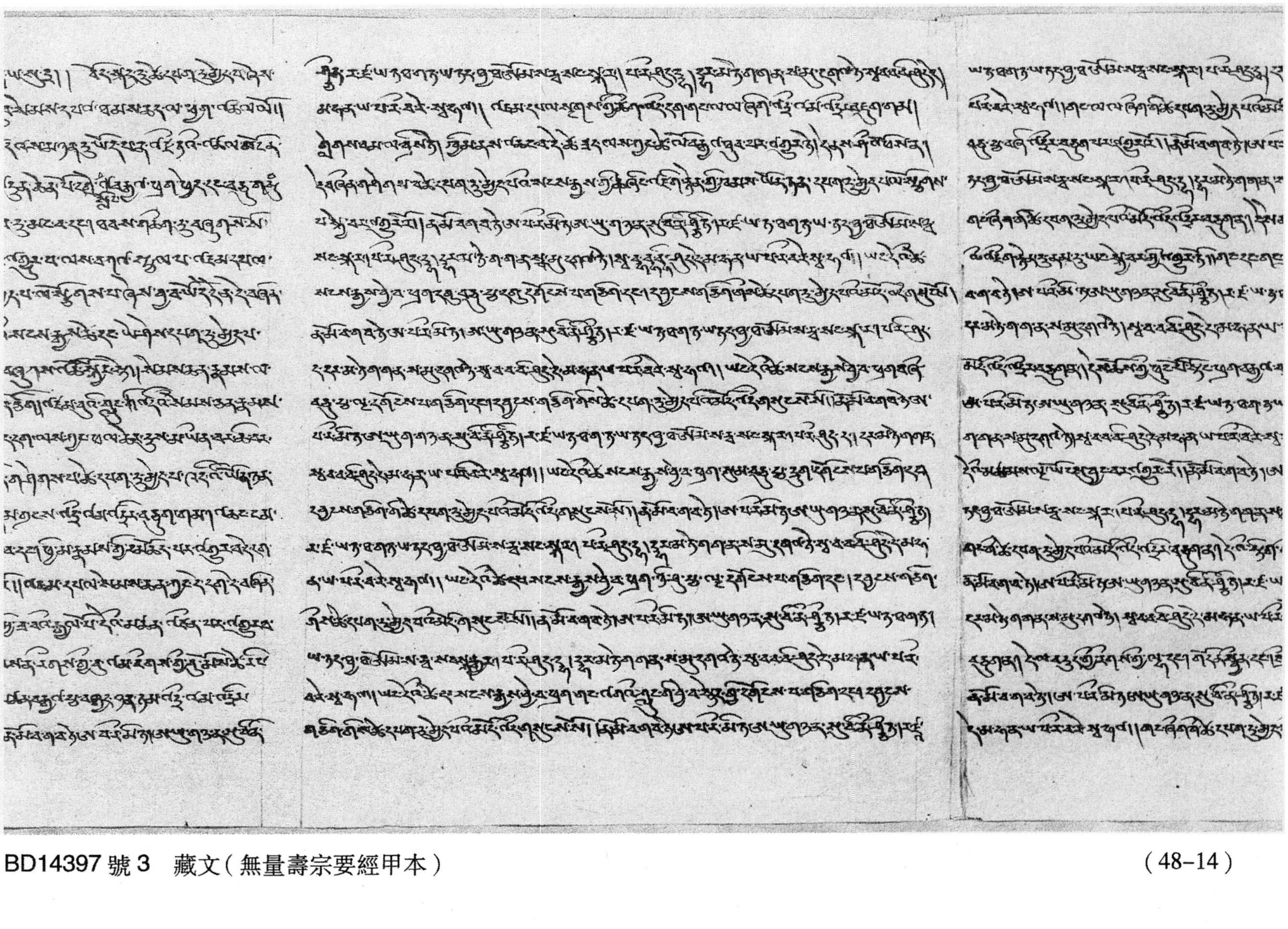

BD14397 號 3　藏文（無量壽宗要經甲本）　（48–14）

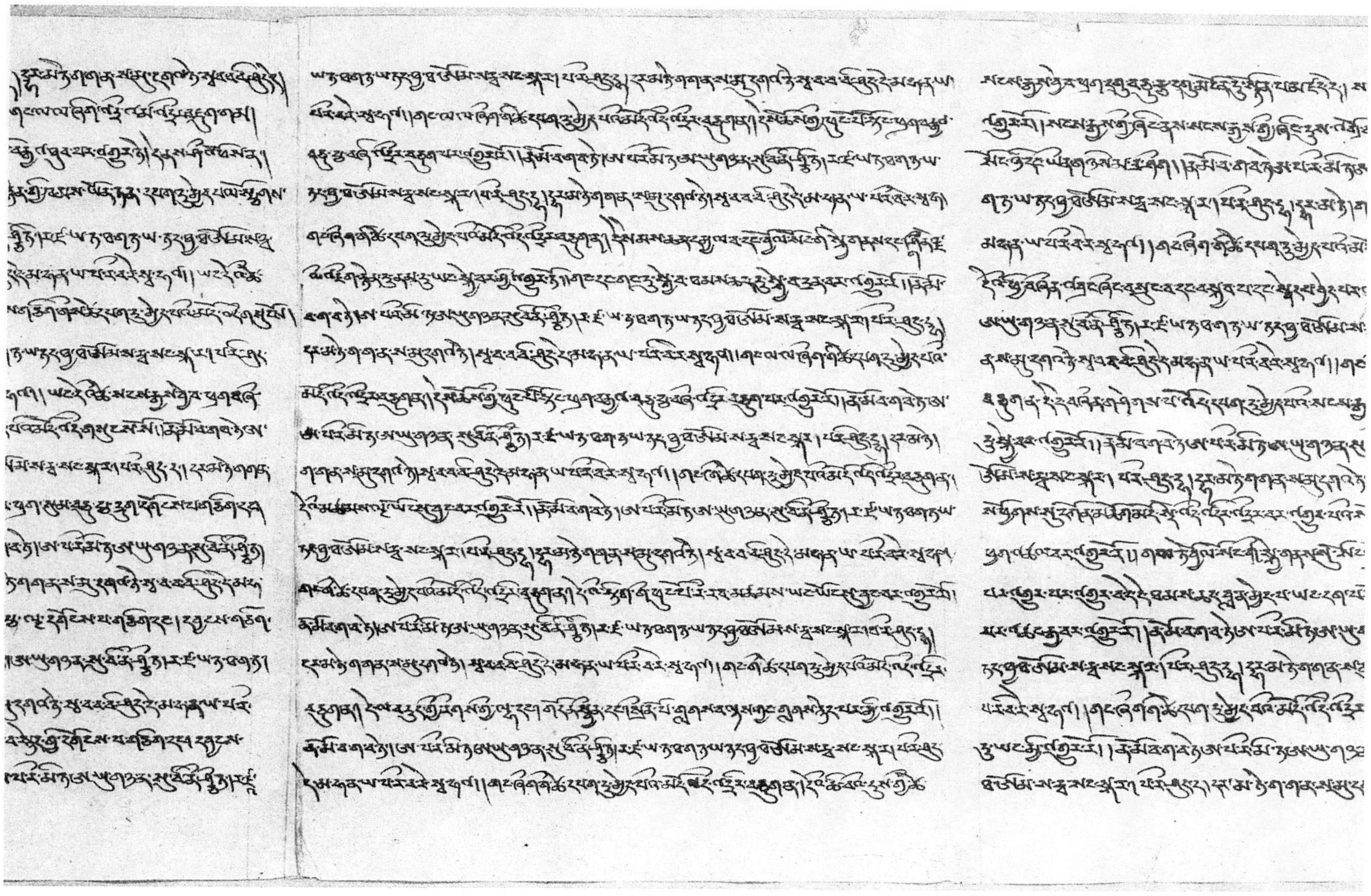

BD14397 號 3　藏文（無量壽宗要經甲本）　　（48–15）

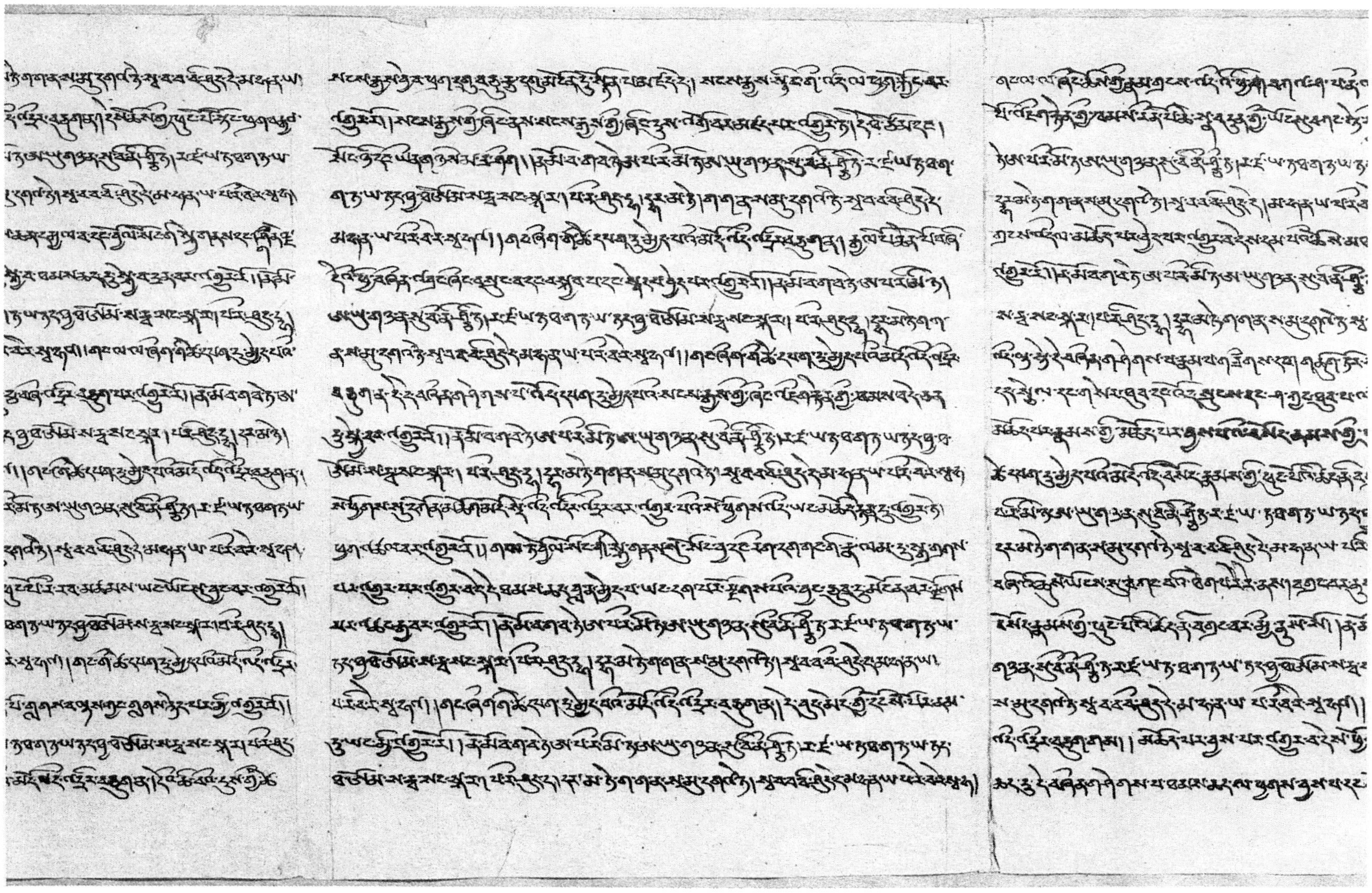

BD14397 號 3　藏文（無量壽宗要經甲本）　　（48–16）

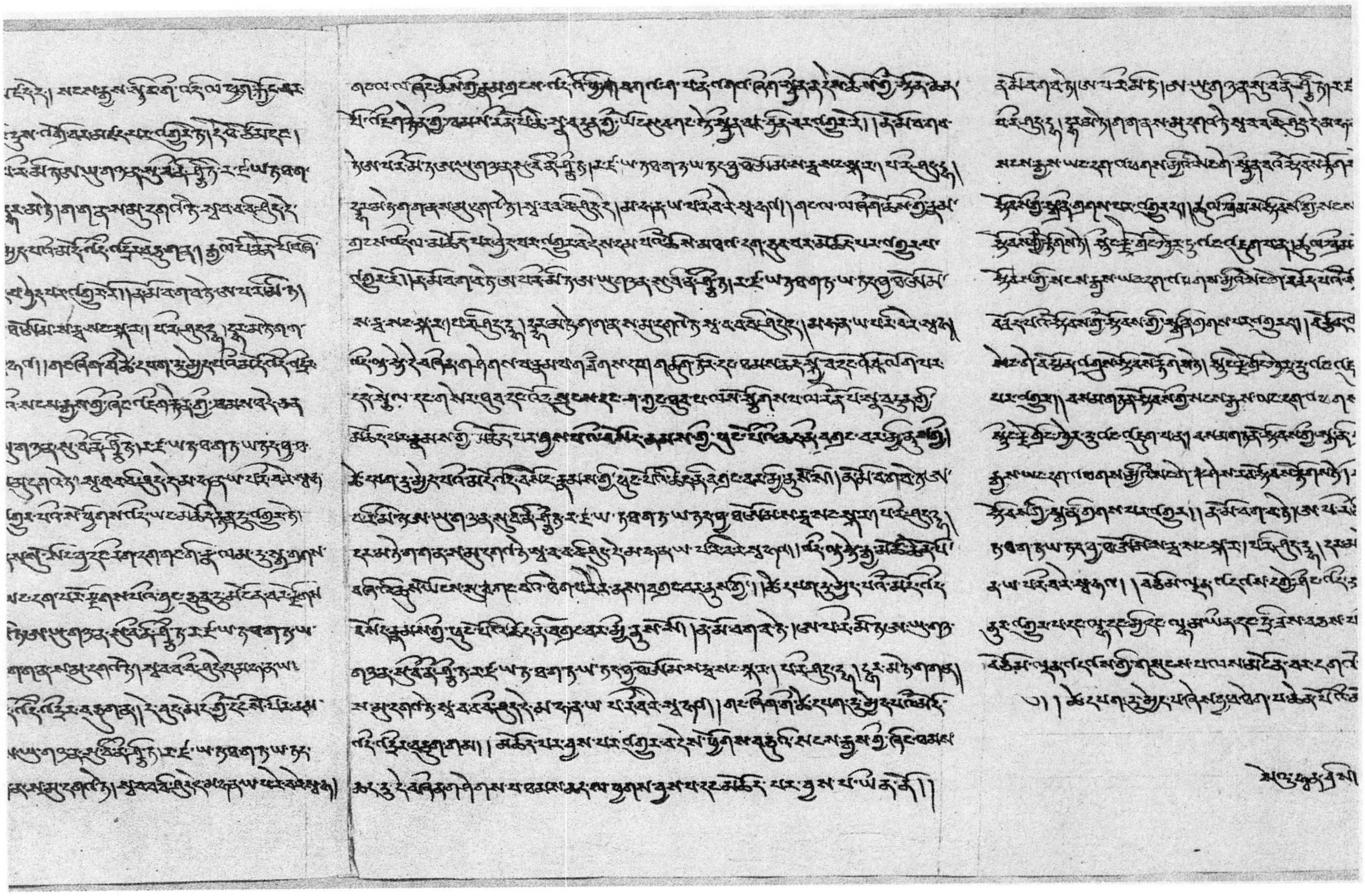

BD14397 號 3　藏文（無量壽宗要經甲本）　（48–17）

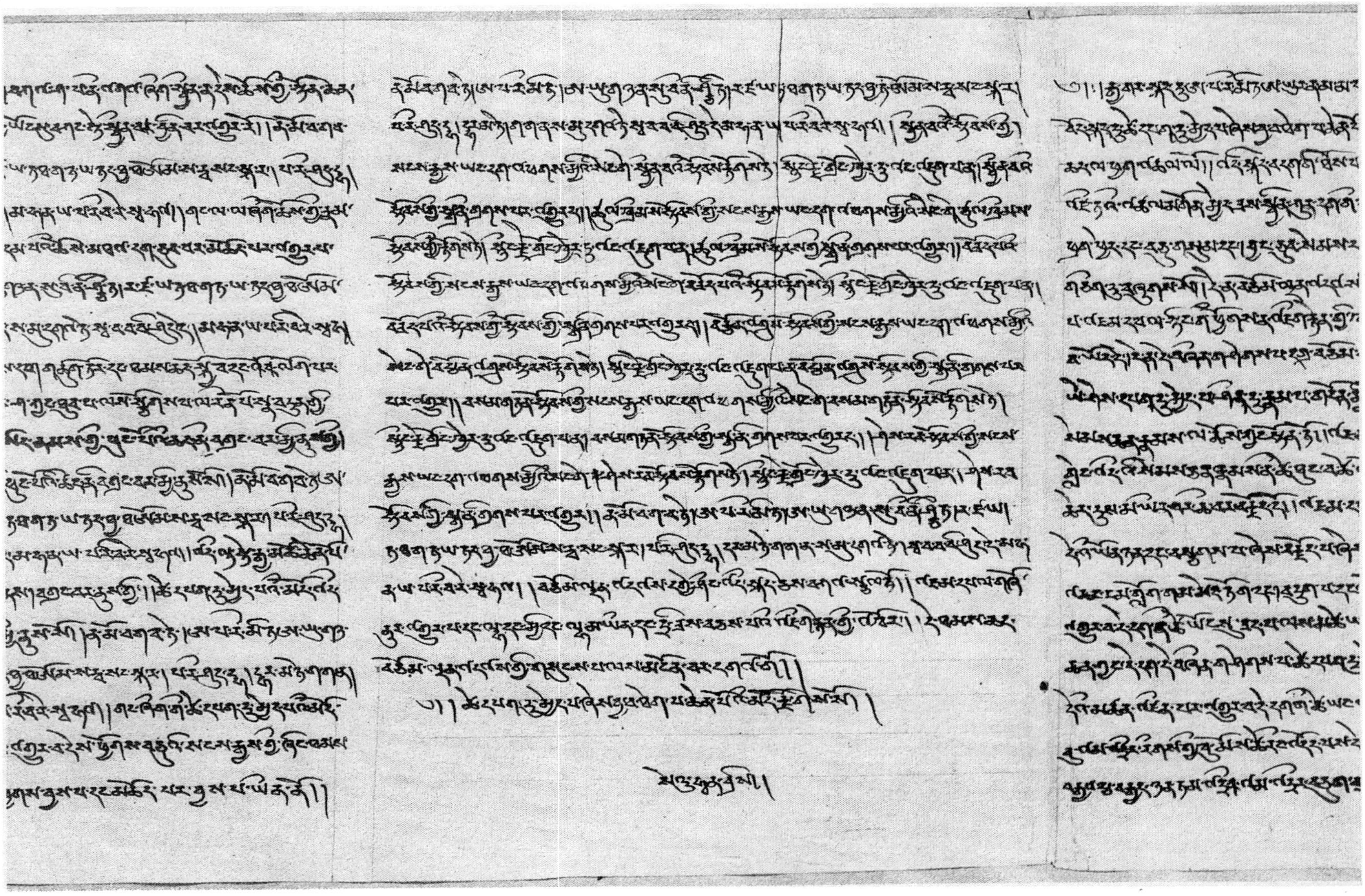

BD14397 號 3　藏文（無量壽宗要經甲本）　（48–18）

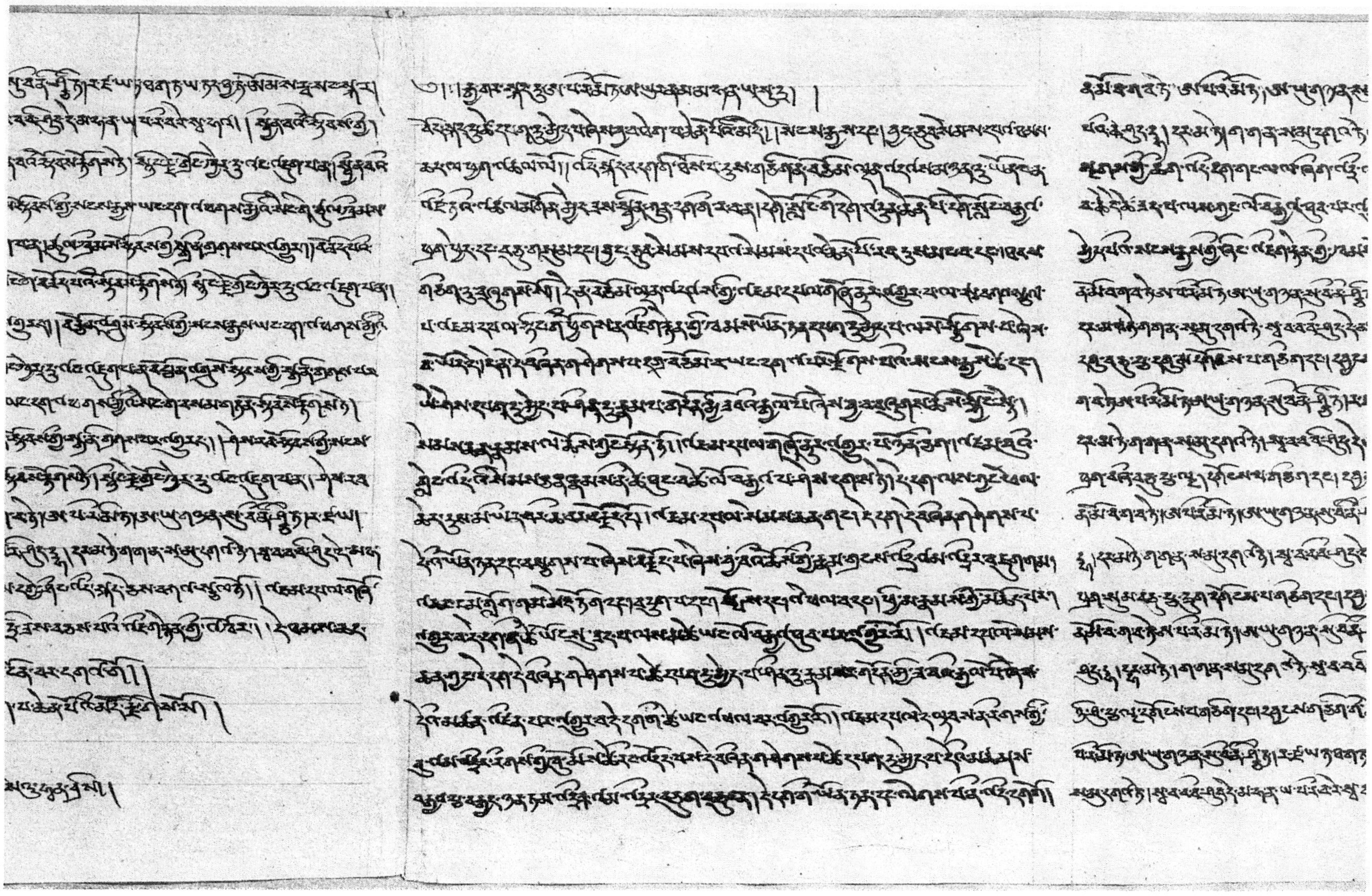

BD14397 號 4　藏文（無量壽宗要經甲本）　　（48–19）

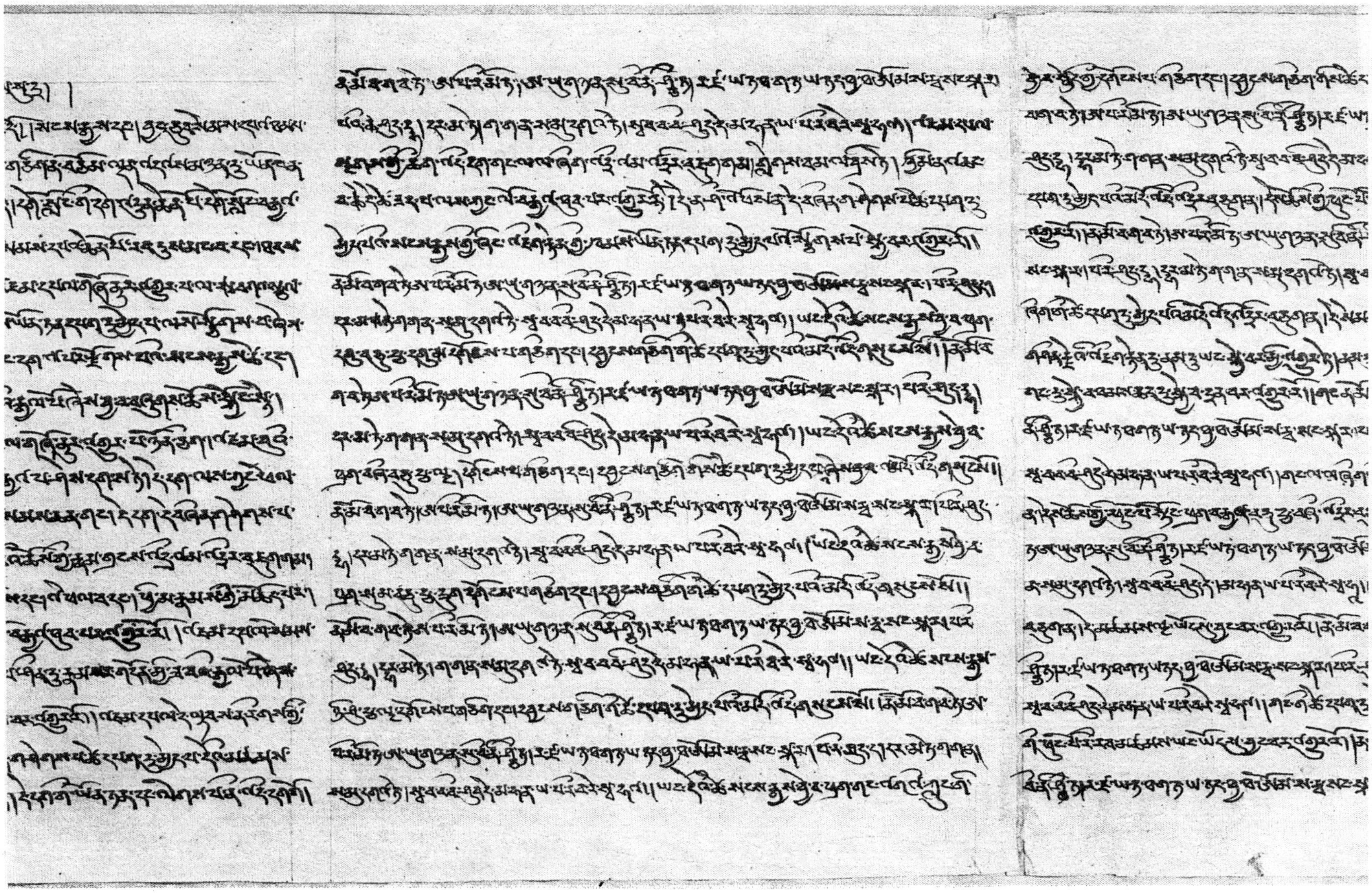

BD14397 號 4　藏文（無量壽宗要經甲本）　　（48–20）

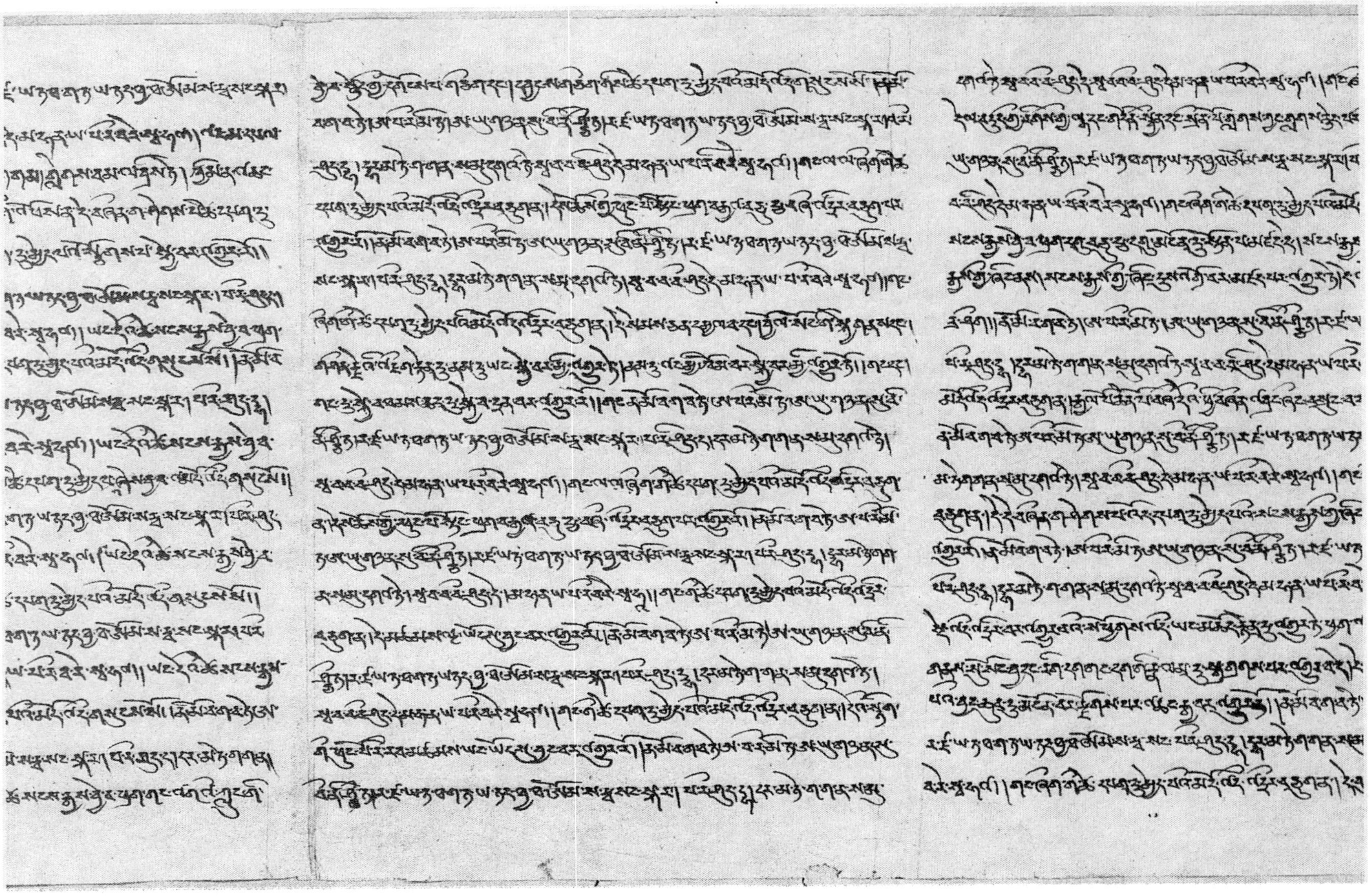

BD14397 號 4　藏文（無量壽宗要經甲本）　　（48–21）

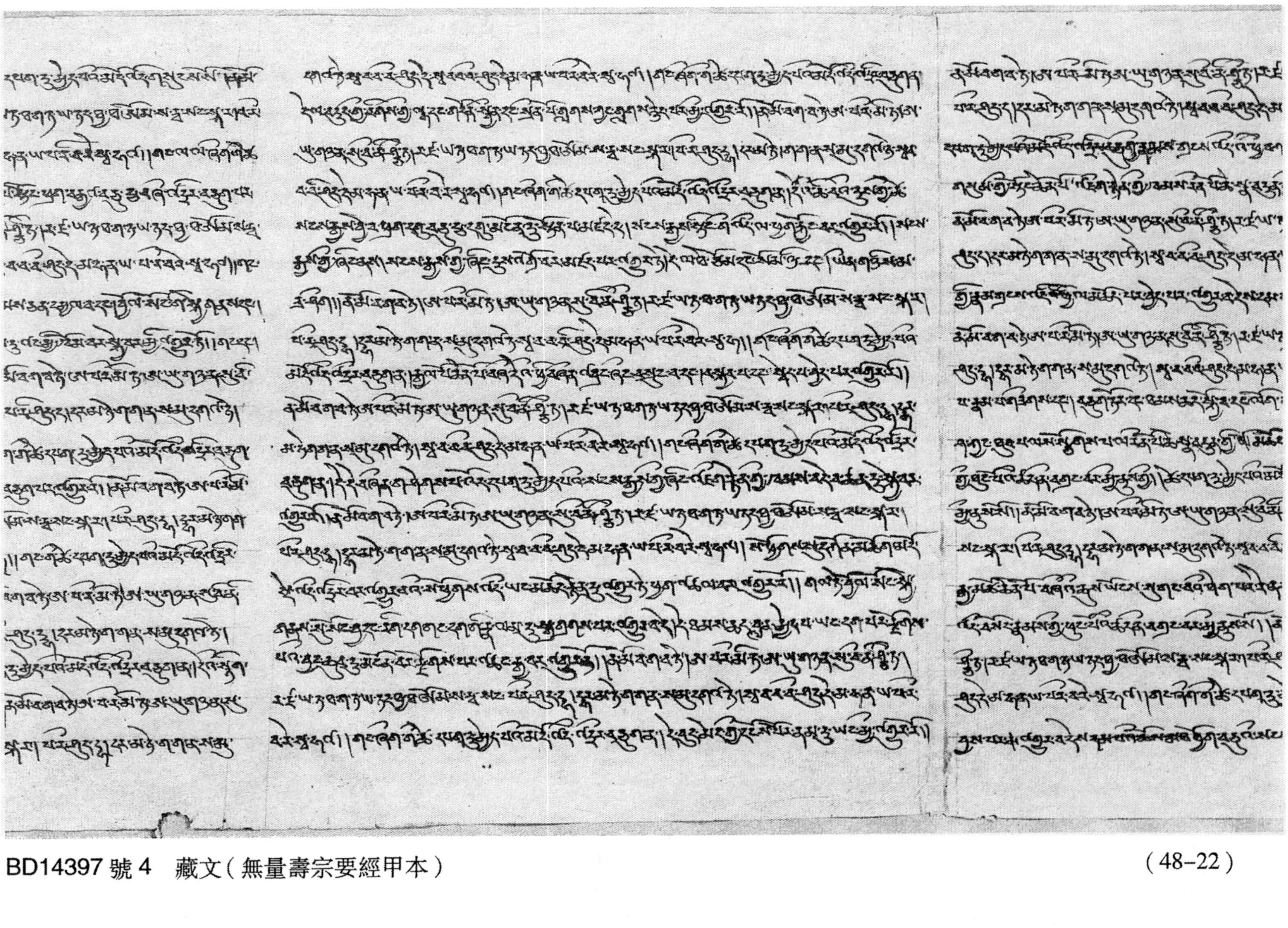

BD14397 號 4　藏文（無量壽宗要經甲本）　　（48–22）

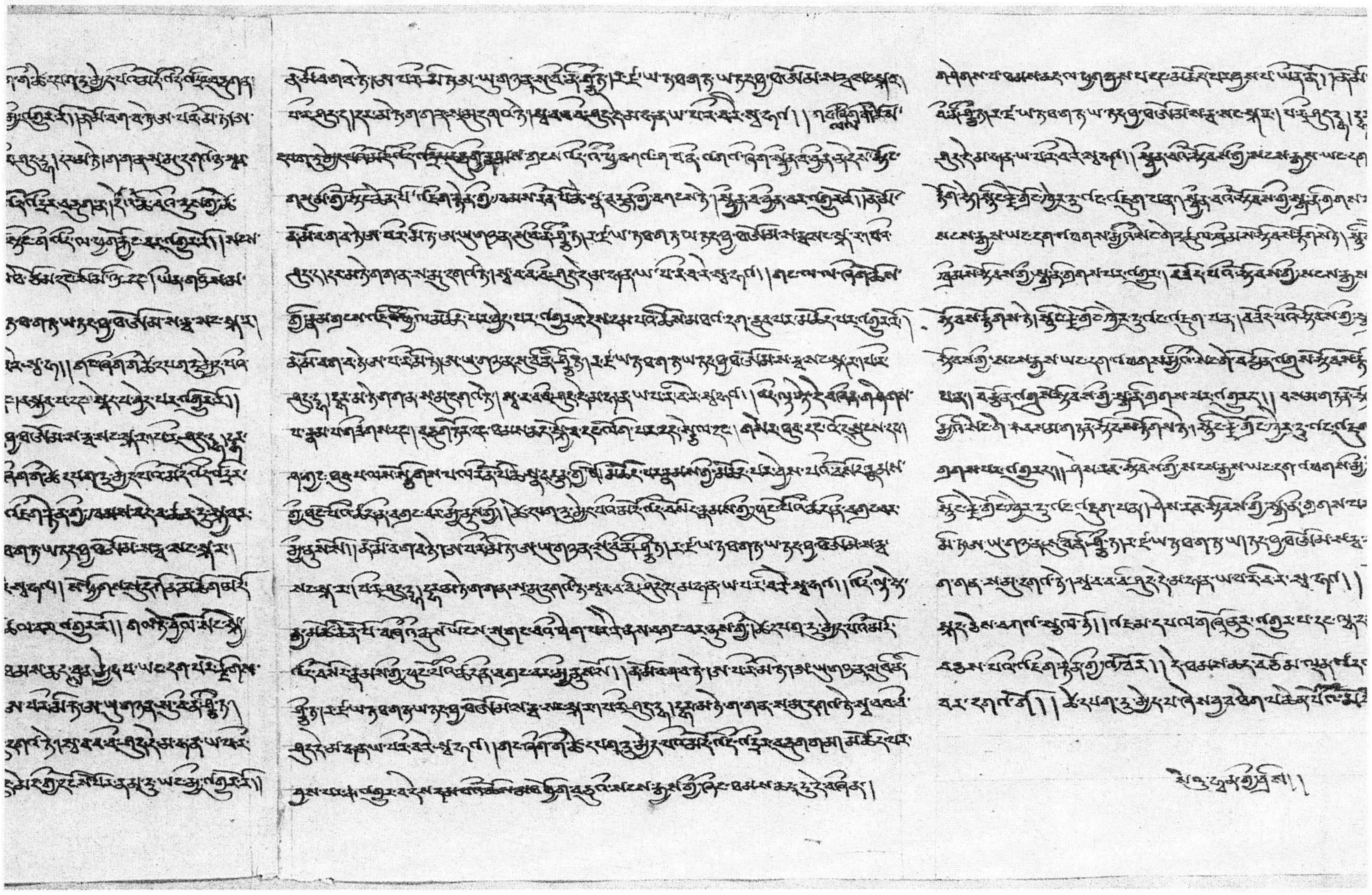

BD14397 號 4　藏文（無量壽宗要經甲本）　　（48–23）

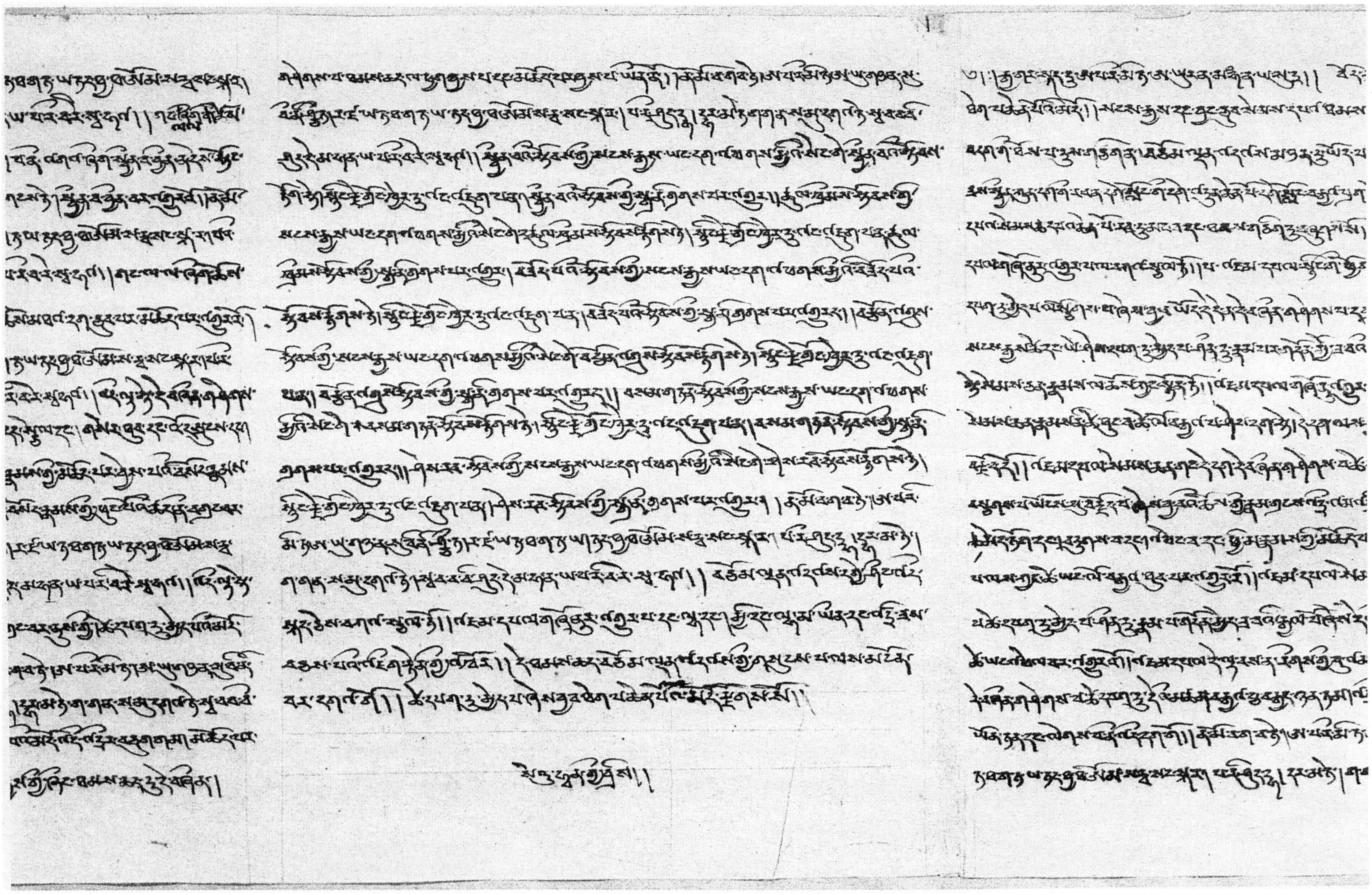

BD14397 號 4　藏文（無量壽宗要經甲本）　　（48–24）

BD14397 號 5　藏文（無量壽宗要經甲本）　　　　　　　　　　（48–25）

BD14397 號 5　藏文（無量壽宗要經甲本）　　　　　　　　　　（48–26）

BD14397 號 5　藏文（無量壽宗要經甲本）　　　　　　　　　　　　　　　　　（48-27）

BD14397 號 5　藏文（無量壽宗要經甲本）　　　　　　　　　　　　　　　　　（48-28）

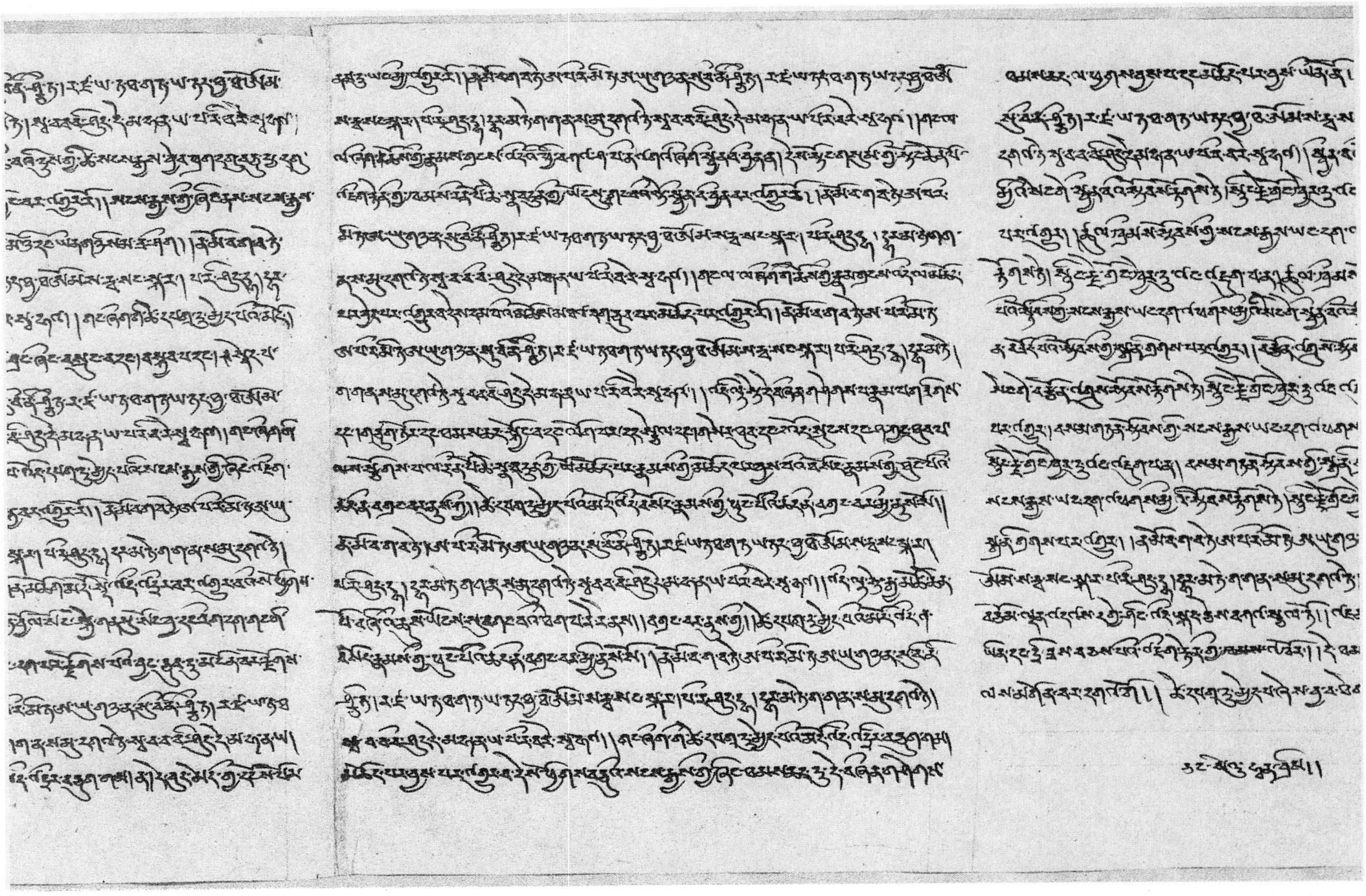

BD14397 號 5　藏文（無量壽宗要經甲本）　　（48–29）

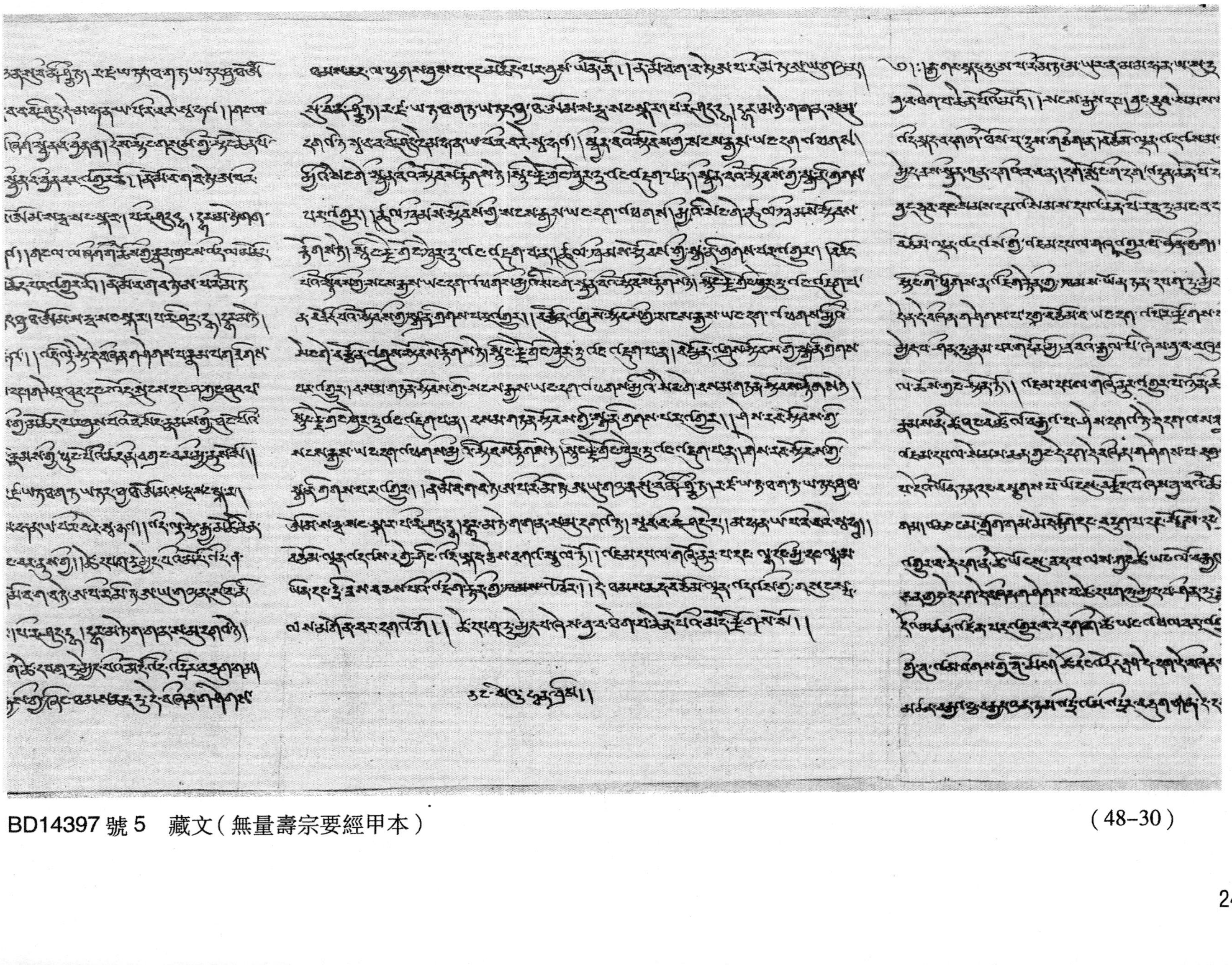

BD14397 號 5　藏文（無量壽宗要經甲本）　　（48–30）

BD14397 號 6　藏文（無量壽宗要經甲本）　　　　　　　　　　　　　　（48-31）

BD14397 號 6　藏文（無量壽宗要經甲本）　　　　　　　　　　　　　　（48-32）

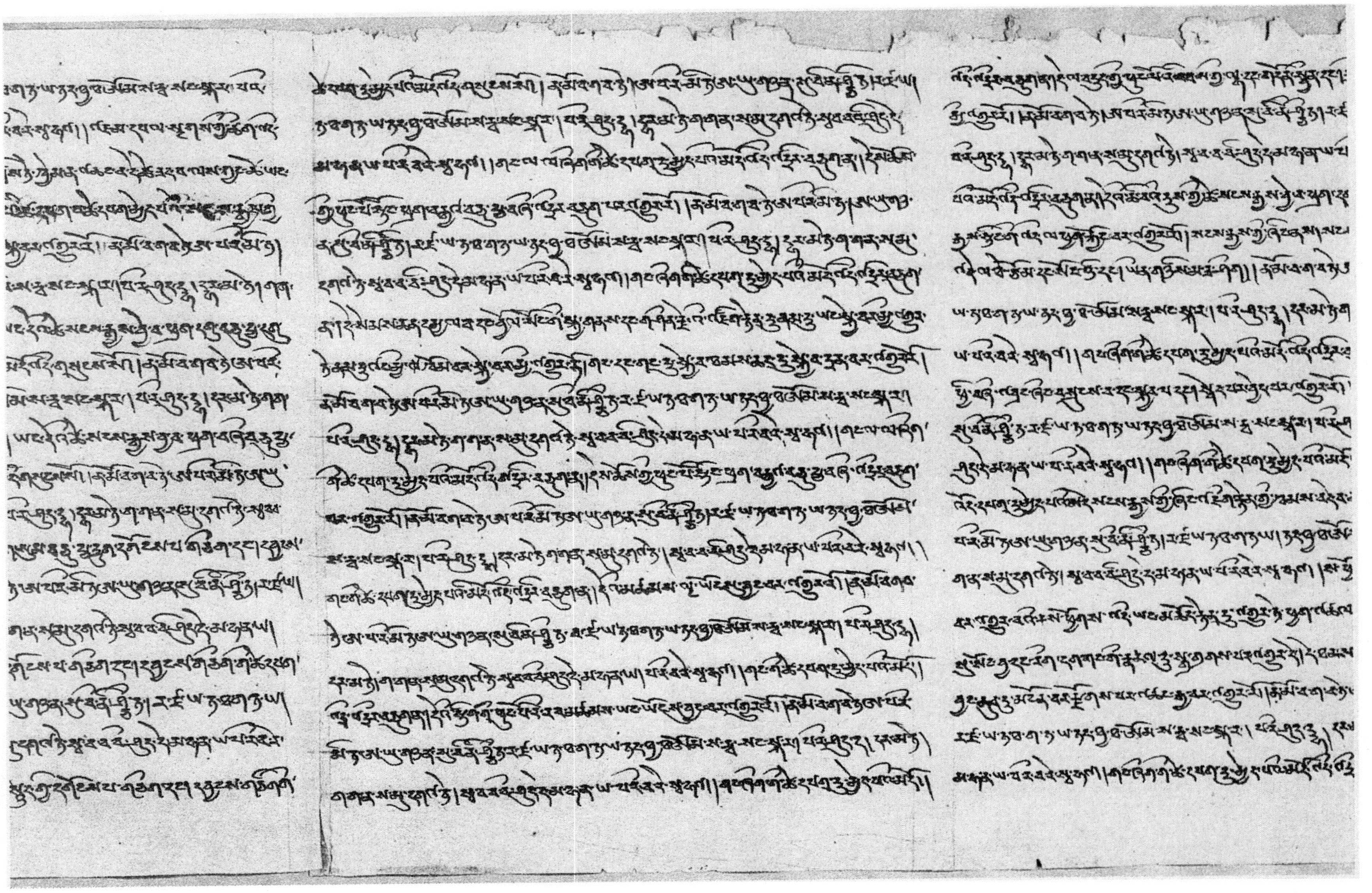

BD14397 號 6　藏文（無量壽宗要經甲本）　（48–33）

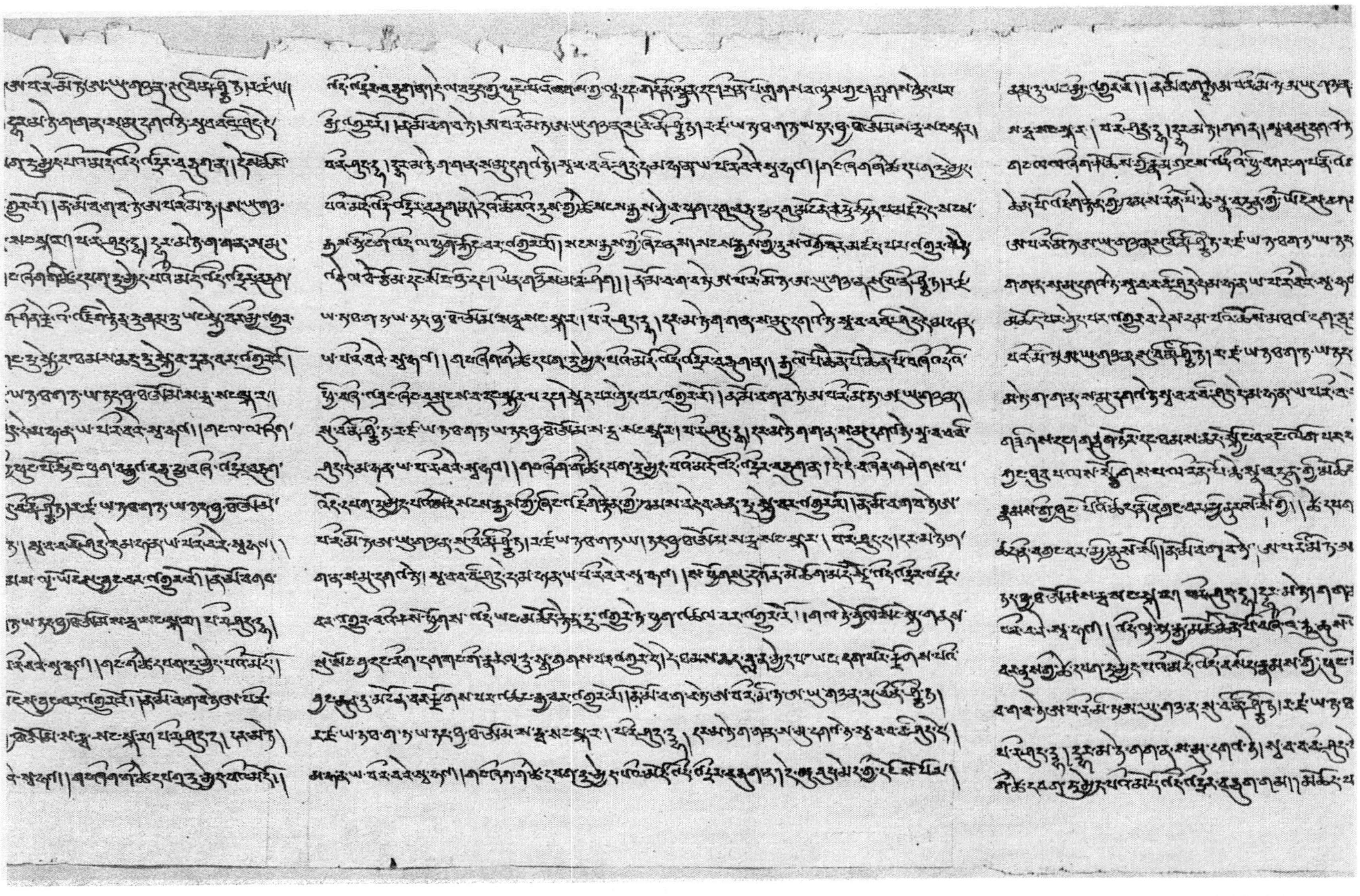

BD14397 號 6　藏文（無量壽宗要經甲本）　（48–34）

BD14397 號 6　藏文（無量壽宗要經甲本）　　　　　　　　　　　　　　　（48–35）

BD14397 號 6　藏文（無量壽宗要經甲本）　　　　　　　　　　　　　　　（48–36）

BD14397 號 7　藏文（無量壽宗要經甲本）　　　　　　　　　　　　　　　　（48-37）

BD14397 號 7　藏文（無量壽宗要經甲本）　　　　　　　　　　　　　　　　（48-38）

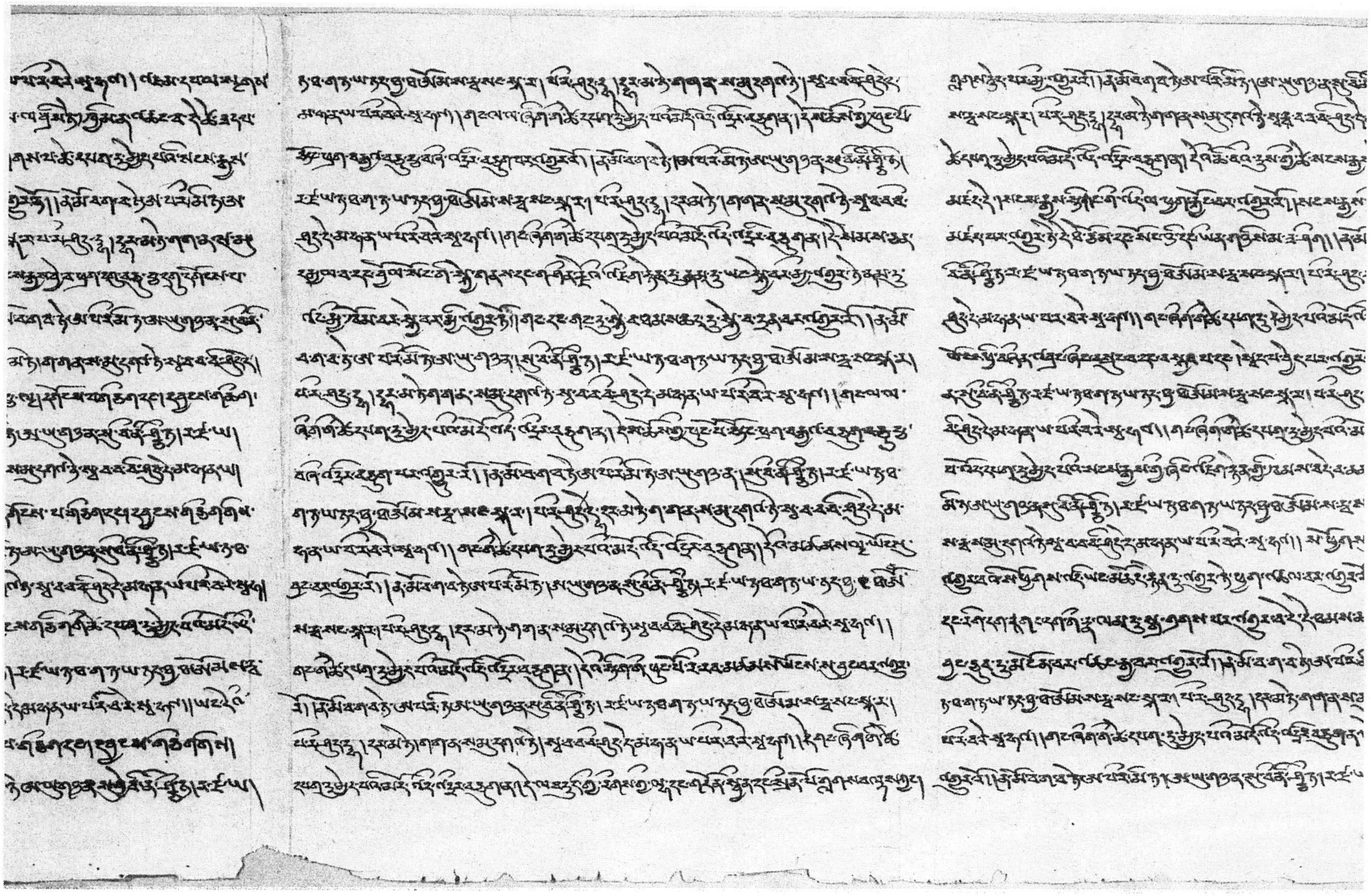

BD14397 號 7　藏文（無量壽宗要經甲本）　　（48–39）

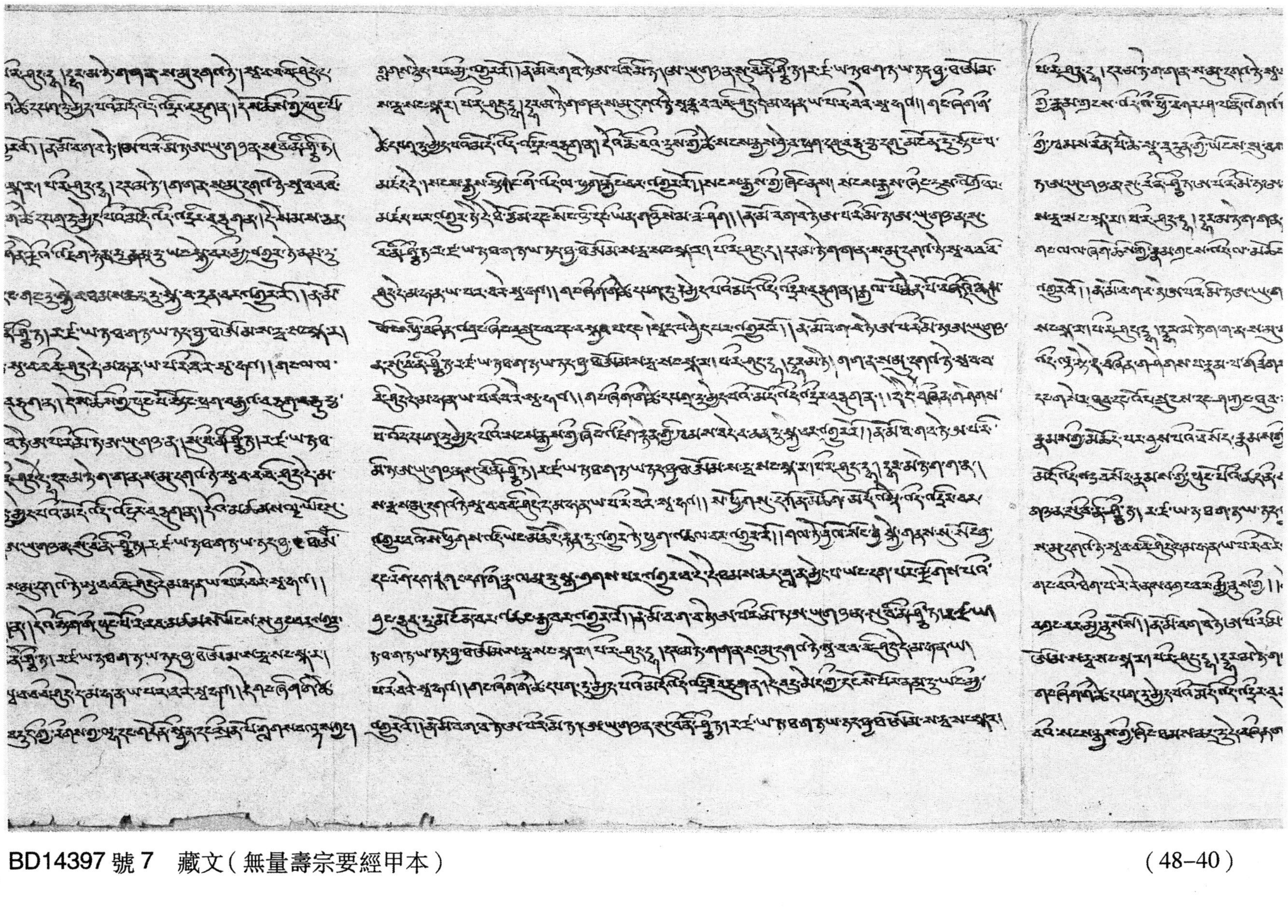

BD14397 號 7　藏文（無量壽宗要經甲本）　　（48–40）

BD14397 號 7　藏文（無量壽宗要經甲本）　　　　　　　　　　　　　　　　　（48-41）

BD14397 號 7　藏文（無量壽宗要經甲本）　　　　　　　　　　　　　　　　　（48-42）

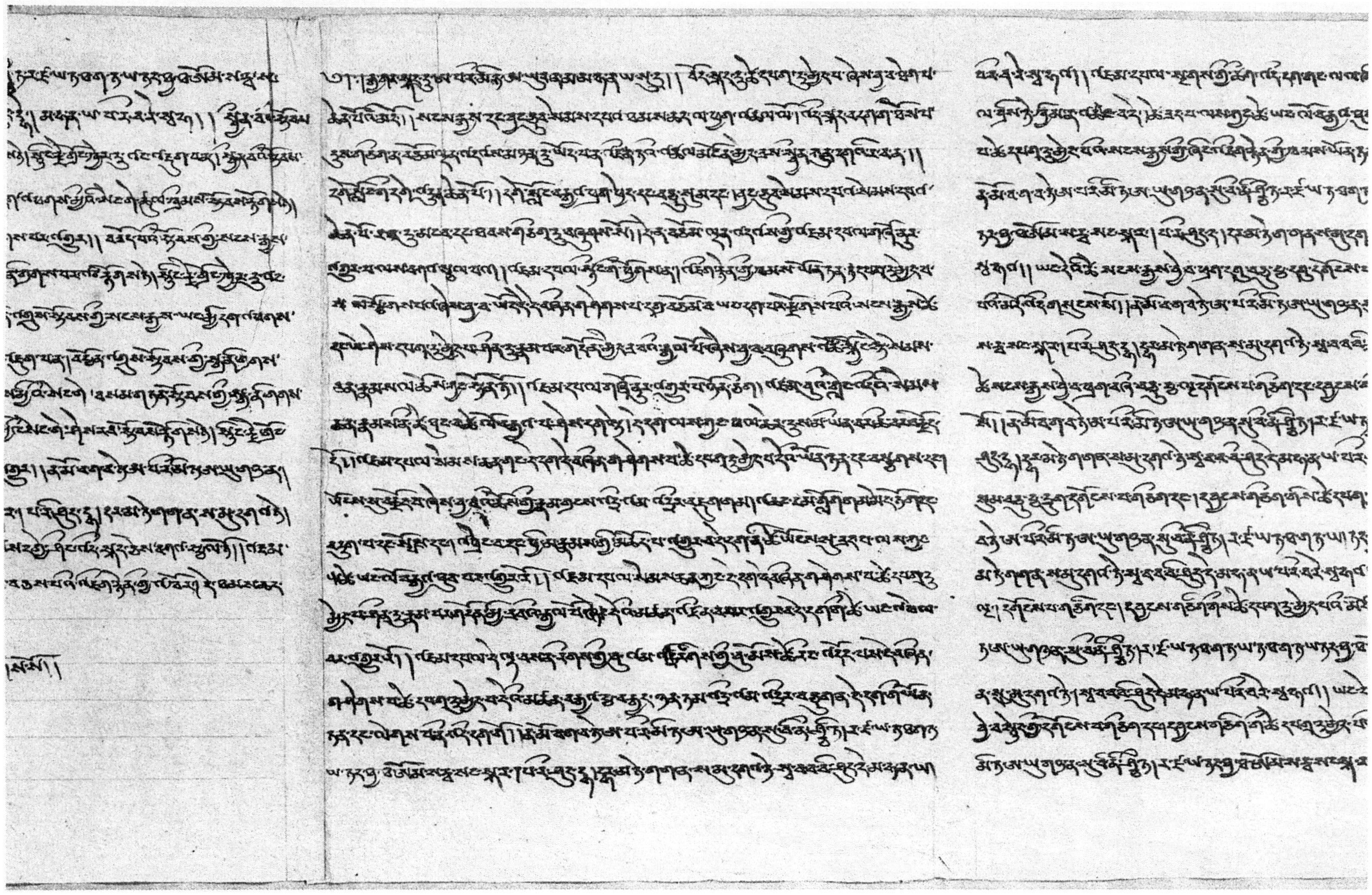

BD14397 號 8　藏文（無量壽宗要經甲本）　　　　　　　　　　　　　　（48–43）

BD14397 號 8　藏文（無量壽宗要經甲本）　　　　　　　　　　　　　　（48–44）

BD14397 號 8　藏文（無量壽宗要經甲本）　　　　　　　　　　　　　　（48–45）

BD14397 號 8　藏文（無量壽宗要經甲本）　　　　　　　　　　　　　　（48–46）

BD14397 號 8　藏文（無量壽宗要經甲本）　　　　　　　　　　　　　　　　　　　　　（48-47）

BD14397 號 8　藏文（無量壽宗要經甲本）　　　　　　　　　　　　　　　　　　　　　（48-48）

BD14398 號　藏文（無量壽宗要經甲本）　　　　　　　　　　　（6-1）

BD14398 號　藏文（無量壽宗要經甲本）　　　　　　　　　　　（6-2）

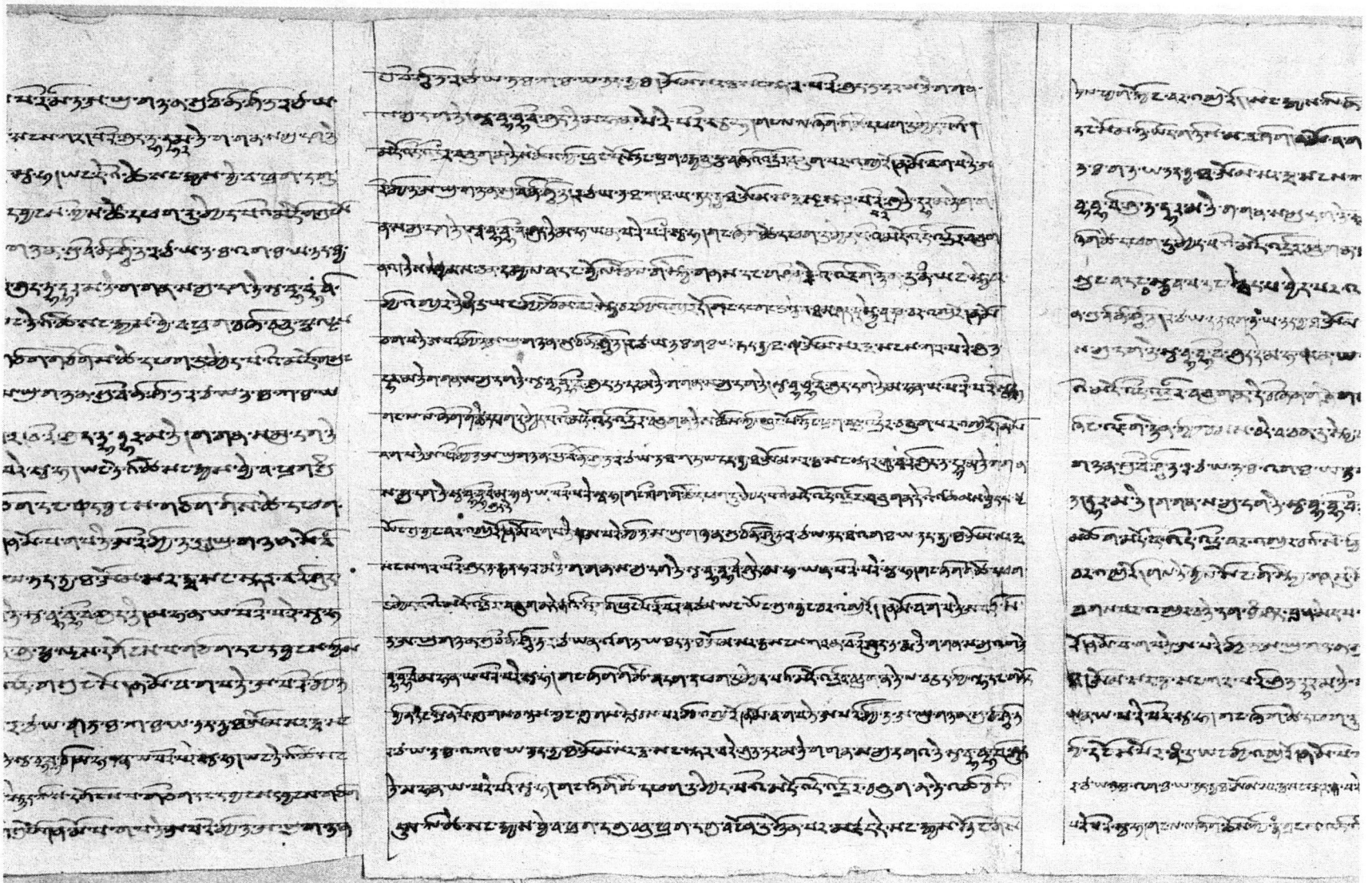

BD14398 號　藏文（無量壽宗要經甲本）　　　　　　　　　　　　　　　　　　　　　　（6-3）

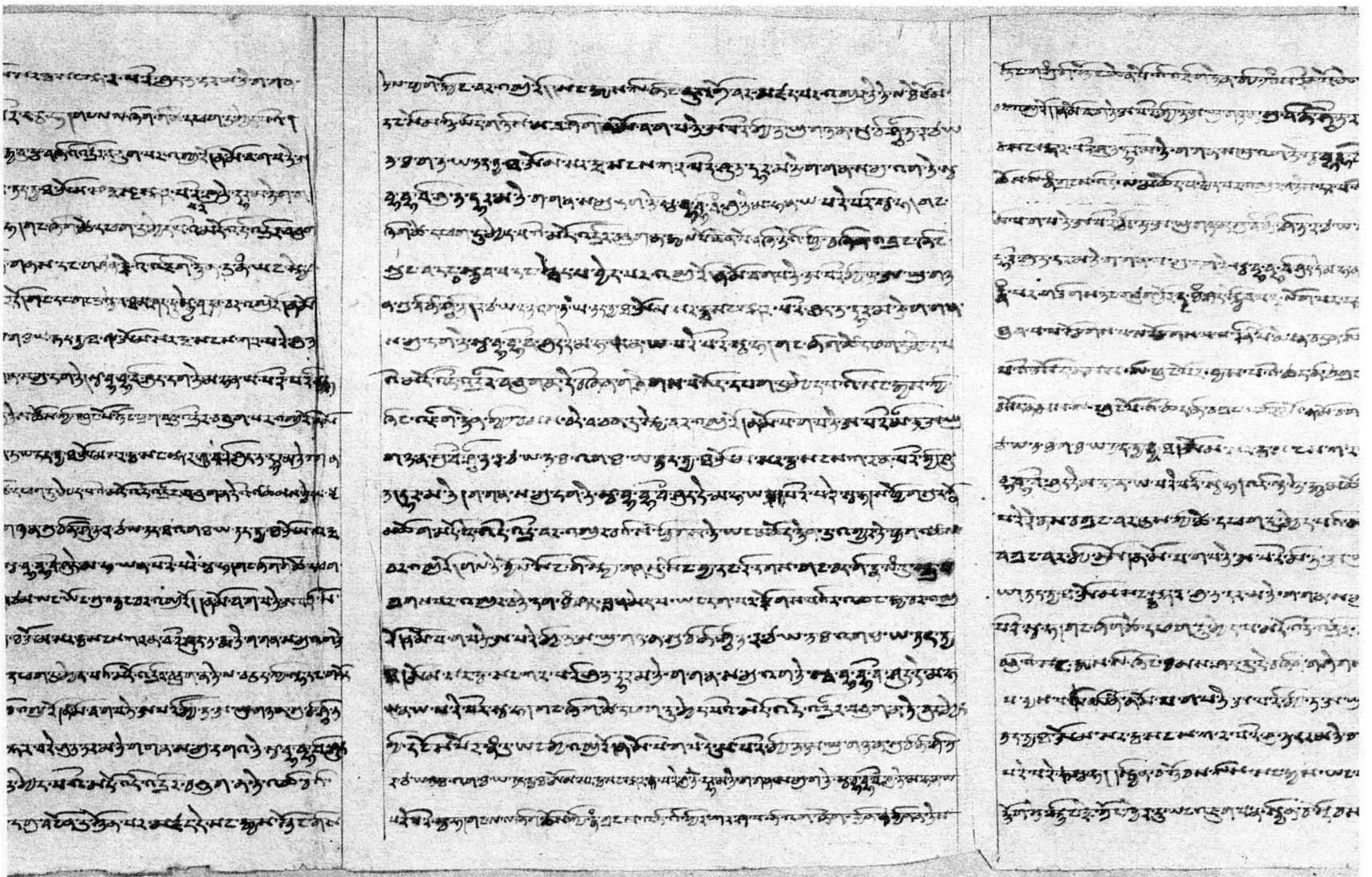

BD14398 號　藏文（無量壽宗要經甲本）　　　　　　　　　　　　　　　　　　　　　　（6-4）

BD14398 號　藏文（無量壽宗要經甲本）　　　　　　　　　　　　（6-5）

BD14398 號　藏文（無量壽宗要經甲本）　　　　　　　　　　　　（6-6）

BD14399 號　藏文（無量壽宗要經甲本）　　　　　　　　　　　　　　　　　　（7-1）

BD14399 號　藏文（無量壽宗要經甲本）　　　　　　　　　　　　　　　　　　（7-2）

BD14399 號　藏文（無量壽宗要經甲本）　　　　　　　　　　　　　　　（7-3）

BD14399 號　藏文（無量壽宗要經甲本）　　　　　　　　　　　　　　　（7-4）

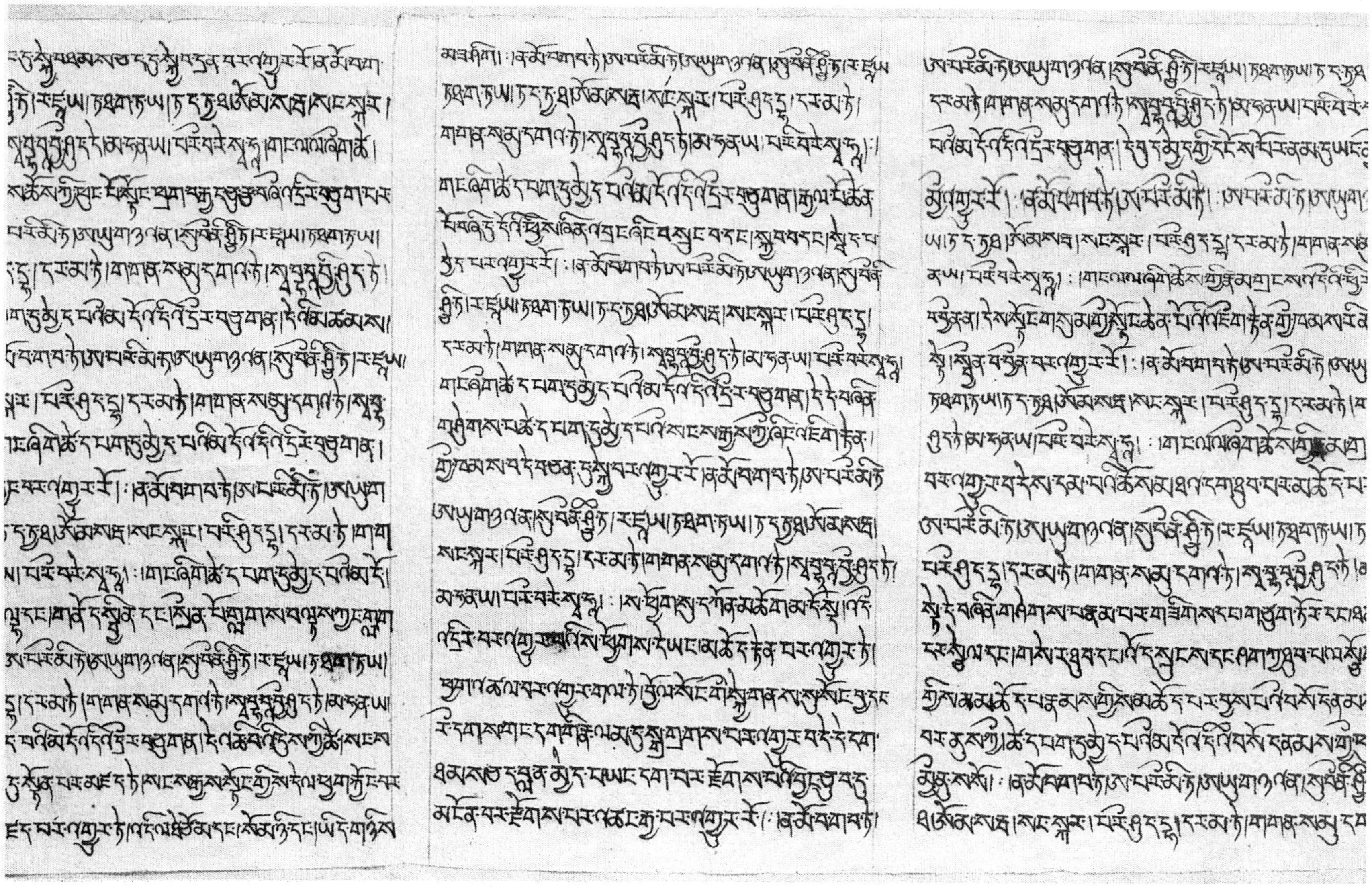

BD14399 號　藏文（無量壽宗要經甲本）　（7–5）

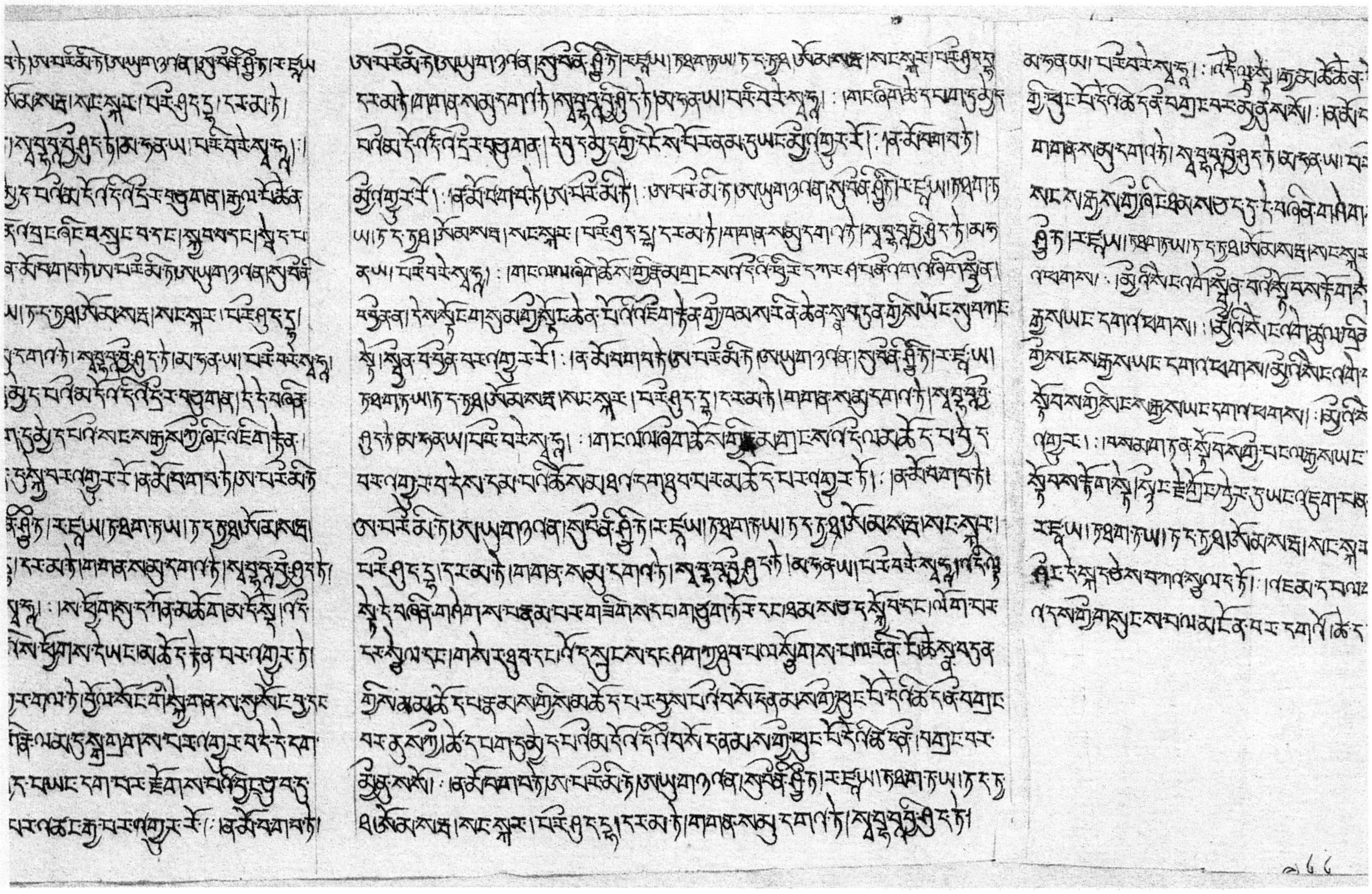

BD14399 號　藏文（無量壽宗要經甲本）　（7–6）

BD14399 號　藏文（無量壽宗要經甲本）

BD14400 號　藏文（無量壽宗要經乙本）

BD14400 號　藏文（無量壽宗要經乙本） (8-2)

BD14400 號　藏文（無量壽宗要經乙本） (8-3)

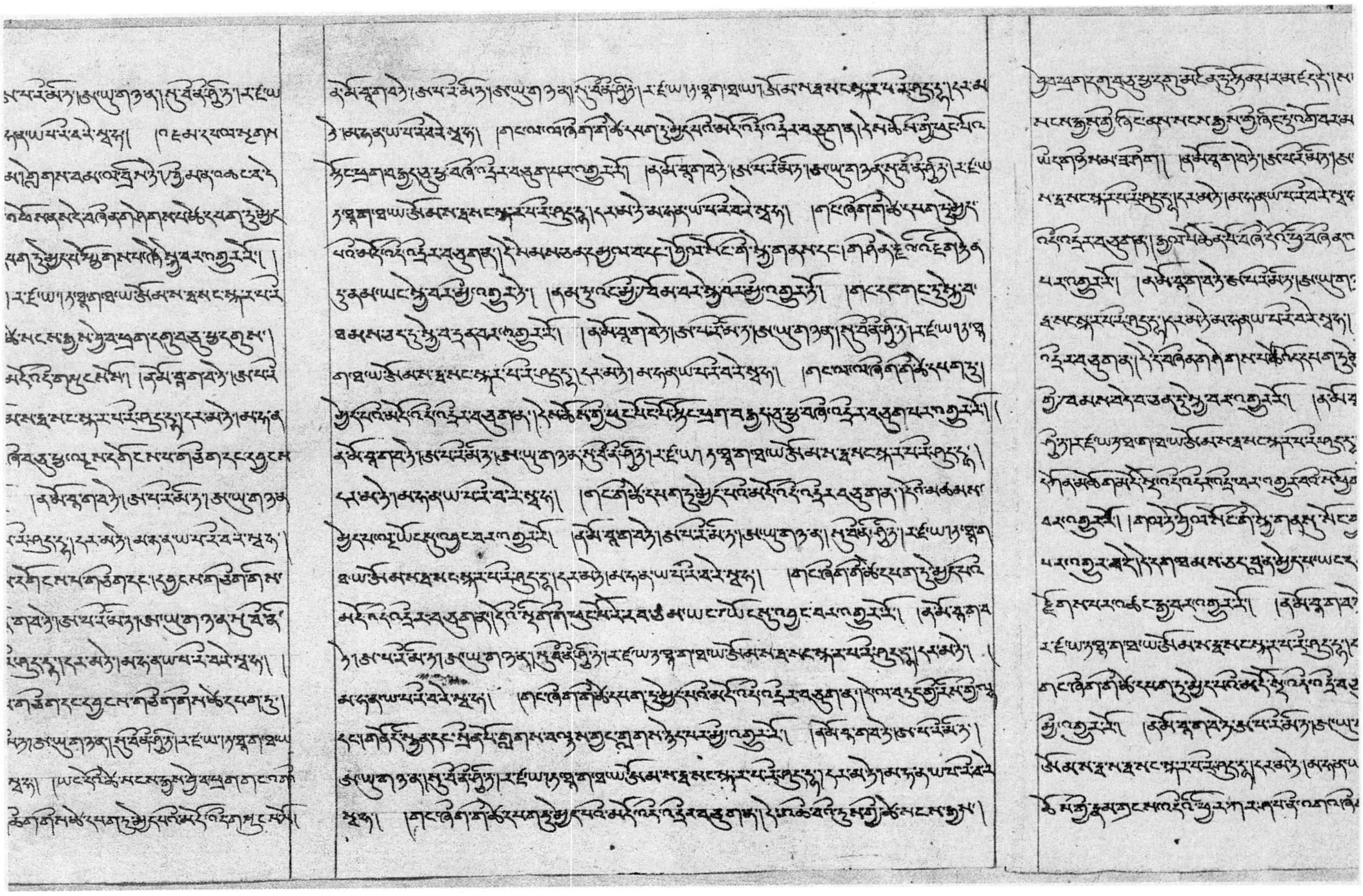

BD14400 號　藏文（無量壽宗要經乙本）　　　　（8–4）

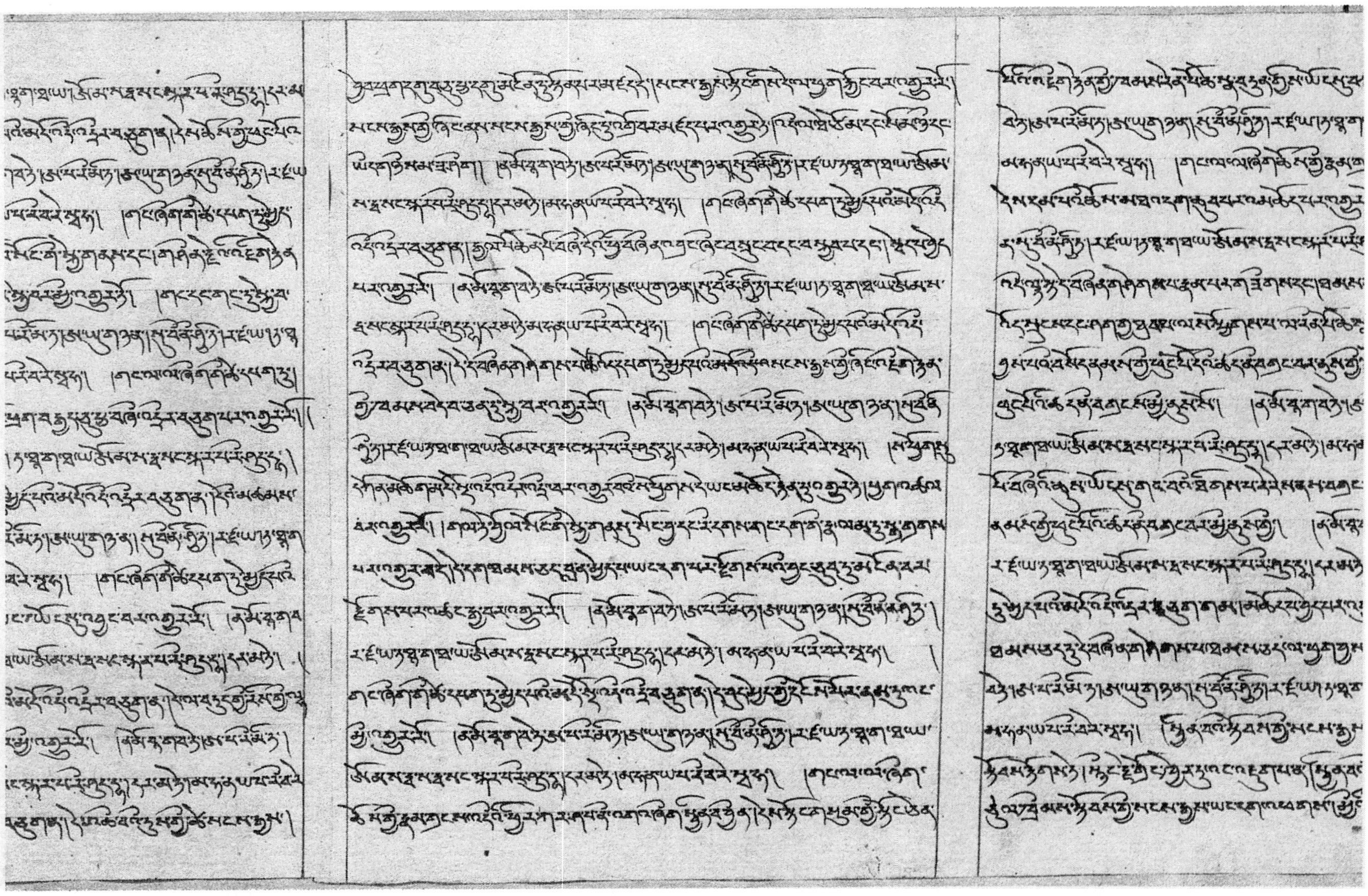

BD14400 號　藏文（無量壽宗要經乙本）　　　　（8–5）

BD14400 號　藏文（無量壽宗要經乙本）　　　　　　　　　　　　　　　　（8-6）

BD14400 號　藏文（無量壽宗要經乙本）　　　　　　　　　　　　　　　　（8-7）

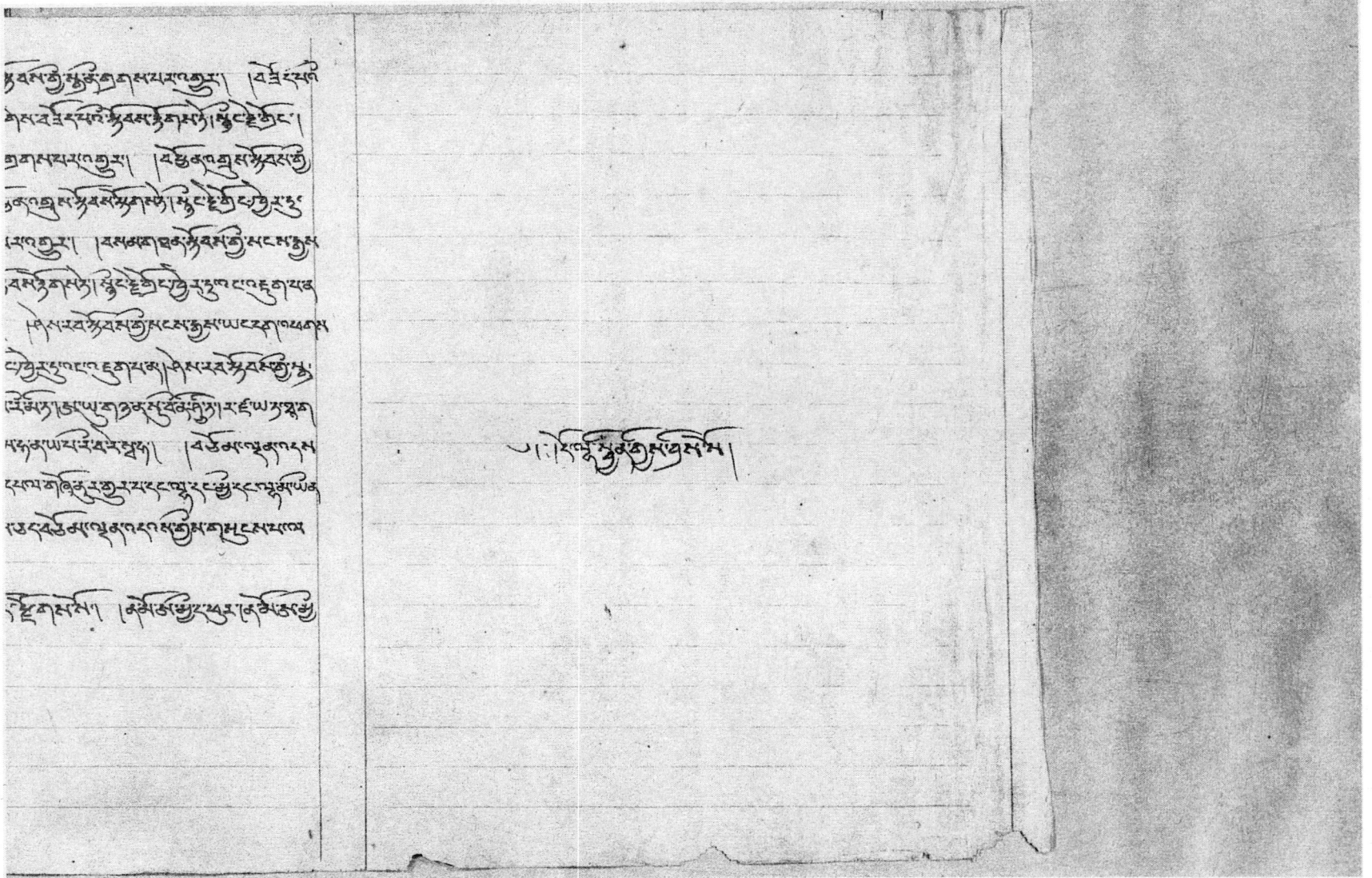

BD14400 號　藏文（無量壽宗要經乙本）　　　　　　　　　　　　　　（8-8）

BD14401 號　藏文（無量壽宗要經甲本）　　　　　　　　　　　　　　（6-1）

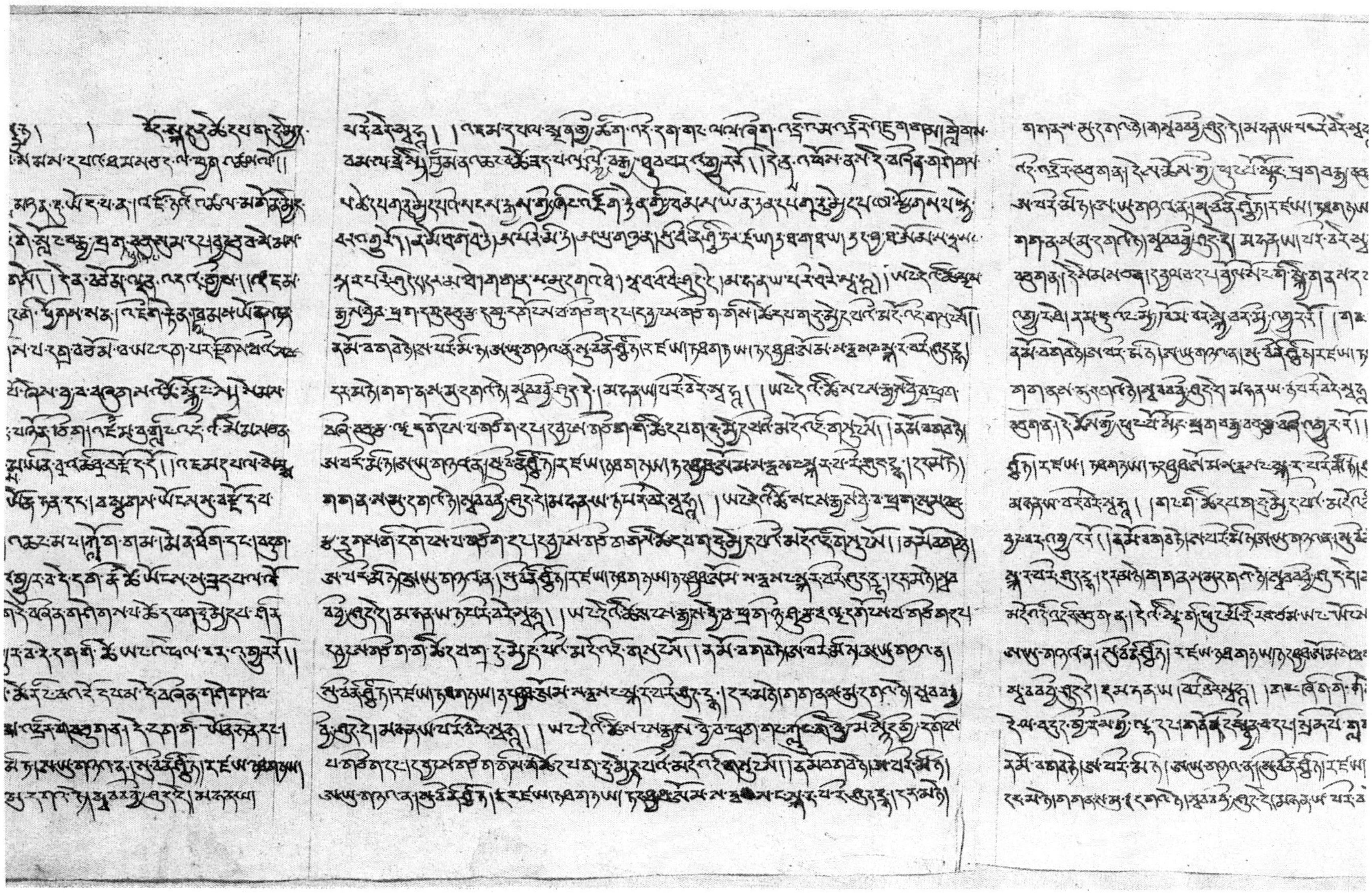

BD14401 號　藏文（無量壽宗要經甲本）　　（6–2）

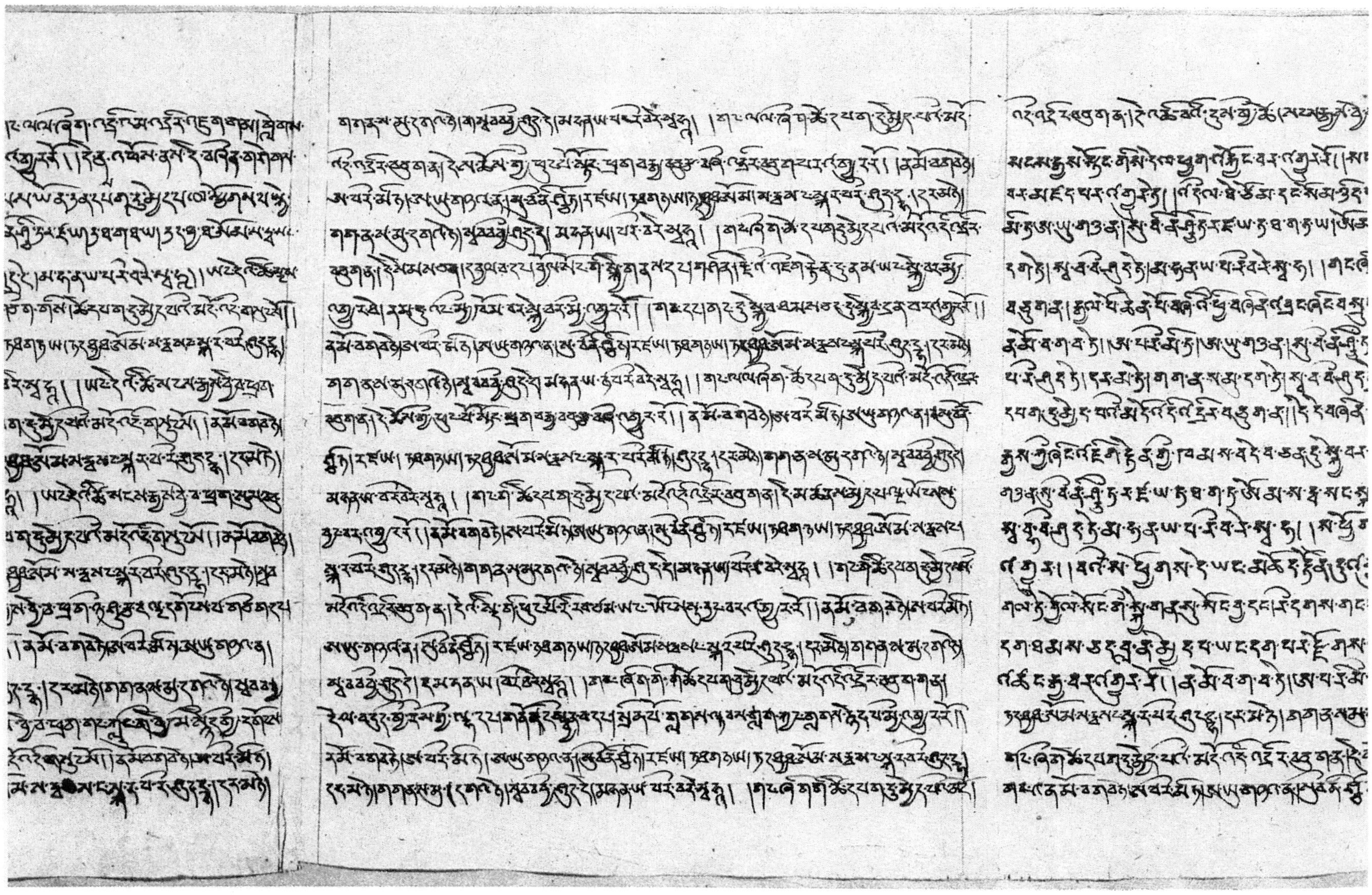

BD14401 號　藏文（無量壽宗要經甲本）　　（6–3）

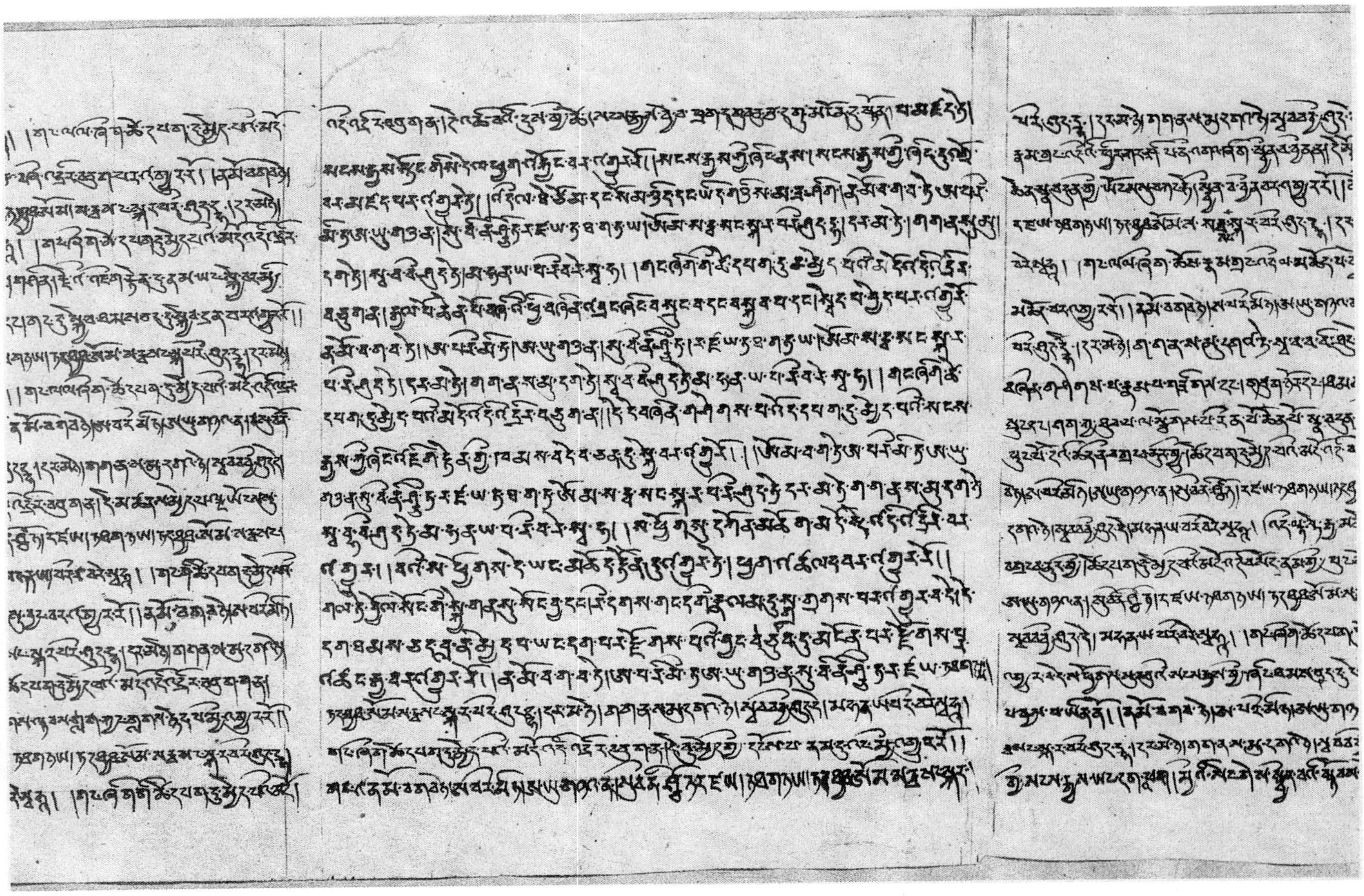

BD14401 號　藏文（無量壽宗要經甲本）　（6–4）

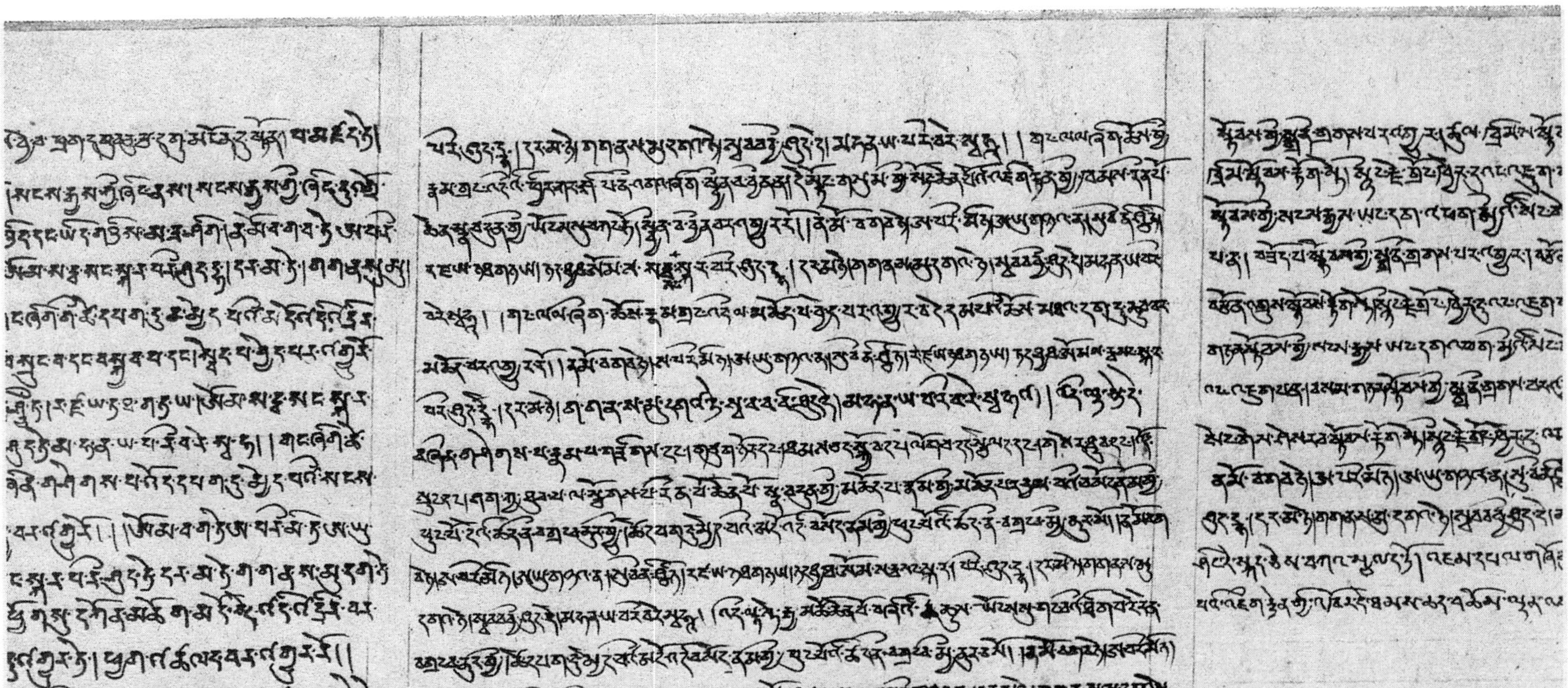

BD14401 號　藏文（無量壽宗要經甲本）　（6–5）

BD14401 號　藏文（無量壽宗要經甲本）　　　　　　　　　　　　　　　　（6-6）

BD14402 號 1　藏文（無量壽宗要經甲本）　　　　　　　　　　　　　　　（18-1）

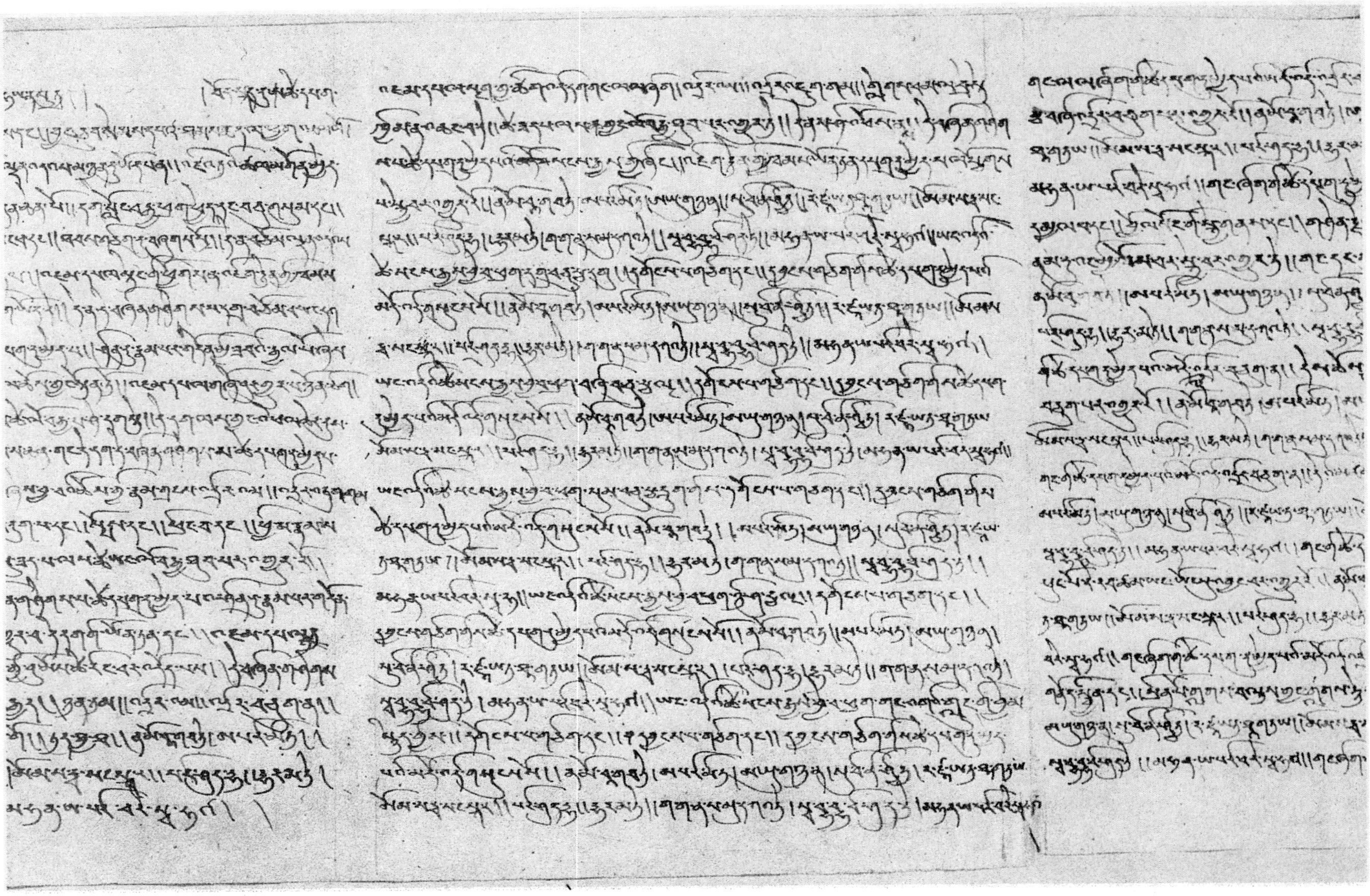

BD14402 號 1　藏文（無量壽宗要經甲本）　（18–2）

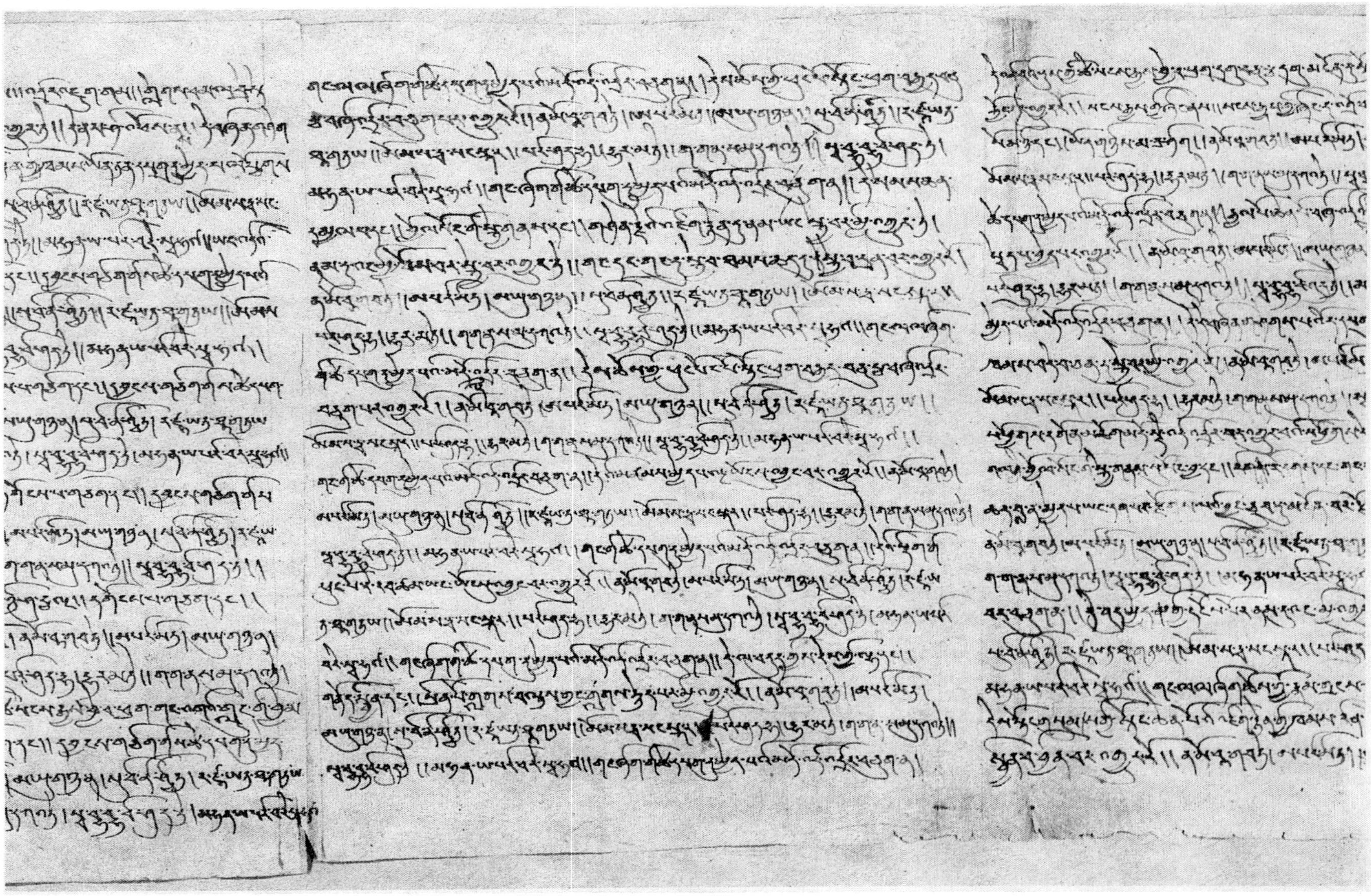

BD14402 號 1　藏文（無量壽宗要經甲本）　（18–3）

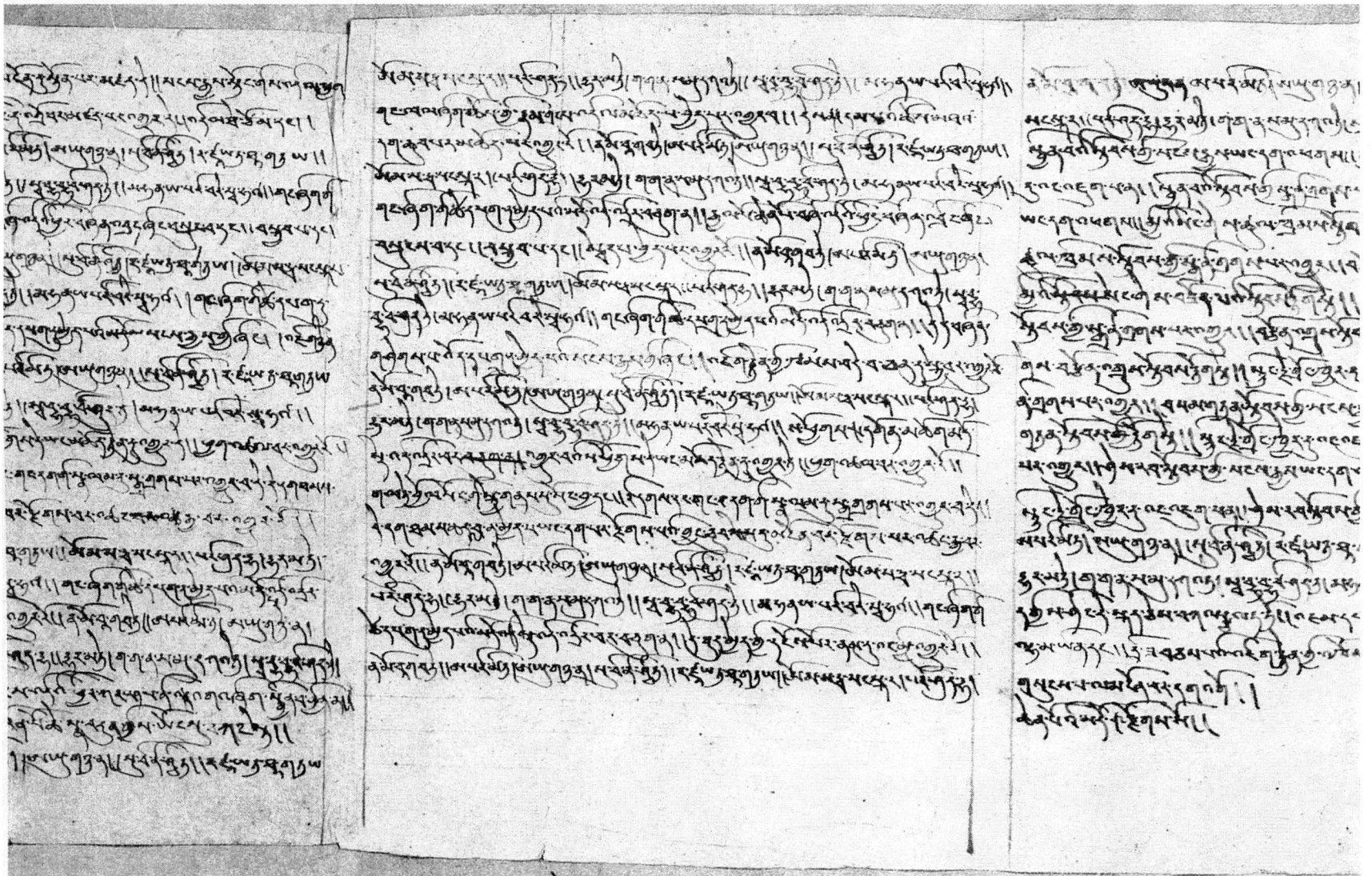

BD14402 號 1　藏文（無量壽宗要經甲本）　　　　　　　　　　　　　　（18-4）

BD14402 號 1　藏文（無量壽宗要經甲本）　　　　　　　　　　　　　　（18-5）

BD14402 號 1　藏文（無量壽宗要經甲本）　　　　　　　　　　　　　　　　（18-6）

BD14402 號 2　藏文（無量壽宗要經甲本）　　　　　　　　　　　　　　　　（18-7）

BD14402 號 2　藏文（無量壽宗要經甲本）　　　　　　　　　　　　　　（18-8）

BD14402 號 2　藏文（無量壽宗要經甲本）　　　　　　　　　　　　　　（18-9）

BD14402 號 2　藏文（無量壽宗要經甲本）

（18−10）

BD14402 號 2　藏文（無量壽宗要經甲本）

（18−11）

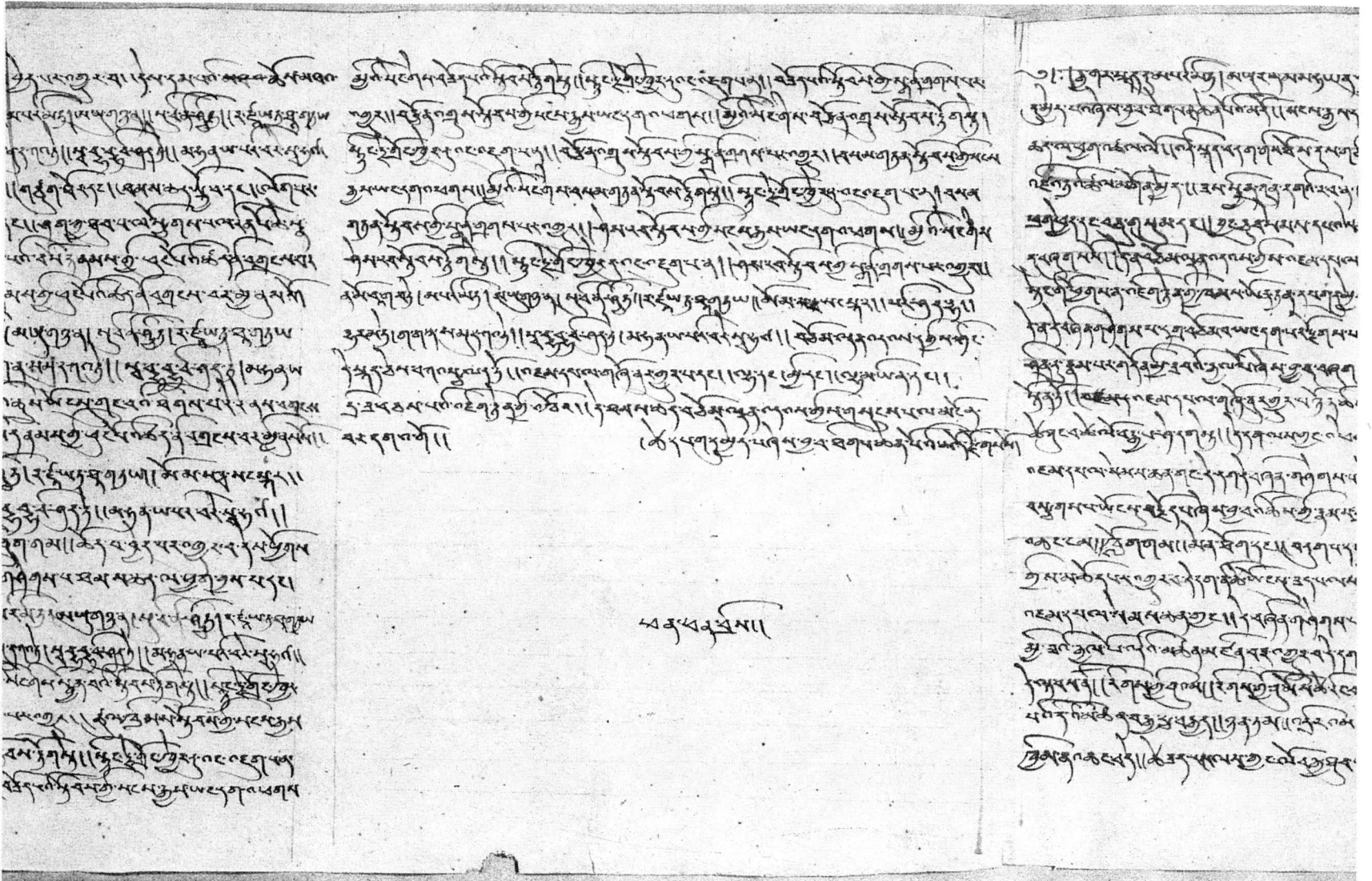

BD14402 號 2　藏文（無量壽宗要經甲本）　　　　　　　　　　　　　　　　　　　　（18-12）

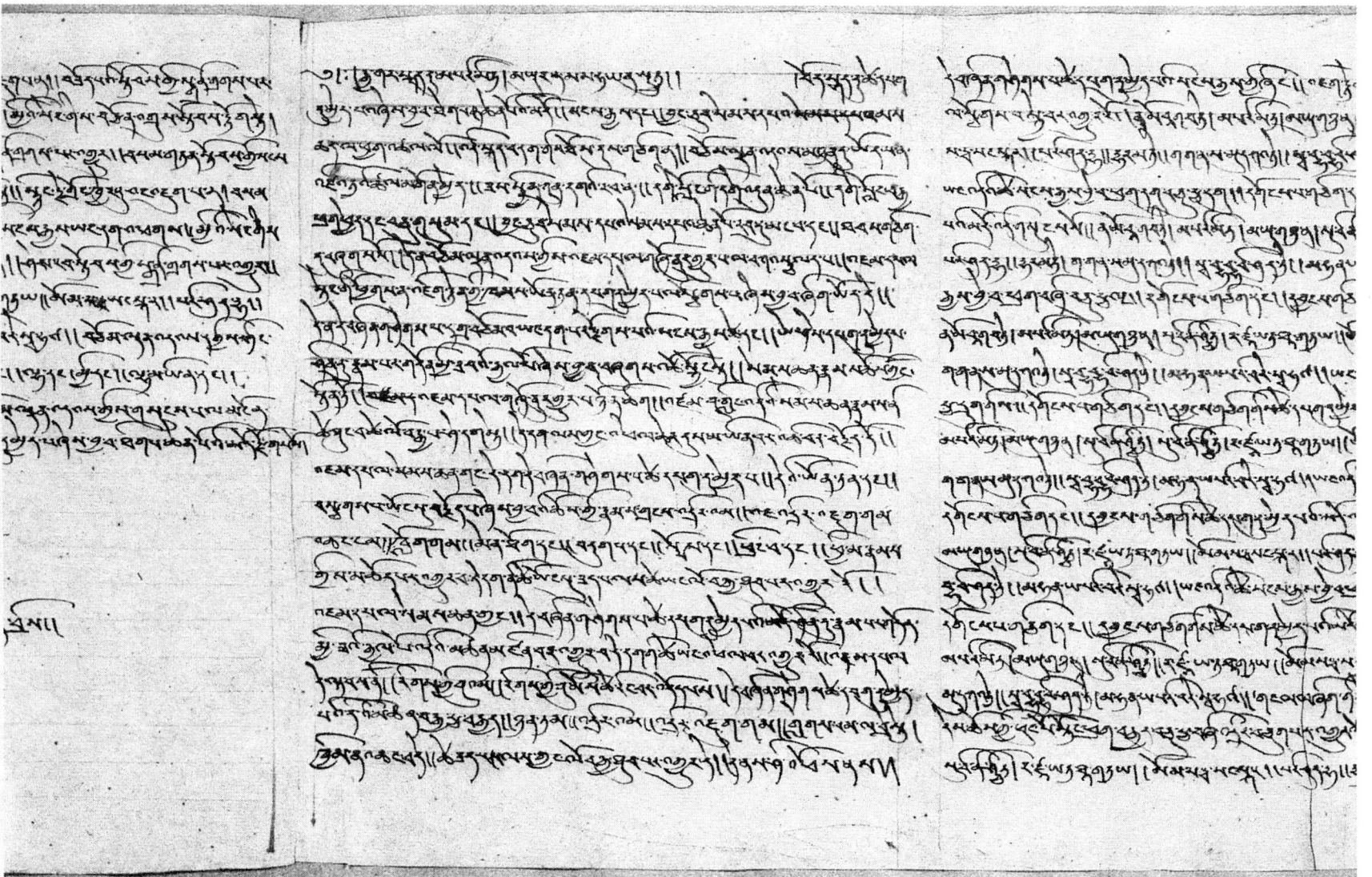

BD14402 號 3　藏文（無量壽宗要經甲本）　　　　　　　　　　　　　　　　　　　　（18-13）

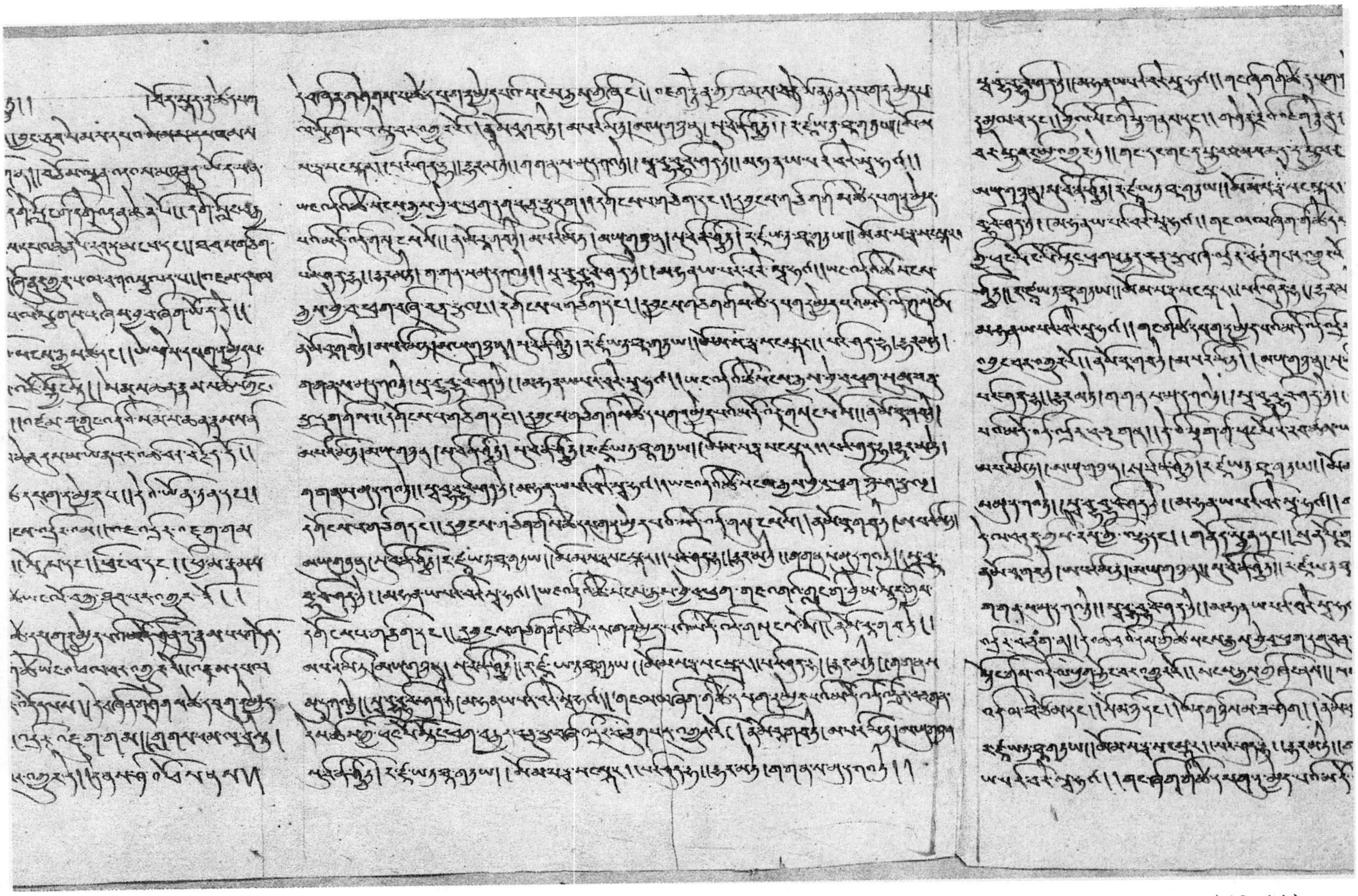

BD14402 號 3　藏文（無量壽宗要經甲本）　（18–14）

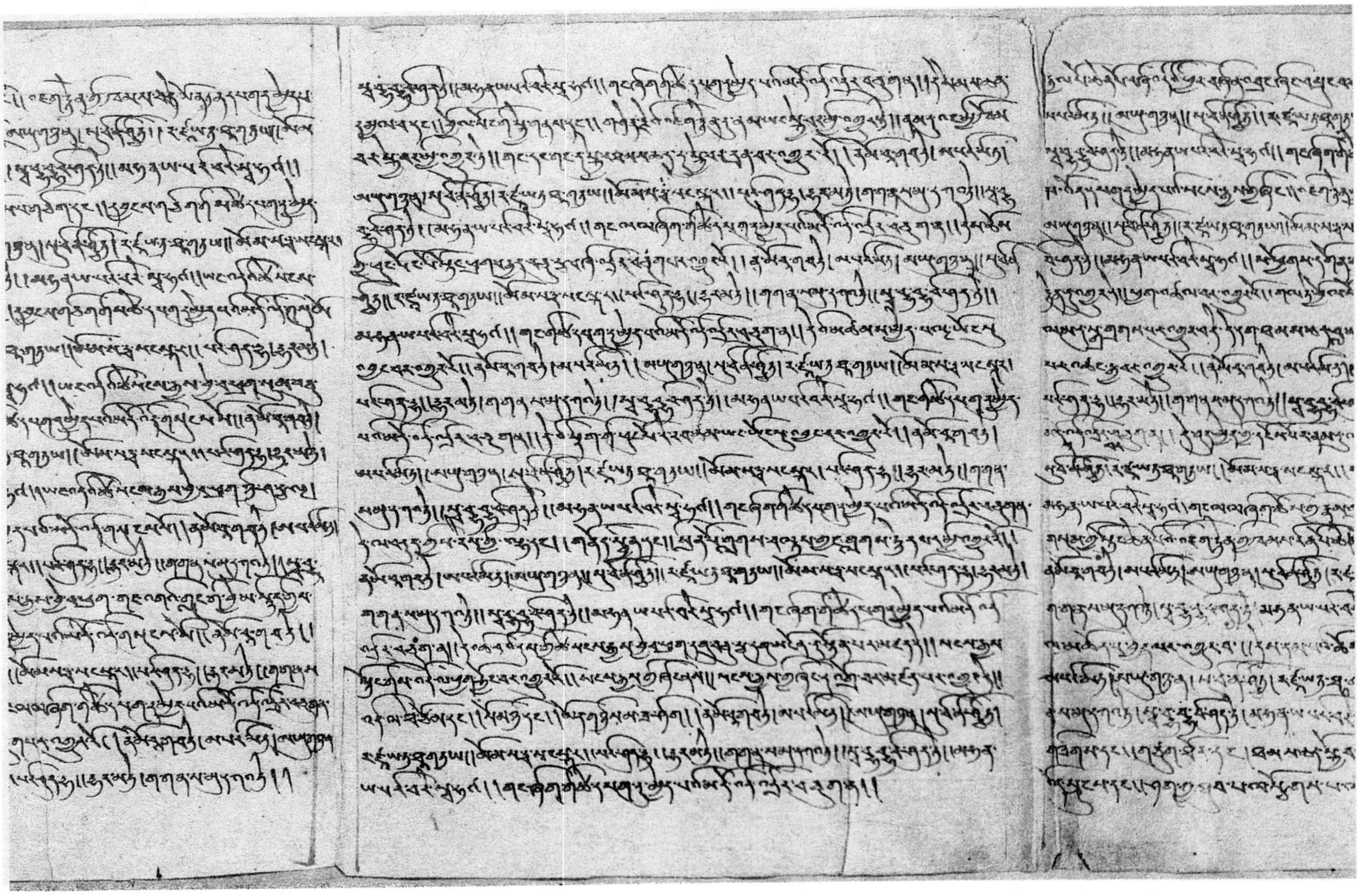

BD14402 號 3　藏文（無量壽宗要經甲本）　（18–15）

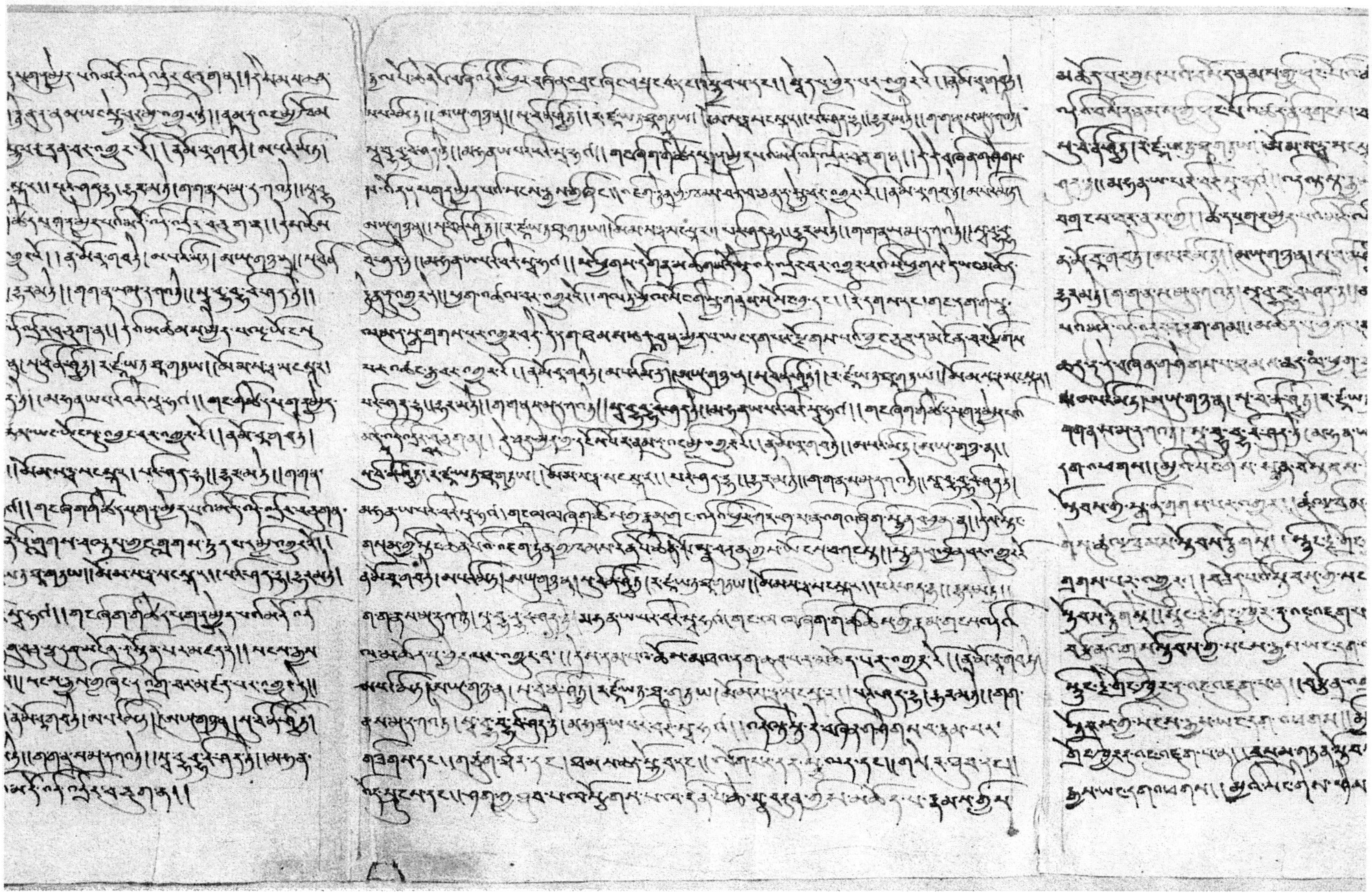

BD14402 號 3　藏文(無量壽宗要經甲本)　　　　(18–16)

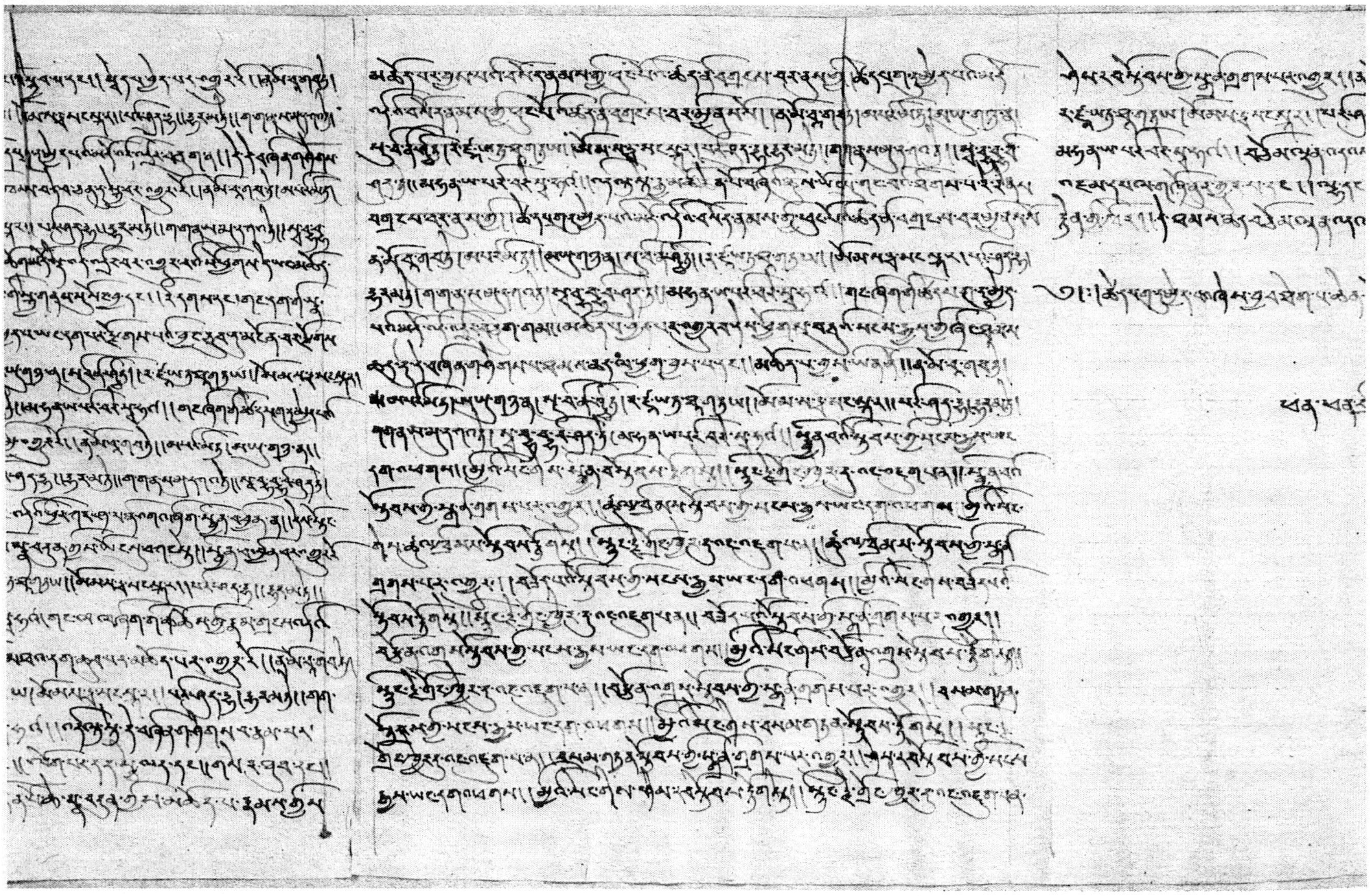

BD14402 號 3　藏文(無量壽宗要經甲本)　　　　(18–17)

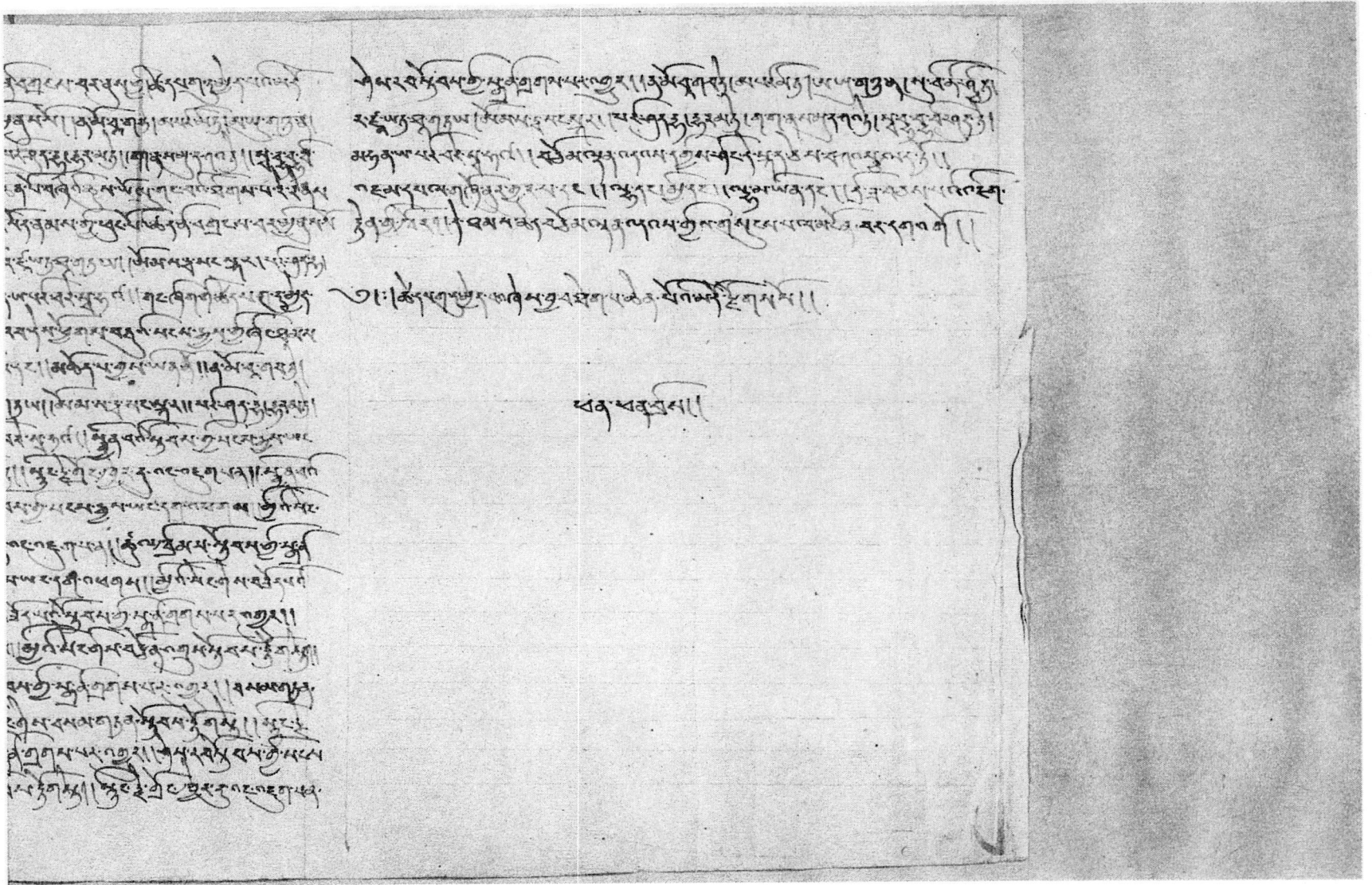

BD14402 號 3　藏文（無量壽宗要經甲本）　　　　　　　　　　　（18-18）

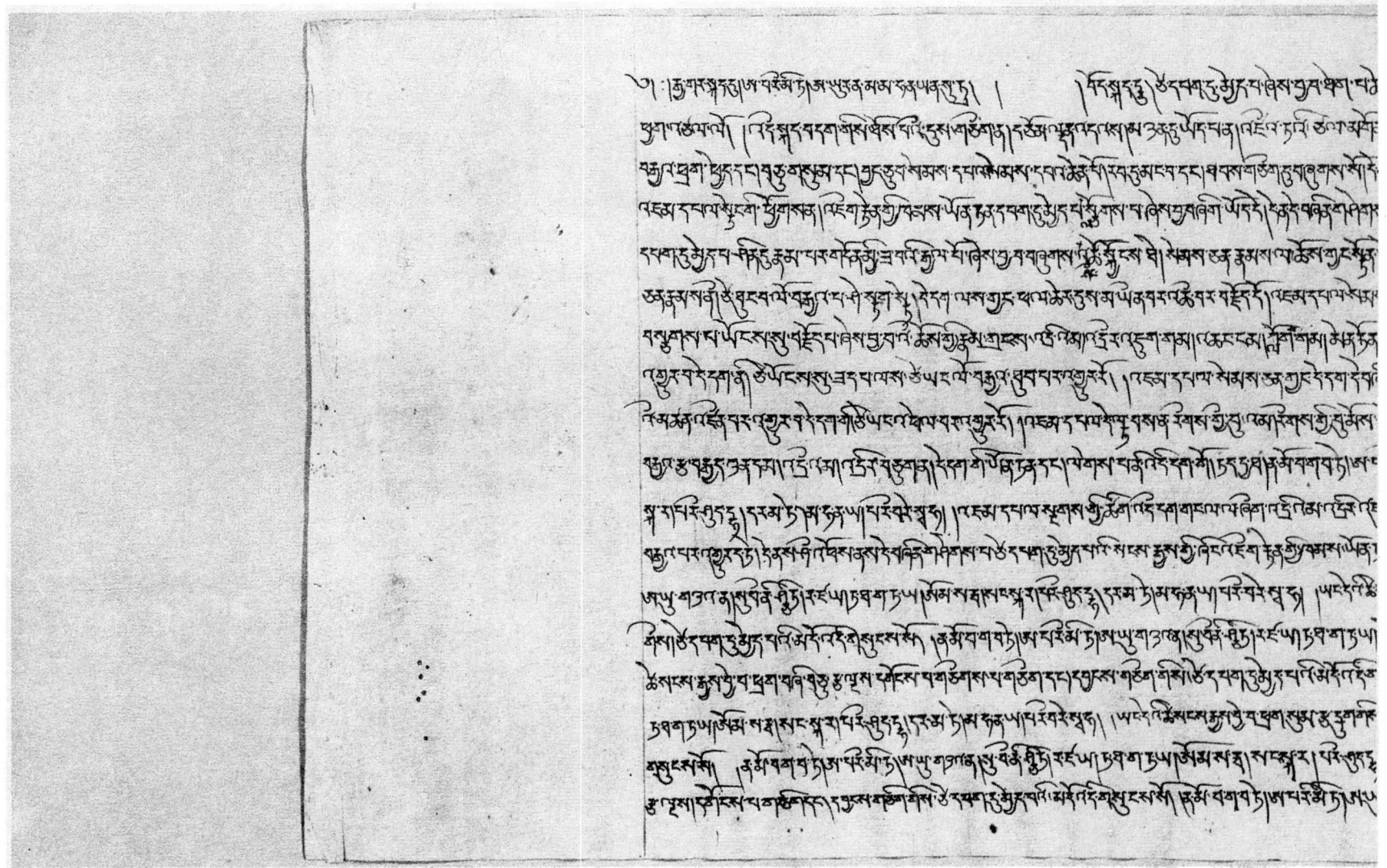

BD14403 號　藏文（無量壽宗要經乙本）　　　　　　　　　　　（6-1）

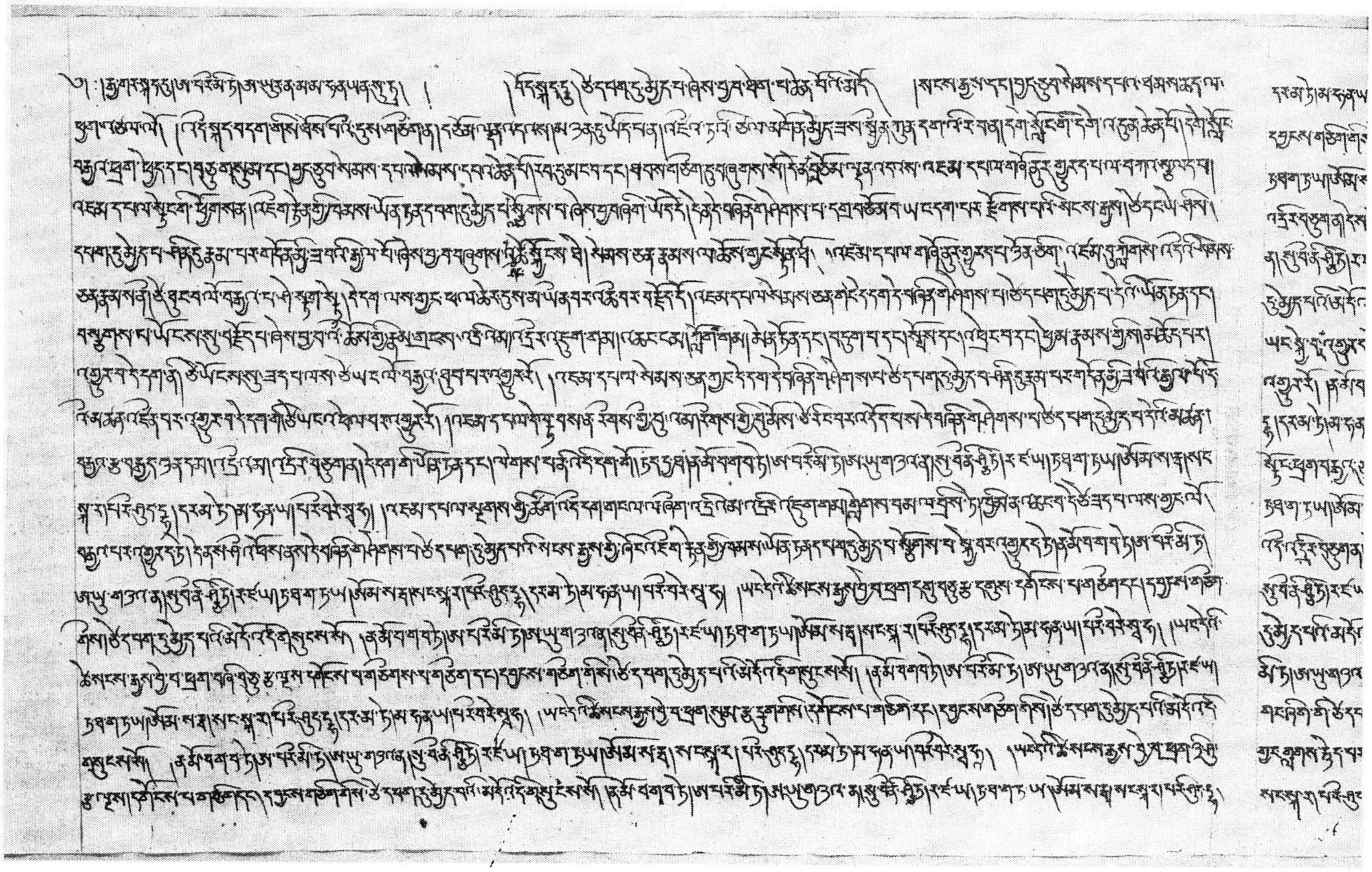

BD14403 號　藏文（無量壽宗要經乙本）　（6–2）

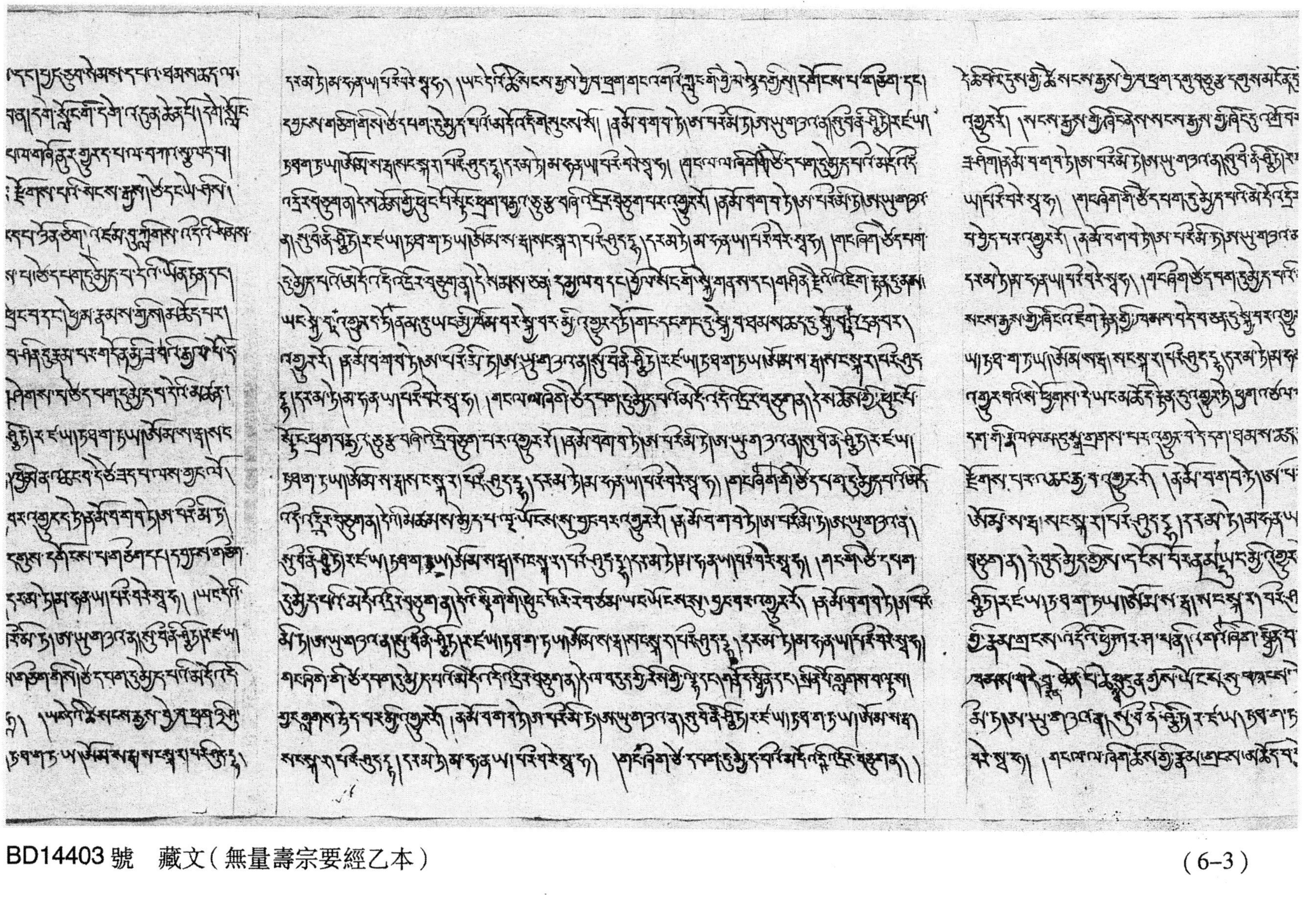

BD14403 號　藏文（無量壽宗要經乙本）　（6–3）

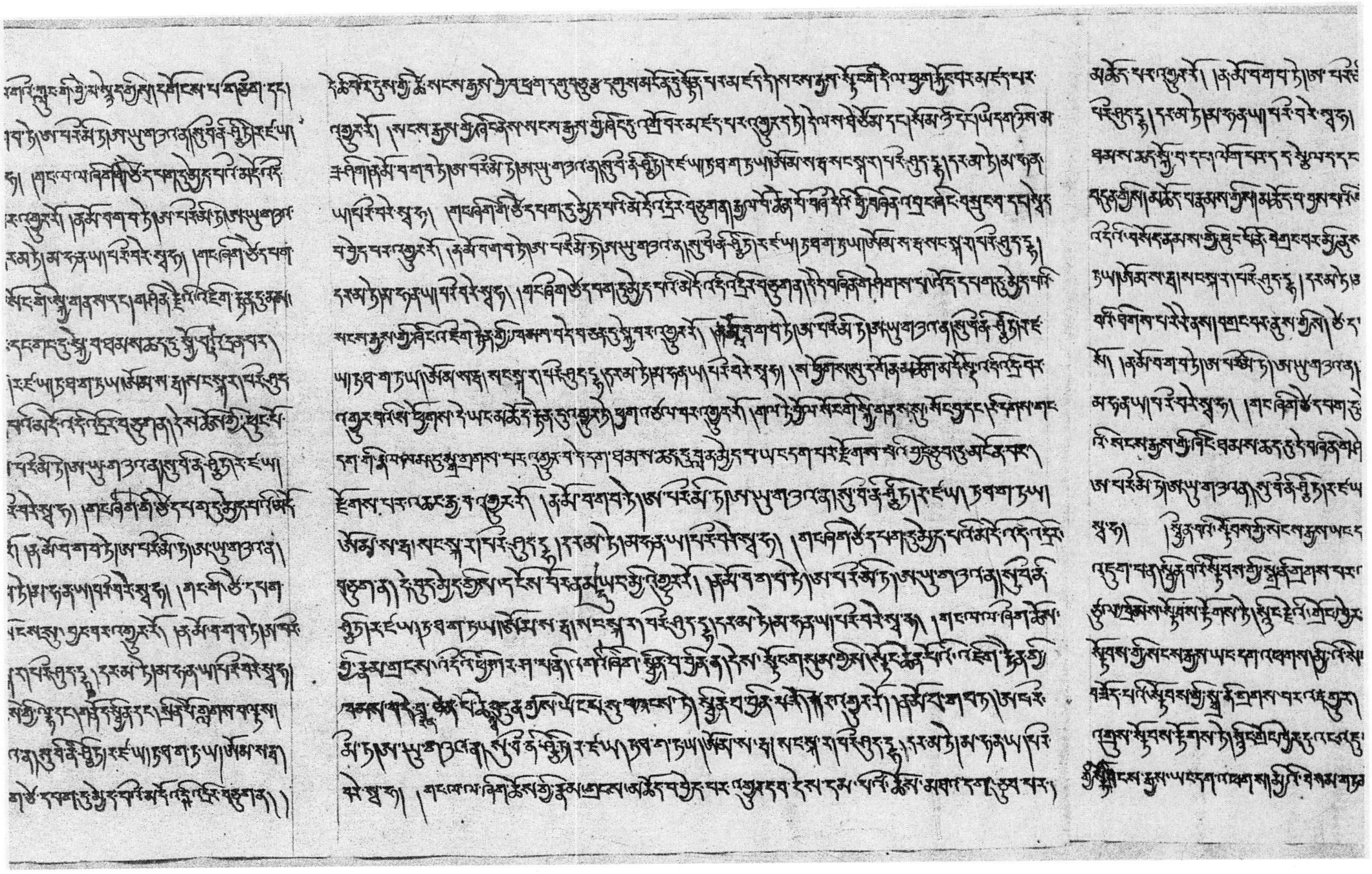

BD14403 號　藏文（無量壽宗要經乙本）　　（6–4）

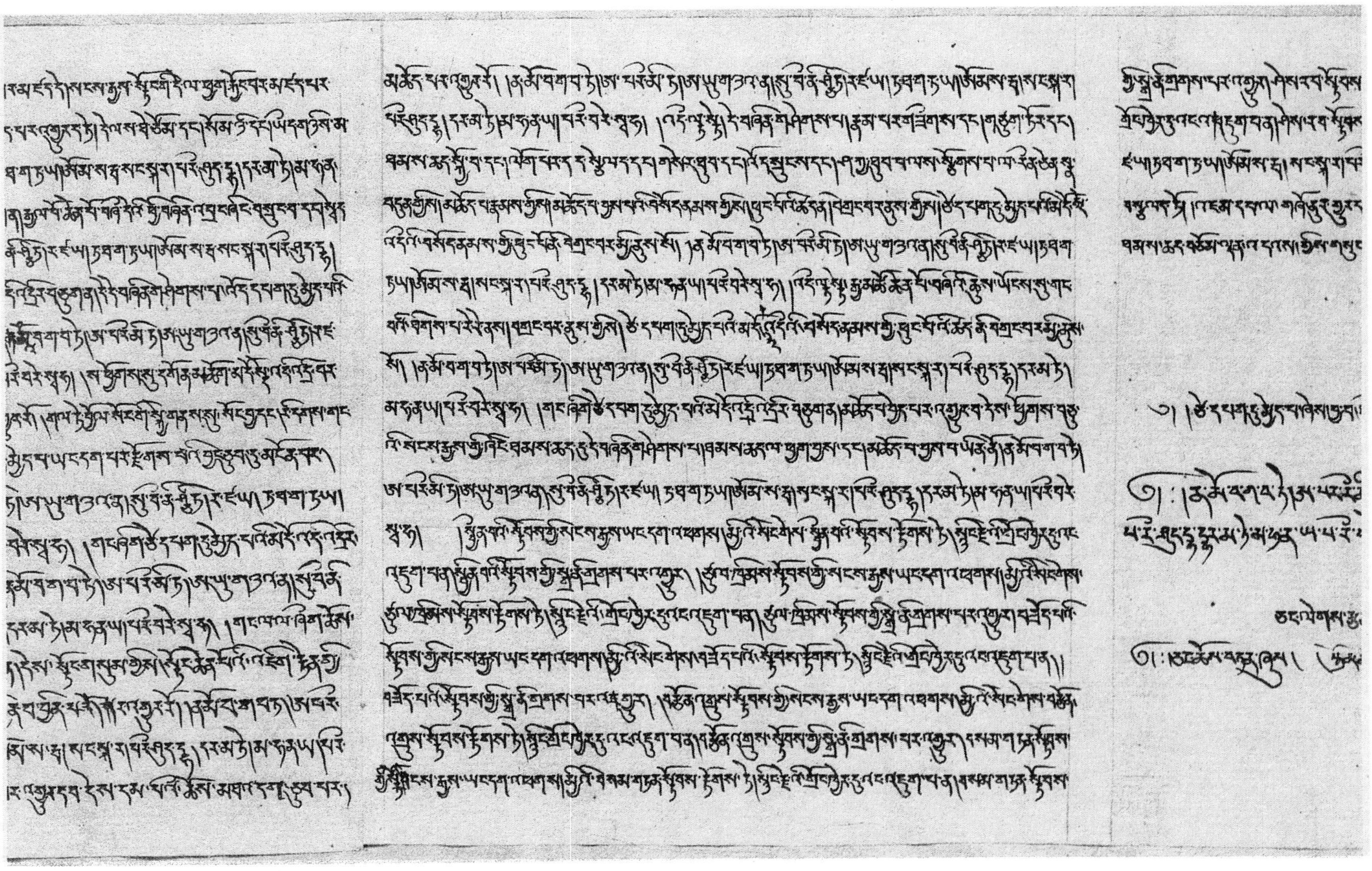

BD14403 號　藏文（無量壽宗要經乙本）　　（6–5）

BD14403 號　藏文（無量壽宗要經乙本）　　　　　　　　　　　　　（6-6）

BD14404　藏文（無量壽宗要經甲本）　　　　　　　　　　　　　（6-1）

BD14404　藏文（無量壽宗要經甲本）　　　　　　　　　　　　　　　　（6-2）

BD14404　藏文（無量壽宗要經甲本）　　　　　　　　　　　　　　　　（6-3）

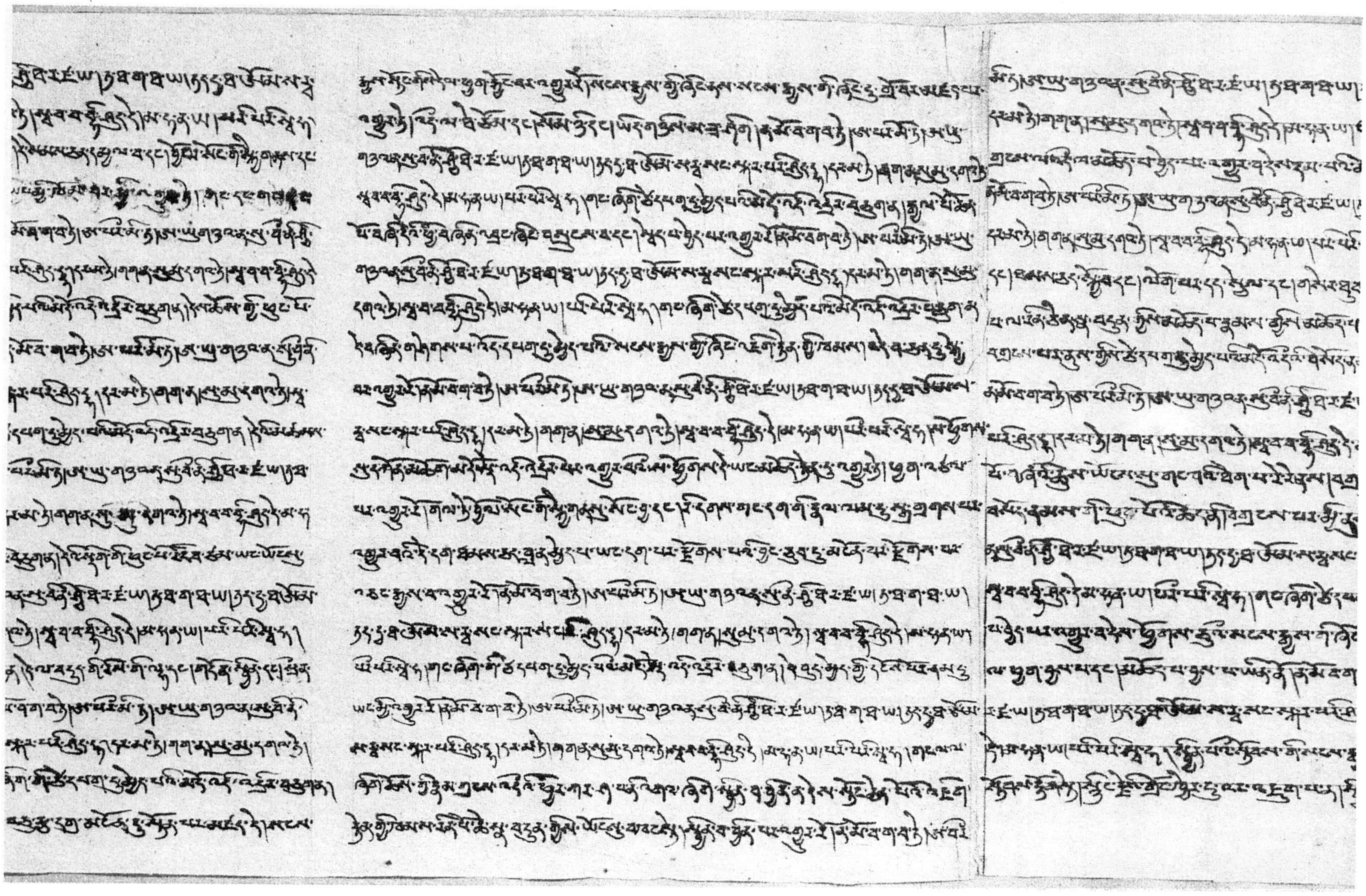

BD14404　藏文（無量壽宗要經甲本）　（6–4）

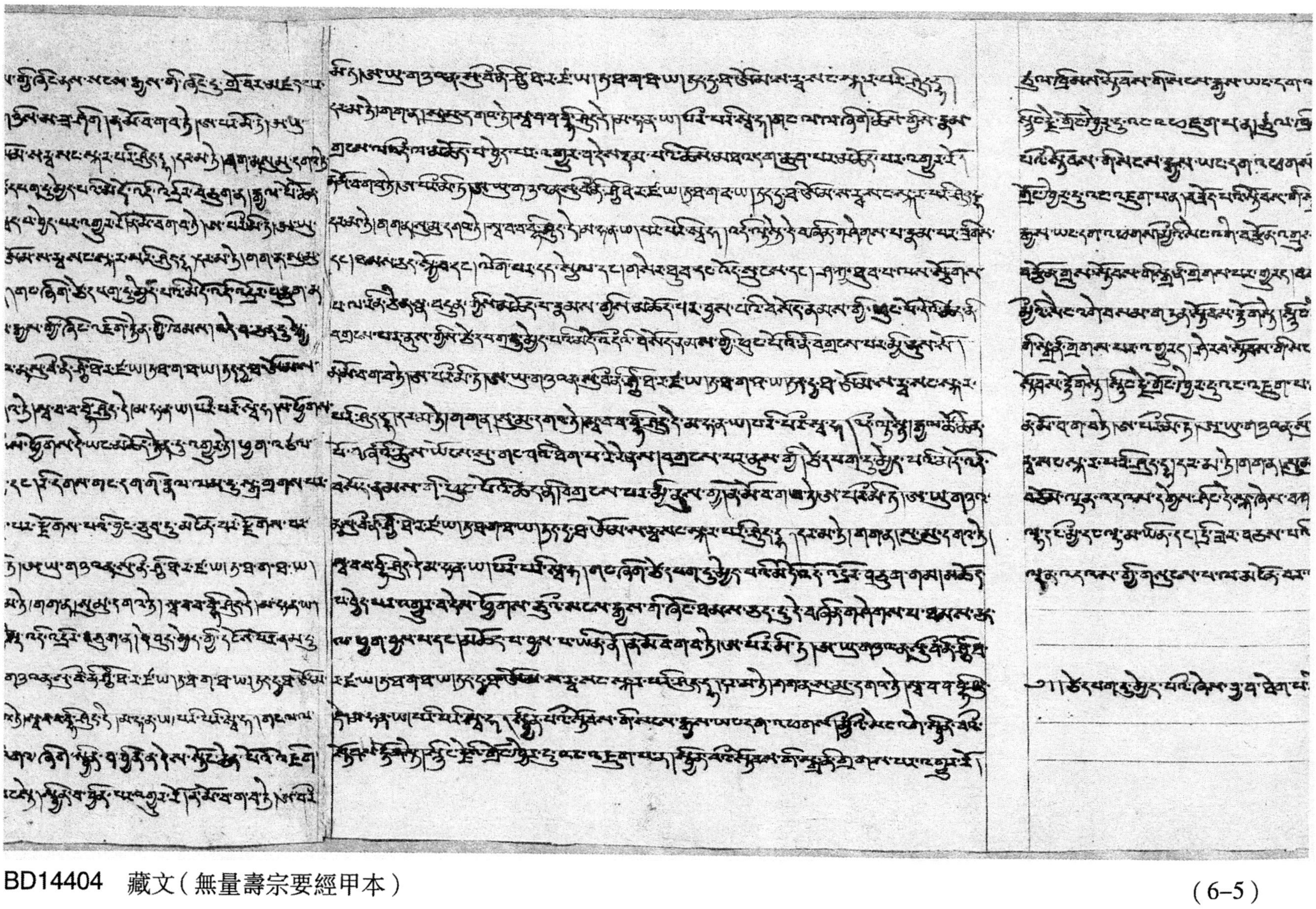

BD14404　藏文（無量壽宗要經甲本）　（6–5）

BD14404　藏文（無量壽宗要經甲本）　　　　　　　　　　（6-6）

BD14405 號 1　藏文（無量壽宗要經乙本）　　　　　　　　（36-1）

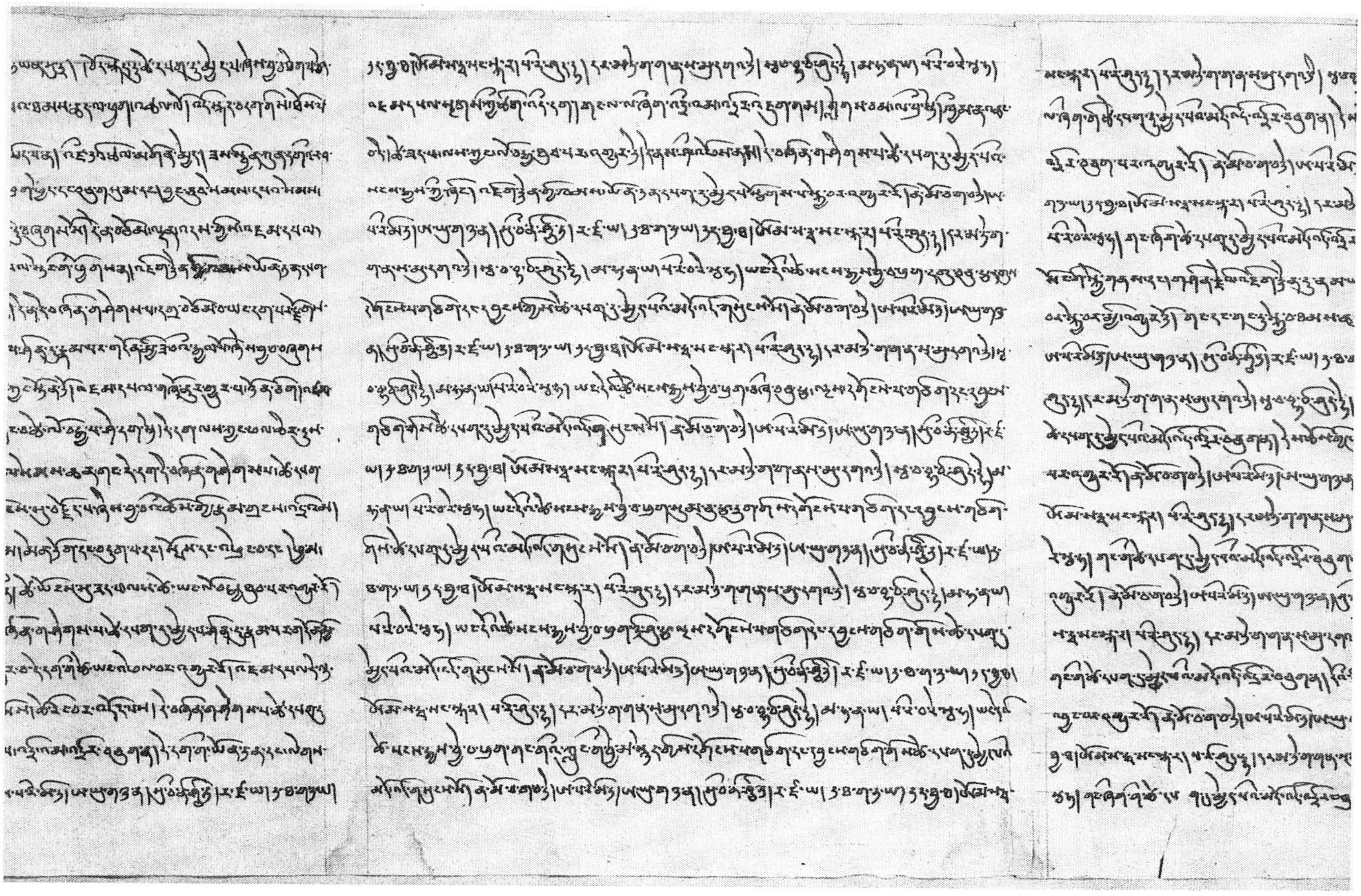

BD14405 號 1　藏文（無量壽宗要經乙本）

BD14405 號 1　藏文（無量壽宗要經乙本）

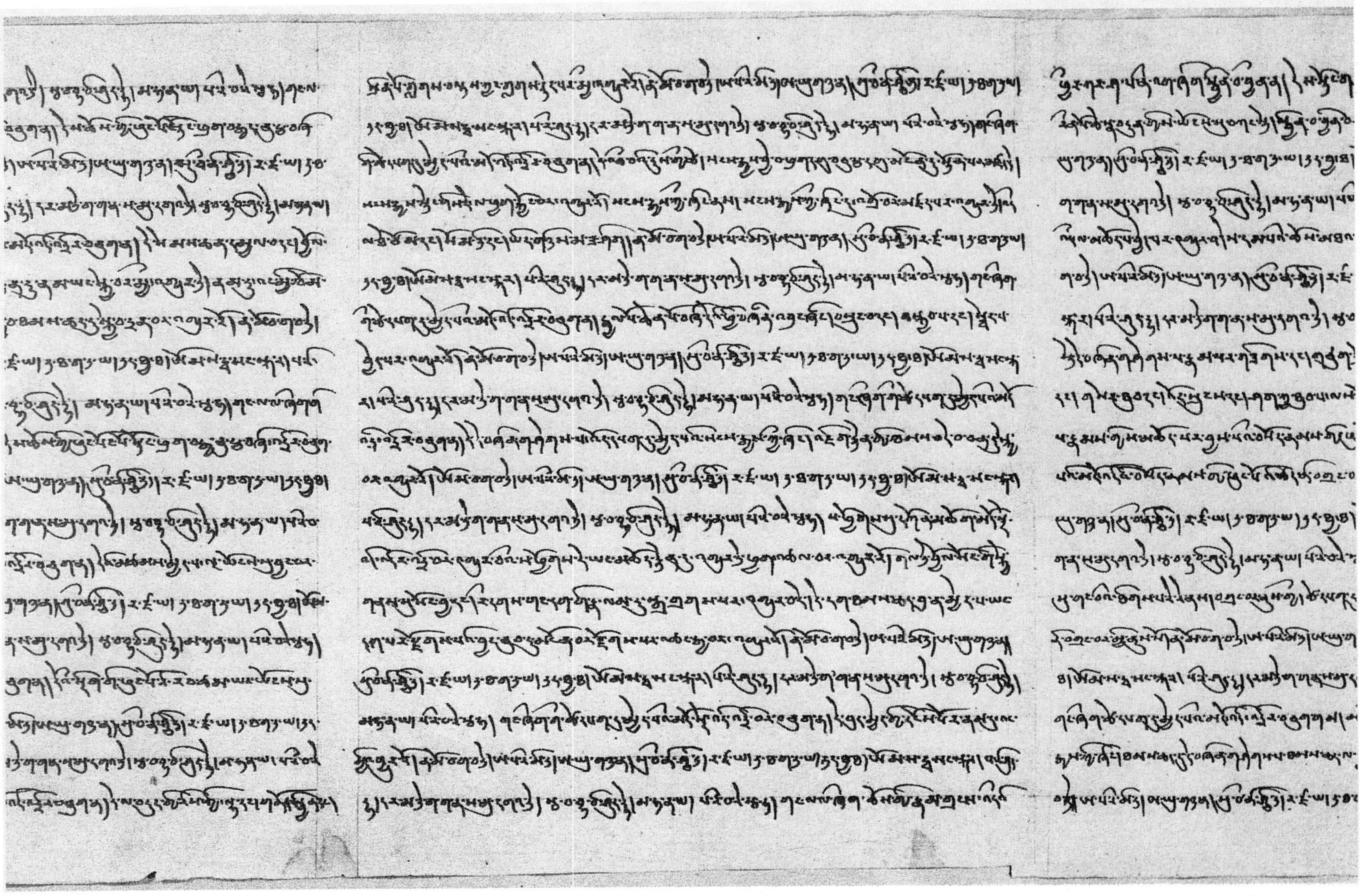

BD14405 號 1　藏文（無量壽宗要經乙本）　　（36–4）

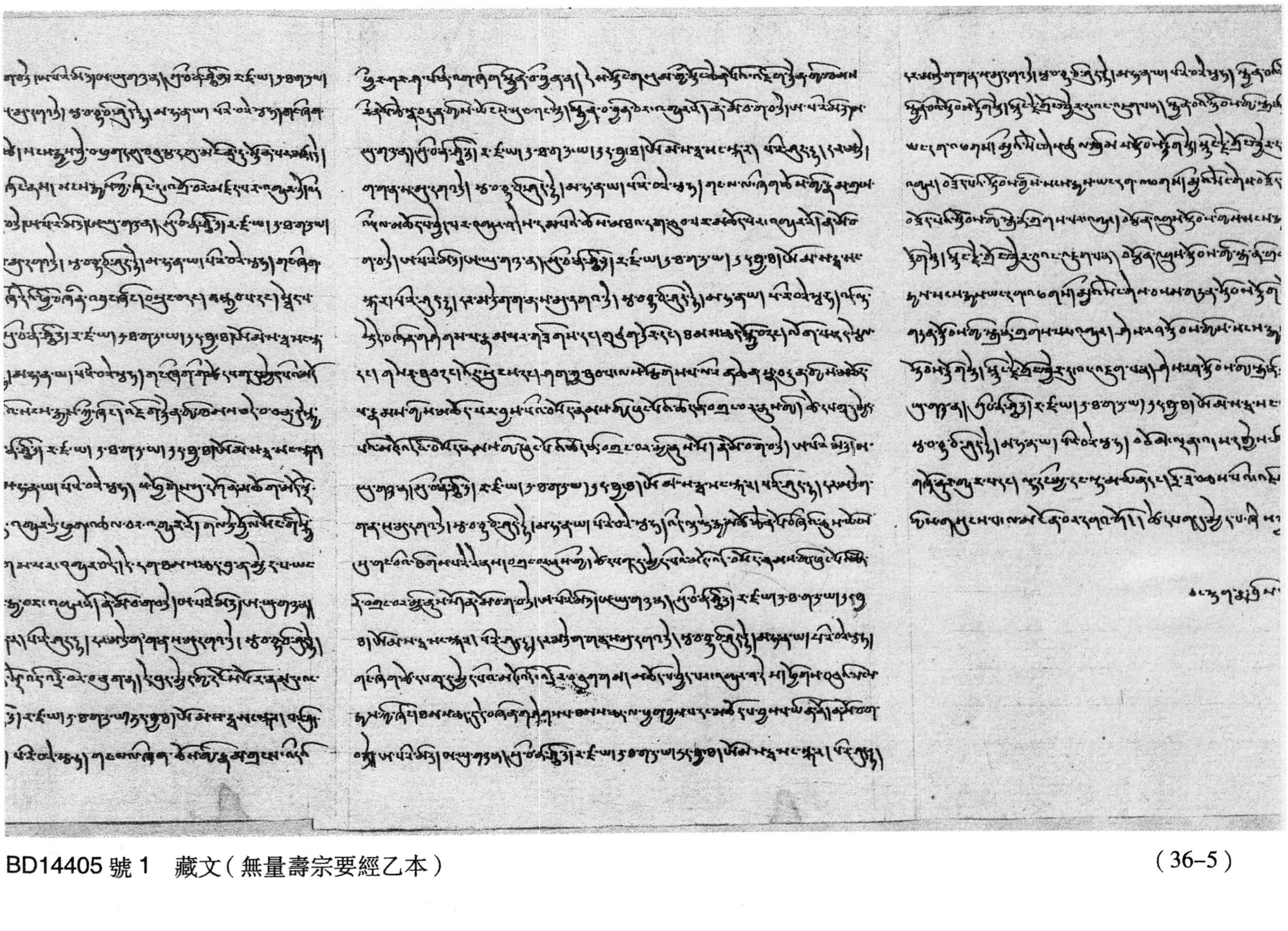

BD14405 號 1　藏文（無量壽宗要經乙本）　　（36–5）

BD14405 號 1　藏文（無量壽宗要經乙本）　　　　　　　　　　　　　　（36-6）

BD14405 號 2　藏文（無量壽宗要經乙本）　　　　　　　　　　　　　　（36-7）

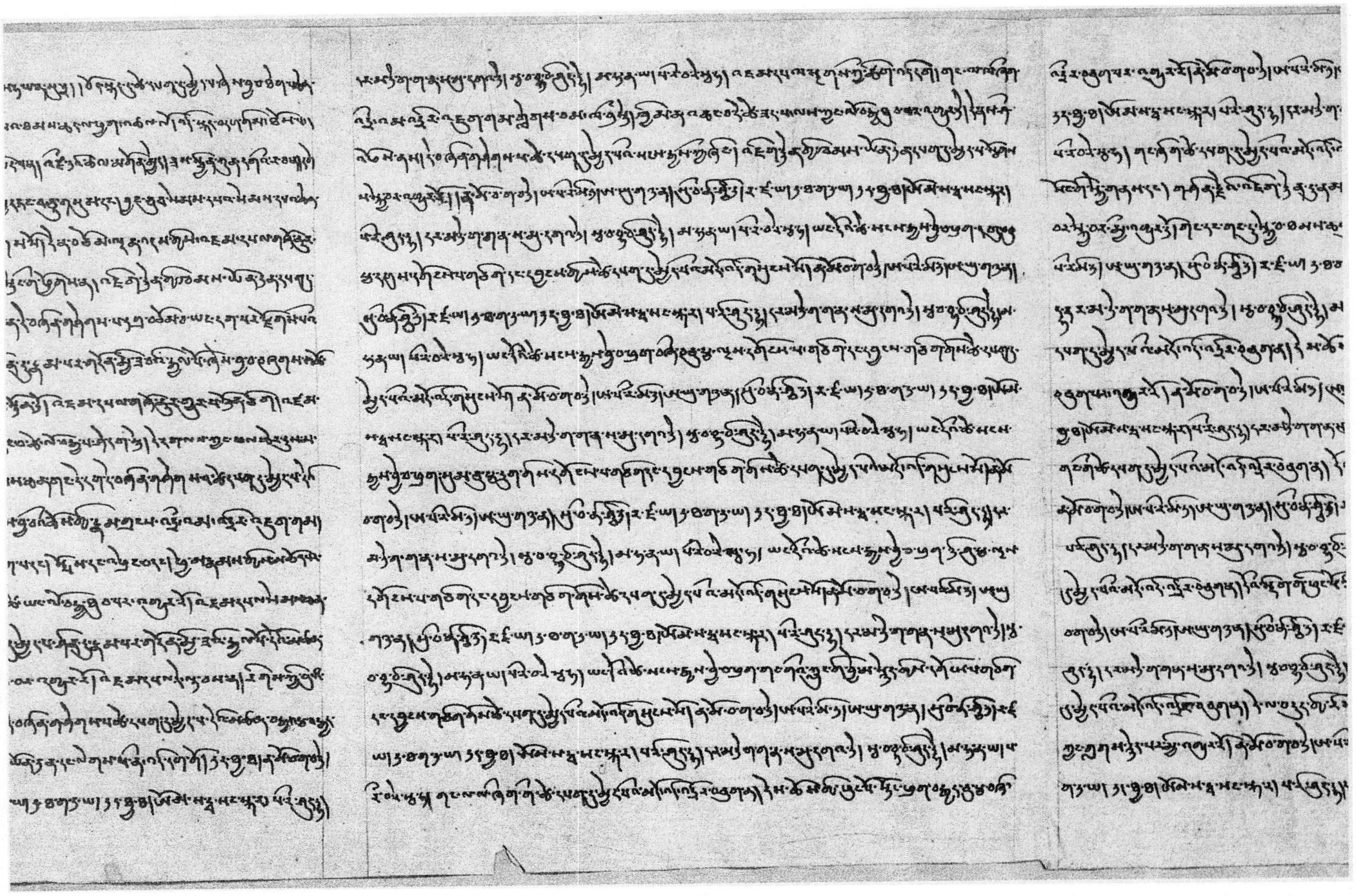

BD14405 號 2　藏文（無量壽宗要經乙本）　（36–8）

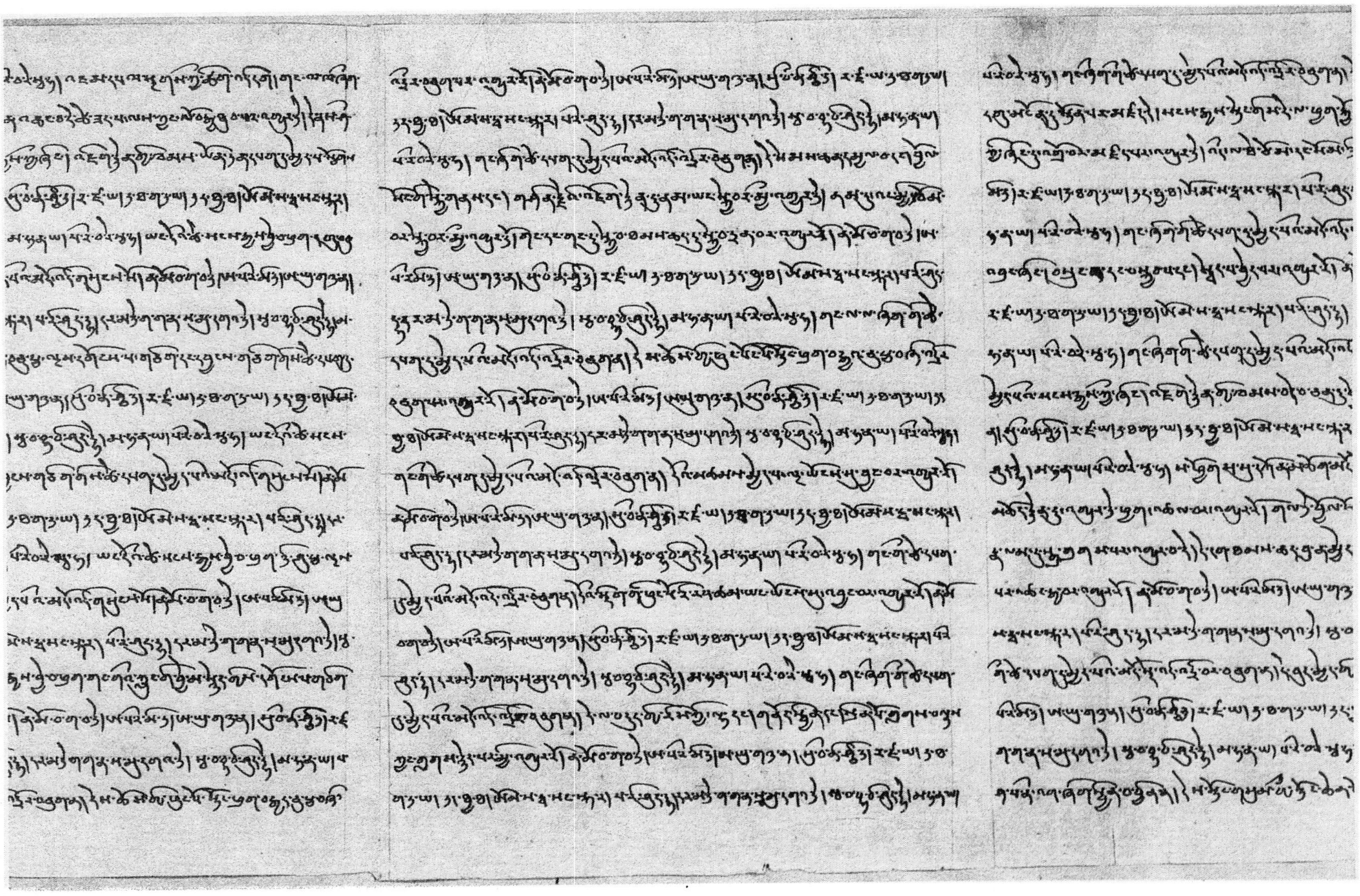

BD14405 號 2　藏文（無量壽宗要經乙本）　（36–9）

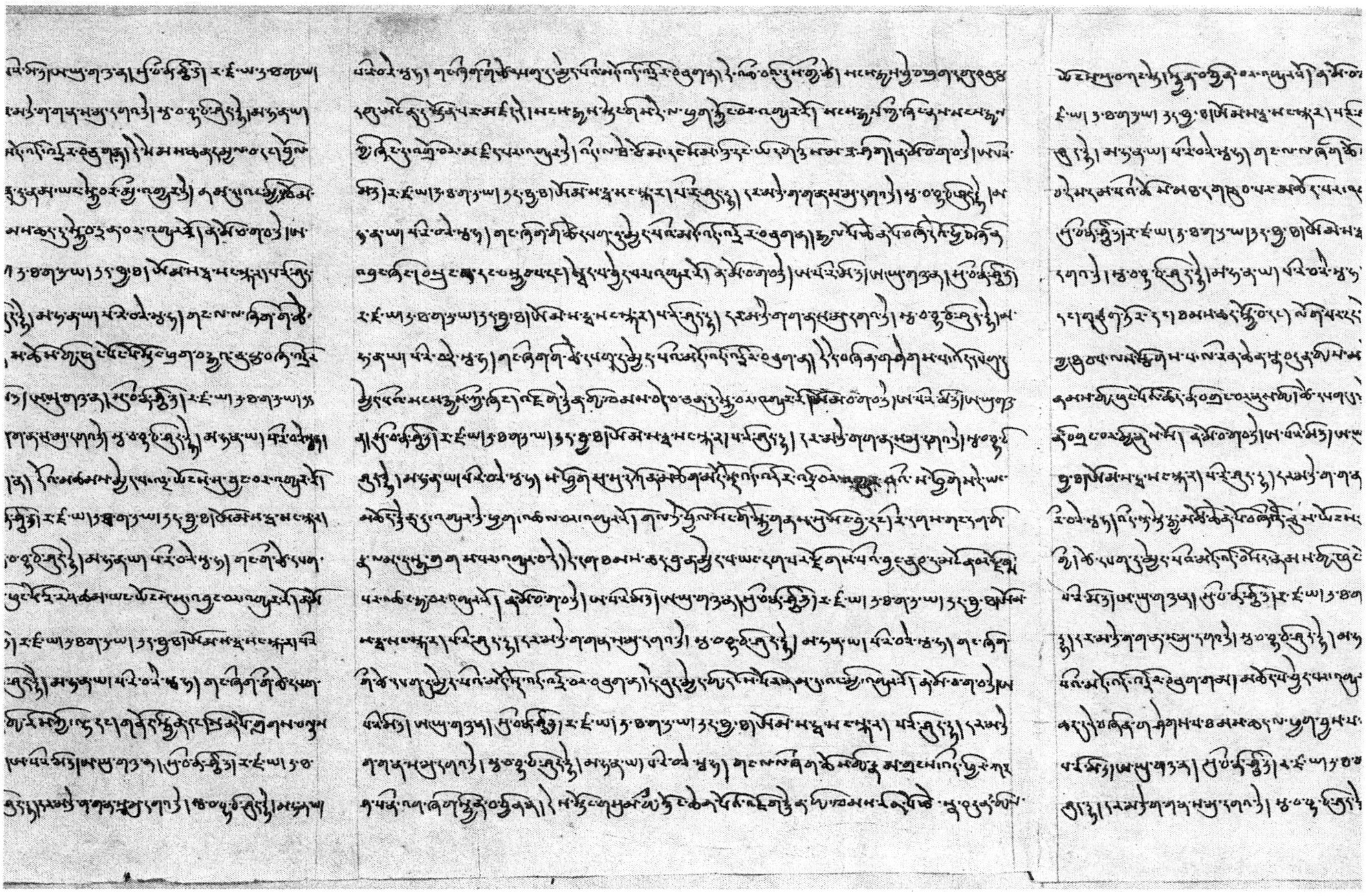

BD14405 號 2　藏文（無量壽宗要經乙本）　　（36–10）

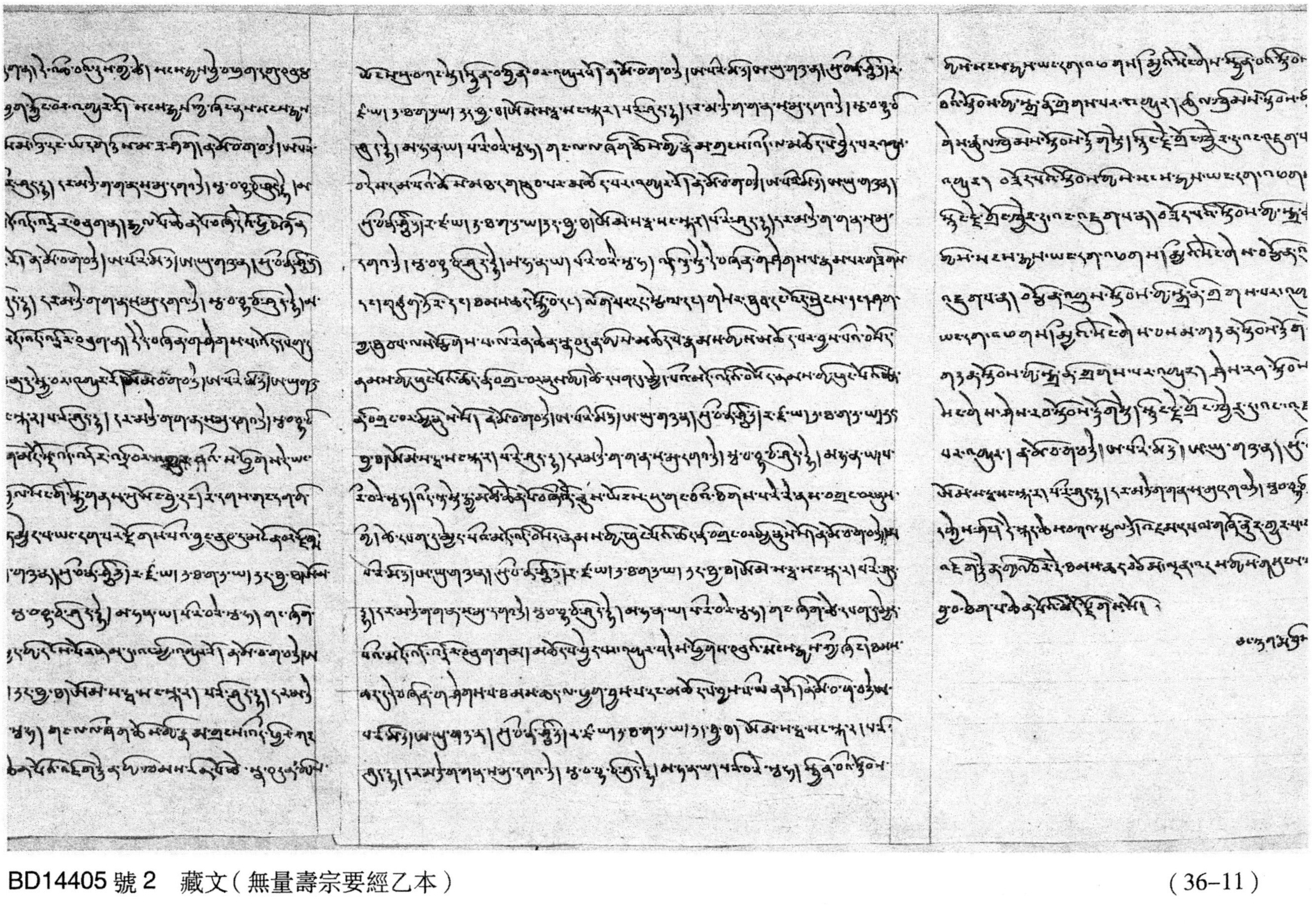

BD14405 號 2　藏文（無量壽宗要經乙本）　　（36–11）

BD14405 號 2　藏文（無量壽宗要經乙本）　　　　　　　　　（36–12）

BD14405 號 3　藏文（無量壽宗要經乙本）　　　　　　　　　（36–13）

BD14405 號 3　藏文（無量壽宗要經乙本）　　　　　　　　　　　　　　　（36-14）

BD14405 號 3　藏文（無量壽宗要經乙本）　　　　　　　　　　　　　　　（36-15）

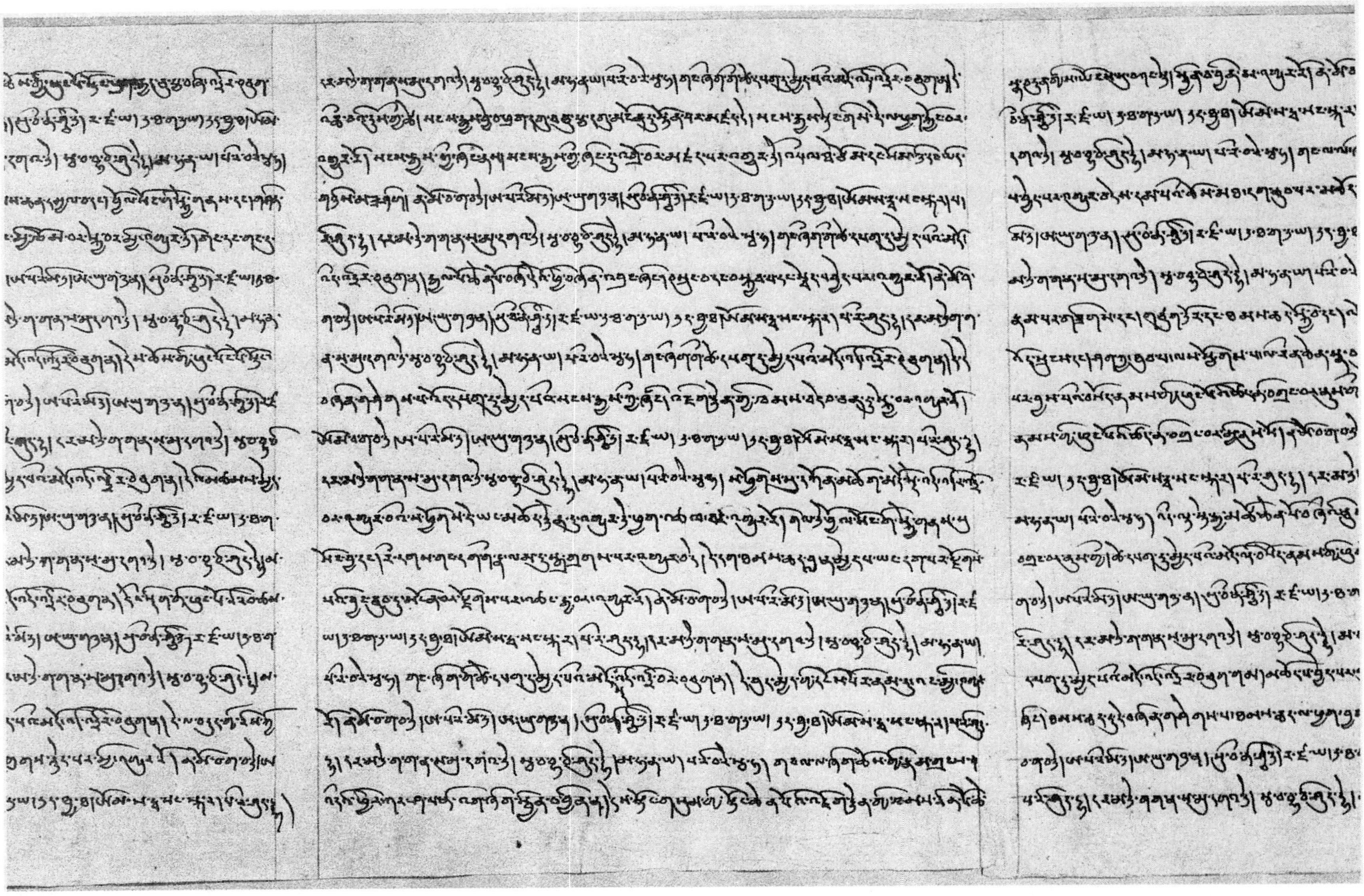

BD14405 號 3　藏文（無量壽宗要經乙本）　（36–16）

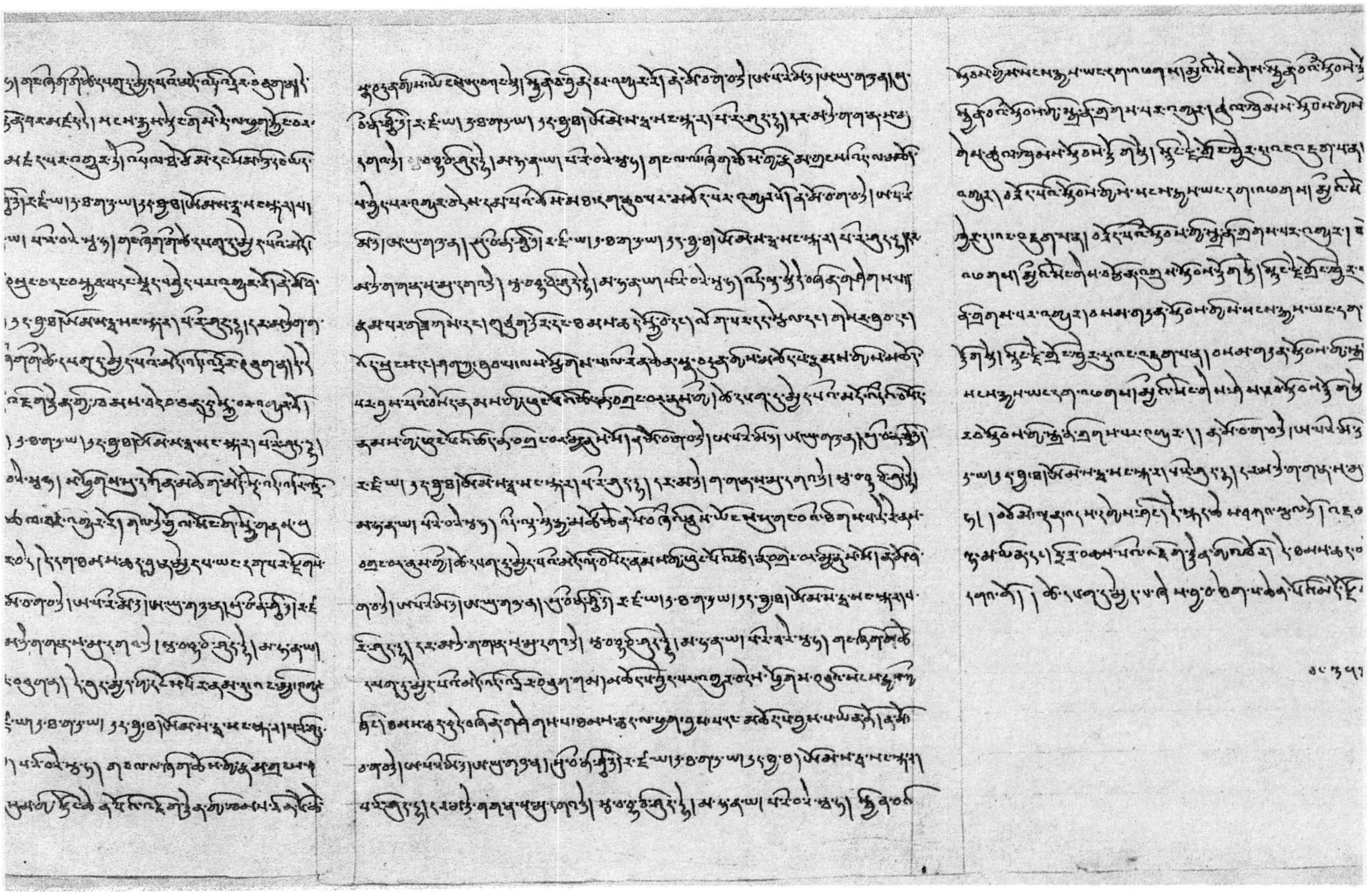

BD14405 號 3　藏文（無量壽宗要經乙本）　（36–17）

BD14405 號 3　藏文（無量壽宗要經乙本）　　　　　　　　　　　　　　　（36-18）

BD14405 號 4　藏文（無量壽宗要經乙本）　　　　　　　　　　　　　　　（36-19）

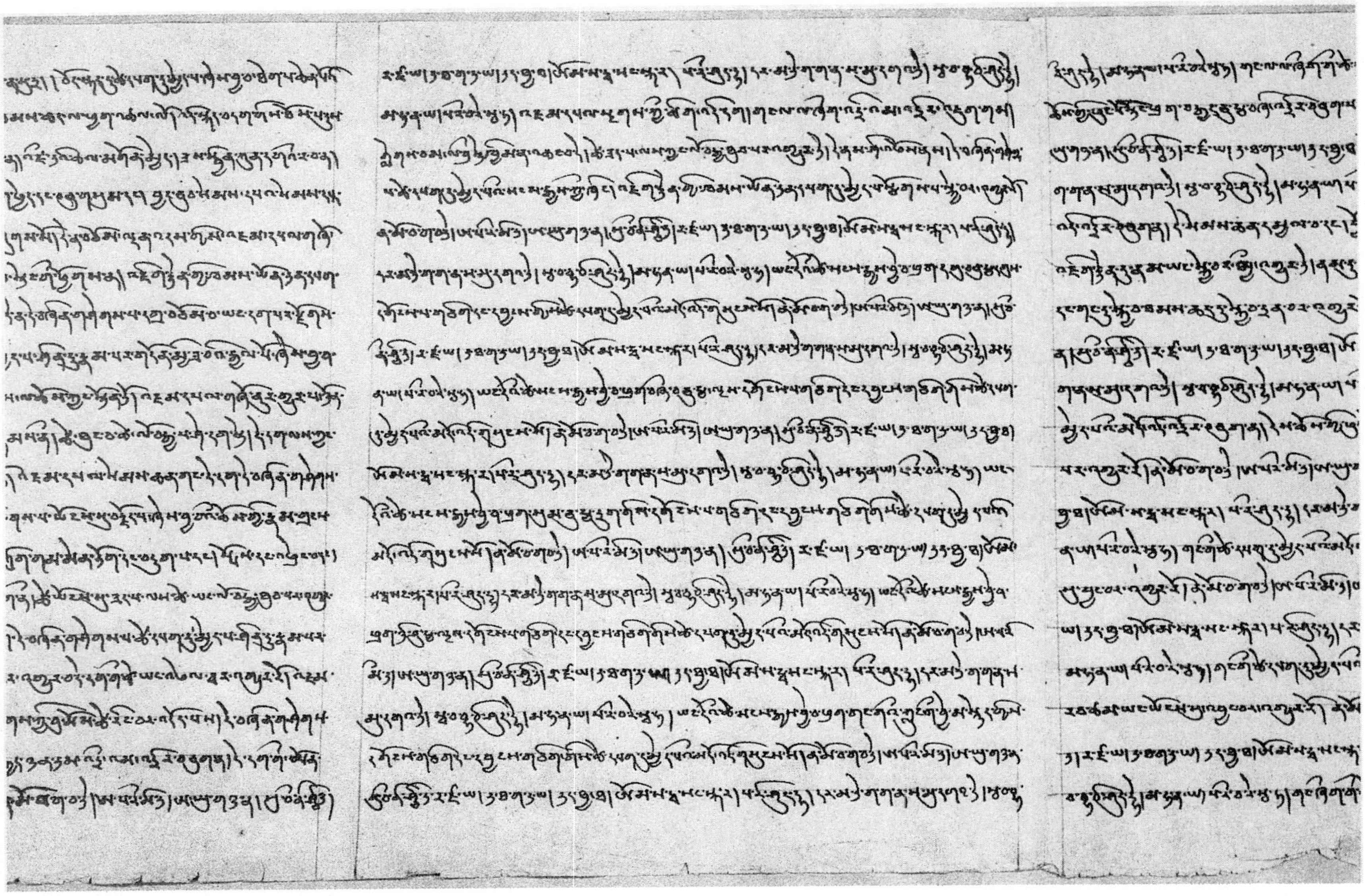

BD14405 號 4　藏文（無量壽宗要經乙本）　（36–20）

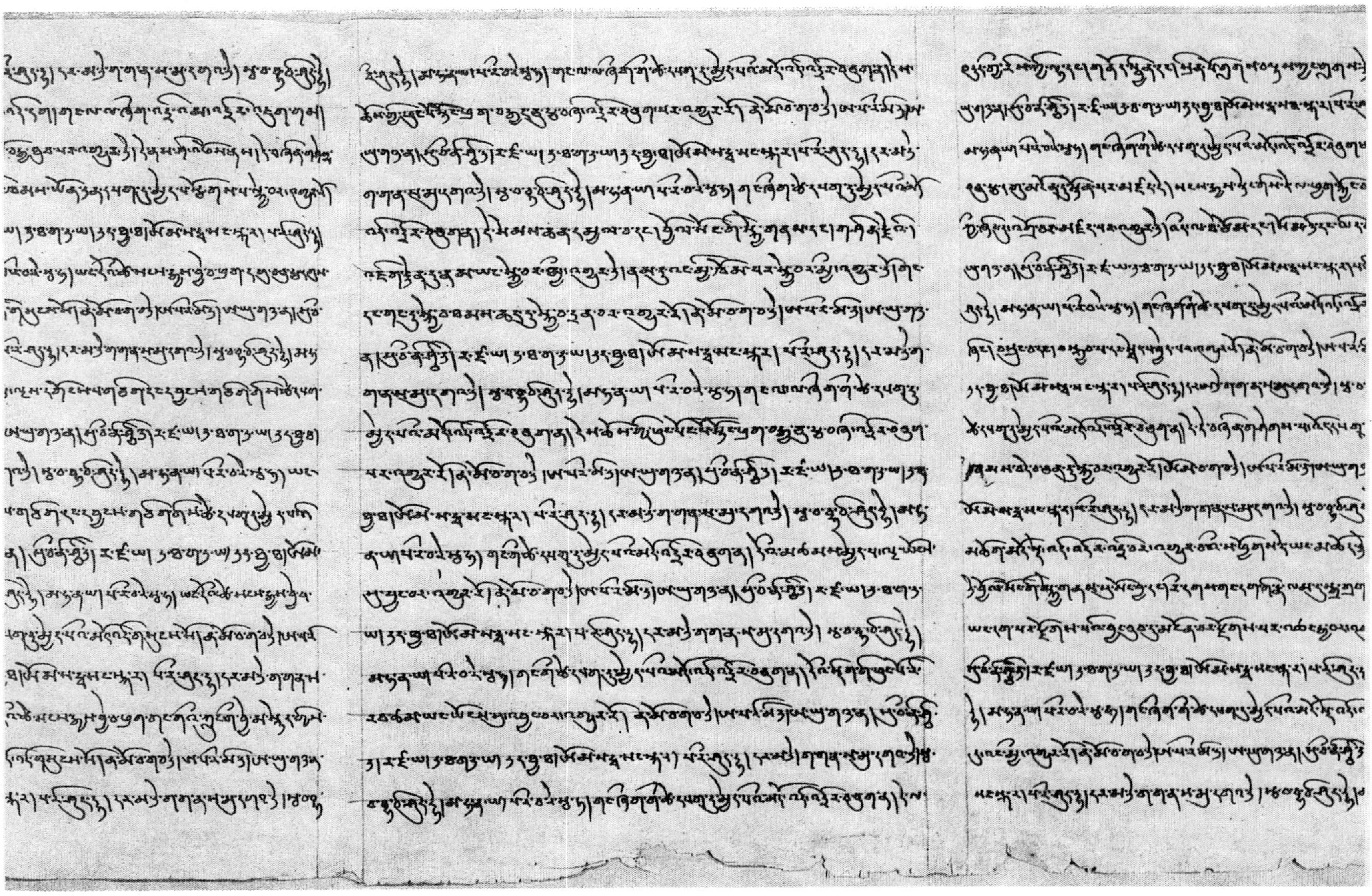

BD14405 號 4　藏文（無量壽宗要經乙本）　（36–21）

BD14405 號 4　藏文（無量壽宗要經乙本）　　　　　　　　　　　（36-23）

BD14405 號 4　藏文（無量壽宗要經乙本）　　　　　　　　　（36-24）

BD14405 號 5　藏文（無量壽宗要經乙本）　　　　　　　　　（36-25）

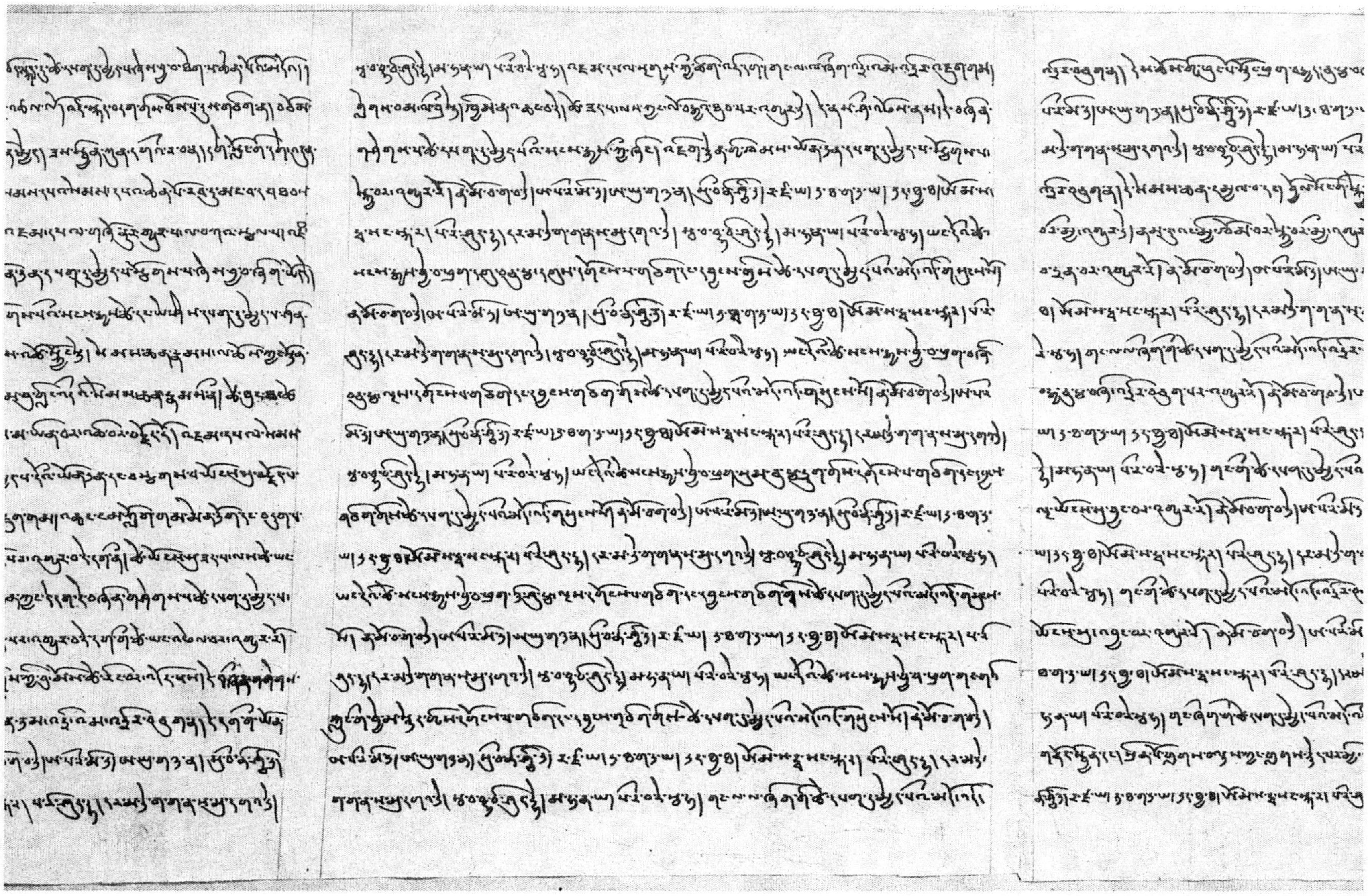

BD14405 號 5　藏文（無量壽宗要經乙本）　（36–26）

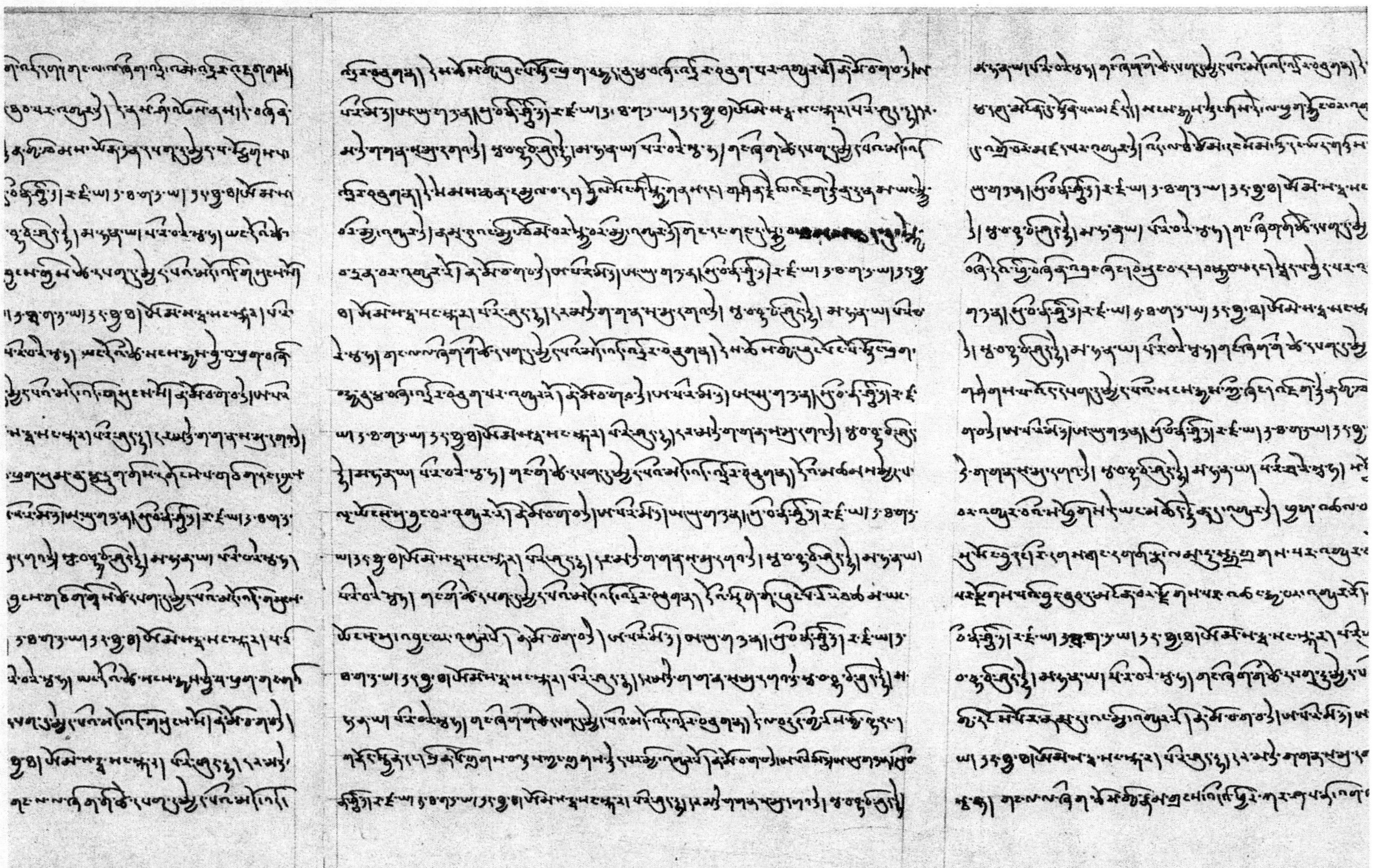

BD14405 號 5　藏文（無量壽宗要經乙本）　（36–27）

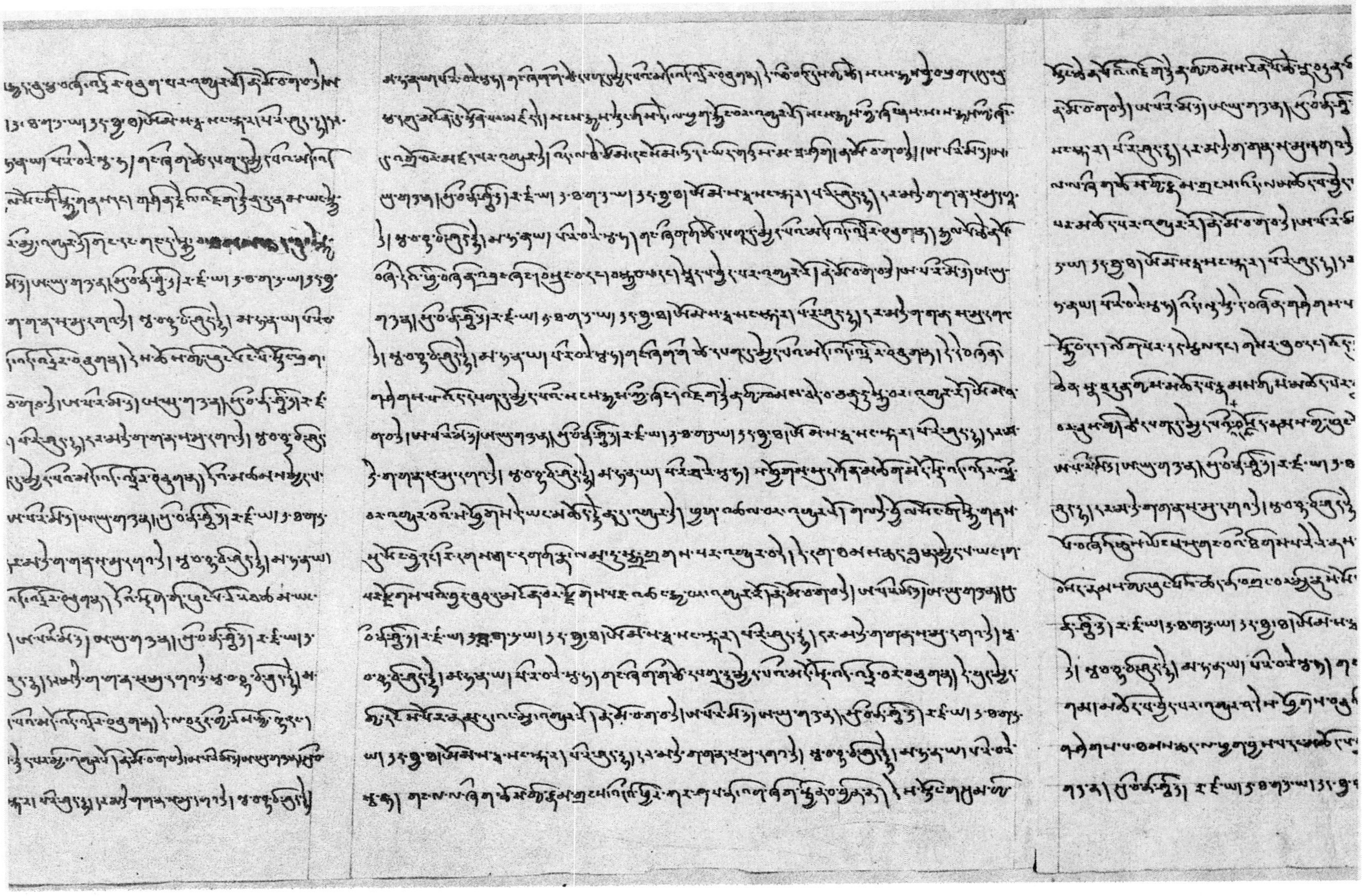

BD14405號 5　藏文（無量壽宗要經乙本）　（36–28）

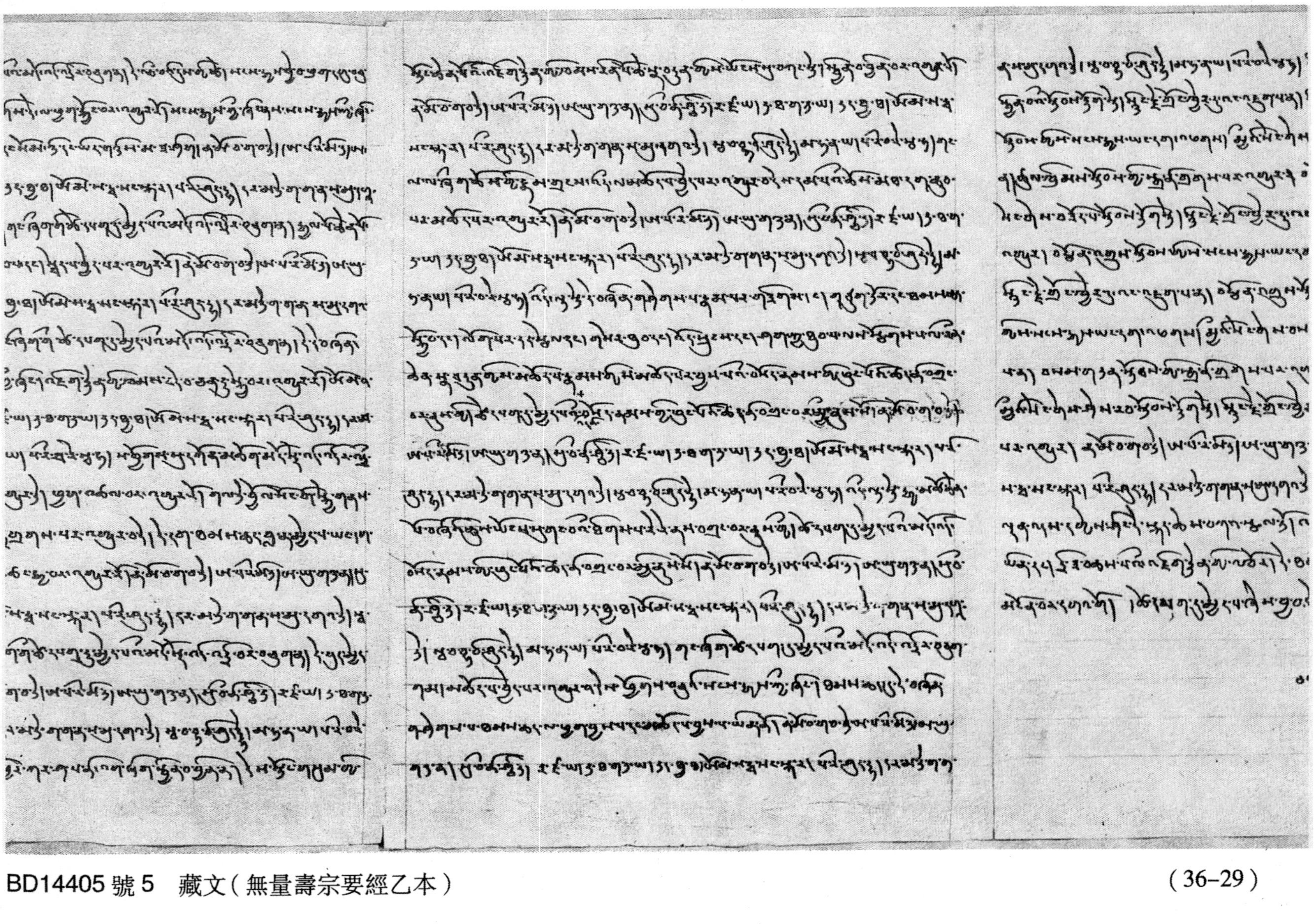

BD14405號 5　藏文（無量壽宗要經乙本）　（36–29）

BD14405 號 5　藏文（無量壽宗要經乙本）　　　　　　　　　　　　　（36-30）

BD14405 號 6　藏文（無量壽宗要經乙本）　　　　　　　　　　　　　（36-31）

BD14405 號 6　藏文（無量壽宗要經乙本）　　　　　　　　　　（36–32）

BD14405 號 6　藏文（無量壽宗要經乙本）　　　　　　　　　　（36–33）

BD14405 號 6　藏文（無量壽宗要經乙本）　　　　　　　　　　　　　　　　　　　（36-34）

BD14405 號 6　藏文（無量壽宗要經乙本）　　　　　　　　　　　　　　　　　　　（36-35）

BD14405 號 6　藏文（無量壽宗要經乙本）

（36-36）

BD14406 號 1　藏文（無量壽宗要經甲本）

（42-1）

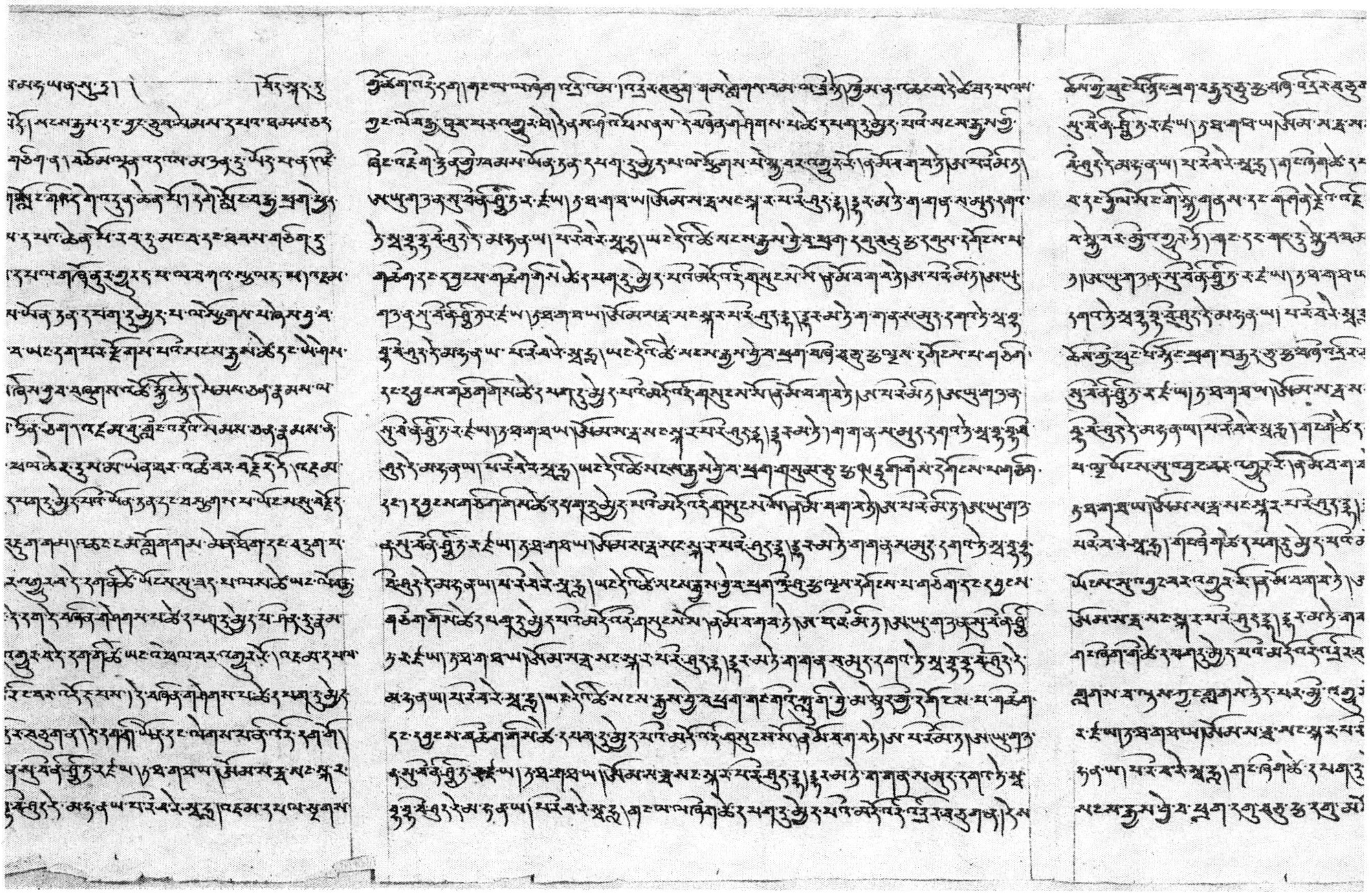

BD14406 號 1　藏文（無量壽宗要經甲本）　（42–2）

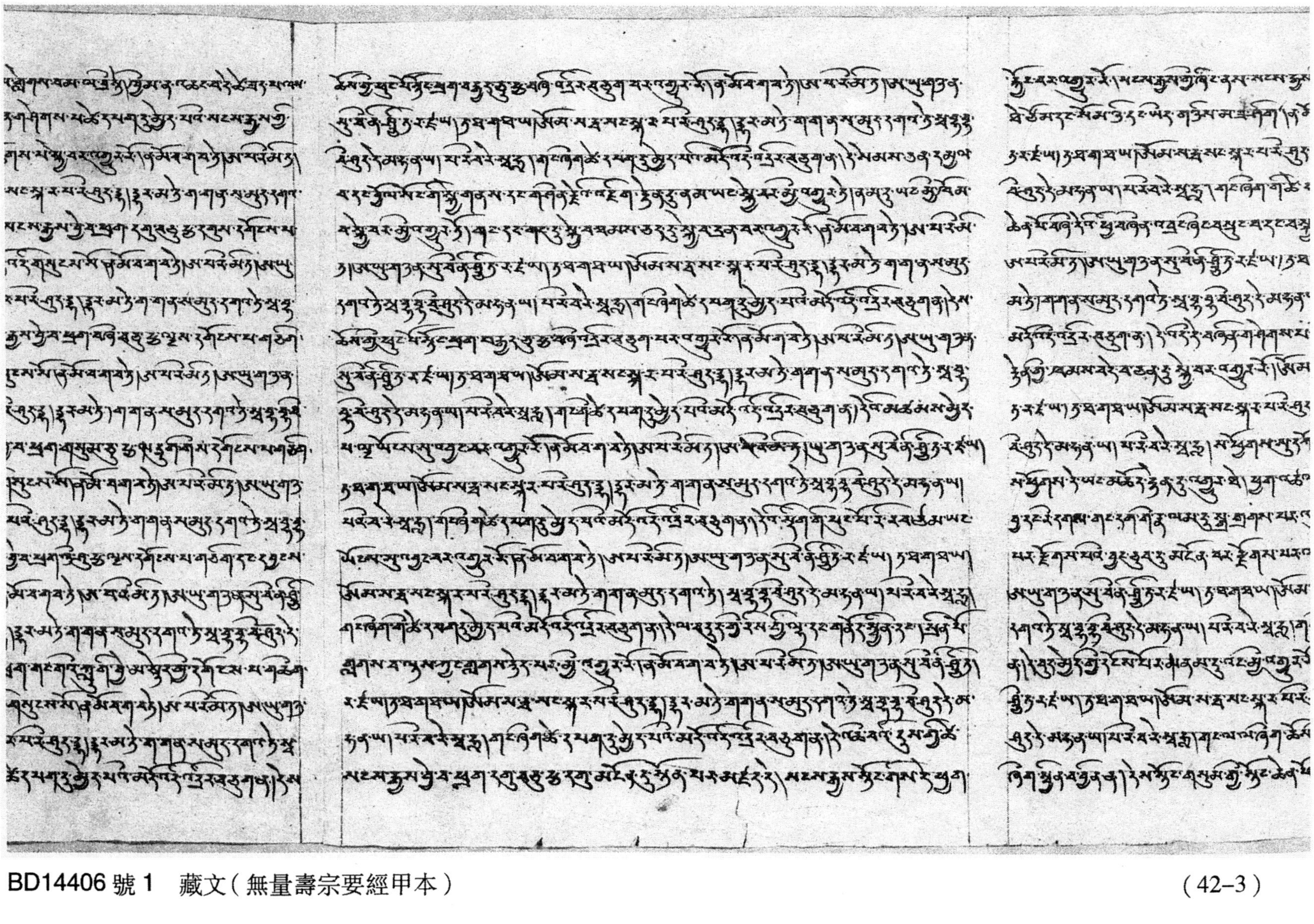

BD14406 號 1　藏文（無量壽宗要經甲本）　（42–3）

(42-4)

(42-5)

BD14406 號 1　藏文（無量壽宗要經甲本）　　　　　　　　　　　　　　　（42-6）

BD14406 號 2　藏文（無量壽宗要經甲本）　　　　　　　　　　　　　　　（42-7）

BD14406 號 2　藏文（無量壽宗要經甲本）　　　　　　　　　　　　　　（42-8）

BD14406 號 2　藏文（無量壽宗要經甲本）　　　　　　　　　　　　　　（42-9）

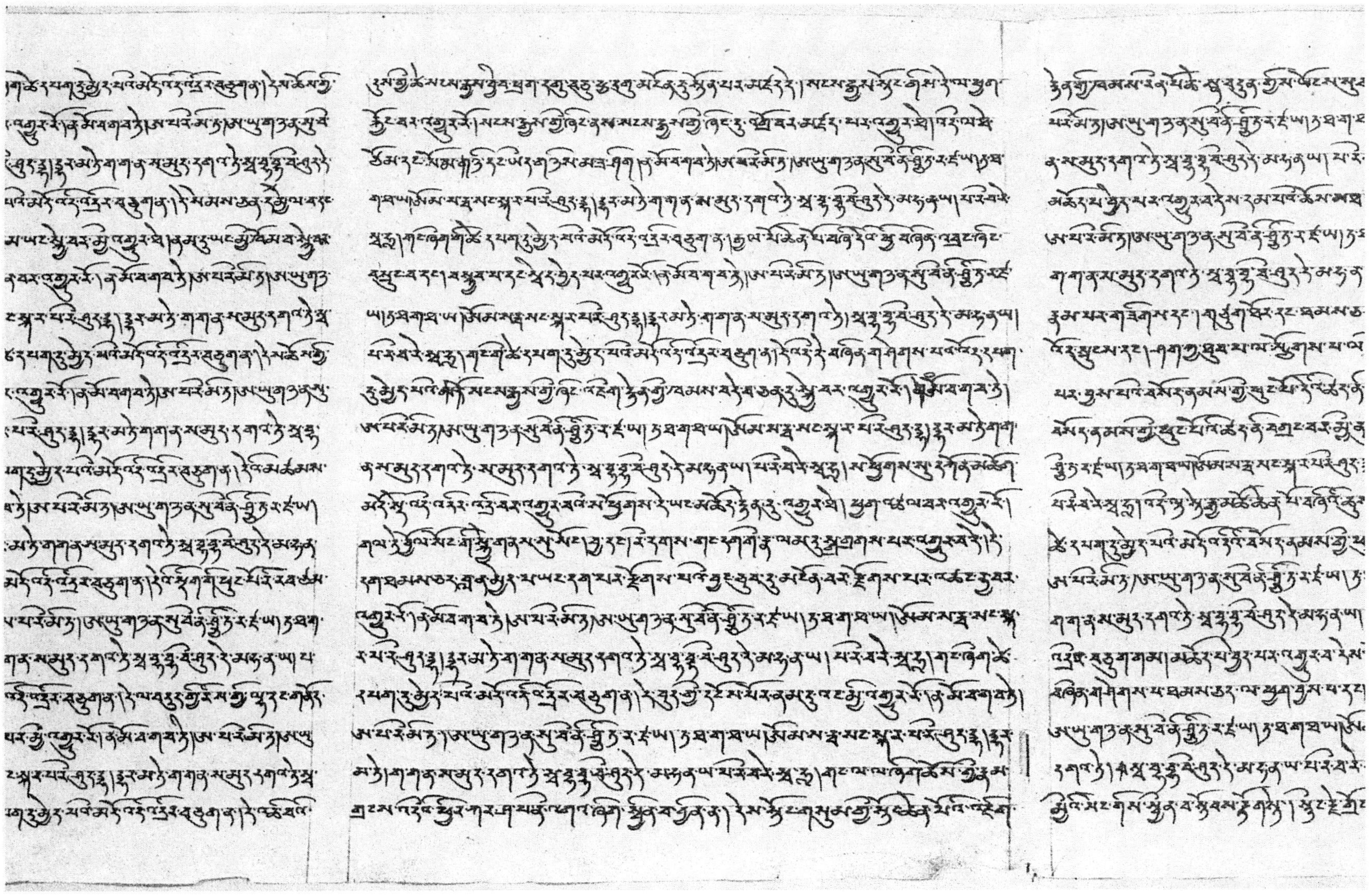

BD14406 號 2　藏文（無量壽宗要經甲本）　（42–10）

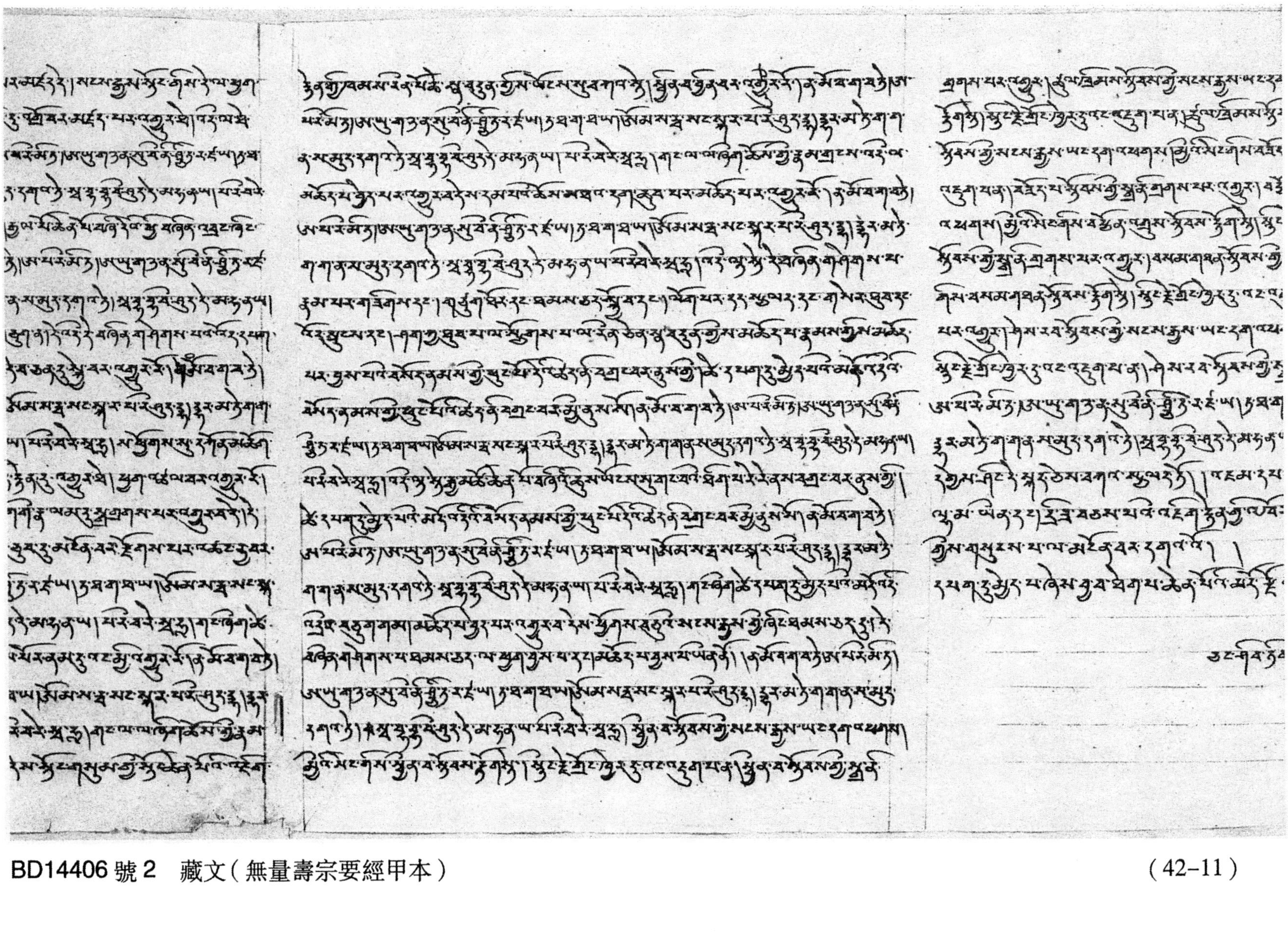

BD14406 號 2　藏文（無量壽宗要經甲本）　（42–11）

BD14406 號 2　藏文（無量壽宗要經甲本）　　　　　　　　（42–12）

BD14406 號 3　藏文（無量壽宗要經甲本）　　　　　　　　（42–13）

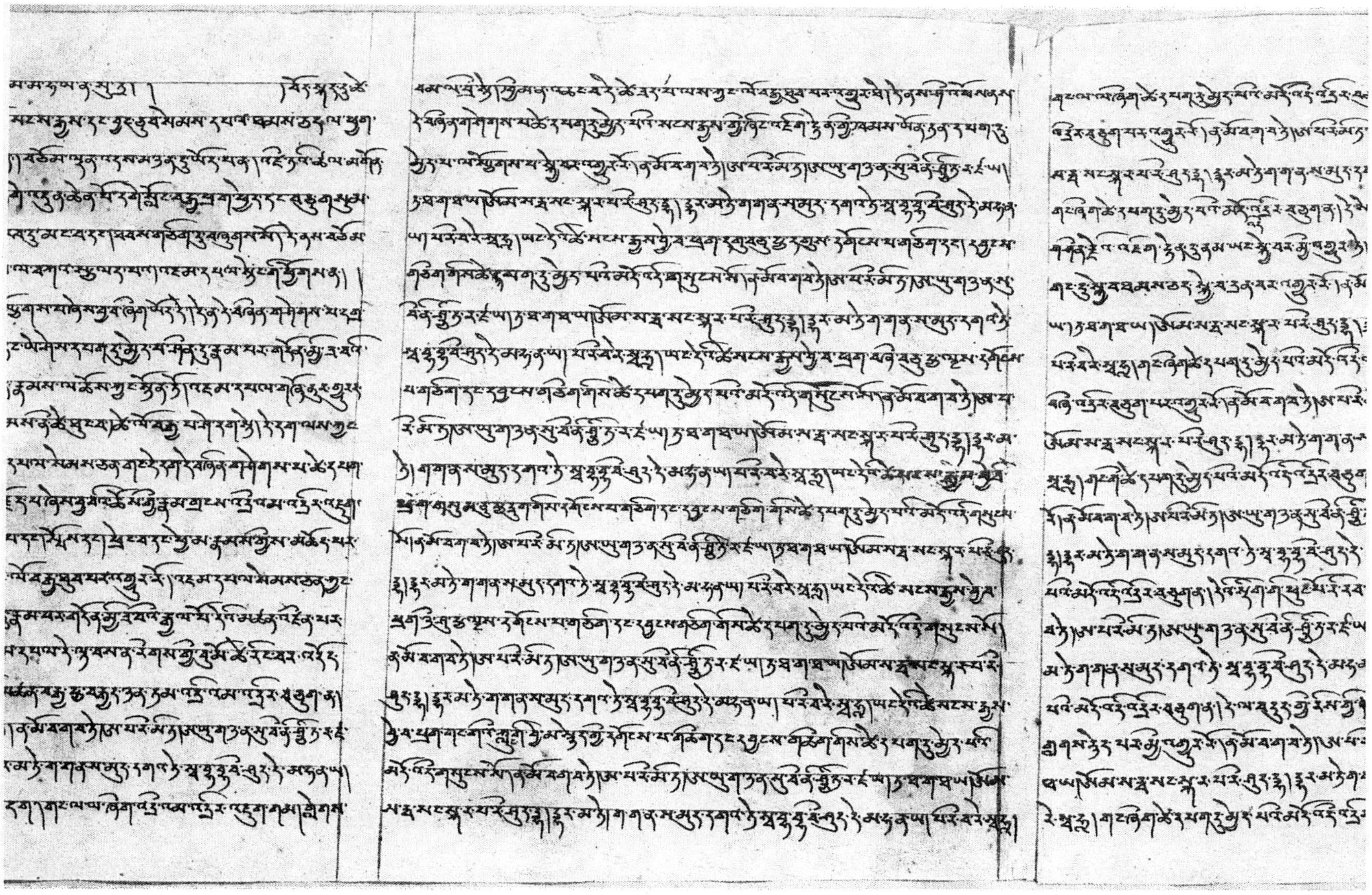

BD14406 號 3　藏文（無量壽宗要經甲本）　（42–14）

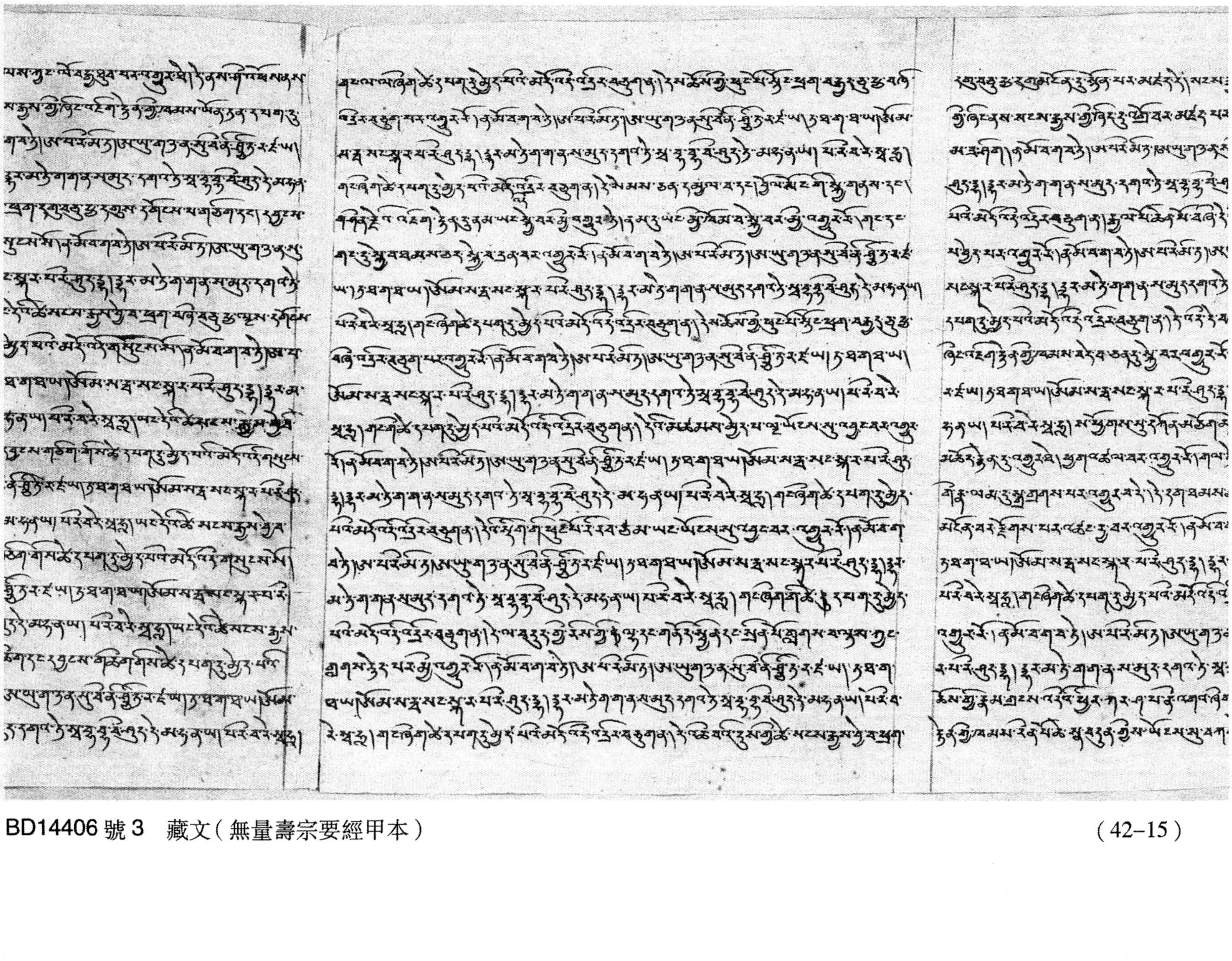

BD14406 號 3　藏文（無量壽宗要經甲本）　（42–15）

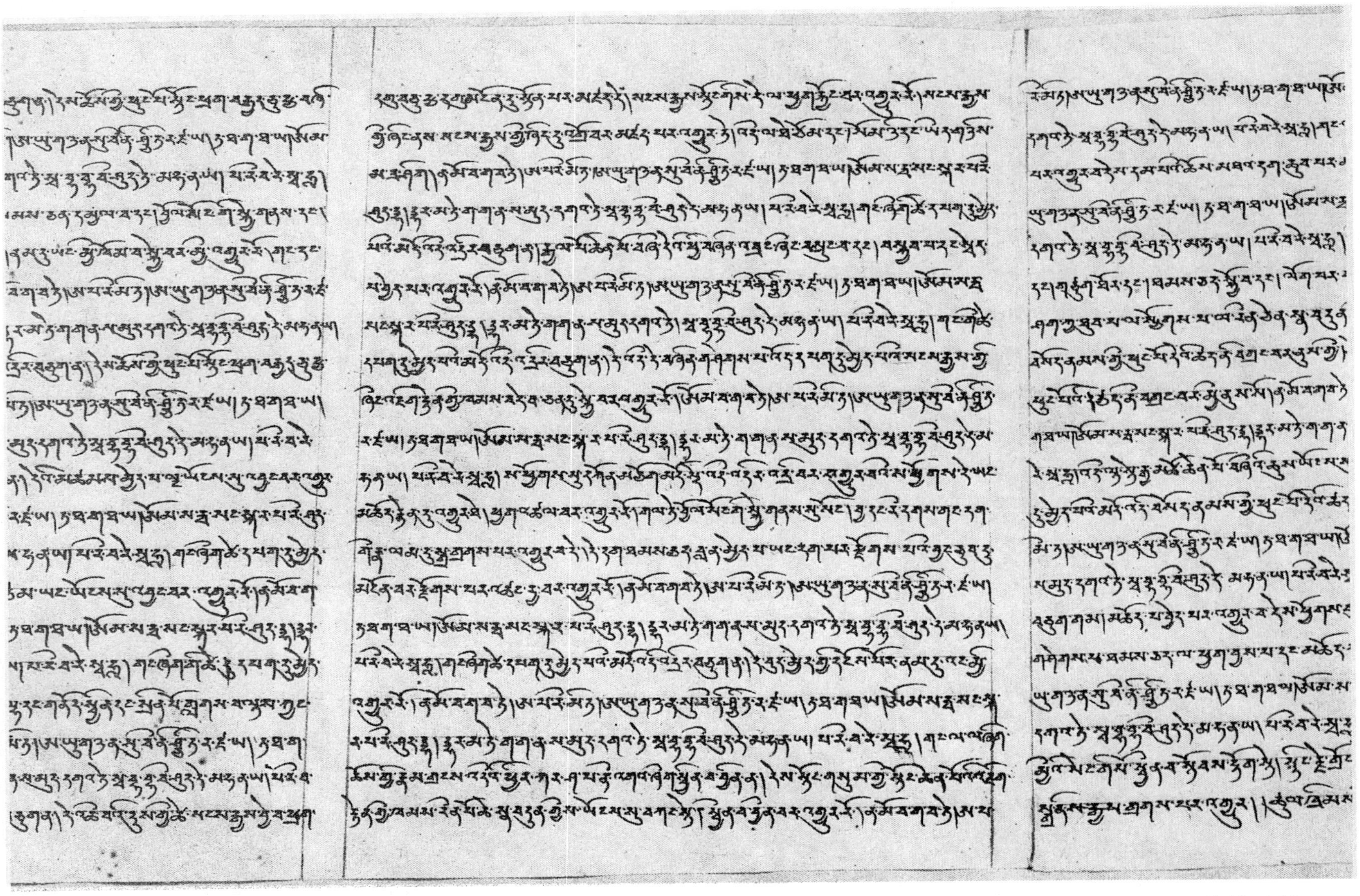

BD14406 號 3　藏文（無量壽宗要經甲本）　（42–16）

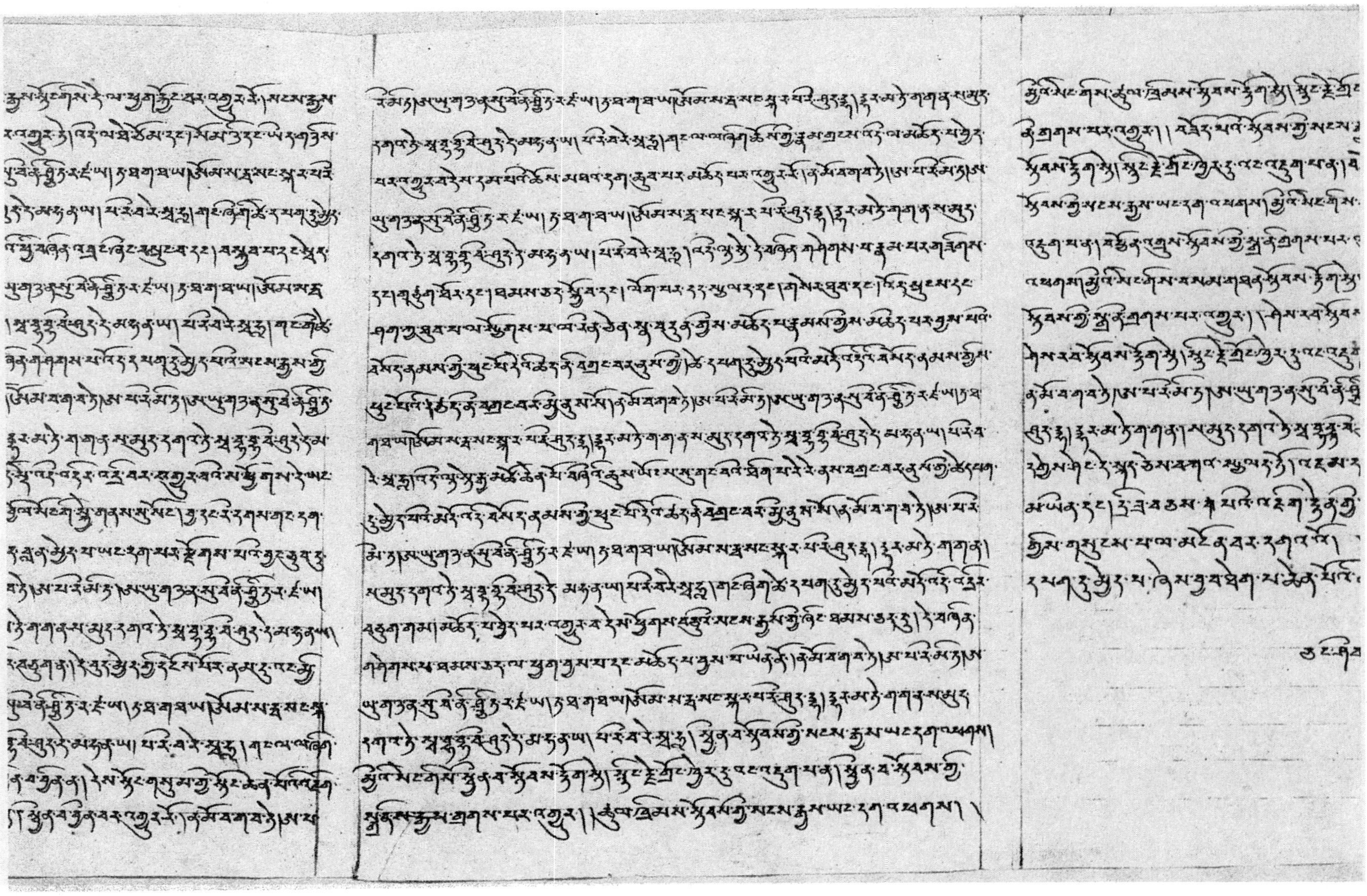

BD14406 號 3　藏文（無量壽宗要經甲本）　（42–17）

BD14406 號 3　藏文（無量壽宗要經甲本）　　　　　　　　　　　　　　　　　　　　（42-18）

BD14406 號 4　藏文（無量壽宗要經甲本）　　　　　　　　　　　　　　　　　　　　（42-19）

BD14406 號 4　藏文（無量壽宗要經甲本）　　　　　　　　　　　　（42-20）

BD14406 號 4　藏文（無量壽宗要經甲本）　　　　　　　　　　　　（42-21）

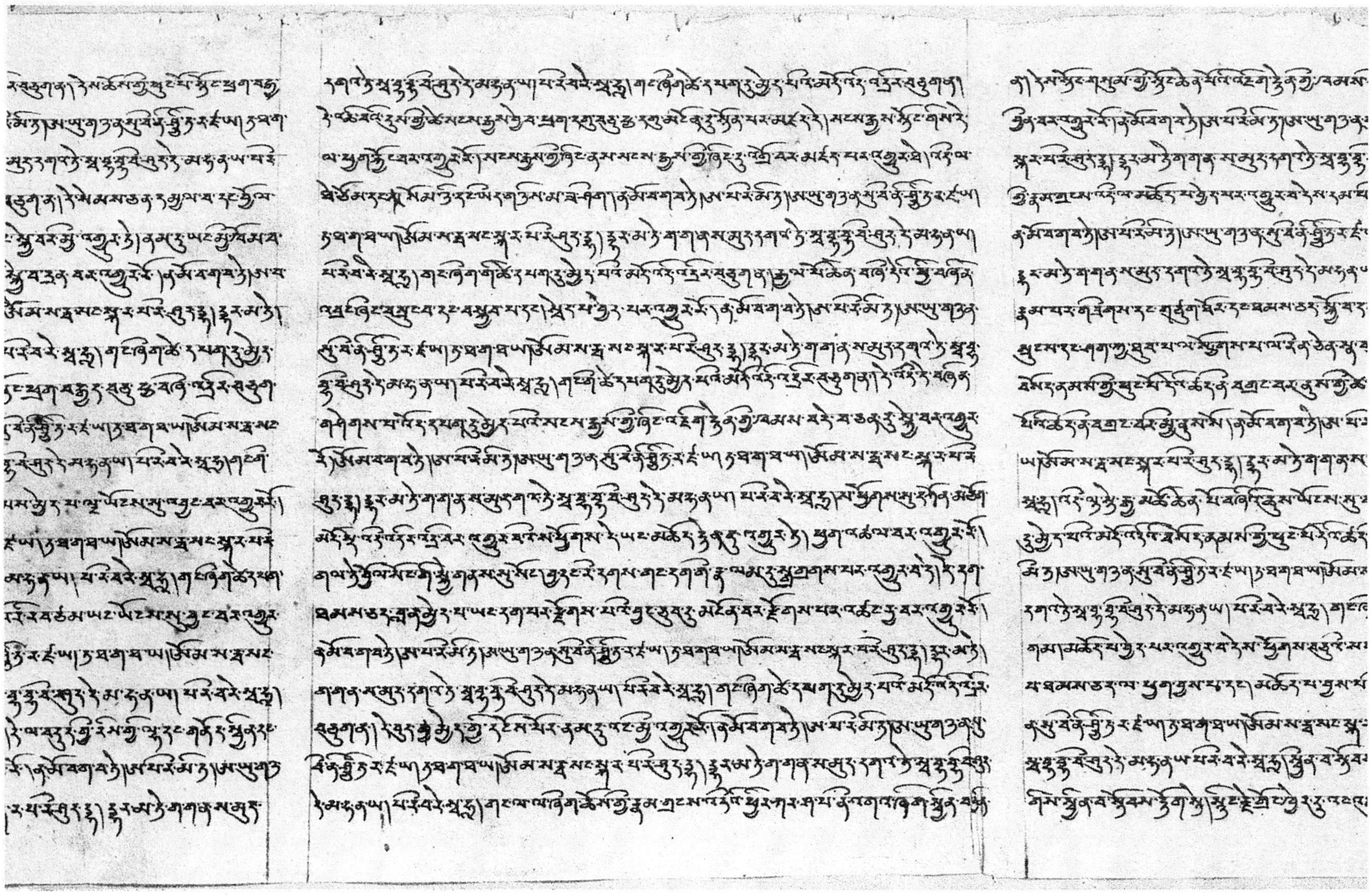

BD14406 號 4　藏文（無量壽宗要經甲本）　（42–22）

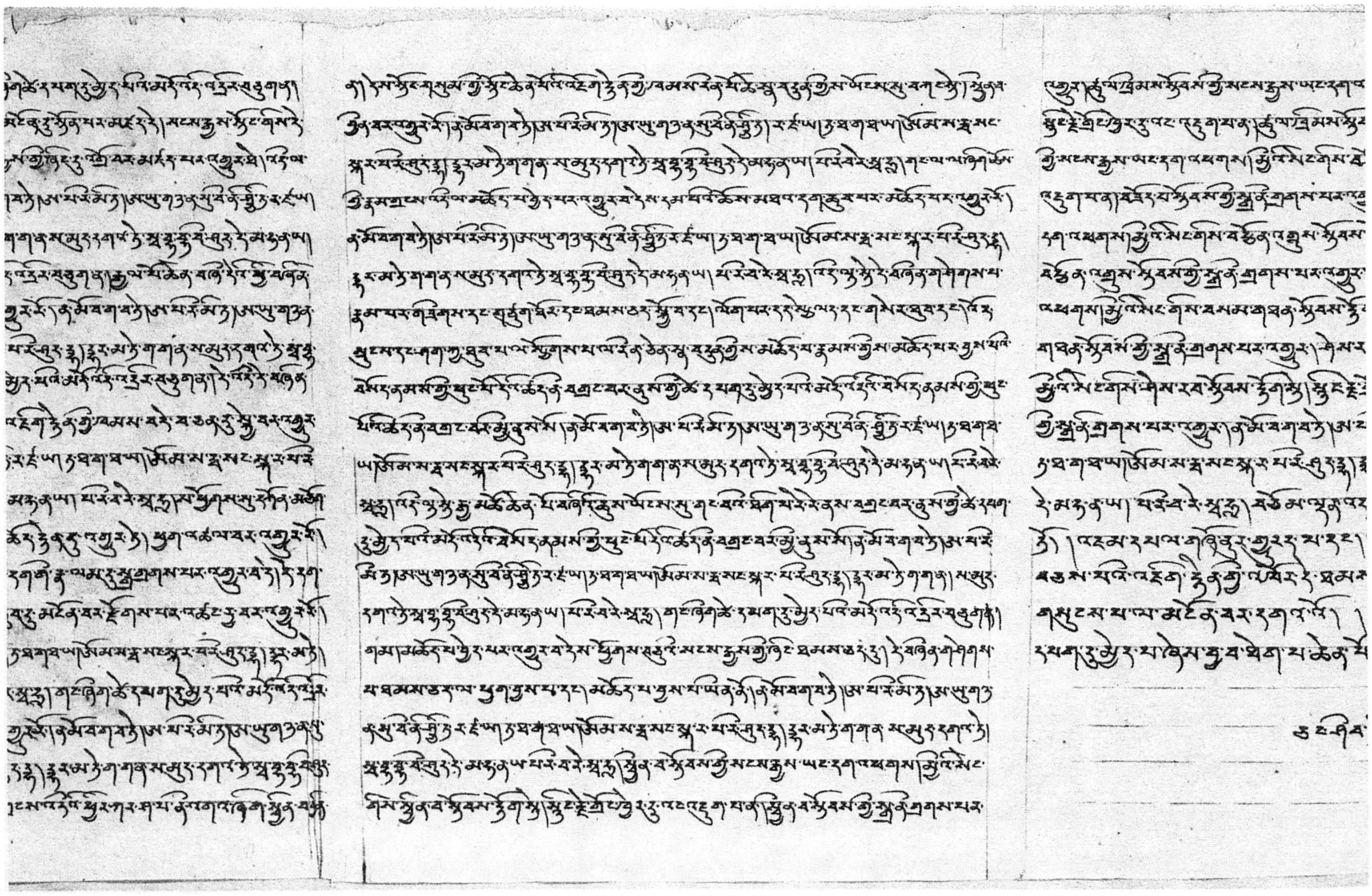

BD14406 號 4　藏文（無量壽宗要經甲本）　（42–23）

BD14406 號 4　藏文（無量壽宗要經甲本）　　　　　　　　　　　　　　（42-24）

BD14406 號 5　藏文（無量壽宗要經甲本）　　　　　　　　　　　　　　（42-25）

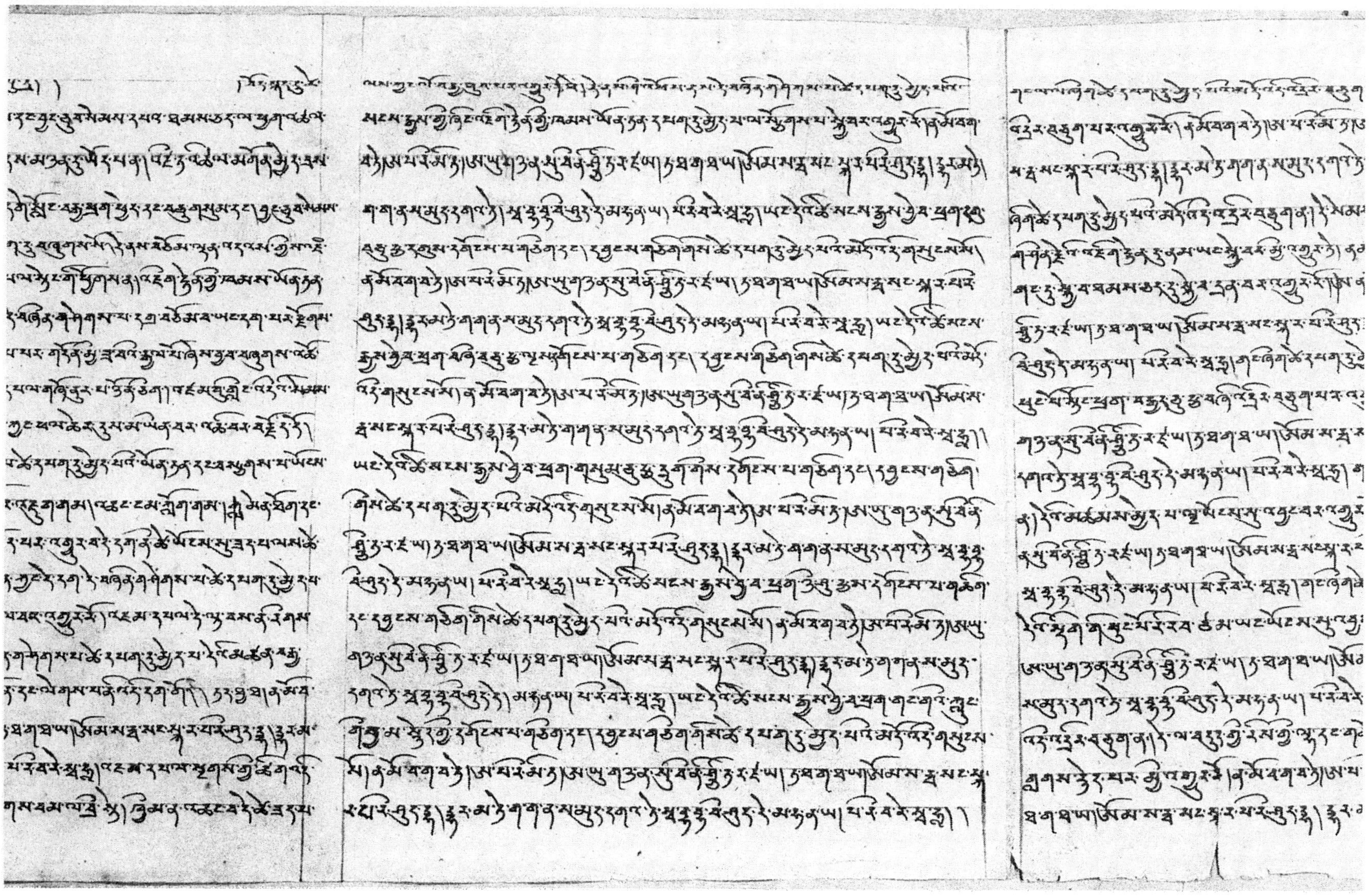

BD14406 號 5　藏文（無量壽宗要經甲本）　　（42–26）

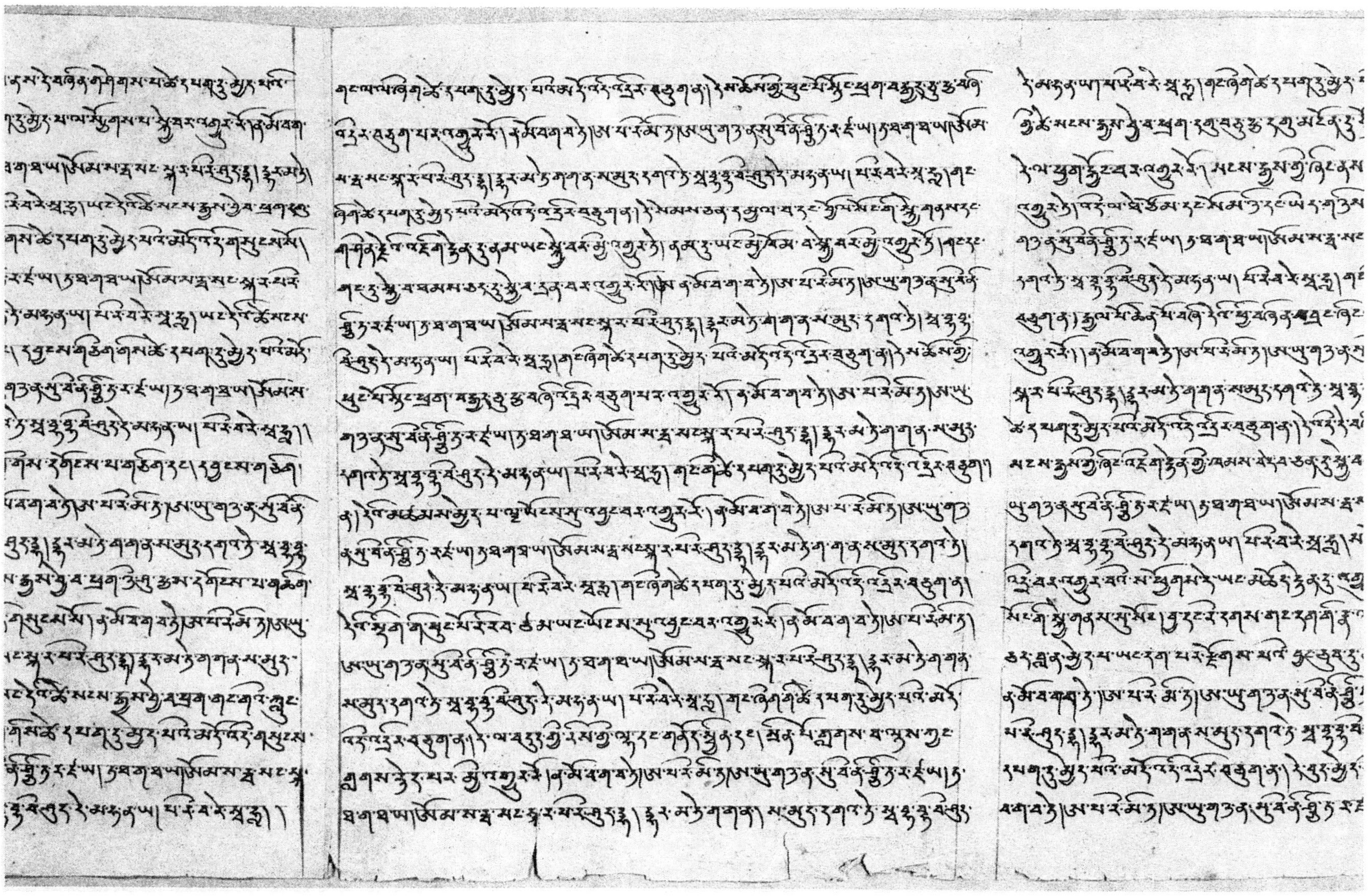

BD14406 號 5　藏文（無量壽宗要經甲本）　　（42–27）

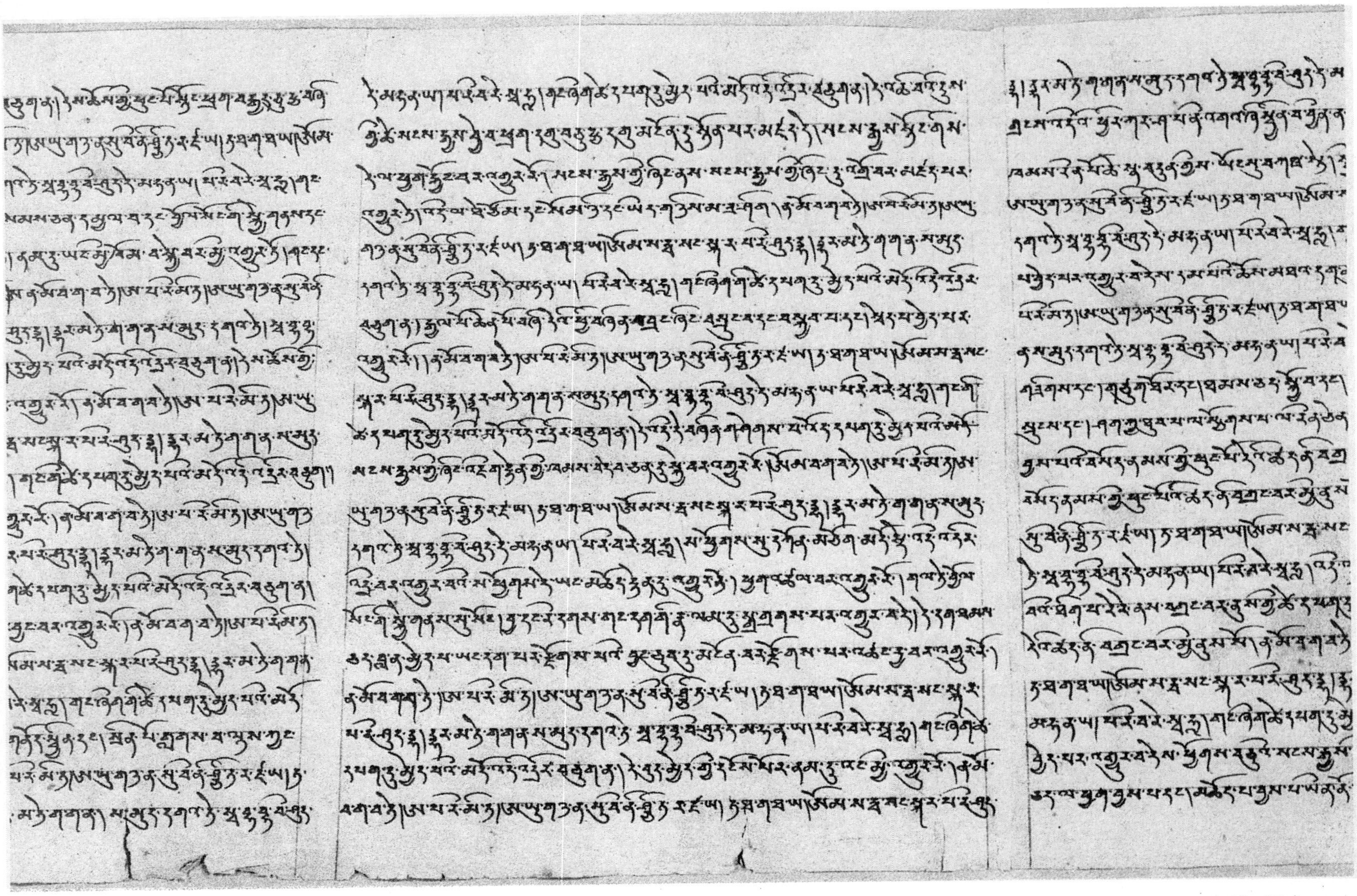

BD14406 號 5　藏文（無量壽宗要經甲本）　（42–28）

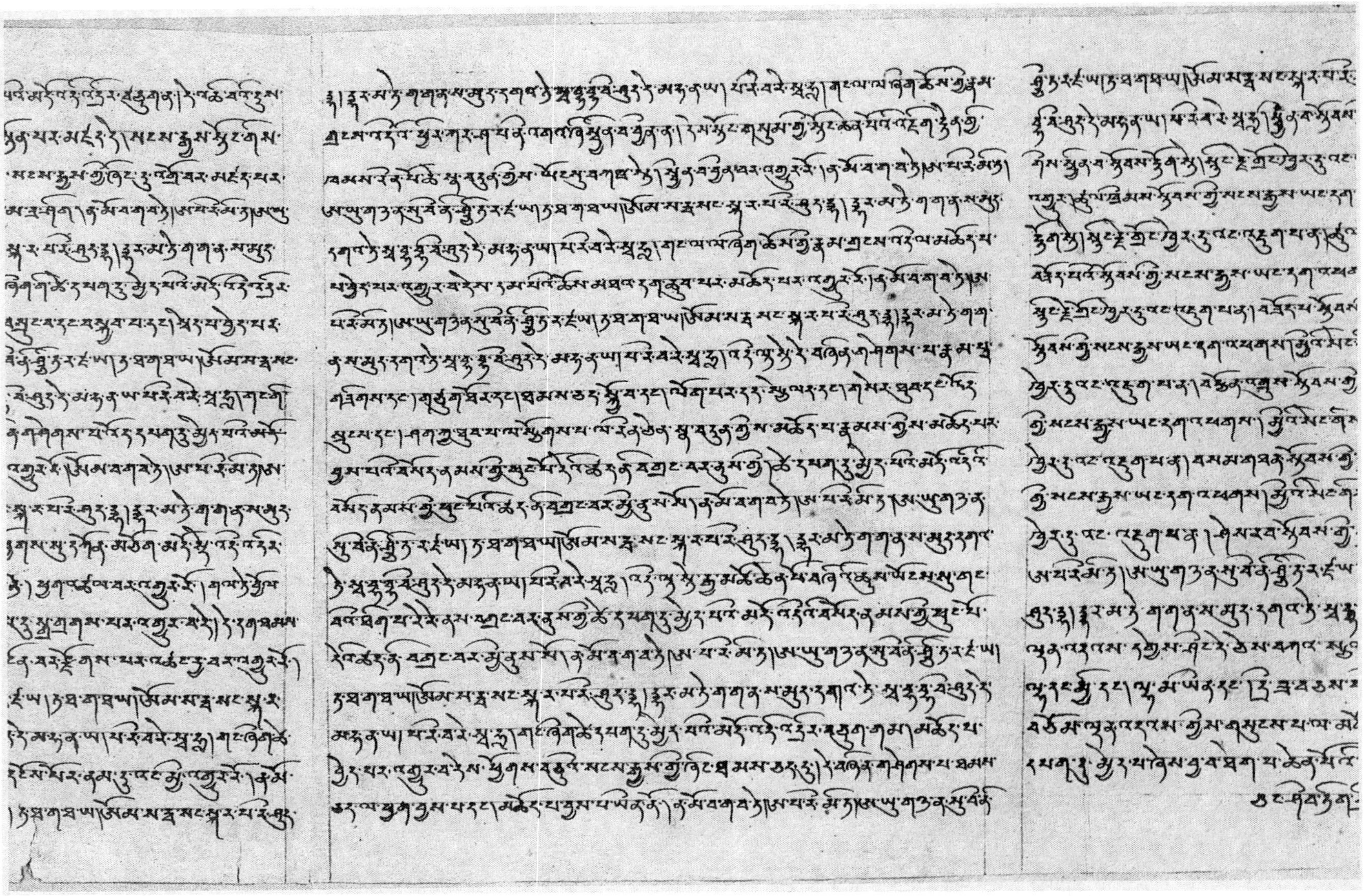

BD14406 號 5　藏文（無量壽宗要經甲本）　（42–29）

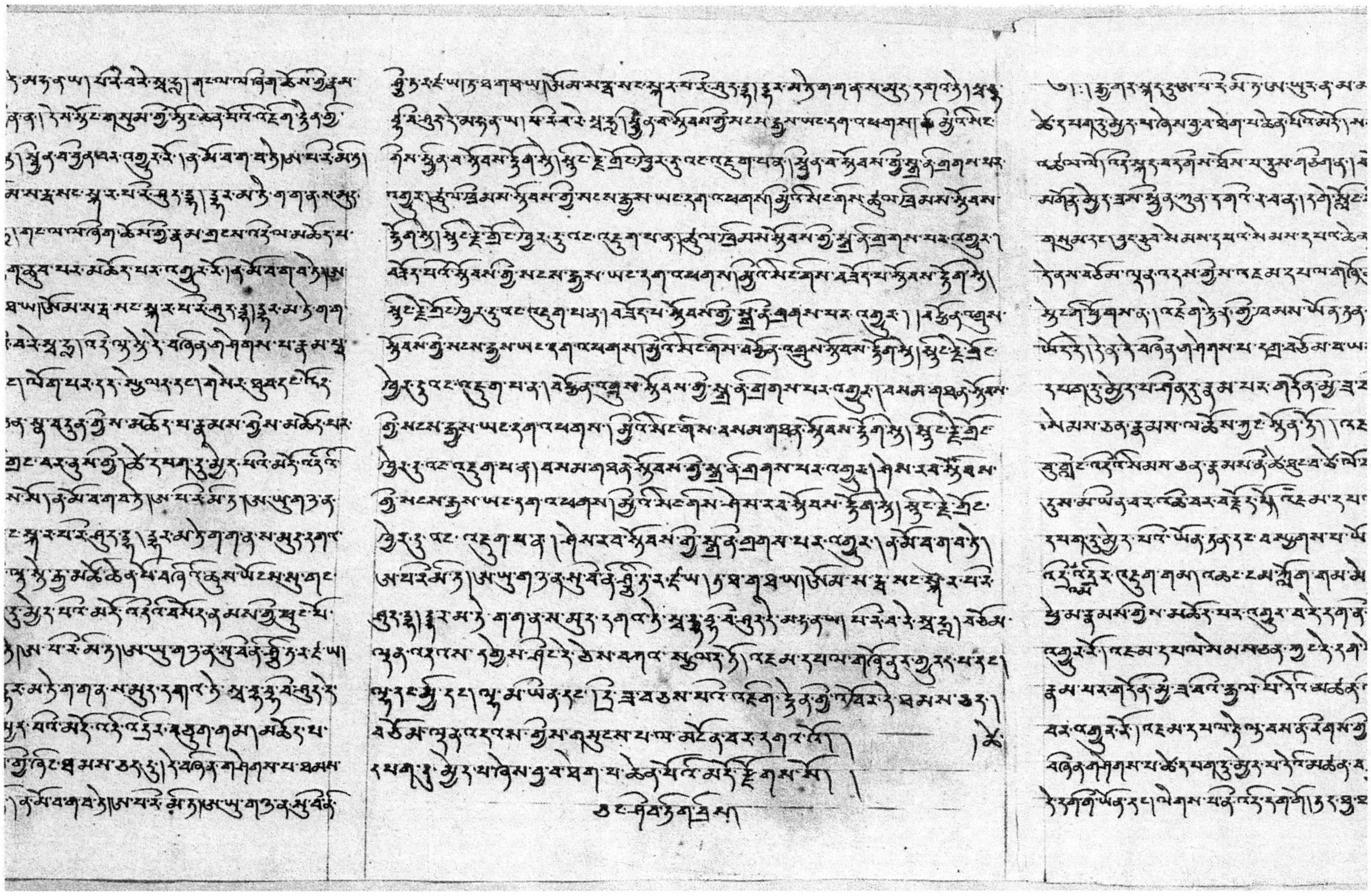

BD14406 號 5　藏文（無量壽宗要經甲本）　（42–30）

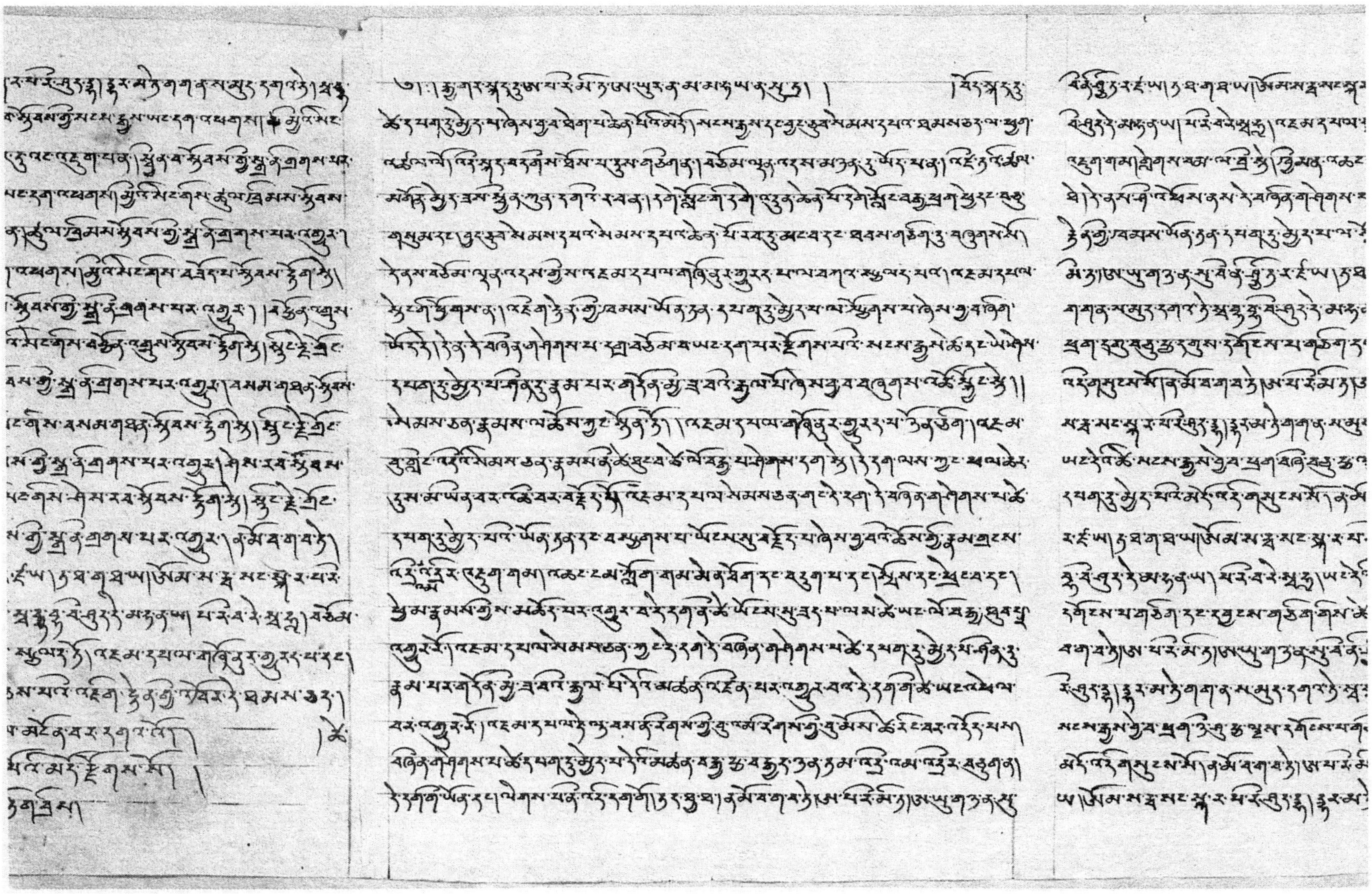

BD14406 號 6　藏文（無量壽宗要經甲本）　（42–31）

BD14406 號 6　藏文（無量壽宗要經甲本）　　　　　　　　　　　　　　（42–32）

BD14406 號 6　藏文（無量壽宗要經甲本）　　　　　　　　　　　　　　（42–33）

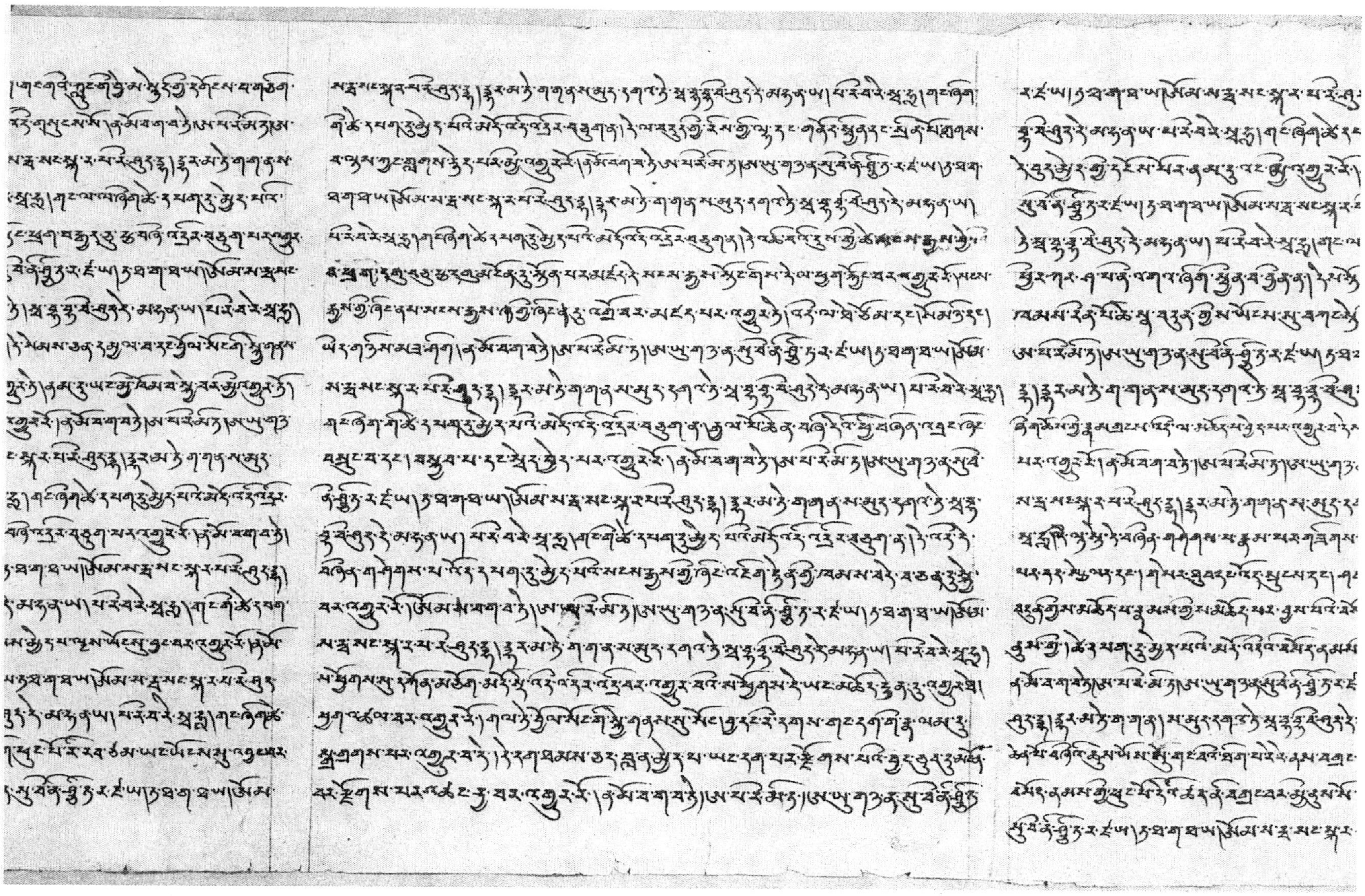

BD14406 號 6　藏文（無量壽宗要經甲本）　（42–34）

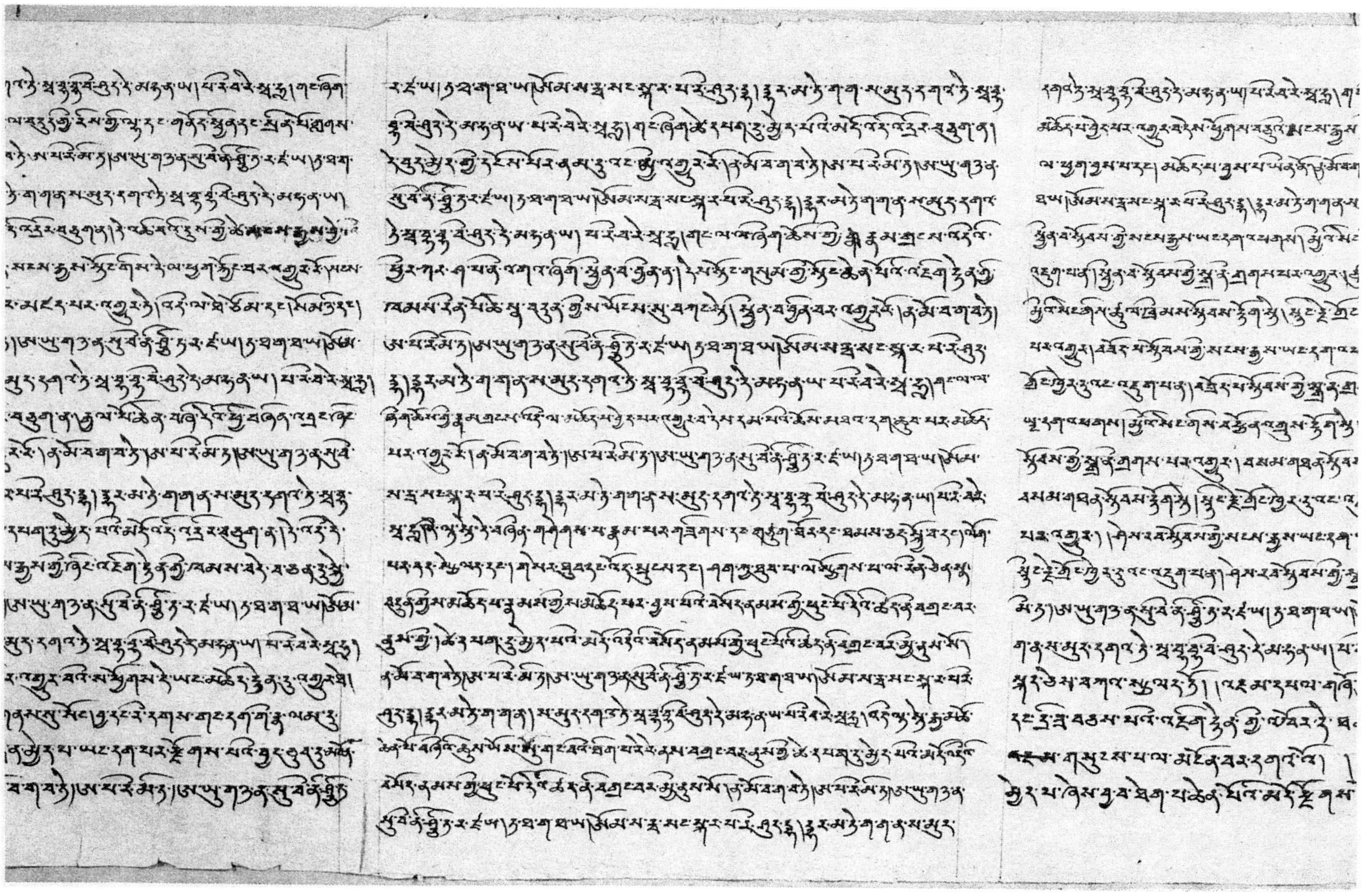

BD14406 號 6　藏文（無量壽宗要經甲本）　（42–35）

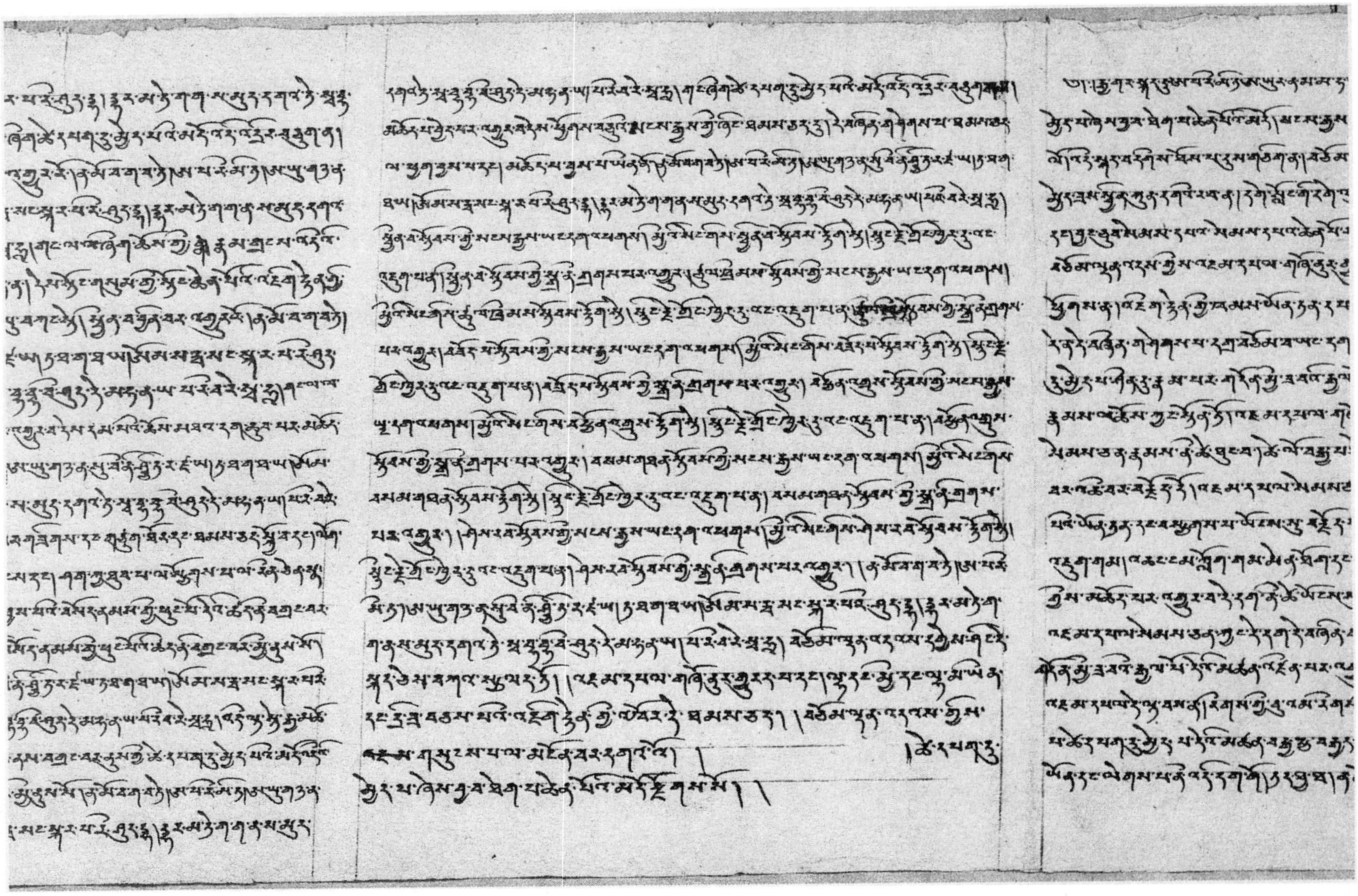

BD14406 號 6　藏文（無量壽宗要經甲本）　（42–36）

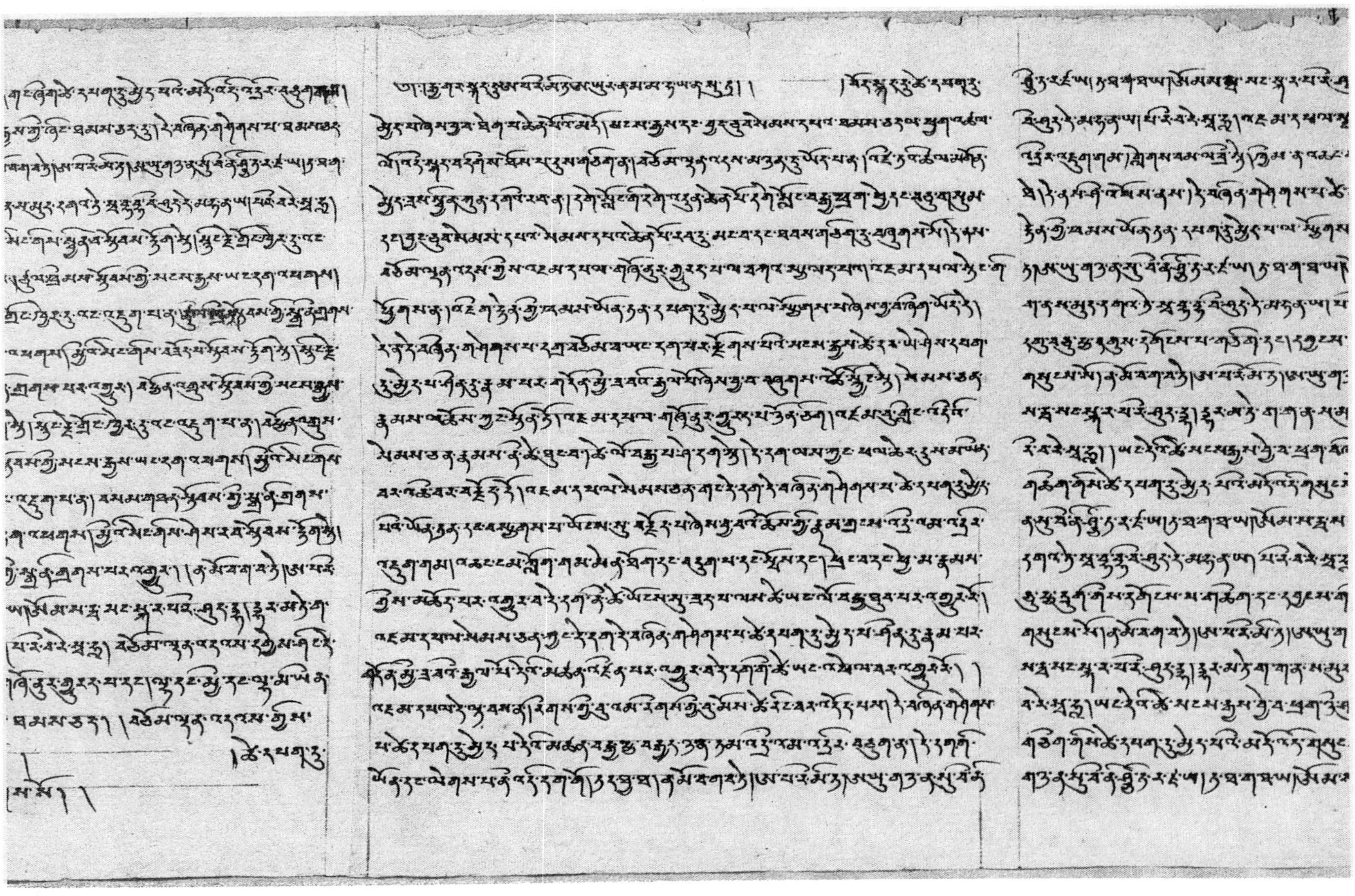

BD14406 號 7　藏文（無量壽宗要經甲本）　（42–37）

BD14406 號 7　藏文（無量壽宗要經甲本）　　　　　　　　　　（42-38）

BD14406 號 7　藏文（無量壽宗要經甲本）　　　　　　　　　　（42-39）

BD14406 號 7　藏文（無量壽宗要經甲本）

BD14406 號 7　藏文（無量壽宗要經甲本）

BD14406 號 7　藏文（無量壽宗要經甲本）　　　　　　　　　　　　　　（42-42）

BD14406 號背　雜寫　　　　　　　　　　　　　　　　　　　　　　（1-1）

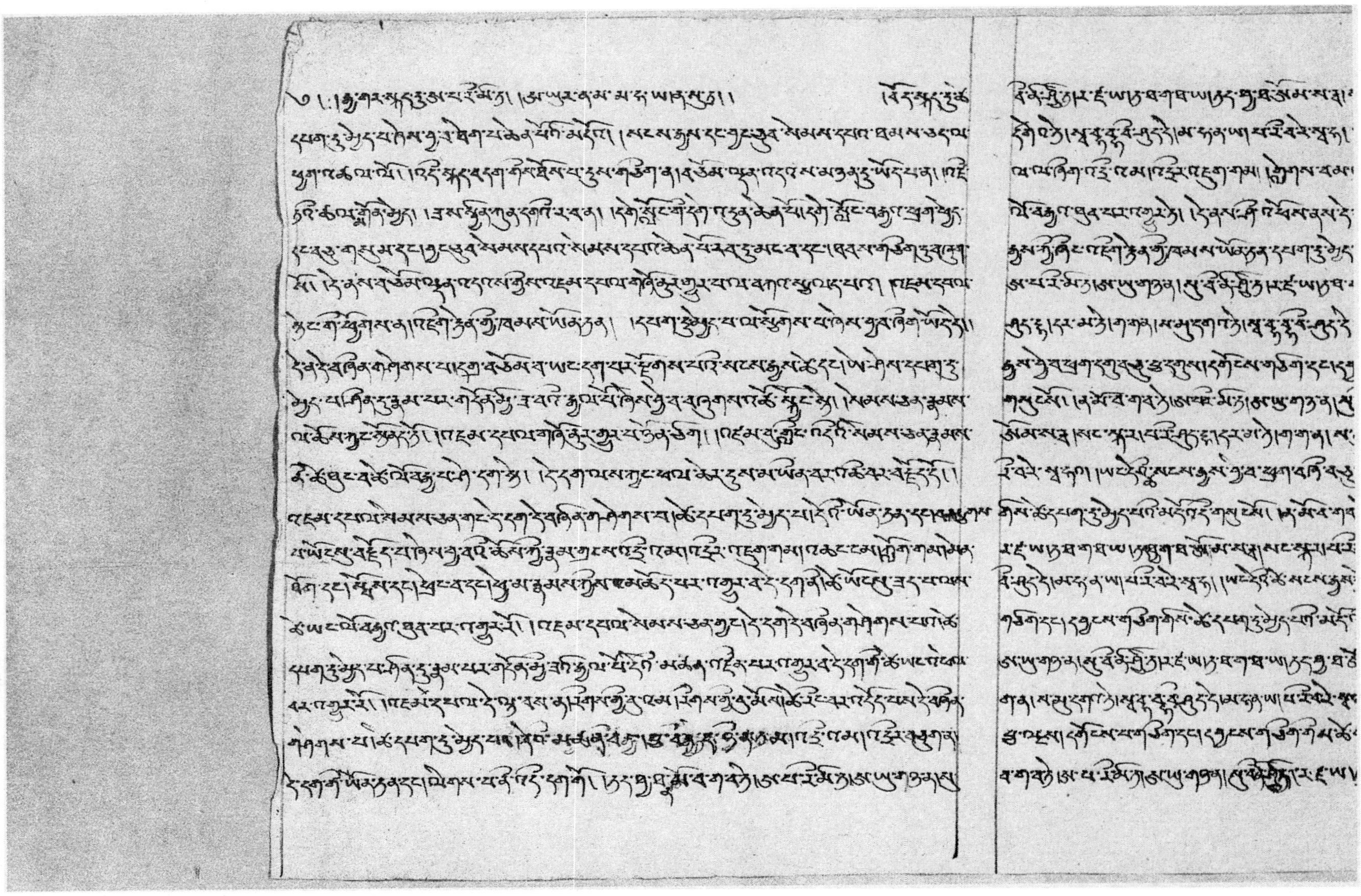

BD14407 號 1　藏文（無量壽宗要經甲本）　（12–1）

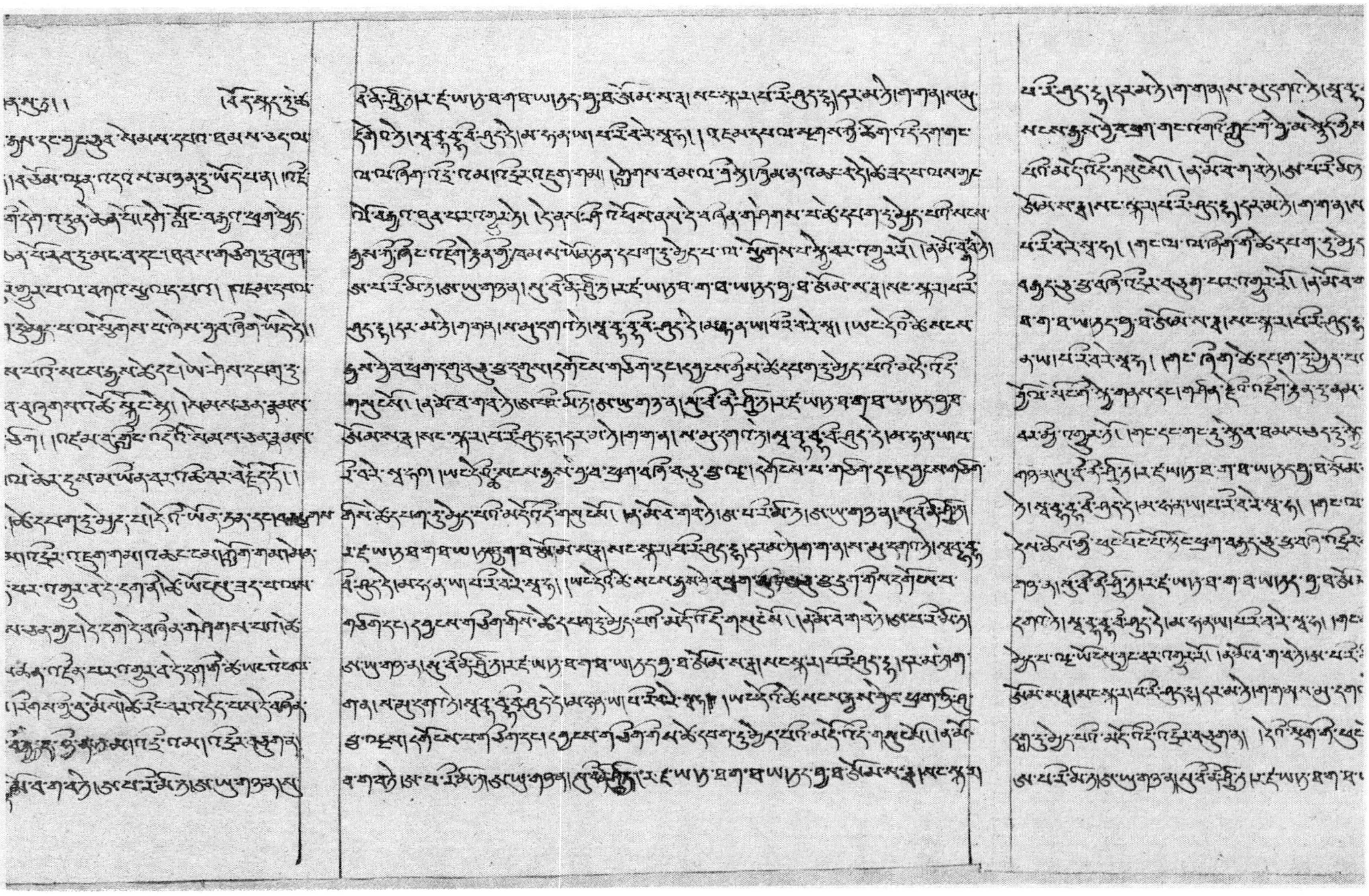

BD14407 號 1　藏文（無量壽宗要經甲本）　（12–2）

BD14407 號 1　藏文（無量壽宗要經甲本）　　　　　　　　　　　　　　　　　　（12-3）

BD14407 號 1　藏文（無量壽宗要經甲本）　　　　　　　　　　　　　　　　　　（12-4）

BD14407 號 1　藏文（無量壽宗要經甲本）　　　　　　　　　　　　　　　　　（12-5）

BD14407 號 1　藏文（無量壽宗要經甲本）　　　　　　　　　　　　　　　　　（12-6）

BD14407 號 2　藏文（無量壽宗要經甲本）　　　　　　　　　　　　　　（12-7）

BD14407 號 2　藏文（無量壽宗要經甲本）　　　　　　　　　　　　　　（12-8）

BD14407 號 2　藏文（無量壽宗要經甲本）　　　　　　　　　（12-9）

BD14407 號 2　藏文（無量壽宗要經甲本）　　　　　　　　　（12-10）

BD14407 號 2　藏文（無量壽宗要經甲本）　　　　　　　　　　　　　　　　（12–11）

BD14407 號 2　藏文（無量壽宗要經甲本）　　　　　　　　　　　　　　　　（12–12）

323

BD14408 號　藏文（無量壽宗要經甲本）　　　　　　　　　　　（6-1）

BD14408 號　藏文（無量壽宗要經甲本）　　　　　　　　　　　（6-2）

BD14408 號　藏文（無量壽宗要經甲本）　　　　　　　　　　　　　　　（6-3）

BD14408 號　藏文（無量壽宗要經甲本）　　　　　　　　　　　　　　　（6-4）

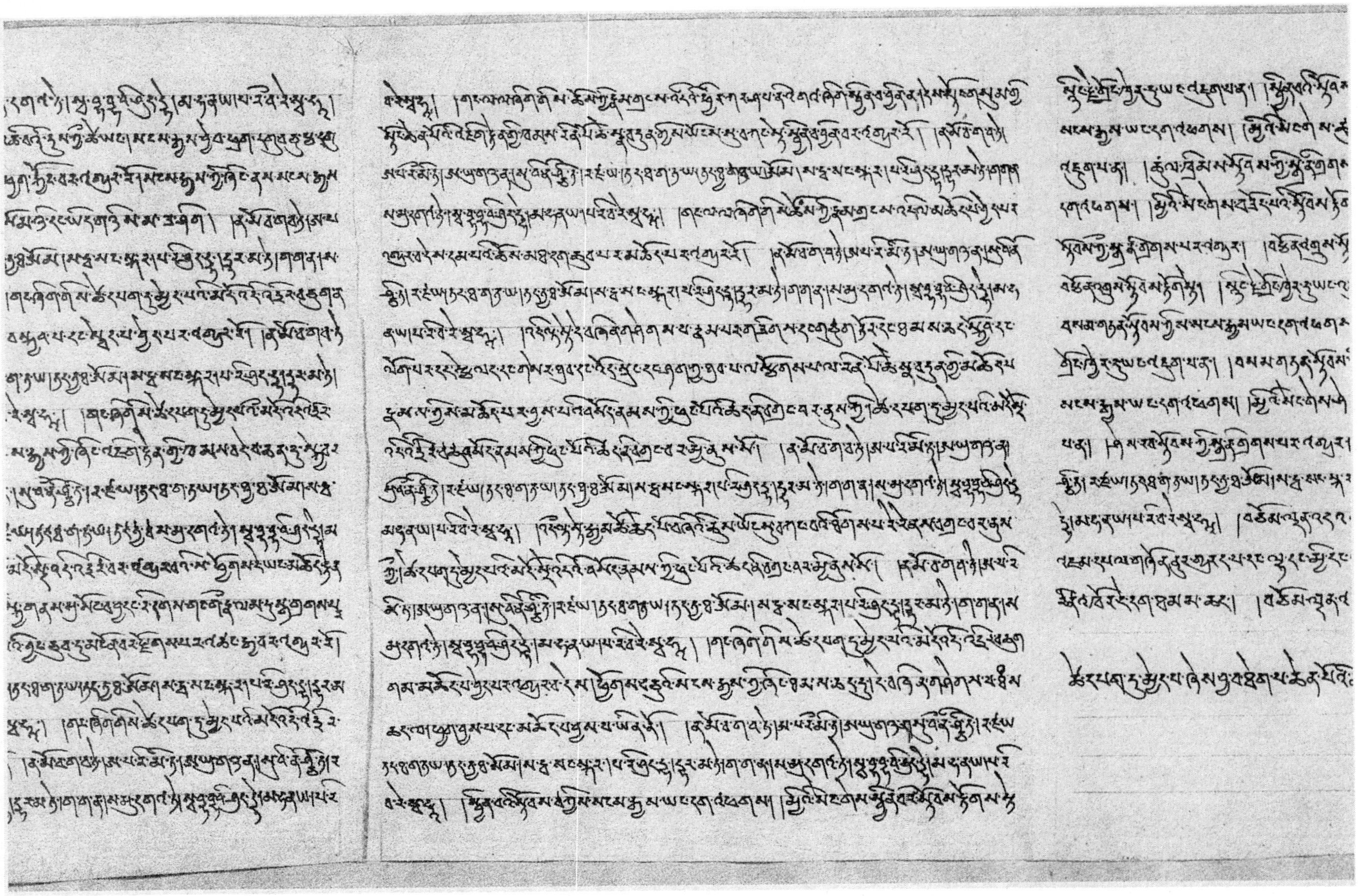

BD14408號 藏文（無量壽宗要經甲本） （6–5）

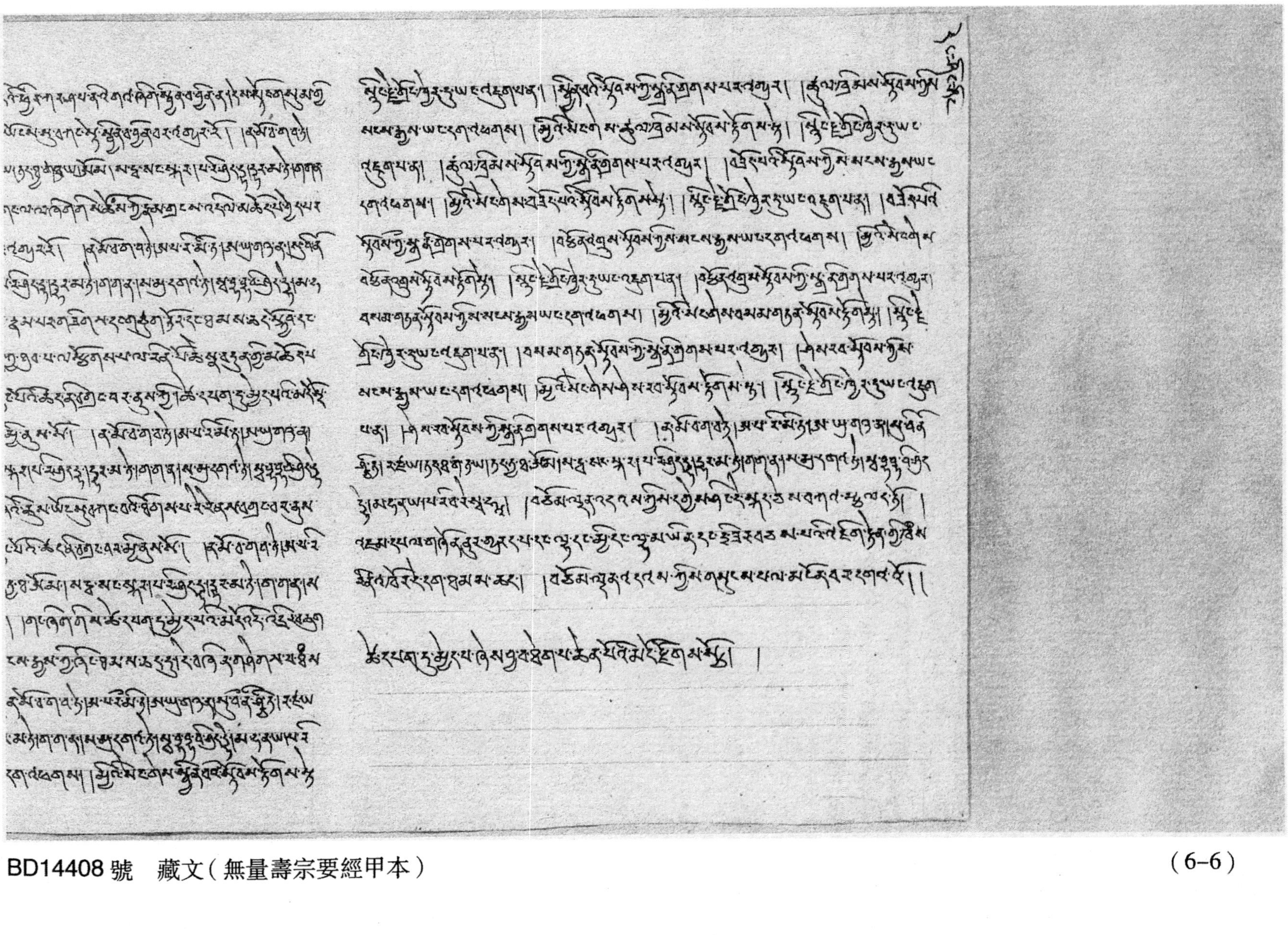

BD14408號 藏文（無量壽宗要經甲本） （6–6）

BD14409 號 1　藏文（無量壽宗要經甲本）　　　　　　　　　　　　　　（30-1）

BD14409 號 1　藏文（無量壽宗要經甲本）　　　　　　　　　　　　　　（30-2）

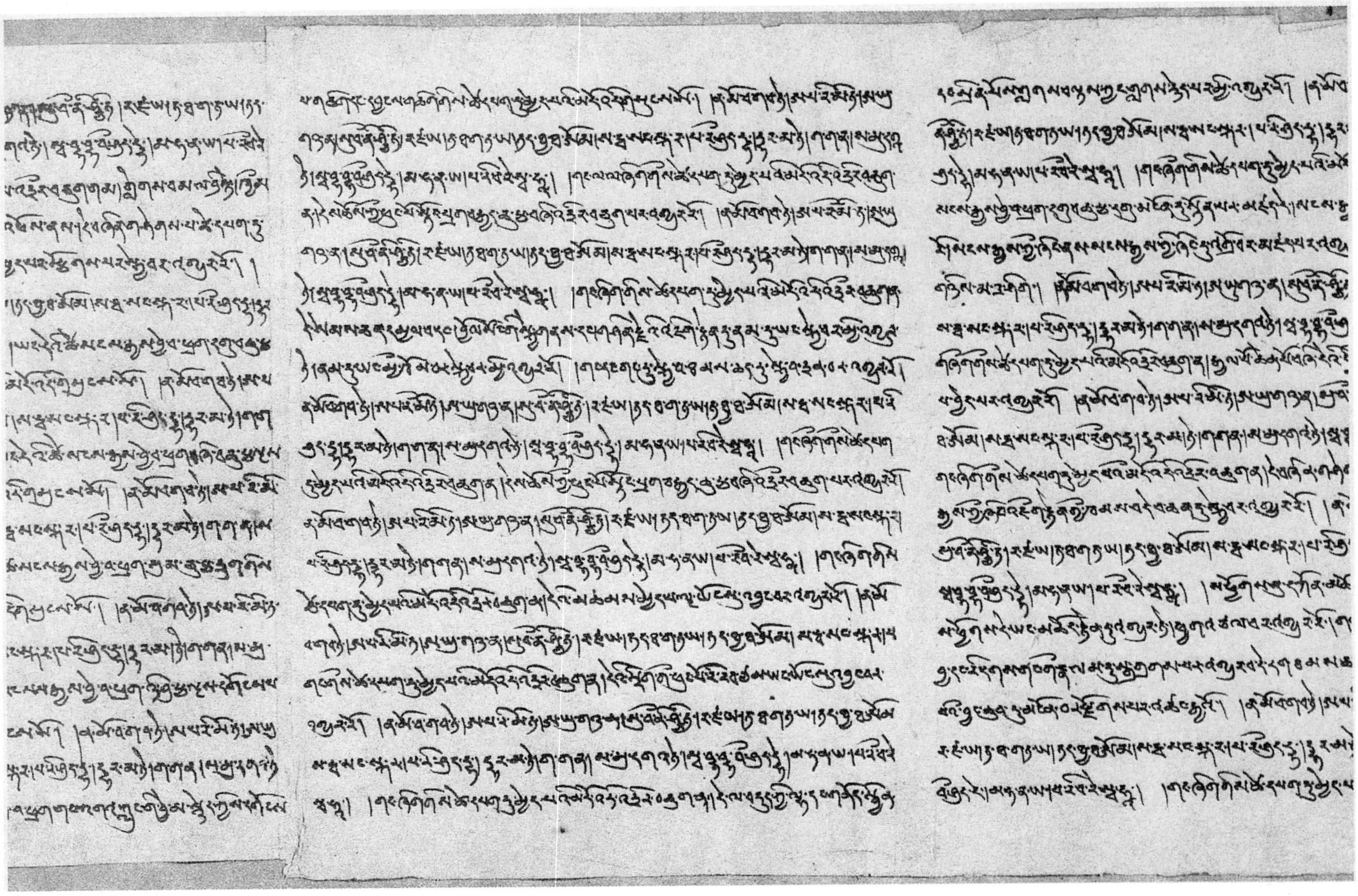

BD14409 號 1　藏文（無量壽宗要經甲本）　（30–3）

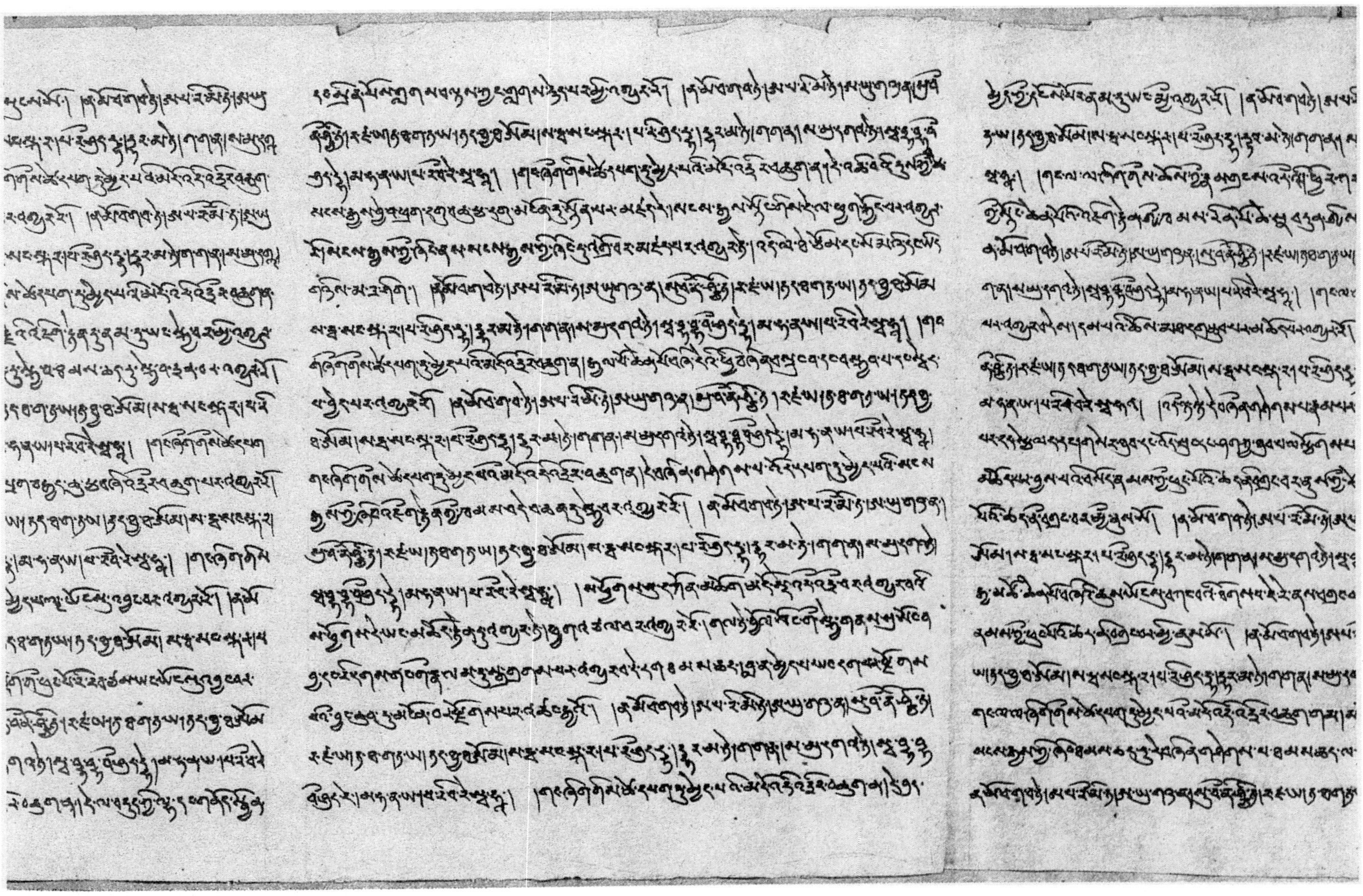

BD14409 號 1　藏文（無量壽宗要經甲本）　（30–4）

BD14409 號 1　藏文（無量壽宗要經甲本）

（30–5）

BD14409 號 1　藏文（無量壽宗要經甲本）

（30–6）

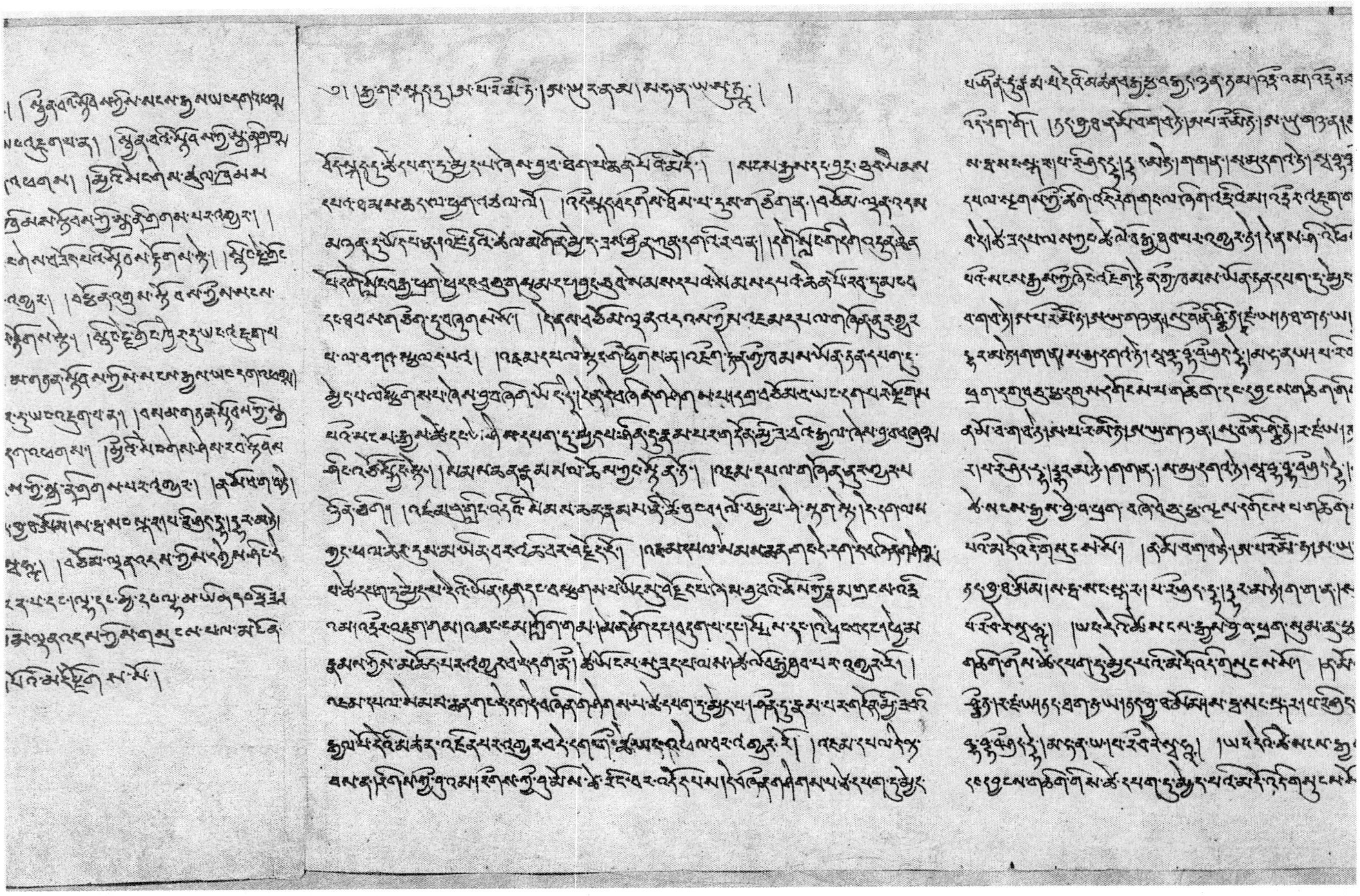

BD14409 號 2　藏文(無量壽宗要經甲本)　　(30–7)

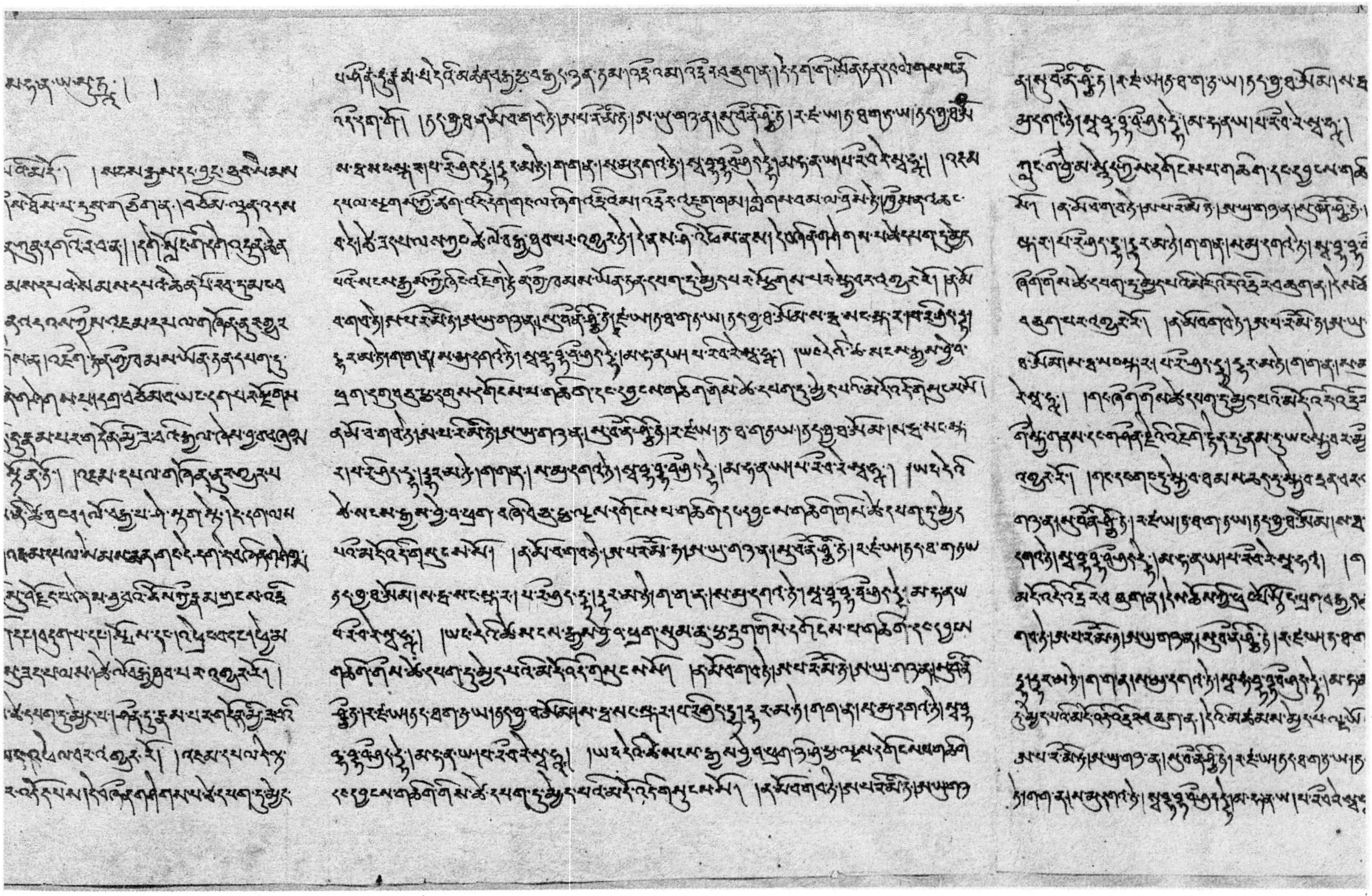

BD14409 號 2　藏文(無量壽宗要經甲本)　　(30–8)

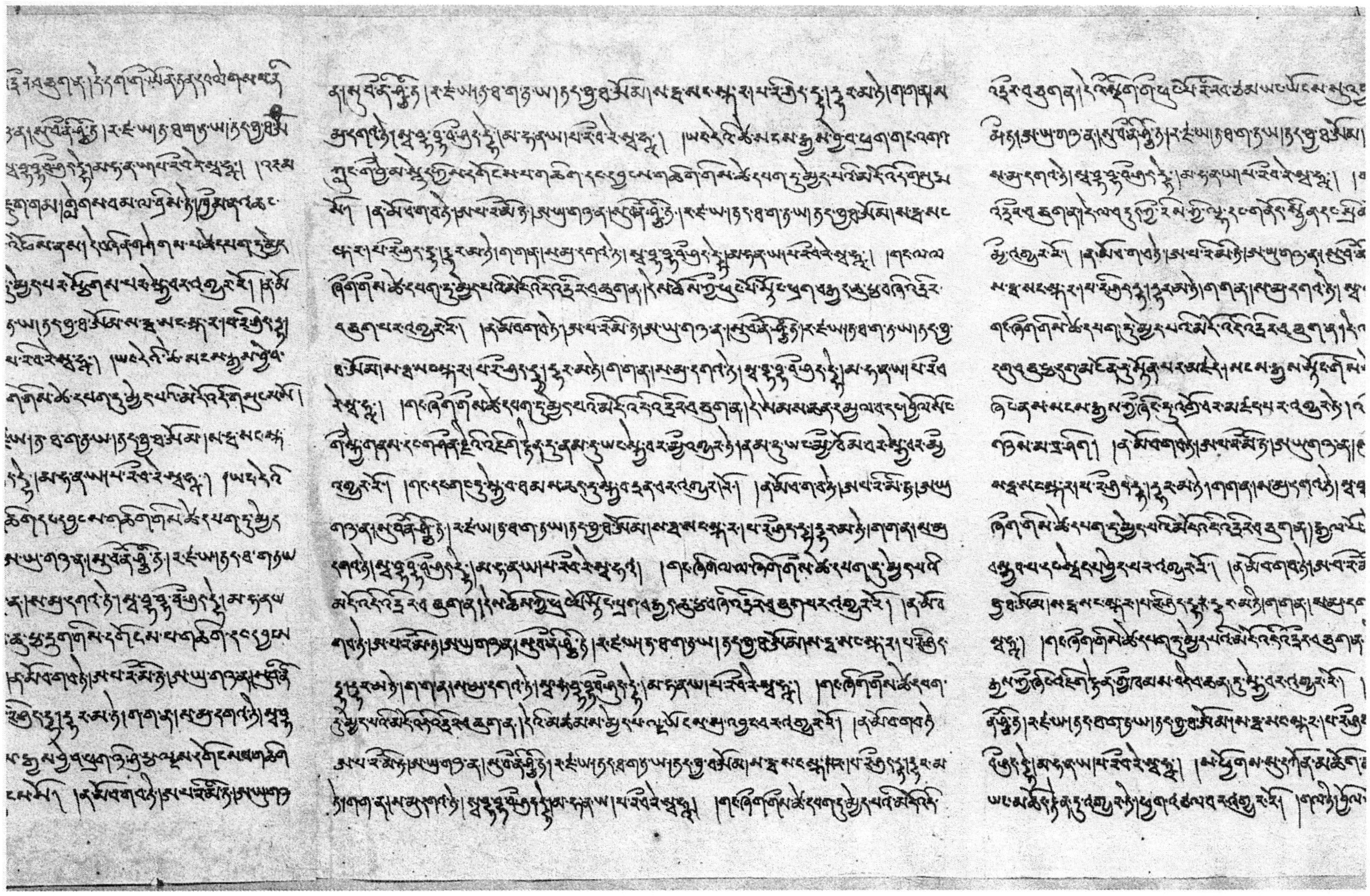

BD14409 號 2　藏文（無量壽宗要經甲本）　　（30–9）

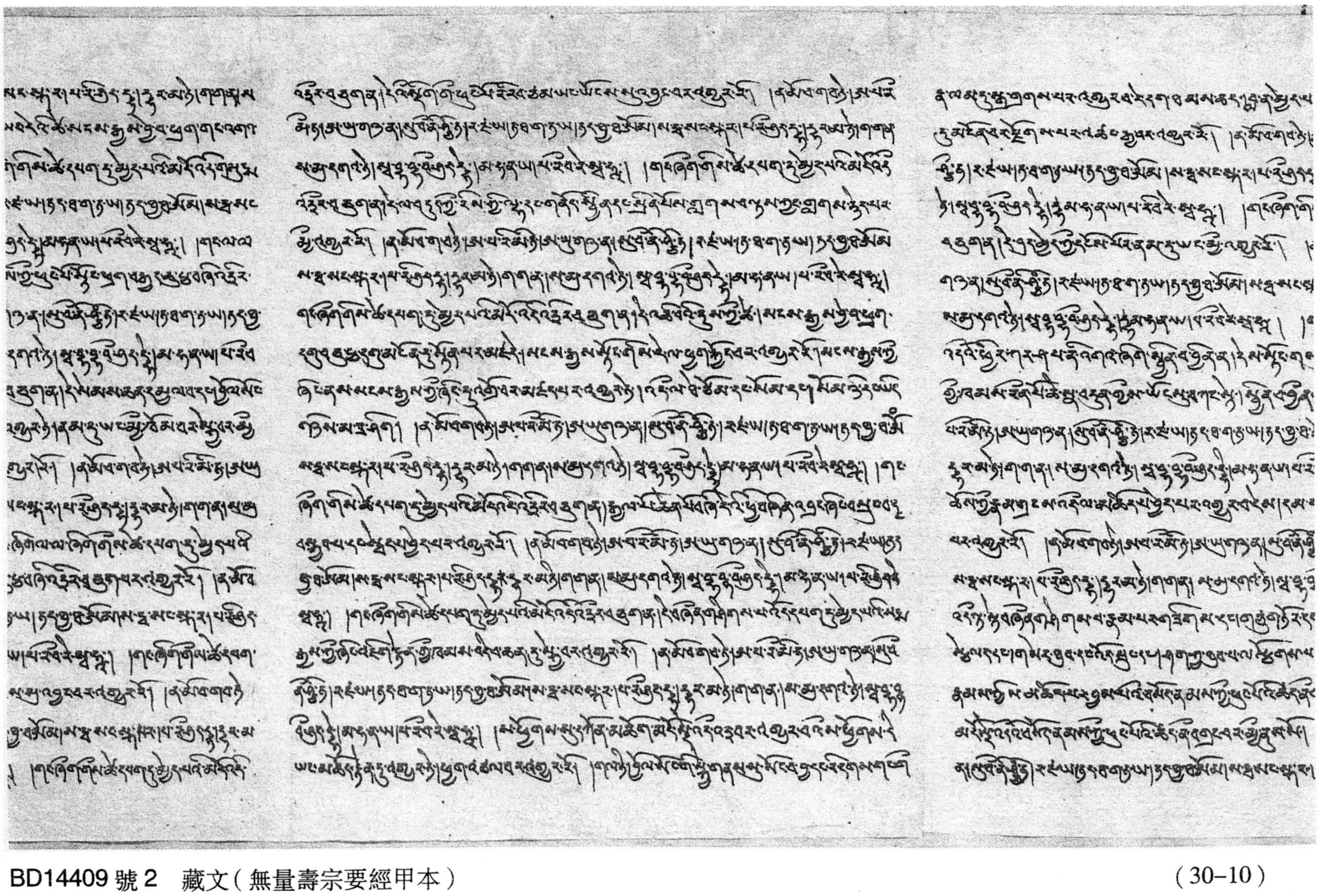

BD14409 號 2　藏文（無量壽宗要經甲本）　　（30–10）

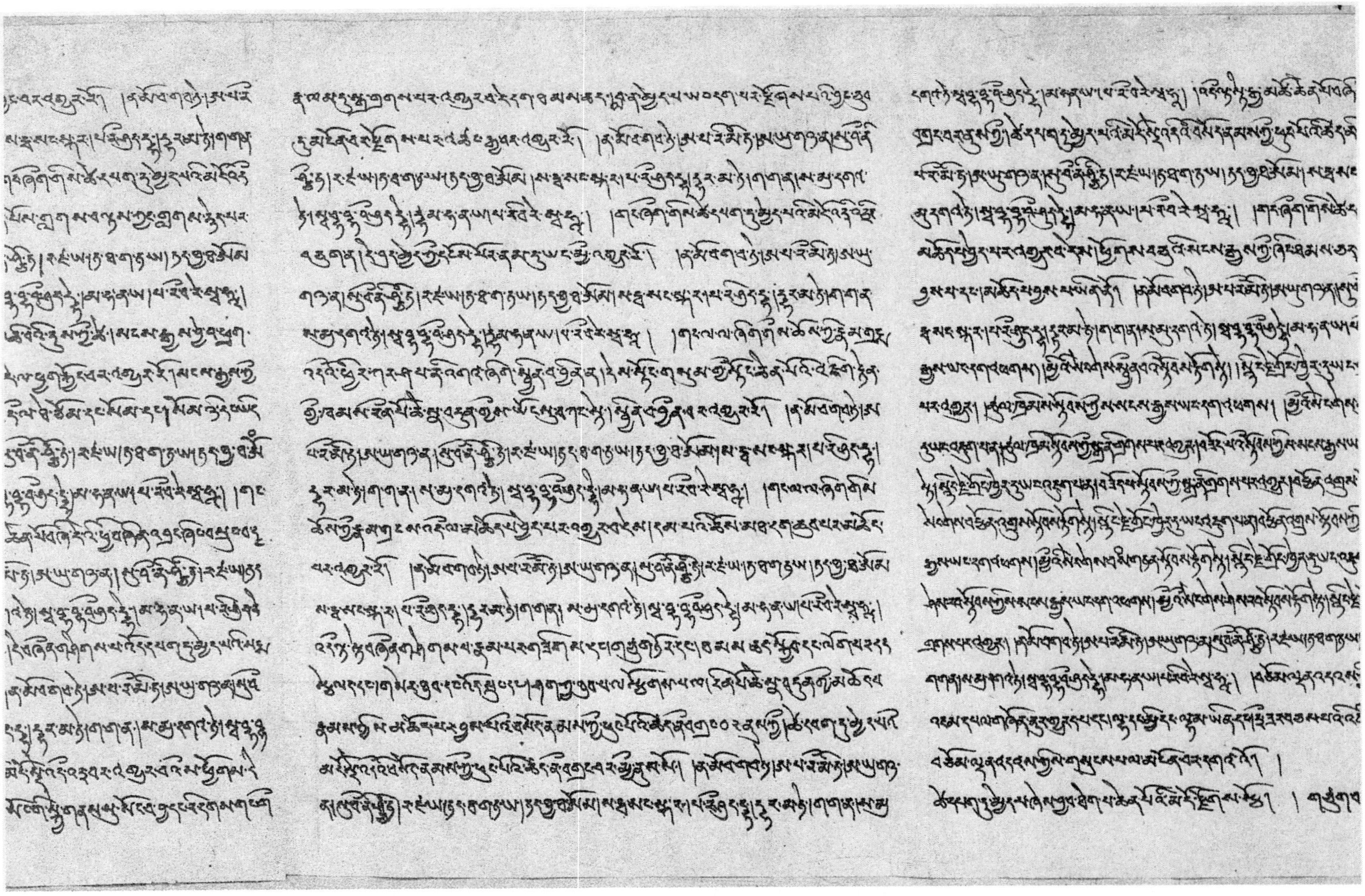

BD14409 號 2　藏文（無量壽宗要經甲本）　　（30–11）

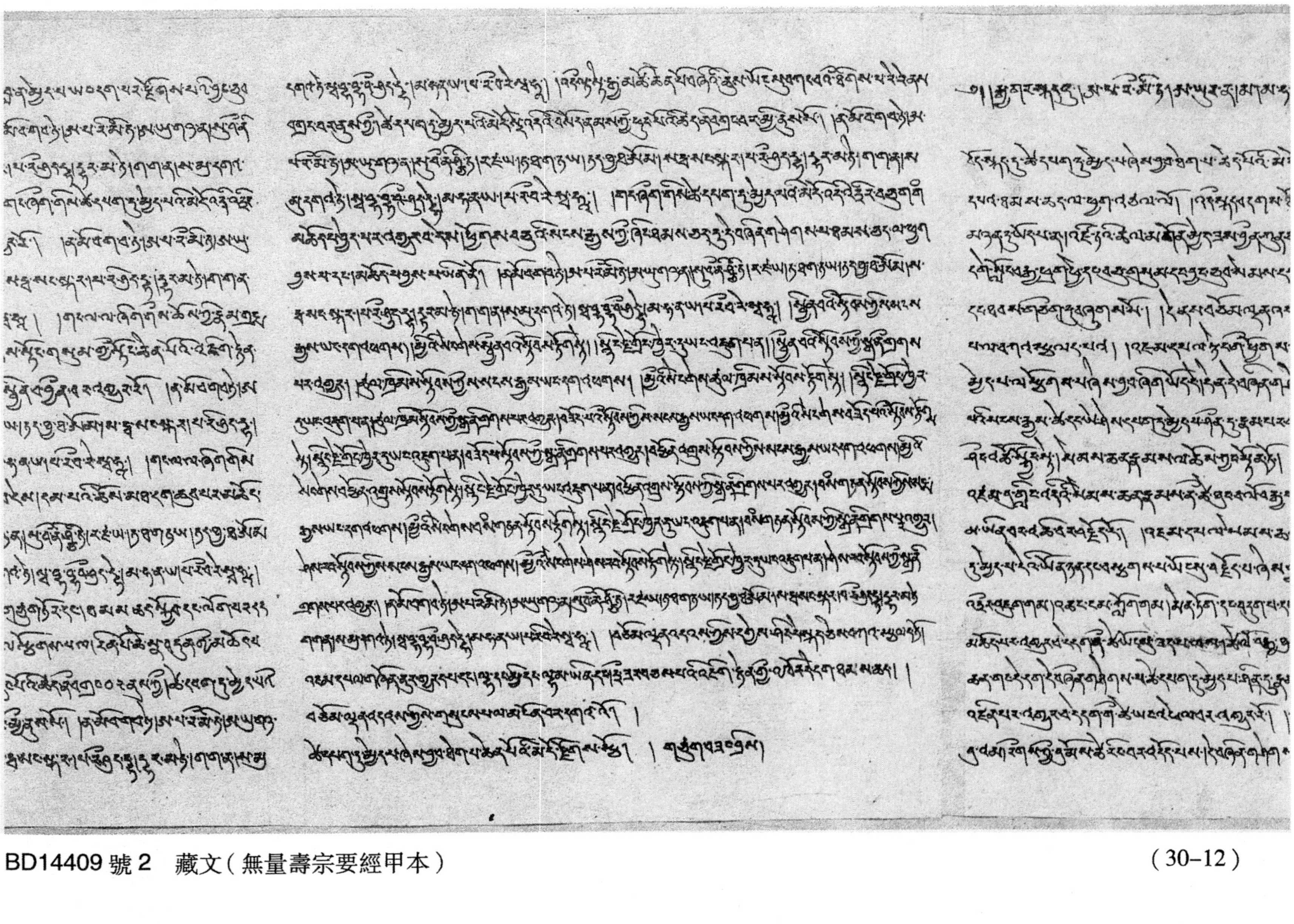

BD14409 號 2　藏文（無量壽宗要經甲本）　　（30–12）

BD14409 號 3　藏文（無量壽宗要經甲本）　　　　　　　　　　（30-13）

BD14409 號 3　藏文（無量壽宗要經甲本）　　　　　　　　　　（30-14）

333

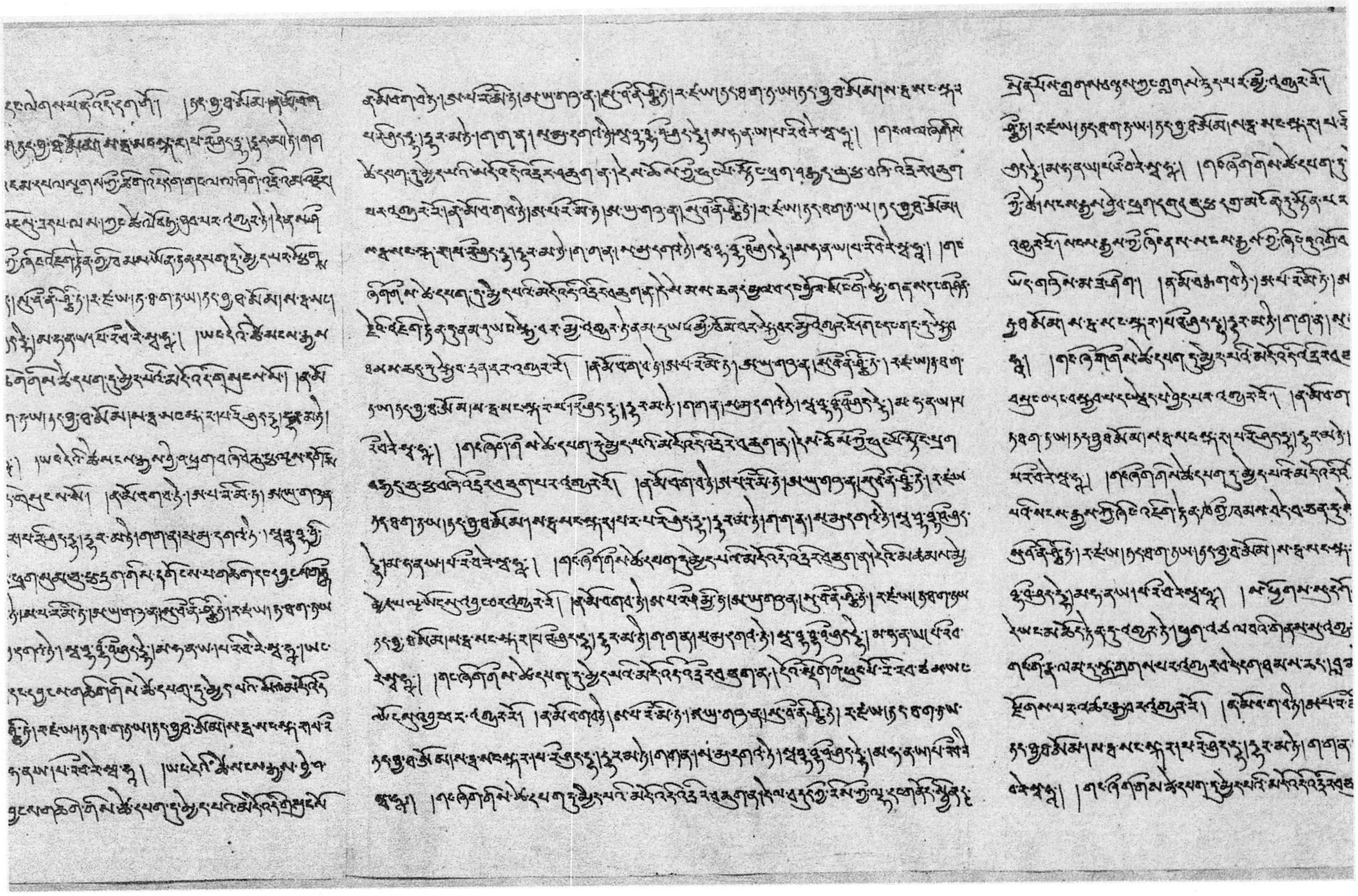

BD14409 號 3　藏文（無量壽宗要經甲本）　（30–15）

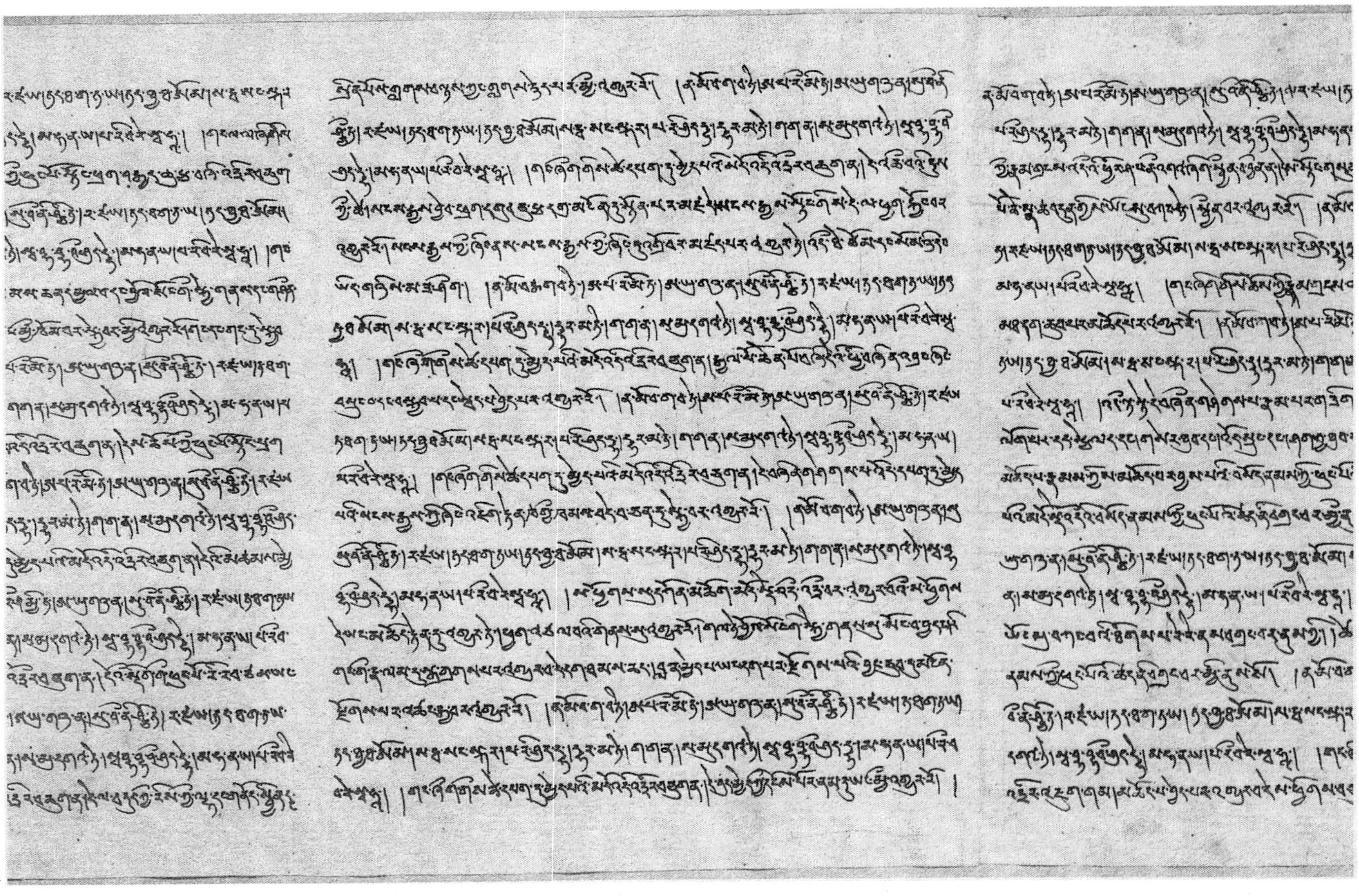

BD14409 號 3　藏文（無量壽宗要經甲本）　（30–16）

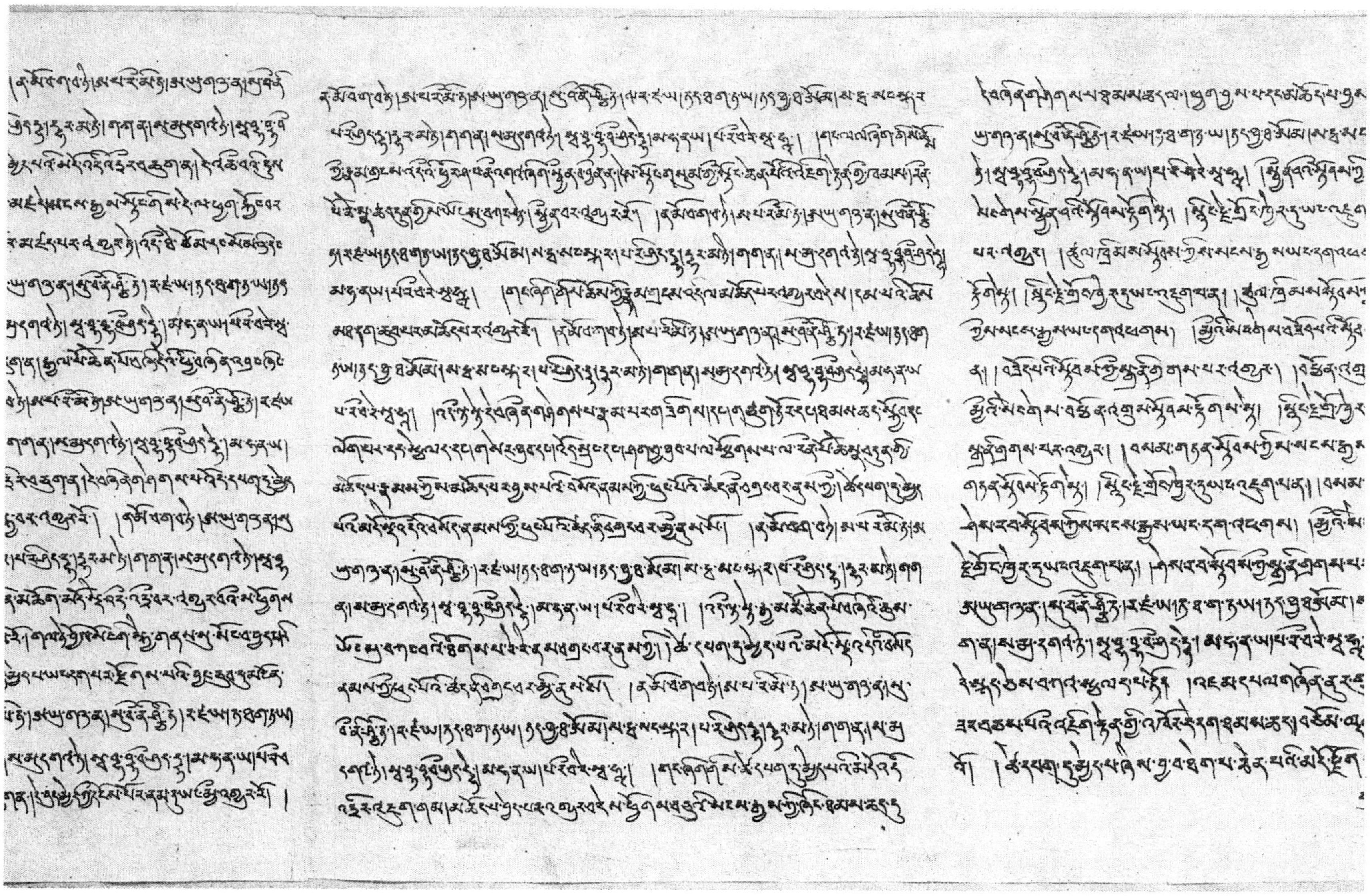

BD14409 號 3　藏文（無量壽宗要經甲本）　　（30–17）

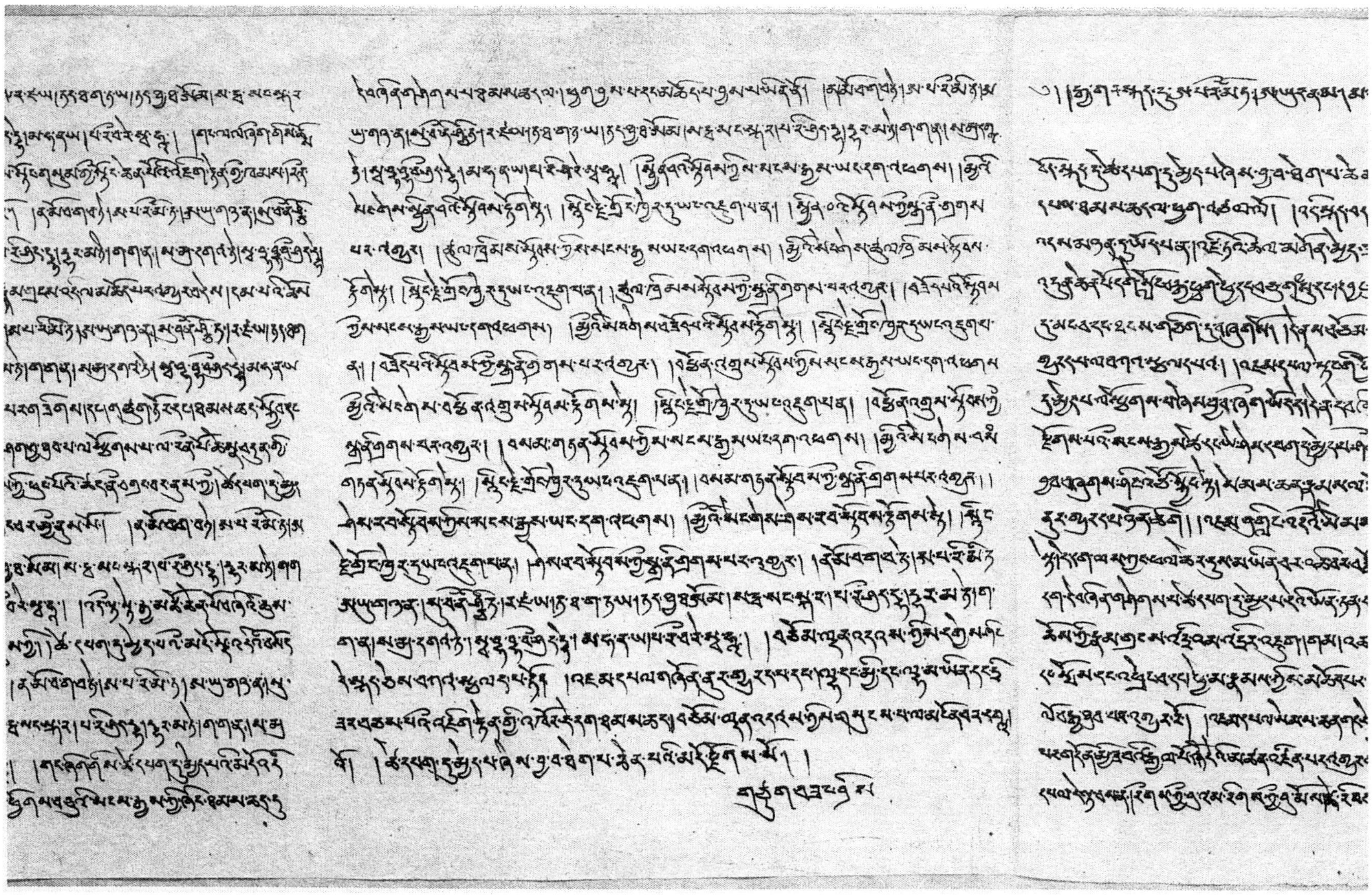

BD14409 號 3　藏文（無量壽宗要經甲本）　　（30–18）

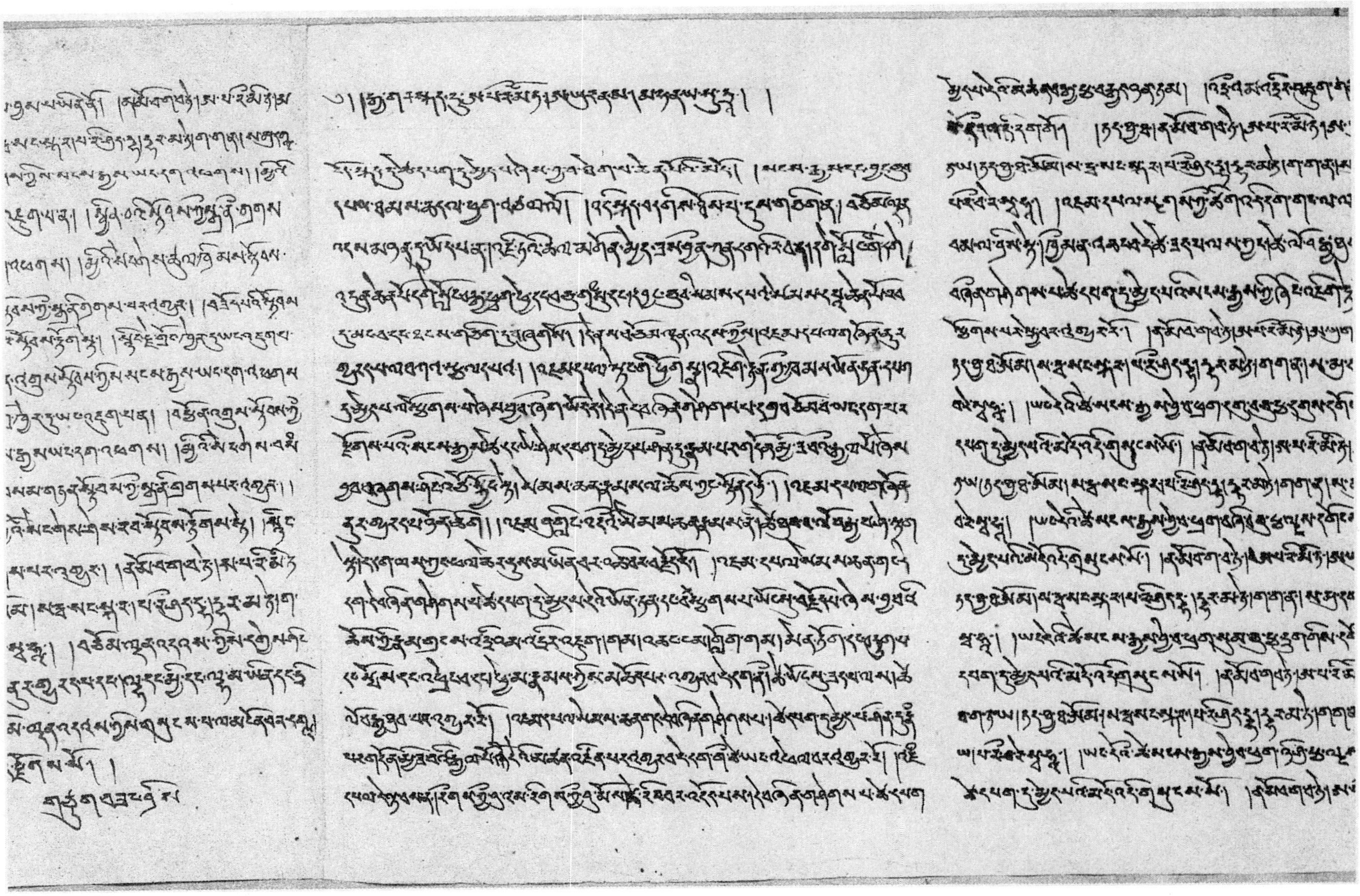

BD14409 號 4　藏文（無量壽宗要經甲本）　　（30–19）

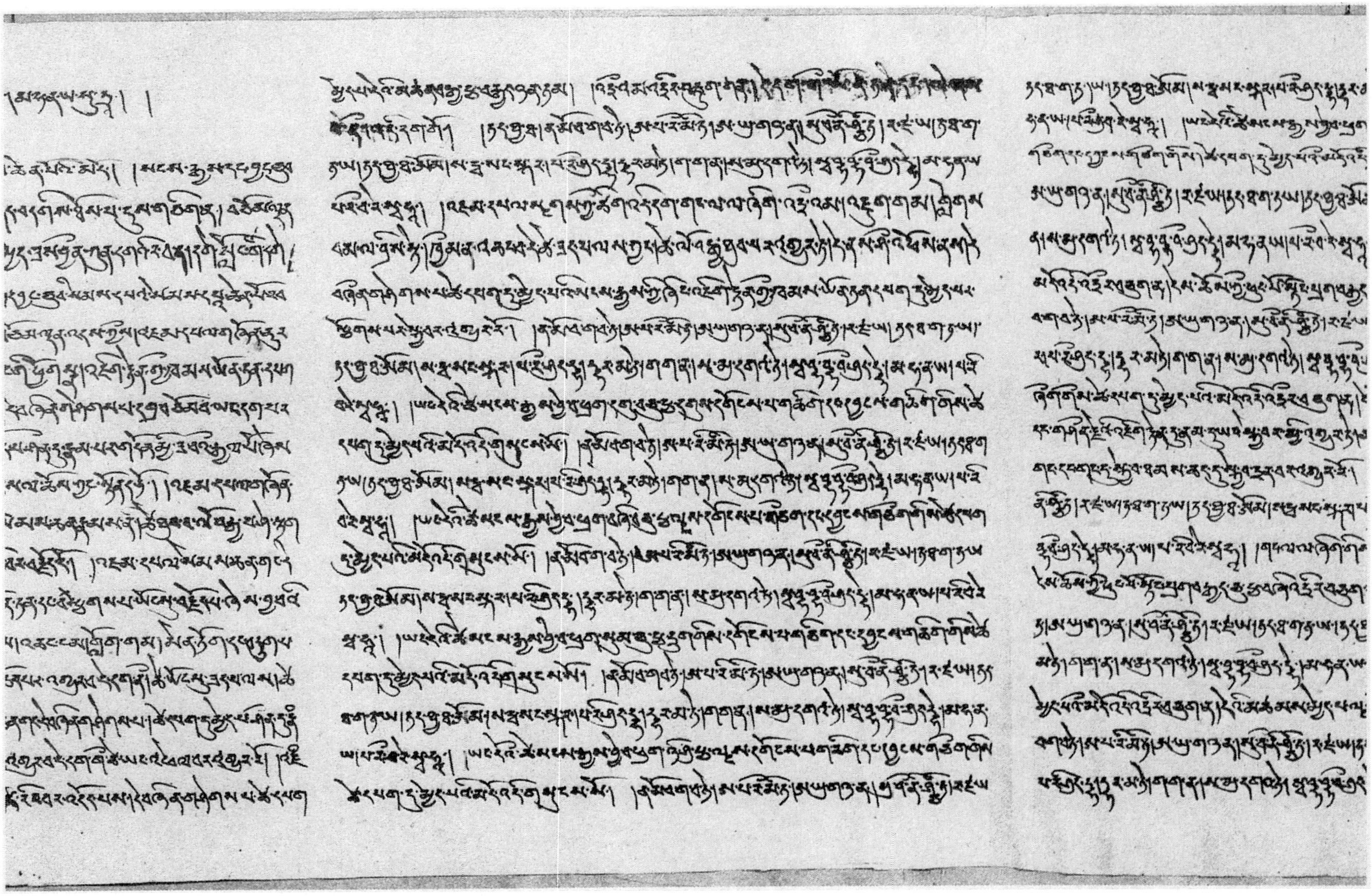

BD14409 號 4　藏文（無量壽宗要經甲本）　　（30–20）

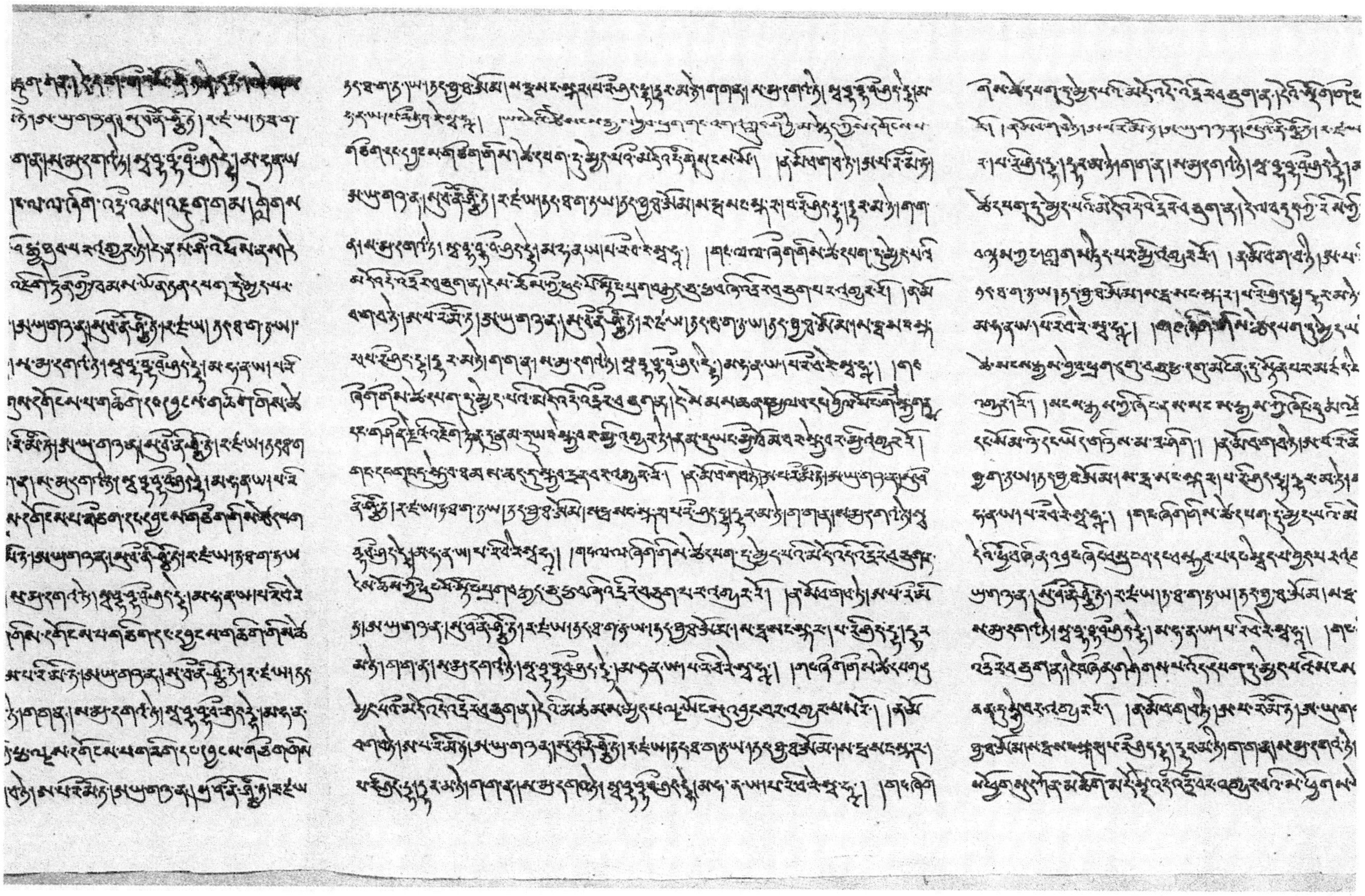

BD14409 號 4　藏文（無量壽宗要經甲本）　（30–21）

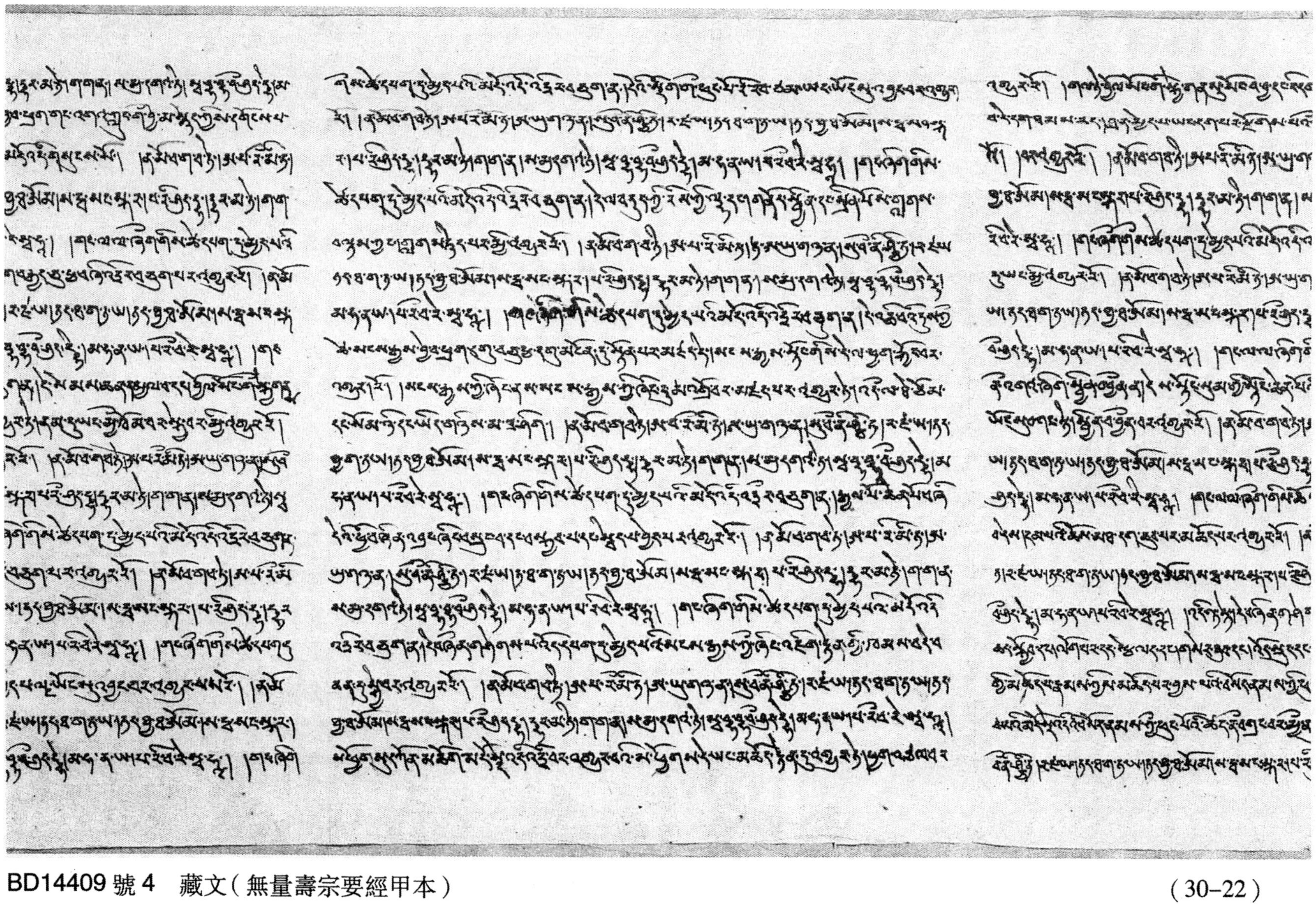

BD14409 號 4　藏文（無量壽宗要經甲本）　（30–22）

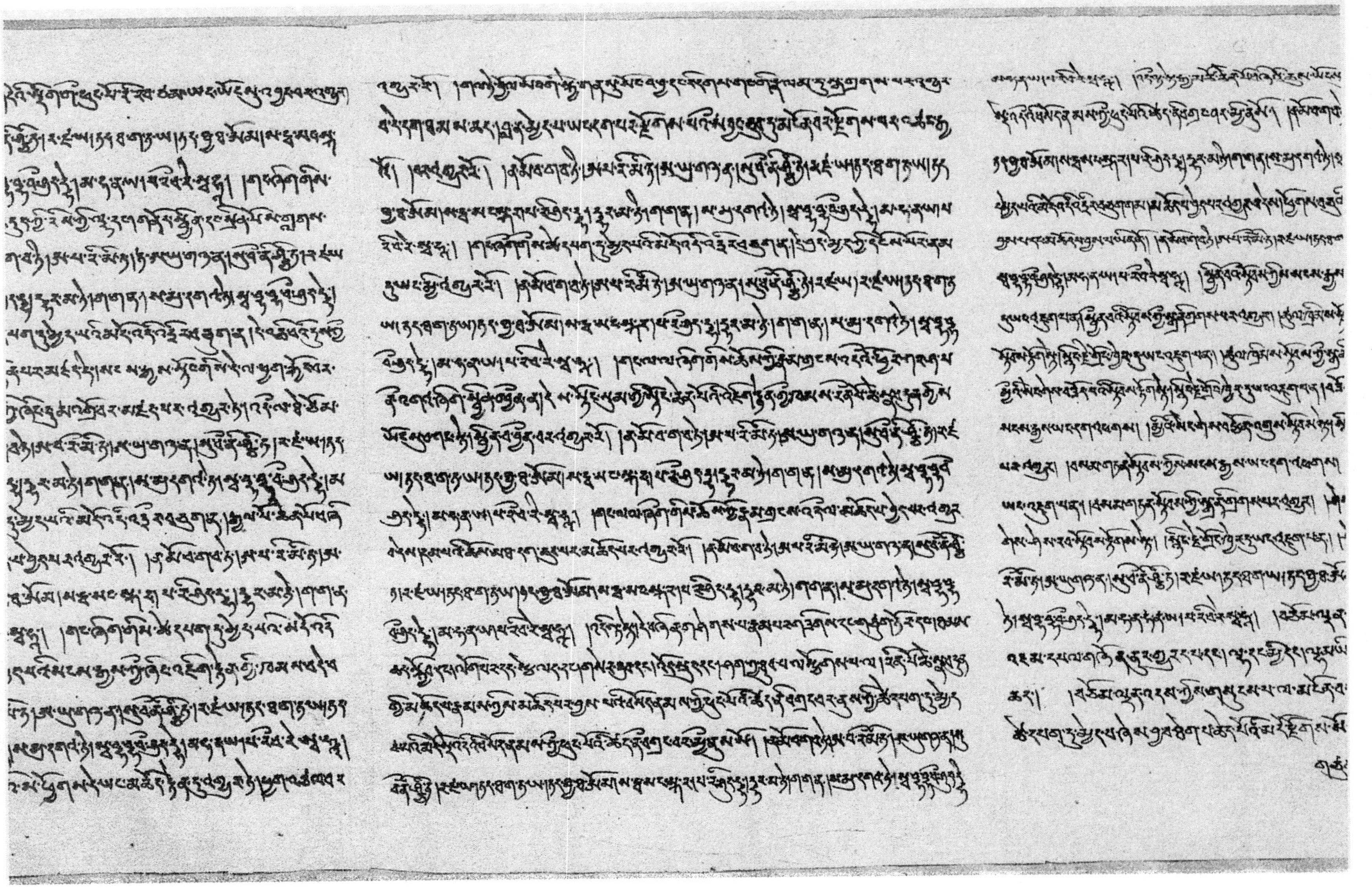

BD14409 號 4　藏文（無量壽宗要經甲本）　（30–23）

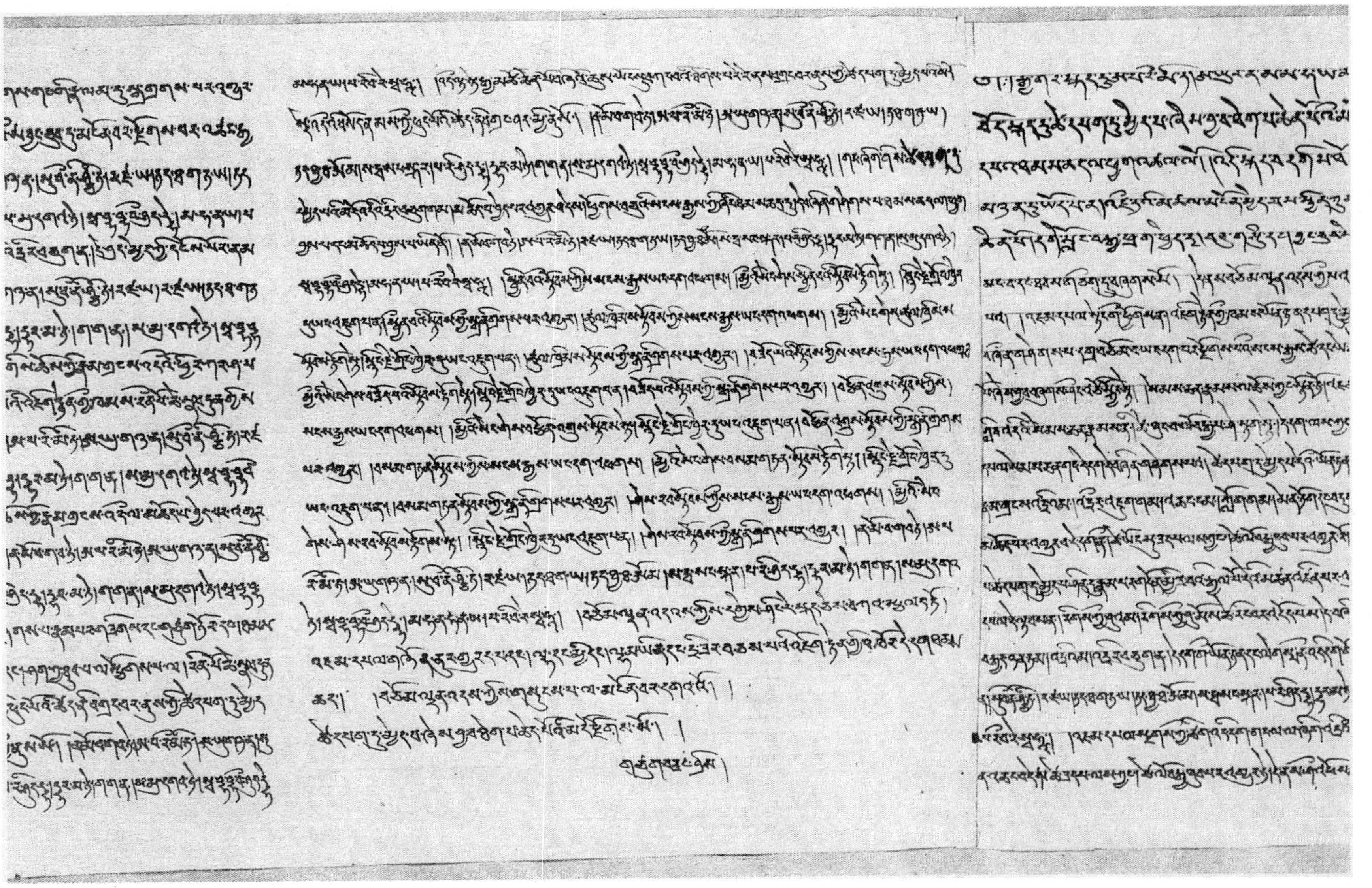

BD14409 號 4　藏文（無量壽宗要經甲本）　（30–24）

BD14409 號 5　藏文（無量壽宗要經甲本）　　　　　　　　　　　　　　　（30-25）

BD14409 號 5　藏文（無量壽宗要經甲本）　　　　　　　　　　　　　　　（30-26）

BD14409 號 5　藏文（無量壽宗要經甲本）　　　　　　　　　　　　　（30–27）

BD14409 號 5　藏文（無量壽宗要經甲本）　　　　　　　　　　　　　（30–28）

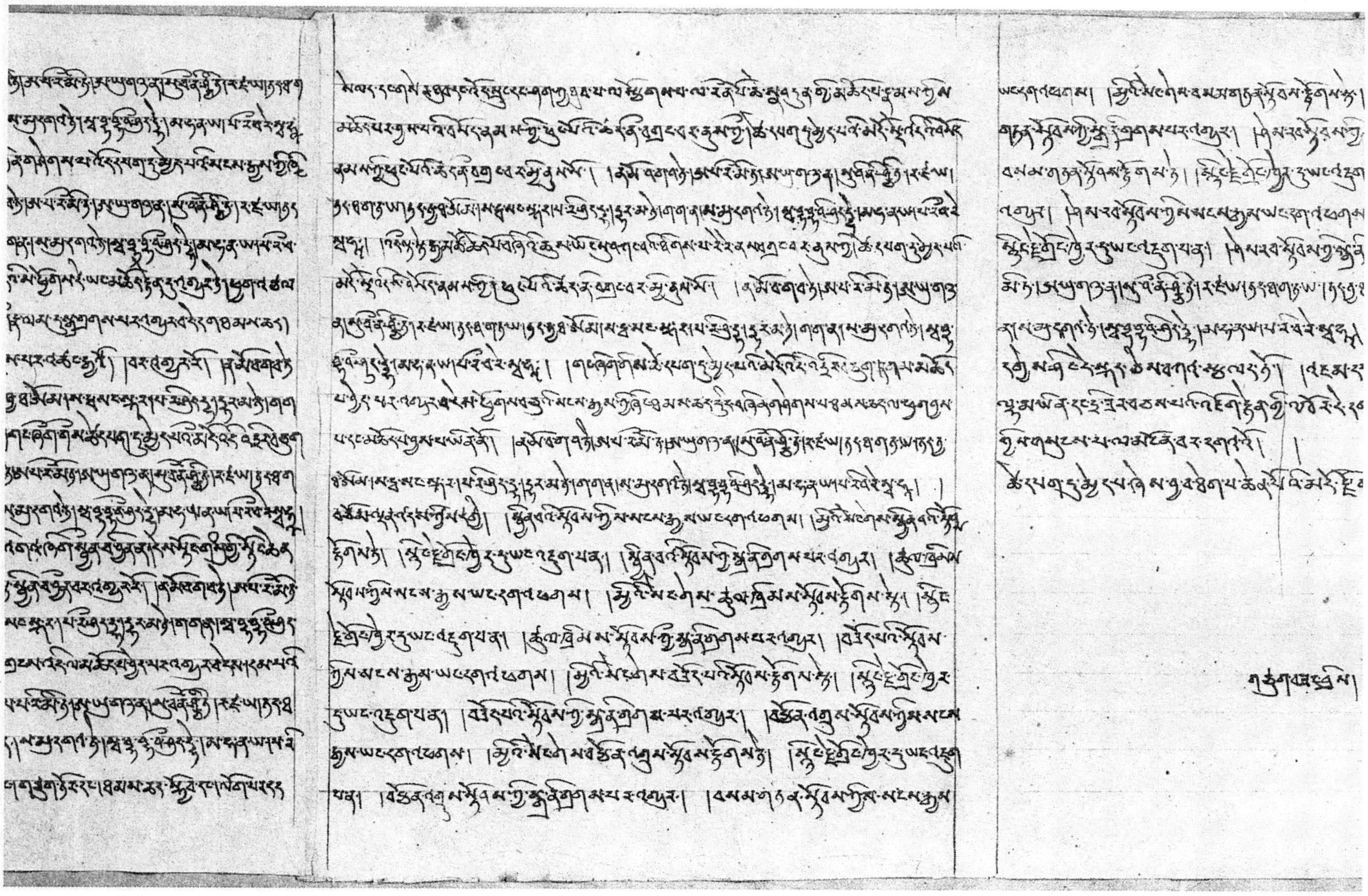

（30-29）

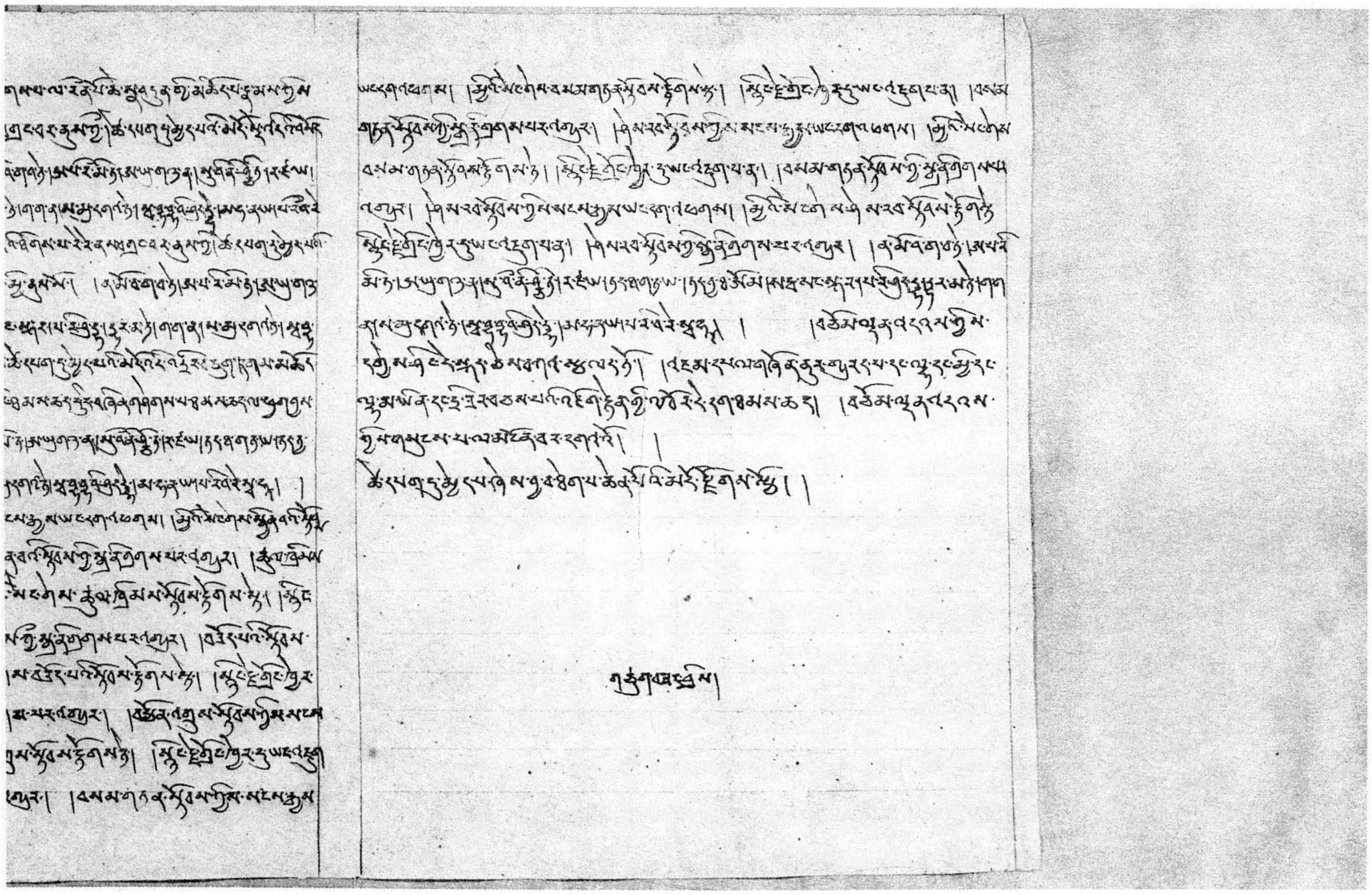

（30-30）

BD14410 號　藏文（無量壽宗要經乙本）　　（6-1）

BD14410 號　藏文（無量壽宗要經乙本）　　（6-2）

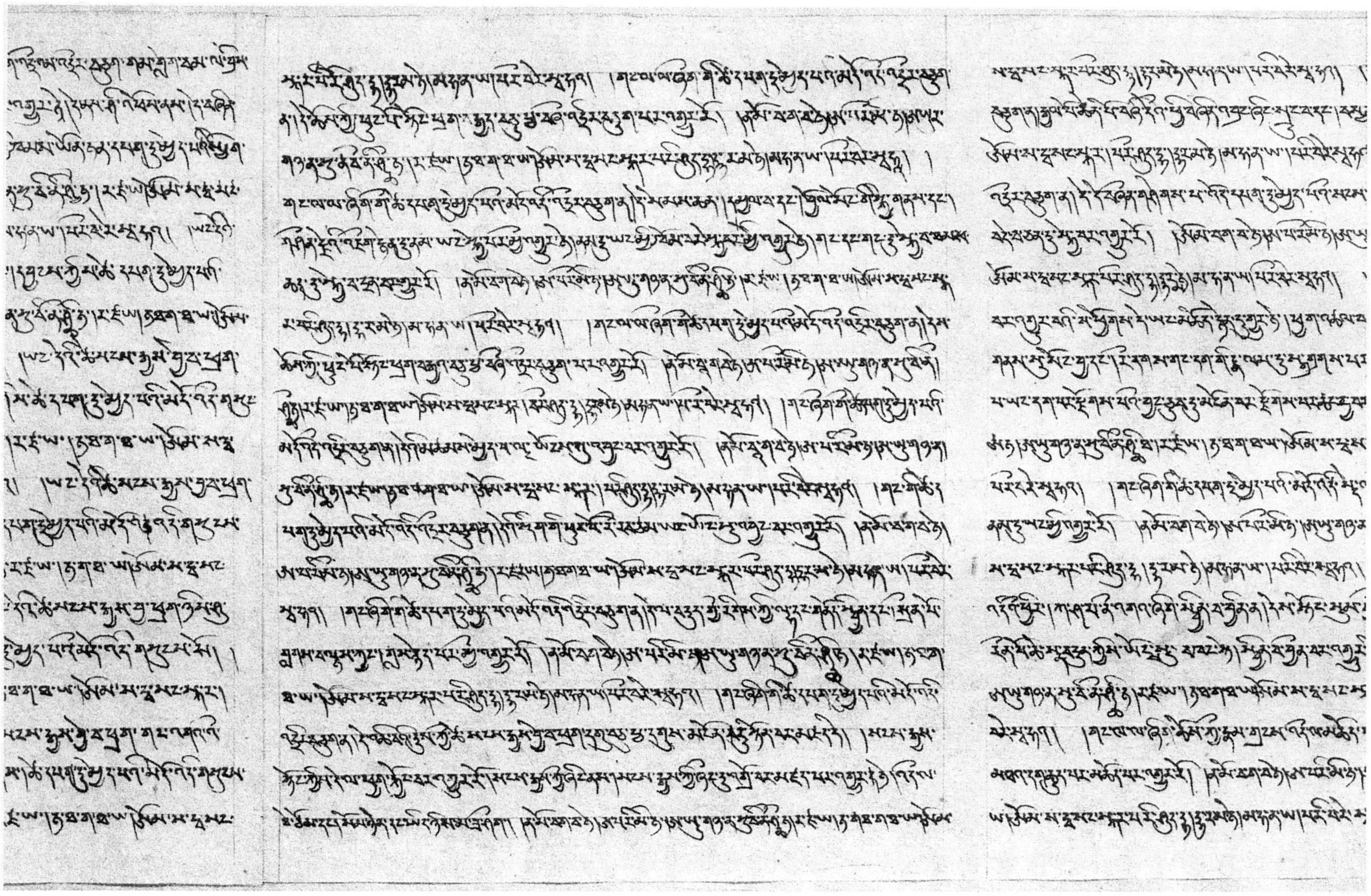

BD14410 號　藏文（無量壽宗要經乙本）　（6–3）

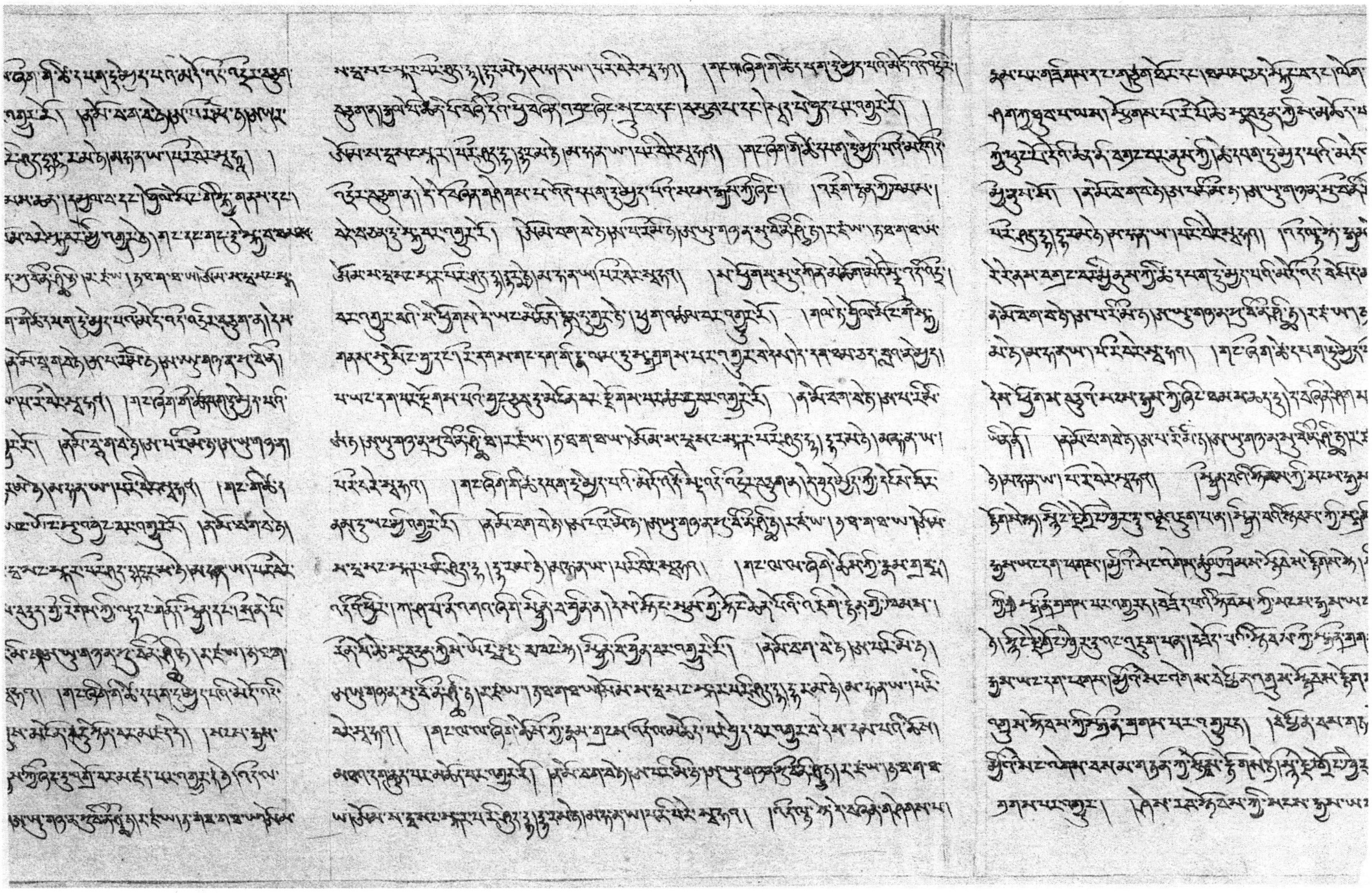

BD14410 號　藏文（無量壽宗要經乙本）　（6–4）

BD14410 號　藏文（無量壽宗要經乙本）　　　　　　　　　　　　　　（6-5）

BD14410 號　藏文（無量壽宗要經乙本）　　　　　　　　　　　　　　（6-6）

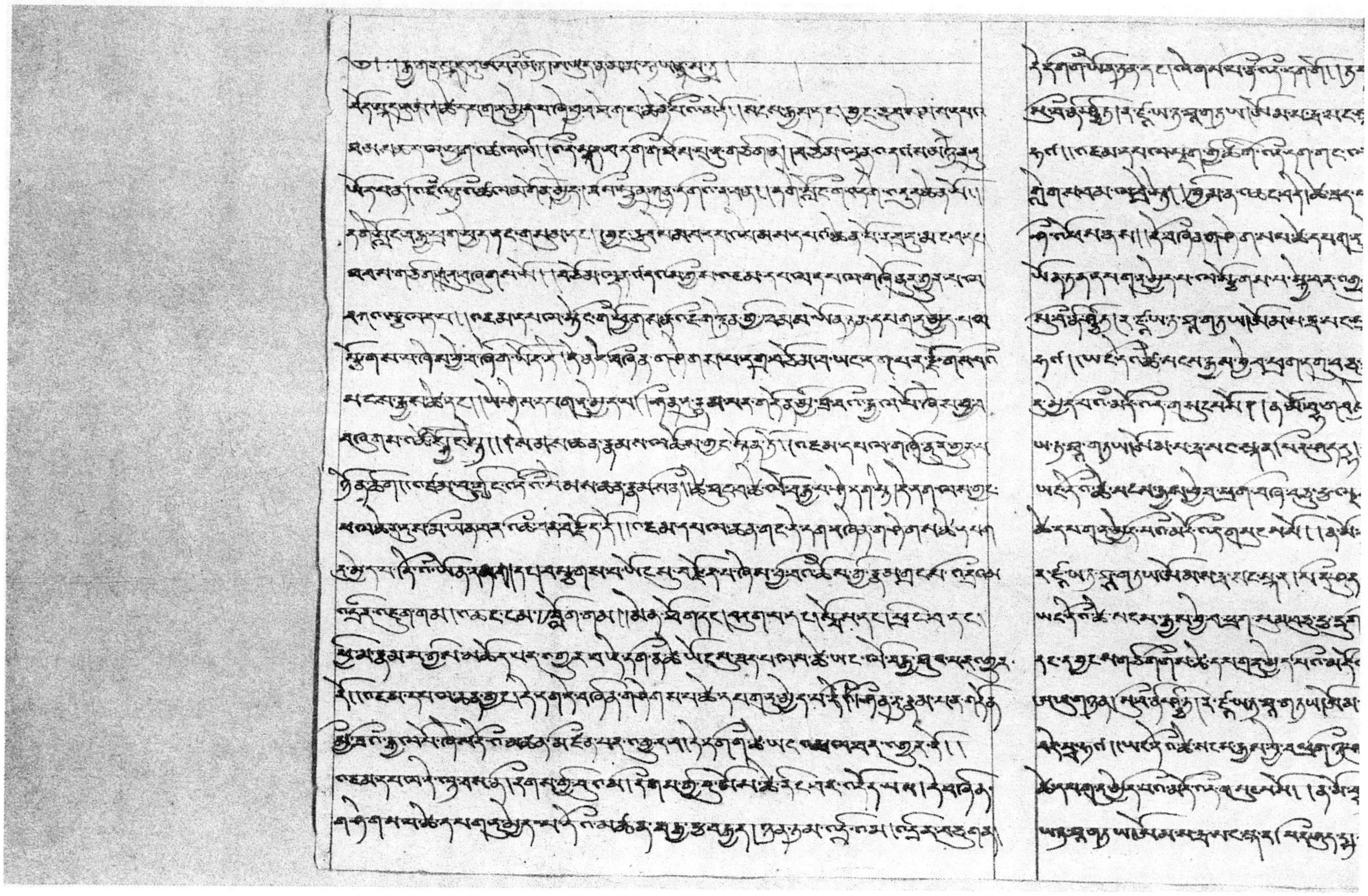

BD14411 號　藏文（無量壽宗要經乙本）　（6–1）

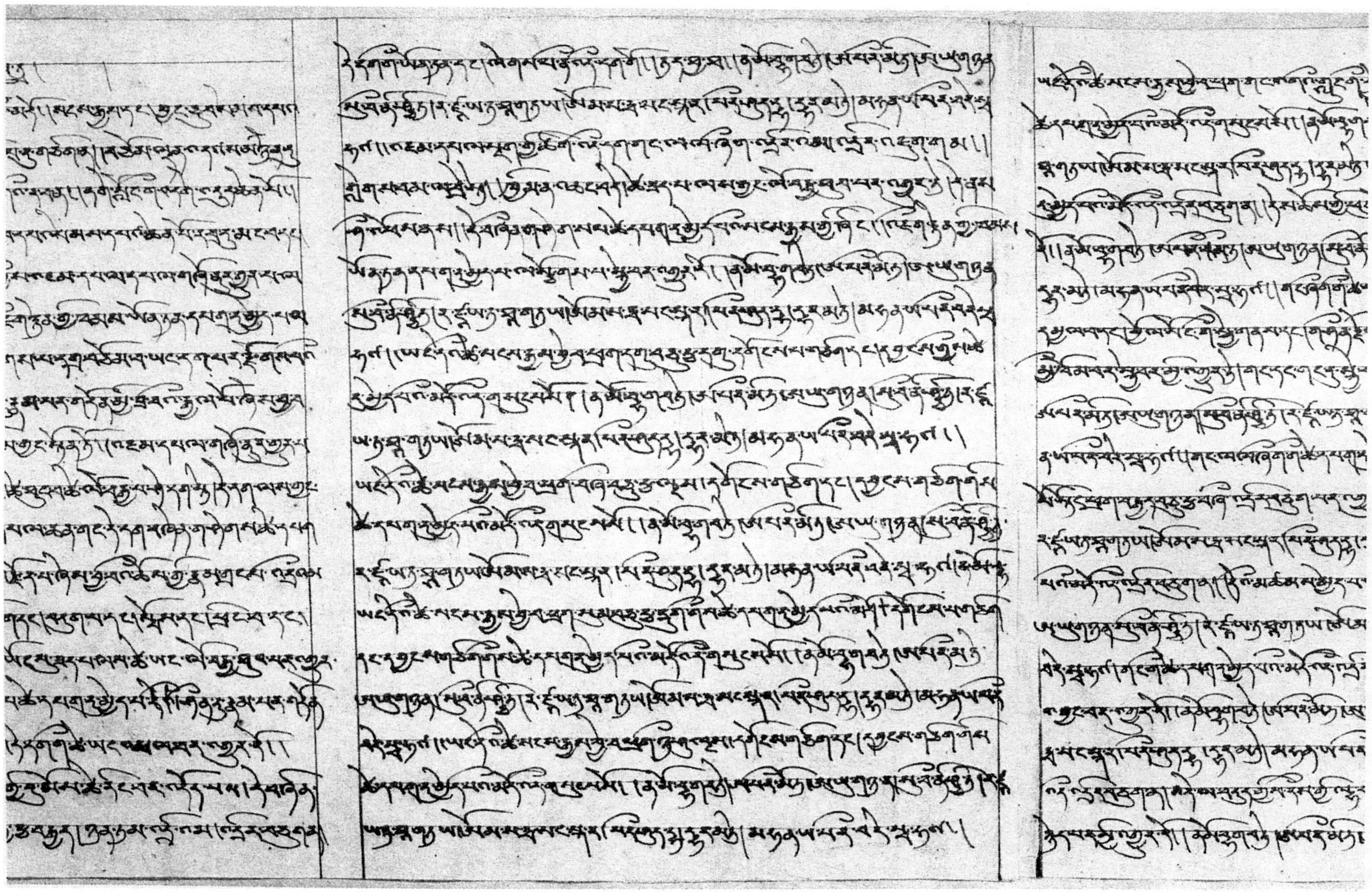

BD14411 號　藏文（無量壽宗要經乙本）　（6–2）

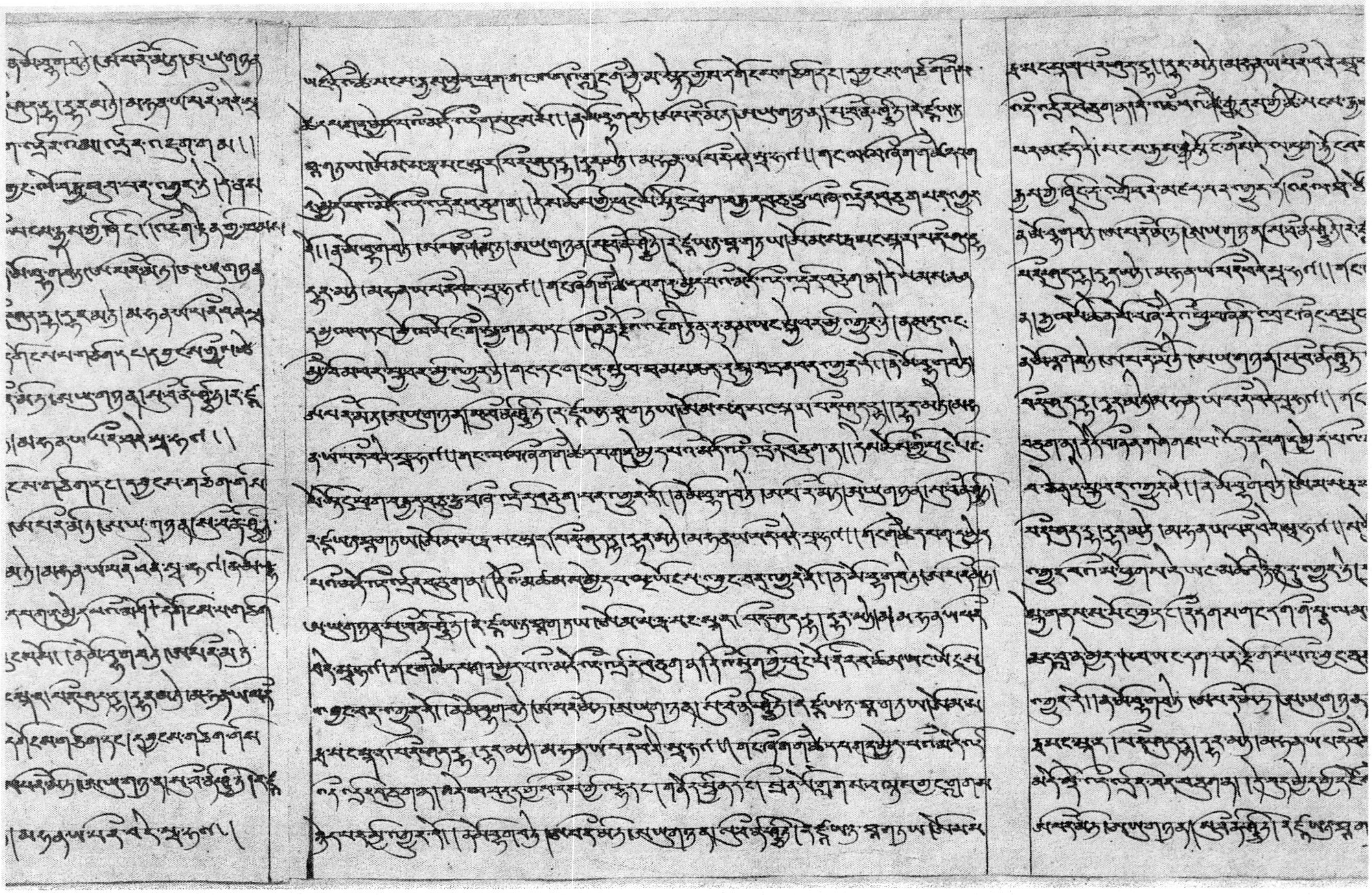

BD14411 號　藏文（無量壽宗要經乙本）　　（6–3）

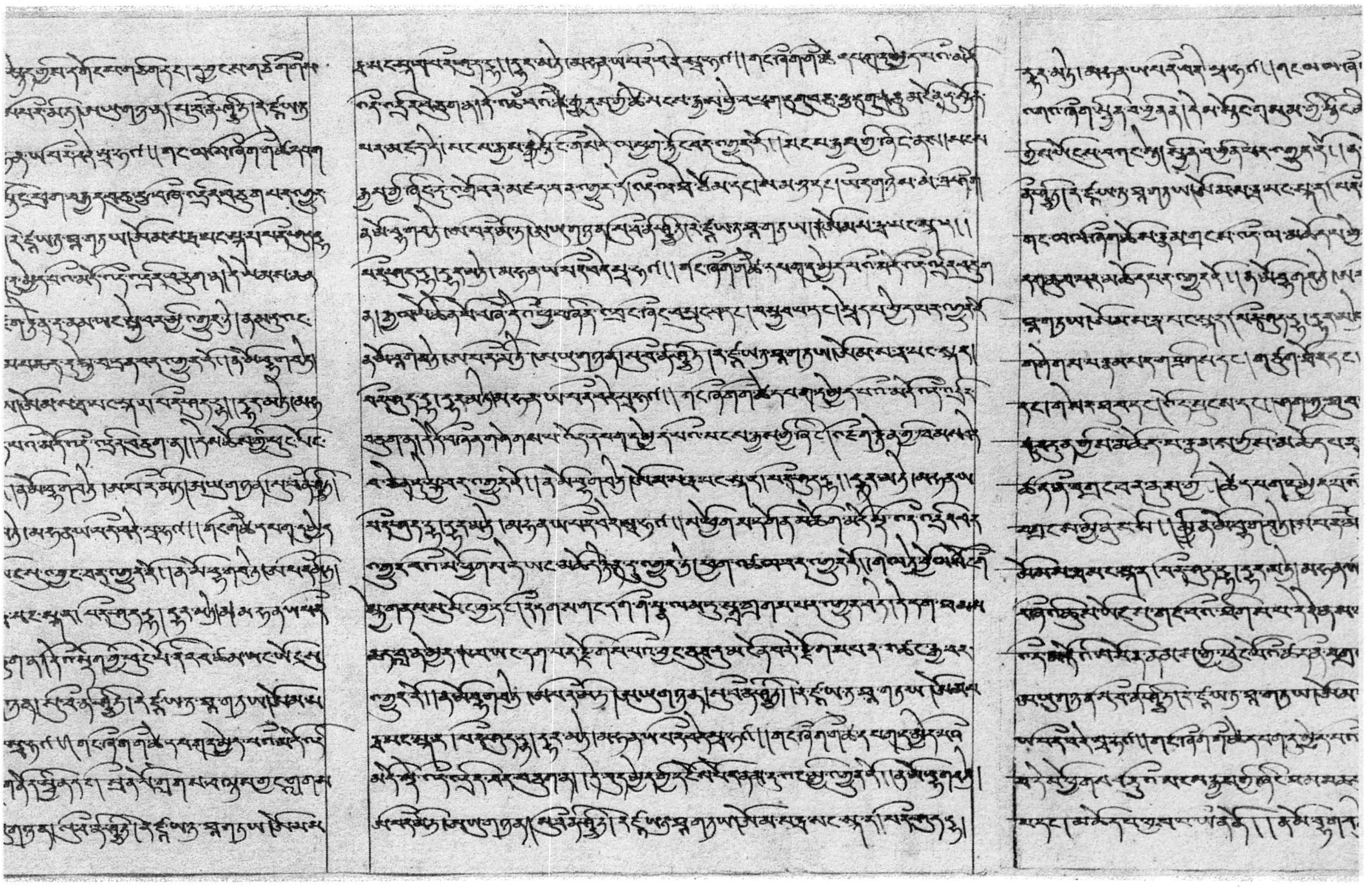

BD14411 號　藏文（無量壽宗要經乙本）　　（6–4）

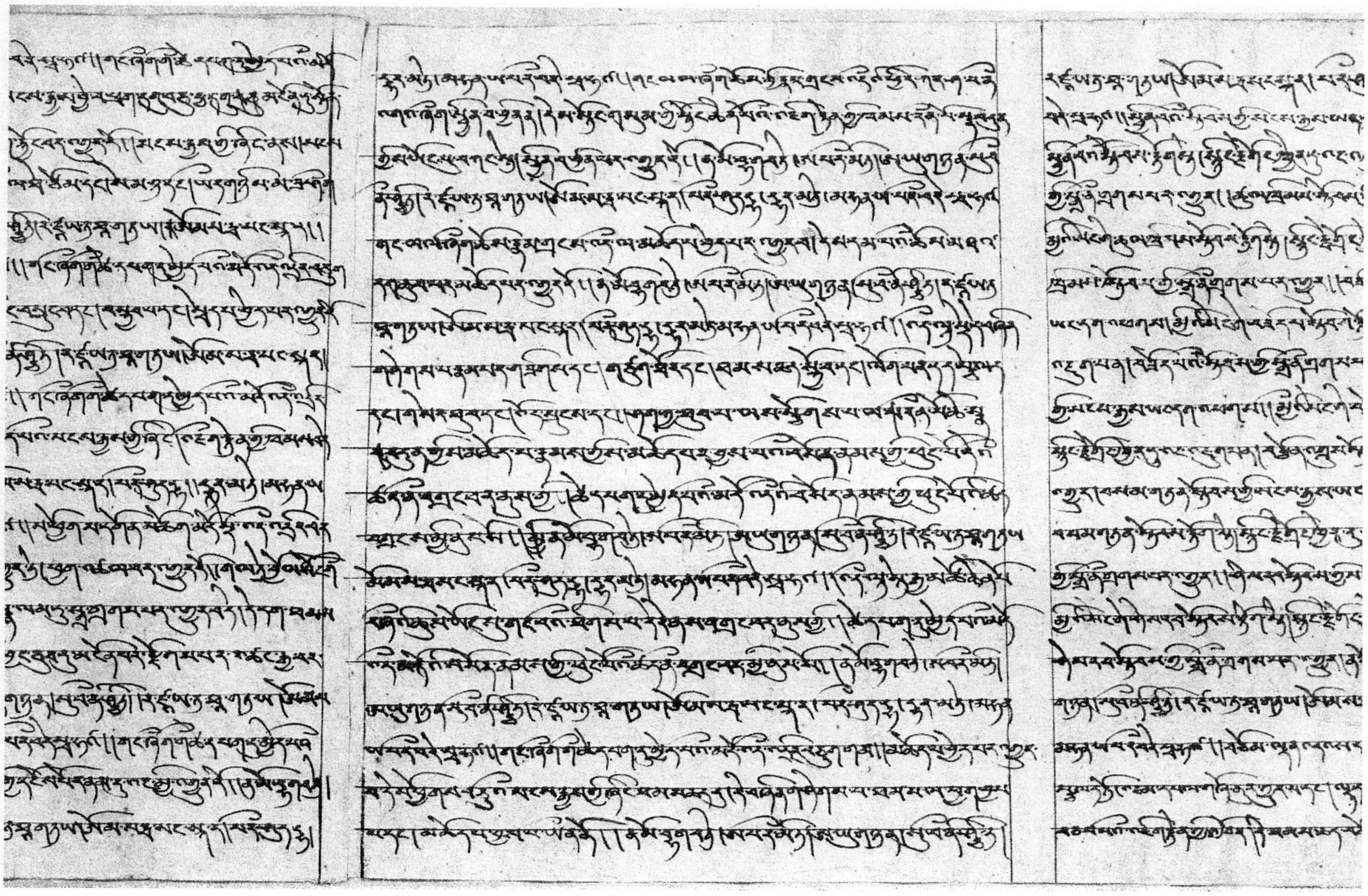

BD14411號　藏文（無量壽宗要經乙本）　（6–5）

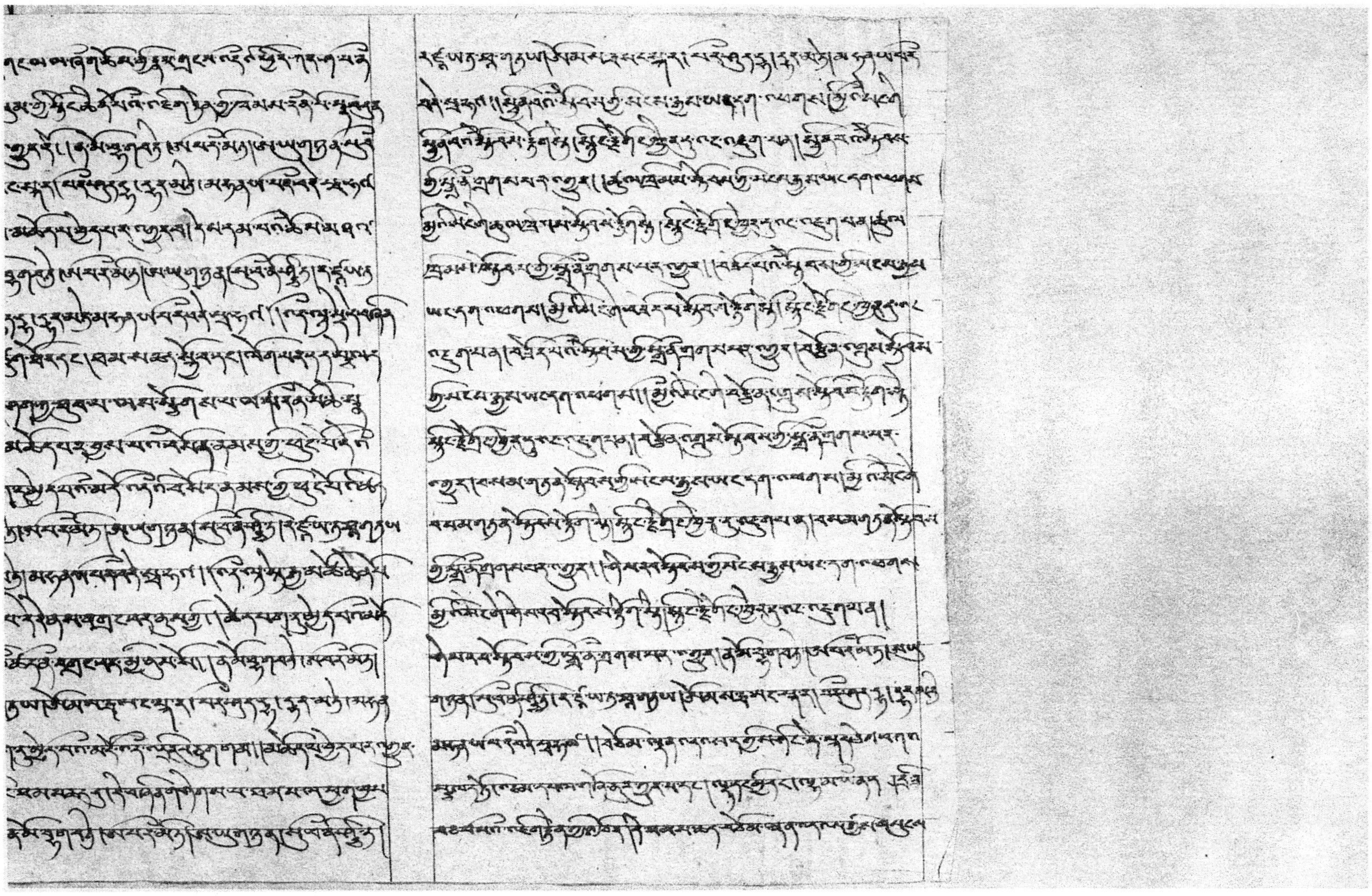

BD14411號　藏文（無量壽宗要經乙本）　（6–6）

BD14412 號　藏文（無量壽宗要經甲本）　　　　　　　　　　　　（6-1）

BD14412 號　藏文（無量壽宗要經甲本）　　　　　　　　　　　　（6-2）

BD14412 號　藏文（無量壽宗要經甲本）　　　　　　　　（6-3）

BD14412 號　藏文（無量壽宗要經甲本）　　　　　　　　（6-4）

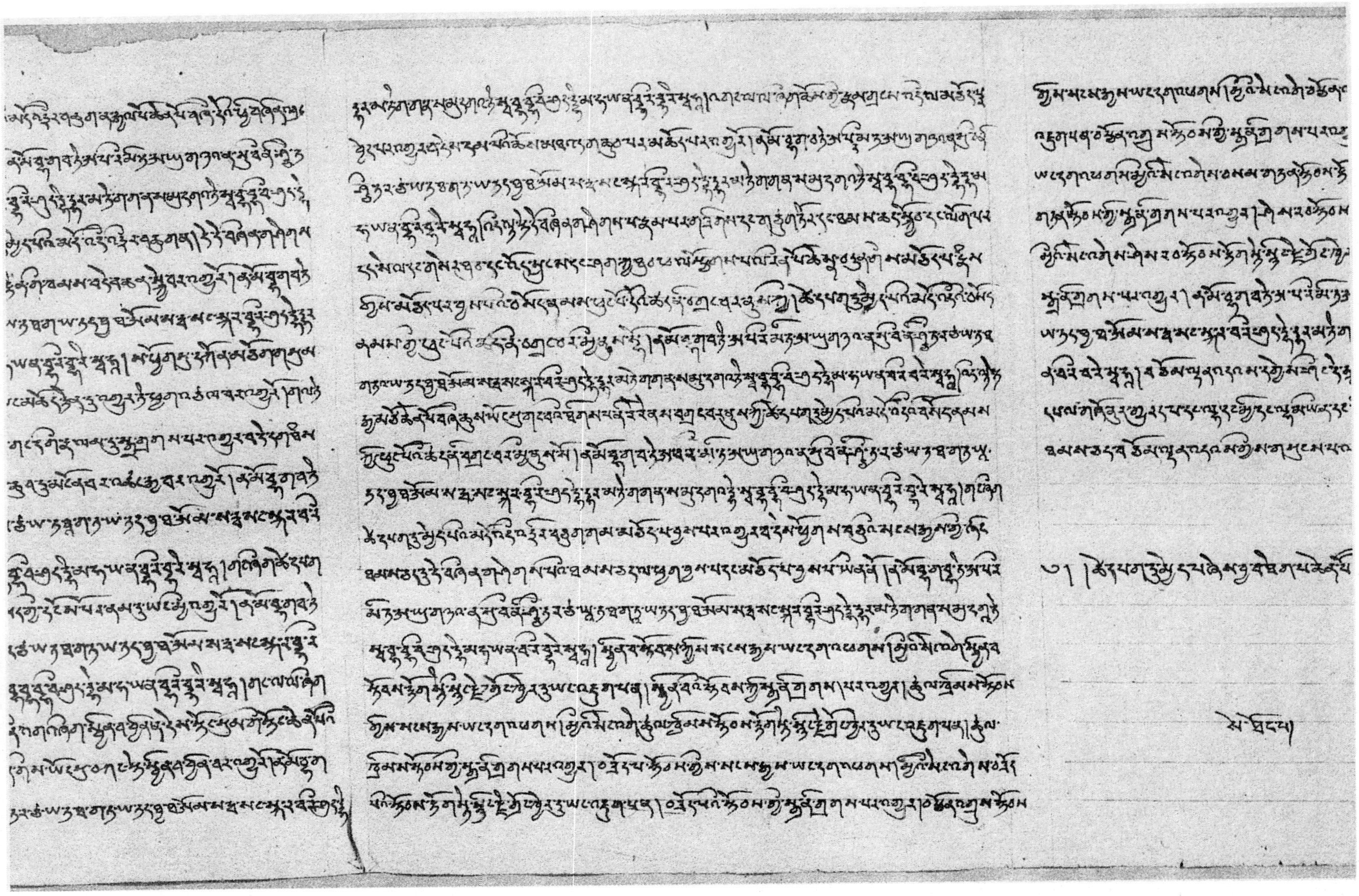

BD14412 號　藏文（無量壽宗要經甲本）　　（6–5）

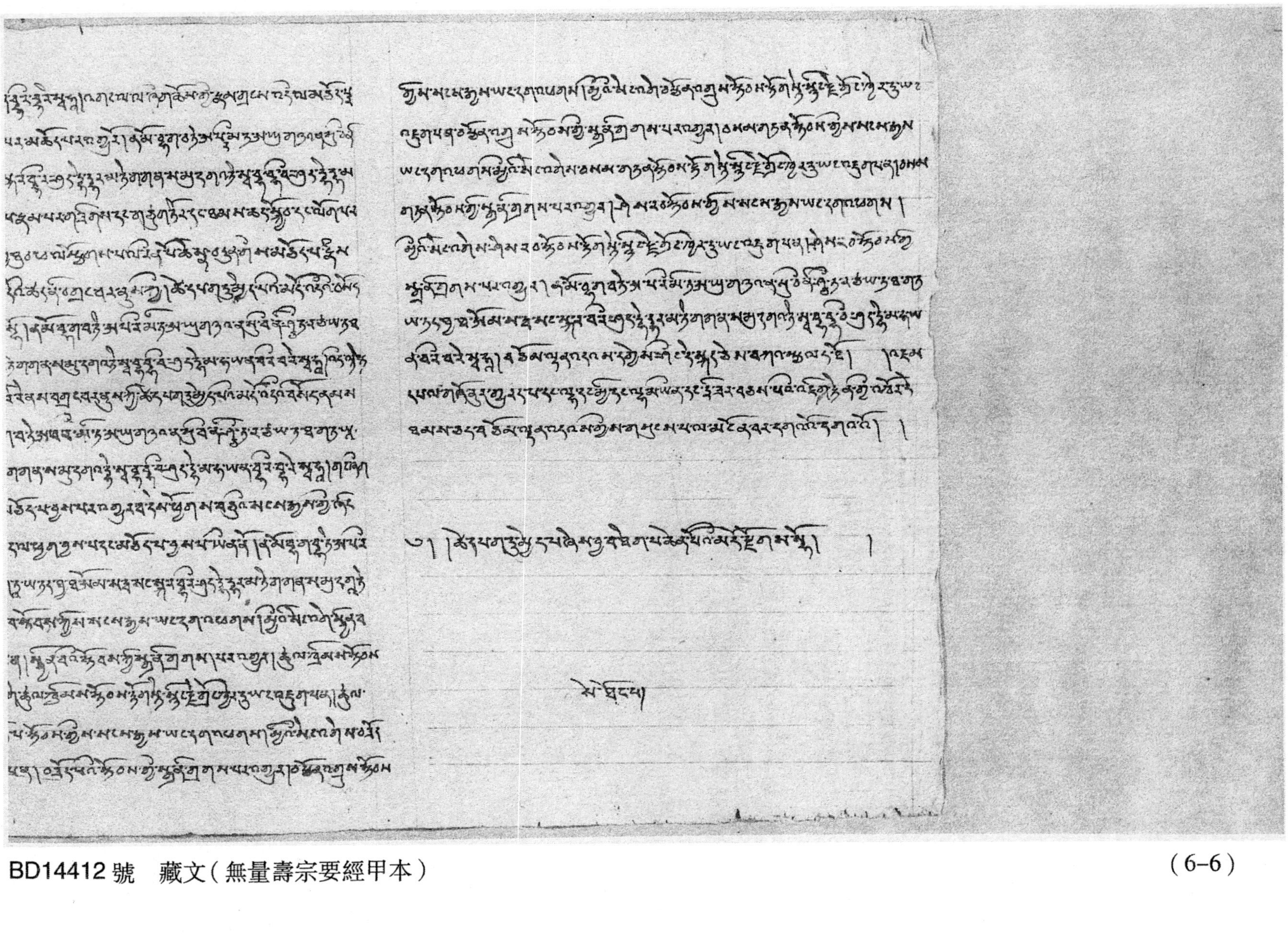

BD14412 號　藏文（無量壽宗要經甲本）　　（6–6）

BD14412 號背　雜寫　(1-1)

BD14412 號背　紙箋　(1-1)

BD14413 號　藏文（無量壽宗要經甲本）　　　　　　　　　　　　　（6-1）

BD14413 號　藏文（無量壽宗要經甲本）　　　　　　　　　　　　　（6-2）

BD14413 號　藏文（無量壽宗要經甲本）　　　　　　　　　　　　　　　（6–3）

BD14413 號　藏文（無量壽宗要經甲本）　　　　　　　　　　　　　　　（6–4）

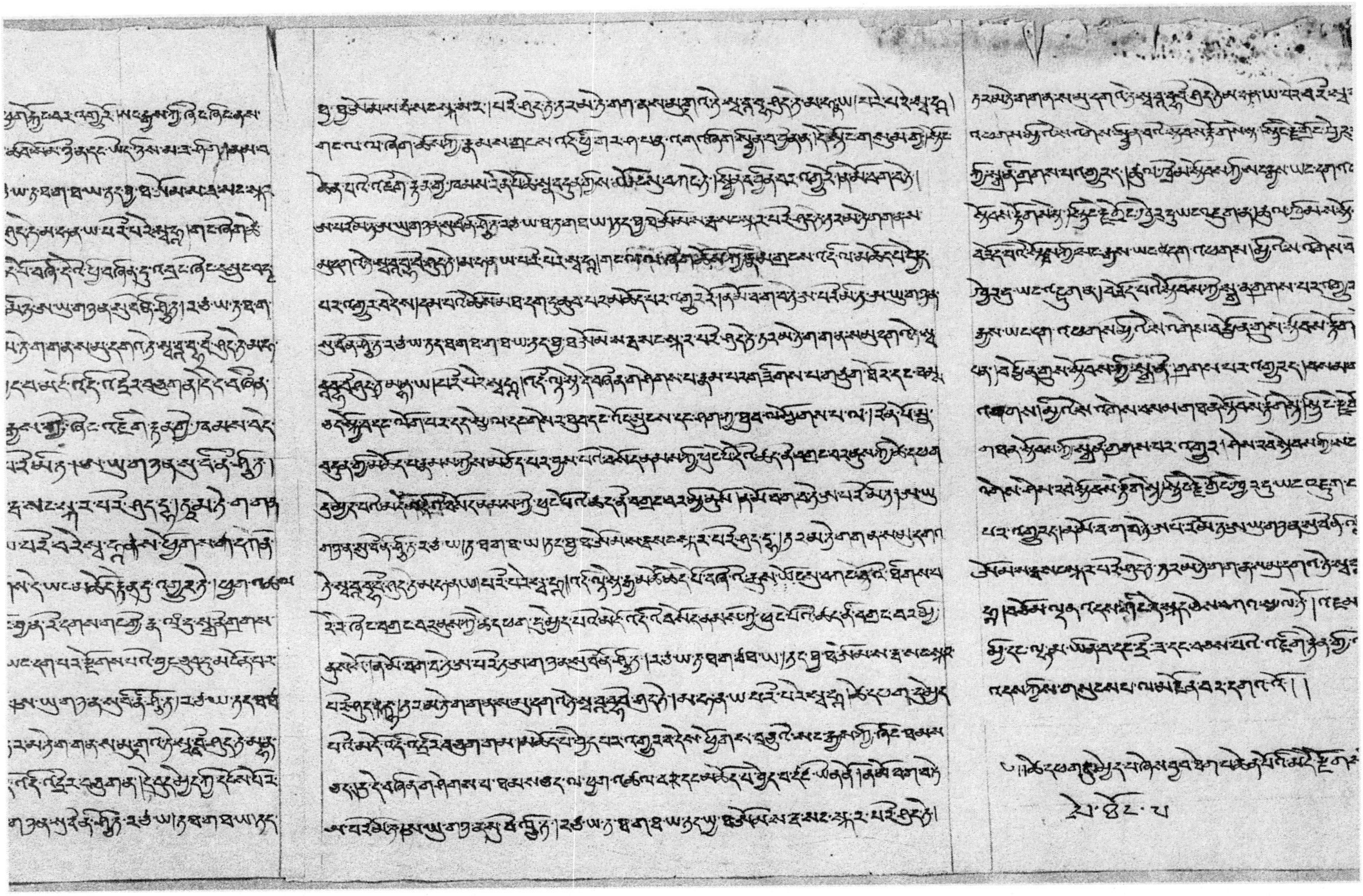

BD14413 號　藏文（無量壽宗要經甲本）　（6–5）

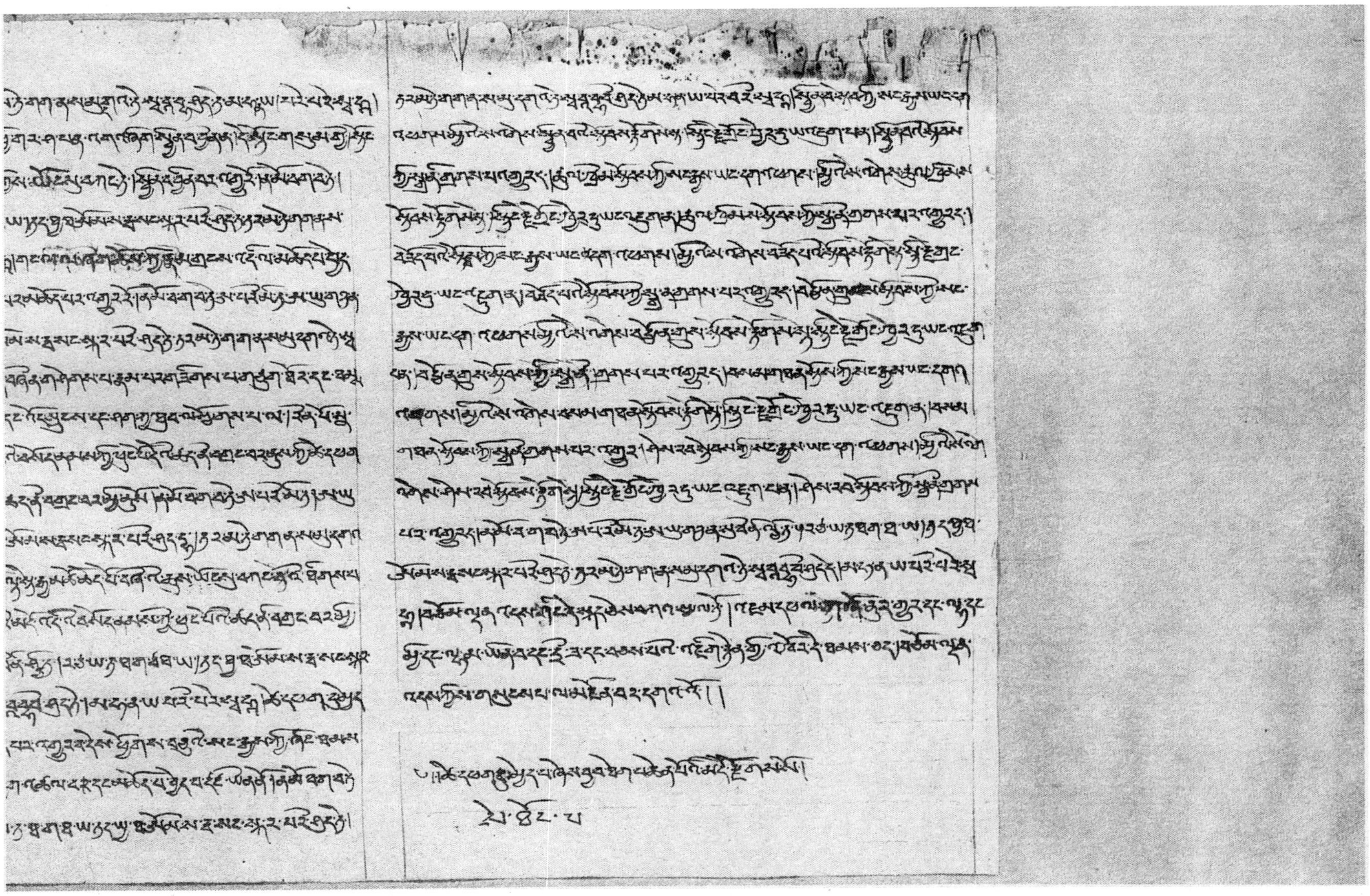

BD14413 號　藏文（無量壽宗要經甲本）　（6–6）

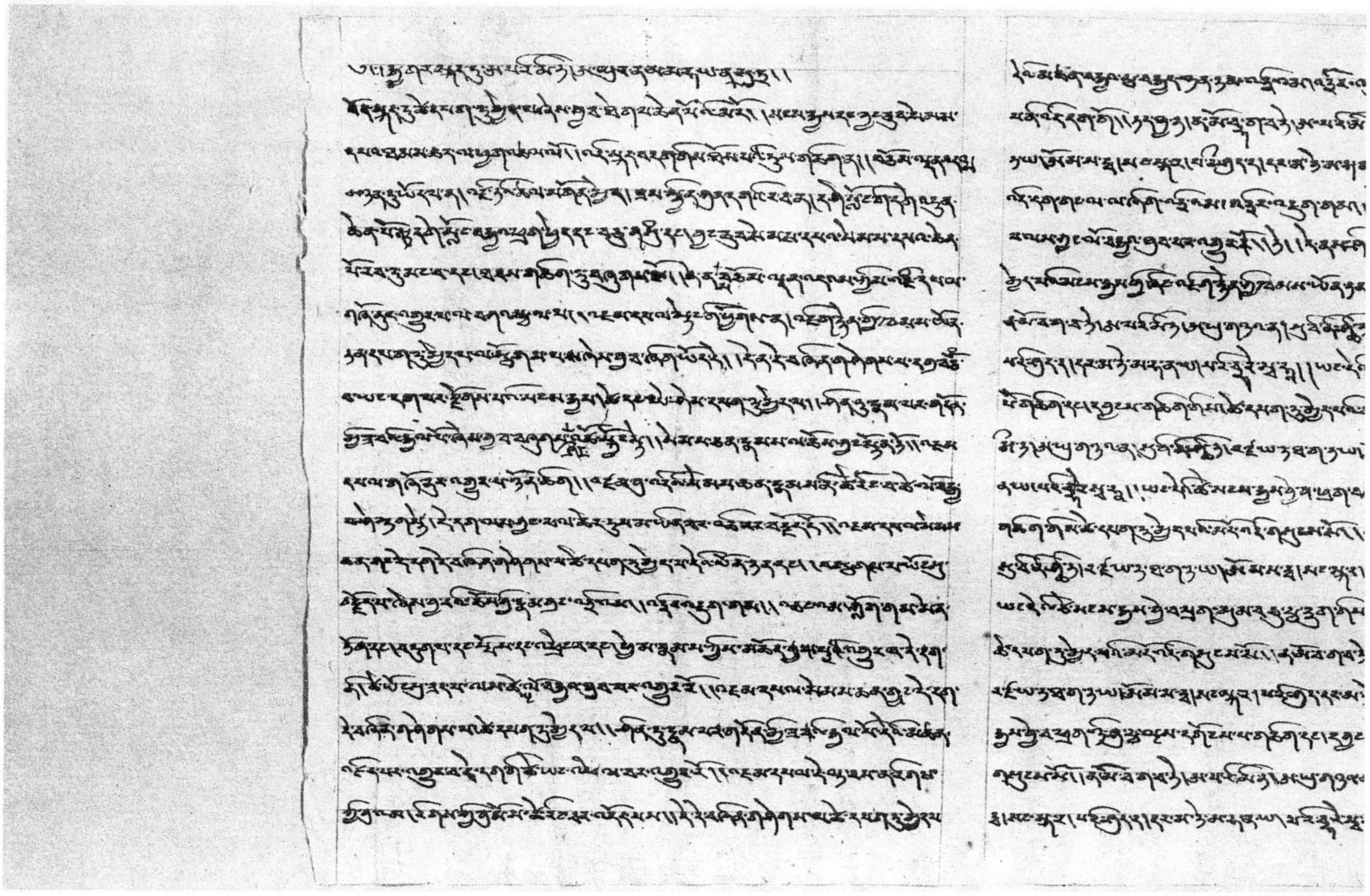

BD14414 號　藏文（無量壽宗要經乙本）　　（6–1）

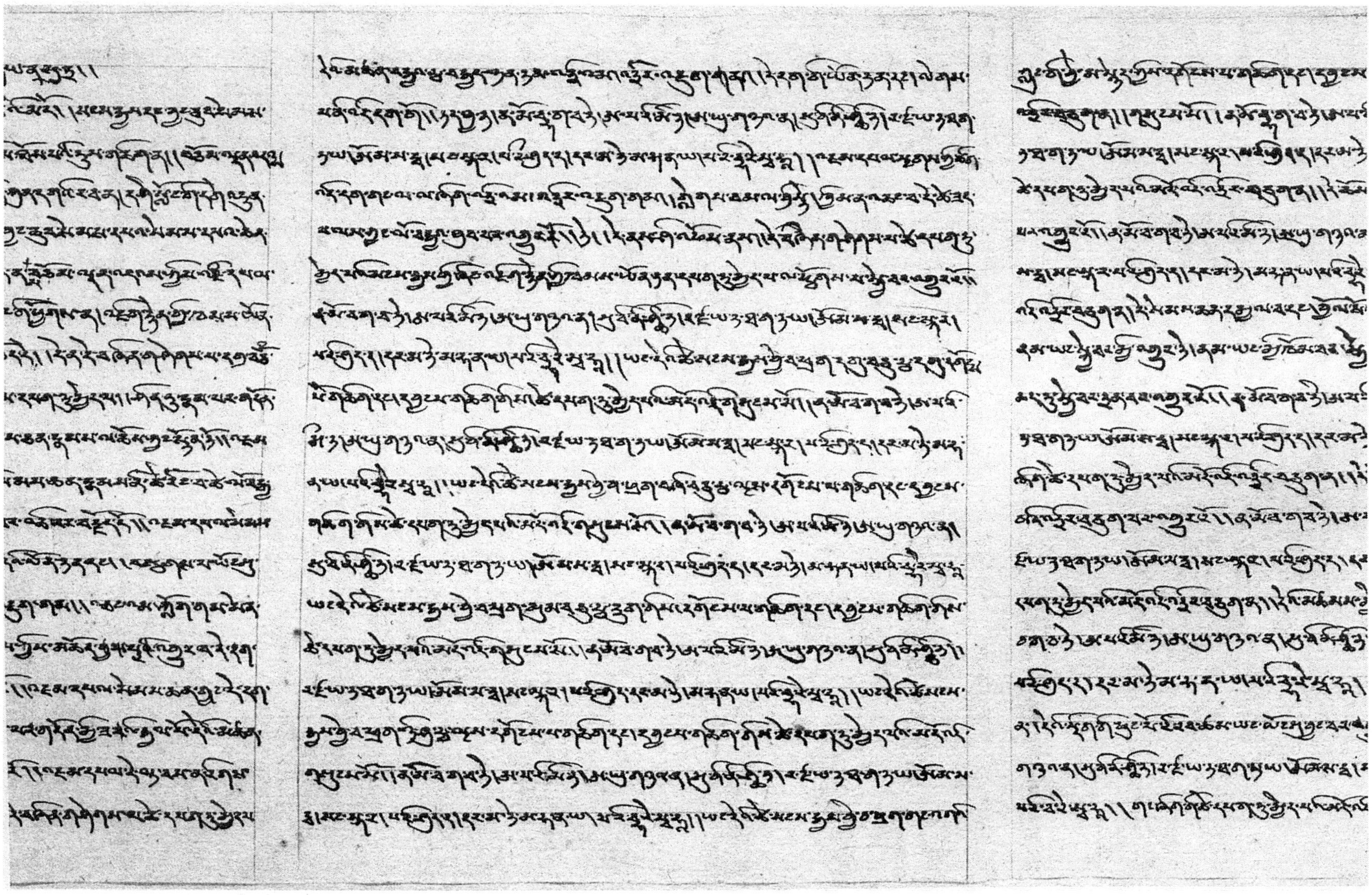

BD14414 號　藏文（無量壽宗要經乙本）　　（6–2）

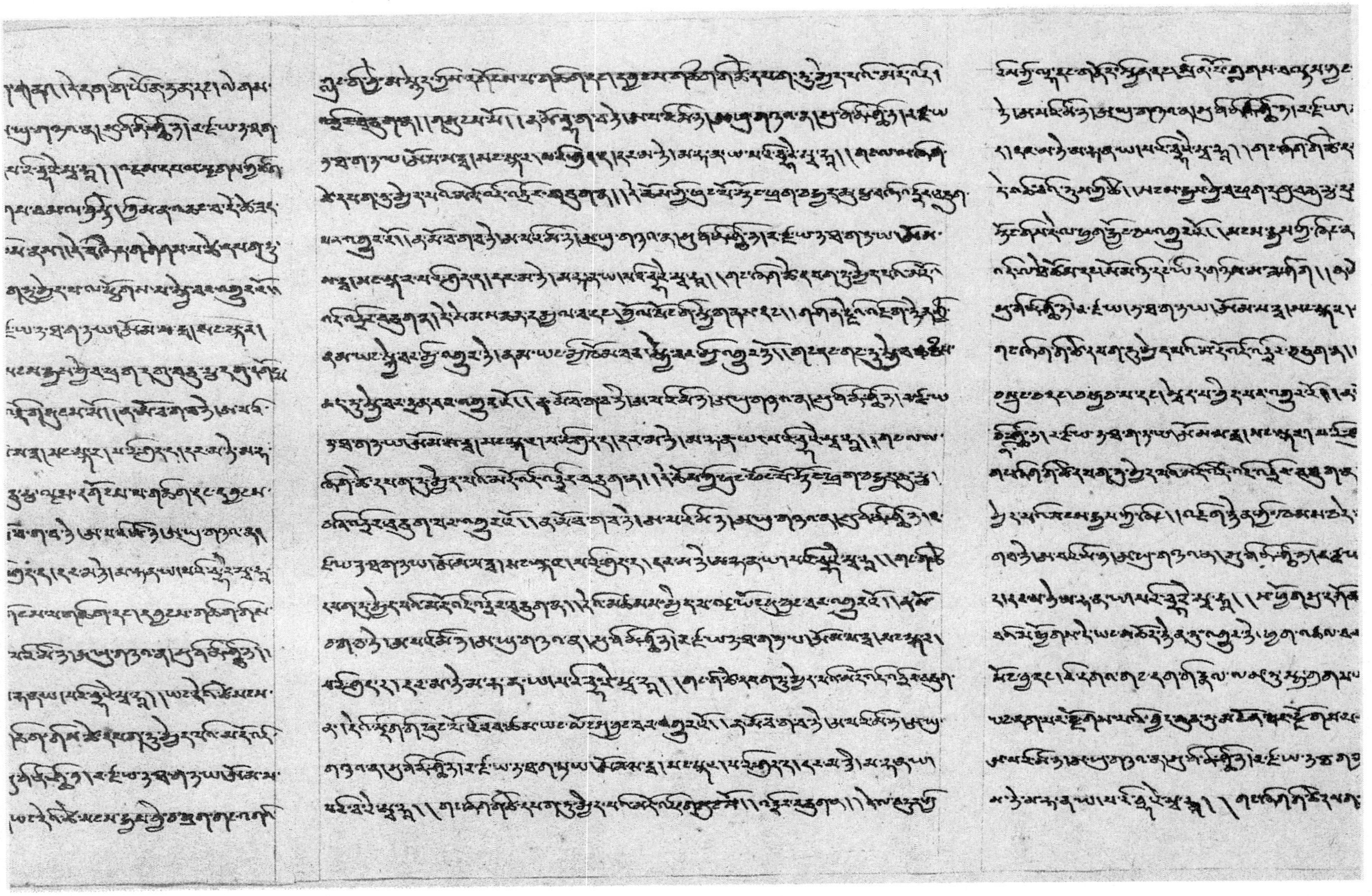

BD14414 號　藏文（無量壽宗要經乙本）　　（6–3）

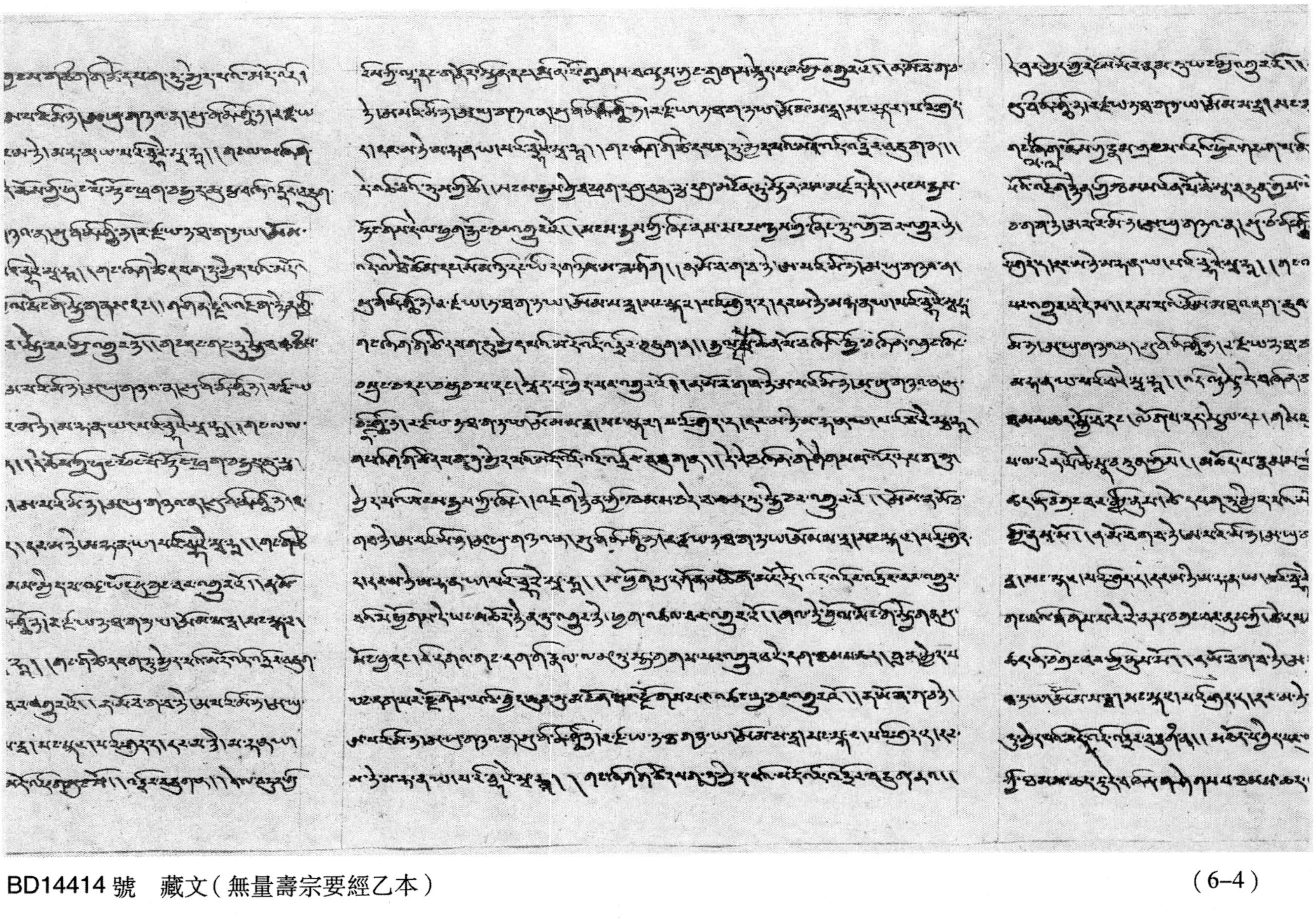

BD14414 號　藏文（無量壽宗要經乙本）　　（6–4）

BD14414 號　藏文（無量壽宗要經乙本）　　　　　　　　　　　　　　　　　（6-5）

BD14414 號　藏文（無量壽宗要經乙本）　　　　　　　　　　　　　　　　　（6-6）

BD14415 號　藏文（無量壽宗要經甲本）　(6-1)

BD14415 號　藏文（無量壽宗要經甲本）　(6-2)

BD14415 號　藏文（無量壽宗要經甲本）　　　　　　　　　　　　　　　（6-3）

BD14415 號　藏文（無量壽宗要經甲本）　　　　　　　　　　　　　　　（6-4）

BD14415 號　藏文（無量壽宗要經甲本）　　　　　　　　　　　　（6-5）

BD14415 號　藏文（無量壽宗要經甲本）　　　　　　　　　　　　（6-6）

BD14416 號　藏文（無量壽宗要經甲本）　　　　　　　　　　　　　　　　　　　　　　（6-1）

BD14416 號　藏文（無量壽宗要經甲本）　　　　　　　　　　　　　　　　　　　　　　（6-2）

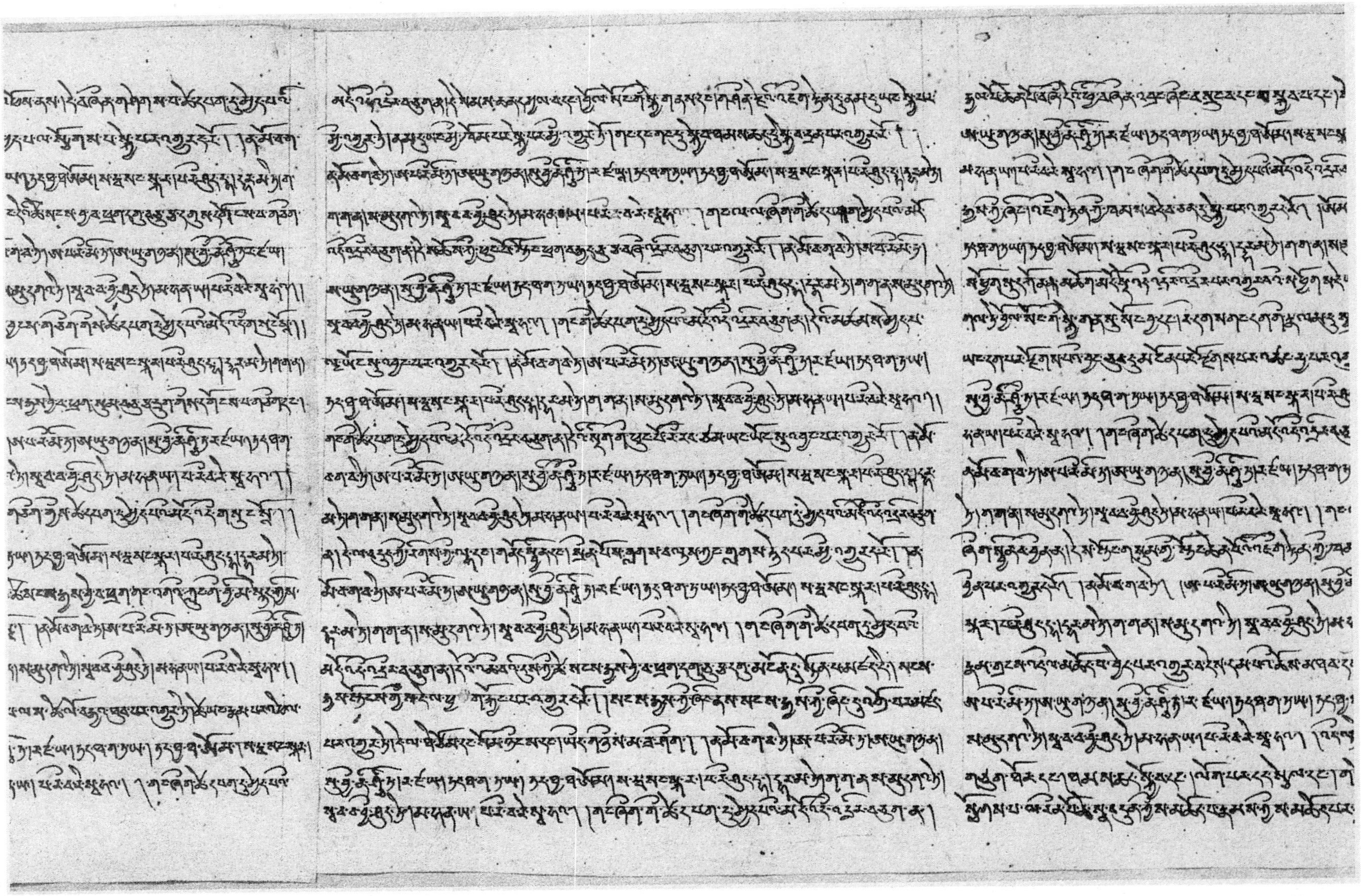

BD14416 號　藏文（無量壽宗要經甲本）　（6–3）

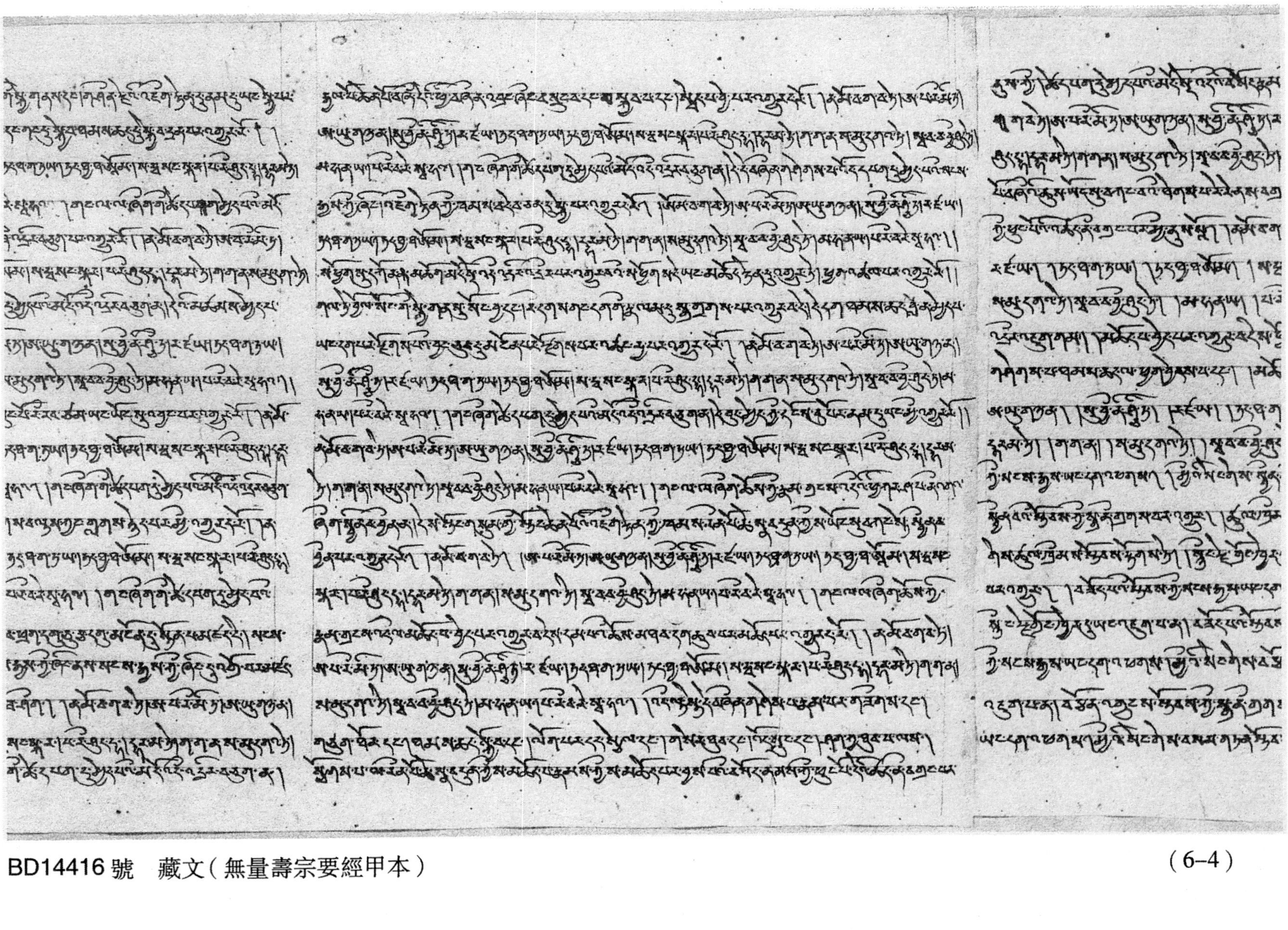

BD14416 號　藏文（無量壽宗要經甲本）　（6–4）

BD14416 號　藏文（無量壽宗要經甲本）　　　　　　　　　　（6-5）

BD14416 號　藏文（無量壽宗要經甲本）　　　　　　　　　　（6-6）

BD14417 號　藏文（無量壽宗要經甲本）　(6-1)

BD14417 號　藏文（無量壽宗要經甲本）　(6-2)

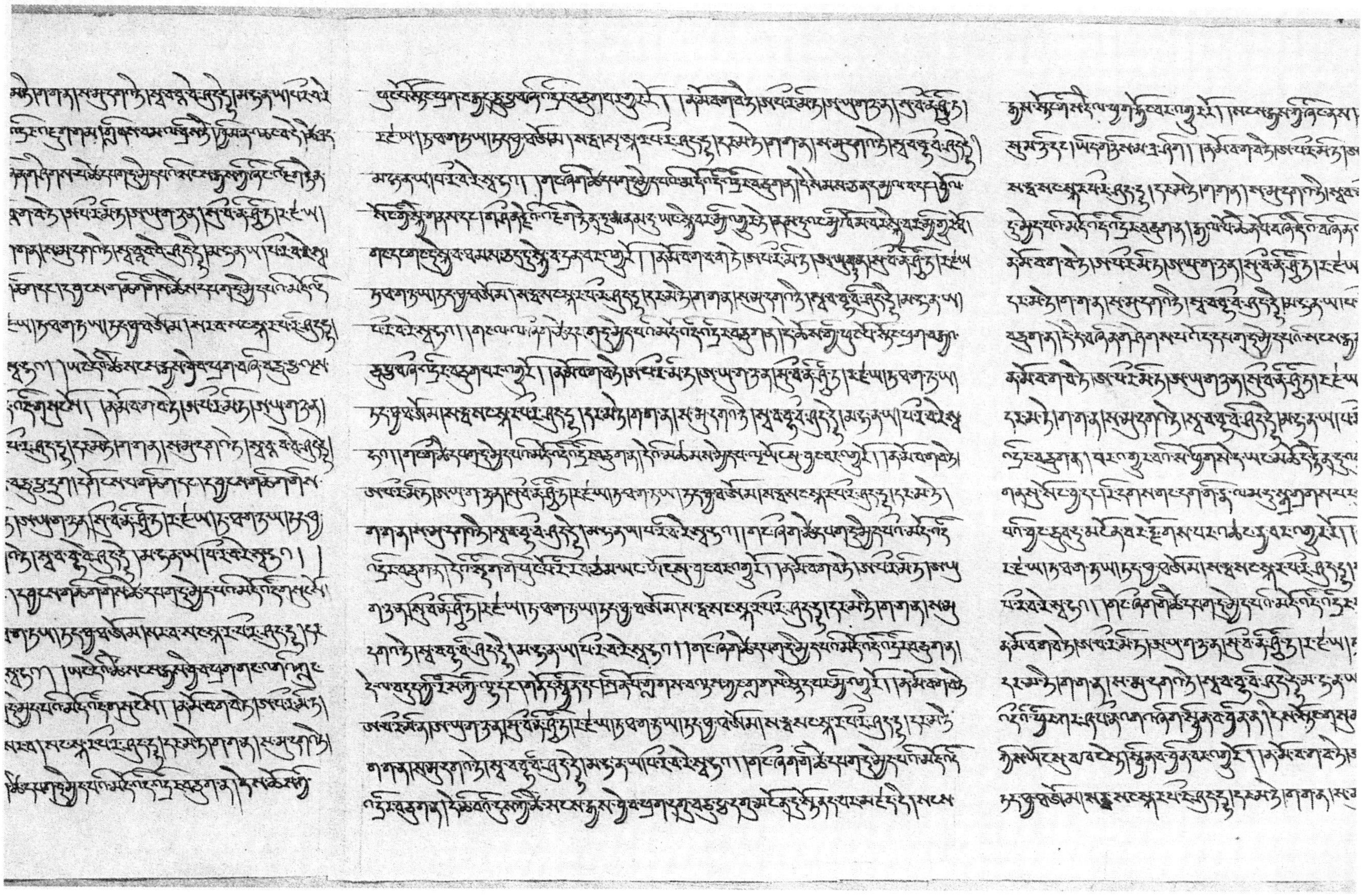

BD14417 號　藏文（無量壽宗要經甲本）　　（6–3）

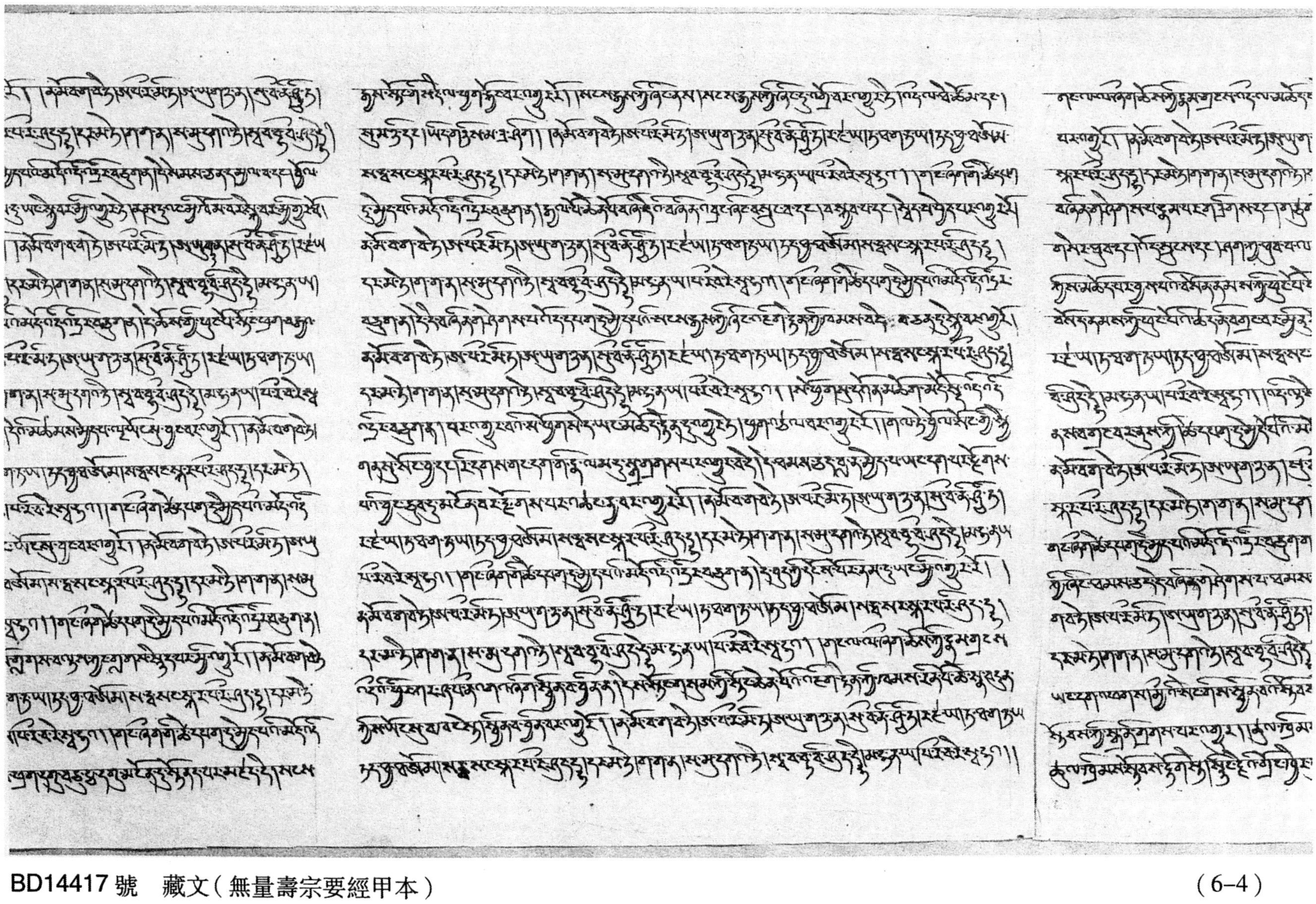

BD14417 號　藏文（無量壽宗要經甲本）　　（6–4）

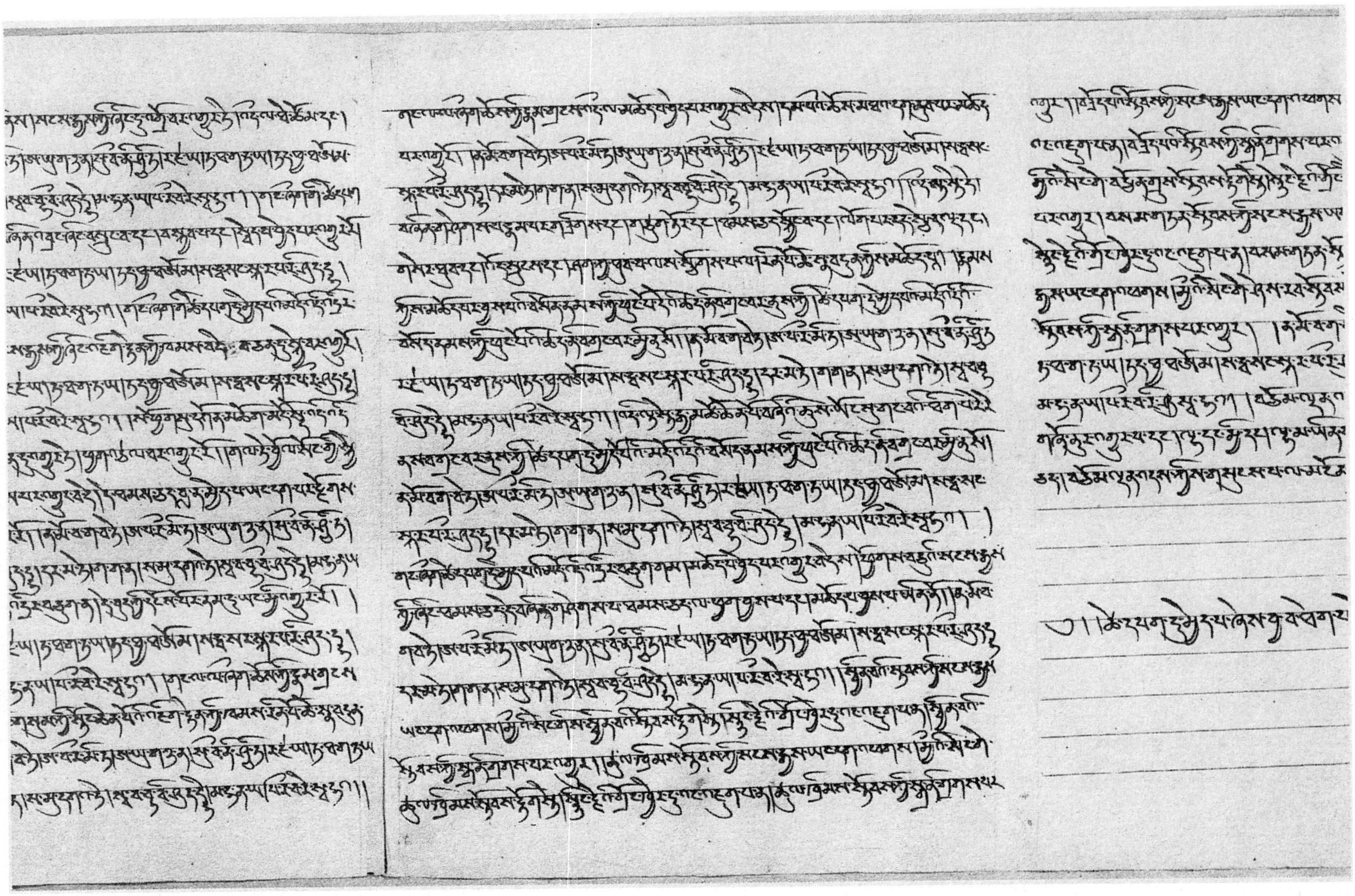

BD14417 號　藏文（無量壽宗要經甲本）　　（6–5）

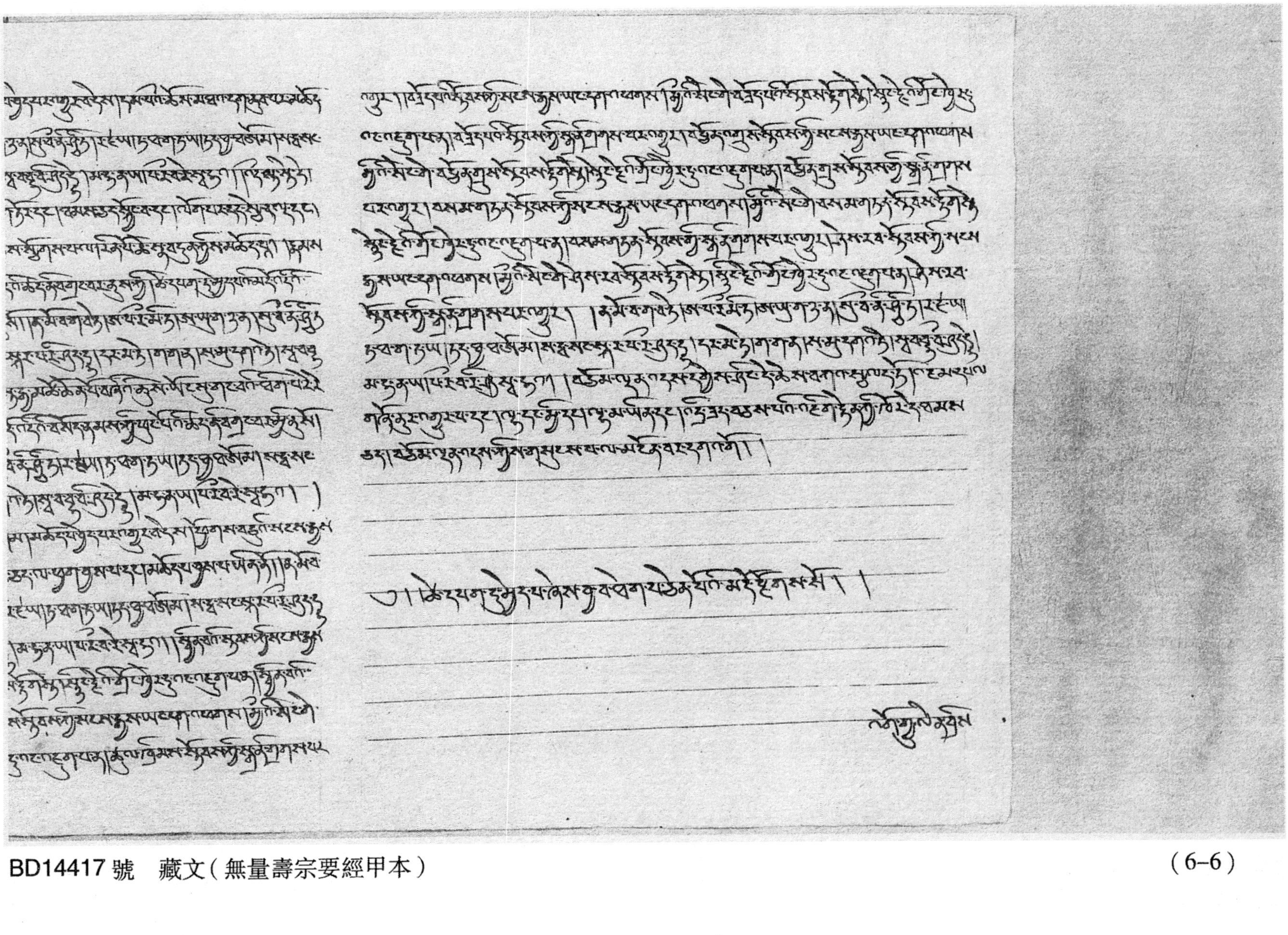

BD14417 號　藏文（無量壽宗要經甲本）　　（6–6）

BD14418 號　藏文（無量壽宗要經甲本）　　　　　　　　　　　　　　　　　（6-1）

BD14418 號　藏文（無量壽宗要經甲本）　　　　　　　　　　　　　　　　　（6-2）

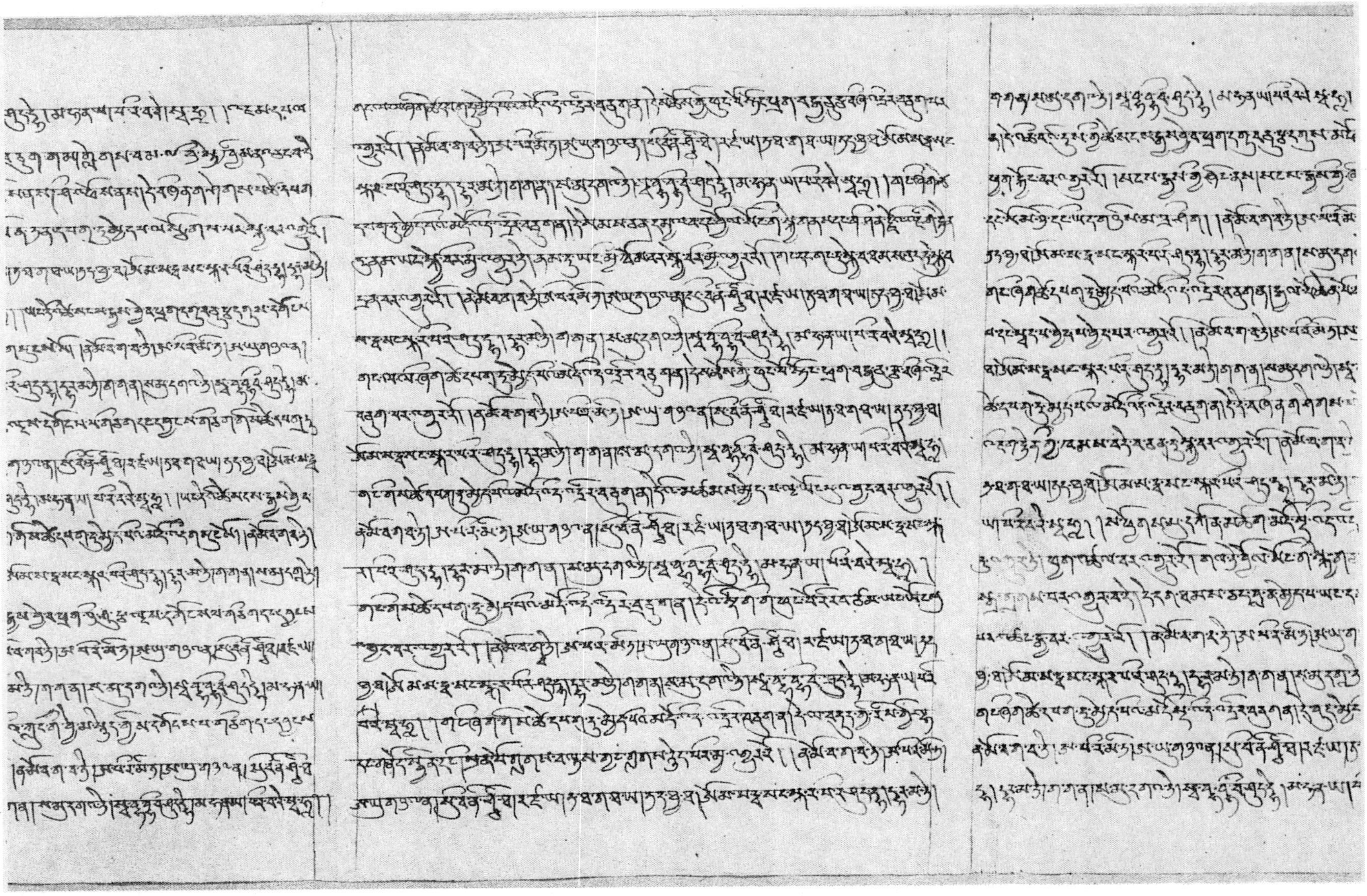

BD14418號　藏文（無量壽宗要經甲本）　　（6–3）

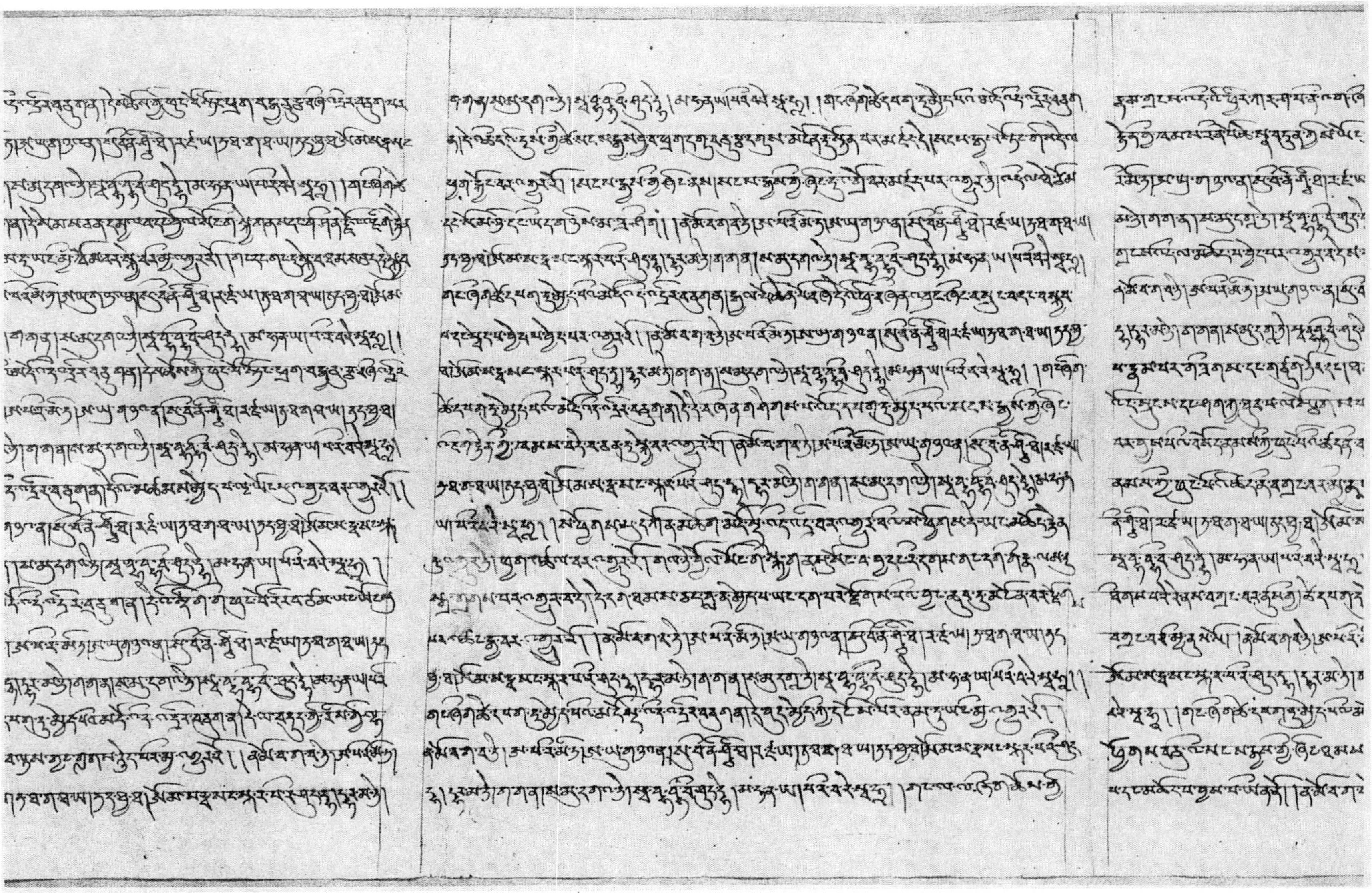

BD14418號　藏文（無量壽宗要經甲本）　　（6–4）

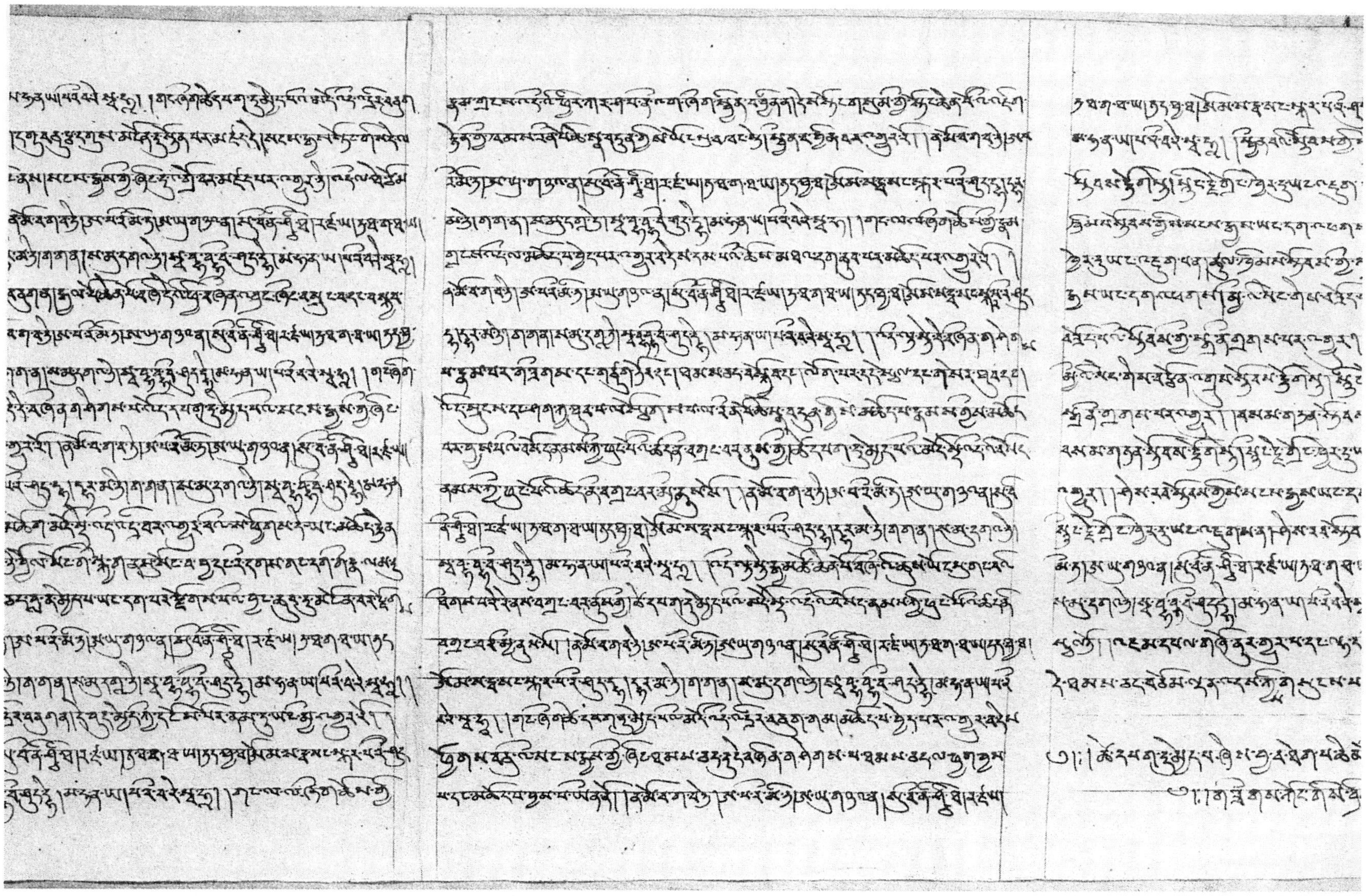

BD14418 號　藏文（無量壽宗要經甲本）　　（6–5）

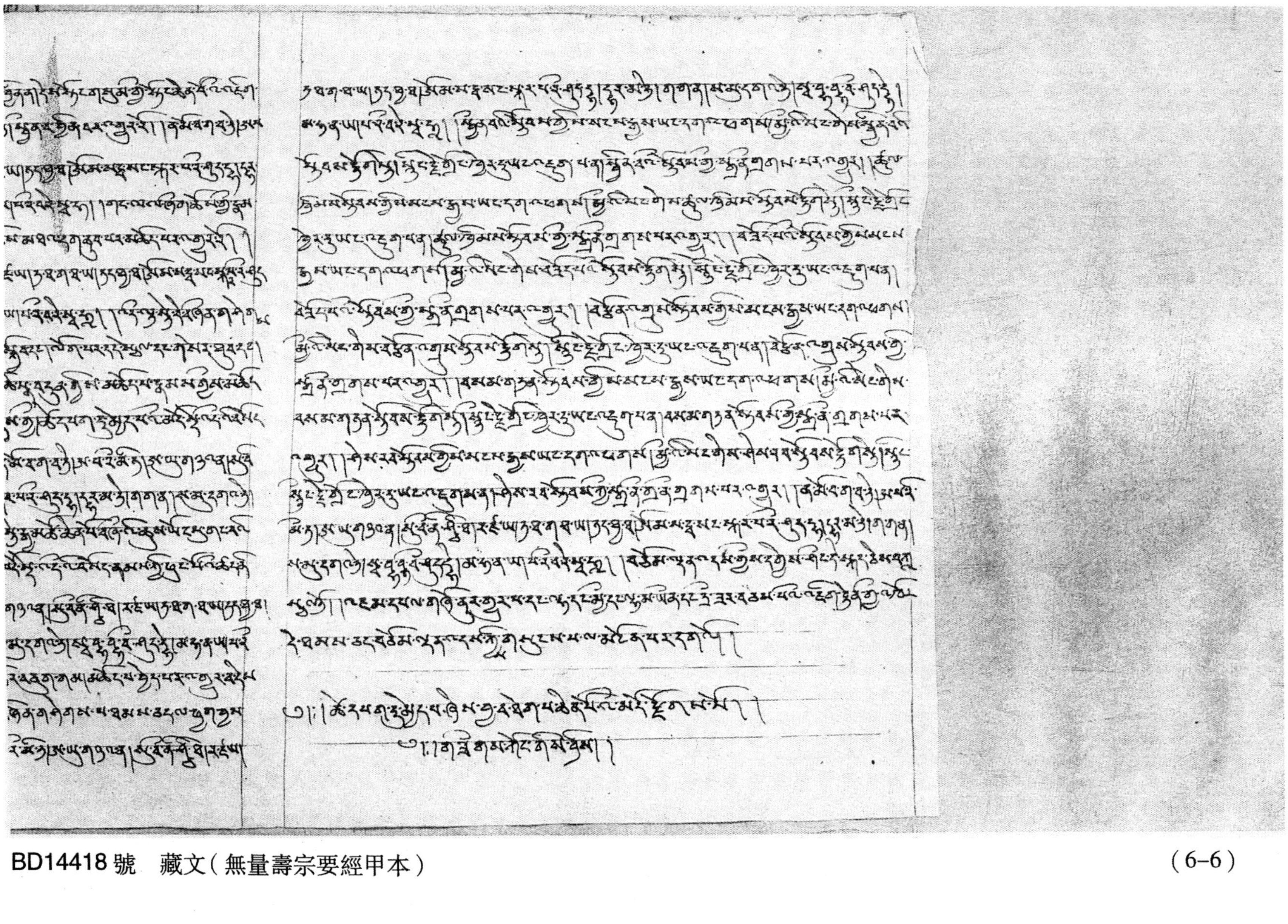

BD14418 號　藏文（無量壽宗要經甲本）　　（6–6）

BD14419 號　藏文（無量壽宗要經甲本）　　　　　　　　　　　　（6-1）

BD14419 號　藏文（無量壽宗要經甲本）　　　　　　　　　　　　（6-2）

BD14419 號　藏文（無量壽宗要經甲本）　　　　　　　　　　　　　　（6-3）

BD14419 號　藏文（無量壽宗要經甲本）　　　　　　　　　　　　　　（6-4）

BD14419 號　藏文（無量壽宗要經甲本）　　　　　　　　　　　　　　　　（6-5）

BD14419 號　藏文（無量壽宗要經甲本）　　　　　　　　　　　　　　　　（6-6）

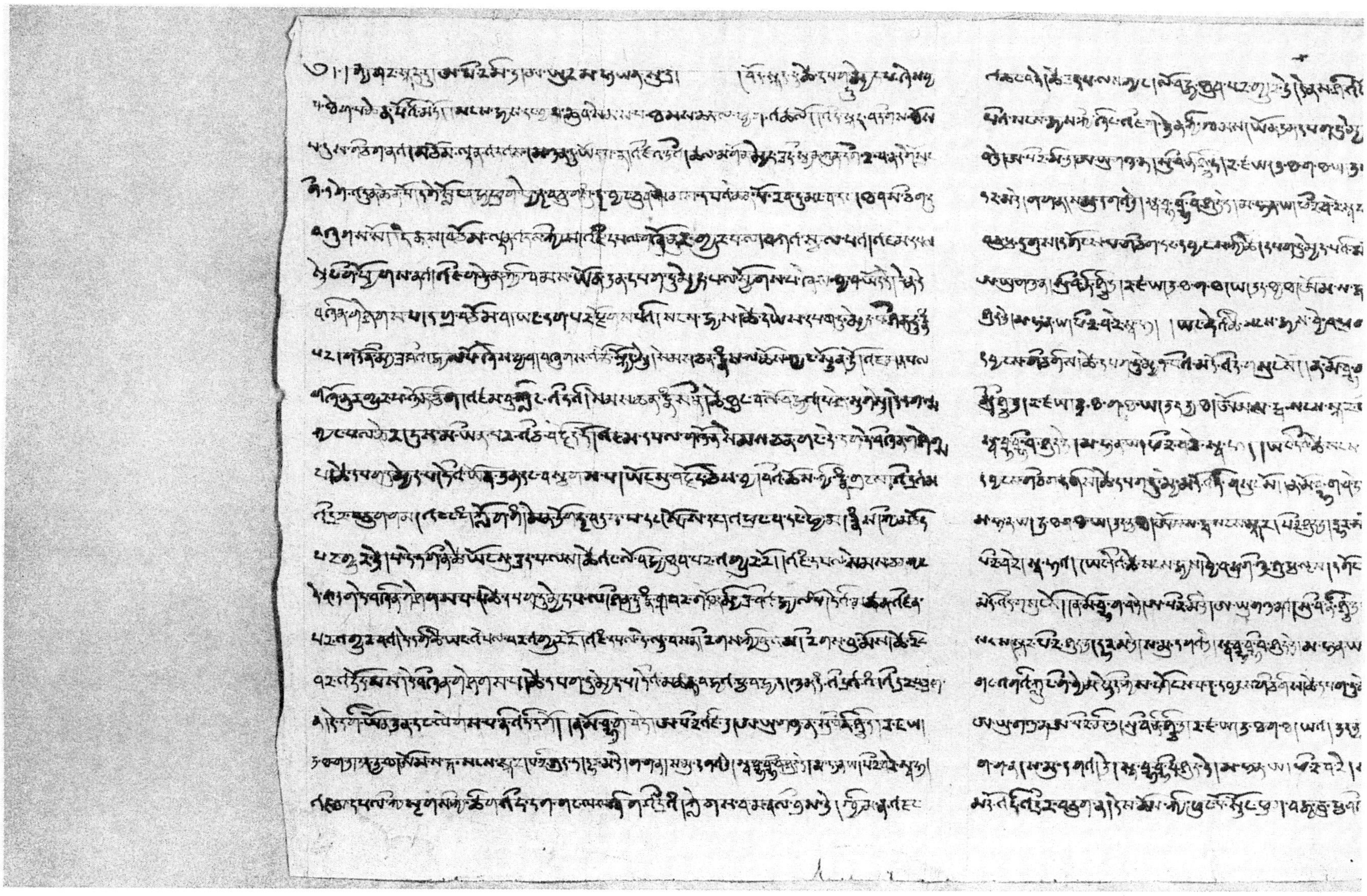

BD14420 號　藏文（無量壽宗要經甲本）　（6–1）

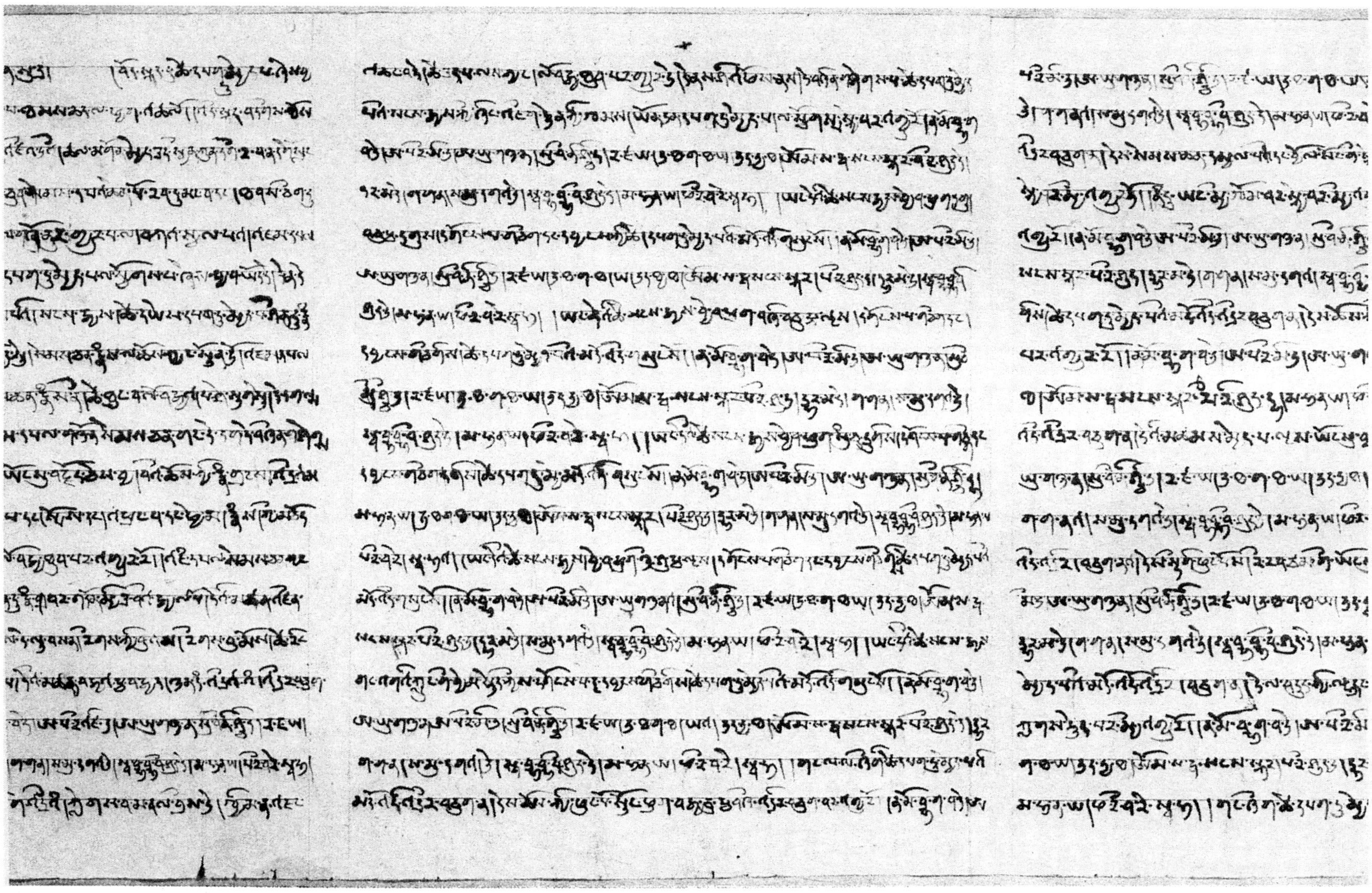

BD14420 號　藏文（無量壽宗要經甲本）　（6–2）

（6-3）

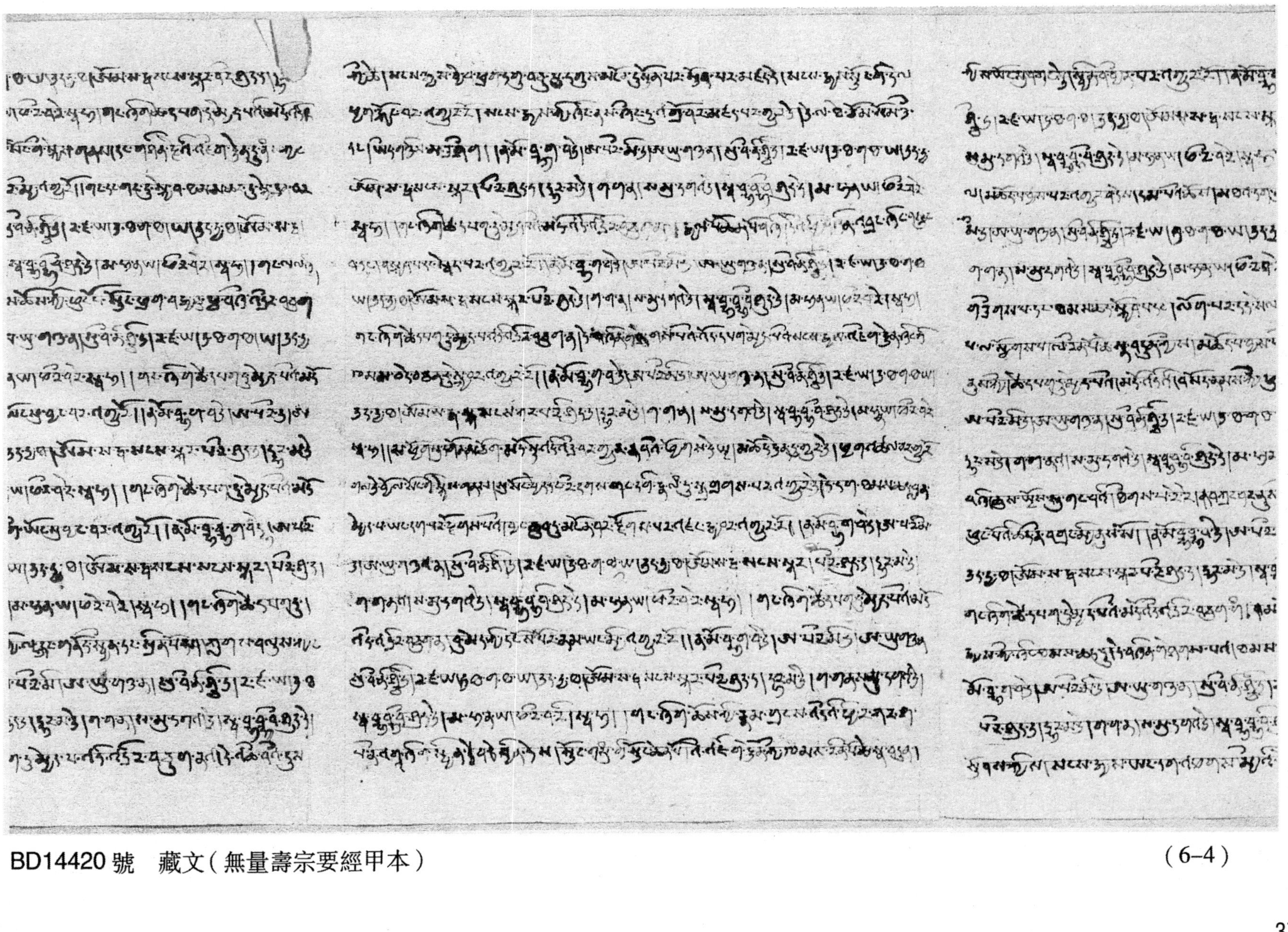

（6-4）

BD14420 號　藏文（無量壽宗要經甲本）　　　　　　　　　　　　　　　　　　　　　　　（6-5）

BD14420 號　藏文（無量壽宗要經甲本）　　　　　　　　　　　　　　　　　　　　　　　（6-6）

BD14421 號　藏文（無量壽宗要經乙本）　　　　　　　　　　　　　　　　　（6–1）

BD14421 號　藏文（無量壽宗要經乙本）　　　　　　　　　　　　　　　　　（6–2）

BD14421 號　藏文（無量壽宗要經乙本）　　　　　　　　　　　　　　　　　　　　　（6-3）

BD14421 號　藏文（無量壽宗要經乙本）　　　　　　　　　　　　　　　　　　　　　（6-4）

377

BD14421 號　藏文（無量壽宗要經乙本）　　　　　　　　　　　　　　　　　　　　　（6-3）

BD14421 號　藏文（無量壽宗要經乙本）　　　　　　　　　　　　　　　　　　　　　（6-4）

BD14421 號　藏文（無量壽宗要經乙本）　　　　　　　　　　　　　　　（6–5）

BD14421 號　藏文（無量壽宗要經乙本）　　　　　　　　　　　　　　　（6–6）

須菩提，如我昔為歌利王割截
時无我相、无人相、无眾生相、
相、眾生相、壽者相，應生瞋恨。
以故我於往昔節節支解時，若
過去於五百世作忍辱仙人，於爾所
相、无人相、无眾生相、无壽者
菩薩應離一切相，發阿耨多羅三藐
心不應住色生心，不應住聲香味觸
應生无所住心。若心有住，則為非住。
說菩薩心不應住色布施。須菩提，菩薩為利
一切眾生，應如是布施。如來說：一切諸相，
定非相。又說：一切眾生，則非眾生。
須菩提，如來是真語者、實語者、如語者、不誑
語者、不異語者。須菩提，如來所得法，此法无
實无虛。
須菩提，若菩薩心住於法而行布施，如人入
闇，則无所見；若菩薩心不住法而行布施，如
人有目，日光明照，見種種色。須菩提，當來之世，若善男子、善女人，能於此

蜜非第

BD14422號　金剛般若波羅蜜經　　　　　　　　　　　　　　　　（9-1）

語者、不異語者。須菩提，如來所得法，此法无
實无虛。
須菩提，若菩薩心住於法而行布施，如人入
闇，則无所見；若菩薩心不住法而行布施，如
人有目，日光明照，見種種色。
須菩提，當來之世，若有善男子、善女人，能於此
經受持讀誦，則為如來以佛智慧，悉知是人，
悉見是人，皆得成就无量无邊功德。
須菩提，若有善男子、善女人，初日分以恒河
沙等身布施，中日分復以恒河沙等身布施，
後日分亦以恒河沙等身布施，如是无量百
千萬億劫以身布施；若復有人聞此經典，信
心不逆，其福勝彼，何況書寫受持讀誦為人
解說。須菩提，以要言之，是經有不可思議、不可稱
量无邊功德。如來為發大乘者說，為發最上
乘者說。若有人能受持讀誦，廣為人說，如來
悉知是人，悉見是人，皆得成就不可量、不可
稱、无有邊、不可思議功德，如是人等，則為荷
擔如來阿耨多羅三藐三菩提。何以故？須菩
提，若樂小法者，著我見、人見、眾生見、壽者見，
則於此經不能聽受讀誦，為人解說。須菩提，
在在處處，若有此經，一切世間天人阿修羅
所應供養。當知此處，則為是塔，皆應恭敬作
禮圍繞，以諸華香而散其處。
復次須菩提，善男子、善女人受持讀誦此經，
若為人輕賤，是人先世罪業，應墮惡道，以今
世人輕賤故，先世罪業則為消滅，當得阿耨
多羅三藐三菩提。須菩提，我念過去无量阿

BD14422號　金剛般若波羅蜜經　　　　　　　　　　　　　　　　（9-2）

379

復次須菩提善男子善女人受持讀誦此經
若為人輕賤是人先世罪業應墮惡道以今
世人輕賤故先世罪業則為消滅當得阿耨
多羅三藐三菩提須菩提我念過去無量阿
僧祇劫於然燈佛前得值八百四千萬億那
由他諸佛悉皆供養承事無空過者若復有
德我若具說者或有人聞心則狂亂狐疑不
信須菩提當知是經義不可思議果報亦不
可思議

爾時須菩提白佛言世尊善男子善女人發
阿耨多羅三藐三菩提心云何應住云何降
伏其心佛告須菩提善男子善女人發阿耨
多羅三藐三菩提者當生如是心我應滅度
一切眾生滅度一切眾生已而無有一眾生
實滅度者何以故若菩薩有我相人相眾生
相壽者相則非菩薩所以者何須菩提實无
有法發阿耨多羅三藐三菩提者須菩提於
意云何如來於然燈佛所有法得
阿耨多羅三藐三菩提不不也世尊如我解
佛所說義佛於然燈佛所无有法得
阿耨多羅三藐三菩提佛言如是如是
須菩提實无有法如來得阿耨多羅
三藐三菩提須菩提若有法如來得
阿耨多羅三藐三菩提者然燈佛則不
與我受記汝於來世當得作佛号釋
迦牟尼以實无有法得阿耨多羅三藐三菩

有法如來得阿耨多羅三藐三菩提須菩提
若有法如來得阿耨多羅三藐三菩提然燈
佛則不與我受記汝於來世當得作佛号釋
迦牟尼以實无有法得阿耨多羅三藐三藐三
法如義若有人言如來得阿耨多羅三藐三
菩提須菩提實无有法佛得阿耨多羅三藐
三菩提須菩提如來所得阿耨多羅三藐三
菩提於是中无實无虛是故如來說一切
法皆是佛法須菩提所言一切法者即非一切
法是故名一切法
須菩提譬如人身長大須菩提言世尊如來
說人身長大則為非大身是名大身須菩提
菩薩亦如是若作是言我當滅度无
量眾生則不名菩薩何以故須菩提實无有
法名為菩薩是故佛說一切法无我无人无
眾生无壽者須菩提若菩薩作是言我當莊
嚴佛土者是不名菩薩何以故如來說莊嚴佛
土者即非莊嚴是名莊嚴須菩提若菩薩通
達无我法者如來說名真是菩薩
須菩提於意云何如來有肉眼不如是世尊
如來有肉眼須菩提於意云何如來有天眼
不如是世尊如來有天眼須菩提於意云何
如來有慧眼不如是世尊如來有慧眼須菩
提於意云何如來有法眼不如是世尊如來
有法眼須菩提於意云何如來有佛眼不如
是世尊如來有佛眼須菩提於意云何如恒河
中所有沙佛說是沙不如是世尊如來說是
沙須菩提於意云何如一恒河中所有沙有

如來有慧眼不如是世尊如來有慧眼湏菩
提於意云何如來有法眼不如是世尊如來
有法眼湏菩提於意云何如來有佛眼不如
是世尊如來有佛眼湏菩提於意云何如恒河
中所有沙佛說是沙不如是世尊如來說是
沙湏菩提於意云何如一恒河中所有沙有
如是等恒河是諸恒河所有沙數佛世界如
是寧為多不甚多世尊佛告湏菩提尒所國
土中所有衆生若干種心如來悉知何以故
如來說諸心皆為非心是名為心所以者何
湏菩提過去心不可得現在心不可得未來
心不可得湏菩提於意云何若有人滿三千
大千世界七寶以用布施是人以是因緣得
福多不如是世尊此人以是因緣得福甚多
湏菩提若福德有實如來不說得福德多以
福德无故如來說得福德多
湏菩提於意云何佛可以具足色身見不不
也世尊如來不應以具足色身見何以故如
來說具足色身即非具足色身是名具足色
身湏菩提於意云何如來可以具足諸相見
不不也世尊如來不應以具足諸相見何以
故如來說諸相具足即非具足是名諸相具
足湏菩提汝勿謂如來作是念我當有所說
法莫作是念何以故若人言如來有所說法
即為謗佛不能解我所說故湏菩提說法者
无法可說是名說法
湏菩提白佛言世尊佛得阿耨多羅三藐三
菩提為无所得耶如是如是湏菩提我於阿
耨多羅三藐三菩提乃至无有少法可得是
名阿耨多羅三藐三菩提復次湏菩提是法

BD14422 號　金剛般若波羅蜜經

即為謗佛不能解我所說故湏菩提說法者
无法可說是名說法
湏菩提白佛言世尊佛得阿耨多羅三藐三
菩提為无所得耶如是如是湏菩提我於阿
耨多羅三藐三菩提乃至无有少法可得是
名阿耨多羅三藐三菩提復次湏菩提是法
平等无有高下是名阿耨多羅三藐三菩提
以无我无人无衆生无壽者脩一切善法則
得阿耨多羅三藐三菩提湏菩提所言善法
者如來說非善法是名善法
湏菩提若三千大千世界中所有諸湏彌山
王如是等七寶聚有人持用布施若人以此
般若波羅蜜經乃至四句偈等受持讀誦為
他人說於前福德百分不及一百千万億分
乃至筭數譬喻所不能及
湏菩提於意云何汝等勿謂如來作是念我
當度衆生湏菩提莫作是念何以故實无有
衆生如來度者若有衆生如來度者如來則
有我人衆生壽者湏菩提如來說有我者則
非有我而凡夫之人以為有我湏菩提凡夫
者如來說則非凡夫
湏菩提於意云何可以卅二相觀如來不湏
菩提言如是如是以卅二相觀如來佛言湏
菩提若以卅二相觀如來者轉輪聖王則是
如來湏菩提白佛言世尊如我解佛所說義
不應以卅二相觀如來尒時世尊而說偈言
若以色見我以音聲求我是人行耶道不能
見如來
湏菩提汝若作是念如來不以具足相故得
阿耨多羅三藐三菩提湏菩提莫作是念如
來不以具足相故得阿耨多羅三藐三菩提

BD14422 號　金剛般若波羅蜜經

女來湏菩提白佛言世尊如我解佛所說義
不應以卅二相觀如來尓時世尊而說偈言
若以色見我以音聲求我是人行耶道不能見如來
湏菩提汝若作是念如來不以具足相故得
阿耨多羅三藐三菩提湏菩提莫作是念如
來不以具足相故得阿耨多羅三藐三菩提
湏菩提汝若作是念發阿耨多羅三藐三菩
提者說諸法斷滅莫作是念何以故發阿耨多
羅三藐三菩提者於法不說斷滅相湏菩提
若菩薩以滿恒河沙等世界七寶布施若復
有人知一切法无我得成於忍此菩薩勝前
菩薩所得功德湏菩提以諸菩薩不受福德
故湏菩提白佛言世尊云何菩薩不受福德
湏菩提菩薩所作福德不應貪著是故說不
受福德
湏菩提若有人言如來若來若去若坐若卧
是人不解我所說義何以故如來者无所從
來亦无所去故名如來
湏菩提若善男子善女人以三千大千世界
碎為微塵於意云何是微塵眾寧為多不甚
多世尊何以故若是微塵眾實有者佛則不
說是微塵眾所以者何佛說微塵眾則非微
塵眾是名微塵眾世尊如來所說三千大千
世界則非世界是名世界何以故若世界實
有者則是一合相如來說一合相則非一合
相是名一合相湏菩提一合相者則是不可
說但凡夫之人貪著其事湏菩提若人言佛說
我見人見眾生見壽者見湏菩提於意云何
是人解我所說義不不也世尊是人不解如來所
說義何以故世尊說我見人見眾生見壽者
見即非我見人見眾生見壽者見是名我
見人見眾生見壽者見湏菩提發阿耨多羅三
藐三菩提心者於一切法應如是知如是
見如是信解不生法相湏菩提所言法相者如
來說即非法相是名法相湏菩提若有人以
滿无量阿僧祇世界七寶持用布施若有善
男子善女人發菩薩心者持於此經乃至四
句偈等受持讀誦為人演說其福勝彼云何
為人演說不取於相如如不動何以故
一切有為法　如夢幻泡影　如露亦如電　應作如是觀
佛說是經已長老湏菩提及諸比丘比丘尼
優婆塞優婆夷一切世間天人阿修羅聞佛
所說皆大歡喜信受奉持

金剛般若經

咸亨四年十月廿八日書手由吾辰寫

用紙十二張

裝潢手解善集

初校書手裝約

舞　校書手裝約

三校書手裝約

詳閱太原寺大德神符

詳閱太原寺大德嘉尚

詳閱太原寺主慧立

詳閱太原寺上座道成

金剛般若經

一切有為法　如夢幻泡影　如露亦如電　應作如是觀

佛說是經巳長老須菩提及諸比丘比丘尼

優婆塞優婆夷一切世間天人阿修羅聞佛

所說皆大歡喜信受奉持

咸亨四年十月廿八日書手由吾臣言寫

用紙十二張

裝潢手解善集

初校書手裝約

再校書手裝約

三校書手裝約

詳閱太原寺上座道氾

詳閱太原寺寺主慧立

詳閱太原寺大德嘉尚

詳閱太原寺大德神府

判官少府監掌治嵩令□□義□

使太中大夫守檢挍持佳少匠水高履□

BD14422號　金剛般若波羅蜜經　　　　　　　　　　　　　　　　　　　　　　　　　　（9-9）

當有於是長者

維摩詰舍見其

尚廣嚴好皆大

住一面諸地神

序生科及欲色界諸天聞此香氣亦來入

維摩詰舍時維摩詰語舍利弗等諸大聲聞

仁者可食如來甘露味飯大悲所熏無以限意

食之使不消也有異聲聞念是飯少而此大

眾人人當食化菩薩曰勿以聲聞小德小智稱

量如來无量福慧四海有竭此飯无盡使一

切人食揣若須弥乃至一劫猶不能盡所以

者何无盡戒定智慧解脫解脫知見功德具

足者所食之餘終不可盡於是鉢飯悉飽眾

會猶故不賜其諸菩薩聲聞天人食此飯者

身安快樂譬如一切樂莊嚴國諸菩薩也又

諸毛孔皆出妙香亦如眾香國土諸樹之香

BD14423號　維摩詰所說經卷下　　　　　　　　　　　　　　　　　　　　　　　　　　（19-1）

383

維摩詰所說經卷下

者何无盡戒定智慧解脫解脫知見功德具是者所食之餘終不可盡於是鉢飯悉飽眾會猶故不賜其諸菩薩聲聞天人食此飯者身安快樂譬如一切樂莊嚴國諸菩薩也又諸毛孔皆出妙香亦如眾香國土諸樹之香尒時維摩詰問眾香菩薩香積如來以何說法彼菩薩曰我土如來无文字說但以眾香令諸天人得入律行菩薩各各坐香樹下聞斯妙香即獲一切德藏三昧得是三昧者菩薩所有功德皆具足彼諸菩薩問維摩詰今世尊釋迦牟尼以何說法維摩詰言此土眾生剛強難化故佛為說剛強之語以調伏之言是地獄是畜生是餓鬼是諸難處是愚人生處是身邪行是身邪行報是口邪行是口邪行報是意邪行是意邪行報是殺生是殺生報是不與取是不與取報是邪婬是邪婬報是妄語是妄語報是兩舌是兩舌報是惡口是惡口報是无義語是无義語報是貪嫉是貪嫉報是瞋惱是瞋惱報是邪見是邪見報是慳悋是慳悋報是毀戒是毀戒報是瞋恚是瞋恚報是懈怠是懈怠報是亂意是亂意報是愚癡是愚癡報是結戒是持戒是犯戒是應作是不應作是障礙是不障礙是得罪是離罪是淨是垢是有漏是无漏是邪道是正道是有為是无為是世間是涅槃以難化之人心如猿猴故以若干種法制御其心乃可調伏譬如象馬悷悷不調加諸楚毒

乃至徹骨然後調伏如是剛強難化眾生故以一切苦切之言乃可入律彼諸菩薩聞說是已皆曰未曾有也如世尊釋迦牟尼佛隱其无量自在之力乃以貧所樂法度脫眾生斯諸菩薩亦能勞謙以无量大悲生是佛土維摩詰言此土菩薩於諸眾生大悲堅固誠如所言然其一世饒益眾生多於彼國百千劫行所以者何此娑婆世界有十事善法諸餘淨土之所无有何等為十以布施攝貧窮以淨戒攝毀禁以忍辱攝瞋恚以精進攝懈怠以禪定攝亂意以智慧攝愚癡說除難法度八難者以大乘法度樂小乘者以諸善根濟无德者常以四攝成就眾生是為十彼菩薩曰菩薩成就幾法於此世界行无瘡疣生于淨土維摩詰言菩薩成就八法於此世界行无瘡疣生于淨土何等為八饒益眾生而不望報代一切眾生受諸苦惱所作功德盡以施之等心眾生謙下无礙於諸菩薩視之如佛所未聞經聞之不疑不與聲聞而相違背不嫉彼供不高己利而於其中調伏其心常省己過不訟彼短恒以一心求諸功德是為八維摩詰文殊師利於大眾中說是法時百千天人皆發阿耨多羅三藐三菩提心十千

如佛所未聞經聞之不起不與聲聞而相違背
不嫉彼供不高已利而於其中調伏其心常
省已過不訟彼短恒以一心求諸功德是為
八維摩詰文殊師利於大眾中說是法時
百千天人皆發阿耨多羅三藐三菩提心十千
菩薩得無生法忍

菩薩行品第十一

是時佛說法於菴羅樹園其地忽然廣博嚴
事一切眾會皆作金色阿難白佛言世尊以
何因緣有此瑞應是處忽然廣博嚴事一切
眾會皆作金色佛告阿難是維摩詰文殊師
利與諸大眾恭敬圍遶發意欲來故先為此
瑞應於是維摩詰語文殊師利可共見佛與
諸菩薩禮事供養文殊師利言善哉行矣
今正是時維摩詰即以神通力持諸大眾并
師子座置於右掌往詣佛所到已著地稽首
佛足右遶七匝一心合掌在一面立諸菩薩
即皆避座稽首佛足亦遶七匝於一面立諸
大弟子釋梵四天王等亦皆避座稽首佛足
在一面立於是世尊如法慰問諸菩薩已各
令復坐即皆受教眾坐已定佛告舍利弗汝
見菩薩大士自在神力之所為乎唯然已見
汝意云何世尊我觀其為不可思議非意所
圖非度所測介爾時阿難白佛言世尊今所聞
香自昔未有是為何香佛告阿難是彼菩
薩毛孔之香於是舍利弗語阿難言我等毛
孔亦出是香阿難言此所從來曰是長者

BD14423號　維摩詰所說經卷下

（19-4）

維摩詰從眾香國取佛餘飯於舍食者一切毛
孔皆香若此
維摩詰言至此飯消曰此飯久如當消
維摩詰言此飯勢力至于七日然後乃消又阿難若聲聞人
未入正位食此飯者得入正位然後乃消已
入正位食此飯者得心解脫然後乃消若已
發大乘意食此飯者得無生忍然後乃消已得無生忍食
此飯者至一生補處然後乃消譬如有藥名
曰上味其有服者身諸毒滅然後乃消此飯
如是滅除一切諸煩惱毒然後乃消阿難白
佛言未曾有也世尊如此香飯能作佛事
佛言如是如是阿難或有佛土以佛光明而作
佛事有以諸菩薩而作佛事有以佛所化人
而作佛事有以菩提樹而作佛事有以佛
衣服臥具而作佛事有以飯食而作佛事有
以園林臺觀而作佛事有以三十二相八十隨
形好而作佛事有以佛身而作佛事有以虛
空而作佛事眾生應以此緣得入律行有以
夢幻影響鏡中像水中月熱時炎如是等喻
而作佛事有以音聲語言文字而作佛事有
有清淨佛土寂寞無言無說無示無識無作
無為而作佛事如是阿難諸佛威儀進止諸

BD14423號　維摩詰所說經卷下

（19-5）

空而作佛事眾生應以此緣得入律行有以
夢幻影響鏡中像水中月熱時炎如是等喻
而作佛事有以音聲語言文字而作佛事或
有清淨佛土寂寞无言无說无示无識无作
无為而作佛事如是阿難諸佛威儀進止諸
所施為无非佛事阿難有此四魔八万四千
諸煩惱門而諸眾生為之疲勞諸佛即以此
法而作佛事是名入一切諸佛法門菩薩入
此門者若見一切淨妙佛土不以為喜不貪
不高若見一切不淨佛土不以為憂不導不
没但於諸佛生清淨心歡喜恭敬未曾有也
諸佛如來功德平等為教化眾生故而現佛
土不同阿難汝見諸佛國土地有若干而虛
空无若干也如是見諸佛色身有若干耳其
无导慧无若干也阿難諸佛色身威相種
姓戒定智慧解脫解脫知見力无所畏不共之
法大慈大悲威儀所行及其壽命說法教化
成就眾生淨佛國土具諸佛法悉皆同等是
故名為三藐三佛陀名為多陀阿伽度名為
佛陀阿難若我廣說此三句義汝以劫壽不
能盡受正使三千大千世界滿中眾生皆如
阿難多聞第一得念總持此諸人等以劫之
壽亦不能盡受如是阿難諸佛阿耨多羅三
藐三菩提无有限量智慧辯才不可思議阿
難白佛我從今已往不敢自謂以為多聞佛
告阿難勿起退意所以者何我說汝於聲聞
中為最多聞非謂菩薩且止阿難其有智者

BD14423號　維摩詰所說經卷下　　　　　　　　　　　　　　　　　（19-6）

難白佛我從今已往不敢自謂以為多聞佛
告阿難勿起退意所以者何我說汝於聲聞
中為最多聞非謂菩薩也一切海淵尚可測量菩
薩禪定智慧總持辯才一切功德不可量也阿
難汝等捨置菩薩所行是維摩詰一時所現
神通之力一切聲聞辟支佛於百千劫盡力
變化所不能作
爾時眾香世界菩薩來者合掌白佛言世
尊我等初見此土生下劣想今自悔責捨離
是心所以者何諸佛方便不思議為度眾生故
隨其所應現佛國異唯然世尊願賜少法還
於彼土當念如來佛告諸菩薩有盡无盡
解脫法門汝等當學何謂為盡謂有為法
何謂无盡謂无為法如菩薩者不盡有為不
住无為何謂不盡有為謂不離大慈不捨大
悲深發一切智心而不忽忘教化眾生終不
厭倦於四攝法常念順行護持正法不惜軀
命種諸善根无有疲厭志常安住方便迴向
求法不懈說法无吝勤供諸佛故入生死而无
所畏於諸榮辱心无憂喜不輕未學敬學如
佛墮煩惱者令發正念於遠離樂不以為貴
不著己樂慶於彼樂在諸禪定如地獄想
於生死中如園觀想見來求者為善師想
捨諸所有具一切智想見毀戒人起救護想諸
波羅蜜為父母想道品法為眷屬想殖眾德本

BD14423號　維摩詰所說經卷下　　　　　　　　　　　　　　　　　（19-7）

不著巳樂慶於彼樂在諸禪定如地獄想
於生死中如園觀想見來求者為善師想
捨諸所有具一切智想見毀戒人起救護想
難蜜為父母想道品法為眷屬想起諸波
而無戲是以諸淨國嚴飭之事成巳佛土行
不限施具足相好除一切惡淨身口意生死
无數劫意而有勇悍佛无量德志而不惓以
智慧劍破煩惱賊出陰界常荷負眾生永使
解脫以大精進摧伏魔軍常求无念實相智
慧於世聞法少欲知足於出世聞法无厭以
歡不壞威儀而能隨俗起諸根斷眾生起以
樂說辯演法无㝵淨十善道受天人福備四
无量開梵天道勸請說法隨喜讚善得佛音
聲身口意善得佛威儀深備善法所行轉
膝以大乘教成眾善僧心无放逸不失眾善
行如此法是名菩薩不盡有為何謂菩薩不
住无為謂修學空不以空為證修學无相无
作不以无相无作為證修學无起不以无起
證觀於无常而不厭善本觀世聞苦而不惡
生死觀於无我而誨人不惓觀於寂滅而不
永寂滅觀於遠離而身心修善觀无所歸而
歸趣善法觀於无生而以生法荷負一切觀
於无漏而不斷諸漏觀无所行而以行法教
化眾生觀於空无而不捨大悲觀正法位而
不隨小乘觀諸法虛妄无牢无人无主无相

BD14423號　維摩詰所說經卷下 　　　　　　　　　　　（19–8）

歸趣善法觀於无生而以生法荷負一切觀
於无漏而不斷諸漏觀无所行而以行法教
化眾生觀於空无而不捨大悲觀正法位而
不隨小乘觀諸法虛妄无牢无人无主无相
本願未滿而不虛福德禪定智慧備如此法
是名菩薩不住无為又具福德故不住无為
不盡有為故不住无為又大悲故不住无為
本願故不盡有為集法藥故不住无為隨授
藥故不盡有為知眾生病故不住无為滅眾
生病故不盡有為諸正士菩薩巳修此法不
盡有為不住无為是名盡无盡解脫法門汝
等當學尓時彼諸菩薩聞說是法皆大歡
喜以眾妙華若干種色若干種香散遍三千
大千世界供養於佛及此經法并諸菩薩巳
稽首佛足歎未曾有言釋迦牟尼佛乃能
於此善行方便言巳忽然不現還到彼國

見阿閦佛品第十二

尓時世尊問維摩詰汝欲見如來為以何等
觀如來乎維摩詰言如自觀身實相觀佛
亦然我觀如來前際不來後際不去今則不住
不觀色不觀色如不觀色性不觀受想行識
不觀識不觀識如不觀識性非四大起同於虛空六
入无積眼耳鼻舌身心巳過不在三界三垢
巳離順三脫門三明與无明等不一相不異
相不自相不他相非无相非取相不此岸不彼
岸不中流教化眾生而觀於寂滅亦不永滅不
此不彼不在此不在彼不可以智知不可

BD14423號　維摩詰所說經卷下 　　　　　　　　　　　（19–9）

387

維摩詰所說經卷下

已離煩惱三毒門三明與无明等不一相不異
相不自相不他相非无相不取相不此岸不彼
岸不中流教化眾生而觀寂滅亦不永滅不
此不彼不在此不在彼不可以智知不可
以識識无晦无明无名无相无強无弱非淨
非穢不在方不離方非有為非无為无示无
說不施不慳不戒不犯不忍不恚不進不怠不
定不亂不智不愚不誠不欺不來不去不
出不入一切言語道斷非福田非不福田非
應供養非不應供養非取非捨非有相非无相
同真際等法性不可稱不可量過諸稱量非
大非小非見非聞非覺非知離眾結縛等諸
智同眾生於諸法无分別一切无失无濁无惱
无作无起无生无滅无畏无憂无喜无猒无
著无已有无當有无今有不可以一切言說
分別顯示世尊如來身為若此作如是觀以
斯觀者名為正觀若他觀者名為耶觀爾時
舍利弗問維摩詰汝於何沒而來生此維摩
詰言汝所得法有沒生乎舍利弗言无沒生
也若諸法无沒生相云何問言汝於何沒而
來生此汝意云何譬如幻師幻作男女寧
沒生耶舍利弗言无沒生也汝豈不聞佛說
諸法如幻相乎答曰如是若一切法如幻相者
云何問言汝於何沒而來生此舍利弗沒者為
虛誑法壞敗之相生者為虛誑法相續之相
菩薩雖沒不盡善本雖生不長諸惡
是時佛告舍利弗有國名妙喜佛號无動是

云何問言汝於何沒而來生此若一切法如幻相者
虛誑法壞敗之相生者為虛誑法相續之相
菩薩雖沒不盡善本雖生不長諸惡
是時佛告舍利弗有國名妙喜佛號无動是
維摩詰於彼國沒而來生此舍利弗言未曾
有也世尊是人乃能捨清淨土而來樂此多
怒害處舍利弗維摩詰語言於意云何日光出
時與冥合乎答曰不也日光出時則无眾冥
維摩詰言夫日何故行閻浮提答曰欲以明
照為之除冥維摩詰言菩薩如是雖生不淨
佛土為化眾生不與愚闇而共合也但滅眾
生煩惱闇耳
是時大眾渴仰欲見妙喜世界无動如來及
其菩薩聲聞之眾佛知一切眾會所念告維
摩詰言善男子為此眾會現妙喜國无動如
來及諸菩薩聲聞之眾眾皆欲見是維摩
詰心念吾當不起于座接妙喜國鐵圍山川
嵠谷江河大海泉源須彌諸山及日月星宿
天龍鬼神梵天等宮并諸菩薩聲聞之眾
邑聚落男女大小乃至无動如來及菩提樹
諸妙蓮華能於十方作佛事者三道寶階從
閻浮提至忉利天以此寶階諸天來下悉為
礼敬无動如來聽受經法閻浮提人亦登其
階上昇忉利見彼諸天妙喜世界成就如
是无量功德上至阿迦膩吒天下至水際以右
手斷取如陶家輪入此世界猶持華鬘示

礼敬无動如來聽受経法闍浮提人亦登其
階上昇忉利天見彼諸天妙喜世界成就如
是无量功德上至阿迦膩吒天下至水際以右
手斷取如陶家輪入此世界猶持華鬘示
一切眾作是念已入於三昧現神通力以其
右手斷取妙喜世界置於此土彼得神通
菩薩及聲聞眾并餘天人俱發聲言唯然
世尊誰取我去願見救護无動佛言非我所
為是維摩詰神力所作其餘未得神通者不
覺不知已之所往妙喜世界雖入此土而不增減
於是世界亦不迫隘如本无異
尒時釋迦牟尼佛告諸大眾汝等且觀妙喜
世界无動如來其國嚴餝菩薩行淨弟子
清白皆然已見佛言若菩薩欲得如是清
淨佛土當學无動如來所行之道現此妙喜
國時娑婆世界十四那由他人發阿耨多羅
三藐三菩提心皆願生於妙喜佛土釋迦牟
尼佛即記之曰當生彼國時妙喜世界於此
國土所應饒益其事訖已還復本處舉眾皆
見佛告舍利弗汝見此妙喜眾及无動佛不
唯然已見世尊願使一切眾生得清淨如
无動佛獲神通力如妙喜國我等快得
善利得見是人親近供養其諸菩薩眾生若今現
在若佛滅後聞此経者亦得善利況復聞已
信解受持讀誦解說如法俻行若有手得是
経典者便為已得法寶之藏若有讀解釋
其義如說俻行則為諸佛之所護念其有供

BD14423號　維摩詰所說經卷下　（19-12）

在若佛滅後聞此経者亦得善利況復聞已
信解受持讀誦解說如法俻行若有手得是
経典者便為已得法寶之藏若有讀解釋
其義如說俻行則為諸佛之所護念其有供
養如是人者當知則為供養於佛其有喜持
此経卷者當知其室則有如來若聞是経能
隨喜者斯人則為取一切智若能信解此経
乃至一四句偈為他說者當知此人即是受
阿耨多羅三藐三菩提記
法供養品第十三
尒時釋提桓因於大眾中白佛言世尊我雖
從佛及文殊師利聞百千経未曾聞此不可
思議自在神通決定實相経典如我解佛所
說義趣若有眾生聞是経法信解受持讀
誦之者必得是法不疑何況如說俻行斯人則
為閉眾惡趣開諸善門常為諸佛之所護念
降伏外學摧滅魔怨俻治菩提安處道場履
踐如來所行之跡世尊我當與諸眷屬供養
給事所在聚落城邑山林曠野有是経處我
當為作護故共到其所其未信者當令生信已信
者當為作護佛言善哉善哉天帝如汝所說
吾助尒喜此経廣說過去未來現在諸佛不
可思議阿耨多羅三藐三菩提是故天帝若
善男子善女人受持讀誦供養是経者則為
供養去來今佛天帝正使三千大千世界如來
滿中譬如甘蔗竹葦稻麻兼林若有善男子

BD14423號　維摩詰所說經卷下　（19-13）

吾助尓喜此經廣說過去未來現在諸佛不可思議阿耨多羅三藐三菩提是故天帝若善男子善女人受持讀誦供養是經者則為供養去來今佛天帝正使三千大千世界如來滿中譬如甘蔗竹葦稻麻叢林若有善男子善女人或一劫或減一劫恭敬尊重讚歎供養奉諸所安至諸佛滅後以一一全身舍利起七寶塔縱廣一四天下高至梵天表剎莊嚴以一切華香瓔珞幢幡伎樂微妙第一若一劫若減一劫而供養之於天帝意云何其人殖福寧為多不釋提桓因言多矣世尊彼之福德若以百千億劫說不能盡佛告天帝當知是善男子善女人聞是不可思議解脫經典信解受持讀誦修行福多於彼所以者何諸佛菩提皆從是生菩提之相不可限量以是因緣福不可量

佛告天帝過去無量阿僧祇劫時世有佛號曰藥王如來應正遍知明行足善逝世間解无上士調御丈夫天人師佛世尊世界名大莊嚴劫曰莊嚴佛壽廿小劫其聲聞僧世六億那由他菩薩僧有十二億天帝是時有轉輪聖王名曰寶蓋七寶具之主四天下王有千子端政勇健能伏怨尓時寶蓋與其眷屬供養藥王如來施諸所安至滿五劫過五劫已告其千子汝等亦當如我以深心供養於佛於是千子受父王命供養藥王如來復滿五劫一切施安其王一子名曰月蓋獨坐思

BD14423號　維摩詰所說經卷下　　　　　　　　　　　　　（19-14）

千子端政勇健能伏怨獻尓時寶蓋與其眷屬供養藥王如來施諸所安至滿五劫過五劫已告其千子汝等亦當如我以深心供養於佛於是千子受父王命供養藥王如來復滿五劫一切施安其王一子名曰月蓋獨坐思惟寧有供養殊過此者以佛神力空中有天曰善男子法之供養勝諸供養即問何謂汝之供養即時月蓋即往問藥王如來稽首佛足卻住一面白佛言世尊諸供養中法供養者諸佛所說深經一切世間難信難受微妙難見清淨無染非但分別思惟之所能得菩薩法藏所攝陀羅尼印印之至不退轉成就六度善分別義順菩提法眾經之上入大慈悲離眾魔事及諸邪見順因緣法无我无眾生无壽命空无相无作无起能令眾生坐於道場而轉法輪諸天龍神乾闥婆等所共歎譽能令眾生入佛法藏攝諸賢聖一切智慧說眾菩薩所行之道依於諸法實相之義明宣无常苦空无我寂滅之法能救一切毀禁眾生諸魔外道及貪著者能使怖畏諸佛賢聖所共稱歎背生死苦示涅槃樂十方三世諸佛所說若聞如是等經信解受持讀誦以方便力為諸眾生分別解說顯示分明守護法故是名法之供養又於諸法如說修行隨順十二因緣離諸邪見得无生忍決定无我

BD14423號　維摩詰所說經卷下　　　　　　　　　　　　　（19-15）

聖所共稱歎背生死苦示涅槃樂十方三世
諸佛所說若聞如是等經信解受持讀誦
以方便力為諸眾生分別解說顯示分明守護
法故是名法之供養又於諸法如說修行隨
順十二因緣離諸邪見得無生忍決定無我
无有眾生而於因緣果報无違无諍離諸我
所依於義不依語依於智不依識依了義經
不依不了義經依於法不依人隨順法相无
所入无所歸无明畢竟滅故諸行亦畢竟滅
乃至生畢竟滅故老死亦畢竟滅作如是觀
十二因緣无有盡相不復起見是名最上法
之供養

佛告天帝王子月蓋從藥王佛聞如是法得
柔順忍即解寶衣嚴身之具以供養佛白佛
言世尊如來滅後我當行法供養守護正法
願以威神加哀建立令我得降魔怨修菩薩
行佛知其深心所念而記之曰汝於末後守
護法城天帝時王子月蓋見法清淨聞佛
受記以信出家修集善法精進不久得五神
通通菩薩道得隨陀羅尼无斷辯才於佛滅後
以其所得神通總持辯才之力滿十小劫王
如來所轉法輪隨而分布月蓋比丘以守護
法懃行精進即於此身化百萬億人於阿耨
多羅三藐三菩提立不退轉十四那由他人
深發聲聞辟支佛心无量眾生得生天上天
帝時王寶蓋豈異人乎今現得佛號寶炎
如來其王千子即賢劫中千佛是也從迦羅

多羅三藐三菩提立不退轉十四那由他人
深發聲聞辟支佛心无量眾生得生天上天
帝時王寶蓋豈異人乎今現得佛號寶炎
如來其王千子即賢劫中千佛是也從迦羅
鳩村䭾為始得佛最後如來號曰樓至佛盖
此立則我身是也如是天帝當知此要以法供
養於諸供養為上為第一无比是故天帝
當以法之供養供養於佛

囑累品第十四

於是佛告彌勒菩薩言彌勒我今以是无
量億阿僧祇劫所集阿耨多羅三藐三菩提
法付囑於汝如是輩經於佛滅後末世之中汝等
當以神力廣宣流布於閻浮提无令斷絶所
以者何未來世中當有善男子善女人及天
龍鬼神乾闥婆羅剎等發阿耨多羅三藐三
菩提心樂于大法若使不聞如是等經則失
善利如此輩人聞是等經必多信樂發希有
心當以頂受隨諸眾生所應得利而為廣說
彌勒當知菩薩有二相何謂為二一者好於
雜句文飾之事二者不畏深義如實能入若
好雜句文飾事者當知是為新學菩薩若於
如是无染无著甚深經典无有恐畏能入其
中聞已心淨受持讀誦如說修行當知是為
久修道行弥勒復有二法名新學者不得決
定於甚深法何等為二一者所未聞深經聞
之驚怖生疑不隨歡誹不信而作是言我初
不聞從何所來二者若有護持解說如

如是无染甚深經典无有恐畏能入其
中聞已心淨受持讀誦如說脩行當知是為
久脩道行弥勒復有二法名新學者不得決
定於甚深法何等為二一者而未聞深經聞
之驚怖生疑不能隨順毀謗不信而作是言
我初不聞從何所來二者若有護持解說如
是深經者不肯親近供養恭敬或時於中說
其過惡有此二法當知是新學菩薩為自毀
傷不能於甚深法中調伏其心弥勒復有二法
菩薩雖信解深法猶自毀傷而不能得无生
法忍何等為二一者輕慢新學菩薩而不教
誨二者雖解深法而取分別是為二法
弥勒菩薩聞說是已白佛言世尊未曾有也
如佛所說我當遠離如斯之惡奉持如來无
數阿僧祇劫所集阿耨多羅三藐三菩提法
若未來世善男子善女人求大乘者當令手
得如是等經與其念力使受持讀誦為他廣
說世尊若後末世有能受持讀誦為他說
者當知皆是弥勒神力之所建立佛言阿難
弥勒如汝所說佛助介喜於是一切菩薩合
掌白佛我等亦於如來滅後十方國土廣宣
流布阿耨多羅三藐三菩提復當開導諸說
法者令得是經
介時四天王白佛言世尊在在處處城邑聚
落山林曠野有是經卷讀誦解說者我當率
諸官屬為聽法故住詣其所擁護其人面
百由旬令无伺求得其便者是時佛告阿難

法者令得是經
介時四天王白佛言世尊在在處處城邑聚
落山林曠野有是經卷讀誦解說者我當率
諸官屬為聽法故住詣其所擁護其人面
百由旬令无伺求得其便者是時佛告阿難
受持是經廣宣流布阿難言唯我已受持要
者世尊當何名斯經佛言阿難是經名為維
摩詰所說亦名不可思議解脫法門如是受
持佛說是經已長者維摩詰文殊師利舍利
弗阿難等及諸天人阿脩羅一切大眾聞佛
所說皆大歡喜

維摩詰經卷下

說聖道故

諸苦若有沙門婆羅門若天
若復餘眾如實言行是苦
不能盡苦乃至不見是微畏相
安隱得无所畏安住聖主震如牛王在大眾
中師子乳能轉梵輪諸沙門婆羅門若天若
魔若梵若復餘眾實不能轉四无畏也問曰
以何事故說四无所畏若有人言佛自稱
一切智一切見世間一切經書伎術智巧方
便慧多无量若一切眾生共知一切事猶尚
難况佛一人而有一切智或有是事有是難
佛將无有畏而欲斷是懃妄故佛說四无所
畏復次若佛未出世外道等種種目錄欺誑
求道求福人或食種種菓或食種種菜或食
草根或食牛屎或一食日一食稊糠或二日或十
日一月二月一食或噉風飲水或食水死火死
是等種種食或衣樹皮樹葉草衣麻衣或衣
极水或在地卧或卧杵上灰上棘上或

BD14424號　大智度論卷二五　　(8-1)

畏復次若佛未出世外道等種種目錄欺誑
求道求福人或食種種菓或食種種菜或食
草根或食牛屎或一食日一食稊糠或二日或十
日一月二月一食或噉風飲水或食水死火死
是等種種食或衣樹皮樹葉草衣麻衣或衣
极水或在地卧或卧杵上灰上棘上或
寒時入水或熱時五熱自炙或入水死火死
投巖赴火斷食死如是等種種苦行求
涅槃已得六教弟子令不捨是法如是引少智
眾生已得供養恭敬利故便自言我是一切智
能照若出時千光明照破諸闇冥日未出時世
有照豈況螢火若佛未出時外道及其
弟子皆不復得養以先供養故便妄語
世得供養佛出時諸外道輩皆无照世
謗佛及佛弟子如孫陀利經中說自致孫陀
利而謗佛語眾人言世間弊人尚不為是
人世間祀法尚不能知何況涅槃佛欲藏如
是等誹謗故自說實功德四无所畏我猶
是一切智人无有能如實言佛不能知我不
畏是事我獨一切諸漏及習盡无有能如實
言佛漏未盡我不畏是事我說遮涅槃道法
无有能如實言是法不能遮涅槃佛不畏是
事佛說苦盡道達到涅槃无有能如實言是
道不能到涅槃佛不畏是事略說四无畏
所聽一者正知一切法二者盡一切漏及習
三者說一切鄣道法四者說盡苦道四法中

BD14424號　大智度論卷二五　　(8-2)

事佛說苦盡道達到涅槃无有能如實言是

道不能到涅槃佛不畏是事略說是四无畏

而雖一者正知一切法二者盡苦道四法中

三者說一切障道法不畏是何以故

若有如實言不能盡遍知佛不畏是何以故

正遍知了了故初二无畏為自功德具足故

後二无畏為具足利益眾生故復次第一第

三无畏中說知第二第四无畏中說斷知斷

知具足故所為事畢問曰十力皆名知四无

所畏六是知有何等異耶答曰廣說佛功德是

力略說是无畏復次能有所作是力无所疑是

難是无畏智慧集故名力散諸无明故无畏

集諸善法故名力減諸不善故名畏自有

智慧故名力无能壞者故无畏智慧猛利

是力堪受問難是无畏集諸智慧是名力智

慧外用是无畏譬如轉聖王七寶成就是

力得是七寶已周而四天下无不降伏是名

无畏又如良醫善知藥方是名力合和諸藥

與人是名无畏利益他是名力利益他是无

畏自除煩惱是名力除他煩惱是无畏能

阻壞是无畏巧便智是名力用巧

名力能成他善是名力成巳善是无

智是无畏一切智種智是名力得一切

種智顯發是无畏於外是无畏遍通達法性是名

不共法顯發於外是无畏遍通達法性是名

力若有種種問難不復思惟即時能答是无

名力有成他善是无畏一切智種智是名力用巧

智是无畏一切智種智是名力得一切

種智顯發是无畏於外是无畏遍通達法性是無

力若有種種問難不復思惟即時能答是无

畏得佛眼見以可度者為說法

是无畏得智是名力得无导智是无

畏義无畏得智是名力得无导智是无

力不共法種種辟階種種目錄莊嚴

一切智自在是无畏破魔眾是名力破諸外道

語言說法是无畏如是等種種目錄令別力无

論議師是无畏如是等種種目錄令別力无

畏

問曰何等名无所畏答曰得无所疑无所

忌難智慧不却不沒毛不豎在在法中如說

即作是无畏問曰去何當知佛无畏答曰有

兩畏不能將御大眾攝能捨能苦切治我

滯語言教如佛一時駈遣舍利弗目連等還

復憐愍愍心受若有所忌難者諸論議師住

我一人更无餘人自於經書決定知故能破他

經書論議以惡口岩辱如无所護惜如

是狂人奄跂長杖隆祇屋揵蟶盧蘇等

論議諸大師皆降伏如若有兩畏則不能介及

憶陳如等五出家人遍樓頻螺迦葉千結髮

仙人舍利弗目揵連摩訶迦葉等於佛法出

家及百十釋子并諸閻浮提大王波斯匿王

王頻婆羅王有如如比丘未是王是真王等已

論議諸大師皆降伏若有所畏則不能介及
憍陳如等五出家人漚樓頻螺迦葉千結髮
仙人舍利弗目揵連諸閻浮提大王憂填王弗迦
家及百千釋子并諸閻浮提大王弗迦
羅婆利王梵羅魔達王等皆為弟子諸
婆羅摩論弗迦陀波珠提王憂填為大國王所
御梵門皆度一切世間智慧檀為大國王所
有得初道有得第二第三第四道諸大鬼神
阿羅婆迦鞞婆迦等諸大龍王阿波羅羅呻
羅鉢多羅等群梨魔羅諸惡人等皆降
化降伏若有所畏不能獨在樹下師子座處
坐欲得阿㝹多羅三藐三菩提時魔王軍眾
作化師子虎狼熊羆之首或一眼或多眼或
一耳或多耳擲山吐火四邊圍遶佛以手指
按地啁即皆消滅諸天阿修羅鞞摩
質帝隸釋提婆那民梵天王等引導其心皆
為弟子若有所畏不能在此大眾中說法以
无所畏故能為如是諸天鬼神大眾中說法
故名无所畏復次佛於一切眾生寂尊寂上
盡到一切法彼岸得大名聞故自說无所畏
耶
復次且置是佛功德佛一切世間功德公无
能及者所畏法一切巴披根本故畏法者弊
家生弊生臺惡色无威儀瘋惡語等辭家生
者如首陁羅所謂檀死人除糞養雞猪捕獵

BD14424號　大智度論卷二五　　　　　　　　　　　　　　　　　　　　　　（8-5）

耶
復次且置是佛功德佛一切世間功德公无
能及者所畏法一切巴披根本故畏法者弊
家生弊生臺惡色无威儀瘋惡語等辭家生
者如首陁羅所謂檀死人轉輪聖王種中所謂
怖畏佛從本已來常生輭小家若在大眾中則多
頂生快見王婆羅鞞摩訶提婆王等如是等
者安随羅舍婆羅鞞兜眩羅代昔備利安息大
秦國等在此邊國中生若在大眾中則多怖
畏佛在迦毗羅婆中國生故无所畏惡色者
有人身色枯乾羸瘦人不喜見若大眾則畏
有人金色光潤如火照赤金山有如是色故无
所畏无有威儀者是事廉進止行少坐起无義則
有怖畏佛无有次第人所不憙語者有人惡音聲塞
吃重語佛語者真實柔輭次第易了不
是畏所以者何佛語真實柔輭次第易了不
疾不遲不少不沒不垢不調戲勝於迦陵毗
鳥音辭分明不中傷物離欲故无染戒瞋故
无尋除恚故易解法憙增長故可愛遮罪故
安隱随他心故随解脫義深妙有曰錄故言
有理譬喻故善顯示事記故善會事觀種種
眾生心故雜說久久皆入涅槃故一味如是
等種種无量疾菝語故佛於語中无所畏佛
但以如是等世間法尚无所畏何況出世間

BD14424號　大智度論卷二五　　　　　　　　　　　　　　　　　　　　　　（8-6）

安隱隨他心隨解脫義深語妙有曰緣故言
有理譬喻故顯示事記故善會事觀種種
眾生心故雜說又入涅槃故無一味如是
等種種無量疾病善語故佛於語中無所畏
但以如是等世間法尚無所畏何況出世間
法以是故說佛有四無所畏問曰佛十力中
有無所畏不若有有無所畏不應但言十力
所畏云何言四無畏成就卷曰一智在十霎
名為佛佛說十力如一人知十事隨事受名
是十力四霎出用是無所畏是霎不是霎力
漏盡力即是初二無畏八力雖廣說是第三
第四無畏以是故十力中雖有無畏別說二
无失正遍知一切法不顛倒正不者知耶如
餘過去諸佛是名三藐三佛陀如佛告阿難
一切世間天及人兩不能知佛徧知故故
三藐三佛陀若有人言是法不知問曰是何
人
答曰是中佛說若有沙門婆羅門若天若魔
若梵乃至欲與論者論何等法有人言佛不
說外諸經書弊及迦蘭郍僧法韋陀等十
八種大經書有有人言湏弥山行雨大地深
淺一切草木頭數有人言是常无常有邊无
邊十四難佛不能卷有漏无漏有為无等佛
不可見有對无對有漏无漏有為无等佛
但知一種道事回緣是異法種種回緣佛
或不悉知沙門者說出家人婆羅門者說在

論
八種大經書有有人言湏弥山行兩大地深
淺一切草木頭數有人言是常无常有邊无
邊十四難佛不能卷有漏无漏有為无等佛
不可見有對无對有漏无漏有為无等佛
但知一種道事回緣是異法種種回緣佛
或不悉知沙門者說出家人婆羅門者說在
家有智人天者說地天虛空天魔者說六欲
天梵者說梵天王為首及一切色界餘者除
此更有餘天如寶者若以現事若以回緣難
乃至不見是微畏相者相名曰緣我不見小
小回緣如法能來破我者以不見故至誠言
安立梨沙住震佛至誠言我一切漏
盡若有人言是漏不盡者无有畏也何等是
漏漏名三漏欲漏有漏无明漏復次漏名六
情中出垢心相應心數法復次漏名諸有
經中分別說七漏郍道法名諸有漏業及一
切煩惱惡道報郍為世間故布施持戒修十
道受諸味單略說若能郍涅槃若善若不善

故十世尊不減波羅蜜是般若波羅蜜佛言
一切法不生故十世尊不作波羅蜜是般若
波羅蜜佛言作者不可得故四世尊无知波
羅蜜是般若波羅蜜佛言知者不可得故十
世尊不到波羅蜜是般若波羅蜜佛言生死
不可得故十五世尊不共波羅蜜是般若波羅
蜜佛言一切法不共故十七
釋曰无邊波羅蜜者須菩提聞佛說大珍寶
波羅蜜義因而自讚般若摩訶波羅蜜又以
智慧深入種種法門觀般若波羅蜜如海水
无量无邊深知般若波羅蜜功德恩義大歡
喜欲以種種義略說餘事故略說若廣
尊无邊波羅蜜是般若波羅蜜无邊義從品
初无邊義略說餘事故略說若廣
我有无世間有邊无邊眾生有邊无邊如是
等法名為耶見般若波羅蜜則无是諸
遇故言无邊復次譬如物盡竟名為遇靈空

初竟竟皆是无邊義垢說餘事故略說若廣
說則无量復次常是一遇无常是一遇我无
我有无世間有邊无邊眾生有邊无邊如是
等法名為耶見遇得般若波羅蜜則无是諸
遇故言无邊復次譬如物盡竟名為遇靈空
无色无形故无邊般若波羅蜜畢竟清淨故
无有邊无有盡无取相无受相无著相是故
佛答言等波羅蜜菩薩用畢竟空心離諸煩惱
亦離諸法是故名離波羅蜜菩薩用是般若
波羅蜜擬相別相求諸法不得定相如毛髮許
以不可得故於一切法心不著若有耶見戲
論人用耶見著心欲破壞是菩薩無
所著故不可破壞是名不壞波羅蜜此岸名
為生死彼岸名涅槃中有諸煩惱大河一切
出家人欲捨此岸而般若波羅蜜
无彼岸波羅蜜有靈空則有无色无名是色
无名故是名无彼岸波羅蜜有靈空則有出入
論人用耶見著心欲破壞是菩薩無
盡出入息皆從靈諸葉回錄生出者非入
者非出念念生滅不可得實相息不可得故
一切法空穿相故不須覺觀般若无
一切法空亦不可得故名空種波羅蜜
言說无言說故般若波羅蜜二法攝一切法
故名不可說波羅蜜二法攝一切法所謂名
色四大及造色色所攝受等四眾名所攝分

一切法空穿相故不淆覽觀寶觀无故則无
言說无言說故說般若波羅蜜斷語言道是
故名不可說波羅蜜二法攝一切法所謂名
色四大及造色是名不離色是般若波羅蜜所
攝令實不離色是名是般若波羅蜜是智慧相名所

別諸法者說般若波羅蜜是智慧相故名所
羅蜜无知相故說受想行識不可得故言无
攝令實不離故說受想行識不可得故言无
名波羅蜜一切法无来无去故名无生故菩
薩般若波羅蜜是三世十方佛法藏以三法

薩般若波羅蜜是三世十方佛法藏以三法
為法念盡滅无有往時若介者過去法不
盡未来法亦不盡現在法不住故不盡三世
盡不可得故名為畢竟盡畢竟盡故名盡波

羅蜜一切法三世中生不生不可得故无生
故名无生波羅蜜不滅波羅蜜亦如是作
故无作者一切法无起不作相故法亦不作
二種一者眾生作二者法作眾生作者布施
持戒等法作者大燒水爛心識所知眾生空

故无作者一切法无起不作相故法亦不作
如是二无作故名无作波羅蜜无知波羅蜜亦
如是一切法鈍故无所知天眼見有生无
空慧眼見生死不可得故令世
眾生死死到後世者但五眾先業因緣相續
生故名不到波羅蜜般若波羅蜜不共諸法

實相亦能令一切法背失實相離眼若波羅
蜜一切法背失觀一切法實相得眼若波羅
蜜是故名不共般若波羅蜜

羅蜜是故名不共般若波羅蜜令世
生故名不到波羅蜜般若波羅蜜不共諸法
實相亦能令一切法背失實相離眼若波羅

蜜一切法背失觀一切法實相得眼若波羅
蜜一切法不失實相得眼若波羅蜜乃至夢
中所見不可得故九世尊影波
羅蜜是般若波羅蜜佛言鏡面不可得故
波羅蜜是般若波羅蜜佛言聞聲者不可得故八世尊

波羅蜜是般若波羅蜜佛言鏡面不可得故
中所見不可得故八世尊響波羅蜜是般若
世尊炎波羅蜜是般若波羅蜜佛言水流不
可得故二世尊化波羅蜜是般若波羅蜜佛
世尊夢波羅蜜是般若波羅蜜是般若

世尊夢波羅蜜是般若波羅蜜是般若
言術事不可得故世尊不動波羅蜜是般若
不動波羅蜜是般若波羅蜜佛言鏡面
言術事不可得故世尊不動波羅蜜是般若

若波羅蜜是般若波羅蜜佛言諸煩惱不可
羅蜜佛言一切識論破故六世尊不起波羅
淨波羅蜜是般若波羅蜜佛言煩惱靈誑故
可得故世尊不汙波羅蜜是般若波羅蜜佛
言諸煩惱不可得故三世尊无

言諸煩惱不可得故三世尊无
不動波羅蜜是般若波羅蜜佛言法性常住
故八世法妄辭故九世尊不起波羅蜜是般
知一切法妄辭故九世尊不起波羅蜜是般

若波羅蜜佛言一切識論破故六世尊不
滅波羅蜜是般若波羅蜜佛言一切念破故七世尊
若波羅蜜是般若波羅蜜佛言一切法相不

滅波羅蜜是般若波羅蜜佛言一切念破故
可得故世尊无欲波羅蜜是般若波羅蜜是般
佛言欲不可得故二世尊无頂波羅蜜是般
若波羅蜜是般若波羅蜜佛言无頂惱不

佛言欲不可得故世尊无
可得故世尊无欲波羅蜜是般若波羅蜜是般
佛言无分別故世尊无
若波羅蜜是般若波羅蜜佛言頂惱不實故

羅蜜是般若波羅蜜佛言无頂惱不實故波
若波羅蜜佛言頂惱不實故三世尊无覺波

滅波羅蜜是般若波羅蜜佛言一切法相不
可得故一卌世尊无欲波羅蜜是般若波羅蜜
佛言欲不可得故二卌世尊无瞋波羅蜜是般
若波羅蜜佛言瞋恚不實故三卌世尊无癡波
羅蜜是般若波羅蜜佛言无明黑闇滅故四卌
世尊无煩惱波羅蜜是般若波羅蜜佛言分
別憶想虛妄故五卌世尊无衆生波羅蜜是般
若波羅蜜佛言衆生无所有故六卌世尊斷波
羅蜜是般若波羅蜜佛言諸法不起故七卌世
尊无二邊波羅蜜是般若波羅蜜佛言離二
邊故八卌世尊不破波羅蜜是般若波羅蜜佛
言一切法不相離故九卌世尊不取波羅蜜是
般若波羅蜜佛言過聲聞辟支佛地故卌世
尊不分別波羅蜜是般若波羅蜜佛言諸妄
想不可得故一卌世尊无量波羅蜜是般若波
羅蜜佛言諸法量不可得故二卌世尊虛空波
羅蜜是般若波羅蜜佛言一切法无所有故
三卌
釋曰須菩提讚般若波羅蜜亦衆生世間空
如夢佛言夢亦不可得故名夢波羅蜜嚮影
炎幻亦如是人心以聲為實以嚮為虛影以
面鏡為實像為虛炎以風塵日光為實水為
虛幻以幻術為實幻術所作為虛須菩提讚
般若以喻為空佛說喻本事皆空本事皆空
故是喻亦空是般若波羅蜜无垢能斷滅一
切垢佛言諸煩惱從本已來常无今何所斷

BD14425號　大智度論卷六五

（14–5）

虛幻以幻術為實幻術所作為虛須菩提讚
般若以喻為空佛說喻本事皆空本事皆空
故是喻亦空是般若波羅蜜无垢能斷滅一
切垢佛言諸煩惱從本已來常无今何所斷
是故名无垢波羅蜜无淨波羅蜜亦如是无
煩惱即是淨婬欲瞋恚等諸煩惱名為汙是
般若波羅蜜一切垢法所不汙六情是諸煩
惱處六情及一切法諸煩惱緣處住處皆不
可得故名不汙波羅蜜得是般若波羅蜜一
切戲論憶想分別滅故名不戲論波羅蜜一
切法畢竟空故无憶无念相无憶无念相故
名无念波羅蜜住法性菩薩一切論議者所
不能勝一切結使耶見所不能覆一切法无
常破壞心不生憂如是等因緣故名不動波
羅蜜一切法妄解非但愛染故名无染波羅蜜
憶想分別是一切結使根本有結使能起後身
業知憶想分別虛妄一切後世生業更不復
起故是名不起波羅蜜般若波羅蜜中不取
三毒火相故言寂滅波羅蜜佛言非但三毒
相寂滅一切法相不可得故是般若波羅蜜
乃至善法中尚不貪何況餘欲佛說欲從本
已來不可得故貪欲虛誑自性不可得故名
无欲波羅蜜非是離欲故名无欲瞋恚性畢
竟无所有故名无瞋波羅蜜非是離瞋故名
无瞋一切法中无明黑闇破故名无癡波羅
蜜非是滅癡故名无癡无煩惱波羅蜜者菩

BD14425號　大智度論卷六五

（14–6）

乃至善法中尚不貪何況餘欲佛說欲從本
已來不可得故貪欲虛誑自性不可得故名
无欲波羅蜜非是離欲故名无欲瞋恚畢
竟无所有故名无瞋波羅蜜非是離瞋恚故名无瞋波羅
蜜非是滅瞋故名无瞋波羅蜜者菩
薩得无生法忍故一切煩惱憶想尚无何況
別是煩惱根本憶想尚无何況煩惱憶想分
煩惱波羅蜜若能破无何況煩惱故名无
倒故名无衆生波羅蜜是衆生從本已
來不生无所有故名无衆生順善提意以嚴

若波羅蜜能斷一切有漏法故名斷波羅蜜
佛言諸法不起不生无所作諸法自性无
故名斷者所謂我无我斷无斷可斷相
无斷法常滅有无如是等无量无量斷若波
羅蜜中无是諸邊故名无二邊波羅蜜佛言
是諸邊從本已來无但以虛誑顛倒故著菩
薩求實事故離是顛倒邊是般若波羅蜜一切
相空故不可破佛言不但般若波羅蜜一切
法背无定異相如果不離日日不離果有為
法不離无為法无為法不離有為般若波
羅蜜不離一切法一切法不離般若波羅蜜
一切法實相即是般若波羅蜜故名不破波羅
蜜破者所謂諸法各各離散一切法常无
常等過失是故般若波羅蜜不取一切法佛
言一切法乃至二乘此世間清淨法亦不取
故名不取波羅蜜佛言般若波羅蜜不取一切
BD14425號　大智度論卷六五　　　　　　　　　　　　　　　　　　　　　　　　（14-7）

羅蜜不離一切法一切法不離般若波羅蜜
一切法實相即是般若波羅蜜故名般若波羅
羅蜜破者所謂諸法各各離散故名不破波
羅蜜破者所謂諸法各各離散故名不破波
言一切法乃至二乘此世間清淨法亦不取
常等過失是故般若波羅蜜不取一切法佛
故名不取波羅蜜佛言般若波羅蜜分別
別般若不取无分令別憶想分別佛言目憶
想分別是妄想生般若波羅蜜出四无量故
故名无分別波羅蜜般若波羅蜜出四无量故
若无量般若波羅蜜復次單竟空為涅槃无量法
故名无量波羅蜜復次智慧所不能到遮崖是名无
量量名六情所不能量何以故物多而量器小故佛言
情所不能量何以故物多而量器小故佛言
非但是般若波羅蜜无量色无量色等一切法不可
得故背无量般若波羅蜜如虛空无色无形无所能作般
若波羅蜜亦如是佛言非但虛空无所有色
等諸法皆无所有故名虛空波羅蜜
世尊无常波羅蜜是般若波羅蜜佛言一切
法破壞故四世尊无常波羅蜜是般若波
法破壞故世尊苦波羅蜜是般若波羅蜜
佛言一切法憶相故五世尊无我波羅蜜是
般若波羅蜜佛言一切法不著故六世尊无
若波羅蜜亦如是佛言非但虛空波羅蜜
波羅蜜是般若波羅蜜佛言一切法不著故
故七世尊无相波羅蜜是般若波羅蜜佛言
一切法不生故八世尊內心法不可得故九
波羅蜜是般若波羅蜜佛言內空波羅蜜
羅蜜是般若波羅蜜佛言外法不可得故十
BD14425號　大智度論卷六五　　　　　　　　　　　　　　　　　　　　　　　　（14-8）

一切法不生故八世尊內空波羅蜜是般若
波羅蜜佛言內法不可得故九世尊外空波
羅蜜是般若波羅蜜佛言外法不可得故十
世尊內外空波羅蜜是般若波羅蜜佛言內
外法不可得故五十一世尊空空波羅蜜
波羅蜜是般若波羅蜜佛言空空法不可得故五
十二世尊大空
波羅蜜是般若波羅蜜佛言一切法不可得
故五十三世尊第一義空波羅蜜是般若
波羅蜜佛言涅槃不可得故五十四世尊
有為空波羅蜜是般若波羅蜜佛言有為法
不可得故五十五世尊无為空波羅蜜是般若
波羅蜜佛言无為法不可得故五十六世尊无始
空波羅蜜是般若波羅蜜佛言諸法无始
不可得故五十七世尊畢竟空波羅蜜是般若
波羅蜜佛言畢竟不可得故五十八世尊无
法不可得故五十九世尊性空波羅蜜是般若
波羅蜜佛言目相離故六十世尊自相空波羅蜜
佛言諸法自相離故六十一世尊一切法空波羅蜜
是般若波羅蜜佛言一切法不可得故六十二世
尊諸法空波羅蜜是般若波羅蜜佛言
若有法无法空波羅蜜是般若波羅蜜佛言有法
不可得故六十三世尊无法空波羅蜜是般
若波羅蜜佛言无法有法不可得故六十四世尊
念處波羅蜜是般若波羅蜜佛言身受心法
不可得故

不可得故...世尊...波羅蜜是般若波羅蜜佛言
若波羅蜜佛言无法有法有法空波羅蜜佛言有法
念處波羅蜜是般若波羅蜜佛言无法有法有法空波羅
蜜佛言善不善法不可得故六十五世尊四如意之不可
波羅蜜是般若波羅蜜佛言四如意之不可
不可得故六十六世尊心熟波羅蜜是般若
波羅蜜佛言无法有法不可得故六十七世尊
若波羅蜜是般若波羅蜜佛言无法有法空波羅蜜佛言有法
是般若波羅蜜佛言五覺分不可得故七十世
羅蜜是般若波羅蜜佛言四如意之不可
五根不可得故六十九世尊五力不可得故
波羅蜜佛言五根不可得故六十八世尊覽波羅蜜
得故六十世尊力波羅蜜是般若波羅蜜佛言七覺分不可得故七十世
尊道波羅蜜是般若波羅蜜佛言八聖道分
不可得故二世尊无作波羅蜜是般若波羅
蜜佛言无作不可得故三世尊空相波羅蜜佛
羅蜜佛言无作不可得故四世尊无
相波羅蜜是般若波羅蜜佛言空相不可
般若波羅蜜佛言空相不可得故四世尊无
是般若波羅蜜佛言穿滅相不可得故五世
尊道波羅蜜是般若波羅蜜佛言定不可得故七世尊定波羅蜜佛言定不可得故六世尊定
言八背捨不可得故六世尊定波羅蜜是般若
得故五世尊背捨波羅蜜是般若波羅蜜佛
相波羅蜜是般若波羅蜜佛言慳貪不可得
波羅蜜是般若波羅蜜佛言九次第定不可得故六世尊定
故八世尊尸羅波羅蜜是般若波羅蜜佛言
檀波羅蜜是般若波羅蜜佛言九次第定不
若波羅蜜是般若波羅蜜佛言不忍辱不可得故九世尊
破戒不可得故九世尊羼提波羅蜜是般若波
言八背捨不可得故八世尊解怠精進不可
波羅蜜佛言解怠精進不可
羅蜜佛言解怠精進不可得故八世尊解怠精進不可
得故一十世尊禪波羅蜜是般若波羅蜜佛言
定亂不可得故二十世尊般若波羅蜜是般若
若波羅蜜佛言亂慧不可得故二十世尊十力
若波羅蜜佛言禪波羅蜜是般若波羅蜜佛言亂慧不可得故二十世尊十力

羅蜜佛言不怖畏不可得故廿世尊毗梨耶
波羅蜜是般若波羅蜜佛言懈怠精進不可
得故廿世尊禪波羅蜜是般若波羅蜜佛言
定亂不可得故廿世尊般若波羅蜜是般
若波羅蜜佛言愚癡慧不可得故廿世尊
波羅蜜是般若波羅蜜佛言一切法不可伏
故廿世尊無所畏波羅蜜是般若波羅蜜佛
言道種智不沒故廿世尊無導智波羅蜜是

般若波羅蜜佛言一切法無鄣无導故廿世
尊佛言波羅蜜是般若波羅蜜佛言過一切
法故廿世尊如實說者波羅蜜是般若波羅
蜜佛言一切語實故廿世尊目自然波羅蜜
是般若波羅蜜佛言一切法中目在故廿世
尊目在故廿世尊無導智波羅蜜佛言知一切法一切
波羅蜜是般若波羅蜜佛言一切法中目在故
種故廿

釋曰般若波羅蜜中有无常聖行故名无常
波羅蜜佛言非但般若中有无常觀一切法
无常故名无常波羅蜜問曰上來說般若波
羅蜜法性常住今何以說无常答曰般若波
羅蜜是智慧觀法從目錄无常是有為法
无常假者波羅蜜所緣无如法性實際无
故波羅蜜破壞相有為故般若是无
常聞曰若爾者佛何以說一切法盡是破壞
為法故无常頌菩提說有為破壞相有为
无常聞曰若爾者佛何以說一切法名六情
內外皆是作法故必歸破壞相回有為法有二
法无常无為法亦更无有法相故

為法故常頌菩提說有為非若故言般若无
常聞曰若爾者佛何以說一切法盡是破壞
无常為法无為法破壞相回有二一切法名六情
內外皆是作法故必歸破壞相回有為法有二
法无常无為法不生不滅復次一切有為法
說无為法亦更无有法相故必歸破壞
種一者名字一切二者實一切一切有為法
別即是三乘四念處法緣是般若波羅蜜中種種廣
說佛言是四種法緣般若從本已來皆不可得
故名念處波羅蜜從四正懃乃至般若波羅
蜜亦如是問曰餘法可以讚般若云何復以
諦之初門四諦是沙門果初門阿羅漢果亦
法卷正觀身等四法從四念處生四念處是四
亦如是頌菩提說一法相讚般若一切

般若讚般若答曰有二種般若者一者常住般
若二者與五波羅蜜共行有用般若波羅蜜
頌菩提讚有用般若波羅蜜能破无明黑闇
能與真智慧是故佛說常住般若波羅蜜癡
慧不可得故者不可破亦不可伏佛意為度眾生故
薩非但十力後得故行是般若波羅蜜菩薩初得菩
言非但十力波羅蜜一切法實相亦如
力佛力无量无邊如佛力一切法實相亦如
是不可伏故若十力波羅蜜菩薩得是般若波
亦不可伏故於佛前能說法論議何況餘眾尚不
羅蜜力於佛前能說法論議何況餘眾尚不
是竈王可見外道故名无所畏波羅蜜佛言

亦不可破亦可伏佛意為度眾生故說十
力佛力无量无邊如佛力一切實相亦如
是不可伏故名十力波羅蜜菩薩得是般若波
羅蜜力於佛前能說法論議何況餘眾尚不
畏魔王何況外道故名无所畏波羅蜜佛言
道種智不沒故道種智名法眼知一切眾生
以何道得涅槃般若波羅蜜常穿殘相不可
說是菩薩以道種智故引導眾生於大眾中
師子吼道種智故益故不沒无所畏不自憍
慢我有是法无畏波羅蜜菩提道佛聞
无畏轉深故讚若波羅蜜言无尋波羅蜜
佛言非但四无畏一如法入如法性實際故
四无所畏四无尋智大慈大悲等諸佛集十力
說佛法波羅蜜佛言聲聞法於凡夫法為勝
辟文佛法於聲聞法於一切法寂勝故
如一切色中畢空廣大佛法寂勝无能及无可
辟過一切法故名佛法波羅蜜如過去佛行
六波羅蜜得佛道多他阿伽陀波羅蜜多他阿
伽陀者或言如來或言如實說或言如實知
此中佛說非但佛說名如實說一切語言皆
是如實故名如實波羅蜜是般若波羅蜜
具足後身自然作佛故名自然波羅蜜復次是般若
名佛佛所說故名自然波羅蜜復次是般若言

如一切色中畢空廣大佛法寂勝无能及无可
辟過一切法故名佛法波羅蜜如過去佛行
六波羅蜜得諸法多他阿伽陀令佛亦如是行六波
羅蜜得佛道故多他阿伽陀波羅蜜多他阿
伽陀者或言如來或言如實說或言如實知
此中佛說非但佛說名如實說一切語言皆
是如實故名如實波羅蜜是般若波羅蜜
具足後身自然作佛故名自然波羅蜜是般若佛
名佛佛所說故名自然波羅蜜復次是般若
波羅蜜實相自然不由他作故名自然佛言
佛一切法中得自在力故名為佛波羅蜜泰言覺
十地得十力四无所畏轉法輪擊法鼓覺世
開无明睡覺間在力故名為佛波羅蜜泰言覺
者如者何者是所謂正知一切法一切種故
一切法者所謂五眾十二入十八界等復次
一切法名外道經書伎術禪定等略有五
種所謂凡夫法聲聞法辟文佛法菩薩法佛
法佛略知有二種相一切種別相又以分
別相畢竟空相廣知則一切種是一
切无量无邊法門以是事故名為佛波羅蜜
不以佛身故名為佛波羅蜜但以一切種智故

妙法蓮華經譬喻品第三

尒時舍利弗踊躍歡喜即起合掌瞻仰尊顏
而白佛言今従世尊聞此法音心懷踊躍得
未曾有所以者何我昔従佛聞如是法見諸
菩薩受記作佛而我等不預斯事甚自感傷
失於如來無量知見世尊我常獨處山林樹下
若坐若行每作是念我等同入法性云何
如來以小乘法而見濟度是我等咎非世尊
世所以者何若我等待說所因成就而得度脫
羅三菩提者必以大乘而得度脫然我
等不解方便隨宜所說初聞佛法遇便信受
思惟取證世尊我従昔來終日竟夜每自剋
責而今従佛聞所未聞未曾有法斷諸疑悔
身意泰然快得安隱今日乃知真是佛子従
佛口生従法化生得佛法分尒時舍利弗欲重
宣此義而說偈言
我聞是法音　得所未曾有　心懷大歡喜　疑網皆已除
昔來蒙佛教　不失於大乘　佛音甚希有　能除眾生惱

BD14426 號　妙法蓮華經卷二
(8-1)

責而今従佛聞所未聞未曾有法斷諸疑悔
身意泰然快得安隱今日乃知真是佛子従
佛口生従法化生得佛法分尒時舍利弗欲重
宣此義而說偈言
我聞是法音　得所未曾有　心懷大歡喜　疑網皆已除
昔來蒙佛教　不失於大乘　佛音甚希有　能除眾生惱
我已得漏盡　聞亦除憂惱　我處於山谷　或在林樹下
若坐若經行　常思惟是事　嗚呼深自責　云何而自欺
我等亦佛子　同入無漏法　不能於未來　演說無上道
金色三十二　十力諸解脫　同共一法中　而不得此事
八十種妙好　十八不共法　如是等功德　而我皆已失
我獨經行時　見佛在大眾　名聞滿十方　廣饒益眾生
自惟失此利　我為自欺誑　我常於日夜　每思惟是事
欲以問世尊　為失為不失　我常見世尊　稱讚諸菩薩
以是於日夜　籌量如此事　今聞佛音聲　隨宜而說法
無漏難思議　令眾至道場　我本著邪見　為諸梵志師
世尊知我心　拔邪說涅槃　我悉除邪見　於空法得證
尒時心自謂　得至於滅度　而今乃自覺　非是實滅度
若得作佛時　具三十二相　天人夜叉眾　龍神等恭敬
是時乃可謂　永盡滅無餘　佛於大眾中　說我當作佛
聞如是法音　疑悔悉已除　初聞佛所說　心中大驚疑
將非魔作佛　惱亂我心耶　佛以種種緣　譬喻巧言說
其心安如海　我聞疑網斷　佛說過去世　无量滅度佛
安住方便中　亦皆說是法　現在未來佛　其數无有量
亦以諸方便　演說如是法　如今者世尊　従生及出家
得道轉法輪　亦以方便說　世尊說實道　波旬无此事
以是我定知　非是魔作佛　我墮疑網故　謂是魔所為
聞佛柔軟音　深遠甚微妙　演暢清淨法　我心大歡喜

BD14426 號　妙法蓮華經卷二
(8-2)

安住方便中　亦皆說是法　現在未來佛

亦以諸方便　演說如是法　如今者世尊　從生及出家

得道轉法輪　亦以方便說　世尊說實道　波旬无此事

以是我之知　非是魔作佛　我墮疑網故　謂是魔所為

聞佛柔軟音　深遠甚微妙　演暢清淨法　我心大歡喜

疑悔永已盡　安住實智中　我定當作佛　為天人所敬

轉无上法輪　教化諸菩薩

爾時佛告於舍利弗　吾今於天人沙門婆羅門
等大眾中說　我昔曾於二万億佛所　為无上
道故　常教化汝　汝亦長夜隨我受學　我以方
便引導汝故　生我法中　舍利弗　我昔教汝志
願佛道　汝今悉忘　而便自謂已得滅度　我今
還欲令汝憶念本願所行道故　為諸聲聞說
是大乘經　名妙法蓮華　教菩薩法　佛所護念
舍利弗　汝於未來世　過无量无邊不可思議
劫　供養若干千万億佛　奉持正法　具足菩薩所
行之道　當得作佛　號曰華光如來　應供　正遍
知　明行足　善逝世間解　无上士　調御丈夫　天
人師　佛世尊　國名離垢　其土平正清淨嚴
飾　安隱豐樂　天人熾盛　瑠璃為地　有八交道
黃金為繩　以界其側　其傍各有七寶行樹　常
有華果　華光如來亦以三乘教化眾生　舍利弗
彼佛出時雖非惡世　以本願故說三乘法　其
劫名大寶莊嚴　何故名曰大寶莊嚴　其國
中以菩薩為大寶故　彼諸菩薩无量无邊不
可思議　算數譬喻所不能及　非佛智力无能
知者　若欲行時　寶華承足　此諸菩薩非初發
意　皆久殖德本　於无量百千万億佛所淨修

BD14426號　妙法蓮華經卷二　　　　　　　　　　　　（8-3）

中以菩薩為大寶故　彼諸菩薩无量无邊不
可思議　算數譬喻所不能及　非佛智力无能
知者　若欲行時　寶華承足　此諸菩薩非初發
意　皆久殖德本　於无量百千万億佛所淨修
梵行　恒為諸佛之所稱歎　常修佛慧　具大神
通　善知一切諸法之門　質直无偽　志念堅固
如是菩薩充滿其國　舍利弗　華光佛壽十二
小劫　除為王子未作佛時　其國人民壽八小劫
華光如來過十二小劫　授堅滿菩薩阿耨多
羅三藐三菩提記　告諸比丘　是堅滿菩薩
次當作佛　號曰華足安行多陀阿伽度　阿羅
訶三藐三佛陀　其佛國土亦復如是　舍利弗
是華光佛滅度之後　正法住世三十二小劫像
法住世亦三十二小劫　爾時世尊欲重宣此義
而說偈言
舍利弗來世　成佛普智尊　號名曰華光　當度无量眾
供養无數佛　具足菩薩行　十力等功德　證於无上道
過无量劫已　劫名大寶嚴　世界名離垢　清淨无瑕穢
以瑠璃為地　金繩界其道　七寶雜色樹　常有華果實
彼國諸菩薩　志念常堅固　神通波羅蜜　皆已悉具足
於无數佛所　善學菩薩道　如是等大士　華光佛所化
佛為王子時　棄國捨世榮　於最末後身　出家成佛道
華光佛住世　壽十二小劫　其國人民眾　壽命八小劫
佛滅度之後　正法住於世　三十二小劫　廣度諸眾生
正法滅盡已　像法三十二　舍利廣流布　天人所供養
華光佛所為　其事皆如是　其兩足聖尊　最勝无倫正
彼即是汝身　宜應自欣慶

BD14426號　妙法蓮華經卷二　　　　　　　　　　　　（8-4）

佛滅度之後　正法住於世　三十二小劫　廣度諸衆生
正法滅盡已　像法住三十二　舍利廣流布　天人所供養
華光佛所為　其事皆如是　其兩足聖尊　最勝无倫疋
彼即是汝身　宜應自欣慶

爾時四部衆比丘比丘尼優婆塞優婆夷天
龍夜叉乾闥婆阿修羅緊那羅摩睺
羅伽等大衆見舍利弗於佛前受阿耨多羅
三藐三菩提記心大歡喜踊躍无量各脫
身所著上衣以供養佛釋提桓因梵天王等
與无數天子亦以天妙衣天曼陀羅華摩訶
曼陀羅華等供養於佛所散天衣住虛空中
而自迴轉諸天伎樂百千萬種於虛空中一
時俱作雨衆天華而作是言佛昔於波羅柰
初轉法輪今乃復轉无上最大法輪爾時諸
天子欲重宣此義而說偈言

昔於波羅柰　轉四諦法輪　分別說諸法　五衆之生滅
今復轉最妙　无上大法輪　是法甚深奧　少有能信者
我等從昔來　數聞世尊說　未曾聞如是　深妙之上法
世尊說是法　我等皆隨喜　大智舍利弗　今得受尊記
我等亦如是　必當得作佛　於一切世間　最尊无有上
佛道叵思議　方便隨宜說　我所有福業　今世若過世
及見佛功德　盡迴向佛道

爾時舍利弗白佛言世尊我今无復疑悔親
於佛前得受阿耨多羅三藐三菩提記是諸
千二百心自在者昔住學地佛常教化言我
法能離生老病死究竟涅槃是學无學人

佛道叵思議　方便隨宜說……
及見佛功德　盡迴向佛道

爾時舍利弗白佛言世尊我今无復疑悔親
於佛前得受阿耨多羅三藐三菩提記我今无復疑悔親
千二百心自在者昔住學地佛常教化言我
法能離生老病死究竟涅槃是學无學人
亦各自以離我見及有无見等謂得涅槃而今
於世尊前聞所未聞皆墮疑惑善哉世尊願
為四衆說其因緣令離疑悔爾時佛告舍利
弗我先不言諸佛世尊以種種因緣譬喻言
辭方便說法皆為阿耨多羅三藐三菩提耶
是諸所說皆為化菩薩故然舍利弗今當復
以譬喻更明此義諸有智者以譬喻得解舍
利弗若國邑聚落有大長者其年衰邁財富
无量多有田宅及諸僮僕其家廣大唯有一
門多諸人衆一百二百乃至五百人止住其
中堂閣朽故牆壁隤落柱根腐敗棟梁傾危
周匝俱時欻然火起焚燒舍宅長者諸子若
十二十或至三十在此宅中長者見是大火
從四面起即大驚怖而作是念我雖能於此
所燒之門安隱得出而諸子等於火宅內樂
著嬉戲不覺不知不驚不怖火來逼身苦痛
切己心不厭患无求出意舍利弗是長者作是
思惟我身手有力當以衣裓若以几案從舍
出之復更思惟是舍唯有一門而復狹小
諸子幼稚未有所識戀著戲處或當墮落為
火所燒我當為說怖畏之事此舍已燒宜時
疾出無令為火之所燒害作是念已如所思惟

思惟我身手有力當以衣裓若以几案從舍
出之復更思惟是舍唯有一門而復狹小
諸子幼稚未有所識戀著戲處或當墮落為
火所燒我當為說怖畏之事此舍已燒宜時
具告諸子汝等速出父雖憐愍善言誘喻而
諸子等樂著嬉戲不肯信受不驚不畏了
無出心亦復不知何者為火何者為舍云何
為失但東西走戲視父而已爾時長者即作
是念此舍已為大火所燒我及諸子若不時
出必為所焚我今當設方便令諸子等得免
斯害父知諸子先心各有所好種種珍玩奇
異之物情必樂著而告之言汝等所可玩好
希有難得汝若不取後必憂悔如此種種羊
車鹿車牛車今在門外可以遊戲汝等於此火
宅宜速出來隨汝所欲皆當與汝爾時諸子
聞父所說珍玩之具適其願故心各勇銳互
相推排競共馳走爭出火宅是時長者見
諸子等安隱得出皆於四衢道中露地而坐
無復障礙其心泰然歡喜踊躍時諸子等各
白父言父先所許玩好之具羊車鹿車牛車
願時賜與長者各賜諸子等一
大車其車高廣眾寶莊校周帀欄楯四面懸
鈴又於其上張設幰蓋亦以珍奇雜寶而嚴
飾之寶繩交絡垂諸華瓔重敷綩綖安置丹
枕駕以白牛膚色充潔形體姝好有大筋力
行步平正其疾如風又多僕從而侍衛之所
以者可是大長者財富無量種種諸藏悉

諸子等安隱得出皆於四衢道中露地而坐
無復障礙其心泰然歡喜踊躍時諸子等各
白父言父先所許玩好之具羊車鹿車廣時
賜與舍利弗爾時長者各賜諸子等一
大車其車高廣眾寶莊校周帀欄楯四面懸
鈴又於其上張設幰蓋亦以珍奇雜寶而嚴
飾之寶繩交絡垂諸華瓔重敷綩綖安置丹
枕駕以白牛膚色充潔形體姝好有大筋力
行步平正其疾如風又多僕從而侍衛之所
以者何是大長者財富無量種種諸藏悉皆
充溢而作是念我財物無極不應以下劣小
車與諸子等今此幼童皆是吾子愛無偏黨
我有如是七寶大車其數無量應當等心各
各與之不宜差別所以者何以我此物周給一
國猶尚不匱何況諸子是時諸子各乘大車
得未曾有非本所望舍利弗於汝意云何是
長者等與諸子珍寶大車寧有虛妄不舍利
弗言不也世尊是長者但令諸子得免火
難全其軀命非為虛妄何以故若全身命便
為已得玩好之具況復方便於彼火宅而拔
濟之世尊若是長者乃至不與最小一車猶

著 錄 凡 例

　　本目錄採用條目式著錄法。諸條目意義如下：

　　1.1　著錄編號。用漢語拼音首字"BD"表示，意為"北京圖書館藏敦煌遺書"，簡稱"北敦號"。文獻寫在背面者，標註為"背"。一件遺書上抄有多個文獻者，用數字 1、2、3 等標示小號。一號中包括幾件遺書，且遺書形態各自獨立者，用字母 A、B、C 等區別。

　　1.2　著錄分類號。本條記目錄暫不分類，該項空缺。

　　1.3　著錄文獻的名稱、卷本、卷次。

　　1.4　著錄千字文編號。

　　1.5　著錄縮微膠卷號。

　　2.1　著錄遺書的總體數據。包括長度、寬度、紙數、正面抄寫總行數與每行字數、背面抄寫總行數與每行字數。如該遺書首尾有殘破，則對殘破部分單獨度量，用加號加在總長度上。凡屬這種情況，長度用括弧標註。

　　2.2　著錄每紙數據。包括每紙長度及抄寫行數或界欄數。

　　2.3　著錄遺書的外觀。包括：（1）裝幀形式。（2）首尾存況。（3）護首、軸、軸頭、天竿、縹帶，經名是書寫還是貼簽，有無經名號，扉頁、扉畫。（4）卷面殘破情況及其位置。（5）尾部情況。（6）有無附加物（蟲繭、油污、線繩及其他）。（7）有無裱補及其年代。（8）界欄。（9）修整。（10）其他需要交待的問題。

　　2.4　著錄一件遺書抄寫多個文獻的情況。

　　3.1　著錄文獻首部文字與對照本核對的結果。

　　3.2　著錄文獻尾部文字與對照本核對的結果。

　　3.3　著錄錄文。

　　3.4　著錄對文獻的說明。

　　4.1　著錄文獻首題。

　　4.2　著錄文獻尾題。

　　5　　著錄本文獻與對照本的不同之處。

　　6.1　著錄本遺書首部可與另一遺書綴接的編號。

　　6.2　著錄本遺書尾部可與另一遺書綴接的編號。

　　7.1　著錄題記、題名、勘記等。

　　7.2　著錄印章。

　　7.3　著錄雜寫。

　　7.4　著錄護首及扉頁的内容。

　　8　　著錄年代。

　　9.1　著錄字體。如有武周新字、合體字、避諱字等，予以説明。

　　9.2　著錄卷面二次加工的情況。包括句讀、點標、科分、間隔號、行間加行、行間加字、硃筆、墨塗、倒乙、刪除、兑廢等。

　　10　　著錄敦煌遺書發現後，近現代人所加内容，裝裱、題記、印章等。

　　11　　備註。著錄揭裱互見、圖版本出處及其他需要説明的問題。

　　上述諸條，有則著錄，無則空缺。

　　為避文繁，上述著錄中出現的各種參考、對照文獻，暫且不列版本説明。全目結束時，將統一編制本條記目錄出現的各種參考書目。

　　本條記目錄為農曆年份標註其公曆紀年時，未進行歲頭年末之換算，請讀者使用時注意自行換算。

條　記　目　錄

BD14351—14426

1.1　BD14351 號

1.3　藏文（無量壽宗要經乙本）

1.4　新 0551

2.1　120×31.5 厘米；3.5 紙；5 欄，欄 20 行，共 97 行；行約 50 字母。

2.2　01：38.0，1 欄；　　02：38.0，2 欄；　　03：38.0，2 欄；
　　04：06.0，0 欄。

2.3　卷軸裝。首尾均全。卷首、末邊有粘接痕。護首 6 厘米，首紙 1 欄，行約 65 字母。卷尾接 6 厘米長紙；無字。有界欄。

4.1　Rgya – gar – skad – du' Apar = mita' ayur nama mahayana sutra。（梵語：無量壽宗要經）（首）。Bod_ skad_ du tshe dpag_ du_ myed_ pa zhes_ bya_ ba theg_ pa_ chen_ povi mdo。（藏語：無量壽宗要經）（首）。

4.2　Tshe dpag_ du_ myed_ pa zhes_ bya_ ba theg_ pa_ chen_ povi mdo。（無量壽宗要經）（尾）。

7.1　抄寫者：Vwang – rma – Snang.（王麻囊）。校者：Cang – chos – brtan.（姜確旦）初校；Sgron – ma.（卓瑪）再校；shin – dar.（恒達）三校。

8　8～9 世紀。吐蕃統治時期寫本。

9.1　正書。

10　下方小紙簽寫"一四一"，"類別 8，番號 569"。

1.1　BD14352 號 1

1.3　藏文（無量壽宗要經甲本）

1.4　新 0552

2.1　675×32 厘米；15 紙；30 欄；欄 20 行；共 589 行；行約 45 字母。

2.2　01：45.0，2 欄；　　02：45.0，2 欄；　　03：45.0，2 欄；
　　04：45.0，2 欄；　　05：45.0，2 欄；　　06：45.0，2 欄；
　　07：45.0，2 欄；　　08：45.0，2 欄；　　09：45.0，2 欄；
　　10：45.0，2 欄；　　11：45.0，2 欄；　　12：45.0，2 欄；
　　13：45.0，2 欄；　　14：45.0，2 欄；　　15：45.0，2 欄。

2.3　卷軸裝。首尾均全。卷首、末邊有粘接痕；第 14 紙首欄下

方有 5 行挖補。有界欄。

2.4　本遺書包括 5 個文獻：（一）《無量壽宗要經》（甲本），117 行，今編為 BD14352 號 1。（二）《無量壽宗要經》（甲本），117 行，今編為 BD14352 號 2。（三）《無量壽宗要經》（甲本），119 行，今編為 BD14352 號 3。（四）《無量壽宗要經》（甲本），119 行，今編為 BD14352 號 4。（五）《無量壽宗要經》（甲本），117 行，今編為 BD14352 號 5。

4.1　Rgya – gar – skad – du' Apar = mita' ayur nama mahayana sutra。（梵語：無量壽宗要經）（首）。Bod_ skad_ du tshe dpag_ du_ myed_ pa zhes_ bya_ ba theg_ pa_ chen_ povi mdo。（藏語：無量壽宗要經）（首）。

4.2　Tshe dpag_ du_ myed_ pa zhes_ bya_ ba theg_ pa_ chen_ povi mdo。（無量壽宗要經）（尾）。

7.1　抄寫者：Cang – sh = b – tig.（蔣厚德）。

8　8～9 世紀。吐蕃統治時期寫本。

9.1　正書。

10　卷末背下方貼小紙簽寫"西一四二"，"類別 8，番號 570"。

1.1　BD14352 號 2

1.3　藏文（無量壽宗要經甲本）

1.4　新 0552

2.4　本遺書由 5 個文獻組成，本文獻為第 2 個，117 行。餘參見 BD14352 號 1 之第 2 項。

4.1　Rgya – gar – skad – du' Apar = mita' ayur nama mahayana sutra。（梵語：無量壽宗要經）（首）。Bod_ skad_ du tshe dpag_ du_ myed_ pa zhes_ bya_ ba theg_ pa_ chen_ povi mdo。（藏語：無量壽宗要經）（首）。

4.2　Tshe dpag_ du_ myed_ pa zhes_ bya_ ba theg_ pa_ chen_ povi mdo。（無量壽宗要經）（尾）。

7.1　抄寫者：Cang – sh = b – tig.（蔣厚德）。

8　8～9 世紀。吐蕃統治時期寫本。

9.1　正書。

1.1　BD14352 號 3

1.3　藏文（無量壽宗要經甲本）

1.4　新 0552

2.4　本遺書由 5 個文獻組成，本文獻為第 3 個，119 行。餘參見 BD14352 號 1 之第 2 項。

4.1　Rgya – gar – skad – du' Apar = mita' ayur nama mahayana sutra。（梵語：無量壽宗要經）（首）。Bod_ skad_ du tshe dpag_ du _ myed_ pa zhes_ bya_ ba theg_ pa_ chen_ povi mdo。（藏語：無量壽宗要經）（首）。

4.2　Tshe dpag_ du_ myed_ pa zhes_ bya_ ba theg_ pa_ chen_ povi mdo。（無量壽宗要經）（尾）。

7.1　抄寫者：Cang – sh = b – tig. （蔣厚德）。

8　8 ~ 9 世紀。吐蕃統治時期寫本。

9.1　正書。

1.1　BD14352 號 4

1.3　藏文（無量壽宗要經甲本）

1.4　新 0552

2.4　本遺書由 5 個文獻組成，本文獻為第 4 個，119 行。餘參見 BD14352 號 1 之第 2 項。

4.1　Rgya – gar – skad – du' Apar = mita' ayur nama mahayana sutra。（梵語：無量壽宗要經）（首）。Bod_ skad_ du tshe dpag_ du _ myed_ pa zhes_ bya_ ba theg_ pa_ chen_ povi mdo。（藏語：無量壽宗要經）（首）。

4.2　Tshe dpag_ du_ myed_ pa zhes_ bya_ ba theg_ pa_ chen_ povi mdo。（無量壽宗要經）（尾）。

8　8 ~ 9 世紀。吐蕃統治時期寫本。

9.1　正書。

1.1　BD14352 號 5

1.3　藏文（無量壽宗要經甲本）

1.4　新 0552

2.4　本遺書由 5 個文獻組成，本文獻為第 5 個，117 行。餘參見 BD14352 號 1 之第 2 項。

4.1　Rgya – gar – skad – du' Apar = mita' ayur nama mahayana sutra。（梵語：無量壽宗要經）（首）。Bod_ skad_ du tshe dpag_ du _ myed_ pa zhes_ bya_ ba theg_ pa_ chen_ povi mdo。（藏語：無量壽宗要經）（首）。

4.2　Tshe dpag_ du_ myed_ pa zhes_ bya_ ba theg_ pa_ chen_ povi mdo。（無量壽宗要經）（尾）。

8　8 ~ 9 世紀。吐蕃統治時期寫本。

9.1　正書。

1.1　BD14353 號

1.3　藏文（無量壽宗要經乙本）

1.4　新 0553

2.1　174 × 32 厘米；4 紙；7 欄，欄 19 行，共 118 行；行約 45 字母。

2.2　01：43.5，1 欄；　02：43.5，2 欄；　03：43.5，2 欄；　04：43.5，2 欄。

2.3　卷軸裝。首尾均全。卷尾末邊有粘接痕。一、三紙上邊有水跡。一、二紙接縫有脫膠。有界欄。

4.1　Rgya – gar – skad – du' Apar = mita' ayur nama mahayana sutra。（梵語：無量壽宗要經）（首）。Bod_ skad_ du tshe dpag_ du _ myed_ pa zhes_ bya_ ba theg_ pa_ chen_ povi mdo。（藏語：無量壽宗要經）（首）。

4.2　Tshe dpag_ du_ myed_ pa zhes_ bya_ ba theg_ pa_ chen_ povi mdo。（無量壽宗要經）（尾）。

7.1　抄寫者：Vphan – la – brtan. （潘拉旦）。校者：vod – snang. （奧納）初校；dzeng – the. （桑提）再校；phab – dzang. （潘桑）三校。

8　8 ~ 9 世紀。吐蕃統治時期寫本。

9.1　正書。

10　卷末背上鉛筆簽"西一四三"，卷末背下方帖紙簽鋼筆寫"571"。

1.1　BD14354 號

1.3　藏文（無量壽宗要經甲本）

1.4　新 0554

2.1　133.5 × 31 厘米；3 紙；6 欄，欄 19 行，共 114 行；行約 45 字母。

2.2　01：44.5，1 欄；　02：44.5，2 欄；　03：44.5，2 欄。

2.3　卷軸裝。首尾均全。卷首、末邊有粘接痕。有界欄。

4.1　Rgya – gar – skad – du' Apar = mita' ayur nama mahayana sutra。（梵語：無量壽宗要經）（首）。Bod_ skad_ du tshe dpag_ du _ myed_ pa zhes_ bya_ ba theg_ pa_ chen_ povi mdo。（藏語：無量壽宗要經）（首）。

4.2　Tshe dpag_ du_ myed_ pa zhes_ bya_ ba theg_ pa_ chen_ povi mdo。（無量壽宗要經）（尾）。

7.1　抄寫者：'Aan – brtsan – zigs. （安讚司）。

8　8 ~ 9 世紀。吐蕃統治時期寫本。

9.1　正書。

10　卷末背下方小紙簽寫"西一四四"，"類別 8，番號 572"。

1.1　BD14355 號 1

1.3　藏文（無量壽宗要經甲本）

1.4　新 0555

2.1　675 × 31.5 厘米；15 紙；30 欄，欄 19 行，共 551 行；行約 45 字母。

2.2　01：31.5，2 欄；　02：31.5，2 欄；　03：31.5，2 欄；　04：31.5，2 欄；　05：31.5，2 欄；　06：31.5，2 欄；　07：31.5，2 欄；　08：31.5，2 欄；　09：31.5，2 欄；　10：31.5，2 欄；　11：31.5，2 欄；　12：31.5，2 欄；　13：31.5，2 欄；　14：31.5，2 欄；　15：31.5，2 欄。

2.3　卷軸裝。首尾均全。卷首、末邊有粘接痕。有界欄。

2.4　本遺書包括 5 個文獻：（一）《無量壽宗要經》（甲本），106 行，今編為 BD14355 號 1。（二）《無量壽宗要經》（甲本），111 行，今編為 BD14355 號 2。（三）《無量壽宗要經》（甲本），113 行，今編為 BD14355 號 3。（四）《無量壽宗要經》（甲本），107 行，今編為 BD14355 號 4。（五）《無量壽宗要經》（甲本），114 行，今編為 BD14355 號 5。

4.1　Rgya – gar – skad – du ＇Apar = mita＇ ayur nama mahayana su-tra。（梵語：無量壽宗要經）（首）。Bod_ skad_ du tshe dpag_ du _ myed_ pa zhes_ bya_ ba theg_ pa_ chen_ povi mdo。（藏語：無量壽宗要經）（首）。

4.2　Tshe dpag_ du_ myed_ pa zhes_ bya_ ba theg_ pa_ chen_ povi mdo。（無量壽宗要經）（尾）。

7.1　抄寫者：yem – Lha – sbyin.（嚴拉進）。

7.3　卷末背下方雜寫 "Shes – rab" 智慧之意。

8　8～9 世紀。吐蕃統治時期寫本。

9.1　正書。

10　卷首背上方小紙簽寫 "佛西一四五"，下方小紙簽寫 "西一四五"，"類別 8，番號 573"。

1.1　BD14355 號 2

1.3　藏文（無量壽宗要經甲本）

1.4　新 0555

2.4　本遺書由 5 個文獻組成，本文獻為第 2 個，111 行。餘參見 BD14355 號 1 之第 2 項。

4.1　Rgya – gar – skad – du ＇Apar = mita＇ ayur nama mahayana su-tra。（梵語：無量壽宗要經）（首）。Bod_ skad_ du tshe dpag_ du _ myed_ pa zhes_ bya_ ba theg_ pa_ chen_ povi mdo。（藏語：無量壽宗要經）（首）。

4.2　Tshe dpag_ du_ myed_ pa zhes_ bya_ ba theg_ pa_ chen_ povi mdo。（無量壽宗要經）（尾）。

7.1　抄寫者：yem – Lha – sbyin.（嚴拉進）。

8　8～9 世紀。吐蕃統治時期寫本。

9.1　正書。

1.1　BD14355 號 3

1.3　藏文（無量壽宗要經甲本）

1.4　新 0555

2.4　本遺書由 5 個文獻組成，本文獻為第 3 個，113 行。餘參見 BD14355 號 1 之第 2 項。

4.1　Rgya – gar – skad – du ＇Apar = mita＇ ayur nama mahayana su-tra。（梵語：無量壽宗要經）（首）。Bod_ skad_ du tshe dpag_ du _ myed_ pa zhes_ bya_ ba theg_ pa_ chen_ povi mdo。（藏語：無量壽宗要經）（首）。

4.2　Tshe dpag_ du_ myed_ pa zhes_ bya_ ba theg_ pa_ chen_ povi mdo。（無量壽宗要經）（尾）。

7.1　抄寫者：yem – Lha – sbyin.（嚴拉進）。

8　8～9 世紀。吐蕃統治時期寫本。

9.1　正書。

1.1　BD14355 號 4

1.3　藏文（無量壽宗要經甲本）

1.4　新 0555

2.4　本遺書由 5 個文獻組成，本文獻為第 4 個，107 行。餘參見 BD14355 號 1 之第 2 項。

4.1　Rgya – gar – skad – du ＇Apar = mita＇ ayur nama mahayana su-tra。（梵語：無量壽宗要經）（首）。Bod_ skad_ du tshe dpag_ du _ myed_ pa zhes_ bya_ ba theg_ pa_ chen_ povi mdo。（藏語：無量壽宗要經）（首）。

4.2　Tshe dpag_ du_ myed_ pa zhes_ bya_ ba theg_ pa_ chen_ povi mdo。（無量壽宗要經）（尾）。

7.1　抄寫者：yem – Lha – sbyin.（嚴拉進）。

8　8～9 世紀。吐蕃統治時期寫本。

9.1　正書。

1.1　BD14355 號 5

1.3　藏文（無量壽宗要經甲本）

1.4　新 0555

2.4　本遺書由 5 個文獻組成，本文獻為第 5 個，114 行。餘參見 BD14355 號 1 之第 2 項。

4.1　Rgya – gar – skad – du ＇Apar = mita＇ ayur nama mahayana su-tra。（梵語：無量壽宗要經）（首）。Bod_ skad_ du tshe dpag_ du _ myed_ pa zhes_ bya_ ba theg_ pa_ chen_ povi mdo。（藏語：無量壽宗要經）（首）。

4.2　Tshe dpag_ du_ myed_ pa zhes_ bya_ ba theg_ pa_ chen_ povi mdo。（無量壽宗要經）（尾）。

7.1　抄寫者：yem – Lha – sbyin.（嚴拉進）。

8　8～9 世紀。吐蕃統治時期寫本。

9.1　正書。

1.1　BD14356 號 1

1.3　藏文（無量壽宗要經甲本）

1.4　新 0556

2.1　405×31 厘米；9 紙；18 欄，欄 20 行，共 343 行；行約 45 字母。

2.2　01：45.0，2 欄；　02：45.0，2 欄；　03：45.0，2 欄；04：45.0，2 欄；　05：45.0，2 欄；　06：45.0，2 欄；07：45.0，2 欄；　08：45.0，2 欄；　09：45.0，2 欄。

2.3　卷軸裝。首尾均全。卷紙下邊稍有破損。有界欄。

2.4　本遺書包括 3 個文獻：（一）《無量壽宗要經》（甲本），113 行，今編為 BD14356 號 1。（二）《無量壽宗要經》（甲本），112 行，今編為 BD14356 號 2。（三）《無量壽宗要經》（甲本），118 行，今編為 BD14356 號 3。

4.1　Rgya – gar – skad – du ＇Apar = mita＇ ayur nama mahayana su-

tra。（梵語：無量壽宗要經）（首）。Bod_ skad_ du tshe dpag_ du _ myed_ pa zhes_ bya_ ba theg_ pa_ chen_ povi mdo。（藏語：無量壽宗要經）（首）。

4. 2　Tshe dpag_ du_ myed_ pa zhes_ bya_ ba theg_ pa_ chen_ povi mdo。（無量壽宗要經）（尾）。

7. 1　抄寫者：Brtan – Legs.（旦拉）。

8　8～9 世紀。吐蕃統治時期寫本。

9. 1　正書。

10　卷首背上方小紙簽寫"佛西一四六"，下方小紙簽寫"西一四六"，"類別 8，番號 574"。

1. 1　BD14356 號 2

1. 3　藏文（無量壽宗要經甲本）

1. 4　新 0556

2. 4　本遺書由 3 個文獻組成，本文獻為第 2 個，112 行。餘參見 BD14356 號 1 之第 2 項。

4. 1　Rgya – gar – skad – du'Apar = mita'ayur nama mahayana sutra。（梵語：無量壽宗要經）（首）。Bod_ skad_ du tshe dpag_ du _ myed_ pa zhes_ bya_ ba theg_ pa_ chen_ povi mdo。（藏語：無量壽宗要經）（首）。

4. 2　Tshe dpag_ du_ myed_ pa zhes_ bya_ ba theg_ pa_ chen_ povi mdo。（無量壽宗要經）（尾）。

7. 1　抄寫者：L = – brtan – legs.（李旦拉）。

8　8～9 世紀。吐蕃統治時期寫本。

9. 1　正書。

1. 1　BD14356 號 3

1. 3　藏文（無量壽宗要經甲本）

1. 4　新 0556

2. 4　本遺書由 3 個文獻組成，本文獻為第 3 個，118 行。餘參見 BD14356 號 1 之第 2 項。

4. 1　Rgya – gar – skad – du'Apar = mita'ayur nama mahayana sutra。（梵語：無量壽宗要經）（首）。Bod_ skad_ du tshe dpag_ du _ myed_ pa zhes_ bya_ ba theg_ pa_ chen_ povi mdo。（藏語：無量壽宗要經）（首）。

4. 2　Tshe dpag_ du_ myed_ pa zhes_ bya_ ba theg_ pa_ chen_ povi mdo。（無量壽宗要經）（尾）。

7. 1　抄寫者：brtan – legs.（旦拉）。

8　8～9 世紀。吐蕃統治時期寫本。

9. 1　正書。

1. 1　BD14357 號 1

1. 3　藏文（無量壽宗要經甲本）

1. 4　新 0557

2. 1　534×31 厘米；12 紙；24 欄，欄 19 行，共 436 行；行約 45 字母。

2. 2　01：45. 0，2 欄；　　02：45. 0，2 欄；　　03：45. 0，2 欄；

04：45. 0，2 欄；　　05：45. 0，2 欄；　　06：45. 0，2 欄；

07：45. 0，2 欄；　　08：45. 0，2 欄；　　09：45. 0，2 欄；

10：45. 0，2 欄；　　11：45. 0，2 欄；　　12：45. 0，2 欄。

2. 3　卷軸裝。首尾均全。卷首末邊有粘接痕。有界欄。

2. 4　本遺書包括 4 個文獻：（一）《無量壽宗要經》（甲本），110 行，今編為 BD14357 號 1。（二）《無量壽宗要經》（甲本），109 行，今編為 BD14357 號 2。（三）《無量壽宗要經》（甲本），119 行，今編為 BD14357 號 3。（四）《無量壽宗要經》（甲本），108 行，今編為 BD14357 號 4。

4. 1　Rgya – gar – skad – du'Apar = mita'ayur nama mahayana sutra。（梵語：無量壽宗要經）（首）。Bod_ skad_ du tshe dpag_ du _ myed_ pa zhes_ bya_ ba theg_ pa_ chen_ povi mdo。（藏語：無量壽宗要經）（首）。

4. 2　Tshe dpag_ du_ myed_ pa zhes_ bya_ ba theg_ pa_ chen_ povi mdo。（無量壽宗要經）（尾）。

7. 1　抄寫者：Gz = gs – kong.（司空）。

8　8～9 世紀。吐蕃統治時期寫本。

9. 1　正書。

10　卷末背上方小紙簽寫"佛西一四七"，下方小紙簽寫"西一四七"，"類別 8，番號 575"。

1. 1　BD14357 號 2

1. 3　藏文（無量壽宗要經甲本）

1. 4　新 0557

2. 4　本遺書由 4 個文獻組成，本文獻為第 2 個，109 行。餘參見 BD14357 號 1 之第 2 項。

4. 1　Rgya – gar – skad – du'Apar = mita'ayur nama mahayana sutra。（梵語：無量壽宗要經）（首）。Bod_ skad_ du tshe dpag_ du _ myed_ pa zhes_ bya_ ba theg_ pa_ chen_ povi mdo。（藏語：無量壽宗要經）（首）。

4. 2　Tshe dpag_ du_ myed_ pa zhes_ bya_ ba theg_ pa_ chen_ povi mdo。（無量壽宗要經）（尾）。

7. 1　抄寫者：Gz = gs – kong.（司空）。

8　8～9 世紀。吐蕃統治時期寫本。

9. 1　正書。

1. 1　BD14357 號 3

1. 3　藏文（無量壽宗要經甲本）

1. 4　新 0557

2. 4　本遺書由 4 個文獻組成，本文獻為第 3 個，119 行。餘參見 BD14357 號 1 之第 2 項。

4. 1　Rgya – gar – skad – du'Apar = mita'ayur nama mahayana sutra。（梵語：無量壽宗要經）（首）。Bod_ skad_ du tshe dpag_ du _ myed_ pa zhes_ bya_ ba theg_ pa_ chen_ povi mdo。（藏語：無量壽宗要經）（首）。

4. 2　Tshe dpag_ du_ myed_ pa zhes_ bya_ ba theg_ pa_ chen_ povi mdo。（無量壽宗要經）（尾）。

7.1 抄寫者：Gz = gs – kong.（司空）。

8 8～9 世紀。吐蕃統治時期寫本。

9.1 正書。

1.1 BD14357 號 4

1.3 藏文（無量壽宗要經甲本）

1.4 新 0557

2.4 本遺書由 4 個文獻組成，本文獻為第 4 個，108 行。餘參見 BD14357 號 1 之第 2 項。

4.1 Rgya – gar – skad – du' Apar = mita' ayur nama mahayana su-tra。（梵語：無量壽宗要經）（首）。Bod_ skad_ du tshe dpag_ du _ myed_ pa zhes_ bya_ ba theg_ pa_ chen_ povi mdo。（藏語：無量壽宗要經）（首）。

4.2 Tshe dpag_ du_ myed_ pa zhes_ bya_ ba theg_ pa_ chen_ povi mdo。（無量壽宗要經）（尾）。

7.1 抄寫者：Gz = gs – kong.（司空）。

8 8～9 世紀。吐蕃統治時期寫本。

9.1 正書。

1.1 BD14358 號

1.3 藏文（無量壽宗要經乙本）

1.4 新 0558

2.1 182×31.5 厘米；4 紙；7 欄，欄 19 行，共 128 行；行約 40 字母。

2.2 01：45.5，1 欄；　02：45.5，2 欄；　03：45.5，2 欄；　04：45.5，2 欄。

2.3 卷軸裝。首尾均全。卷首、末邊有粘接痕。有護首 22 厘米，劃界欄。有界欄。

4.1 Rgya – gar – skad – du' Apar = mita' ayur nama mahayana su-tra。（梵語：無量壽宗要經）（首）。Bod_ skad_ du tshe dpag_ du _ myed_ pa zhes_ bya_ ba theg_ pa_ chen_ povi mdo。（藏語：無量壽宗要經）（首）。

4.2 Tshe dpag_ du_ myed_ pa zhes_ bya_ ba theg_ pa_ chen_ povi mdo。（無量壽宗要經）（尾）。

7.1 抄寫者：Sem – thong – thong.（思通通）。校者：L = – phab – vweng.（李盼望）初校；he – jeng.（賀靜）再校，三校。

8 8～9 世紀。吐蕃統治時期寫本。

9.1 正書。

9.2 有硃筆 3 校。

10 卷末背下方小紙簽寫"西一四八"，"類別 8，番號 576"。

1.1 BD14359 號 1

1.3 藏文（無量壽宗要經甲本）

1.4 新 0559

2.1 270×31 厘米；6 紙；12 欄，欄 20 行，共 230 行；行約 45 字母。

2.2 01：45.0，2 欄；　02：45.0，2 欄；　03：45.0，2 欄；

04：45.0，2 欄；　05：45.0，2 欄；　06：45.0，2 欄。

2.3 卷軸裝。首尾均全。卷首、末邊有粘接痕。有界欄。

2.4 本遺書包括 2 個文獻：（一）《無量壽宗要經》（甲本），114 行，今編為 BD14359 號 1。（二）《無量壽宗要經》（甲本），116 行，今編為 BD14359 號 2。

4.1 Rgya – gar – skad – du' Apar = mita' ayur nama mahayana su-tra。（梵語：無量壽宗要經）（首）。Bod_ skad_ du tshe dpag_ du _ myed_ pa zhes_ bya_ ba theg_ pa_ chen_ povi mdo。（藏語：無量壽宗要經）（首）。

4.2 Tshe dpag_ du_ myed_ pa zhes_ bya_ ba theg_ pa_ chen_ povi mdo。（無量壽宗要經）（尾）。

7.1 抄寫者：Stag – Snang.（達囊）.

8 8～9 世紀。吐蕃統治時期寫本。

9.1 正書。

10 卷末背下方小紙簽寫"西一四九"，"類別 8，番號 577"。

1.1 BD14359 號 2

1.3 藏文（無量壽宗要經甲本）

1.4 新 0559

2.4 本遺書由 2 個文獻組成，本文獻為第 2 個，116 行。餘參見 BD14359 號 1 之第 2 項。

4.1 Rgya – gar – skad – du' Apar = mita' ayur nama mahayana su-tra。（梵語：無量壽宗要經）（首）。Bod_ skad_ du tshe dpag_ du _ myed_ pa zhes_ bya_ ba theg_ pa_ chen_ povi mdo。（藏語：無量壽宗要經）（首）。

4.2 Tshe dpag_ du_ myed_ pa zhes_ bya_ ba theg_ pa_ chen_ povi mdo。（無量壽宗要經）（尾）。

7.1 抄寫者：Stag – Snang.（達囊）。

8 8～9 世紀。吐蕃統治時期寫本。

9.1 正書。

1.1 BD14360 號

1.3 藏文（無量壽宗要經乙本）

1.4 新 0560

2.1 180×31.5 厘米；4 紙；7 欄，欄 19 行，共 126 行；行約 45 字母。

2.2 01：45.0，1 欄；　02：45.0，2 欄；　03：45.0，2 欄；　04：45.0，2 欄。

2.3 卷軸裝。首尾均全。卷首、末邊有粘接痕。有界欄。

4.1 Rgya – gar – skad – du' Apar = mita' ayur nama mahayana su-tra。（梵語：無量壽宗要經）（首）。Bod_ skad_ du tshe dpag_ du _ myed_ pa zhes_ bya_ ba theg_ pa_ chen_ povi mdo。（藏語：無量壽宗要經）〔首〕。

4.2 Tshe dpag_ du_ myed_ pa zhes_ bya_ ba theg_ pa_ chen_ povi mdo。（無量壽宗要經）（尾）。

7.1 抄寫者：Vju – tshe – hing.（居才亨）。校者：Dam – 'a = ng.（黨昂）初校；devu – 'aing.（堆昂）再校；phab – vweng.

（盼望）三校。

8　8~9世紀。吐蕃統治時期寫本。

9.1　正書。

9.2　有3次校改。

10　卷末背上方小紙簽寫"佛西一五〇"，下方小紙簽寫"西一五〇"，"類別8，番號578"。

1.1　BD14361號

1.3　藏文（無量壽宗要經乙本）

1.4　新0561

2.1　132×31.5厘米；3紙；5欄，欄20行，共98行；行約50字母。

2.2　01：44.0，1欄；　02：44.0，2欄；　03：44.0，2欄。

2.3　卷軸裝。首尾均全。卷首、末邊有粘接痕。有護首13厘米，首紙1欄，行約70字母。有界欄。

4.1　Rgya-gar-skad-du'Apar=mita'ayur nama mahayana sutra。（梵語：無量壽宗要經）（首）。Bod_ skad_ du tshe dpag_ du_ myed_ pa zhes_ bya_ ba theg_ pa_ chen_ povi mdo。（藏語：無量壽宗要經）（首）。

4.2　Tshe dpag_ du_ myed_ pa zhes_ bya_ ba theg_ pa_ chen_ povi mdo。（無量壽宗要經）（尾）。

7.1　抄寫者：Kwag-stag-rtsan.（崗達讚）。dpal-mchog.（貝確）初校；pab-dzang.（潘桑）二校；尾題后寫"na-mo-a-myi-da-phur"（敬禮，阿彌達普）。

8　8~9世紀。吐蕃統治時期寫本。

9.1　正書。

9.2　有硃筆3校。

10　卷末背上方小紙簽寫"佛西一五一"，下方小紙簽寫"西一五一"，"類別8，番號579"。

1.1　BD14362號

1.3　藏文（無量壽宗要經乙本）

1.4　新0562

2.1　135×31.5厘米；3紙；6欄，欄20行，共118行；行約45字母。

2.2　01：44.8，2欄；　02：44.8，2欄；　03：45.0，2欄；

2.3　卷軸裝。首尾均全。卷首、末邊有粘接痕。有界欄。

4.1　Rgya-gar-skad-du'Apar=mita'ayur nama mahayana sutra。（梵語：無量壽宗要經）（首）。Bod_ skad_ du tshe dpag_ du_ myed_ pa zhes_ bya_ ba theg_ pa_ chen_ povi mdo。（藏語：無量壽宗要經）（首）。

4.2　Tshe dpag_ du_ myed_ pa zhes_ bya_ ba theg_ pa_ chen_ povi mdo。（無量壽宗要經）（尾）。

7.1　抄寫者：Ser-thong-thong.（思通通）。

8　8~9世紀。吐蕃統治時期寫本。

9.1　正書。

10　卷末背上方小紙簽寫"佛西一五二"，下方小紙簽寫"西一五二"，"類別8，番號580"。

1.1　BD14363號

1.3　藏文（無量壽宗要經乙本）

1.4　新0563

2.1　121.5×31厘米；4紙；6欄，欄18行，共114行；行約45字母。

2.2　01：31.0，2欄；　02：23.0，1欄；　03：21.5，1欄。04：46.0，2欄。

2.3　卷軸裝。首尾均全。卷首邊有粘接痕。紙末有小破洞。有界欄。

4.1　Rgya-gar-skad-du'Apar=mita'ayur nama mahayana sutra。（梵語：無量壽宗要經）（首）。Bod_ skad_ du tshe dpag_ du_ myed_ pa zhes_ bya_ ba theg_ pa_ chen_ povi mdo。（藏語：無量壽宗要經）（首）。

4.2　Tshe dpag_ du_ myed_ pa zhes_ bya_ ba theg_ pa_ chen_ povi mdo。（無量壽宗要經）（尾）。

8　8~9世紀。吐蕃統治時期寫本。

9.1　正書。首紙第2欄楷行。

10　卷首背上方紙簽寫"佛西一五三"，下方紙簽寫"西一五三"，"類別8，番號581"。

1.1　BD14364號

1.3　藏文（無量壽宗要經甲本）

1.4　新0564

2.1　126×31厘米；3紙；6欄，欄19行，共113行；行約45字母。

2.2　01：42.0，2欄；　02：42.0，2欄；　03：42.0，2欄。

2.3　卷軸裝。首尾均全。卷末邊有粘接痕。第5欄加行1行。有界欄。

4.1　Rgya-gar-skad-du'Apar=mita'ayur nama mahayana sutra。（梵語：無量壽宗要經）（首）。Bod_ skad_ du tshe dpag_ du_ myed_ pa zhes_ bya_ ba theg_ pa_ chen_ povi mdo。（藏語：無量壽宗要經）（首）。

4.2　Tshe dpag_ du_ myed_ pa zhes_ bya_ ba theg_ pa_ chen_ povi mdo。（無量壽宗要經）（尾）。

8　8~9世紀。吐蕃統治時期寫本。

9.1　正書。

9.2　有硃筆校對。

10　卷末背上方小紙簽寫"佛西一五四"，下方小紙簽寫"西一五四"，"類別8，番號582"。

1.1　BD14365號

1.3　藏文（無量壽宗要經甲本）

1.4　新0565

2.1　135×31.5厘米；4紙；8欄，欄19行，共107行；行約45字母。

2.2 01：44.5，2欄； 02：44.8，2欄； 03：45.0，2欄； 04：44.0，2欄。

2.3 卷軸裝。首尾均全。有界欄。

4.1 Rgya－gar－skad－du'Apar＝mita'ayur nama mahayana sutra。（梵語：無量壽宗要經）（首）。Bod_ skad_ du tshe dpag_ du_ myed_ pa zhes_ bya_ ba theg_ pa_ chen_ povi mdo。（藏語：無量壽宗要經）（首）。

4.2 Tshe dpag_ du_ myed_ pa zhes_ bya_ ba theg_ pa_ chen_ povi mdo。（無量壽宗要經）（尾）。

7.1 抄寫者：So－stag－snyas.（蘇達尼）。

8 8~9世紀。吐蕃統治時期寫本。

9.1 正書。

10 下方小紙簽寫"西一五五"，"類別8，番號583"。

1.1 BD14366 號

1.3 藏文（無量壽宗要經甲本）

1.4 新0566

2.1 153.5×27.5厘米；4紙；5欄，欄19行，共79行；行約48字母。

2.2 01：48.8，1欄； 02：59.6，2欄； 03：49.4，2欄； 04：03.0，0欄。

2.3 卷軸裝。首尾均全。卷末邊有粘接痕。有護首10厘米，首紙1欄行約100字母；第4紙加紙；無抄寫。有界欄。

4.1 Rgya－gar－skad－du'Apar＝mita'ayur nama mahayana sutra。（梵語：無量壽宗要經）（首）。Bod_ skad_ du tshe dpag_ du_ myed_ pa zhes_ bya_ ba theg_ pa_ chen_ povi mdo。（藏語：無量壽宗要經）（首）。

4.2 Tshe dpag_ du_ myed_ pa zhes_ bya_ ba theg_ pa_ chen_ povi mdo。（無量壽宗要經）（尾）。

7.1 抄寫者：Cang－Legs－rtsan.（康拉讚）。chos－brtan－zhus.（确旦）初校；Sgron－ma－nang－zhus.（桌瑪）再校；shin－dar－sam－zhus.（恒達）三校。尾題后寫乙種本咒文一段。后寫"Sang－rgyas－la－phyag－tsal－lo"。（"向佛頂禮"）

8 8~9世紀。吐蕃統治時期寫本。

9.1 正書。

9.2 有3次校改。

10 卷首背下方小紙簽寫"西一五六"，"類別8，番號584"。

1.1 BD14367 號

1.3 藏文（無量壽宗要經乙本）

1.4 新0567

2.1 135×31.5厘米；3紙；6欄，欄20行，共97行；行約45字母。

2.2 01：45.0，2欄； 02：45.0，2欄； 03：45.0，2欄。

2.3 卷軸裝。首尾均全。卷首、末邊有粘接痕。有界欄。

4.1 Rgya－gar－skad－du'Apar＝mita'ayur nama mahayana sutra。（梵語：無量壽宗要經）（首）。Bod_ skad_ du tshe dpag_ du_

_ myed_ pa zhes_ bya_ ba theg_ pa_ chen_ povi mdo。（藏語：無量壽宗要經）（首）。

4.2 Tshe dpag_ du_ myed_ pa zhes_ bya_ ba theg_ pa_ chen_ povi mdo。（無量壽宗要經）（尾）。

7.1 抄寫者：Cang－Lah－legs.

8 8~9世紀。吐蕃統治時期寫本。

9.1 正書。

10 卷末背上方小紙簽寫"佛西一五七"，下方小紙簽寫"西一五七"，"類別8，番號585"。

1.1 BD14368 號

1.3 藏文（無量壽宗要經乙本）

1.4 新0568

2.1 138×31厘米；3紙；6欄，欄20行，共110行；行約45字母。

2.2 01：46.0，2欄； 02：46.0，2欄； 03：46.0，2欄。

2.3 卷軸裝。首尾均全。卷首、末邊有粘接痕。末紙稍脫膠，右下角稍殘破。末欄行約30字母。有界欄。

4.1 Rgya－gar－skad－du'Apar＝mita'ayur nama mahayana sutra。（梵語：無量壽宗要經）（首）。Bod_ skad_ du tshe dpag_ du_ myed_ pa zhes_ bya_ ba theg_ pa_ chen_ povi mdo。（藏語：無量壽宗要經）（首）。

4.2 Tshe dpag_ du_ myed_ pa zhes_ bya_ ba theg_ pa_ chen_ povi mdo。（無量壽宗要經）（尾）。

7.1 抄寫者：Stag－ras.（達仁）。

8 8~9世紀。吐蕃統治時期寫本。

9.1 正書。

10 卷末背上方小紙簽寫"佛西一五八"，下方小紙簽寫"西一五八"，"類別8，番號586"。

1.1 BD14369 號 1

1.3 藏文（無量壽宗要經乙本）

1.4 新0569

2.1 409.5×32.5厘米；9紙；18欄，欄19行，共318行；行約45字母。

2.2 01：45.5，2欄； 02：45.5，2欄； 03：45.5，2欄； 04：45.5，2欄； 05：45.5，2欄； 06：45.5，2欄； 07：45.5，2欄； 08：45.5，2欄； 09：45.5，2欄。

2.3 卷軸裝。首尾均全。卷首、末邊有粘接痕。第7、8、9紙下邊有殘損。有界欄。

2.4 本遺書包括3個文獻：（一）《無量壽宗要經》（乙本），106行，今編為BD14369號1。（二）《無量壽宗要經》（乙本），107行，今編為BD14369號2。（三）《無量壽宗要經》（乙本），105行，今編為BD14369號3。

4.1 Rgya－gar－skad－du'Apar＝mita'ayur nama mahayana sutra。（梵語：無量壽宗要經）（首）。Bod_ skad_ du tshe dpag_ du_ _ myed_ pa zhes_ bya_ ba theg_ pa_ chen_ povi mdo。（藏語：

無量壽宗要經）（首）。

4.2 Tshe dpag＿ du＿ myed＿ pa zhes＿ bya＿ ba theg＿ pa＿ chen＿ povi mdo。（無量壽宗要經）（尾）。

7.1 抄寫者：Lah－Lod.（拉魯）。

8　8～9 世紀。吐蕃統治時期寫本。

9.1 正書。

10　卷首背上方小紙簽寫"佛西一五九"，下方小紙簽寫"西－五九"，"類別 8，番號 587"。

1.1 BD14369 號 2

1.3 藏文（無量壽宗要經乙本）

1.4 新 0569

2.4 本遺書由 3 個文獻組成，本文獻為第 2 個，107 行。餘參見 BD14369 號 1 之第 2 項。

4.1 Rgya－gar－skad－du'Apar＝mita'ayur nama mahayana sutra。（梵語：無量壽宗要經）（首）。Bod＿ skad＿ du tshe dpag＿ du＿ myed＿ pa zhes＿ bya＿ ba theg＿ pa＿ chen＿ povi mdo。（藏語：無量壽宗要經）（首）。

4.2 Tshe dpag＿ du＿ myed＿ pa zhes＿ bya＿ ba theg＿ pa＿ chen＿ povi mdo。（無量壽宗要經）（尾）。

7.1 抄寫者：Lah－Lod.（拉魯）。

8　8～9 世紀。吐蕃統治時期寫本。

9.1 正書。

1.1 BD14369 號 3

1.3 藏文（無量壽宗要經乙本）

1.4 新 0569

2.4 本遺書由 3 個文獻組成，本文獻為第 3 個，105 行。餘參見 BD14369 號 1 之第 2 項。

4.1 Rgya－gar－skad－du'Apar＝mita'ayur nama mahayana sutra。（梵語：無量壽宗要經）（首）。Bod＿ skad＿ du tshe dpag＿ du＿ myed＿ pa zhes＿ bya＿ ba theg＿ pa＿ chen＿ povi mdo。（藏語：無量壽宗要經）（首）。

4.2 Tshe dpag＿ du＿ myed＿ pa zhes＿ bya＿ ba theg＿ pa＿ chen＿ povi mdo。（無量壽宗要經）（尾）。

7.1 抄寫者：Lah－Lod.（拉魯）。

8　8～9 世紀。吐蕃統治時期寫本。

9.1 正書。

1.1 BD14370 號

1.3 藏文（無量壽宗要經乙本）

1.4 新 0570

2.1 138×31.5 厘米；3 紙；6 欄，欄 20 行，共 113 行；行約 45 字母。

2.2 01：46.0，2 欄；　02：46.0，2 欄；　03：46.0，2 欄。

2.3 卷軸裝。首尾均全。卷首、末邊有粘接痕。首欄中下有小破洞。整卷上邊間有污點。末紙左下角有小破洞、裂縫。有界欄。

欄。

4.1 Rgya－gar－skad－du'Apar＝mita'ayur nama mahayana sutra。（梵語：無量壽宗要經）（首）。Bod＿ skad＿ du tshe dpag＿ du＿ myed＿ pa zhes＿ bya＿ ba theg＿ pa＿ chen＿ povi mdo。（藏語：無量壽宗要經）（首）。

4.2 Tshe dpag＿ du＿ myed＿ pa zhes＿ bya＿ ba theg＿ pa＿ chen＿ povi mdo。（無量壽宗要經）（尾）。

7.1 抄寫者：Bzang－kong.（桑空）。

8　8～9 世紀。吐蕃統治時期寫本。

9.1 正書。

10　下方小紙簽寫"西一六〇"，"類別 8，番號 588"。

1.1 BD14371 號

1.3 藏文（無量壽宗要經乙本）

1.4 新 0571

2.1 162×32 厘米；4 紙；7 欄，欄 19 行，共 118 行；行約 45 字母。

2.2 01：46.5，2 欄；　02：46.5，2 欄；　03：46.5，2 欄；04：46.5，1 欄。

2.3 卷軸裝。首尾均全。卷首、邊有粘接痕、剪痕。有界欄。

4.1 Rgya－gar－skad－du'Apar＝mita'ayur nama mahayana sutra。（梵語：無量壽宗要經）（首）。Bod＿ skad＿ du tshe dpag＿ du＿ myed＿ pa zhes＿ bya＿ ba theg＿ pa＿ chen＿ povi mdo。（藏語：無量壽宗要經）（首）。

4.2 Tshe dpag＿ du＿ myed＿ pa zhes＿ bya＿ ba theg＿ pa＿ chen＿ povi mdo。（無量壽宗要經）（尾）。

7.1 抄寫者：Bam－stag－slebs.（班達藍）。校者：He－Jing.（賀靜）初校；phug－vg＝.（朴哥）再校；L＝－phab－vweng.（李盼望）三校。

8　8～9 世紀。吐蕃統治時期寫本。

9.1 正書。

9.2 有硃筆 3 校。

10　卷末背上方小紙簽 無。下方小紙簽寫"西一六一"，"類別 8，番號 589"。

1.1 BD14372 號

1.3 藏文（無量壽宗要經乙本）

1.4 新 0572

2.1 155×31 厘米；5 紙；7 欄，欄 19 行，共 132 行；行約 45 字母。

2.2 01：22.5，1 欄；　02：44.5，2 欄；　03：44.5，2 欄；04：22.5，2 欄；　05：21.0，1 欄。

2.3 卷軸裝。首尾均全。卷末邊有粘接痕。卷首上有小殘洞。第 2、3 紙長 44.5 厘米，第 5 紙長 21 厘米。有界欄。

4.1 Rgya－gar－skad－du'Apar＝mita'ayur nama mahayana sutra。（梵語：無量壽宗要經）（首）。Bod＿ skad＿ du tshe dpag＿ du＿ myed＿ pa zhes＿ bya＿ ba theg＿ pa＿ chen＿ povi mdo。（藏語：

無量壽宗要經）（首）。

4.2 Tshe dpag_ du_ myed_ pa zhes_ bya_ ba theg_ pa_ chen_ povi mdo。（無量壽宗要經）（尾）。

7.1 抄寫者：Sag－kun－tse.（薩根才）。校者：Shin－dar.（恒達）初校；Ci－keng.（吉岡）二校；Leng－cevu.（朗覚）三校。

8　8~9世紀。吐蕃統治時期寫本。

9.1　正書。

9.2　有硃筆3校。

10　卷末背上方貼小紙簽寫"佛西一六二"，下方小紙簽寫"西一六二"，"類別8，番號590"。

1.1　BD14373 號

1.3　藏文（無量壽宗要經乙本）

1.4　新0573

2.1　225×31.5 厘米；3紙；5欄，欄20行，共99行；行約40字母。

2.2　01：45.0，2欄；　02：45.0，2欄；　03：45.0，1欄。

2.3　卷軸裝。首尾均全。卷首邊有粘接痕。卷末6.5厘米無界欄，末紙1欄行約60字母。第3、4紙中有6個破洞。有界欄。

4.1　Rgya－gar－skad－du' Apar＝mita' ayur nama mahayana sutra。（梵語：無量壽宗要經）（首）。Bod_ skad_ du tshe dpag_ du_ myed_ pa zhes_ bya_ ba theg_ pa_ chen_ povi mdo。（藏語：無量壽宗要經）（首）。

4.2　Tshe dpag_ du_ myed_ pa zhes_ bya_ ba theg_ pa_ chen_ povi mdo。（無量壽宗要經）（尾）。

7.1　抄寫者：Vwang－rma－snang.（王麻囊）。□□（shing）－dar.［（恒）達］初校；Sgron－ma.（卓瑪）二校；Leng－chevu（朗覚）三校。卷本竪寫：dge－slong－chos－brtan－zhus。（"格隆确旦校"）。

8　8~9世紀。吐蕃統治時期寫本。

9.1　正書。

9.2　有4次校改。有行間加行。

10　卷首背上方小紙簽寫"佛西一六三"，下方小紙簽寫"西一六三"，"類別8，番號591"。

1.1　BD14374 號1

1.3　藏文（無量壽宗要經甲本）

1.4　新0574

2.1　516×31 厘米；12紙；24欄，欄20行，共470行；行約45字母。

2.2　01：43.0，2欄；　02：43.0，2欄；　03：43.0，2欄；
　04：43.0，2欄；　05：43.0，2欄；　06：43.0，2欄；
　07：43.0，2欄；　08：43.0，2欄；　09：43.0，2欄；
　10：43.0，2欄；　11：43.0，2欄；　12：43.0，2欄。

2.3　卷軸裝。首尾均全。卷首、末邊有粘接痕。有界欄。

2.4　本遺書包括4個文獻：（一）《無量壽宗要經》（甲本），

117 行，今編為 BD14374 號1。（二）《無量壽宗要經》（甲本），119 行，今編為 BD14374 號2。（三）《無量壽宗要經》（甲本），118 行，今編為 BD14374 號3。（四）《無量壽宗要經》（甲本），116 行，今編為 BD14374 號4。

4.1　Rgya－gar－skad－du' Apar＝mita' ayur nama mahayana sutra。（梵語：無量壽宗要經）（首）。Bod_ skad_ du tshe dpag_ du_ myed_ pa zhes_ bya_ ba theg_ pa_ chen_ povi mdo。（藏語：無量壽宗要經）（首）。

4.2　Tshe dpag_ du_ myed_ pa zhes_ bya_ ba theg_ pa_ chen_ povi mdo。（無量壽宗要經）（尾）。

7.1　抄寫者：Snyal－kha－ba－skyes.（聶卡巴杰）。

8　8~9世紀。吐蕃統治時期寫本。

9.1　正書。

10　下方小紙簽寫"西一六四"，"類別8，番號592"。

1.1　BD14374 號2

1.3　藏文（無量壽宗要經甲本）

1.4　新0574

2.4　本遺書由4個文獻組成，本文獻為第2個，119行。餘參見 BD14374 號1之第2項。

4.1　Rgya－gar－skad－du' Apar＝mita' ayur nama mahayana sutra。（梵語：無量壽宗要經）（首）。Bod_ skad_ du tshe dpag_ du_ myed_ pa zhes_ bya_ ba theg_ pa_ chen_ povi mdo。（藏語：無量壽宗要經）（首）。

4.2　Tshe dpag_ du_ myed_ pa zhes_ bya_ ba theg_ pa_ chen_ povi mdo。（無量壽宗要經）（尾）。

7.1　抄寫者：Snyal－kha－ba－Skyes.（聶卡巴杰）。

8　8~9世紀。吐蕃統治時期寫本。

9.1　正書。

1.1　BD14374 號3

1.3　藏文（無量壽宗要經甲本）

1.4　新0574

2.4　本遺書由4個文獻組成，本文獻為第3個，118行。餘參見 BD14374 號1之第2項。

4.1　Rgya－gar－skad－du' Apar＝mita' ayur nama mahayana sutra。（梵語：無量壽宗要經）（首）。Bod_ skad_ du tshe dpag_ du_ myed_ pa zhes_ bya_ ba theg_ pa_ chen_ povi mdo。（藏語：無量壽宗要經）（首）。

4.2　Tshe dpag_ du_ myed_ pa zhes_ bya_ ba theg_ pa_ chen_ povi mdo。（無量壽宗要經）（尾）。

7.1　抄寫者：Snyal－kha－ba－Skyes.（聶卡巴杰）。

8　8~9世紀。吐蕃統治時期寫本。

9.1　正書。

1.1　BD14374 號4

1.3　藏文（無量壽宗要經甲本）

1.4 新 0574

2.4 本遺書由 4 個文獻組成，本文獻為第 4 個，116 行。餘參見 BD14374 號 1 之第 2 項。

4.1 Rgya – gar – skad – du ' Apar = mita ' ayur nama mahayana sutra。（梵語：無量壽宗要經）（首）。Bod_ skad_ du tshe dpag_ du _ myed_ pa zhes_ bya_ ba theg_ pa_ chen_ povi mdo。（藏語：無量壽宗要經）（首）。

4.2 Tshe dpag_ du_ myed_ pa zhes_ bya_ ba theg_ pa_ chen_ povi mdo。（無量壽宗要經）（尾）。

7.1 抄寫者：Snyal – kha – ba – Skyes.（聶卡巴杰）。

8 8 ~ 9 世紀。吐蕃統治時期寫本。

9.1 正書。

1.1 BD14375 號

1.3 藏文（無量壽宗要經乙本）

1.4 新 0575

2.1 138 × 31.5 厘米；3 紙；5 欄，欄 20 行，共 106 行；行約 45 字母。

2.2 01：46.0, 2 欄；　02：46.0, 2 欄；　03：46.0, 1 欄。

2.3 卷軸裝。首尾均全。卷首、末邊有粘接痕。第 5 欄行約 68 字母，末欄長 31.5 厘米無界欄，行約 21 字母。有界欄。

4.1 Rgya – gar – skad – du ' Apar = mita ' ayur nama mahayana sutra。（梵語：無量壽宗要經）（首）。Bod_ skad_ du tshe dpag_ du _ myed_ pa zhes_ bya_ ba theg_ pa_ chen_ povi mdo。（藏語：無量壽宗要經）（首）。

4.2 Tshe dpag_ du_ myed_ pa zhes_ bya_ ba theg_ pa_ chen_ povi mdo。（無量壽宗要經）（尾）。

8 8 ~ 9 世紀。吐蕃統治時期寫本。

9.1 正書。

10 卷末背上方小紙簽寫 "佛西一六五"，下方小紙簽寫 "西一六五"，"類別 8，番號 593"。卷末背有紫紅色長方形印章，印文為 "圖書館臺帳登錄番號，787"。

1.1 BD14376 號

1.3 藏文（無量壽宗要經乙本）

1.4 新 0576

2.1 184 × 31 厘米；4 紙；8 欄，欄 19 行，共 138 行；行約 35 字母。

2.2 01：46.0, 2 欄；　02：46.0, 2 欄；　03：46.0, 2 欄；　04：46.0, 2 欄。

2.3 卷軸裝。首尾均全。卷首、末邊有粘接痕。卷末下邊殘破。有界欄。

4.1 Rgya – gar – skad – du ' Apar = mita ' ayur nama mahayana sutra。（梵語：無量壽宗要經）（首）。Bod_ skad_ du tshe dpag_ du _ myed_ pa zhes_ bya_ ba theg_ pa_ chen_ povi mdo。（藏語：無量壽宗要經）（首）。

4.2 Tshe dpag_ du_ myed_ pa zhes_ bya_ ba theg_ pa_ chen_ povi mdo。（無量壽宗要經）（尾）。

7.1 抄寫者：Ban – de – deng – dam – ' a = ng.（出家人黨擔昂）。校者：Shes – rab.（希熱）校；J = – ' ain（吉恩）三校。

8 8 ~ 9 世紀。吐蕃統治時期寫本。

9.1 正書。

9.2 有硃筆 3 校。

10 卷末背上方小紙簽寫 "佛西一六六"，下方小紙簽寫 "西一六六"，"類別 8，番號 594"。

1.1 BD14377 號

1.3 藏文（無量壽宗要經乙本）

1.4 新 0577

2.1 138 × 31.5 厘米；3 紙；6 欄，欄 20 行，共 110 行；行約 45 字母。

2.2 01：46.0, 2 欄；　02：46.0, 2 欄；　03：46.0, 2 欄。

2.3 卷軸裝。首尾均全。卷首、末邊有粘接痕。有界欄。

4.1 Rgya – gar – skad – du ' Apar = mita ' ayur nama mahayana sutra。（梵語：無量壽宗要經）（首）。Bod_ skad_ du tshe dpag_ du _ myed_ pa zhes_ bya_ ba theg_ pa_ chen_ povi mdo。（藏語：無量壽宗要經）（首）。

4.2 Tshe dpag_ du_ myed_ pa zhes_ bya_ ba theg_ pa_ chen_ povi mdo。（無量壽宗要經）（尾）。

7.1 抄寫者：Do – khong – Legs.（杜空錄）。

8 8 ~ 9 世紀。吐蕃統治時期寫本。

9.1 正書。

10 卷末背上方小紙簽寫 "佛西一六七"，下方小紙簽寫 "西一六七"，"類別 8，番號 595"。

1.1 BD14378 號

1.3 藏文（無量壽宗要經甲本）

1.4 新 0578

2.1 138 × 31.5 厘米；3 紙；6 欄，欄 20 行，共 112 行；行約 45 字母。

2.2 01：46.0, 2 欄；　02：46.0, 2 欄；　03：46.0, 2 欄。

2.3 卷軸裝。首尾均全。卷首、末邊有粘接痕。有界欄。

4.1 Rgya – gar – skad – du ' Apar = mita ' ayur nama mahayana sutra。（梵語：無量壽宗要經）（首）。Bod_ skad_ du tshe dpag_ du _ myed_ pa zhes_ bya_ ba theg_ pa_ chen_ povi mdo。（藏語：無量壽宗要經）（首）。

4.2 Tshe dpag_ du_ myed_ pa zhes_ bya_ ba theg_ pa_ chen_ povi mdo。（無量壽宗要經）（尾）。

7.1 抄寫者：Skyob – brtan – legs.（覺旦拉）。

8 8 ~ 9 世紀。吐蕃統治時期寫本。

9.1 正書。

10 卷末背上方小紙簽寫 "佛西一六八"，下方小紙簽寫 "西一六八"，"類別 8，番號"。

1.1　BD14379 號

1.3　藏文（無量壽宗要經乙本）

1.4　新 0579

2.1　135×32 厘米；3 紙；6 欄，欄 19 行，共 107 行；行約 45 字母。

2.2　01：45.0，2 欄；　02：45.0，2 欄；　03：45.0，2 欄。

2.3　卷軸裝。首尾均全。卷首、末邊有粘接痕。有界欄。

4.1　Rgya－gar－skad－du’Apar＝mita’ayur nama mahayana su-tra。（梵語：無量壽宗要經）（首）。Bod_ skad_ du tshe dpag_ du_ myed_ pa zhes_ bya_ ba theg_ pa_ chen_ povi mdo。（藏語：無量壽宗要經）（首）。

4.2　Tshe dpag_ du_ myed_ pa zhes_ bya_ ba theg_ pa_ chen_ povi mdo。（無量壽宗要經）（尾）。

7.1　抄寫者：Ha－stag－Lod.（華達龍）。

8　8~9 世紀。吐蕃統治時期寫本。

9.1　正書。

10　卷末背上方小紙簽寫"佛西一六九"，下方小紙簽寫"西一六九"，"類別 8，番號 597"。

1.1　BD14380 號

1.3　藏文（無量壽宗要經乙本）

1.4　新 0580

2.1　141×27.8 厘米；3 紙；5 欄，欄 18 行，共 82 行；行約 60 字母。

2.2　01：47.0，2 欄；　02：47.0，1 欄；　03：47.0，2 欄。

2.3　卷軸裝。首尾均全。卷首、末邊有粘接痕。第 2 紙 1 欄，行約 70 字母。卷背有烏絲欄。有界欄。

4.1　Rgya－gar－skad－du’Apar＝mita’ayur nama mahayana su-tra。（梵語：無量壽宗要經）（首）。Bod_ skad_ du tshe dpag_ du_ myed_ pa zhes_ bya_ ba theg_ pa_ chen_ povi mdo。（藏語：無量壽宗要經）（首）。

4.2　Tshe dpag_ du_ myed_ pa zhes_ bya_ ba theg_ pa_ chen_ povi mdo。（無量壽宗要經）（尾）。

7.1　抄寫者：Cang－Legs－brtsan.（姜拉旦）。校者：Sh＝n－dar.（恒達）初校；sgron－ma.（卓瑪）再校；Leng－cevu.（朗覺）三校。

8　8~9 世紀。吐蕃統治時期寫本。

9.1　正書。

10　卷末背上方小紙簽寫"佛西一七〇"，下方小紙簽寫"西一七〇"，"類別 8，番號 598"。

1.1　BD14381 號

1.3　藏文（無量壽宗要經乙本）

1.4　新 0581

2.1　128×31.5 厘米；3 紙；6 欄，欄 19 行，共 115 行；行約 45 字母。

2.2　01：42.0，2 欄；　02：42.0，2 欄；　03：42.0，2 欄。

2.3　卷軸裝。首尾均全。卷首、末邊有粘接痕。有界欄。

4.1　Rgya－gar－skad－du’Apar＝mita’ayur nama mahayana su-tra。（梵語：無量壽宗要經）（首）。Bod_ skad_ du tshe dpag_ du_ myed_ pa zhes_ bya_ ba theg_ pa_ chen_ povi mdo。（藏語：無量壽宗要經）（首）。

4.2　Tshe dpag_ du_ myed_ pa zhes_ bya_ ba theg_ pa_ chen_ povi mdo。（無量壽宗要經）（尾）。

7.1　抄寫者：Se－thong－pa.（思通巴）。

8　8~9 世紀。吐蕃統治時期寫本。

9.1　正書。

10　下方小紙簽寫"西一七一"，"類別 8，番號 599"。

1.1　BD14382 號

1.3　藏文（無量壽宗要經甲本）

1.4　新 0582

2.1　133.5×31 厘米；3 紙；6 欄，欄 19 行，共 113 行；行約 45 字母。

2.2　01：44.5，2 欄；　02：44.5，2 欄；　03：44.5，2 欄。

2.3　卷軸裝。首尾均全。卷首、末邊有粘接痕。有界欄。

4.1　Rgya－gar－skad－du’Apar＝mita’ayur nama mahayana su-tra。（梵語：無量壽宗要經）（首）。Bod_ skad_ du tshe dpag_ du_ myed_ pa zhes_ bya_ ba theg_ pa_ chen_ povi mdo。（藏語：無量壽宗要經）（首）。

4.2　Tshe dpag_ du_ myed_ pa zhes_ bya_ ba theg_ pa_ chen_ povi mdo。（無量壽宗要經）（尾）。

7.1　抄寫者：’Aim－Lha－bzhe.（恩拉興）。

8　8~9 世紀。吐蕃統治時期寫本。

9.1　正書。

10　卷末背上方小紙簽寫"佛西一七二"，下方小紙簽寫"西一七二"，"類別 8，番號 600"。

1.1　BD14383 號

1.3　藏文（無量壽宗要經乙本）

1.4　新 0583

2.1　138×31 厘米；3 紙；5 欄，欄 20 行，共 99 行；行約 45 字母。

2.2　01：46.0，1 欄；　02：46.0，2 欄；　03：46.0，2 欄。

2.3　卷軸裝。首尾均全。卷首、末邊有粘接痕。首紙 1 欄，行約 70 字母。有護首 9 厘米。有界欄。

4.1　Rgya－gar－skad－du’Apar＝mita’ayur nama mahayana su-tra。（梵語：無量壽宗要經）（首）。Bod_ skad_ du tshe dpag_ du_ myed_ pa zhes_ bya_ ba theg_ pa_ chen_ povi mdo。（藏語：無量壽宗要經）（首）。

4.2　Tshe dpag_ du_ myed_ pa zhes_ bya_ ba theg_ pa_ chen_ povi mdo。（無量壽宗要經）（尾）。

7.1　抄寫者：Vwang－rmang－snang.（王麻曩）。校者：phug－vgi.（朴哥）初校；dpal－mchog.（貝确）再校；pab－dzang.

13

（貝桑）三校。

8　8~9世紀。吐蕃統治時期寫本。

9.1　正書。

10　卷末背上方小紙簽寫"佛西一七三"，下方小紙簽寫"西一七三"，"類別8，番號601"。

1.1　BD14384 號

1.3　藏文（無量壽宗要經乙本）

1.4　新 0584

2.1　140×31.5 厘米；4 紙；5 欄，欄 20 行，共 99 行；行約 45 字母。

2.2　01：44.0，1 欄；　　02：44.0，2 欄；　　03：44.0，2 欄；
04：08.0，0 欄。

2.3　卷軸裝。首尾均全。卷首有粘接痕。卷首紙 1 欄，行 66 字母。卷末接紙 8 厘米，無界欄。

4.1　Rgya – gar – skad – du'Apar = mita'ayur nama mahayana sutra。（梵語：無量壽宗要經）（首）。Bod_ skad_ du tshe dpag_ du _ myed_ pa zhes_ bya_ ba theg_ pa_ chen_ povi mdo。（藏語：無量壽宗要經）（首）。

4.2　Tshe dpag_ du_ myed_ pa zhes_ bya_ ba theg_ pa_ chen_ povi mdo。（無量壽宗要經）（尾）。

7.1　抄寫者：Stag – ras.（達仁）。校者：shin – dar.（恒達）初校；Sgron – ma.（卓瑪）再校；Leng – cevu.（朗覚）三校。有三次校改。

7.3　卷末雜寫"na – m – 'a – mi – ta – phur"（南謨阿彌達普）。

8　8~9世紀。吐蕃統治時期寫本。

9.1　正書。

10　卷末背下方小紙簽寫"佛西一七四"，"類別8，番號602"。

1.1　BD14385 號

1.3　藏文（無量壽宗要經乙本）

1.4　新 0585

2.1　135×32 厘米；3 紙；6 欄，欄 19 行，共 103 行；行約 45 字母。

2.2　01：45.0，2 欄；　　02：45.0，2 欄；　　03：45.0，2 欄。

2.3　卷軸裝。首尾均全。卷首、末邊有粘接痕。有界欄。

4.1　Rgya – gar – skad – du'Apar = mita'ayur nama mahayana sutra。（梵語：無量壽宗要經）（首）。Bod_ skad_ du tshe dpag_ du _ myed_ pa zhes_ bya_ ba theg_ pa_ chen_ povi mdo。（藏語：無量壽宗要經）（首）。

4.2　Tshe dpag_ du_ myed_ pa zhes_ bya_ ba theg_ pa_ chen_ povi mdo。（無量壽宗要經）（尾）。

7.1　抄寫者：Bang – Stag – Snyas.（邦達尼）。

8　8~9世紀。吐蕃統治時期寫本。

9.1　正書。

10　卷末背下方小紙簽寫"西一□□"，"類別8，番號60"。

1.1　BD14386 號 1

1.3　藏文（無量壽宗要經甲本）

1.4　新 0586

2.1　522×31.5 厘米；12 紙；24 欄，欄 19 行，共 452 行；行約 45 字母。

2.2　01：43.5，2 欄；　02：43.5，2 欄；　　03：43.5，2 欄；
04：43.5，2 欄；　05：43.5，2 欄；　　06：43.5，2 欄；
07：43.5，2 欄；　08：43.5，2 欄；　　09：43.5，2 欄；
10：43.5，2 欄；　11：43.5，2 欄；　　12：43.5，2 欄。

2.3　卷軸裝。首尾均全。卷末有粘接痕。有加行。有界欄。

2.4　本遺書包括 4 個文獻：（一）《無量壽宗要經》（甲本），114 行，今編為 BD14386 號 1。（二）《無量壽宗要經》（甲本），114 行，今編為 BD14386 號 2。（三）《無量壽宗要經》（甲本），112 行，今編為 BD14386 號 3。（四）《無量壽宗要經》（甲本），112 行，今編為 BD14386 號 4。

4.1　Rgya – gar – skad – du'Apar = mita'ayur nama mahayana sutra。（梵語：無量壽宗要經）（首）。Bod_ skad_ du tshe dpag_ du _ myed_ pa zhes_ bya_ ba theg_ pa_ chen_ povi mdo。（藏語：無量壽宗要經）（首）。

4.2　Tshe dpag_ du_ myed_ pa zhes_ bya_ ba theg_ pa_ chen_ povi mdo。（無量壽宗要經）（尾）。

8　8~9世紀。吐蕃統治時期寫本。

9.1　正書。

10　卷首背上方小紙簽寫"佛西一七六"，下方小紙簽寫"西一七六"，"類別8，番號604"。

1.1　BD14386 號 2

1.3　藏文（無量壽宗要經甲本）

1.4　新 0586

2.4　本遺書由 4 個文獻組成，本文獻為第 2 個，114 行。餘參見 BD14386 號 1 之第 2 項。

4.1　Rgya – gar – skad – du'Apar = mita'ayur nama mahayana sutra。（梵語：無量壽宗要經）（首）。Bod_ skad_ du tshe dpag_ du _ myed_ pa zhes_ bya_ ba theg_ pa_ chen_ povi mdo。（藏語：無量壽宗要經）（首）。

4.2　Tshe dpag_ du_ myed_ pa zhes_ bya_ ba theg_ pa_ chen_ povi mdo。（無量壽宗要經）（尾）。

7.1　抄寫者：Cang – Jung – Jung.（康軍軍）。

8　8~9世紀。吐蕃統治時期寫本。

9.1　正書。書法字體不一。

1.1　BD14386 號 3

1.3　藏文（無量壽宗要經甲本）

1.4　新 0586

2.4　本遺書由 4 個文獻組成，本文獻為第 3 個，112 行。餘參見 BD14386 號 1 之第 2 項。

4.1　Rgya – gar – skad – du'Apar = mita'ayur nama mahayana su-

tra。（梵語：無量壽宗要經）（首）。Bod_ skad_ du tshe dpag_ du
_ myed_ pa zhes_ bya_ ba theg_ pa_ chen_ povi mdo。（藏語：
無量壽宗要經）（首）。

4.2　Tshe dpag_ du_ myed_ pa zhes_ bya_ ba theg_ pa_ chen_
povi mdo。（無量壽宗要經）（尾）。

7.1　抄寫者：Cang – Jung – Jung.（康軍軍）。

8　8~9世紀。吐蕃統治時期寫本。

9.1　正書。

1.1　BD14386號4

1.3　藏文（無量壽宗要經甲本）

1.4　新0586

2.4　本遺書由4個文獻組成，本文獻為第4個，112行。餘參見
BD14386號1之第2項。

4.1　Rgya – gar – skad – du’Apar = mita’ayur nama mahayana su-
tra。（梵語：無量壽宗要經）（首）。Bod_ skad_ du tshe dpag_ du
_ myed_ pa zhes_ bya_ ba theg_ pa_ chen_ povi mdo。（藏語：
無量壽宗要經）（首）。

4.2　Tshe dpag_ du_ myed_ pa zhes_ bya_ ba theg_ pa_ chen_
povi mdo。（無量壽宗要經）（尾）。

7.1　抄寫者：Cang – Jung – Jung.（康軍軍）。

8　8~9世紀。吐蕃統治時期寫本。

9.1　正書。

1.1　BD14387號

1.3　藏文（無量壽宗要經乙本）

1.4　新0587

2.1　133.5×31.5厘米；3紙；6欄，欄20行，共102行；行約
45字母。

2.2　01：44.5，2欄；　02：44.5，2欄；　03：44.5，2欄。

2.3　卷軸裝。首尾均全。卷末有粘接痕。有界欄。

4.1　Rgya – gar – skad – du’Apar = mita’ayur nama mahayana su-
tra。（梵語：無量壽宗要經）（首）。Bod_ skad_ du tshe dpag_ du
_ myed_ pa zhes_ bya_ ba theg_ pa_ chen_ povi mdo。（藏語：
無量壽宗要經）（首）。

4.2　Tshe dpag_ du_ myed_ pa zhes_ bya_ ba theg_ pa_ chen_
povi mdo。（無量壽宗要經）（尾）。

7.1　抄寫者：Vgo – mdob – brtsan.（郭多讚）。

8　8~9世紀。吐蕃統治時期寫本。

9.1　正書。

10　卷背上方小紙籤寫"佛西一七七"，下方小紙籤寫"西一七
七""類別8，番號605"。

1.1　BD14388號

1.3　藏文（無量壽宗要經乙本）

1.4　新0588

2.1　135×31.5厘米；3紙；6欄，欄19行，共108行；行約45

字母。

2.2　01：45.0，2欄；　02：45.0，2欄；　03：45.0，2欄。

2.3　卷軸裝。首尾均全。卷首、末有粘接痕。有界欄。

4.1　Rgya – gar – skad – du’Apar = mita’ayur nama mahayana su-
tra。（梵語：無量壽宗要經）（首）。Bod_ skad_ du tshe dpag_ du
_ myed_ pa zhes_ bya_ ba theg_ pa_ chen_ povi mdo。（藏語：
無量壽宗要經）（首）。

4.2　Tshe dpag_ du_ myed_ pa zhes_ bya_ ba theg_ pa_ chen_
povi mdo。（無量壽宗要經）（尾）。

7.1　抄寫者：Leng – to – hing – Jevu.（林托興覺）。

8　8~9世紀。吐蕃統治時期寫本。

9.1　正書。

10　卷末背上方小紙籤寫"佛西一七八"，下方小紙籤寫"西一
七八""類別8，番號606"。

1.1　BD14389號

1.3　藏文（無量壽宗要經甲本）

1.4　新0589

2.1　135×31厘米；3紙；6欄，欄20行，共122行；行約45
字母。

2.2　01：45.0，2欄；　02：45.0，2欄；　03：45.0，2欄。

2.3　卷軸裝。首尾均全。卷首、末有粘接痕。有界欄。

4.1　Rgya – gar – skad – du’Apar = mita’ayur nama mahayana su-
tra。（梵語：無量壽宗要經）（首）。Bod_ skad_ du tshe dpag_ du
_ myed_ pa zhes_ bya_ ba theg_ pa_ chen_ povi mdo。（藏語：
無量壽宗要經）（首）。

4.2　Tshe dpag_ du_ myed_ pa zhes_ bya_ ba theg_ pa_ chen_
povi mdo。（無量壽宗要經）（尾）。

7.1　抄寫者：Se – thong – pa.（思通巴）。

8　8~9世紀。吐蕃統治時期寫本。

9.1　正書。

10　卷末背上方小紙籤寫"佛西一七九"，下方小紙籤寫"西一
七九""類別8，番號607"。

1.1　BD14390號

1.3　藏文（無量壽宗要經甲本）

1.4　新0590

2.1　139.5×32厘米；3紙；6欄，欄20行，共101行；行約45
字母。

2.2　01：46.5，2欄；　02：46.5，2欄；　03：46.5，2欄。

2.3　卷軸裝。首尾均全。卷末邊有粘接痕。第2紙中有8個小
破洞。有界欄。

4.1　Rgya – gar – skad – du’Apar = mita’ayur nama mahayana su-
tra。（梵語：無量壽宗要經）（首）。Bod_ skad_ du tshe dpag_ du
_ myed_ pa zhes_ bya_ ba theg_ pa_ chen_ povi mdo。（藏語：
無量壽宗要經）（首）。

4.2　Tshe dpag_ du_ myed_ pa zhes_ bya_ ba theg_ pa_ chen_

povi mdo。（無量壽宗要經）（尾）。

7.1　抄寫者：Vwang－rgyal－legs.（王堅良）。

8　　8～9世紀。吐蕃統治時期寫本。

9.1　正書。

10　卷末背上方小紙籤寫"佛西一八〇"，下方小紙籤寫"西一八〇""類別8，番號608"。

1.1　BD14391號1

1.3　藏文（無量壽宗要經甲本）

1.4　新0591

2.1　690×31厘米；15紙；30欄，欄20行，共552行；行約45字母。

2.2　01：46.0，2欄；　　02：46.0，2欄；　　03：46.0，2欄；
　　　04：46.0，2欄；　　05：46.0，2欄；　　06：46.0，2欄；
　　　07：46.0，2欄；　　08：46.0，2欄；　　09：46.0，2欄；
　　　10：46.0，2欄；　　11：46.0，2欄；　　12：46.0，2欄；
　　　13：46.0，2欄；　　14：46.0，2欄；　　15：46.0，2欄。

2.3　卷軸裝。首尾均全。紙首、末邊有粘接痕。有界欄。

2.4　本遺書包括5個文獻：（一）《無量壽宗要經》（甲本），117行，今編為BD14391號1。（二）《無量壽宗要經》（甲本），114行，今編為BD14391號2。（三）《無量壽宗要經》（甲本），109行，今編為BD14391號3。（四）《無量壽宗要經》（甲本），110行，今編為BD14391號4。（五）《無量壽宗要經》（甲本），112行，今編為BD14391號5。

4.1　Rgya－gar－skad－du'Apar＝mita'ayur nama mahayana su-tra。（梵語：無量壽宗要經）（首）。Bod_ skad_ du tshe dpag_ du_ myed_ pa zhes_ bya_ ba theg_ pa_ chen_ povi mdo。（藏語：無量壽宗要經）（首）。

4.2　Tshe dpag_ du_ myed_ pa zhes_ bya_ ba theg_ pa_ chen_ povi mdo。（無量壽宗要經）（尾）。

7.1　抄寫者：Lha－lod.（拉魯）。

8　　8～9世紀。吐蕃統治時期寫本。

9.1　正書。

10　紙末背上方小紙籤寫"佛西一八一"，下方小紙籤寫"西一八一"，"類別8，番號609"。

1.1　BD14391號2

1.3　藏文（無量壽宗要經甲本）

1.4　新0591

2.4　本遺書由5個文獻組成，本文獻為第2個，114行。餘參見BD14391號1之第2項。

4.1　Rgya－gar－skad－du'Apar＝mita'ayur nama mahayana su-tra。（梵語：無量壽宗要經）（首）。Bod_ skad_ du tshe dpag_ du_ myed_ pa zhes_ bya_ ba theg_ pa_ chen_ povi mdo。（藏語：無量壽宗要經）（首）。

4.2　Tshe dpag_ du_ myed_ pa zhes_ bya_ ba theg_ pa_ chen_ povi mdo。（無量壽宗要經）（尾）。

7.1　抄寫者：Lha－lod.（拉魯）。

8　　8～9世紀。吐蕃統治時期寫本。

9.1　正書。

1.1　BD14391號3

1.3　藏文（無量壽宗要經甲本）

1.4　新0591

2.4　本遺書由5個文獻組成，本文獻為第3個，109行。餘參見BD14391號1之第2項。

4.1　Rgya－gar－skad－du'Apar＝mita'ayur nama mahayana su-tra。（梵語：無量壽宗要經）（首）。Bod_ skad_ du tshe dpag_ du_ myed_ pa zhes_ bya_ ba theg_ pa_ chen_ povi mdo。（藏語：無量壽宗要經）（首）。

4.2　Tshe dpag_ du_ myed_ pa zhes_ bya_ ba theg_ pa_ chen_ povi mdo。（無量壽宗要經）（尾）。

7.1　抄寫者：Lha－lod.（拉魯）。

8　　8～9世紀。吐蕃統治時期寫本。

9.1　正書。

1.1　BD14391號4

1.3　藏文（無量壽宗要經甲本）

1.4　新0591

2.4　本遺書由5個文獻組成，本文獻為第4個，110行。餘參見BD14391號1之第2項。

4.1　Rgya－gar－skad－du'Apar＝mita'ayur nama mahayana su-tra。（梵語：無量壽宗要經）（首）。Bod_ skad_ du tshe dpag_ du_ myed_ pa zhes_ bya_ ba theg_ pa_ chen_ povi mdo。（藏語：無量壽宗要經）（首）。

4.2　Tshe dpag_ du_ myed_ pa zhes_ bya_ ba theg_ pa_ chen_ povi mdo。（無量壽宗要經）（尾）。

7.1　抄寫者：Lha－lod.（拉魯）。

8　　8～9世紀。吐蕃統治時期寫本。

9.1　正書。

1.1　BD14391號5

1.3　藏文（無量壽宗要經甲本）

1.4　新0591

2.4　本遺書由5個文獻組成，本文獻為第5個，112行。餘參見BD14391號1之第2項。

4.1　Rgya－gar－skad－du'Apar＝mita'ayur nama mahayana su-tra。（梵語：無量壽宗要經）（首）。Bod_ skad_ du tshe dpag_ du_ myed_ pa zhes_ bya_ ba theg_ pa_ chen_ povi mdo。（藏語：無量壽宗要經）（首）。

4.2　Tshe dpag_ du_ myed_ pa zhes_ bya_ ba theg_ pa_ chen_ povi mdo。（無量壽宗要經）（尾）。

7.1　抄寫者：Lha－lod.（拉魯）。

8　　8～9世紀。吐蕃統治時期寫本。

9.1　正書。

1.1　BD14392 號
1.3　藏文（無量壽宗要經甲本）
1.4　新 0592
2.1　135×31.5 厘米；3 紙；6 欄，欄 19 行，共 116 行；行約 45 字母。
2.2　01：45.0，2 欄；　02：45.0，2 欄；　03：45.0，2 欄。
2.3　卷軸裝。首尾均全。有界欄。
4.1　Rgya－gar－skad－du'Apar＝mita'ayur nama mahayana su-tra。（梵語：無量壽宗要經）（首）。Bod_ skad_ du tshe dpag_ du_ myed_ pa zhes_ bya_ ba theg_ pa_ chen_ povi mdo。（藏語：無量壽宗要經）（首）。
4.2　Tshe dpag_ du_ myed_ pa zhes_ bya_ ba theg_ pa_ chen_ povi mdo。（無量壽宗要經）（尾）。
7.1　抄寫者：Shin－vdo.（興多）。
7.3　卷末雜寫："tshe－rang－pa－na－dam－mch＝s－par－smon－lam－vchag"（祈願長壽無疆）。
8　8~9 世紀。吐蕃統治時期寫本。
9.1　正書。
10　卷末背上方小紙簽寫"佛西一八二"，下方小紙簽寫"西一八二""類別 8，番號 610"。

1.1　BD14393 號
1.3　藏文（無量壽宗要經乙本）
1.4　新 0593
2.1　136.5×31 厘米；3 紙；6 欄，欄 19 行，共 114 行；行約 45 字母。
2.2　01：45.5，2 欄；　02：45.5，2 欄；　03：45.5，2 欄。
2.3　卷軸裝。首尾均全。卷首邊有接痕。有界欄。
4.1　Rgya－gar－skad－du'Apar＝mita'ayur nama mahayana su-tra。（梵語：無量壽宗要經）（首）。Bod_ skad_ du tshe dpag_ du_ myed_ pa zhes_ bya_ ba theg_ pa_ chen_ povi mdo。（藏語：無量壽宗要經）（首）。
4.2　Tshe dpag_ du_ myed_ pa zhes_ bya_ ba theg_ pa_ chen_ povi mdo。（無量壽宗要經）（尾）。
7.1　抄寫者：Stag－skyes.（達杰）。
8　8~9 世紀。吐蕃統治時期寫本。
9.1　正書。
10　下方小紙簽寫"西一八三""類別 8，番號 611"。

1.1　BD14394 號
1.3　藏文（無量壽宗要經甲本）
1.4　新 0594
2.1　132×31 厘米；3 紙；6 欄，欄 19 行，共 111 行；行約 45 字母。
2.2　01：44.0，2 欄；　02：44.0，2 欄；　03：44.0，2 欄。

2.3　卷軸裝。首尾均全。有界欄。
4.1　Rgya－gar－skad－du'Apar＝mita'ayur nama mahayana su-tra。（梵語：無量壽宗要經）（首）。Bod_ skad_ du tshe dpag_ du_ myed_ pa zhes_ bya_ ba theg_ pa_ chen_ povi mdo。（藏語：無量壽宗要經）（首）。
4.2　Tshe dpag_ du_ myed_ pa zhes_ bya_ ba theg_ pa_ chen_ povi mdo。（無量壽宗要經）（尾）。
7.1　抄寫者：Khang－vgo－vgo.（康哥哥）。
8　8~9 世紀。吐蕃統治時期寫本。
9.1　正書。
10　卷末背上方小紙簽寫"佛西一八四"，下方小紙簽寫"西一八四""類別 8，番號 612"。

1.1　BD14395 號
1.3　藏文（無量壽宗要經甲本）
1.4　新 0595
2.1　135×31 厘米；3 紙；6 欄，欄 20 行，共 116 行；行約 45 字母。
2.2　01：45.0，2 欄；　02：45.0，2 欄；　03：45.0，2 欄。
2.3　卷軸裝。首尾均全。卷首、末邊有粘接痕。有界欄。
4.1　Rgya－gar－skad－du'Apar＝mita'ayur nama mahayana su-tra。（梵語：無量壽宗要經）（首）。Bod_ skad_ du tshe dpag_ du_ myed_ pa zhes_ bya_ ba theg_ pa_ chen_ povi mdo。（藏語：無量壽宗要經）（首）。
4.2　Tshe dpag_ du_ myed_ pa zhes_ bya_ ba theg_ pa_ chen_ povi mdo。（無量壽宗要經）（尾）。
7.1　抄寫者：Cang－shib－shib.（蔣學學）。
8　8~9 世紀。吐蕃統治時期寫本。
9.1　正書。
10　卷首背上方小紙簽寫"佛西一八五"，下方小紙簽寫"西一八五""類別 8，番號 613"。

1.1　BD14396 號
1.3　藏文（無量壽宗要經甲本）
1.4　新 0596
2.1　132×30 厘米；3 紙；6 欄，欄 19 行，共 108 行；行約 45 字母。
2.2　01：44.0，2 欄；　02：44.0，2 欄；　03：44.0，2 欄。
2.3　卷軸裝。首尾均全。卷首、末邊有粘接痕。第 3 紙背竪劃界欄。有界欄。
4.1　Rgya－gar－skad－du'Apar＝mita'ayur nama mahayana su-tra。（梵語：無量壽宗要經）（首）。Bod_ skad_ du tshe dpag_ du_ myed_ pa zhes_ bya_ ba theg_ pa_ chen_ povi mdo。（藏語：無量壽宗要經）（首）。
4.2　Tshe dpag_ du_ myed_ pa zhes_ bya_ ba theg_ pa_ chen_ povi mdo。（無量壽宗要經）（尾）。
7.1　抄寫者：Lu－tshe－hing.（魯才興）。

8　8～9世紀。吐蕃統治時期寫本。

9.1　正書。

10　卷首背上方小紙簽寫"佛西一八六"，下方小紙簽寫"西一八六""類別8，番號614"。

1.1　BD14397 號 1

1.3　藏文（無量壽宗要經甲本）

1.4　新 0497

2.1　1080×31 厘米；24 紙；48 欄，欄 19 行，共 904 行；行約 45 字母。

2.2　01：45.0，2 欄；　　02：45.0，2 欄；　　03：45.0，2 欄；
　　04：45.0，2 欄；　　05：45.0，2 欄；　　06：45.0，2 欄；
　　07：45.0，2 欄；　　08：45.0，2 欄；　　09：45.0，2 欄；
　　10：45.0，2 欄；　　11：45.0，2 欄；　　12：45.0，2 欄；
　　13：45.0，2 欄；　　14：45.0，2 欄；　　15：45.0，2 欄；
　　16：45.0，2 欄；　　17：45.0，2 欄；　　18：45.0，2 欄；
　　19：45.0，2 欄；　　20：45.0，2 欄；　　21：45.0，2 欄；
　　22：45.0，2 欄；　　23：45.0，2 欄；　　24：45.0，2 欄。

2.3　卷軸裝。首尾均全。紙首、末邊有粘接痕。有界欄。

2.4　本遺書包括 8 個文獻：（一）《無量壽宗要經》（甲本），114 行，今編為 BD14397 號 1。（二）《無量壽宗要經》（甲本），114 行，今編為 BD14397 號 2。（三）《無量壽宗要經》（甲本），113 行，今編為 BD14397 號 3。（四）《無量壽宗要經》（甲本），113 行，今編為 BD14397 號 4。（五）《無量壽宗要經》（甲本），113 行，今編為 BD14397 號 5。（六）《無量壽宗要經》（甲本），114 行，今編為 BD14397 號 6。（七）《無量壽宗要經》（甲本），112 行，今編為 BD14397 號 7。（八）《無量壽宗要經》（甲本），111 行，今編為 BD14397 號 8。

4.1　Rgya－gar－skad－du' Apar＝mita' ayur nama mahayana su-tra。（梵語：無量壽宗要經）（首）。Bod_ skad_ du tshe dpag_ du_ myed_ pa zhes_ bya_ ba theg_ pa_ chen_ povi mdo。（藏語：無量壽宗要經）（首）。

4.2　Tshe dpag_ du_ myed_ pa zhes_ bya_ ba theg_ pa_ chen_ povi mdo。（無量壽宗要經）（尾）。

7.1　抄寫者：Cang－sevu－hwan.（蔣素華）。

8　8～9世紀。吐蕃統治時期寫本。

9.1　正書。

10　紙末背上方小紙簽寫"佛西一八七"，下方小紙簽寫"西一八七"，"類別8，番號615"。

1.1　BD14397 號 2

1.3　藏文（無量壽宗要經甲本）

1.4　新 0597

2.4　本遺書由 8 個文獻組成，本文獻為第 2 個，114 行。餘參見 BD14397 號 1 之第 2 項。

4.1　Rgya－gar－skad－du' Apar＝mita' ayur nama mahayana su-tra。（梵語：無量壽宗要經）（首）。Bod_ skad_ du tshe dpag_ du

_ myed_ pa zhes_ bya_ ba theg_ pa_ chen_ povi mdo。（藏語：無量壽宗要經）（首）。

4.2　Tshe dpag_ du_ myed_ pa zhes_ bya_ ba theg_ pa_ chen_ povi mdo。（無量壽宗要經）（尾）。

7.1　抄寫者：Sevu－hwan.（素華）。

8　8～9世紀。吐蕃統治時期寫本。

9.1　正書。

1.1　BD14397 號 3

1.3　藏文（無量壽宗要經甲本）

1.4　新 0597

2.4　本遺書由 8 個文獻組成，本文獻為第 3 個，113 行。餘參見 BD14397 號 1 之第 2 項。

4.1　Rgya－gar－skad－du' Apar＝mita' ayur nama mahayana su-tra。（梵語：無量壽宗要經）（首）。Bod_ skad_ du tshe dpag_ du_ myed_ pa zhes_ bya_ ba theg_ pa_ chen_ povi mdo。（藏語：無量壽宗要經）（首）。

4.2　Tshe dpag_ du_ myed_ pa zhes_ bya_ ba theg_ pa_ chen_ povi mdo。（無量壽宗要經）（尾）。

7.1　抄寫者：Sevu－hwan.（素華）。

8　8～9世紀。吐蕃統治時期寫本。

9.1　正書。

1.1　BD14397 號 4

1.3　藏文（無量壽宗要經甲本）

1.4　新 0597

2.4　本遺書由 8 個文獻組成，本文獻為第 4 個，113 行。餘參見 BD14397 號 1 之第 2 項。

4.1　Rgya－gar－skad－du' Apar＝mita' ayur nama mahayana su-tra。（梵語：無量壽宗要經）（首）。Bod_ skad_ du tshe dpag_ du_ myed_ pa zhes_ bya_ ba theg_ pa_ chen_ povi mdo。（藏語：無量壽宗要經）（首）。

4.2　Tshe dpag_ du_ myed_ pa zhes_ bya_ ba theg_ pa_ chen_ povi mdo。（無量壽宗要經）（尾）。

7.1　抄寫者：Sevu－hwan.（素華）。

8　8～9世紀。吐蕃統治時期寫本。

9.1　正書。

1.1　BD14397 號 5

1.3　藏文（無量壽宗要經甲本）

1.4　新 0597

2.4　本遺書由 8 個文獻組成，本文獻為第 5 個，113 行。餘參見 BD14397 號 1 之第 2 項。

4.1　Rgya－gar－skad－du' Apar＝mita' ayur nama mahayana su-tra。（梵語：無量壽宗要經）（首）。Bod_ skad_ du tshe dpag_ du_ myed_ pa zhes_ bya_ ba theg_ pa_ chen_ povi mdo。（藏語：無量壽宗要經）（首）。

4.2　Tshe dpag_ du_ myed_ pa zhes_ bya_ ba theg_ pa_ chen_ povi mdo。（無量壽宗要經）（尾）。

7.1　抄寫者：Sevu – hwan.（素華）。

8　8～9 世紀。吐蕃統治時期寫本。

9.1　正書。

1.1　BD14397 號 6

1.3　藏文（無量壽宗要經甲本）

1.4　新 0597

2.4　本遺書由 8 個文獻組成，本文獻為第 6 個，114 行。餘參見 BD14397 號 1 之第 2 項。

4.1　Rgya – gar – skad – du’Apar = mita’ayur nama mahayana sutra。（梵語：無量壽宗要經）（首）。Bod_ skad_ du tshe dpag_ du_ myed_ pa zhes_ bya_ ba theg_ pa_ chen_ povi mdo。（藏語：無量壽宗要經）（首）。

4.2　Tshe dpag_ du_ myed_ pa zhes_ bya_ ba theg_ pa_ chen_ povi mdo。（無量壽宗要經）（尾）。

7.1　抄寫者：Sevu – hwan.（素華）。

8　8～9 世紀。吐蕃統治時期寫本。

9.1　正書。

9.2　有刮改。

1.1　BD14397 號 7

1.3　藏文（無量壽宗要經甲本）

1.4　新 0597

2.4　本遺書由 8 個文獻組成，本文獻為第 7 個，112 行。餘參見 BD14397 號 1 之第 2 項。

4.1　Rgya – gar – skad – du’Apar = mita’ayur nama mahayana sutra。（梵語：無量壽宗要經）（首）。Bod_ skad_ du tshe dpag_ du_ myed_ pa zhes_ bya_ ba theg_ pa_ chen_ povi mdo。（藏語：無量壽宗要經）（首）。

4.2　Tshe dpag_ du_ myed_ pa zhes_ bya_ ba theg_ pa_ chen_ povi mdo。（無量壽宗要經）（尾）。

7.1　抄寫者：Sevu – hwan.（素華）。

8　8～9 世紀。吐蕃統治時期寫本。

9.1　正書。

1.1　BD14397 號 8

1.3　藏文（無量壽宗要經甲本）

1.4　新 0597

2.4　本遺書由 8 個文獻組成，本文獻為第 8 個，111 行。餘參見 BD14397 號 1 之第 2 項。

4.1　Rgya – gar – skad – du’Apar = mita’ayur nama mahayana sutra。（梵語：無量壽宗要經）（首）。Bod_ skad_ du tshe dpag_ du_ myed_ pa zhes_ bya_ ba theg_ pa_ chen_ povi mdo。（藏語：無量壽宗要經）（首）。

4.2　Tshe dpag_ du_ myed_ pa zhes_ bya_ ba theg_ pa_ chen_

povi mdo。（無量壽宗要經）（尾）。

7.1　抄寫者：Sevu – hwan.（素華）。

8　8～9 世紀。吐蕃統治時期寫本。

9.1　正書。

9.2　有刮改。有行間加行。

1.1　BD14398 號

1.3　藏文（無量壽宗要經甲本）

1.4　新 0598

2.1　132×31 厘米；3 紙；6 欄，欄 21 行，共 125 行；行約 45 字母。

2.2　01：44.0，2 欄；　02：44.0，2 欄；　03：44.0，2 欄。

2.3　卷軸裝。首尾均全。卷首、末邊有粘接痕。有界欄。

4.1　Rgya – gar – skad – du’Apar = mita’ayur nama mahayana sutra。（梵語：無量壽宗要經）（首）。Bod_ skad_ du tshe dpag_ du_ myed_ pa zhes_ bya_ ba theg_ pa_ chen_ povi mdo。（藏語：無量壽宗要經）（首）。

4.2　Tshe dpag_ du_ myed_ pa zhes_ bya_ ba theg_ pa_ chen_ povi mdo。（無量壽宗要經）（尾）。

7.1　抄寫者：Se – thong – pa.（思通巴）。

8　8～9 世紀。吐蕃統治時期寫本。

9.1　正書。

10　卷末背上方小紙簽寫“佛西一八八”，下方小紙簽寫“西一八八”“類別 8，番號 616”。

1.1　BD14399 號

1.3　藏文（無量壽宗要經甲本）

1.4　新 0599

2.1　160×28 厘米；4 紙；7 欄，欄 19 行，共 129 行；行約 30 字母。

2.2　01：40.0，2 欄；　02：40.0，2 欄；　03：40.0，2 欄；　04：40.0，1 欄。

2.3　卷軸裝。首尾均全。首欄每行約 27 字母；末紙 1 欄，行約 66 字母。有界欄。

4.1　Rgya – gar – skad – du’Apar = mita’ayur nama mahayana sutra。（梵語：無量壽宗要經）（首）。Bod_ skad_ du tshe dpag_ du_ myed_ pa zhes_ bya_ ba theg_ pa_ chen_ povi mdo。（藏語：無量壽宗要經）（首）。

4.2　Tshe dpag_ du_ myed_ pa zhes_ bya_ ba theg_ pa_ chen_ povi mdo。（無量壽宗要經）（尾）。

7.1　抄寫者：Cang – thong – tse。

8　8～9 世紀。吐蕃統治時期寫本。

9.1　正書。

10　下方小紙簽寫“西一八九”“類別 8，番號 617”。

1.1　BD14400 號

1.3　藏文（無量壽宗要經乙本）

1.4 新 0600

2.1 184×31 厘米；4 紙；7 欄，欄 19 行，共 110 行；行約 45 字母。

2.2 01：46.0，1 欄；   02：46.0，2 欄；   03：46.0，2 欄；
04：46.0，2 欄。

2.3 卷軸裝。首尾均全。卷首、末邊有粘接痕。有護首，第 1 欄有界欄無字，長 23.5 厘米。有界欄。

4.1 Rgya－gar－skad－du'Apar＝mita'ayur nama mahayana su-tra。（梵語：無量壽宗要經）（首）。Bod_ skad_ du tshe dpag_ du _ myed_ pa zhes_ bya_ ba theg_ pa_ chen_ povi mdo。（藏語：無量壽宗要經）（首）。

4.2 Tshe dpag_ du_ myed_ pa zhes_ bya_ ba theg_ pa_ chen_ povi mdo。（無量壽宗要經）（尾）。

7.1 抄寫者：Do－lha－sbyin（杜拉進）。

7.3 卷末雜寫："na－mo－a－my＝－da－phur"（南無阿彌達普）。

8 8~9 世紀。吐蕃統治時期寫本。

9.1 正書。

10 卷末背上方小紙簽寫"佛西一九〇"，下方小紙簽寫"西一九〇""類別 8，番號 618"。

1.1 BD14401 號

1.3 藏文（無量壽宗要經甲本）

1.4 新 0601

2.1 138×30.5 厘米；3 紙；6 欄，欄 19 行，共 109 行；行約 45 字母。

2.2 01：46.0，2 欄；   02：46.0，2 欄；   03：46.0，2 欄。

2.3 卷軸裝。首尾均全。卷首、末邊有粘接痕。有界欄。

4.1 Rgya－gar－skad－du'Apar＝mita'ayur nama mahayana su-tra。（梵語：無量壽宗要經）（首）。Bod_ skad_ du tshe dpag_ du _ myed_ pa zhes_ bya_ ba theg_ pa_ chen_ povi mdo。（藏語：無量壽宗要經）（首）。

4.2 Tshe dpag_ du_ myed_ pa zhes_ bya_ ba theg_ pa_ chen_ povi mdo。（無量壽宗要經）（尾）。

7.1 抄寫者：Cang－Stag－skyes.（蔣達杰）。

8 8~9 世紀。吐蕃統治時期寫本。

9.1 正書。字體前後不一，第 4 欄甚佳。

10 下方小紙簽寫"西一九一"，"類別 8，番號 619"。

1.1 BD14402 號 1

1.3 藏文（無量壽宗要經甲本）

1.4 新 0602

2.1 400.5×31.5 厘米；9 紙；18 欄，欄 21 行，共 344 行；行約 45 字母。

2.2 01：44.5，2 欄；   02：44.5，2 欄；   03：44.5，2 欄；
04：44.5，2 欄；   05：44.5，2 欄；   06：44.5，2 欄；
07：44.5，2 欄；   08：44.5，2 欄；   09：44.5，2 欄。

2.3 卷軸裝。首尾均全。卷首、末邊有粘接痕。有界欄。

2.4 本遺書包括 3 個文獻：（一）《無量壽宗要經》（甲本），119 行，今編為 BD14402 號 1。（二）《無量壽宗要經》（甲本），115 行，今編為 BD14402 號 2。（三）《無量壽宗要經》（甲本），110 行，今編為 BD14402 號 3。

4.1 Rgya－gar－skad－du'Apar＝mita'ayur nama mahayana su-tra。（梵語：無量壽宗要經）（首）。Bod_ skad_ du tshe dpag_ du _ myed_ pa zhes_ bya_ ba theg_ pa_ chen_ povi mdo。（藏語：無量壽宗要經）（首）。

4.2 Tshe dpag_ du_ myed_ pa zhes_ bya_ ba theg_ pa_ chen_ povi mdo。（無量壽宗要經）（尾）。

8 8~9 世紀。吐蕃統治時期寫本。

9.1 正書。

10 卷末背上方小紙簽寫"佛西一九二"，下方小紙簽寫"西一九二"，"類別 8，番號 620"。卷末背另有紫紅色圖章一枚上寫"圖書臺帳番號 787"。

1.1 BD14402 號 2

1.3 藏文（無量壽宗要經甲本）

1.4 新 0602

2.4 本遺書由 3 個文獻組成，本文獻為第 2 個，115 行。餘參見 BD14402 號 1 之第 2 項。

4.1 Rgya－gar－skad－du'Apar＝mita'ayur nama mahayana su-tra。（梵語：無量壽宗要經）（首）。Bod_ skad_ du tshe dpag_ du _ myed_ pa zhes_ bya_ ba theg_ pa_ chen_ povi mdo。（藏語：無量壽宗要經）（首）。

4.2 Tshe dpag_ du_ myed_ pa zhes_ bya_ ba theg_ pa_ chen_ povi mdo。（無量壽宗要經）（尾）。

7.1 抄寫者：phan－phan.（潘潘）。

8 8~9 世紀。吐蕃統治時期寫本。

9.1 正書。

1.1 BD14402 號 3

1.3 藏文（無量壽宗要經甲本）

1.4 新 0602

2.4 本遺書由 3 個文獻組成，本文獻為第 3 個，110 行。餘參見 BD14402 號 1 之第 2 項。

4.1 Rgya－gar－skad－du'Apar＝mita'ayur nama mahayana su-tra。（梵語：無量壽宗要經）（首）。Bod_ skad_ du tshe dpag_ du _ myed_ pa zhes_ bya_ ba theg_ pa_ chen_ povi mdo。（藏語：無量壽宗要經）（首）。

4.2 Tshe dpag_ du_ myed_ pa zhes_ bya_ ba theg_ pa_ chen_ povi mdo。（無量壽宗要經）（尾）。

7.1 抄寫者：phan－phan.（潘潘）。

8 8~9 世紀。吐蕃統治時期寫本。

9.1 正書。

1.1　BD14403 號

1.3　藏文（無量壽宗要經乙本）

1.4　新 0603

2.1　150×27.5 厘米；3 紙；5 欄，欄 18 行，共 83 行；行約 54 字母。

2.2　01：50.0，1 欄；　02：50.0，2 欄；　03：50.0，2 欄。

2.3　卷軸裝。首尾均全。卷首、末邊有粘接痕。有護首 11 厘米，首紙只 1 欄，行約 85 字母。有界欄。

4.1　Rgya – gar – skad – du’ Apar = mita’ ayur nama mahayana sutra。（梵語：無量壽宗要經）（首）。Bod_ skad_ du tshe dpag_ du _ myed_ pa zhes_ bya_ ba theg_ pa_ chen_ povi mdo。（藏語：無量壽宗要經）（首）。

4.2　Tshe dpag_ du_ myed_ pa zhes_ bya_ ba theg_ pa_ chen_ povi mdo。（無量壽宗要經）（尾）。

7.1　抄寫者：Cang – legs – rtsan.（康拉讚）。卷末雜寫乙本咒文一遍，並寫 "Cang – leg – brtsan – gy = – Sng – g – lag – So"（康拉讚抄寫咒文）。Cang – chos – btan（蔣確旦）初校；sgron – ma（卓瑪）再校；shin – dar（恒達）三校。

8　8～9 世紀。吐蕃統治時期寫本。

9.1　正書。

9.2　有三次校改。

10　卷末背上方小紙簽寫 "佛西一九三"，下方小紙簽寫 "西一九三"，"類別 8，番號 621"。

1.1　BD14404 號

1.3　藏文（無量壽宗要經甲本）

1.4　新 0604

2.1　133.5×31.5 厘米；3 紙；6 欄，欄 19 行，共 115 行；行約 45 字母。

2.2　01：44.5，2 欄；　02：44.5，2 欄；　03：44.5，2 欄。

2.3　卷軸裝。首尾均全。卷首、末邊有粘接痕。有刮改處。有界欄。

4.1　Rgya – gar – skad – du’ Apar = mita’ ayur nama mahayana sutra。（梵語：無量壽宗要經）（首）。Bod_ skad_ du tshe dpag_ du _ myed_ pa zhes_ bya_ ba theg_ pa_ chen_ povi mdo。（藏語：無量壽宗要經）（首）。

4.2　Tshe dpag_ du_ myed_ pa zhes_ bya_ ba theg_ pa_ chen_ povi mdo。（無量壽宗要經）（尾）。

7.1　抄寫者：’Aan – brtsan – zigs.（安讚司）。

8　8～9 世紀。吐蕃統治時期寫本。

9.1　正書。

10　下方小紙簽寫 "西一九四"，"類別 8，番號 622"。

1.1　BD14405 號 1

1.3　藏文（無量壽宗要經乙本）

1.4　新 0605

2.1　792×31.5 厘米；18 紙；36 欄，欄 19 行，共 660 行；行約 45 字母。

2.2　01：44.0，2 欄；　02：44.0，2 欄；　03：44.0，2 欄；
　　04：44.0，2 欄；　05：44.0，2 欄；　06：44.0，2 欄；
　　07：44.0，2 欄；　08：44.0，2 欄；　09：44.0，2 欄；
　　10：44.0，2 欄；　11：44.0，2 欄；　12：44.0，2 欄；
　　13：44.0，2 欄；　14：44.0，2 欄；　15：44.0，2 欄；
　　16：44.0，2 欄；　17：44.0，2 欄；　18：44.0，2 欄。

2.3　卷軸裝。首尾均全。紙首末邊有粘接痕。有界欄。

2.4　本遺書包括 6 個文獻：（一）《無量壽宗要經》（乙本），109 行，今編為 BD14405 號 1。（二）《無量壽宗要經》（乙本），111 行，今編為 BD14405 號 2。（三）《無量壽宗要經》（乙本），110 行，今編為 BD14405 號 3。（四）《無量壽宗要經》（乙本），110 行，今編為 BD14405 號 4。（五）《無量壽宗要經》（乙本），111 行，今編為 BD14405 號 5。（六）《無量壽宗要經》（乙本），109 行，今編為 BD14405 號 6。

4.1　Rgya – gar – skad – du’ Apar = mita’ ayur nama mahayana sutra。（梵語：無量壽宗要經）（首）。Bod_ skad_ du tshe dpag_ du _ myed_ pa zhes_ bya_ ba theg_ pa_ chen_ povi mdo。（藏語：無量壽宗要經）（首）。

4.2　Tshe dpag_ du_ myed_ pa zhes_ bya_ ba theg_ pa_ chen_ povi mdo。（無量壽宗要經）（尾）。

7.1　抄寫者：Cang – stag – rma.（蔣達瑪）。

8　8～9 世紀。吐蕃統治時期寫本。

9.1　正書。

10　紙首背上方小紙簽寫 "佛西一九五"，下方小紙簽寫 "西一九五"，"類別 8，番號 623"。

1.1　BD14405 號 2

1.3　藏文（無量壽宗要經乙本）

1.4　新 0605

2.4　本遺書由 6 個文獻組成，本文獻為第 2 個，111 行。餘參見 BD14405 號 1 之第 2 項。

4.1　Rgya – gar – skad – du’ Apar = mita’ ayur nama mahayana sutra。（梵語：無量壽宗要經）（首）。Bod_ skad_ du tshe dpag_ du _ myed_ pa zhes_ bya_ ba theg_ pa_ chen_ povi mdo。（藏語：無量壽宗要經）（首）。

4.2　Tshe dpag_ du_ myed_ pa zhes_ bya_ ba theg_ pa_ chen_ povi mdo。（無量壽宗要經）（尾）。

7.1　抄寫者：Cang – stag – rma.（蔣達瑪）。

8　8～9 世紀。吐蕃統治時期寫本。

9.1　正書。

1.1　BD14405 號 3

1.3　藏文（無量壽宗要經乙本）

1.4　新 0605

2.4　本遺書由 6 個文獻組成，本文獻為第 3 個，110 行。餘參見 BD14405 號 1 之第 2 項。

4.1　Rgya－gar－skad－du＇Apar＝mita＇ayur nama mahayana su-tra。（梵語：無量壽宗要經）（首）。Bod_ skad_ du tshe dpag_ du_ myed_ pa zhes_ bya_ ba theg_ pa_ chen_ povi mdo。（藏語：無量壽宗要經）（首）。

4.2　Tshe dpag_ du_ myed_ pa zhes_ bya_ ba theg_ pa_ chen_ povi mdo。（無量壽宗要經）（尾）。

7.1　抄寫者：Cang－stag－rma.（蔣達瑪）。

8　8～9世紀。吐蕃統治時期寫本。

9.1　正書。

1.1　BD14405號4

1.3　藏文（無量壽宗要經乙本）

1.4　新0605

2.4　本遺書由6個文獻組成，本文獻為第4個，110行。餘參見BD14405號1之第2項。

4.1　Rgya－gar－skad－du＇Apar＝mita＇ayur nama mahayana su-tra。（梵語：無量壽宗要經）（首）。Bod_ skad_ du tshe dpag_ du_ myed_ pa zhes_ bya_ ba theg_ pa_ chen_ povi mdo。（藏語：無量壽宗要經）（首）。

4.2　Tshe dpag_ du_ myed_ pa zhes_ bya_ ba theg_ pa_ chen_ povi mdo。（無量壽宗要經）（尾）。

7.1　抄寫者：Cang－stag－rma.（蔣達瑪）。

8　8～9世紀。吐蕃統治時期寫本。

9.1　正書。

1.1　BD14405號5

1.3　藏文（無量壽宗要經乙本）

1.4　新0605

2.4　本遺書由6個文獻組成，本文獻為第5個，111行。餘參見BD14405號1之第2項。

4.1　Rgya－gar－skad－du＇Apar＝mita＇ayur nama mahayana su-tra。（梵語：無量壽宗要經）（首）。Bod_ skad_ du tshe dpag_ du_ myed_ pa zhes_ bya_ ba theg_ pa_ chen_ povi mdo。（藏語：無量壽宗要經）（首）。

4.2　Tshe dpag_ du_ myed_ pa zhes_ bya_ ba theg_ pa_ chen_ povi mdo。（無量壽宗要經）（尾）。

7.1　抄寫者：Cang－stag－rma.（蔣達瑪）。

8　8～9世紀。吐蕃統治時期寫本。

9.1　正書。

1.1　BD14405號6

1.3　藏文（無量壽宗要經乙本）

1.4　新0605

2.4　本遺書由6個文獻組成，本文獻為第6個，109行。餘參見BD14405號1之第2項。

4.1　Rgya－gar－skad－du＇Apar＝mita＇ayur nama mahayana su-tra。（梵語：無量壽宗要經）（首）。Bod_ skad_ du tshe dpag_ du

_ myed_ pa zhes_ bya_ ba theg_ pa_ chen_ povi mdo。（藏語：無量壽宗要經）（首）。

4.2　Tshe dpag_ du_ myed_ pa zhes_ bya_ ba theg_ pa_ chen_ povi mdo。（無量壽宗要經）（尾）。

7.1　抄寫者：Cang－stag－rma.（蔣達瑪）。

8　8～9世紀。吐蕃統治時期寫本。

9.1　正書。

1.1　BD14406號1

1.3　藏文（無量壽宗要經甲本）

1.4　新0606

2.1　955.5×31厘米；21紙；42欄，欄20行，共824行；行約45字母。

2.2　01：45.5，2欄；　　02：45.5，2欄；　　03：45.5，2欄；
　　04：45.5，2欄；　　05：45.5，2欄；　　06：45.5，2欄；
　　07：45.5，2欄；　　08：45.5，2欄；　　09：45.5，2欄；
　　10：45.5，2欄；　　11：45.5，2欄；　　12：45.5，2欄；
　　13：45.5，2欄；　　14：45.5，2欄；　　15：45.5，2欄；
　　16：45.5，2欄；　　17：45.5，2欄；　　18：45.5，2欄；
　　19：45.5，2欄；　　20：45.5，2欄；　　21：45.5，2欄。

2.3　卷軸裝。首尾均全。卷首、末邊有粘接痕。有界欄。

2.4　本遺書包括7個文獻：（一）《無量壽宗要經》（甲本），114行，今編為BD14406號1。（二）《無量壽宗要經》（甲本），116行，今編為BD14406號2。（三）《無量壽宗要經》（甲本），115行，今編為BD14406號3。（四）《無量壽宗要經》（甲本），117行，今編為BD14406號4。（五）《無量壽宗要經》（甲本），120行，今編為BD14406號5。（六）《無量壽宗要經》（甲本），120行，今編為BD14406號6。（七）《無量壽宗要經》（甲本），122行，今編為BD14406號7。

4.1　Rgya－gar－skad－du＇Apar＝mita＇ayur nama mahayana su-tra。（梵語：無量壽宗要經）（首）。Bod_ skad_ du tshe dpag_ du_ myed_ pa zhes_ bya_ ba theg_ pa_ chen_ povi mdo。（藏語：無量壽宗要經）（首）。

4.2　Tshe dpag_ du_ myed_ pa zhes_ bya_ ba theg_ pa_ chen_ povi mdo。（無量壽宗要經）（尾）。

7.1　抄寫者：Cang－sh＝b－tig.（蔣厚德）。

7.2　卷背接縫處有"王孝順"三字。

8　8～9世紀。吐蕃統治時期寫本。

9.1　正書。

10　卷首背上方小紙簽寫"佛西一九六"，下方小紙簽寫"西一九六"，"類別8，番號624"。

1.1　BD14406號2

1.3　藏文（無量壽宗要經甲本）

1.4　新0606

2.4　本遺書由7個文獻組成，本文獻為第2個，116行。餘參見BD14406號1之第2項。

4.1 Rgya－gar－skad－du'Apar＝mita'ayur nama mahayana sutra。（梵語：無量壽宗要經）（首）。Bod_ skad_ du tshe dpag_ du _ myed_ pa zhes_ bya_ ba theg_ pa_ chen_ povi mdo。（藏語：無量壽宗要經）（首）。

4.2 Tshe dpag_ du_ myed_ pa zhes_ bya_ ba theg_ pa_ chen_ povi mdo。（無量壽宗要經）（尾）。

7.1 抄寫者：Cang－sh＝b－tig.（蔣厚德）。

8　8～9世紀。吐蕃統治時期寫本。

9.1　正書。

1.1　BD14406 號 3

1.3　藏文（無量壽宗要經甲本）

1.4　新 0606

2.4　本遺書由 7 個文獻組成，本文獻為第 3 個，115 行。餘參見 BD14406 號 1 之第 2 項。

4.1 Rgya－gar－skad－du'Apar＝mita'ayur nama mahayana sutra。（梵語：無量壽宗要經）（首）。Bod_ skad_ du tshe dpag_ du _ myed_ pa zhes_ bya_ ba theg_ pa_ chen_ povi mdo。（藏語：無量壽宗要經）（首）。

4.2 Tshe dpag_ du_ myed_ pa zhes_ bya_ ba theg_ pa_ chen_ povi mdo。（無量壽宗要經）（尾）。

7.1 抄寫者：Cang－sh＝b－tig.（蔣厚德）。

8　8～9世紀。吐蕃統治時期寫本。

9.1　正書。

1.1　BD14406 號 4

1.3　藏文（無量壽宗要經甲本）

1.4　新 0606

2.4　本遺書由 7 個文獻組成，本文獻為第 4 個，117 行。餘參見 BD14406 號 1 之第 2 項。

4.1 Rgya－gar－skad－du'Apar＝mita'ayur nama mahayana sutra。（梵語：無量壽宗要經）（首）。Bod_ skad_ du tshe dpag_ du _ myed_ pa zhes_ bya_ ba theg_ pa_ chen_ povi mdo。（藏語：無量壽宗要經）（首）。

4.2 Tshe dpag_ du_ myed_ pa zhes_ bya_ ba theg_ pa_ chen_ povi mdo。（無量壽宗要經）（尾）。

7.1 抄寫者：Cang－sh＝b－tig.（蔣厚德）。

8　8～9世紀。吐蕃統治時期寫本。

9.1　正書。

1.1　BD14406 號 5

1.3　藏文（無量壽宗要經甲本）

1.4　新 0606

2.4　本遺書由 7 個文獻組成，本文獻為第 5 個，120 行。餘參見 BD14406 號 1 之第 2 項。

4.1 Rgya－gar－skad－du'Apar＝mita'ayur nama mahayana sutra。（梵語：無量壽宗要經）（首）。Bod_ skad_ du tshe dpag_ du

_ myed_ pa zhes_ bya_ ba theg_ pa_ chen_ povi mdo。（藏語：無量壽宗要經）（首）。

4.2 Tshe dpag_ du_ myed_ pa zhes_ bya_ ba theg_ pa_ chen_ povi mdo。（無量壽宗要經）（尾）。

8　8～9世紀。吐蕃統治時期寫本。

9.1　正書。

1.1　BD14406 號 6

1.3　藏文（無量壽宗要經甲本）

1.4　新 0606

2.4　本遺書由 7 個文獻組成，本文獻為第 6 個，120 行。餘參見 BD14406 號 1 之第 2 項。

4.1 Rgya－gar－skad－du'Apar＝mita'ayur nama mahayana sutra。（梵語：無量壽宗要經）（首）。Bod_ skad_ du tshe dpag_ du _ myed_ pa zhes_ bya_ ba theg_ pa_ chen_ povi mdo。（藏語：無量壽宗要經）（首）。

4.2 Tshe dpag_ du_ myed_ pa zhes_ bya_ ba theg_ pa_ chen_ povi mdo。（無量壽宗要經）（尾）。

8　8～9世紀。吐蕃統治時期寫本。

9.1　正書。

1.1　BD14406 號 7

1.3　藏文（無量壽宗要經甲本）

1.4　新 0606

2.4　本遺書由 7 個文獻組成，本文獻為第 7 個，122 行。餘參見 BD14406 號 1 之第 2 項。

4.1 Rgya－gar－skad－du'Apar＝mita'ayur nama mahayana sutra。（梵語：無量壽宗要經）（首）。Bod_ skad_ du tshe dpag_ du _ myed_ pa zhes_ bya_ ba theg_ pa_ chen_ povi mdo。（藏語：無量壽宗要經）（首）。

4.2 Tshe dpag_ du_ myed_ pa zhes_ bya_ ba theg_ pa_ chen_ povi mdo。（無量壽宗要經）（尾）。

7.1 抄寫者：Cang－sh＝b－tig.（蔣厚德）。

8　8～9世紀。吐蕃統治時期寫本。

9.1　正書。

1.1　BD14407 號 1

1.3　藏文（無量壽宗要經甲本）

1.4　新 0607

2.1　276×32 厘米；6 紙；12 欄，欄 19 行，共 227 行；行約 45 字母。

2.2　01：46.0，2 欄；　02：46.0，2 欄；　03：46.0，2 欄；　04：46.0，2 欄；　05：46.0，2 欄；　06：46.0，2 欄。

2.3　卷軸裝。首尾均全。有界欄。

2.4　本遺書包括 2 個文獻：（一）《無量壽宗要經》（甲本），114 行，今編為 BD14407 號 1。（二）《無量壽宗要經》（甲本），113 行，今編為 BD14407 號 2。

4.1　Rgya‒gar‒skad‒du' Apar = mita' ayur nama mahayana su-tra。（梵語：無量壽宗要經）（首）。Bod_ skad_ du tshe dpag_ du _ myed_ pa zhes_ bya_ ba theg_ pa_ chen_ povi mdo。（藏語：無量壽宗要經）（首）。

4.2　Tshe dpag_ du_ myed_ pa zhes_ bya_ ba theg_ pa_ chen_ povi mdo。（無量壽宗要經）（尾）。

7.1　抄寫者：Ser‒thong‒thong.（思通通）。

8　8～9 世紀。吐蕃統治時期寫本。

9.1　正書。

10　卷首上背小紙簽寫"佛西一九七"，下方小紙簽寫"西一九七"，"類別 8，番號 625"。

1.1　BD14407 號 2

1.3　藏文（無量壽宗要經甲本）

1.4　新 0607

2.4　本遺書由 2 個文獻組成，本文獻為第 2 個，113 行。餘參見 BD14407 號 1 之第 2 項。

4.1　Rgya‒gar‒skad‒du' Apar = mita' ayur nama mahayana su-tra。（梵語：無量壽宗要經）（首）。Bod_ skad_ du tshe dpag_ du _ myed_ pa zhes_ bya_ ba theg_ pa_ chen_ povi mdo。（藏語：無量壽宗要經）（首）。

4.2　Tshe dpag_ du_ myed_ pa zhes_ bya_ ba theg_ pa_ chen_ povi mdo。（無量壽宗要經）（尾）。

7.1　抄寫者：Ser‒thong‒thong.（思通通）。

8　8～9 世紀。吐蕃統治時期寫本。

9.1　正書。

1.1　BD14408 號

1.3　藏文（無量壽宗要經甲本）

1.4　新 0608

2.1　136.5×31 厘米；3 紙；6 欄，欄 19 行，共 110 行；行約 45 字母。

2.2　01：45.5，2 欄；　　02：45.5，2 欄；　　03：45.5，2 欄。

2.3　卷軸裝。首尾均全。卷首邊有粘接痕。有界欄。

4.1　Rgya‒gar‒skad‒du' Apar = mita' ayur nama mahayana su-tra。（梵語：無量壽宗要經）（首）。Bod_ skad_ du tshe dpag_ du _ myed_ pa zhes_ bya_ ba theg_ pa_ chen_ povi mdo。（藏語：無量壽宗要經）（首）。

4.2　Tshe dpag_ du_ myed_ pa zhes_ bya_ ba theg_ pa_ chen_ povi mdo。（無量壽宗要經）（尾）。

8　8～9 世紀。吐蕃統治時期寫本。

9.1　正書。

10　下方小紙簽寫"西一九八"，"類別 8，番號 626"。

1.1　BD14409 號 1

1.3　藏文（無量壽宗要經甲本）

1.4　新 0609

2.1　690×30.5 厘米；15 紙；30 欄，欄 19 行，共 557 行；行約 45 字母。

2.2　01：46.0，2 欄；　02：46.0，2 欄；　03：46.0，2 欄；
　　04：46.0，2 欄；　05：46.0，2 欄；　06：46.0，2 欄；
　　07：46.0，2 欄；　08：46.0，2 欄；　09：46.0，2 欄；
　　10：46.0，2 欄；　11：46.0，2 欄；　12：46.0，2 欄；
　　13：46.0，2 欄；　14：46.0，2 欄；　15：46.0，2 欄。

2.3　卷軸裝。首尾均全。紙首、末邊有黏接痕。卷中有刮改處。有界欄。

2.4　本遺書包括 5 個文獻：（一）《無量壽宗要經》（甲本），111 行，今編為 BD14409 號 1。（二）《無量壽宗要經》（甲本），113 行，今編為 BD14409 號 2。（三）《無量壽宗要經》（甲本），113 行，今編為 BD14409 號 3。（四）《無量壽宗要經》（甲本），113 行，今編為 BD14409 號 4。（五）《無量壽宗要經》（甲本），107 行，今編為 BD14409 號 5。

4.1　Rgya‒gar‒skad‒du' Apar = mita' ayur nama mahayana su-tra。（梵語：無量壽宗要經）（首）。Bod_ skad_ du tshe dpag_ du _ myed_ pa zhes_ bya_ ba theg_ pa_ chen_ povi mdo。（藏語：無量壽宗要經）（首）。

4.2　Tshe dpag_ du_ myed_ pa zhes_ bya_ ba theg_ pa_ chen_ povi mdo。（無量壽宗要經）（尾）。

7.1　抄寫者：Gtsug‒bzang.（責任）。

8　8～9 世紀。吐蕃統治時期寫本。

9.1　正書。

10　卷末背上方小紙簽寫"佛西一九九"，下方小紙簽寫"西一九九"，"類別 8，番號 627"。

1.1　BD14409 號 2

1.3　藏文（無量壽宗要經甲本）

1.4　新 0609

2.4　本遺書由 5 個文獻組成，本文獻為第 2 個，113 行。餘參見 BD14409 號 1 之第 2 項。

4.1　Rgya‒gar‒skad‒du' Apar = mita' ayur nama mahayana su-tra。（梵語：無量壽宗要經）（首）。Bod_ skad_ du tshe dpag_ du _ myed_ pa zhes_ bya_ ba theg_ pa_ chen_ povi mdo。（藏語：無量壽宗要經）（首）。

4.2　Tshe dpag_ du_ myed_ pa zhes_ bya_ ba theg_ pa_ chen_ povi mdo。（無量壽宗要經）（尾）。

7.1　抄寫者：Gtsug‒bzang.（責任）。

8　8～9 世紀。吐蕃統治時期寫本。

9.1　正書。

1.1　BD14409 號 3

1.3　藏文（無量壽宗要經甲本）

1.4　新 0609

2.4　本遺書由 5 個文獻組成，本文獻為第 3 個，113 行。餘參見 BD14409 號 1 之第 2 項。

4.1　Rgya－gar－skad－du'Apar＝mita'ayur nama mahayana su-tra。（梵語：無量壽宗要經）（首）。Bod_ skad_ du tshe dpag_ du _ myed_ pa zhes_ bya_ ba theg_ pa_ chen_ povi mdo。（藏語：無量壽宗要經）（首）。

4.2　Tshe dpag_ du_ myed_ pa zhes_ bya_ ba theg_ pa_ chen_ povi mdo。（無量壽宗要經）（尾）。

7.1　抄寫者：Gtsug－bzang。（責任）。

8　8～9 世紀。吐蕃統治時期寫本。

9.1　正書。

1.1　BD14409 號 4

1.3　藏文（無量壽宗要經甲本）

1.4　新 0609

2.4　本遺書由 5 個文獻組成，本文獻為第 4 個，113 行。餘參見 BD14409 號 1 之第 2 項。

4.1　Rgya－gar－skad－du'Apar＝mita'ayur nama mahayana su-tra。（梵語：無量壽宗要經）（首）。Bod_ skad_ du tshe dpag_ du _ myed_ pa zhes_ bya_ ba theg_ pa_ chen_ povi mdo。（藏語：無量壽宗要經）（首）。

4.2　Tshe dpag_ du_ myed_ pa zhes_ bya_ ba theg_ pa_ chen_ povi mdo。（無量壽宗要經）（尾）。

7.1　抄寫者：Gtsug－bzang。（責任）。

8　8～9 世紀。吐蕃統治時期寫本。

9.1　正書。

1.1　BD14409 號 5

1.3　藏文（無量壽宗要經甲本）

1.4　新 0609

2.4　本遺書由 5 個文獻組成，本文獻為第 5 個，107 行。餘參見 BD14409 號 1 之第 2 項。

4.1　Rgya－gar－skad－du'Apar＝mita'ayur nama mahayana su-tra。（梵語：無量壽宗要經）（首）。Bod_ skad_ du tshe dpag_ du _ myed_ pa zhes_ bya_ ba theg_ pa_ chen_ povi mdo。（藏語：無量壽宗要經）（首）。

4.2　Tshe dpag_ du_ myed_ pa zhes_ bya_ ba theg_ pa_ chen_ povi mdo。（無量壽宗要經）（尾）。

7.1　抄寫者：Gtsug－bzang。（責任）。

8　8～9 世紀。吐蕃統治時期寫本。

9.1　正書。

1.1　BD14410 號

1.3　藏文（無量壽宗要經乙本）

1.4　新 0610

2.1　135×30.5 厘米；3 紙；6 欄，欄 19 行，共 101 行；行約 45 字母。

2.2　01：46.0，2 欄；　02：46.0，2 欄；　03：46.0，2 欄。

2.3　卷軸裝。首尾均全。卷首、末邊有黏接痕。有界欄。

4.1　Rgya－gar－skad－du'Apar＝mita'ayur nama mahayana su-tra。（梵語：無量壽宗要經）（首）。Bod_ skad_ du tshe dpag_ du _ myed_ pa zhes_ bya_ ba theg_ pa_ chen_ povi mdo。（藏語：無量壽宗要經）（首）。

4.2　Tshe dpag_ du_ myed_ pa zhes_ bya_ ba theg_ pa_ chen_ povi mdo。（無量壽宗要經）（尾）。

7.1　抄寫者：Stag－ras.（達仁）。

8　8～9 世紀。吐蕃統治時期寫本。

9.1　正書。

10　卷末背上方小紙簽寫"西佛二○○"，下方小紙簽寫"西二○○"，"類別 8，番號 628"。

1.1　BD14411 號

1.3　藏文（無量壽宗要經乙本）

1.4　新 0611

2.1　133.5×30.5 厘米；3 紙；6 欄，欄 19 行，共 114 行；行約 45 字母。

2.2　01：46.0，2 欄；　02：46.0，2 欄；　03：41.5，2 欄。

2.3　卷軸裝。首尾均全。第 3 紙長 41.5 厘米，2 欄，行約 33 字母。有界欄。

4.1　Rgya－gar－skad－du'Apar＝mita'ayur nama mahayana su-tra。（梵語：無量壽宗要經）（首）。Bod_ skad_ du tshe dpag_ du _ myed_ pa zhes_ bya_ ba theg_ pa_ chen_ povi mdo。（藏語：無量壽宗要經）（首）。

4.2　Tshe dpag_ du_ myed_ pa zhes_ bya_ ba theg_ pa_ chen_ povi mdo。（無量壽宗要經）（尾）。

5　與其他乙本相比，末欄倒數第 2 行第 3 字有缺文。

8　8～9 世紀。吐蕃統治時期寫本。

9.1　正書。

10　卷首背上方紙簽寫"西佛二○一"，下方紙簽寫"西二○一"，"類別 8，番號 629"。

1.1　BD14412 號

1.3　藏文（無量壽宗要經甲本）

1.4　新 0612

2.1　128×31 厘米；3 紙；6 欄，欄 18 行，共 103 行；行約 45 字母。

2.2　01：42.0，2 欄；　02：42.0，2 欄；　03：42.0，2 欄。

2.3　卷軸裝。首尾均全。卷末有粘接痕。有界欄。

4.1　Rgya－gar－skad－du'Apar＝mita'ayur nama mahayana su-tra。（梵語：無量壽宗要經）（首）。Bod_ skad_ du tshe dpag_ du _ myed_ pa zhes_ bya_ ba theg_ pa_ chen_ povi mdo。（藏語：無量壽宗要經）（首）。

4.2　Tshe dpag_ du_ myed_ pa zhes_ bya_ ba theg_ pa_ chen_ povi mdo。（無量壽宗要經）（尾）。

7.1　抄寫者：Se－thong－pa.（思通巴）。

8　8～9 世紀。吐蕃統治時期寫本。

9.1　正書。

9.2　有行間加行。

10　卷末背上方紙簽寫"佛西二〇二"，下方紙簽寫"西二〇二"，"類別8，番號630"。

1.1　BD14413 號

1.3、藏文（無量壽宗要經甲本）

1.4　新 0613

2.1　132×31 厘米；3 紙；6 欄，欄 19 行，共 113 行；行約 45 字母。

2.2　01：44.0，2 欄；　　02：44.0，2 欄；　　03：44.0，2 欄。

2.3　卷軸裝。首尾均全。卷首、末有粘接痕，卷尾上邊稍有殘損。有界欄。

4.1　Rgya – gar – skad – du' Apar = mita' ayur nama mahayana su-tra。（梵語：無量壽宗要經）（首）。Bod_ skad_ du tshe dpag_ du _ myed_ pa zhes_ bya_ ba theg_ pa_ chen_ povi mdo。（藏語：無量壽宗要經）（首）。

4.2　Tshe dpag_ du_ myed_ pa zhes_ bya_ ba theg_ pa_ chen_ povi mdo。（無量壽宗要經）（尾）。

7.1　抄寫者：Se – thong – pa.（思通巴）。

8　8～9 世紀。吐蕃統治時期寫本。

9.1　正書。

10　卷首背上方小紙簽寫"佛西二〇三"，下方小紙簽寫"西二〇三"，"類別8，番號631"。

1.1　BD14414 號

1.3　藏文（無量壽宗要經乙本）

1.4　新 0614

2.1　136.5×30.5 厘米；3 紙；6 欄，欄 19 行，共 112 行；行約 45 字母。

2.2　01：45.5，2 欄；　　02：45.5，2 欄；　　03：45.5，2 欄。

2.3　卷軸裝。首尾均全。卷首、末有粘接痕。有界欄。

4.1　Rgya – gar – skad – du' Apar = mita' ayur nama mahayana su-tra。（梵語：無量壽宗要經）（首）。Bod_ skad_ du tshe dpag_ du _ myed_ pa zhes_ bya_ ba theg_ pa_ chen_ povi mdo。（藏語：無量壽宗要經）（首）。

4.2　Tshe dpag_ du_ myed_ pa zhes_ bya_ ba theg_ pa_ chen_ povi mdo。（無量壽宗要經）（尾）。

7.1　抄寫者：Jin – Legs – kong.（金樂貢）。校者：Cang – chos – brtan .（姜確旦）初校；shin – dar.（恒達）再校；Leng – chevu.（朗覺）三校。

8　8～9 世紀。吐蕃統治時期寫本。

9.1　正書。

10　卷末背上方小紙簽寫"佛西二〇四"，下方小紙簽寫"西二〇四"，"類別8，番號632"。

1.1　BD14415 號

1.3　藏文（無量壽宗要經甲本）

1.4　新 0615

2.1　133.5×31 厘米；3 紙；6 欄，欄 20 行，共 115 行；行約 45 字母。

2.2　01：44.5，2 欄；　　02：44.5，2 欄；　　03：44.5，2 欄。

2.3　卷軸裝。首尾均全。卷末有粘接痕。有界欄。

4.1　Rgya – gar – skad – du' Apar = mita' ayur nama mahayana su-tra。（梵語：無量壽宗要經）（首）。Bod_ skad_ du tshe dpag_ du _ myed_ pa zhes_ bya_ ba theg_ pa_ chen_ povi mdo。（藏語：無量壽宗要經）（首）。

4.2　Tshe dpag_ du_ myed_ pa zhes_ bya_ ba theg_ pa_ chen_ povi mdo。（無量壽宗要經）（尾）。

7.1　抄寫者：Stag – spes.（達貝）。

7.3　尾寫"Swa – hq".（索呵）。

8　8～9 世紀。吐蕃統治時期寫本。

9.1　正書。

10　下方小紙簽寫"西二〇五"，"類別8，番號633"。

1.1　BD14416 號

1.3　藏文（無量壽宗要經甲本）

1.4　新 0616

2.1　138×30 厘米；3 紙；6 欄，欄 19 行，共 104 行；行約 45 字母。

2.2　01：46.0，2 欄；　　02：46.0，2 欄；　　03：46.0，2 欄。

2.3　卷軸裝。首尾均全。卷首、末邊有粘接痕。有界欄。

4.1　Rgya – gar – skad – du' Apar = mita' ayur nama mahayana su-tra。（梵語：無量壽宗要經）（首）。Bod_ skad_ du tshe dpag_ du _ myed_ pa zhes_ bya_ ba theg_ pa_ chen_ povi mdo。（藏語：無量壽宗要經）（首）。

4.2　Tshe dpag_ du_ myed_ pa zhes_ bya_ ba theg_ pa_ chen_ povi mdo。（無量壽宗要經）（尾）。

7.1　抄寫者：Stag – snang.（達囊）。

8　8～9 世紀。吐蕃統治時期寫本。

9.1　正書。

10　卷末背上方小紙簽寫"佛西二〇六"，下方紙簽寫"西二〇六"，"類別8，番號634"。

1.1　BD14417 號

1.3　藏文（無量壽宗要經甲本）

1.4　新 0617

2.1　138×31 厘米；3 紙；6 欄，欄 19 行，共 107 行；行約 45 字母。

2.2　01：46.0，2 欄；　　02：46.0，2 欄；　　03：46.0，2 欄。

2.3　卷軸裝。首尾均全。卷首、末邊有粘接痕。有界欄。

4.1　Rgya – gar – skad – du' Apar = mita' ayur nama mahayana su-tra。（梵語：無量壽宗要經）（首）。Bod_ skad_ du tshe dpag_ du _ myed_ pa zhes_ bya_ ba theg_ pa_ chen_ povi mdo。（藏語：

無量壽宗要經）（首）。

4.2　Tshe dpag_ du_ myed_ pa zhes_ bya_ ba theg_ pa_ chen_ povi mdo。（無量壽宗要經）（尾）。

7.1　抄寫者：Vgo – gyu – len.（郭吉利）。

8　8~9世紀。吐蕃統治時期寫本。

9.1　正書。

10　卷末背上方小紙簽寫"佛西二〇七"，下方小紙簽寫"西二〇七"，"類別8，番號635"。

1.1　BD14418 號

1.3　藏文（無量壽宗要經甲本）

1.4　新 0618

2.1　138 × 31 厘米；3 紙；6 欄，欄 19 行，共 113 行；行約 45 字母。

2.2　01：45.0，2 欄；　02：45.0，2 欄；　03：45.0，2 欄。

2.3　卷軸裝。首尾均全。卷首、末邊有粘接痕。有界欄。

4.1　Rgya – gar – skad – du' Apar = mita' ayur nama mahayana su- tra。（梵語：無量壽宗要經）（首）。Bod_ skad_ du tshe dpag_ du _ myed_ pa zhes_ bya_ ba theg_ pa_ chen_ povi mdo。（藏語：無量壽宗要經）（首）。

4.2　Tshe dpag_ du_ myed_ pa zhes_ bya_ ba theg_ pa_ chen_ povi mdo。（無量壽宗要經）（尾）。

7.1　抄寫者：Gz = gs – kong.（司空）。

8　8~9世紀。吐蕃統治時期寫本。

9.1　正書。

10　卷首背上方小紙簽寫"佛西二〇八"，下方小紙簽寫"西二〇八"，"類別8，番號636"。

1.1　BD14419 號

1.3　藏文（無量壽宗要經甲本）

1.4　新 0618

2.1　135 × 31 厘米；3 紙；6 欄，欄 19 行，共 114 行；行約 45 字母。

2.2　01：45.0，2 欄；　02：45.0，2 欄；　03：45.0，2 欄。

2.3　卷軸裝。首尾均全。卷首、末邊有粘接痕。有界欄。

4.1　Rgya – gar – skad – du' Apar = mita' ayur nama mahayana su- tra。（梵語：無量壽宗要經）（首）。Bod_ skad_ du tshe dpag_ du _ myed_ pa zhes_ bya_ ba theg_ pa_ chen_ povi mdo。（藏語：無量壽宗要經）（首）。

4.2　Tshe dpag_ du_ myed_ pa zhes_ bya_ ba theg_ pa_ chen_ povi mdo。（無量壽宗要經）（尾）。

7.1　抄寫者：Stag – skye.（達杰）。

8　8~9世紀。吐蕃統治時期寫本。

9.1　正書。

10　卷末背上方小紙簽寫"佛西二〇九"，下方小紙簽寫"西二〇九"，"類別8，番號637"。

1.1　BD14420 號

1.3　藏文（無量壽宗要經甲本）

1.4　新 0620

2.1　133.5 × 31 厘米；3 紙；6 欄，欄 19 行，共 112 行；行約 45 字母。

2.2　01：44.5，2 欄；　02：44.5，2 欄；　03：44.5，2 欄。

2.3　卷軸裝。首尾均全。卷首、末邊有粘接痕。有界欄。

4.1　Rgya – gar – skad – du' Apar = mita' ayur nama mahayana su- tra。（梵語：無量壽宗要經）（首）。Bod_ skad_ du tshe dpag_ du _ myed_ pa zhes_ bya_ ba theg_ pa_ chen_ povi mdo。（藏語：無量壽宗要經）（首）。

4.2　Tshe dpag_ du_ myed_ pa zhes_ bya_ ba theg_ pa_ chen_ povi mdo。（無量壽宗要經）（尾）。

7.1　抄寫者：Mtshams – lha – rton.（仓拉墩）。

8　8~9世紀。吐蕃統治時期寫本。

9.1　正書。

10　卷末背上方小紙簽寫"佛西二一〇終"，下方小紙簽寫"西二一〇"，"類別8，番號638"。

1.1　BD14421 號

1.3　藏文（無量壽宗要經乙本）

1.4　新 0621

2.1　136.5 × 31.5 厘米；3 紙；6 欄，欄 19 行，共 110 行；行約 45 字母。

2.2　01：45.5，2 欄；　02：45.5，2 欄；　03：45.5，2 欄。

2.3　卷軸裝。首尾均全。卷首、末邊有粘接痕。每紙均有脫膠。有界欄。

4.1　Rgya – gar – skad – du' Apar = mita' ayur nama mahayana su- tra。（梵語：無量壽宗要經）（首）。Bod_ skad_ du tshe dpag_ du _ myed_ pa zhes_ bya_ ba theg_ pa_ chen_ povi mdo。（藏語：無量壽宗要經）（首）。

4.2　Tshe dpag_ du_ myed_ pa zhes_ bya_ ba theg_ pa_ chen_ povi mdo。（無量壽宗要經）（尾）。

7.1　抄寫者：Lhavi – shes – rab.（李西饒）。校者：Dpal – mchog.（貝确）初校；ci – shan.（吉山）再校；phug – vgi.（朴哥）三校。

7.3　卷末背面硃筆寫"khang – shes – rab".（康西熱）。

8　8~9世紀。吐蕃統治時期寫本。

9.1　正書。

9.2　有硃筆3校。

1.1　BD14422 號

1.3　金剛般若波羅蜜經

1.4　新 0622

2.1　(17.5 + 277 + 4) × 26 厘米；7 紙；193 行，行 17 字。

2.2　01：17.5 + 18，23；　02：47.0，31；　03：47.0，31；　04：47.0，31；　05：47.0，31；　06：47.0，31；

07：24＋4，15。

2.3　卷軸裝。首殘尾全。打紙，研光上蠟。卷首殘破，有殘洞，卷面有殘缺和破裂。有燕尾。背有古代裱補。已修整。有烏絲欄。

3.1　首12行上下殘→大正0236，08/0750B12～24。

3.2　尾全→大正0236，08/0752C03。

4.2　金剛般若經（尾）。

5　與《大正藏》本對照，本號經文無冥司偈，參見《大正藏》，8/751C16～19。

7.1　尾題後有題記12行："咸亨四年（673）十月廿八日書手由吾巨言寫/用紙十二張/裝潢手解善集/初校書手裴約/再校書手裴約/三校書手裴約/詳閱太原寺大德神符/詳閱太原寺大德嘉尚/詳閱太原寺寺主慧立/詳閱太原寺上座道成/判官少府監掌冶署令何義感/使太中大夫兼檢校將作少匠永興縣［開國公虞昶］。/"

　　按：題記尾殘，據斯00084號題記補。但從本號卷尾殘狀看，末行可能僅殘"虞昶"兩字。

8　673年。唐寫本。

9.1　楷書。

10　包裹紙上寫"八"。

1.1　BD14423號

1.3　維摩詰所說經卷下

1.4　新0623

2.1　（8.5＋696）×26.8厘米；15紙；404行，行17字。

2.2　01：8.5＋38，28；　　02：47.0，28；　　03：47.0，28；
04：47.0，28；　　05：47.0，28；　　06：47.0，27；
07：47.0，28；　　08：47.0，28；　　09：47.0，28；
10：47.0，28；　　11：47.0，28；　　12：47.0，28；
13：47.0，28；　　14：47.0，28；　　15：47.0，13。

2.3　卷軸裝。首殘尾全。打紙，研光上蠟。卷面有破裂。卷尾上下各有1個蟲繭。有燕尾。已修整。有烏絲欄。

3.1　首5行上殘→大正0475，14/0552C05～08。

3.2　尾全→大正0475，14/0557B26。

4.2　維摩詰經卷下（尾）。

8　7～8世紀。唐寫本。

9.1　楷書。

10　第2紙背有近代人貼白紙簽條，上寫："《維摩詰經》卷下，"菩薩行品"四章，長十九尺六寸，高七寸半。"有黃綢包皮。包皮上有題簽："唐人寫《維摩詰經》卷下"菩薩行品"四章，長十九·六，高七五·十四"。繫帶上有一小紙簽，上寫"接，3881"。包裹紙上寫"十四"。

1.1　BD14424號

1.3　大智度論卷二五

1.4　新0624

2.1　（6.5＋271）×26.5厘米；7紙；157行，行17字。

2.2　01：6.5＋11，10；　　02：51.0，29；　　03：51.0，29；
04：51.0，29；　　05：51.0，29；　　06：51.0，29；
07：05.0，02。

2.3　卷軸裝。首尾均殘。首紙上下邊殘缺。已修整。有烏絲欄。

3.1　首4行上下殘→大正1509，25/0241C13～17。

3.2　尾殘→大正1509，25/0243C03。

8　6世紀。南北朝寫本。

9.1　楷書。

10　包裹紙上寫"三十八"。

1.1　BD14425號

1.3　大智度論卷六五

1.4　新0625

2.1　500.6×25.5厘米；11紙；287行，行17字。

2.2　01：33.5，19；　　02：48.5，28；　　03：48.5，28；
04：48.5，28；　　05：48.5，28；　　06：48.5，28；
07：48.5，28；　　08：48.5，28；　　09：48.8，28；
10：48.8，28；　　11：30.0，16。

2.3　卷軸裝。首尾均殘。卷面有殘洞。有劃界欄針孔。已修整。有烏絲欄。

3.1　首殘→大正1509，25/0518B19。

3.2　尾殘→大正1509，25/0522A05。

4.2　［大智度論卷第六十五］（尾）。

8　5～6世紀。南北朝寫本。

9.1　楷書。

10　卷端背有近代人貼的白紙簽條，上寫"六朝人寫經，長一丈四尺四寸"。包裹紙上寫"四"。

1.1　BD14426號

1.3　妙法蓮華經卷二

1.4　新0626

2.1　274.5×25.5厘米；6紙；164行，行17字。

2.2　01：45.0，26；　　02：46.0，28；　　03：46.0，28；
04：46.0，28；　　05：46.0，28；　　06：45.5，28。

2.3　卷軸裝。首全尾脫。經黃紙。卷面有水漬及破裂，接縫處有開裂。有烏絲欄。

3.1　首全→大正0262，09/0010B24。

3.2　尾殘→大正0262，09/0013A07。

4.1　妙法蓮華經譬喻品第三（首）。

8　7～8世紀。唐寫本。

9.1　楷書。

10　包裹紙上寫"061"。

新舊編號對照表

新字頭號與北敦號對照表

新字頭號	北敦號	新字頭號	北敦號	新字頭號	北敦號
新 0551	BD14351 號	新 0568	BD14368 號	新 0591	BD14391 號 1
新 0552	BD14352 號 1	新 0569	BD14369 號 1	新 0591	BD14391 號 2
新 0552	BD14352 號 2	新 0569	BD14369 號 2	新 0591	BD14391 號 3
新 0552	BD14352 號 3	新 0569	BD14369 號 3	新 0591	BD14391 號 4
新 0552	BD14352 號 4	新 0570	BD14370 號	新 0591	BD14391 號 5
新 0552	BD14352 號 5	新 0571	BD14371 號	新 0592	BD14392 號
新 0553	BD14353 號	新 0572	BD14372 號	新 0593	BD14393 號
新 0554	BD14354 號	新 0573	BD14373 號	新 0594	BD14394 號
新 0555	BD14355 號 1	新 0574	BD14374 號 1	新 0595	BD14395 號
新 0555	BD14355 號 2	新 0574	BD14374 號 2	新 0596	BD14396 號
新 0555	BD14355 號 3	新 0574	BD14374 號 3	新 0597	BD14397 號 1
新 0555	BD14355 號 4	新 0574	BD14374 號 4	新 0597	BD14397 號 2
新 0555	BD14355 號 5	新 0575	BD14375 號	新 0597	BD14397 號 3
新 0556	BD14356 號 1	新 0576	BD14376 號	新 0597	BD14397 號 4
新 0556	BD14356 號 2	新 0577	BD14377 號	新 0597	BD14397 號 5
新 0556	BD14356 號 3	新 0578	BD14378 號	新 0597	BD14397 號 6
新 0557	BD14357 號 1	新 0579	BD14379 號	新 0597	BD14397 號 7
新 0557	BD14357 號 2	新 0580	BD14380 號	新 0597	BD14397 號 8
新 0557	BD14357 號 3	新 0581	BD14381 號	新 0598	BD14398 號
新 0557	BD14357 號 4	新 0582	BD14382 號	新 0599	BD14399 號
新 0558	BD14358 號	新 0583	BD14383 號	新 0600	BD14400 號
新 0559	BD14359 號 1	新 0584	BD14384 號	新 0601	BD14401 號
新 0559	BD14359 號 2	新 0585	BD14385 號	新 0602	BD14402 號 1
新 0560	BD14360 號	新 0586	BD14386 號 1	新 0602	BD14402 號 2
新 0561	BD14361 號	新 0586	BD14386 號 2	新 0602	BD14402 號 3
新 0562	BD14362 號	新 0586	BD14386 號 3	新 0603	BD14403 號
新 0563	BD14363 號	新 0586	BD14386 號 4	國新 0604	BD14404 號
新 0564	BD14364 號	新 0587	BD14387 號	新 0605	BD14405 號 1
新 0565	BD14365 號	新 0588	BD14388 號	新 0605	BD14405 號 2
新 0566	BD14366 號	新 0589	BD14389 號	新 0605	BD14405 號 3
新 0567	BD14367 號	新 0590	BD14390 號	新 0605	BD14405 號 4

新 0605	BD14405 號 5	新 0609	BD14409 號 1	新 0616	BD14416 號
新 0605	BD14405 號 6	新 0609	BD14409 號 2	新 0617	BD14417 號
新 0606	BD14406 號 1	新 0609	BD14409 號 3	新 0618	BD14418 號
新 0606	BD14406 號 2	新 0609	BD14409 號 4	新 0618	BD14419 號
新 0606	BD14406 號 3	新 0609	BD14409 號 5	新 0620	BD14420 號
新 0606	BD14406 號 4	新 0610	BD14410 號	新 0621	BD14421 號
新 0606	BD14406 號 5	新 0611	BD14411 號	新 0622	BD14422 號
新 0606	BD14406 號 6	新 0612	BD14412 號	新 0623	BD14423 號
新 0606	BD14406 號 7	新 0613	BD14413 號	新 0624	BD14424 號
新 0607	BD14407 號 1	新 0614	BD14414 號	新 0625	BD14425 號
新 0607	BD14407 號 2	新 0615	BD14415 號	新 0626	BD14426 號
新 0608	BD14408 號				